国家出版基金项目
NATIONAL PUBLICATION FOUNDATION

# 红水河流域少数民族铜鼓文化

上册

廖明君 主 编　刘远峰 副主编

广西民族出版社
Gvangjsih Minzcuz Cuzbanjse

**图书在版编目（CIP）数据**

红水河流域少数民族铜鼓文化：上、中、下册 / 廖明君主编；刘远峰副主编. -- 南宁：广西民族出版社, 2025. 6

ISBN 978-7-5363-7754-7

Ⅰ. ①红… Ⅱ. ①廖… ②刘… Ⅲ. ①红水河流域—少数民族—铜鼓—文化研究—广西 Ⅳ. ①K875.54

中国国家版本馆CIP数据核字（2023）第257675号

国家出版基金资助项目

**红水河流域少数民族铜鼓文化（上、中、下册）**

HONGSHUI HE LIUYU SHAOSHU MINZU TONGGU WENHUA（SHANG、ZHONG、XIACE）

廖明君　主　编　　刘远峰　副主编

出 版 人：石朝雄
策划组稿：覃琼送
项目负责：覃琼送
图片征集：覃琼送　邓钰娟
图片文字：覃琼送　邓钰娟
统　　稿：覃琼送　邓钰娟
责任编辑：覃琼送　邓钰娟
　　　　　赵学祥　梁　倩
装帧设计：李寒林
责任校对：杨燕琳　潘雯雯
　　　　　郑季銮　庞丽明
责任印制：梁海彪　张东杰
出版发行：广西民族出版社
　　　　　地址：广西南宁市青秀区桂春路3号　　邮编：530028
　　　　　电话：0771-5523216　　　　传真：0771-5523225
　　　　　电子邮箱：bws@gxmzbook.com
印　　刷：广西壮族自治区地质印刷厂
规　　格：889毫米 × 1194毫米　1/16
印　　张：79.25
字　　数：2100千字
版　　次：2025年6月第1版
印　　次：2025年6月第1次印刷
书　　号：ISBN 978-7-5363-7754-7
定　　价：780.00元（上、中、下册）

# 目录

## 上册

# 中 册

# 下 册

# 引论

## 多元共生的红水河流域少数民族铜鼓文化

# 一、红水河流域少数民族铜鼓文化的起源与流变

铜鼓最初是一种炊具，后来被用作乐器，随后又被用作祭祀的通神器物和象征权力的重器。铜鼓文化是一个庞大的意义体系，是一个围绕铜鼓的铸造、使用等实践行为，以及和这些实践行为相关的节庆习俗及其文化阐释系统等要素而凝结成的集合体。历史上，中国南方地区以及东南亚地区的部分国家，如越南、老挝、柬埔寨、缅甸和泰国等都分布有铜鼓文化，且彼此相互关联、相互影响，形成了一个范围广阔的国际性铜鼓文化圈。

目前，随着现代文明的冲击以及社会发展和变迁，中国南方和东南亚大部分地区的铜鼓文化已逐渐淡出历史的舞台。在中国，红水河流域的壮族、瑶族、布依族、苗族、水族、毛南族、彝族等民族至今依然较为完整地传承着铜鼓文化。

## （一）红水河流域少数民族铜鼓文化的起源

### 1. 红水河流域是天然的民族走廊

红水河发源于云南省东部曲靖市沾益区马雄山东麓的出水洞，始称“南盘江”，自云贵高原沿着滇桂边界和黔桂边界向华南丘陵低地奔流，在黔桂边界中部的贵州省望谟县与北盘江汇合，由此至广西壮族自治区来宾市象州县石龙镇段称“红水河”。石龙镇至桂平市段称“黔江”，桂平市至梧州市段称“浔江”，梧州市至广东省佛山市三水区思贤滘段称“西江”。

自旧石器时代开始，红水河流域就是远古人类频繁活动的区域。到了新石器时代，红水河流域的远古人类进入了定居时期。在生产力极其原始的上古时期，红水河就像一条奔腾不息的大动脉，以丰富的渔业资源、温润的气候和肥沃的冲积平原哺育着活动于该流域众多的各民族先民，同时也促进了各民族之间的交往、交流、交融。红水河流域是我国南方地区多民族聚居区，居住着壮、汉、瑶、苗、水、布依、彝、毛南、仫佬、仡佬等民族。红水河流域各民族沿着红水河沿岸的狭长地带相互往来，其文化具有较强的延续性和融合性。在数千年的发展过程中，各民族彼此间互融共生、紧密联系的生活生产方式形成了相互依存、牢不可破的民族友情，以及相同、相近或相似的心理素质和文化特征，逐步发展出绚丽而多元的民族文化群。

### 2. 基于稻作文化的原始宗教信仰

由于位于北回归线偏北，红水河流域夏长冬短，雨量充沛，为各民族先民提供了良好的稻作生态环境。红水河流域的壮族、毛南族、布依族、水族等民族都是稻作民族。他们的稻作文化催生出以雷神崇拜、土地崇拜、水神崇拜、生殖崇拜等为代表的信仰体系，以及与之相关的祭牛、赛龙舟、过蚂蜗节等民间习俗。红水河流域的铜鼓文化正是繁荣于这种独特的稻作文化中。壮族创世史诗《布洛陀经诗》对此亦有所反映。《布洛陀经诗》将天地分成上界、中界和下界，此三界的管理者分别为雷王、布洛陀和龙王，其中的布洛陀为中界人王。布洛陀教壮族先民造房子，养家畜，制万物，被人们尊称为“通天晓”。他骑蛟龙到案州，从斑鸠、山鸡和老鼠口中获得谷种，经培育后将之敲碎并撒播于各地，还

教人们敲锣打鼓求雷王下雨。神话虽为虚构，却反映出一定的社会现实，即由于水资源关系到该地区的稻作生产，雷王被推崇到天界第一神的至高地位。正如李子贤所言：“古代广西钦州一带，将雷神视为主宰天地万物的最高神祇。由雷主水引申为主宰万物，这是古老的稻作民族特有的宗教观念。”① 作为一种专门针对雷王而选定的通神重器，铜鼓在红水河流域的民间信仰中占据着核心的地位。

## 3. 红水河流域少数民族铜鼓文化起源的民间传说

### （1）铜鼓是从天上来的

贵州黔东南苗族侗族自治州（以下简称“黔东南州”）苗族传说苗族原来只有木腔皮鼓，铜鼓是从天上传下来的。苗族老仙婆务侯乜参加开天辟地立了大功，天王特地赠给她一面铜鼓，叫她带回人间，与大家共同享用。于是苗族就有了铜鼓。

广西东兰县等地壮族传说铜鼓是天上的雷公造的，天上的太阳就是雷公的铜鼓，雷公造铜鼓是用来耍威风、震慑天下人的。人间原来只有皮鼓，皮鼓抵不过铜鼓，所以人们怕雷王。

云南富宁县木央镇彝族传说铜鼓原来只有天上有。彝族姑娘拉木帕爱跳舞，有一天她吃了山上的樱桃飞到天上去了。拉木帕在天上听到一阵阵铜鼓声，看到一群仙女在小溪边踏着铜鼓声的节奏跳舞。她看得着了迷，不由自主地挪动脚步，加入仙女行列，请求她们教她跳舞。拉木帕向仙女们辞行时，仙女们送给她一面铜鼓，叫她带回人间。从此人间就有了铜鼓，彝族人民也就会跳铜鼓舞了。

### （2）铜鼓是从水里来的

贵州布依族传说远古一个叫古杰的孤儿与海龙王的三公主恋爱，他们成亲后回龙宫探亲，龙王送给他们一件宝物，这件宝物就是铜鼓。

贵州黔东南州苗族传说有个岩壁寨住着一对母子，母亲双目失明，仅靠儿子邱老同砍柴为生。有一天邱老同上山砍柴，回家途中遇暴雨。邱老同因思念母亲，冒雨强行过河，不料被浪头打到河底误入龙宫。龙王为邱老同的孝心所感动，决定送他回家，并赠送他一面铜鼓做纪念。于是苗寨就有了铜鼓。

### （3）铜鼓是从猴王那里要来的

南丹白裤瑶传说很久以前瑶族老人蓝老宠去地里收黄豆，因劳累过度躺在黄豆秆堆里睡着了。一只母猴带着一群小猴来偷吃黄豆，误将蓝老宠当成它们死去的祖先，便按照猴子的习俗敲铜鼓祭丧。蓝老宠被铜鼓声震醒，看见很多猴子在打铜鼓跳舞。后来，蓝老宠大喊一声，从黄豆秆堆中站立起来，吓得猴群四散奔逃。蓝老宠把铜鼓背回村寨，从此，铜鼓世代相传，人们都有铜鼓敲，都跳铜鼓舞。

### （4）铜鼓是人类祖先制造的

壮族传说始祖布洛陀造了天、地和人以后，发现还缺少星星，于是带领人们挖来三色泥做成模子，又砍来青冈柴烧炼孔雀石。烧炼后的孔雀石变成了金光灿灿的熔浆。布洛陀

① 李子贤：《再探神话王国——活形态神话新论》，云南人民出版社，2016，第229页。

图一　东兰县红水河第一湾风光（王梦祥　摄）

领着大家把熔浆倒进三色泥模子里。一眨眼工夫，一个个两头大中间小、有4只耳朵的东西就造出来了。布洛陀说这些东西叫“阿冉”（壮语，即铜鼓），它们就是地上的星星。从此壮族就有了铜鼓。

瑶族传说铜鼓是瑶族始祖密洛陀派她的孩子们制造的。传说月神把天升得高高的，同时生出12个太阳，把大地烤焦了。密洛陀感到不妙，就吩咐她的孩子们把山上的石头炼成铜和铁，造一个像太阳那样大的鼓，抬到世界上最高的山顶上去敲击。天上的太阳听到铜鼓声，拨开云往下看，见到铜鼓上的星星闪闪发光，以为是它们的同伴掉到地上，便一齐跑下来营救。密洛陀的孩子们面对落下来的太阳，拉开弓箭连发11箭，射中其中的11个太阳，剩下的1个太阳慌忙逃回天上。从此大地恢复了清幽凉爽，瑶族人民年年敲铜鼓来庆贺。

## （二）红水河流域少数民族铜鼓文化的流变

公元前7世纪，滥觞期的万家坝型铜鼓于云南礼社江流域经濮人之手脱离铜釜，发展成为独立的乐器。此后，该类型铜鼓约于公元前4世纪东传到滇池地区，吸收了滇人更为

成熟的青铜铸造工艺而发展为成熟期的石寨山型铜鼓。随着民族迁徙以及文化交流的繁荣，石寨山型铜鼓同时朝着北、东和南3个方向呈扇形发展。其东传路线主要有2条：一是沿着南盘江，经滇、黔、桂交界地区传播到百濮族群中的夜郎地区；二是沿着驮娘江、剥隘河，途经广西西林和田林，顺着右江流域流传到广西以及两广交界地带。红水河流域处于以上2条传播路线的起始处，成为铜鼓文化向东扩展的枢纽位置。自汉至唐，红水河流域的铜鼓由乐器逐渐转化为权力重器和通神器物，铜鼓文化进入发展顶峰期。红水河流域腹地险峰林立，交通闭塞，属于典型的喀斯特地貌，为铜鼓成为权力重器和通神器物创造了适宜的社会条件。生活于此的壮族、瑶族、布依族、苗族、水族、毛南族、彝族等民族较好地传承了本民族的传统文化，也为铜鼓提供了赖以生存的文化生态。明清以后，土司制逐渐被废除，红水河流域地方民族首领的权力被削弱乃至完全丧失，铜鼓的政治属性渐失，体型变小，开始回归民间，成为一般的乐器和通神器物，发展为麻江型铜鼓。

麻江型铜鼓以贵州省麻江县一座古墓中出土的铜鼓为代表。麻江型铜鼓体型小巧，铸造技艺纯熟，壁薄声洪，音响效果好，依纹饰的变化，可以分早、中、晚3期。

早期的麻江型铜鼓鼓面一般都有两晕乳钉纹，太阳纹芒间填以翎眼纹，主晕饰以宽大游旗纹或燕尾游旗纹，或饰以复杂的符箓纹，或配以十二生肖纹，鼓身花纹一般分上、中、下3段。

中期的麻江型铜鼓鼓面太阳纹大多光芒粗短，芒间夹以简体翎眼纹或稍加变化了的坠形纹，主晕常饰以长条游旗纹、人字足游旗纹和桃符纹，鼓身花纹有的分上、中、下3段，有的只有上、下2段。另有一些中期麻江型铜鼓的花纹较精细，鼓面太阳纹光芒细长，芒间饰复线翎眼纹，主晕多由两条短游旗纹与剪影式十二生肖纹或八卦纹组成；在主晕外围还有一晕栉纹，鼓身花纹只有上、下2段，上段为乳钉纹、云纹、雷纹、栉纹等7层花纹，下段为5层花纹。

图二　麻江型铜鼓上的人物纹（王梦祥　供图）

晚期的麻江型铜鼓鼓面大都用3层乳钉纹，并多使用人物纹、动物纹、植物纹；有的鼓面太阳纹光芒细长，芒间饰复线翎眼纹，主晕除二短游游旗纹外，还有三游游旗纹、线游旗纹、变体游旗纹、棂花纹、双龙纹、寿字纹、线画十二生肖纹等；有的还有吉祥短语铭文；有的鼓背面还有动物纹、植物纹、压胜钱纹以及人物故事线描图画。

红水河流域以壮族文化为主体的多元民族文化、以稻作为主体的农耕文化促成了云贵高原文化与华南丘陵低地文化的交融与再生。该流域的壮族、瑶族、布依族、苗族、水族、毛南族、彝族等民族正是在这种开放而多元的文化背景下，对铜鼓文化进行吸收和改造，并将之发扬光大，从而创造出新的辉煌，红水河流域也因此被誉为铜鼓文化的“大观园”。

## 二、红水河流域少数民族铜鼓文化的创造族群与使用时空

生活在红水河流域的壮族、瑶族、布依族、苗族、水族、毛南族、彝族等民族继承和发扬了先辈们传承而来的铜鼓文化，是现代社会中铜鼓文化主要的创造族群和使用族群。

### （一）壮族铜鼓文化

红水河流域的壮族主要分布在东兰、凤山、天峨、南丹、巴马、都安、田林、西林、忻城等地。红水河流域的壮族继承了骆越、乌浒和俚僚等古老民族的铜鼓文化，并将之融入其原始崇拜以及都老制的社会组织当中。首先，铜鼓成为壮族创世神话的核心要素。在布洛陀神话中，布洛陀先教人们用三色泥做成模子，再用青冈柴对孔雀石进行冶炼，最后将熔浆倒进三色泥模子造出了铜鼓。在进入壮族创世神话中以后，铜鼓成为壮族人民祖先崇拜和生殖崇拜的载体，获得了具有壮族特色的通神功能。其次，铜鼓也是壮族都老一种权力的象征物和号令部众的工具，拥有了铜鼓就等于获得了神赐的领导权。壮族现在依然是红水河流域最主要的铜鼓文化传承民族。壮族人在蚂𧊅节、春节等重大节日，以及婚丧嫁娶等重要日子都会使用铜鼓。

图三　蚂蜗节活动中壮族群众在蚂蜗亭打鼓（廖明君　摄）

图四　壮族蚂蜗节游蚂蜗（王梦祥　摄）

## （二）瑶族铜鼓文化

使用铜鼓的瑶族以聚居于红水河流域的布努瑶、白裤瑶和木柄瑶为主要代表。瑶族的铜鼓文化是在与壮族、苗族进行文化交往交流交融中形成的。铜鼓在瑶族神话中同样承载着保护族群发展的重要意义。瑶族的重大事件、节日庆典以及生产生活都离不开铜鼓，击鼓传声是他们约定俗成的符号发送方式。瑶族的铜鼓已经神格化，既有专门的取名仪式和祭祀仪式，也有公母之分。例如，南丹白裤瑶以铜鼓作为“油锅”组织的符号和标志，铜鼓刚买来时要举行取名仪式，并指定专人管理，使用时须征得“油锅”组织的同意。在南丹白裤瑶看来，铜鼓既是本“油锅”的象征，又是祖先神的代表以及通神的器物，因此也是逝者归依祖籍的载体。南丹白裤瑶的铜鼓舞叫作“猴鼓舞”，瑶语称为“勤泽格拉”。南丹白裤瑶的铜鼓多在皮鼓的指挥下，结合砍牛仪式出现于葬礼中，铜鼓文化与丧葬仪式密不可分。木柄瑶铜鼓的使用方法与白裤瑶类似，不同之处在于木柄瑶的铜鼓在空闲之时须深埋于地下，节日时再取出使用。

图五　南丹县白裤瑶少年打铜鼓（张小宁　摄）

## （三）布依族铜鼓文化

布依族主要分布于红水河流域南北盘江地区。南北盘江的布依族铜鼓文化源远流长，底蕴深厚。“据初步调查统计，黔西南州现有布依铜鼓 240 多面。”①《布依族简史》也称：“贵州中部到西部的布依族地区，几乎每个大寨和大姓都有一面到数面铜鼓，也有数寨共一面的。”② 古时候铜鼓由于是战争和祭祀不可或缺的重器而上升为布依族人身份和地位

① 杨军昌、周梅：《黔西南布依族苗族自治州卷》，知识产权出版社，2018，第 193 页。

②《布依族简史》编写组：《布依族简史》，贵州人民出版社，1984，第 132 页。

的象征，可谓“家有铜鼓，子孙传秘，号为右族”[①]。红水河流域布依族人多视铜鼓为神，由有威望的人保存，用时才可以请出。他们在铜鼓的两耳系上红绸，认为这样可以镇压邪恶。布依族铜鼓不能暴露于野外，只能在室内敲击，如需搬到室外，必须用布包好。布依族铜鼓的使用场合一般都很庄重，如过年时的庆典活动、庄重的丧葬仪式和虔诚的祭祀活动等，均离不开铜鼓。祭祀仪式中由布摩（也称“摩公”，布依族神职人员）敲击铜鼓，严禁他人触碰。

## （四）苗族铜鼓文化

苗族有东部、中部、西部三大方言区。东部方言区即湘西方言区；中部方言区即黔东方言区；西部方言区即川黔滇方言区，包括现在的红水河流域南北盘江地区。苗族的三大方言区在古代都曾使用铜鼓。彭维新在《红苗归化，恭纪二十四韵》中描述广西红苗时题诗云：“铜鼓占年击，芦笙跳月娱。刀镰无故逞，羁勒讵能拘。”[②]乾隆《贵州通志》亦记载：“黑苗，在都匀之八寨、丹江、镇远之清江，黎平之古州……人死亦有哭泣，椎牛敲铜鼓，名曰闹尸。”[③]目前苗族东部方言区的铜鼓文化已逐渐消失，中部方言区和西部方言区的铜鼓文化却一直流传至今。苗族的铜鼓多与木鼓配合使用，红水河流域南北盘江地区的苗族视木鼓为雄性，称之为“公鼓”；视铜鼓为雌性，称之为“母鼓”。此区域的铜鼓一般由家族中的长房掌管，主要用于婚丧嫁娶等人生礼仪中，或年节等场合，但地域不同，具体使用习俗也有一些差异。苗族铜鼓不得暴露于阳光之下，平常用红布包裹放于户主卧室的床下或楼上。每遇婚丧大事需用铜鼓时，须向长房家借取，用毕归还。使用铜鼓前，须举行祭鼓仪式。祭鼓仪式程序为：先将铜鼓置于桌上，去尘后以酒洗净，再用草束擦亮鼓面，接着杀鸡烧纸，将酒、肉、碗、筷放于鼓面上，念颂词祭祀；之后将铜鼓面朝东方离地面约二尺（1 尺≈ 33.33 厘米）悬于堂屋楼枕上，木鼓则紧贴墙壁挂于空枋上。挂鼓时要边敲边念，朝东、西方向各敲三锤。祭鼓仪式完毕后方可击鼓娱乐。

## （五）水族铜鼓文化

红水河流域的水族主要分布于广西南丹、金城江、宜州和贵州三都、独山、荔波等地。水族源于古代的百越族群，由南方迁徙到桂北、黔南一带，因而水族的铜鼓文化与壮族、布依族的铜鼓文化极为类似。在水族的铜鼓文化中，铜鼓具有多重身份和功能，既是镇邪纳吉的神物，又是权势与财富的象征。水族铜鼓首先是家族财富和社会地位的象征物，继而又成为整个村落的财富与象征资本。水族私有铜鼓一般为一个直系家族共同拥有，集体所有的铜鼓多存放于德高望重者家中，或由一定范围内的家庭轮流保管。在水族人看来，铜鼓也有性别之分。他们习惯以铜鼓的图案尤其是鼓面太阳纹的平凸来划分雌雄。雌者多为早期产品，其芒纹短且明显凸起，形体粗重，纹饰粗犷。雄者多为晚期产品，其芒纹修长平射，或微微凸起，形体精巧，纹饰美丽。水族人还习惯以太阳纹的象形物来给铜鼓命名。如芒纹像虎爪，则称为“虎爪鼓”；若芒纹比虎爪更为浑厚，则称为“熊爪鼓”；若芒纹像禽喙形状，则视其大小而称作“鹰喙鼓”或“鸠喙鼓”等。水族人

① 李焘：《续资治通鉴长编》卷九十四，钦定四库全书本。

② 彭维新：《墨香阁集》，袁庆述校点，岳麓书社，2010，第 220 页。

③ 靖道谟、杜诠等：《贵州通志》卷七，钦定四库全书本。

在使用铜鼓之前也要举行隆重的祭鼓仪式。水族铜鼓主要是在节日庆典、祭祀仪式、丧葬仪式和盛大的庆典活动中使用。水族人使用铜鼓的节日主要有端节和卯节。每年农历八月第一个亥日之后的两个月内，水族人会挑选亥日、午日、未日或申日，分地域、分批次聚众欢庆端节。届时有鼓之家高朋满座，悬鼓于庭，把酒言欢；村村寨寨举行登高、赛马等娱乐活动，铜鼓、大革鼓齐鸣。每年农历五六月，贵州三都水族自治县和荔波县两地交界处的水族要悬铜鼓于厅堂过卯节。在丧葬仪式中，水族的铜鼓主要用作死者更换寿衣的坐墩、亡人入殓后棺木前面的灵桌，以及打击乐器。在砍牛祭祖时，要在绑牛的木桩旁挂上铜鼓，用鼓声引领受祭的祖先降临受祭。

## （六）毛南族铜鼓文化

毛南族也是一个传承着铜鼓文化的民族，尤其是贵州省平塘县的佯僙人，铜鼓在他们的丧葬仪式中具有特殊的意义，是丧葬仪式中最为重要的礼器和乐器，并作为一种与灵魂交流的媒介参与丧葬仪式的全过程。毛南族铜鼓舞与白裤瑶铜鼓舞类似，叫“打猴鼓舞”。

毛南族传说很久以前有一对夫妻与三个儿子相依为命。有一天，老三因采青枫子而迷路，他的母亲蹚过 99 条河，翻过 99 座山去找儿子。等她找到老三时，老三已经变成猴子不愿回家了。母亲忧郁而终。哥哥们悲伤不已，在母亲下葬后敲击铜鼓表达哀思。老三听到后也随着铜鼓声跳动起来。几天后老三自制了一个皮鼓，按照铜鼓的节奏敲打起来，同时跳着猴子特有的舞蹈。此后，“打猴鼓舞”便成为毛南族人祭祀祖先的舞蹈。

毛南族铜鼓舞由巫师表演，节奏欢快，动作滑稽，共分为三段，分别是猴王出世、猴子敲桩和猴子引路。

## （七）彝族铜鼓文化

彝族关于铜鼓的传说反映出铜鼓具有作为神器、权力重器和乐器的社会功能。生活在红水河流域边缘地区的彝族还保留有以彝巫腊摩（毕摩）为中心的铜鼓使用习俗。该区域内

图六　那坡县彝族跳弓节盛况（王梦祥　摄）

的彝族每年都有6次使用铜鼓的节日活动。第一次是正月初八、初十或十五的开年节，此为岁首族祭，目的是选取摩公和铜鼓。腊摩先祭祀寨神，以占卜的方式挑选出当年的摩公和祭祀用的铜鼓，当年的铜鼓保管者也由腊摩在开年节时以占卜的形式选出。第二次是农历二月初十的补年节。彝族人在补年节集体祭祖祭鼓，补度新春。在补年节当天，腊摩主持开寨神庙门和祭祖等仪式，并率领众人跳铜鼓舞和五笙舞（又称“芦笙舞”）。次日，腊摩要祭祀铜鼓，并于当晚率众人围绕祭祀铜鼓的堂屋跳铜鼓舞。第三次是农历四月初一至十二的跳弓节（云南彝族习惯称“跳宫节”，广西彝族习惯称“跳弓节”。为尊重各地彝族的风俗习惯，本书在介绍云南彝族“跳宫节”时统一使用“宫”字，在介绍广西彝族“跳弓节”时统一使用“弓”字，如无特别指明，均使用“弓”字）。彝族人在跳弓节击鼓缅怀先祖。跳弓节有一系列的祭祀仪式，如祭山神、祭乐神、祭祖先、祭金竹、送邪鬼等，均需使用铜鼓。节日前，他们先用米酒洗鼓，再将铜鼓抬到跳弓场，悬挂于木架上。腊摩击鼓宣布跳弓节开始，人们在腊摩的铜鼓歌中跳起铜鼓舞。跳弓节要等到萨喃（腊摩的副手）关上寨神庙门才宣告结束。第四次是农历四月初的荞菜节。届时，人们聚集到舞场支起铜鼓，以母鼓作为舞蹈动作的指挥，以公鼓配音，跳起铜鼓舞。第五次是农历三月或五月的忌欢节，这时要安定万物，即埋铜鼓。忌欢节当日，腊摩编织好猫、狗模型并挂于树上，供小伙子进行逐疫表演之用，以除邪驱恶，祈求幸福安康。当天下午，在腊摩主持完埋铜鼓仪式后，各种乐器均要收藏起来，宣告禁忌期开始。埋铜鼓前，腊摩也要举行祭鼓仪式，以驱逐邪恶。第六次是农历十月初一的庆丰节。禁忌期禁止一切娱乐活动，直到庆丰节才解禁。届时，腊摩又要主持启用铜鼓的祭祀仪式，带领人们重敲铜鼓庆丰收。从彝族铜鼓文化浓厚的节庆习俗可以看出，他们的铜鼓礼俗围绕着农耕稻作的各个环节展开，从开年节、补年节、忌欢节到庆丰节，恰好与稻作耕种周期的孕育、播种、祈年到报祭相吻合，体现出明显的稻作文化特色。

## 三、红水河流域少数民族铜鼓文化的主要特征与社会内涵

### （一）作为承载本民族集体记忆的重要文化符号

红水河流域少数民族铜鼓文化往往承载着相关民族在信仰习俗等方面的集体记忆，因而是承载本民族集体记忆的重要载体。这种集体记忆源自本民族成员共同建构并再现文化事象的展演过程。铜鼓文化的世代传承往往是族群集体记忆的建构、强化和传承的结果。通过基于铜鼓文化的集体记忆强化族群成员的身份认同是红水河流域铜鼓文化传承民族得以繁荣和强盛的一个重要原因。民国《河池县志》就有记载：“南丹土州……地方多古代铜鼓，凡遇年节及有婚丧等事，皆击铜鼓并挝革鼓以和之。击鼓者多瑶人，击必跳舞，多数以次轮击，每三通辄饮酒呼喝以为礼。”① 可见，族群成员作为人群共同体的基本构成

①《中华舞蹈志》编辑委员会：《中华舞蹈志·广西卷》，学林出版社，2004，第403页。

要素，必须定期参与带有仪式感的群体性活动，并通过建构和强化集体记忆的过程展现其与民族共同体不可分割的血脉联系。

集体记忆的延续性可以保障个体身份认同的稳定性。对于红水河流域相关民族而言，铜鼓是一种聚合本民族族群发展史、神话传说和民族身份认同的集体记忆承载物，俨然已经成为民族文化的公共符号。以铜鼓为符号载体的文化事象以仪式为最主要的表现手段，贯穿于各民族传统的信仰生活中，其传播网络还将各家族的社会关系整合为信仰群体关系，进而强化民族群体的信仰认同，以此突显共同体成员的族群身份意识和集体归属感。东兰县布努瑶一年中有多次以铜鼓为信仰承载物的文化事象展演活动，其使用铜鼓的场合包括春节、祝著节、建新房和男性葬礼等。届时，各家若有用到铜鼓的祭祀仪式，先要由麽公将铜鼓摆在祖宗牌位前举行祭鼓仪式；铜鼓用完后则要妥善保管于自家房子或洞穴中。他们通过庄严肃穆的藏鼓、护鼓、养鼓和祭鼓等仪式性行为，将这种崇高的信仰体验植入每一个族群的家庭和个体的意识形态之中，从而使之成为巩固族群凝聚力的有效手段。

铜鼓也融入红水河流域相关民族神话传说的象征体系之中，以身体实践的方式使之系统化和程序化，通过重复的仪式展演而实现代际传承的目的，最终形成一个隐喻性的文化再生产过程，以确保个体身份认同与民族集体记忆的稳定性。因此，铜鼓与民族史诗的联姻可以进一步放大文化事象的神圣性，获得更强大的信仰维系功能。瑶族创世史诗《密洛陀》中的《铜鼓魂》这样写道：“密龙峒会见了客人，抱歉把话讲：劳累睡不醒，忘记把水放，误了我妹的时节，望她多包涵。又对公母铜鼓说：水界水声大，只有你们俩，才能叫醒我，日后如果睡不醒，没记得送水，你们就来叫醒我。”[①] 瑶族先民们在创世史诗《密洛陀》中交代了公母铜鼓的神圣功能为唤醒密龙峒降水，以口头叙事的方式为铜鼓舞的展

图七　瑶族群众欢庆祝著节（梁汉昌　摄）

① 蒙冠雄、蒙海清、蒙松毅：《密洛陀》，广西民族出版社，1999，第159页。

演提供了叙事文本。东兰县三弄瑶族乡布努瑶流传着这样一个传说：1968年春节，两面被深埋的铜鼓突然鸣响，另外两面铜鼓随声附和。此外，还有装有粮食的铜鼓在火灾中能够飞走逃生的传说。常识告诉我们，这些传说均属于虔诚的虚构叙事，只是一种受到信仰体验刺激而自发产生于民间的神话创作行为。随着时间的流逝，这种虚构叙事或许也将成为另一种被合法化的神话传说，并进入后辈的节日活动中。彝族在过跳弓节时要跳五笙舞和铜鼓舞。他们的《铜鼓歌》唱道："离开越析诏，哪样都不要，只带那铜鼓，作我传家宝，众人背着走，走走又敲敲，带着铜鼓走，万众心一条。背着铜鼓行，吹着五笙来，泪水湿透衣，回头不成人；普毛才歇脚，兵祸又临头，十日一步路，难为我祖先。"[①] 由此可以得知，彝族跳弓节源于其先民战胜敌人后欢庆胜利的事件，而五笙和铜鼓则成为其祖先斗争史和迁徙史的象征符号，当然也成为本民族的集体记忆符号。通过跳弓节的重复性展演，这种以铜鼓为公共符号的集体记忆得以传承下来。

图八　那坡县彝族跳弓节场景（王光荣　摄）

除了仪式和舞蹈等形式以外，与族群发展史和神话传说相关的思想意识形态也可能演变成带有缅怀祖先丰功伟绩性质的杂技表演事项，以另一种方式将族群集体记忆传承下去。如东兰县三弄瑶族乡的布努瑶有一种独特的咬铜鼓表演。在2011年3月30日举行的首届东兰国际铜鼓文化旅游节上，三弄瑶族乡的布努瑶同胞蒙胜文展示了咬铜鼓绝技。他从12岁开始练习咬铜鼓，经历了30多年的刻苦磨炼。他用牙齿咬起重达21公斤的铜鼓时，显得气定神闲，技艺之精湛着实令人惊叹。然而，这种咬铜鼓表演并非出于纯粹娱乐的表演性动作，而是为了纪念布努瑶的老祖宗在遭到侵略时机智逃生的仪式性竞赛动作，具有深刻的民族集体记忆成分。咬铜鼓的舞蹈表演难度很大，其蹲击、弯腰击、转身击等舞蹈动作具有极高的难度，其表演成功需要力量与技巧，往往能够将整个铜鼓舞带入高潮。

红水河流域相关民族对铜鼓有一种独特的民族情感，这无疑与各民族艰难的发展史有关。他们在缅怀祖先功绩的过程中以铜鼓为符号载体，通过神话、仪式和歌舞等形式，将真挚的信仰体验外化为集体文化事象，在各种节日庆典和人生礼仪等重大文化场域中强化了本民族的集体记忆，使得铜鼓成为承载本民族集体记忆的文化符号。他们将铜鼓视为有

① 张丽璧、王光荣、李学伦：《广西彝族的跳弓节及跳弓舞》，《民族艺术》1987年第4期。

图九　东兰县布努瑶男子表演咬铜鼓（王梦祥　摄）

血有肉的有灵神物，赋予它保佑本民族繁荣与昌盛的伟大使命。这也是红水河流域少数民族铜鼓文化至今熠熠生辉的主要原因。

## （二）充当凸显红水河流域稻作文化的主要象征体系

在2000多年的发展史中，铜鼓从滥觞期到成熟期再到衰落期，其功能和由此而承载的象征意义体系呈现出一种抛物线状的发展轨迹。除了具有作为乐器的娱乐功能，铜鼓还承载着作为神器、礼器和权力重器的象征功能。铜鼓作为神器、礼器和权力重器的象征功能都在铜鼓的外部造型上有所体现。可以说，铜鼓的鼓面以及包括鼓胸、鼓腰、鼓足和鼓耳等部位在内的整体造型是一个具有丰富指向意义的符号体系。如果将红水河流域铜鼓的各种造型元素看作一个符号能指的话，那么其指向的就是该流域内各民族的社会制度、经济手段、原始信仰和风俗习惯等。总体而言，这些铜鼓以太阳纹（日芒纹）为主导，太阳之下是翱翔天际的鹭，再下层是地面上行走的动物、舞人或竞渡之船。从某种意义上而言，整个铜鼓形成了一个包含从太阳到地面的宇

图一〇　铜鼓鼓面上的太阳纹等纹样（王梦祥　摄）

宙模型，表达了红水河流域相关民族先民祈求风调雨顺、稻作丰收的信仰需求。这也充分说明，太阳纹、青蛙纹、翔鹭纹和牛纹等纹样随着铜鼓从云南传至广西之后，红水河流域使用铜鼓的民族并非仅仅流于外形上的模仿，而是将之内化为一种基于稻作文化的原始信仰符号。

从红水河流域出土的铜鼓来看，其造型以太阳纹为主体纹样。太阳纹在红水河流域具有深厚的社会内涵。骆越族群是一个稻作民族，与农作物息息相关的太阳自然成为其崇拜的对象。语言属壮侗语族的民族还流传有关于射日和逐日的神话，如壮族的《特康射太阳》和毛南族的《格射日月》等。此外，在南方一些民族地区，青蛙既是生殖崇拜的图腾物，也是雷神之子。尤其是在壮族地区，青蛙崇拜贯穿了其节日和民俗的方方面面。“正是在母系社会中，青蛙所具有的那些类似女性的生殖特征才会引起人们的重视，进而产生对它们的崇拜。”① 在红水河流域的壮族地区，青蛙被称作“蚂蜗”。至迟在唐代，因传说青蛙可通天地、主雨水而成为铜鼓的象征物，从而使铜鼓被神圣化为铜鼓精，并被很多民族称为“蛙鼓”。唐代刘恂在《岭表录异》中记载：“僖宗朝……有乡野小儿……穴中得一铜鼓，其色翠绿，土蚀数处损阙。其上隐起，多铸蛙黾之状，疑其鸣蛤，即鼓精也。”② 红水河畔的《蚂蜗歌》唱道：“天下树有根，地上水有源；说起孝蚂蜗，更是有来源。说来根底长，数来源流远；说到布洛陀，数到姆六甲；才对它的根，才中它的源。”③ 对原始人而言，土地是万物之母，自然也是万物萌生的基础。“在人类的原始思维中，死亡并不意味着生命的结束，而是意味着生命进入到了新的阶段。也就是说，土的特殊生殖力在生命的两个最为重要的阶段发挥着极为重要的作用——既帮助人类诞生，又帮助生命再生。”④ 或许是古人参透了青蛙冬眠是下一轮生命力的开始，因而将它所象征的铜鼓深埋于地下，以获得土地赋予的生命力。《桂海虞衡志》记载：“铜鼓，古蛮人所用，南边土中时有掘得者。”⑤《岭外代答》亦有云：“广西土中铜鼓，耕者屡得之。”⑥ 红水河流域地下埋藏着众多铜鼓，此为土地崇拜之缘故。

红水河流域相关民族形成一种以稻作文化为主体的农业文化群，土地、雷神、青蛙、雨水等一切与稻作农业相关的因素均被神圣化与符号化，进而内化到该区域各民族所共有的信仰体系中。“壮人曾崇敬过的图腾天象方面有太阳、月亮、星星、云彩、雷电、雾霭、暴雨等；动物最多，有鳄鱼、蛇、野鸡、鸟类、犬、蛙类、牛、犀牛、熊、虎、鹿、猴……”⑦ 以壮族为代表的语言属壮侗语族的民族相信万物有灵，所有崇拜物都通过其意志力实现一个共同的功能，即创造一个有利于稻作生产的风调雨顺的农业生态。因此，红水河流域的多神崇拜是一种以稻作文化为内核的原始崇拜，而铜鼓从鼓面到鼓胸、鼓腰和鼓足的整体纹饰，只不过是这样一个信仰体系的符号系统。无论是在生产劳动中，还是在人生礼仪中，还是在节日庆典中，这些民族都需要将该符号系统公之于众，示之于神。红水河流域的稻作文化与铜鼓文化共荣共生，即为此地铜鼓文化亘古流传而延绵不绝的主要原因。

① 廖明君：《生殖崇拜的文化解读》，广西人民出版社，2006，第340页。

② 商壁、潘博：《岭表录异校补》，广西民族出版社，1988，第44页。

③ 廖明君：《生殖崇拜的文化解读》，广西人民出版社，2006，第340页。

④ 廖明君：《生殖崇拜的文化解读》，广西人民出版社，2006，第42页。

⑤ 齐治平：《桂海虞衡志校补》，广西民族出版社，1984，第14页。引文中的“蛮”，为当时统治者对南方少数民族的蔑称。为保留引文原貌，概不改动，全书同。

⑥ 周去非：《岭外代答校注》，杨武泉校注，中华书局，1999，第254页。

⑦ 梁庭望：《壮族风俗志》，中央民族学院出版社，1987，第78页。

图一一　东兰县巴英村蚂蚜节（温远涛　摄）

## 四、红水河流域少数民族铜鼓文化的活态性与多样性

红水河流域各民族使用的铜鼓以及与之相关的信仰习俗是一种具有巨大社会价值的非物质文化遗产。作为多民族共有的文化现象，我国历史上的铜鼓文化主要流布于两广和云、贵、川地区。然而，目前国内还保留有铜鼓文化的区域已经萎缩到了红水河流域。该区域内的壮族、瑶族、布依族、苗族、水族、毛南族和彝族仍然在婚姻嫁娶、丧葬仪式、祭祀仪式和节日庆典中使用铜鼓，这是铜鼓文化活态性与多样性的最好诠释。红水河流域少数民族铜鼓文化的活态性与多样性构成一组唇齿相依的共存关系：活态性即铜鼓文化真正融入区域内各民族的生产和生活中，能够满足他们精神方面的需求；多样性则体现为铜鼓文化在传承主体、使用场合和表现形式等方面的多元共存，每一种文化形态的发展均以它与其他形态相互间的意义关联为基础。活态性是红水河流域少数民族铜鼓文化能够繁荣2000多年的主要原因，也是它今后能够继续存在的关键；而多样性则是红水河流域少数民族铜鼓文化的活态性得以存在的生态基础，可以为其整体繁荣提供全面的文化语境。

### （一）红水河流域少数民族铜鼓文化的活态性

文化事象的活态性表现为传承主体的参与性以及文化语境的活态性。在铜鼓文化2000多年的发展过程中，使用铜鼓的民族逐渐拓展了铜鼓的象征领域并赋予其多种功能，先使之成为乐器，继而成为神器、礼器和权力重器。随着封建社会的解体，铜鼓作为权力重器的功能已经消失，而作为乐器、神器和礼器的功能却在红水河流域较好地保存了下来，该流域内的壮族、瑶族、布依族、苗族、水族、毛南族和彝族依然在祭祀天地、祭奠先祖、禳灾避邪、超度亡灵、求神降雨、婚嫁建房和节日庆典中使用铜鼓。如田林县木柄瑶的铜

图一二　首届东兰国际铜鼓文化旅游节活动现场（韦霍　摄）

鼓见证了他们艰苦的迁移史，铜鼓对他们而言是祖先的标识和历史的记忆。田林县木柄瑶通过启用铜鼓、祭铜鼓和跳铜鼓舞等活态身体实践，集中再现了本民族的农耕文化和迁移史，将原来的祭祀活动再造成一种原生态的舞蹈形式，以明确族群身份认同和文化认同。据《田林县志》记载："木柄瑶自称，铜鼓是老祖宗从古州八万寨运江大石桃迁来时带来的，已经有二百多年历史。"① 在某种意义上，正是因为红水河流域各民族出于维护民族身份认同和民族文化认同的需要，借助身体行为外化其地域性和民族性，铜鼓文化才被各民族群体、各村寨或个人内化为他们的行为习惯，它的活态性和传承性等特征才能够在承载者身上被发现、认知和解读。

首先，红水河流域少数民族铜鼓文化的活态性以人类身体实践为基础，通过传承主体的实际参与强化身体记忆和集体记忆，形成传承惯性。该流域有藏鼓、护鼓、养鼓、祭鼓和赛鼓的习俗。若某一村寨拥有铜鼓，该村寨便基本人人会打铜鼓，会跳铜鼓舞。米歇尔·福柯认为："古典时代的人发现人体是权力的对象和目标。我们不难发现当时对人体密切关注的迹象。这种人体是被操纵、被塑造、被规训的。它服从，配合，变得灵巧、强壮。"② 人类自诞生以来便被束缚于权力之网，其身体也被无形的社会力量操控和规约。这种权力之网既编织于人与神之间，也编织于人与人之间。原始人类俯首称臣于神权脚下，其实质乃因自身力量渺小而受制于自然力的控制。因此，神权即为自然力的神格化。自从成为社会化的人以来，人便受到规约的约束，不能够随心所欲、为所欲为。铜鼓作为神器，无论是祭祖还是祭天，无非是人类的生命力在努力冲破这种权力网络的束缚。它从人的生物性和社会性两个维度发挥象征功能。正是在这样一种活态的传承中，红水河流域少数民族铜鼓文化才达成了代际传承的目的，即千百年来铜鼓文化对人类身体的活态规训而造就的传统惯性。广西东兰、天峨、南丹等地的壮族在蚂蜗节敲击铜鼓，是通过青蛙崇

① 田林县地方志编纂委员会：《田林县志》，广西人民出版社，1996，第158页。

② 米歇尔·福柯：《规训与惩罚：监狱的诞生》（修订译本），刘北成、杨远婴译，生活·读书·新知三联书店，2012，第154页。

拜所象征的降雨和生殖功能来为自身种族繁衍提供保障；广西马山、东兰、巴马和都安等地的瑶族庆祝祝著节时敲击铜鼓，是为了庆祝丰收，纪念始祖密洛陀。人们认为，只有身体的活态参与，铜鼓才能够将神灵的恩赐传递到各个家庭和整个村寨。同时，由于红水河流域是众多民族的聚居区，各民族既要凸显本民族的身份特质，又要展现与其他民族的文化类同，铜鼓文化便充当了这样一种载体。各民族都在自己的节日、祭祀仪式和其他庆典场合使用铜鼓，身体行为的类同性从视觉上维护了区域内不同民族之间的信仰认同，铸就了彼此间的共同体意识；各民族在铜鼓文化的身体实践中又具有自己的独特之处，正是其不同民族发展史和宇宙观念的体现，展现出本民族内部的身份标识和文化认同。因此，为了种族繁衍所进行的祭祀仪式和娱乐行为发生在人与神的权力网络中，体现的是人类的生物性需求；为了处理民族内外认同关系而进行的活态性铜鼓文化行为发生在人与人的权力网络中，满足的是人类发展的社会性需求。

其次，红水河流域少数民族铜鼓文化的活态性还体现在其文化语境的活态性方面。红水河流域少数民族铜鼓文化是一种存活于诸多动态性场域的活态文化，因此得以传承至今。与上述人类身体实践相关联，此处指铜鼓文化通过祭祀天地、祭奠先祖、禳灾避邪、超度亡灵、求神降雨、婚嫁建房和节日庆典等活态性文化事象而传承下来。例如，壮族是现代使用铜鼓较为频繁的民族之一；铜鼓文化是当今流传在红水河流域壮族人民生活中的民间文化事象，主要通过节日庆典和人生礼仪等活动传承。节日是充分展示民族文化的平台，因而红水河流域几乎每个拥有铜鼓的民族都会在其重大节日活动中使用铜鼓，彰显出铜鼓文化的活态性。“红水河流域的壮族使用铜鼓最频繁、最庄重的是青蛙节（俗称蚂𧊅节、蛙婆节）。其突出的特点是活动的每个环节都离不开铜鼓，无论是请蚂𧊅、游蚂𧊅、孝蚂𧊅，还是葬蚂𧊅，都以铜鼓为先导。”①壮族先民蚂𧊅崇拜的产生及其习俗的形成，与新石器时代原始农业的产生与发展密切相关。《祈蚂𧊅歌》中唱到铜鼓时如是说：“蚂𧊅神呀蚂𧊅神，打着铜鼓接你来到，敲着铜锣迎你光临。”②《祈蚂𧊅歌》是一种民间歌谣，动态传承是其主要特征，否则早已消失不见。可见，铜鼓文化可以单纯地出现在歌谣这种民间艺术形式中，借助口耳相传的动态性传承方式得以留存。铜鼓也可以成为蚂𧊅节等动态文化事象中必不可少的通神器物。也正因为铜鼓的合法性和神圣性，由于缺少铜鼓，现在“凤山、巴马等地已经不再举办壮族蚂𧊅节，即便是壮族蚂𧊅节最为盛行的东兰县也有不少乡村逐渐减少举办壮族蚂𧊅节的活动”③。

红水河流域少数民族的铜鼓还是很多民族人生礼仪的必备器物，如南丹瑶族、壮族和苗族举办葬礼，以及巴马布努瑶办婚礼、盖新房和举行还愿仪式时都要使用铜鼓。这些民族都视铜鼓为神灵，认为它具有沟通祖先、护送亡灵和祈福禳灾的功能。在南丹县白裤瑶的葬礼上，铜鼓是必不可少的。举行葬礼的时候，有铜鼓的亲朋就带上铜鼓赶来吊唁。铜鼓对于丧家和吊唁者均意义非凡：一方面，他们认为铜鼓可以超度死者，护送死者亡灵归祖，同时铜鼓数量的多寡也是丧家社会关系的反映；另一方面，吊唁者带来的铜鼓在铜鼓阵营中的位置也体现出吊唁者与丧家的社会关系。南丹县的苗族在举办葬礼时也使用铜鼓。南丹中堡苗族视铜鼓为神明，在葬礼中打铜鼓被称为“哀鼓”，在盖棺和安葬死者前一天晚上都要敲击铜鼓。在东兰县，年寿已高的壮族亡者要由两位老人将其扶坐于铜鼓上接受亲人的拜祭后方可入殓，此后丧家方可报丧。在凌云县，布努瑶男子举行婚礼时要在请客的当天敲打铜鼓迎客。凌云县布努瑶在盖新房的时候，也要打铜鼓迎接舅家大梁的到来。

红水河流域少数民族铜鼓文化的历时性和功能性强化了其在此类动态文化事象当中的

① 万辅彬、蒋廷瑜、韦丹芳等：《大器铜鼓：铜鼓文化的发展、传承与保护研究》，中国科学技术出版社，2013，第 83 页。

② 蒋廷瑜、廖明君：《铜鼓文化》，浙江人民出版社，2007，第 145 页。

③ 廖明君主编《中国节日志·蚂𧊅节》，光明日报出版社，2014，第 17 页。

合法性和神圣性。红水河流域瑶族的祝著节、彝族的跳弓节和苗族的苗年也是如此，无一不用到铜鼓。红水河流域少数民族正是通过广泛的身体实践，充分将铜鼓文化融入祭祀天地、祭奠先祖、禳灾避邪、超度亡灵、求神降雨、婚嫁建房和节日庆典等活态文化事象。见人、见物、见生活，红水河流域少数民族铜鼓文化才能够在其他地区的铜鼓文化逐渐消失的时候一枝独秀。

## （二）红水河流域少数民族铜鼓文化的多样性

文化是一种复杂的社会现象，具有历史性、地域性和民族性。从地域性而言，红水河流域少数民族铜鼓文化具有统一性，但民族性和历史性两大要素间的动态组合决定了它又具有多样性。因此，要探讨红水河流域少数民族铜鼓文化的多样性，就得先从各民族的历史性和民族性谈起。以各民族的发展史为分类标准，红水河流域传承铜鼓文化的民族可分为三个族群：作为世居民族的壮族、布依族、水族和毛南族（其使用的语言属于壮侗语族）；后来迁入的苗族和瑶族（其使用的语言属于苗瑶语族）；彝族（其使用的语言属于藏缅语族）。此三个不同族群各自具有不同的发展史，从纵向的历史性维度决定了他们的铜鼓文化具有不同的民族性特点，进而决定了红水河流域少数民族铜鼓文化具有民族性和多样性。

首先，民族发展史的多样性决定了红水河流域少数民族铜鼓文化的多样性。文献记载表明，历史上的骆越、乌浒、俚僚、仡佬、黎、苗和彝等民族都是铜鼓文化的创造族群。骆越、乌浒和俚僚是壮、布依、黎、侗、水、毛南、仫佬和仡佬等民族一脉相承的先民。骆越为历史上仅次于滇人的、较早使用铜鼓的民族，其将铜鼓文化推到了新的高度。《后汉书·马援列传》记载：“援好骑，善别名马，于交阯得骆越铜鼓，乃铸为马式，还上之。”①此记载表明，东汉伏波将军马援因好骑而将所获之骆越铜鼓重铸为马。从传世铜鼓的分布情况来看，广西作为古骆越族群的主要活动区域，现在所收藏的铜鼓大约占据了全国收藏总数的三分之一。汉至晋时，乌浒成为西瓯和骆越的族称，乌浒所铸造之铜鼓为粤式的北流型铜鼓和灵山型铜鼓，主要分布于桂东南和粤西南地区。到了南北朝时期，乌浒又被称为“俚人”“俚僚”“黄峒蛮”“乌武僚”。俚僚所使用的铜鼓被称为“俚僚铜鼓”，主要为冷水冲型铜鼓，是部落首领都老的权力重器。《广州记》云：“俚僚铸铜为鼓，唯以高大为贵，面阔丈余。”②仡佬族和黎族都是俚僚之后裔，均使用铜鼓。苗族和瑶族为蚩尤部落之后裔，经历多次大迁徙来到湘西、黔东北、川东南和桂西北一带，他们也使用铜鼓。清人傅恒在《皇清职贡图》卷七中记载：“苗人……遇节序，则击铜鼓、吹角，赛神。”③彝族也是一个具有悠久铜鼓文化史的古老民族。彝族的祖先是由西北南迁的氐羌族群，自南北朝始就有使用铜鼓的记载。《岭表录异》“铜鼓”条曰：“蛮夷之乐，有铜鼓焉。形如腰鼓，而一头有面。”④此外，四川凉山彝族自治州（以下简称“凉山州”）和贵州西北地区的彝族都有出土和传世的铜鼓。梳理历史上的骆越、乌浒、俚僚、仡佬、黎、苗和彝等民族的铜鼓文化发展史，就可以发现它们与现在红水河流域的壮、瑶、布依、苗、水、毛南和彝等民族的铜鼓文化具有明显的继承关系，并且历史上各民族的铜鼓形制和使用习俗也表现出了明显的多样性。可见，无论是世居还是迁入，红水河流域各民族的

---

① 范晔：《后汉书》，中华书局，1965，第 840 页。

② 周去非：《岭外代答校注》，杨武泉校注，中华书局，1999，第 254 页。

③ 傅恒等：《皇清职贡图》，辽沈书社，1991，第 836 页。

④ 商壁、潘博：《岭表录异校补》，广西民族出版社，1988，第 44 页。引文中的“蛮夷”，为当时统治者对南方少数民族的蔑称。为保留引文原貌，概不改动，全书同。

先民均是以其原有的宗教信仰和节日习俗等为基础对铜鼓文化进行接受和创新，并在世代传承的过程中将其民族属性遗传下来。因此，民族发展史的多样性必然会在铜鼓文化方面有所体现，从而形成红水河流域少数民族铜鼓文化的民族性和多样性。

其次，求生存、促发展的欲望催生出红水河流域少数民族铜鼓文化的多样性。从本质而言，人是自然属性和社会属性的统一体。自然属性是人的物质基础，满足人类最低层次的生产和生殖方面的需求，以促进种族的生存和繁衍。如果将生产和生殖的欲求概括起来，则可称之为“生命的冲动”。柏格森认为，“生命的动力是生命的冲动，它经常创造着层出不穷的新形式，从一个创造向另一个创造前进”①。诚如柏格森所言，“生命的冲动”虽属于人的自然属性，却为人类的一切文化行为提供了不竭的动力。红水河流域境内高峰兀立，千嶂万壁，涧水纵横。总体而言，红水河流域地势险峻，交通极为不便，生态环境较为恶劣，民间素有“常在河边住，就是没水喝”的说法，故《珠江源碑记》将之概括为“红水千嶂，夹岸崇深”。红水河流域各民族虽无法选择或完全改变其生存环境，却在艰难的发展过程中学会了用尽一切手段来调节人与环境的关系。铜鼓文化即为这样一种象征性的调节手段。红水河流域少数民族铜鼓文化传承所携带的信息是，铜鼓具有通神、祈福和促生产等多项功能，上可通雷神祈雨，下可保五谷丰登。因此，壮族的蚂𧊅节、彝族的跳弓节、瑶族的祝著节等多种多样的节庆活动，都借助了铜鼓所蕴含的巨大精神力量。以壮族为例，壮族先民为了更好地应对自然困境，创造出极具地域特点的蚂𧊅崇拜和水神崇拜文化等。这些文化元素都是壮族先民受“生命的冲动”所驱使而产生的文化创造，尤其是铜鼓外形表现蚂𧊅崇拜的青蛙塑像，更是这种“生命的冲动”的直接表征。加之历史上不断有铜鼓出土的事实，更进一步强化了这种意识形态。壮族铜鼓与歌谣文化、蚂𧊅崇拜文化、“那”文化等三种文化都有关联：与歌谣文化相融合使

图一三　蚂𧊅节抬蚂𧊅棺游村祈福（雷时稳　摄）

① 唐坚：《制度学导论》，国家行政学院出版社，2017，第99页。

有了东兰县现今还在传唱的铜鼓歌；与蚂蚜崇拜文化相融合便有了东兰、巴马、凤山和天峨等地流行的蚂蚜节拜铜鼓舞；与“那”文化相融合便有了“三月三”以开场、春耕、夏种、秋收、冬藏和迎春为序列模仿稻作生产而创作的铜鼓舞。此外，铜鼓文化在瑶族、布依族、苗族、水族、毛南族和彝族的文化体系中也不是单一的存在，而是以不同的方式融合到节庆、婚嫁、祭祀和丧葬等活动之中，从艺术表现形式和使用场合等方面凸显出铜鼓文化的多样性。

概而言之，红水河流域少数民族铜鼓文化是一种基于共同地域和共同文化载体的多元文化，既有基于物质形态的铜鼓造型文化，也有基于精神形态的非物质文化，是地域共同性与民族多样性的辩证统一。铜鼓文化的共同性表现为红水河流域使用铜鼓的所有民族都以红水河流域为同一个生存空间，铜鼓文化的多样性表现在铜鼓的使用族群、使用时空、使用方式和艺术表现等方面的丰富性。共同性有利于多民族和谐共生，多样性则有利于各民族创新和发展。

# 五、红水河流域少数民族铜鼓文化的共生性与独特价值

红水河流域少数民族铜鼓文化并非某单一民族孤立的文化存在，其传承和使用民族有壮族、瑶族、布依族、苗族、水族、毛南族和彝族，与其并存的文化事象包括岩画、神话、歌谣、音乐和舞蹈等艺术形态，它们都具有独特的历史文化价值、艺术审美价值和社会价值。

## （一）红水河流域少数民族铜鼓文化的共生性

红水河流域少数民族铜鼓文化的共生性表现在多民族共生与多艺术形态共生两个方面。

### 1. 多民族共生

红水河流域是我国西南地区重要的民族走廊。从民族构成来看，该流域以壮族、布依族、水族和毛南族等语言属壮侗语族的民族为主体民族；瑶族、苗族和彝族等语言属其他语族的民族不但与语言属壮侗语族的民族构成杂居关系，而且也在文化上相互借鉴，彼此融合，建构出一种和谐共生的共同发展态势。因此，红水河流域少数民族铜鼓文化是一种多民族共有的文化形态。它除了具有主体民族内部的多民族共生关系之外，还在包括瑶族、苗族和彝族等其他民族的更大范围内形成了共生关系。

语言属壮侗语族的民族源自战国和秦汉时期的西瓯和骆越族群，至宋元明时期才开始形成现在的各民族。语言属壮侗语族的民族是最早将野生稻驯化为栽培稻的民族，其活动区域基本靠近江河湖海之滨的水田，他们将水田称为“那”。可以说，语言属壮侗语族

图一四　围着金竹跳起铜鼓舞的彝族群众（王梦祥　摄）

的民族是倚“那”而作、择“那”而居的民族。珠江水系的诸流域遍布以“那”冠名的地名，而红水河流域是最为密集的地区之一。红水河流域少数民族基本都具有浓厚的稻作文化传统，以及以雷神崇拜、土地崇拜、鸟崇拜和青蛙崇拜为主要特点的信仰心理。因此，其内部各民族之间的文化相似性是显而易见的。铜鼓文化正是以稻作文化及雷神崇拜、土地崇拜、鸟崇拜和青蛙崇拜为根基，才能够世代传承。“越人作为稻作民族，还可能因为青蛙能在稻田里捕虫除害，青蛙的叫声同天气的阴晴也有密切联系，因而觉得它们很神秘，以为青蛙能主宰雨水。壮族甚至认为青蛙是雷神的女儿，因此其先民便以蛙为图腾，从而将其铸于铜鼓之上，使青蛙如同人的祖先一样受到祭祀。”① 越人和其后裔中语言属壮侗语族的民族均认为青蛙可主雨水，于是在雷神与青蛙之间建立起了“父”与“子”的血缘关系，又通过鸟类为雷神赋形，并将青蛙和鸟类的形象附着在铜鼓上，进而综合出一种集水神崇拜、雷神崇拜、土地崇拜和鸟崇拜为一体的原始宗教艺术品。在将神灵视觉化和人格化的过程中，超自然的雷神被视觉化为自然界中可视的崇拜物鸟类，而铜鼓本就是通神器物，加上鸟类和青蛙的图腾属性，铜鼓沟通雷神的信仰功能得到了进一步强化。

这种内在逻辑从壮、布依、水等民族的神话中可见一斑，并通过各种娱乐和祭祀活动体现出来。在壮族人类起源神话《人和神物分家》中，雷公名叫“图把”，他可以呼风唤雨，他“手执板斧，东边劈劈，西边劈劈，又蹬着铜鼓，‘轰隆轰隆’山响，把大地都震动了，还发出耀眼的闪电”②。壮族神话《布伯斗雷王》描述的雷神为鸟形：“住在天上的雷王，生就一对灯笼眼，眨起眼来骨碌骨碌闪绿光。他背脊上长了一对翅膀，抖动起来就刮风暴……手上还拿着板斧和凿子，发起脾气来，就这里凿凿，那里劈劈。”③ 布依族神话中的雷神也是布雨之神，如《布依族古歌》中的描述：“雷叫隆呀隆，雨落滴哒哒，四

① 王鸿儒：《夜郎之谜》，北岳文艺出版社，2007，第 160 页。
② 蓝鸿恩：《壮族民间故事选》，上海文艺出版社，1984，第 23 页。
③ 农冠品：《壮族神话集成》，广西民族出版社，2007，第 265 页。

月到初八，雷吼起狂飙。”① 水族神话中的雷神亦如此，如《创世歌》中写道：“初造人成四兄弟，共一父面目不同。那老大是个雷公，人第二老虎第三，那第四是条蛟龙。”② 壮族先民以鼓聚众。《宋史》卷四百九十五《蛮夷三·抚水州》对壮族先民铸造及使用铜鼓的情况也有所记载：“诸蛮族类不一……其族铸铜为大鼓，初成，悬庭中，置酒以召同类，争以金银为大钗叩鼓，去则以钗遗主人。相攻击，鸣鼓以集众，号有鼓者为‘都老’，众推服之。”③ 布依族有击铜鼓送葬的习俗。嘉靖《贵州通志》卷三载：“仲家……婚姻用牛马，有丧击铜鼓举哀。”④

瑶族、苗族和彝族虽然人数相对较少，且为迁入民族，但能够开放而主动地吸收其他民族的文化。在长期的杂居和文化融合中，他们同样具有悠久的铜鼓文化史，在铜鼓的使用场合、使用方式上都具有很大的类同性。例如，在与其他民族长期交错杂居的过程中，南丹县中堡苗族逐步吸收了壮族和瑶族等民族的铜鼓文化，并将之改造后纳入自己的信仰体系之中。南丹县中堡苗族使用铜鼓的习俗与南丹县白裤瑶一样，必须和木鼓搭配使用。铜鼓为母，木鼓为公，二者在仪式中成为统一的符号单元。在彝族的传说中，铜鼓还被人格化。“传说隆林（各族自治）县城新州镇铜鼓桥下有一面铜鼓，是从别的地方飞来同新州河里的海龙王打架的，因为鼓耳被树根挂住了，它就再也飞不回去了。”⑤

正是基于语言属壮侗语族的民族的稻作文化，再加之后来移民进入红水河流域的其他民族开放包容的学习心态，形成了红水河流域少数民族铜鼓文化多民族和谐共生的文化生态。铜鼓文化不仅是红水河流域各民族文化认同的标志性元素，而且也成为红水河流域凝聚各民族情感的文化纽带，多民族多元共生因此成为促进红水河流域少数民族铜鼓文化共同发展的关键的外在驱动力。

## 2. 多艺术形态共生

铜鼓艺术与岩画（或称“崖壁画”）、音乐和舞蹈等其他艺术形态之间产生了一种错综复杂的交叉共生关系。它们之间形成一个相互依存的艺术生态链，通过彼此共同指向的象征意义而发生联系。哪怕距离再远，只要这种共生关系还存在，就不会妨碍它们在更大的地域范围上形成象征性的意义网络。因此，红水河流域少数民族铜鼓文化具有多艺术形态共生的特点。

在原始宗教情感的支配下，每个社会集体都感到自己与所生存的环境之间存在着某种内在的联系。这是一种不可以让渡的、也不可以被抢夺的占有和被占有的关系，或者可称之为神圣关系的所有权：自然环境在生理层面上支配着人类，人类在心理层面依附于自然环境。简而言之，就是人和环境之间共存关系的神圣化。正如列维-布留尔在《原始思维》中所言：“在这个地方和这些存在物之间有一种交互的互渗：没有这些存在物的这个地方，没有这个地方的这些存在物，都不是它们本来是的那种东西。这就是斯宾塞和纪林用‘地方亲属关系’(local relationship）的名称来表示的那种东西。”⑥ 斯宾塞将这种关系称为“图腾崇拜”。岩画与铜鼓纹饰一样，具有同样的宗教发生学原理，都是基于图腾崇拜的图像集合体，或者可称之为信仰行为的图像化。二者通过存在于社会事实与平面图像之间的相似性而发生作用。互渗律是这种张力得以形成的核心要素。广西花山岩画为生活在

① 贵州省民族事务委员会古籍整理办公室、黔南州民委：《布依族古歌》，黎汝标、黄义仁等编译整理，贵州民族出版社，1998，第112页。

② 中国民间文学集成全国编辑委员会、中国歌谣集成贵州卷编辑委员会：《中国歌谣集成·贵州卷》，中国ISBN中心，2009，第999页。

③ 脱脱等：《宋史》卷四百九十五，中华书局，1977，第14209页。

④ 谢东山、张道等：《贵州通志》卷三《风俗》，嘉靖三十四年（1555年）刻本。

⑤ 蒋廷瑜：《岭南铜鼓》，广东人民出版社，2018，第537页。

⑥ 列维-布留尔：《原始思维》，丁由译，商务印书馆，2011，第130页。

该流域的骆越人所绘制，岩画中的图像有人、船、马和铜鼓等形象，是骆越人击铜鼓祭江神活动的生动写照。岩画中大多数人像都摆着同一个姿势——双手于两侧屈肘向上，双腿朝两侧张开，屈膝平蹲。学界认为这种姿势是为了表达青蛙崇拜，并将摆这种姿势的舞人称之为“蛙形人”。对骆越人而言，岩画图像与崇拜物之间最重要的是要有某种相似性，因为相似性是互渗律存在的基础，承载着一种象征性的、宗教性的社会意义。因此，他们并不在乎岩画之上的青蛙是否写实，需要的是神似，而不是形似。他们或许是为了祈求丰饶，或是为了宣示土地主权。不管出于何种目的，都要通过图腾崇拜的神圣性来达到。此外，从造型艺术的角度而言，铜鼓鼓面上的太阳纹和翔鹭纹、鼓沿的青蛙塑像，以及鼓腰的牛纹、羽人纹、舞人纹和鱼纹，都具有特殊的图腾意义。如果对铜鼓的整个造型纹样进行划分的话，具象纹样的图腾意义最强烈，介于具象和抽象之间的过渡形态次之，抽象几何纹的图腾意义最弱。因此，铜鼓的图像体系就是一个基于图腾崇拜的象征体系，凝聚了红水河流域相关民族的太阳崇拜、青蛙崇拜、鸟崇拜等多种原始信仰心理。从这个意义

图一五　鸟瞰红水河（王梦祥　摄）

图一六　宁明县花山岩画铜鼓祭祀场景（王梦祥　摄）

上而言，铜鼓与广西花山岩画一样，都是基于图腾崇拜的信仰情感图像化。青蛙形象和太阳纹是铜鼓造型与花山岩画共有的元素。花山岩画将铜鼓以及与之相关的铜鼓舞纳入其视觉元素中。“在花山岩画中，以‘日芒纹’代表铜鼓的形象多有出现在祭祀活动中，即有多组岩画表现了一群或若干人膜拜于‘日芒纹’（铜鼓）之下或旁边，有处于图像群中，或处于画面中心高大正身人像脚下，或有侧身人像持举铜鼓，或挂于侧身人像队列上方。”①如果说，铜鼓整体造型是图腾崇拜的视觉反映，那么也可以说，花山岩画中的铜鼓形象则是对这种视觉反映的再反映，二者都属于骆越族群同一个图腾系统。

铜鼓文化与音乐、舞蹈的关联来自铜鼓脱离炊具之后的两大主要功能——娱乐功能和祭祀功能。有时人群围绕铜鼓呈圈状而舞；有时击鼓者即舞者，铜鼓音乐与舞蹈合二为一，演奏动作即为舞蹈动作。无论采取何种演奏方式，都必须具有一定的节奏和韵律，以此协调和指挥舞蹈动作。原始先民出于对未知事物的恐惧，“对自然物、自然力如天体、大地、日月、星辰、山川、雷电、风雨等作为人格化的神灵加以膜拜，并企望以祈祷、祭祀、舞蹈、音乐等形式对它们施加影响，由此产生了对大自然的崇拜”②。在他们表达自然崇拜的过程中，铜鼓以及与之相关的音乐和舞蹈成为他们对神灵施加影响的手段。因此，通神一直都是铜鼓主要的功能，与其相关的音乐和舞蹈都是用作沟通神祇的媒介，鼓、舞、乐无法截然分开。西江上游地区南北盘江流域的布依族至今依然保留有击铜鼓祀鬼神的习俗。《晴隆县志》记载：“若遇天灾、人祸、疾病等，则祈求神灵保佑，或请摩师打狗，打牛，击铜鼓、沙锣，以祀鬼神。”③直到现在，红水河流域的天峨、南丹、东兰、巴马、大化、都安等地的壮族、瑶族、苗族和彝族等民族依然将铜鼓视为通神器物。该流域的壮族人一直都有过蚂蜗节的习俗。在过蚂蜗节的过程中，所有村寨的铜鼓都

① 胡宝华、刘立策：《骆越花山岩画的稻作文化解读》，《民族学刊》2017年第3期。

② 林耀华主编《民族学通论》（修订本），中央民族大学出版社，1997，第460页。

③ 贵州省晴隆县县志编纂委员会：《晴隆县志》，贵州人民出版社，1993，第92页。

必须请出来，全程参与找蚂蜗、游蚂蜗、葬蚂蜗等过程。蚂蜗节上，有戴着禹、尧面具祭祀铜鼓的舞蹈，称“拜铜鼓舞”。在蚂蜗葬礼当天，铜鼓作为通神器物，必须放于高处，以便于借助鼓声和舞蹈向雷神汇报即将举行蚂蜗葬礼的消息。蚂蜗葬礼完成之后，铜鼓的功能由通神转换成娱乐。人们在铜鼓音乐中欢快起舞。在南丹县，铜鼓一直是葬礼仪式中最主要的乐器。南丹县白裤瑶认为，铜鼓是联系死者与祖先居所的通神媒介，从葬礼的开路到砍牛，再到送葬，铜鼓全程参与。东兰县兰阳村壮族的丧葬仪式以及南丹县苗族老人的丧葬仪式，也都有铜鼓的全程参与。

基于娱乐功能的铜鼓音乐和舞蹈是另外一种形式。虽然远古时期的先民生存极其困难，但他们却具有载歌载舞的娱乐情怀。正如《吕氏春秋》所载：“昔葛天氏之乐，三人掺牛尾，投足以歌八阕。”① 春秋战国时期已经进入了文明社会，产生于此时期的铜鼓必然具有娱乐功能。只不过相比于受到万物有灵观念支配的原始信仰情怀，此时的铜鼓以祭祀功能为主。随着社会经济的发展，人们自身的世俗性享乐日益受到重视，铜鼓的娱乐属性由此被逐渐释放出来。尤其是到了唐宋之后，社会经济和市民文化进一步发展，红水河流域相关民族在节日庆典中击鼓娱乐，铜鼓愈来愈频繁地参与到娱乐性的音乐和舞蹈艺术当中。《旧唐书》写道：“宴聚则击铜鼓，吹大角，歌舞以为乐。”② 到了清代之后，红水河流域少数民族的铜鼓作为乐器的娱乐属性进一步凸显。李调元在《南越笔记》卷六中写道：“古时蛮部多以铜为兵，以铜为器。富者鸣铜鼓，贫者鸣铛，以为聚会之乐。”③ 民国时期，徐珂也详述了苗族和黎族好歌舞、好铸铜鼓的特性：“苗族、黎族在湘、蜀、黔、滇、两粤之间……其人被服缯纩，好歌舞，挟巫蛊之术，好铸铜鼓，所用兵器，为弓、矢、刀、矛、剑、盾之属。”④

图一七　南丹县白裤瑶男子打鼓祭丧（玉时阶　摄）

① 高诱：《吕氏春秋》卷五，钦定四库全书本。
② 刘昫等：《旧唐书》卷一百九十七，中华书局，1975，第5274页。
③ 周伟民、唐玲玲辑纂点校《历代文人笔记中的海南》，海南出版社，2006，第199页。
④ 徐珂：《清稗类钞》第十四册，商务印书馆，1917，第189—190页。

总而言之，铜鼓可作为乐器和神器用于红水河流域相关民族祭祀、婚嫁、丧葬和喜庆节日等场合中，或独奏，或伴歌舞。在通神功能和娱乐功能这两种功能当中，音乐和舞蹈是实现其目的的主要方式。无论是通神还是娱乐，载歌载舞、娱神娱人是红水河流域少数民族铜鼓文化之艺术特征的最佳诠释。

## （二）红水河流域少数民族铜鼓文化的独特价值

红水河流域是世界上铜鼓分布最为密集、现在依然保留着活态铜鼓文化的主要地区。红水河流域少数民族铜鼓文化集自然崇拜、祖先崇拜和生殖崇拜等多种要素为一体，早已经融入各族民众的信仰体系中，成为红水河流域最具代表性的文化“活化石”和文化名片，具有独特的学术研究价值、艺术审美价值、历史文化价值，在中华民族文化史上占有重要的地位。

在铸造工艺方面，每一面铜鼓都是一部涉及采矿、冶炼、铸造和声学等多方面知识的百科全书，其跨民族传播是不同民族间文明互鉴的结果，使用习俗则是某一民族一种复杂的文化行为。因此，铜鼓作为一种复杂的文化集成品，具有科技史、美学、民族学和人类学等多方面的学术研究价值。以科技史研究价值为例，红水河流域相关民族目前使用的铜鼓多为麻江型铜鼓。在现存的铜鼓中，麻江型铜鼓是使用时间最长、分布地域最广的类型。早期麻江型铜鼓的所属年代上限大概是南宋。通过对此类型铜鼓的科学技术研究，人们可以对我国南方地区南宋至明清时代的铜矿开采、冶炼和铜鼓铸造技术有一个大概的了解。铜鼓也是一种受信仰心理支配的、极为精致的造型艺术。各民族装饰于其上的纹饰和图案并非随性而为，而是他们精神追求和信仰追求的形象化和物质化，蕴含着铸造和使用铜鼓的民族的审美倾向。红水河流域相关民族使用的铜鼓在外部造型上以太阳纹为主，体现了稻作民族的自然崇拜、祖先崇拜和生殖崇拜等多方面的信仰追求，以及顺应自然、追求天人和谐的朴素生态观。可以说，红水河流域少数民族铜鼓文化是该流域相关民族审美趣味的直接体现，具有极大的艺术审美价值。同时，铜鼓不是单一的艺术品，并非为了纯粹的审美趣味而生。红水河流域的铜鼓是壮族、瑶族、布依族、苗族、水族、毛南族和彝族等民族协调“天—人”关系、“神—人”关系以及“人—人”关系的必备器物，既是神器和乐器，也是礼器和权力重器。到目前为止，壮族的蚂蚂节、瑶族的祝著节、水族的端节和卯节等民族节庆，以及壮族的求雨仪式、瑶族的葬礼等，都还在使用铜鼓。因此，红水河流域少数民族铜鼓文化与相关民族的民俗风情结合在一起，组合成了一个庞大的文化体系，具有极高的人类学研究价值。

铜鼓具有2000多年的发展史。从诞生时期的万家坝型铜鼓开始，铜鼓的铸造、交易、使用和传播过程便与各民族的发展史、迁徙史以及民族文化交流现象密不可分。红水河流域少数民族铜鼓文化是一种跨民族的综合性文化现象，是壮族、瑶族、布依族、苗族、水族、毛南族和彝族等民族之间关系的反映。瑶族有一个传说将不同民族之间亲如兄弟的关系隐喻在对铜鼓来源的描述之中：密洛陀在三个孩子长大成人后，便给老大一杆秤，给老二一把犁，给老三一把刮子、一把铲、一捧小米和一捧玉米。老大用那杆秤发展成做生意的汉族，老二扛着犁成为在平坝地区从事稻作生产的壮族，老三则是住在山里的瑶族。这个故事反映出瑶族先民对历史上瑶、壮和汉三个民族之间相互关系的理解：瑶族从事山地农业，壮族从事稻作农业，汉族从事商贸。从中也可以看出，瑶族先民在对这种民族关系进行艺术加工的时候，依据自身的现实情况，将铜鼓描绘成密洛陀为了弥补其弱势地位而送给他们的礼物。红水河流域大多数民族本身是不铸造铜鼓的。因此，铜鼓的铸造和使用便无形中形成了某种社会分工，铜鼓的购买行为便不可避免地涉及不同民族之间的贸易关系。红水河流域现存的铜鼓沿着红水河流域两岸分布也是这种贸易关系的反映：由于陆路交通不便，沿着红水河采用水运便成为各民族将铜鼓运输到家的主要方式。

作为一种具有不同地域特色和民族特色的文化资源，红水河流域少数民族铜鼓文化的文化多样性价值也不容忽视。铜鼓曾经具有多种社会功能。汪宁生在《铜鼓与南方民族》一书中介绍，铜鼓在生活中除了有传递信号、祭祀、娱乐等用途外，还应用于丧葬、婚姻、战争和报时等方面。这是古时候南方地区不同民族在铜鼓社会功能方面的共性所在。然而，“由于历史的原因，人们至今不得不生活在他们自己所创造的不同的语言、文化之中，这就是人类文化多样性存在的现实性与多样性”①。因此，文化多样性是客观的存在，是文化差异性的另一面。首先，它源自各个民族所处自然环境的差异性。自然环境的差异性决定了生产方式的差异性，进而又决定了社会关系和文化类型等上层建筑方面的差异性。其次，它也与不同民族具有不同的发展史有关。红水河流域少数民族铜鼓文化亦是如此。红水河流域使用铜鼓的不同民族之间在具体的使用方式上，以及与之相关的艺术形态上都具有一定的差异性。即使是语言同属一个语族的不同民族之间也会由于自然环境和生产方式的差异而有所不同。例如，使用的语言属于壮侗语族的壮族、布依族、水族和毛南族，以及使用的语言属于苗瑶语族的瑶族和苗族都是使用铜鼓的民族，但他们之间关于铜鼓的神话传说不一样，使用铜鼓的节日和祭祀场合也不一样。那么，相比较于不使用铜鼓的民族而言，文化的差异性就更加明显了。“文化的多样性，既是人类对付自然的结果，又是人类主观能动创造发明的产物，也是人类成为地球上生物界主宰的根本依靠。”② 由文化差异性所形成的文化多样性既然是客观存在的，就必然具有其存在的合理之处。一方面，文化多样性是文化创新和发展的前提。同质导致停滞，异质促进发展。保持红水河流域少数民族铜鼓文化的独特性，也是为了维护整个中华民族的文化多样性，其最终目的都是促进中华文化的创新和发展。另一方面，文化多样性也是为了应对不同民族和不同地域所需要解决的不同问题。红水河流域少数民族铜鼓文化有2000多年的历史，它肯定是适应了该地区的自然环境和社会组织结构才能够为红水河流域的各民族所接受。维护红水河流域少数民族铜鼓文化的独特性，尊重它的发展规律，就能够为之保存根本的发展动力，真正从尊重文化主体的角度为维护红水河流域少数民族铜鼓文化的多样性做出应有的贡献。

图一八　双龙献印鼓（麻江型铜鼓）(王梦祥　摄)

① 滕星:《文化变迁与双语教育——凉山彝族社区教育人类学的田野工作与文本撰述》，教育科学出版社，2001，第255页。
② 杨庭硕、罗康隆、潘盛之:《民族、文化与生境》，贵州人民出版社，1992，第300页。

# 六、红水河流域少数民族铜鼓文化的保护与传承



## （一）红水河流域少数民族铜鼓文化传承现状

随着社会变革加快和其他文化移入，加上缺乏必要的保护措施，红水河流域的民间传世铜鼓正在减少。一方面，红水河流域内相关民族目前使用的传世铜鼓都是100多年前甚至数百年前传承下来的，一代代人的不断敲打，使得不少传世铜鼓已经破裂甚至破碎，不能再使用。仅以河池市为例，20世纪50年代民间存藏的传世铜鼓有数千面之多，至2003年，民间收藏的传世铜鼓却仅剩1300多面，而且有相当一部分已经破损，不能使用。另一方面，红水河流域少数民族铜鼓文化能够保存至今，与各族群众视铜鼓为神器有关。人们将铜鼓视为神物，认为它可以酬神驱鬼，祛灾纳福，因而将它视为镇寨之重器，传家之宝。如今，由于科学知识的普及，有一些人已不再崇拜铜鼓，只把它视为一种娱乐工具。而当今娱乐方式的多样性，给红水河流域少数民族铜鼓文化的传承带来了极大的危机。此外，随着铜鼓艺人后继乏人，铜鼓的演奏、歌舞以及相关仪式的传承也面临着严峻的危机。

基于以上诸种原因，如果再不抓紧时间采取相应的保护措施，红水河流域具有悠久历史、内涵丰富的少数民族铜鼓文化将会很快消亡。

保护红水河流域少数民族铜鼓文化也是为了保护人类文化的多样性，同时也是为了强化少数民族的身份认同，提升民族文化自信。作为一种动态而复杂的文化体系，红水河流域少数民族铜鼓文化必须以传承主体的各种节庆、婚嫁、丧葬和祭祀活动为表现手段，并通过口传身授的方式加以传承。红水河流域少数民族铜鼓文化主要以壮族、瑶族、布依族、苗族、水族、毛南族和彝族为传承主体。首先，红水河流域少数民族铜鼓文化的保护与传承是为了强化各民族与其既往发展历程的联系，使他们加深对自身的认识，激励他们

图一九　大化瑶族自治县板升乡拉莫屯传世铜鼓（梁富林　摄）

进行文化创造。其次，只有保护好与红水河流域少数民族铜鼓文化相关的各种人文生态环境，尊重红水河流域各民族的民情风俗，红水河流域少数民族铜鼓文化才具备赖以生存的整体环境和不竭动力。

## （二）构建整体性保护观念

随着21世纪的到来以及现代化进程的加快，人们一方面在思考现代化本身对于人类社会所具有的负面影响，另一方面也开始反思传统文化对于人类生存与可持续发展所具有的内在意义。从历史演变的角度来看，红水河流域少数民族铜鼓文化有其独特的发生、发展历程，用途也由单一用途发展到多种用途。铜鼓还是一种综合性的艺术品，集雕刻、绘画、装饰、音乐、舞蹈于一身，构成一个统一的整体。它有精美的圆雕、浮雕的艺术形象，以及由各种流畅的线条所构成的独具特色的装饰艺术，可以作为静态的艺术品来欣赏。它造型厚实、庄重、耐看，引人品味，使人着迷。它能演奏出雄浑铿锵的音调，与舞蹈配合，激起人们炽热的感情。2000多年来，红水河流域少数民族铜鼓文化以稻作文化为基础，以共生共荣、和而不同的方式成为红水河流域民族文化互动的载体，满足了红水河流域各族人民的精神需要，成为红水河流域民族凝聚力和认同感的标志。

红水河流域少数民族铜鼓文化的保护工作必须坚持以整体保护为主的原则。红水河流域少数民族铜鼓文化的整体性保护应该首先以红水河流域少数民族铜鼓文化资源的历史认

图二〇　壮族民间收藏的铜鼓（廖明君　供图）

识价值为依据，明确它们是否为壮族、瑶族、布依族、苗族、水族、毛南族和彝族等民族真正的历史创造，是否以活态形式传承至今，是否具有历史认识价值、文化价值、艺术价值、科学价值与社会价值。在符合以上条件的情况下，保护与传承工作应当尊重红水河流域相关民族的生活方式和民间信仰，全面保护红水河流域少数民族铜鼓文化所依赖的节日习俗和信仰习俗，保护与此紧密相关的稻作文化。

然而，整体保护并非静态的标本式保护。创造性转化和创新性发展是整体保护的应有之义。“创造性转化，就是要按照时代特点和要求，对那些至今仍有借鉴价值的内涵和陈旧的表现形式加以改造，赋予其新的时代内涵和现代表达形式，激活其生命力。创新性发展，就是要按照时代的新进步新进展，对中华优秀传统文化的内涵加以补充、拓展、完善，增强其影响力和感召力。”[①] 红水河流域少数民族铜鼓文化是该地区民族传统文化的重要组成部分，也是中华优秀传统文化的典型代表。因而，红水河流域少数民族铜鼓文化同样需要创造性转化和创新性发展。红水河流域少数民族铜鼓文化能够在该流域内传承发展至今，

图二一　铜鼓造型石雕（王梦祥　摄）

① 中共中央宣传部：《习近平新时代中国特色社会主义思想学习纲要》，学习出版社，2019，第147页。

并非它能够为当地民族带来多少经济利益，而是因为它在与外界隔绝的自然条件下为红水河流域相关民族的生产和生活提供了精神动力和心灵归属感。换言之，红水河流域少数民族铜鼓文化的保护离不开与之相关的文化语境的保护。这一文化语境涉及铜鼓的加工技艺，铜鼓音乐、舞蹈等艺术类别，稻作文化和与之相关的青蛙崇拜、雷神崇拜、土地崇拜和生殖崇拜等信仰习俗。因此，针对红水河流域少数民族铜鼓文化保护工作的创造性转化和创新性发展就不能够局限于物态化的铜鼓铸造和装饰方面的创新创意，还应该尊重红水河流域相关民族在动态展演过程、铜鼓文化的传承方式和保护方式等方面所做出的努力。

然而，红水河流域少数民族铜鼓文化的整体性保护所面临的最大问题是传统习俗与现代生产、生活方式之间的矛盾。红水河流域少数民族铜鼓文化产生于稻作农业或山地农业文化中，同时还受到本民族民间信仰的制约，其展演时空均为适应此二者而确定。然而，随着越来越多的青壮年外出务工，这些文化事象逐渐失去了原有的传承与教育功能。在都安瑶族自治县，近年来很多瑶族青壮年都外出打工。他们基本不会因为家里农历五月要过祝著节而特意返家过节。再加上他们在外面受到流行文化的影响，文化价值观发生了急剧的转变，祝著节在瑶族青壮年当中的教育作用变得微乎其微。这种情况需要政府文化部门实施正确的引导和宣传工作，让年轻人认识到本民族传统文化的价值所在，帮助他们树立起文化自信心。同时，当地的中老年传承主体也要针对年轻人外出务工、春节才回家的情况，在年轻人返家期间举办一些适合他们学习铜鼓文化的活动。

红水河流域少数民族铜鼓文化的整体性保护所面临的第二大问题是，铜鼓文化越来越成为一种经济资源，并由此导致了铜鼓文化原真性的渐失。随着游客的到来，红水河流域少数民族的铜鼓习俗被搬上舞台，或进入景点内，以创造经济收益。但在文化资源转变成经济资源的过程中，文化资源有时候被篡改，或发生了变形。这种变形最终又反噬到了红水河流域少数民族日常生活中的铜鼓文化。如果将乡村振兴背景下的铜鼓文化资源进行分类的话，作为旅游文化资源的铜鼓文化仅为点状分布的展示性样本。对它进行适度的创造性发展无可厚非，但是它们应当以红水河流域少数民族的铜鼓习俗为生存环境，唯有真正的铜鼓习俗得到了整体性保护，作为旅游文化资源的铜鼓文化才能在创造经济收益的情况下更多地为当地文化的保护工作提供经济支持。

此外，一种文化的产生、发展与传衍，是需要在一定的社会环境中完成的。铜鼓文化除了具有整体性外，还具有活态性，即具有代代相传、流传有序、依然保持着本真性的性质。目前，国家已经在红水河流域建立了铜鼓文化（河池）生态保护实验区，在此基础上，政府有关部门可以根据红水河流域少数民族铜鼓文化表演、民俗与节庆的相关情况，在人口相对集中、具有代表性的、集中反映铜鼓文化的民族聚居村寨，有针对性地选择若干个村寨分级建立铜鼓文化生态保护村，建立铜鼓文化传习馆，命名一批铜鼓文化传承人，从根本上为铜鼓文化的整体性保护提供有效的文化空间。

总之，在新的文化背景下，需要更新保护观念，将红水河流域少数民族铜鼓文化放在人类文化多样性的背景下，重新审视红水河流域少数民族铜鼓文化在地域文明和民族文化中所具有的价值，做好红水河流域少数民族铜鼓文化的整体性保护。

## （三）营造良好的社会保护氛围，强化相关保护措施

### 1. 开展资源普查工作

对红水河流域少数民族铜鼓文化的历史、现状进行全面普查，进一步搜集、挖掘、整理红水河流域少数民族铜鼓文化相关资料，全面了解和掌握红水河流域少数民族铜鼓文化的历史及传承方式。在普查、登记、编纂的基础上，建立全面反映红水河流域少数民族铜

图二二　铜鼓文化（河池）生态保护实验区启动仪式上的打铜鼓展演（廖明君　供图）

鼓文化基本面貌的档案资料数据库和工作网站。在此基础上制定较为完备的、具体的保护方案，推动红水河流域少数民族铜鼓文化的有效传承和持续繁荣。

## 2. 鼓励铜鼓铸造工艺的探索

由于铜鼓的传统铸造工艺未能保存下来并进行有效的传承，传世铜鼓的数量越来越少。近几十年来，红水河流域的一些民众开展了铜鼓铸造工艺的探索工作，取得了一定的成效，但政府仍需要加大扶持力度，帮助民众进一步探讨铜鼓铸造的奥秘，铸造出能够为广大民众所认同的铜鼓，从物质载体上解决红水河流域少数民族铜鼓文化的传承问题。

## 3. 命名铜鼓文化传承人

作为一种历史悠久、世代相传的活态文化，红水河流域少数民族铜鼓文化保护工作的关键在人，即铜鼓文化的传承人。红水河流域少数民族铜鼓文化传承工作的重点应当从“建档立案”的基础性工作转入“提高传承人个人素质和能力建设”。红水河流域少数民族铜鼓文化与各种节日习俗和民间信仰融为一体，动态传承是其基本的存在方式。因此，红水河流域少数民族铜鼓文化传承工作应以活态传承和以人为本为核心要义。活态传承，要求创造有利于红水河流域相关民族开展铜鼓文化传承的传统节庆活动和仪式庆典的社会环境，既要有活跃的文化氛围，又要有灵活的政策支持。传承人是红水河流域少数民族铜鼓文化传承的核心。以人为本，即要求从传承人的角度加大扶持力度，进一步提高他们的社会影响力和福利待遇，实现传承队伍的年轻化，探索年轻传承人的奖励激励机制，创造有利于他们推动红水河流域少数民族铜鼓文化向前发展的展示平台。

图二三　东兰县“铜鼓王”韦万义及其家中收藏的铜鼓（王梦祥　摄）

## （四）小结

红水河流域少数民族铜鼓文化从不同侧面反映了铸造、使用铜鼓的民族的经济状况、文化面貌和心理素质，体现了他们在漫长的历史长河中为了适应自然环境而展现出的独特创造力，是一部不成文的民族历史百科全书，可使各民族具有一定的历史延续意识，对特定民族文化的认定具有重要意义，对人类文化多样性和创造性保护也有着重要意义，更有助于铸牢中华民族共同体意识，促进民族地区经济、社会的现代化发展。

红水河流域少数民族铜鼓文化的保护与传承有三种可能的途径：一是在生活时空中的保护与传承；二是市场化的保护与传承；三是信息化的保护与传承。红水河流域少数民族铜鼓文化的保护与传承应该以整体性保护为主要方式，遵守活态传承和以人为本的原则，家庭、学校、社会和政府协同努力，坚持创造性转化和创新性发展，采取数字化和符号化的推广方式，营造内外协调的整体发展态势。

总之，红水河流域少数民族铜鼓文化的保护与传承必须坚持以铜鼓保护为基础，以铜鼓艺术的传承为核心，以铜鼓艺术使用的文化空间的保存为重点；坚持政府主导、社会参与、长远规划、分步实施的原则，坚持立法保护与政策保障相结合，政府保护与民间保护相结合，决策系统与咨询系统相结合，财政投入与社会资金相结合；坚持“保护为主，抢救第一，合理利用，继承发展”的指导方针，正确处理抢救、保护和利用的关系，在确保红水河流域少数民族铜鼓文化获得有效保护的前提下，促进抢救、保护、利用的有机结合与协调统一。经过一段时间的努力，初步建立起比较完备的红水河流域少数民族铜鼓文化保护制度和保护体系，全社会形成自觉保护铜鼓文化的意识，实现红水河流域少数民族铜鼓文化保护工作的科学化、规范化、制度化。

# 第一章

# 红水河流域壮族铜鼓文化

# 一、红水河流域壮族铜鼓舞
## ——以云南广南县贵马村为例

## （一）云南广南县贵马壮族铜鼓舞的生存环境

贵马壮族铜鼓舞原是一种丧葬祭祀手巾舞，仅在丧葬仪式和祭祀先祖的活动中跳。现今，它发展为在任何场所和节庆活动中都能跳的舞蹈形式。在这样的变迁中，它原本的模样、现今的形式、所蕴含的文化和变迁的原因是值得研究的。

“舞蹈生态学也着眼于舞蹈播布区的考察和研究。一种舞蹈之所以在某个地区（含地域和民族概念）流传、繁衍，必然与其环境的诸多自然、社会因子密不可分。”[①] 独特的自然条件和社会文化环境不仅是形成舞蹈的动态土壤，而且其变化会继续影响舞蹈的表现形式。本文以广南县那洒镇贵马村为田野点考察铜鼓舞，贵马壮族铜鼓舞的名称即以贵马地名为标识，以区别于其他地域范围的铜鼓舞。本文所指的村为自然村，即民户聚居而自然形成的村落。

### 1. 自然环境

#### （1）地理位置

广南县位于云南省东南部，是文山壮族苗族自治州（以下简称“文山州”）下属的县级行政单位。文山州西与红河哈尼族彝族自治州（以下简称“红河州”）相邻，东与广西壮族自治区相接。历史上，广南县地处中原通往西南及越南的枢纽腹地，现今也仍然是云南通往广西、广东以及与我国毗邻的越南等地的主要陆路通道。同时，广南县境内水系发达，交通十分便利。雍正十一年（1733 年），广南县开通了板蚌村到百色的水路，通过西洋江沟通云南与广西。正是这样的地理环境，让文化得以流动。

那洒镇地处广南县西南部，距县城约 64 公里。贵马村位于那洒镇西南边，距镇政府所在地约 15 公里，距广南县城约 78 公里。

① 资华筠、王宁、资民筠、高春林:《舞蹈生态学导论》，文化艺术出版社，1991，绪论第 5 页。

## (2) 地形、地势及气候

广南县境内多高山，地势西北高东南低，境内最高海拔为2035米，最低海拔为420米。山区、半山区面积占广南县总面积的94.7%，坝区面积占5.3%。贵马村位于山区，面积为9.85平方公里。贵马村耕地面积为3799亩（其中水田1636亩、旱地2163亩。1亩约等于666.67平方米），林地面积为8182亩。

县境内主要河流有西洋江（古称"文象水""昔阳江"）、驮娘江、清水江、南利河（普梅河）。其中，西洋江和驮娘江均发源于广南县九龙山，清水江和南利河发源于砚山县。境内的大小河流分属珠江水系和红河水系。贵马村的主要河流贵马河即是红河水系支流南利河的主要组成河流，下游称作"达马河"。

图二四　广南县那洒镇贵马村贵马河（张瑛　摄）

县境属亚热带高原季风气候，年均日照时长为1875.7小时，年平均气温为16.7℃，夏无酷暑，冬无严寒，无霜期达305天，年平均降水量达1056.5毫米。5月至10月为雨季，11月至次年4月为旱季，雨旱分明，雨热同季，有利于农作物的生长发育。县境内气候具有多样性和垂直变化的特点，部分地区形成"一山分两季，十里不同天"的立体气候。那洒镇山高，气候寒冷多雾，年平均气温为16.1℃。贵马村年平均气温为18.0℃，年平均降水量为1200毫米。

## (3) 生物和矿藏

广南县境内生物和矿藏资源丰富。境内种有多种粮食作物、经济作物，并有丰富的畜禽种类。河谷坝区以种植水稻、甘蔗等作物为主，半山区、山区以种植玉米为主，在适合的地质环境下也种植小麦、辣椒等杂粮和蔬菜。牧场草山宽阔，盛产优良的高峰黄牛。那酒镇森林覆盖率达到24.5%，林业资源丰富，主要有云南松、杉木、油桐、油茶、竹子、八角等。

广南县有储量可观的锑、金、银、铜、铁、锰、铅、锌、铝等20多种金属矿产，以及磷、煤、重晶石等10多种非金属矿产。贵马村西南面亦探明有金矿储存。

## 2. 社会文化环境

### （1）民族及人口

广南县特殊的地形造就了众多的岩洞，如龙脖山洞、余家岩洞、平丰村铜木梨洞等，而这些岩洞正是几万年前人类的生息之所。在历史长河中，由于政治、民族迁徙习惯等因素的影响，广南县逐渐形成了现在的民族组成。据史籍记载，公元前5世纪，境内居住着句町部族，西汉时居住着濮、僚等少数民族，唐朝时苗族、瑶族迁徙至此，宋元明时期众多中原汉族人随军落籍于此……多次民族迁徙和交融造就了广南县丰富的民族资源，广南县现居住着壮、汉、苗、彝、瑶、回、蒙古、仡佬等世居民族。那洒镇贵马村壮族人口约占全村总人口的60%。

### （2）消匿于史的句町古国及其文化

南北朝梁时逝于史籍的句町古国，其国民是壮族的祖先，他们创造了句町文化，铜鼓舞便是源于这一文化。句町国在历史上至少存在了600年。它由多个氏族部落发展形成方国。句町国农业经济发达、军事力量强大、社会文化繁荣。首领毋波曾因“斩首捕虏，有功”而被汉廷正式册封为句町王，其国民句町人创造的与滇文化相媲美的青铜文化，带有浓郁的越人遗风。

句町国的国民是壮族的祖先。何正廷先生在《句町国史》一书中认为，“句町”应当是壮族先民的多个氏族或部族在句町、漏卧、进桑等部落联盟的基础上建立的一个古老国家。《句町国史》一书中摘录了《辞海》《史记》《汉书》《水经注》《华阳国志》等典籍中对句町国（县）的描述，并描述了广南县发掘的汉代墓葬和木椁汉墓的考古情况，以印证句町古国历史的真实性。书中根据句町文化遗产的分布范围界定，文献对句町部落及句町王的描述，西汉蜀汉时期以民族划分为基础设置政权和利用当地民族集团渠帅原来的控制关系进行管理的特点等推断，句町古国的发祥地在今云南广南县、广西西林县一带，统治范围包括今文山州全部，红河州中东部，以及玉溪市、曲靖市和百色市的部分地区，经济、政治、文化中心在广南县。

句町文化中最具代表性的是句町人创造的青铜文化，其中典型的青铜器有万家坝型铜鼓、石寨山型铜鼓、冷水冲型铜鼓、靴形铜钺、尖叶形铜锄、长条形铜锄等。在人类发展进程中，青铜的冶炼和使用，在生产生活中起着重要作用，它标志着人类从蒙昧、野蛮的石器时代向青铜工具的文明时代迈出了决定性的一步。

广南县出土或传世的早期万家坝型至晚期麻江型8种类型的铜鼓，囊括了我国铜鼓分类中所有类型的铜鼓。铜鼓的器形、制式和精美的纹饰都反映了当时的社会生活与文化等。例如，珍藏在云南省博物馆的、被称为镇馆之宝的广南县“阿章鼓”，其龙舟竞渡、羽人、剽牛的纹饰独特而丰富，在广南县出土的铜鼓中具有代表性。根据历史文献记载，广南县少数民族自古就有使用铜鼓的习俗，这一习俗至今仍然在壮族、彝族村寨遗存，以活态文化的形式延续句町文化精髓。

图二五　广南县“阿章鼓”(兰天明　供图)

## (3) 壮族的物质生活与精神文化

### ①壮族族源、族称

壮族源于我国先秦、秦汉时期南方百越族群的西瓯、骆越部族，不少古籍对此均有记载。据《元和郡县图志》及《旧唐书·地理志》记载，郁江流域的贵州（今广西贵港市）、潘州（今广东高州市）为“古西瓯、骆越地”。《旧唐书·地理志》中的“邕州宣化县”条记载：“驩水在县北，本牂柯河，俗呼郁林江，即骆越水也，亦名温水。古骆越地也。”[①] 可见，骆越人居住在郁江流域。用族名给河水命名，这是壮族人的习俗。而宋人周去非在《岭外代答》中则把“土人”和“古骆越人”联系起来，说“钦民有五种，一曰土人，自昔骆越种类也”。也就是说，钦州的“土人”就是古代的骆越人。

另外，古代越人的语言、风俗习惯特殊，其“依树积木，以居其上，名曰干栏”“崇尚铜鼓，有鼓者称都老”“断发文身”“错臂左衽”，依民间巫术和鸡卜定吉凶祸福，爱对山歌，等等。这些民族特征，在现代壮族社会中也有体现。例如，壮族传统民居为干栏式建筑，且壮族人崇尚铜鼓，存在鸡卜等信仰习俗，喜爱对山歌，等等。风俗习惯、宗教信仰的相同亦可说明壮族源于我国南方古代越人的西瓯、骆越部族。

对于壮族族称，历代称谓有所不同。例如，秦汉至隋唐，以“西瓯”“骆越”“乌浒”“俚”“僚”等见称。“西瓯”始见于《汉书·西南夷两粤朝鲜传》中的“蛮夷中西

① 刘昫等：《旧唐书》卷四十一，中华书局，1975，第 1737 页。

有西瓯”之句。而“骆越”则见于《汉书·严朱吾丘主父徐严终王贾传》中的“骆越之人”，以及《后汉书·马援列传》中的“于交阯得骆越铜鼓”。“乌浒”是继“西瓯”“骆越”之后的称谓，是西瓯、骆越部族的后裔之名。隋唐时称为“俚”“僚”。当时俚人、僚人在岭南处处都有，他们活动的地方有数千里，有的史书把俚、僚说成是一个民族。南宋始在局部地区出现“僮”等称谓，始见于宋人范成大的《桂海虞衡志》中的“庆远、南丹溪洞之民呼为僮”。明代又有“俍”称出现。清有“僮人”“良人”“土人”之称。20世纪50年代以前，壮族有“布壮”“布侬”“布越”“布雅侬”“布僚”“布侬”“布曼”“布傣”“布土”“布陇”“布沙”等20多种自称，这些不同的自称，今在壮族民间犹存。中华人民共和国成立后，经过民族调查和识别，并遵照本民族的意愿，统一称为“僮族”。1965年，根据周恩来总理的倡议，“僮族”改为“壮族”。

### ②语言文字

文化是一个复合体，联结各结构的关键是语言文字，主要是记录语言的符号文字。一旦文字失落或根本无文字而仅有语言，文化的外层结构则不稳定。[①] 在我国南方少数民族中，断裂性文化较常见，他们一般保存有民族语言，且居地集中、稳定，但由于没有文字，文化传承呈断裂状态。壮族文化即属此类型，表现为文与言断裂，古与今断裂，上与下断裂，内与外断裂，传与承断裂。断裂型文化的民族，其发展阻碍较大，造成了文化生态平衡失调。[②] 壮语与壮族文化同源共生，直接源于生活在中国南方的古越人的语言。中国学者将壮语归类为汉藏语系壮侗语族壮傣语支，分南、北两大方言。部分外国学者根据壮语同源词的情况，将壮语归入澳泰语系。

壮族先民创造了早期的刻画文字、图画象形文字。例如，云南富宁县壮族《坡芽歌书》中的象形文字，广西钦州大寺镇那葛村马敬坡出土的商代石磬上的刻画文字符号。汉文化进入壮族地区后，壮族先民借用汉字六书构造方法，用汉字部首组合仿造出用来记录壮语的方块古壮字（又称“土俗字”）。例如，《诗经》的《公刘》篇中的“乃裹糇粮”的“糇”，即是壮语对稻、米、饭的专名和粮食的概称。从唐代开始，土俗字成为壮族民间的书面用字，汉族人称之为“古壮字”，壮族人称之为“Sawndip”，就是“生字”的意思。但是这种土俗字由于使用面不广，没能在全族推行，多为壮族巫师、艺人用于书写经书、编山歌、记事、记录壮语地名等。壮族的麽教经书、师公经书和部分道公经书就是用这些土俗字抄写的，如记录壮族创造万物大神布洛陀的《布洛陀经书》就是土俗字手抄本。土俗字在壮族文化发展史上发挥了重要的作用。

### ③民族性格

壮族人民性格沉稳内敛，团结互助，开放包容，外表文静而内心坚韧。历史上，壮族以中华民族为一体的态度归顺中央政权，以开放包容的心态团结周边民族，维护民族团结，积极吸收中原先进文化，接受周边其他民族的先进文化。汉武帝时，句町国首领毋波于元鼎六年（公元前111年）归顺汉王朝。清顺治九年（1652年）二月，明崇祯帝之堂弟朱由榔南逃时携胞妹安化郡主从广东肇庆撤至贵州安隆（今安龙），途经广南时，其妹病殁，当地壮族民众将其葬于革农村（今县城西郊太平寨）旁土丘上，将其坟称作“皇姑坟”。至今，广南县的壮族民众每年仍会举行盛大的皇姑节来祭奠安化郡主。壮族是向心

① 梁庭望：《壮族文化概论》，广西教育出版社，2000，第13—14页。

② 梁庭望：《壮族文化概论》，广西教育出版社，2000，第20页。

力极强的民族，壮族人民为保卫祖国边疆、维护国家统一同样也做出了重大贡献。清康熙十二年（1673年），广南府土同知侬鹏奉调平叛吴三桂，率师于西板桥俘获吴三桂大将夏国相。清光绪十一年（1885年），广南土司侬茂先奉调带兵赴越南参加中法战争，作战有功。

现今，不少学者专门对壮族人的性格特征进行研究，提出壮族人民具有大象般温和内敛、坚韧不拔、勇敢顽强的性格特征。例如，黄靖生、俞健认为："从壮族的语言特点上进一步探究壮族对本民族的自称，能更准确地了解到壮族到底将自己的民族自称为什么民族。壮族的民族自称按壮语的表达习惯应为'陀族'。壮族现有族称，是因为汉族按壮族人对大象称呼的语音，用汉语近似读音字来指认的，其原义为'大象民族'。"[①] 黄靖生、俞健认为，"壮族"一词出现于北宋，与当时抗交趾反北宋的侬智高有密切关系，认为侬智高为求得内附北宋，多次向朝廷进献的贡品中就有驯象，而中原汉族认为拥有大象便是侬智高所属民族的显著特征。史书中也有侬智高给北宋朝廷进献驯象和壮族军队拥有大象的记载。所以，北宋朝廷把主要聚居在广西的这个少数民族与大象联系起来的同时，也根据这一民族对大象的称谓而将该民族称为"撞（壮）族"，其原义应是"拥有大象的民族"，也就是"大象民族"，而事实也是这样。西汉河平年间，夜郎国的王兴率兵攻打句町国、漏卧国，句町国王禹、漏卧国侯俞联合反抗。公元9年，王莽为控制句町王势力发展，下令贬句町王邯为侯，句町王奋起反抗王莽达10年之久。宋朝皇祐四年（1052年），特磨道（今广南县）壮族首领侬夏卿支持侬智高在广西安德州起兵抗交趾。

壮族还是一个勤劳智慧、有创造性的民族。壮族人所居住的地方山多地少，属亚热带季风性湿润气候区域，气温高，气候湿润。正是在这样炎热多雨、野兽虫蛇繁衍迅速的自然环境中，他们用自己的勤劳和智慧克服困难，开辟了稻作文明。

### ④节日

广南县壮族几乎每个月都有节日。其中，春节、"三月三"赶花街、祭竜和六郎节是广南县壮族的传统节日。另外，广南县壮族还有端午节、中秋节、重阳节、冬至日、皇姑节等节日。

#### a. 春节

广南县壮族的春节与汉族一样，春节期从腊月二十三一直到正月十五。临近春节，家家户户从腊月二十三起就开始做准备，搞卫生、缝制衣裤、购买年货、张贴对联、制作糕点、杀猪、包粽子、买鞭炮等。凡是在外面工作的人，一般都赶在大年三十之前回家团聚，吃团圆饭。大年三十晚家家守岁，直到半夜鸡叫，燃放鞭炮，除旧迎新。春节期间，壮族人喜欢走亲访友。传统习俗中，男女青年在春节期间多去参加对歌、打陀螺、跳舞、赛球、演戏等文娱体育活动，但随着男女青年交往方式日渐多样，婚俗习惯逐渐开放自由，现今文娱体育活动的参与者已逐渐演变为以中老年人为主。

#### b. "三月三"赶花街

每年农历三月初三，广南县各地的壮族民众身着节日盛装，身背花糯米饭到那伦、者兔、旧莫等地赶街。"三月三"赶花街源于历史上壮族民众在春耕前以物易物的商业贸易，之后逐渐成为固定的传统节日和集市聚会，也发展成为男女青年相互结识、对情歌、寻真

① 黄靖生、俞健：《大象民族——壮族族称原义新探》，《广西民族学院学报（哲学社会科学版）》2005年第4期。

爱的节日。节日前一天，广南县各个壮族村寨要举行一年一度的杀猪宰鸭祭“者”活动。“者”是广南县壮族的神灵的统称，包括寨神、山神、土地神、植物神、雨水神等。举办祭“者”活动的目的是祈求五谷丰登、六畜兴旺、全寨平安。

c. 祭竜

每年农历二月初二或三月的第一轮龙日，广南县各壮族村寨由麽公组织，以村寨为单位，敲锣打鼓、舞狮耍龙、走村串寨，至村寨的竜林中举行祭祀竜神、寨神等神灵的活动。人们供奉猪、公鸡、花糯米饭、粽粑、酒等，并进行鸡卜卦，预测当年吉凶祸福，祈求风调雨顺、五谷丰登、六畜兴旺。

“竜”在壮语中意为森林或树林，“竜树”是壮族民众从林中选出来作为村社保护神的大树，祭祀的对象包括象征太阳神的“塔稳”、象征寨神的“梅奢”和象征始祖神的布洛陀。文山州著名的大竜山位于文山州的博宏僚地区和广南县的博吉金地区（九龙山）。当地壮族世世代代对大竜山进行严格保护，不许任何人砍伐，禁止人们扔污物或置葬，对进入大竜山的人有严格要求，有些村寨只允许60岁以上的本村男性参与祭竜。同时，当地壮族民众以竜作为村社发展的精神支柱和本民族团结的纽带。

d. 六郎节

六郎节，又称“七郎节”“六月节”“七月节”，是壮族民众因纪念侬智高而形成的传统节日。广南县各地壮族民众将此节视作与春节具有同等地位的重要节日，以此寄托对侬智高部成仁将士的哀思。该节日虽称“六郎节”或“七郎节”，但并非纪念杨六郎或杨七郎，而是借爱国名将之号祭奠侬智高。传言宋朝皇帝不许壮族民众纪念侬智高，壮族民众只好以改变名称的形式来纪念侬智高。“六”与“七”是以当时侬智高部和狄青部鏖战的时间与线路为依据所定的祭祀时间，六月路过的地方六月过节，七月路过的地方就七月过节。

节日期间，各家各户都要准备好祭祀品，供奉的祭祀品有生牛肉、生牛血（将一斤姜、六个蒜、一两花椒置于牛血中）、紫色糯米饭八碗、染饭草渣一箩、生米一碗、酒两瓶、镰刀一把、石臼一副、冥纸和香若干，并将其放在铺有芭蕉叶的架上。参加祭祀的人员都是村民代表和寨老，有的地方是村寨集体祭拜，各户成年男性参加。各种准备工作做好以后，开始“咔歪”（意为宰牛）。祭祀结束，各家各户的男丁分得一份生牛肉、生牛血，并带回家供奉祖宗。

## ⑤民间宗教信仰

“壮族民间宗教信仰指那些在壮族民间广泛存在的，属于非官方的、非组织的，具有自发性的一种民族情感寄托、崇拜以及伴随着民族精神信仰而发生的行为和行动。”[①] 壮族民间宗教包括原生型民间宗教和次（再）生型民间宗教。前者是指巫教、麽教信仰等，后者是指师公教、道教信仰等。

巫教的职能主要是巫师通过一定的仪式，卜测吉凶、请神赶鬼、驱除病魔等。壮族地区的巫师以女性居多，主要称为“娅”“禁”“末”“仙”等。文山州部分壮族地区称其为“师娘”。

麽教由越巫发展而来，以创世始祖布洛陀为最高神。布洛陀是壮族先民口头文学中的

① 黄桂秋：《壮族传统文化与现代传承》，光明日报出版社，2016，第137页。

神话人物，是创世神、始祖神和道德神，其功绩主要是开创天地、创造万物、安排秩序、制定伦理等。中国著名宗教学家，中央民族大学宗教系教授、博士生导师牟钟鉴认为：“布洛陀信仰类似于北方的萨满教，西南的东巴教、本主教、苯教等，都属于历史延续下来的巫教形态”，“麽教是一种较高形态的巫教”。[①] 麽教是一种已经基本脱离了原始宗教形态，向人为宗教过渡的较高形态的民族宗教。壮族各地的麽教从业者都不是专职的神职人员，他们中主持仪式、诵经的人称为“麽公（布麽）”。麽公是由巫信仰中主要人物巫觋的觋（男巫）发展而来的。麽公平时是参加农事劳动的农民，有需要时，便从事占卜、祭祀、赎魂、超度亡灵、解冤、禳灾祈福等活动。

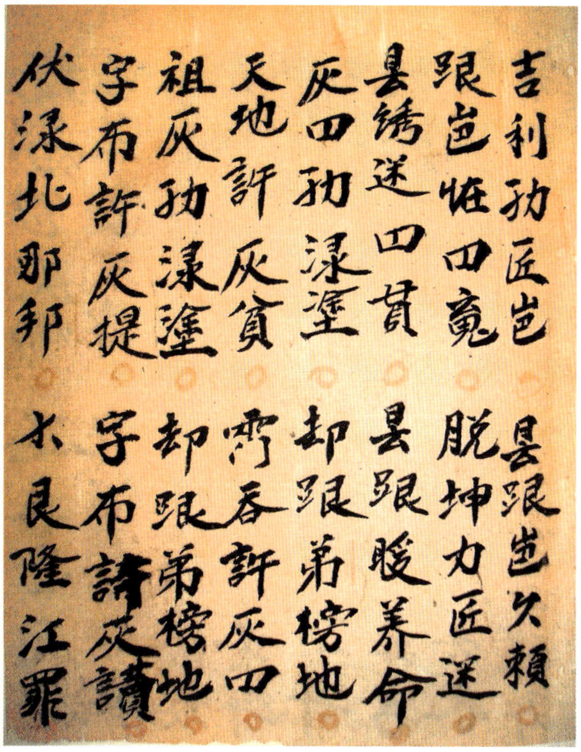

图二六　布洛陀祭文（覃芳　摄）

图二七　麽公经书（张瑛　摄）

① 牟钟鉴：《从宗教学看壮族布洛陀信仰》，载覃乃昌、覃彩銮主编《壮学第四次学术研讨会论文集》，广西民族出版社，2008，第71、75页。

图二八　壮族群众观看师公舞表演（王梦祥　摄）

师公教是壮族民间最主要的宗教之一，是在壮族原始巫教的基础上，兼蓄道教、佛教的部分内容而形成的民间宗教。师公教采用师徒传承的方式，其神职人员称为“师公”或“师”，主要主持丧葬、集体祈福、祛灾等较大规模的民间祭祀活动，故又称“大巫”。其经书用壮族土俗字书写，称“师经”“壮经”“巫经”，内容多是壮族的民间传说、历史地理、天文历法。

道教于东汉时传入广西，并由桂东南逐渐向桂西、桂西北、桂西南少数民族地区传播。道教与壮族先民的原始宗教多有共同之处，因此与壮族的原始巫教结合，另外还融合了佛教和儒学的一些成分，形成了具有壮族特色的宗教形式。其神职人员在壮语中称为“布道”，即道公。

### ⑥生活方式

#### a. 建筑

到了现代，壮族地区的民居风格开始向砖瓦结构的楼房转变，传统的干栏式建筑减少但仍有所遗存。干栏式建筑源于壮族祖先古越人的居住习俗，干栏式建筑为木石结构，分为上、中、下三层，顶层储粮，中层住人，底层放置农具和饲养牲畜。顶层与中层之间用竹笆和横梁相隔，中层与下层之间用木板和横梁相隔。房屋的朝向因地而异，多数是背靠青山、面向田坝，正面视野开阔。贵马村经济条件较好，许多传统的土石结构民居已经被砖瓦结构的楼房代替，但是有些新楼房背后仍保留一部分木房。

广南县的壮族村寨里都设有一间供老人商讨村寨大事、聚会、聊天的房子，称作“老人亭”或“老人厅”，村寨内的重大活动均要在老人亭举行。壮族地区一般将老人亭、土地庙和竜树三者结合在一起，把神农氏牌位供奉在老人亭内，在寨房山坡上认定的竜树下修造土地庙，敬奉神灵，祈求神灵保佑全寨五谷丰登、人畜兴旺。老人亭一方面反映了壮族寨老制的遗存，另一方面反映了壮族尊老习俗的传承。

图二九　广南县那洒镇贵马村传统干栏式民居（张瑛　摄）

那洒镇贵马村的老人亭建于清代咸丰元年（1851 年），为重檐歇山顶，五脊四坡。正脊置宝瓶，顶梁采用穿斗式构架。老人亭为单体木结构建筑，面阔 4.12 米，进深 4.6 米，高 6 米。檐下枋板雕绘“双龙抢宝”和“双凤朝阳”图形。老人亭设置为两层。上层厅内悬挂神农氏画像，摆设神龛和桌凳。每年大年初一，由麽公和村中年长者对神农氏进行祭拜，祈求风调雨顺、人寿年丰。下层设有桌凳，为寨老议事之所。而者兔乡者兔村的老人厅是于 2013 年 1 月建成的砖瓦结构房屋，内设诸神神位、神龛及桌凳，背靠山坡。

风雨桥亦称“花桥”，壮语叫“厅哒”，是干栏式建筑的发展及延伸。其流行于湖南、贵州、广西、湖北、浙江等地，多见于南方百越之地，川、渝、赣、皖、粤等地少有。其多建于交通要道，方便行人过往歇脚，也是迎宾场所。那洒镇贵马村的普济桥，位于贵马村东南端，始建于清嘉庆十二年（1807 年）。普济桥跨于贵马河上，两岸筑青石桥墩，4 根粗大方木横置墩上，以木板铺面，桥中建木构架风雨亭，顶为青瓦覆盖，呈两面

图三〇　广南县那洒镇贵马村的老人亭（张瑛　摄）

图三一　广南县者兔乡者兔村的老人厅（张瑛　摄）

图三二　广南县那洒镇贵马村以前的普济桥（兰天明供图）

图三三　广南县那洒镇贵马村现今的普济桥（张瑛　摄）

坡，亭高 5 米、宽 4 米、长 5.4 米。现今，普济桥的木质结构已被破坏，桥体为石拱桥结构，桥面用混凝土铺设，桥上用木柱支撑横梁和瓦盖顶。

### b. 饮食

壮族是最早开始人工种植水稻的民族之一。人们在古黔中地区的道县玉蟾岩遗址中发现了 15000 年前的人工栽培稻，尽管它只具备了人工驯化的一些痕迹，但是它是迄今为止所见到的人类自己用劳动创造出来的第一个农作物品种。

壮族人以稻米为主食，同时因其所居住地区盛产玉米，所以也以玉米为主食。壮族人的日常饮食丰富多彩，蔬菜种类繁多，烹饪方式多样，常见的有水煮、煸炒和腌制。多数地区的壮族人习惯于日食三餐。

壮族人喜爱吃用糯米制成的食品，糯米食品种类丰富，有马腿粽、五色糯米饭、粽粑、糍粑等。其中，五色糯米饭是壮族的传统美食，常用来祭祀祖先。这一习俗沿袭久远，清代《武缘县图经》载：“三月三日，取枫叶泡汁染饭为黑色，即青精饭也。”五色糯米饭主要有黑、红、黄、白、紫 5 种色彩，又称“乌饭”。在壮族人心中，五色糯米饭是吉祥如意、五谷丰登的象征，每逢传统节日、祭祖祀神都会制作。五色糯米饭的制作过程十分讲究，先选用优质糯米，然后采来紫蕃藤、黄饭花、枫叶、红蓝草等植物，再用其汁液分别浸染糯米，待糯米充分着色后，将各色糯米混合在一起上锅蒸煮即成。农历四月初八，早稻已插完返青，人们把五色糯米饭揉成小团，黏附在竹枝上，插于祖宗神龛上，又从田中取回一蔸生长旺盛的禾苗，以南瓜叶包根，放在碗里，一并祭祀祖先，祈求祖先保佑五谷丰登。

图三四　壮族五色糯米饭（梁汉昌　摄）

c. 服饰

贵马村壮族男子的传统服饰有右襟长袖衫、对襟长袖衫、对襟马甲、长裤和长袍等，多根据日常劳作习惯或传统节日需求搭配。现在壮族男子基本上穿对襟长袖衫和马甲。对襟长袖衫为对襟开胸，长及腰际，短领，下沿左右两侧开对称裂口，胸前和腹部分别缝有一到两个口袋，有成对布制盘扣。成年男子的对襟衫朴素无花色，而男性孩童以对襟马甲为主。马甲为立领，对襟处和肩膀口一般有刺绣。长裤以黑（深）色阔边大裤为主。长袍有黑色、蓝色，长及脚踝；外套有马甲或长袖衫。头部是用长约10尺的头帕裹住，脚上穿的是黑色布鞋，腰间束的是黑布腰带。

图三五　贵马村壮族男子服饰（张瑛　摄）

贵马村壮族女子的传统服饰多样，有节日盛装、日常劳作服饰。

节日里，贵马村壮族女子的节日盛装华丽多彩。上身穿圆领偏襟右衽翘摆紧身上衣，颜色多彩，有黑色、紫色、红色、绿色、蓝色、藏青色等，材质有壮族土布、丝质金线绣花布等。上衣多为短领，袖口回折，领口、袖口、襟边、衣下摆处多绣花和钉银饰，从腋下至腰间缝制成对的布质盘扣。下身穿宽松的黑色布裤，外罩长及小腿的黑色百褶裙，脚上穿的是尖头绣花船鞋。腰间系手缝腰带，其上缝有花鸟鱼虫的绣片，下摆边缘饰以银饰，舞动时银饰甩动发出嚓嚓声。头部用格子纹布或黑布缠成龙角帽（或称“牛角帽”）。胸前佩戴的银饰兼具象征意义、装饰性与实用性，既包含长命锁、铃铛、元宝等吉祥元素，又配有牙签、挖耳勺等实用工具。手上、耳朵佩戴的分别是银手镯、银耳环。

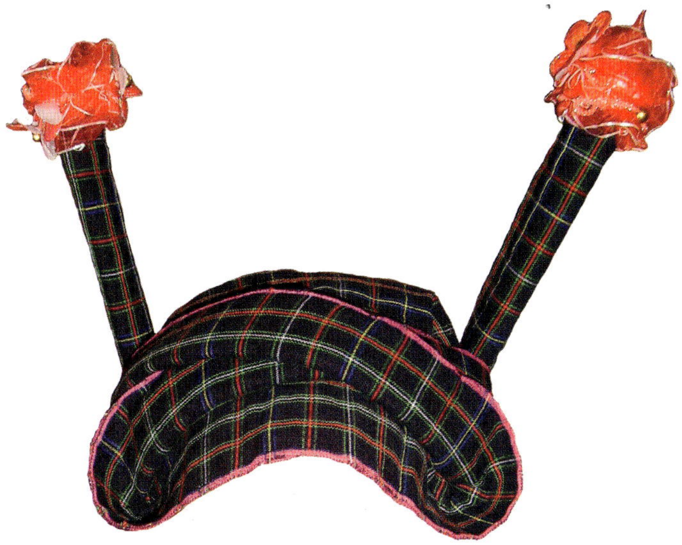
图三六　贵马村壮族女子龙角帽（张瑛　摄）

贵马村壮族女子的日常劳作服饰朴素宽松。上衣有短领、无领之分，多为偏襟右衽，颜色以藏青色、深蓝色、蓝色等深色系为主，在领口、袖口和襟边缝有彩色花边或间以异色彩条，缝有布纽扣，下沿左右两侧开对称裂口，袖口回折。头部是用彩色印花或提花毛巾包裹，腰间系精致的围裙。下身是宽阔的黑裤（有的于裤脚沿口镶两道异色彩条），脚上穿的是绣花鞋或素色布鞋。

图三七　贵马村壮族女子银饰（张瑛　摄）

⑦丧葬仪式

壮族的灵魂、神灵观念复杂，丧葬方式种类多，有二次葬、屈肢葬、肢解葬、土葬和火葬等。

## （二）云南广南县贵马壮族铜鼓舞概况

贵马壮族铜鼓舞流传于广南县那洒镇贵马村，是一种先祭祀铜鼓，后敲击铜鼓伴奏，男女手持毛巾共舞的民间舞蹈。这种民间舞蹈舞步沉稳，令人肃穆起敬，包含人类进化、稻作农耕生活、青铜历史、壮族文化等内涵。随着社会历史进程的发展，贵马壮族铜鼓舞由传统丧葬祭祀仪式的前身，跳出神秘的仪式框架，挣脱宗教的限制，以包容、大气的舞姿走进众人的生活，成为人们喜闻乐见、众人皆可参与的民间舞蹈。

### 1. 壮族铜鼓舞的历史记忆

#### （1）与铜鼓舞有关的传说

根据广南县昔板一带的传说，过去壮族与彝族杂居，由于多年相互交往，壮族逐步将彝族在丧事时跳的部分仪式动作融合于本民族的舞蹈之中，从而形成套路完整的手巾舞。至今，该舞在吼声、锣鼓伴奏方面还保留着彝族舞蹈的特点。

#### （2）铜鼓舞过去的开展形式、起源年代

①铜鼓舞过去的开展形式

广南县那洒镇贵马村铜鼓舞的前身是丧葬手巾舞，用于传统的丧葬祭祀仪式，被当地人称为“弄阿曰”。“弄阿曰”是手巾舞的壮语音译，现如今仍沿用“弄阿曰”来指铜鼓舞（手巾舞），这也从侧面说明它从丧葬手巾舞向铜鼓舞转变的过程。过去，铜鼓舞只在壮族丧葬祭祀仪式上跳，以牛皮鼓、牛角、镲、锣等伴奏，并配以寨中重器铜鼓以表示对死者最深的敬意。过去，舞者必须为男性，现在男女均可参与，人数不限。舞蹈时，每个人手执两条毛巾，在灵堂里以逆时针方向绕棺而舞，在送葬路上则排成两列，边舞边行。舞蹈动作有上山、敬酒、叩拜、打蜂、拍鞋子等，表示为死者开路，将其送上天堂，敬酒、叩拜动作表达的是对死者的怀念。此舞由一名舞蹈跳得好的人指挥，其他舞者的动作变换及反复的次数均随他而变。此舞多以逆时针方向转圈，有时也以顺时针方向转圈和向圆心靠拢、后退。在整个舞蹈过程中，每跳完一组动作，击鼓者发出“唷”的一声长吼，众舞者随之长吼。

②起源年代

石裕祖在《云南民族舞蹈史》一书中指出，铜鼓乐舞“主要包括在云南各地发现的不同器形制式的铜鼓上的各种舞蹈图案纹样，以及后世各个历史时期遗存和流传在云南彝族、白族、壮族、瑶族、苗族、布依族、水族、佤族、傣族……民族中的铜鼓乐舞这

图三八　广南县壮族铜鼓舞（王明富　摄）

两类乐舞。”[①] 本文中的壮族铜鼓舞正是属于后者，因此排除了所有出土文物中复现的铜鼓舞场景。

在史籍资料中，往往只有与中原政权发生关系的少数民族的历史，对丧葬手巾舞和铜鼓舞起源时间的记载无从考证，但从铜鼓舞中的稻作农业内容可推断铜鼓舞登上历史舞台的时间。湖南永州道县玉蟾岩遗址出土的古栽培稻将人工种植水稻的起源时间推至 12000 年以前的新石器时代。新石器时代晚期是我国稻作农业大发展时期，因此，铜鼓舞至迟在新石器时代晚期（距今 5000—4000 年）产生。

虽然目前发现的全世界最早的铜鼓，即在楚雄万家坝春秋时期墓葬群出土的万家坝型铜鼓，距今约有 2700 年，但是铜鼓由铜釜发展而来，铜釜也可以说是广义上的铜鼓，它们的敲击方式一样，只是制式、器形不一样，而新石器时代晚期正是由石器向青铜器过渡的时期。因此，不能排除人类在新石器时代晚期敲击石釜起舞的可能性。

综上所述，壮族铜鼓舞的起源年代可追溯至新石器时代晚期。

## 2. 云南广南县贵马壮族铜鼓舞舞蹈文化的形式要素

### （1）祭铜鼓

祭铜鼓主要是由贵马村戴联富家主祭，村中其他人可参与。所祭铜鼓为戴联富家的铜鼓，是一面麻江型中期的公鼓。该家族还有一面麻江型中期的母鼓——贵马石洞铜鼓，因戴氏兄弟分家，母鼓由戴联富哥哥一家保管，现存于贵马村委会石洞村小组。

① 石裕祖：《云南民族舞蹈史》，云南大学出版社，2006，第 44 页。

大年三十晚，先做好祭铜鼓和祭祖先的准备，将铜鼓抬至神龛前，在神龛前的桌上摆好祭祀用的碗筷、酒盅、饭菜。除夕零时，戴联富组织本族人用粽粑、米酒和鸭血祭祀祖先和铜鼓。戴联富挑新年的第一桶新水为铜鼓“洗面洗身”，焚香祭鼓，然后把鸭血和酒滴在鼓面祭鼓。参加祭鼓仪式的族人按辈分从老到幼吸吮鸭血酒，寓意宗族兴旺、健康吉祥。完成祭鼓仪式后，将铜鼓悬挂在堂屋门前的檐条上，随后旋转铜鼓以进行占卜。铜鼓最终静止时，其鼓面朝哪个方向，即认为该方向当年会风调雨顺、吉祥如意。占卜结束后，长辈敲响新年的第一声铜鼓，同时燃放鞭炮。

图三九　祭铜鼓（张瑛　摄）

## （2）跳铜鼓舞的服饰、道具、伴奏乐器和节奏

### ①服饰与道具

男舞者用头帕裹头，下身着阔边大裤，脚上穿布鞋，上身在长衫外面套上对襟布衣，颜色均为黑色或蓝色，腰间系带银饰的彩色腰带。

女舞者穿节日盛装。

道具为日常生活所用的毛巾。

### ②伴奏乐器与节奏

伴奏乐器有铜鼓两面、牛皮鼓一面，牛角号、镲、镲、铙各一个。

牛角号起引领作用，节奏为“× ○ × ○ × ○”（× 为吹响，○为休止），音为“呜○呜○呜○”，号声高亢绵长，给人以雄浑、肃穆的感觉。

公、母铜鼓各一面，由五人完成敲击。公、母铜鼓分别由两名男性和两名女性抬离地面，鼓腔相对，第五人双手持革桶立于两组人中间。敲击时，扛鼓人中男女各一人手执鼓槌敲击鼓面中心部位，先敲公鼓，依次敲响发出“咚咚咚咚咚咚”的声音。同时，持革桶者将革桶迅速推向公鼓或母鼓鼓腔后向外拉出，通过革桶惯性撞击铜鼓的声波产生动听的

图四〇　壮族男子打牛皮鼓（张瑛　摄）

颤音效果。这与流传于泸西县永宁乡法衣村等壮族村寨的“铜木神鼓”形式不谋而合。

打牛皮鼓者和打铓者一手提鼓绳或铓绳，另一手持鼓槌或铓锤敲击；打铙者和打镲者双手各执一面平击。牛皮鼓和铙的节奏为“××××××”，铓和镲的节奏为“×〇×〇×〇”。

皮鼓厚重的音色，铙清亮、深沉、延续的声音，镲响亮、穿透性强的声音，铓柔和、明亮的声音，与绵长的牛角号声、清脆响亮的铜鼓声共同谱奏出一曲高亢、深沉、起伏较大的铜鼓乐，音响合奏成“呜咚呜咚呜咚”。

图四一　广南县那洒镇贵马村壮族群众打铜鼓（兰天明　供图）

# (3) 铜鼓舞的动态表现

## ①动律风格特点

贵马壮族铜鼓舞动律重拍向下，屈膝颤动。动作以跳步为主，一拍一动，跳一步后，另一脚跟进并向下屈膝颤动。腿部动作主要有跳步前点、跳步抬腿、跳步旁点三种步伐。手部动作有直手（屈肘）画圆甩巾、单手横向甩巾、单手屈肘甩巾、屈肘护胸、单（双）手扛巾、捧巾、下分手甩巾、上分手甩巾等动作。在舞蹈中，舞者通过跳步变换身体方向，接着重复一组反面动作。队形的变化既可以是直线行进，也可以以圆圈的形式舞动。铜鼓舞的节奏均衡而对称。从整体风格上看，铜鼓舞古朴、凝重，甩巾动作尤为有力，增添了舞蹈的动感和力量之美。

## ②动作含义

贵马壮族铜鼓舞包含十二组动作，内容包括贵马壮族人民十二个月对应的农耕劳作活动。这些动作不仅是对自然时序的颂歌，更是对祖先的深切缅怀，它们生动再现了祖先脱离群兽、直立行走、开荒种地、生产生活、喜迎年节、迈入文明社会的历史轨迹。

正月对应的活动内容，当地壮语称为“当叩”，意为起步或开始。

二月对应的活动内容，当地壮语称为“摆吧颂并”，意为古人左右甩刀开路、开荒、狩猎和争战。

三月对应的活动内容，当地壮语称为“劳洛扫靠吩”，意为开路播谷种。

四月对应的活动内容，当地壮语称为“落咱旦那”，意为拔秧插秧。

五月对应的活动内容，当地壮语称为“带那”，意为薅秧。

图四二　广南县那洒镇贵马村壮族铜鼓舞（张瑛　摄）

六月对应的活动内容，当地壮语称为“单派窜派”，意为栽棉花、薅棉花。

七月对应的活动内容，当地壮语称为“金吉”，意为过七郎节。

八月对应的活动内容，当地壮语称为“丢诺嘎咱探靠吗热”，意为挑稻谷回家，又简言“翻叩”(打谷)。

九月对应的活动内容，当地壮语称为“收派旦胖”，意为收棉花织布。

十月对应的活动内容，当地壮语称为“收靠吗热荷娄艾”，意为收粮进家酿米酒。

冬月对应的活动内容，当地壮语称为“摆庄拜酒”，意为设宴敬酒或摆桌子谢酒。

腊月对应的活动内容，当地壮语称为“揭海散瑟荷金”，意为刷鞋、洗衣过年。

③动作分解

贵马壮族铜鼓舞的动作可分解为“走路”“开荒开道”“播谷种”“拔秧插秧”“薅秧”等。

a. 正月：“走路”

表一 “走路”动作分解

| 节奏 | 腿部动作 | 手部动作 |
|---|---|---|
| ① | 左脚往前跳一步，同时屈伸，变右前点步（左跳步前点） | 左手叉腰，右手腹前逆时针屈肘画圆收至右腹 |
| ② | 双腿屈伸一次 | 保持舞姿 |
| ③④ | 同①②对称 | |

队形变化：可前进，亦可通过跳步、转身来变换方向。

b. 二月：“开荒开道”

表二 “开荒开道”动作分解

| 节奏 | 腿部动作 | 手部动作 |
|---|---|---|
| ① | 左跳步前点 | 左臂围腹，左手贴于右侧；右手伸直，并在体前逆时针甩巾画两圈 |
| ② | 双腿屈伸一次 | |
| ③④ | 同①②对称 | |

队形变化：可前进，亦可通过跳步、转身来变换方向。

c. 三月：“播谷种”

表三 “播谷种”动作分解

| 节奏 | 腿部动作 | 手部动作 |
|---|---|---|
| ① | 左跳步前点 | 双手从垂手位甩巾至胸前合手 |
| ② | 双腿屈伸一次 | 下分手甩巾回垂手位 |
| ③④ | 同①②对称 | |

队形变化：可前进，亦可通过跳步、转身来变换方向。

d. 四月：“拔秧插秧”

表四　“拔秧插秧”动作分解

| 节奏 | | 腿部动作 | 手部动作 |
|---|---|---|---|
| 1 | ① | 右脚往右跳一步，同时左脚抬腿至右前（右跳步抬腿） | 左手叉腰，右手横向打开至肩平位 |
| | ② | 同①对称 | 左手叉腰，右手横向屈肘护胸 |
| | ③ | 右脚往右跳一步，同时左脚旁点（右跳步旁点） | 左手叉腰，右手从胸前经下甩伸直至肩上位 |
| | ④ | 双腿屈伸一次 | 左手叉腰，右手屈肘收回小臂 |
| | ⑤ | 左跳步旁点 | 左手叉腰，右手伸直小臂经下甩 |
| | ⑥ | 双腿屈伸一次 | 左手叉腰，右手收至屈肘护胸 |
| | ⑦ | 右跳步旁点，身体往右转180度 | 双手伸直从左往右向上甩 |
| | ⑧ | | 变右手叉腰，左手屈肘护胸 |
| 2 | | 动作同上述对称 | |

e. 五月：“薅秧”

表五　“薅秧”动作分解

| 节奏 | | 腿部动作 | 手部动作 |
|---|---|---|---|
| 1 | ① | 右跳步抬腿 | 双手经左侧上甩向右侧 |
| | ② | 左腿直接从抬起位置起落，抬右旁腿 | 双手从右侧上甩至左侧 |
| | ③ | 右跳步抬腿 | 同① |
| | ④ | 抬起的左腿放回原位，两腿与肩同宽，原地左转 | 同② |
| | ⑤ | 单跪右膝 | 左手叉腰，右手盖下屈肘护胸 |
| | ⑥ | 起身右转 | 保持舞姿 |
| | ⑦ | 单跪左膝 | 右手收至叉腰，左手盖下屈肘护胸 |
| | ⑧ | 起身，双腿同时起跳 | 双手放松至垂手位 |
| 2 | | 动作同上述对称 | |

f. 六月："栽棉花、薅棉花"

表六 "栽棉花、薅棉花"动作分解

| 节奏 | 腿部动作 | 手部动作 |
|---|---|---|
| ① | 左跳步旁点 | 左手叉腰，右手从体侧由下往上甩并屈肘护胸 |
| ② | 右跳步旁点 | 右手叉腰，左手从体侧由下往上甩并屈肘护胸 |
| ③④ | 同①②对称 | |

队形变化：可前进，亦可通过跳步、转身来变换方向，转身时，双手手巾上甩至一手叉腰一手屈肘护胸。

g. 七月："拜祖"

表七 "拜祖"动作分解

| 节奏 | 腿部动作 | 手部动作 |
|---|---|---|
| ① | 左跳步前点 | 双手从垂手位甩至头前合手 |
| ② | 双腿屈伸一次 | 上分手甩巾回肩平位 |
| ③④ | 同①②对称 | |

队形变化：可前进，亦可通过跳步、转身来变换方向。

h. 八月："挑谷"

表八 "挑谷"动作分解

| 节奏 | | 腿部动作 | 手部动作 |
|---|---|---|---|
| 1 | ① | 右跳步抬腿 | 双手合拢屈肘，甩巾至右肩扛巾 |
| | ② | 左跳步抬腿 | 甩巾至左肩扛巾 |
| | ③ | 右跳步旁点 | 伸直双手，通过下弧线甩至右肩扛巾 |
| | ④ | 双腿屈伸一次 | |
| | ⑤ | 左跳步旁点 | 同③④对称 |
| | ⑥ | 双腿屈伸一次 | |
| | ⑦ | 右跳步旁点，身体往右转 180 度 | |
| | ⑧ | 双腿屈伸一次 | |
| 2 | | 动作同上述对称 | |

i. 九月："织花布"

腿部动作与五月"薅秧"动作一致。

手部动作与五月“薅秧”动作一致，只是将盖手屈肘护胸变为扛巾。

j. 十月：“酿米酒”

表九 “酿米酒”动作分解

| 节奏 | 腿部动作 | 手部动作 |
|---|---|---|
| ① | 右跳步旁点 | 左手叉腰，右手往肩平位甩巾 |
| ② | 左跳步旁点 | 左手叉腰，右手从肩平位经下弧线甩至左侧 |
| ③ | 双腿屈伸一次 | 左右手合拢左肩扛巾 |
| ④ | 右跳步旁点，身体向右转 180 度 | 双手放下至自然垂手 |
| ⑤⑥⑦⑧ | 动作同上述对称 | |

k. 冬月：“设宴敬酒”

表一〇 “设宴敬酒”动作分解

<table>
<tr><th colspan="2">节奏</th><th>腿部动作</th><th>手部动作</th></tr>
<tr><td rowspan="8">1</td><td>①</td><td>两脚打开与肩同宽，左转 90 度，右脚单膝跪地</td><td rowspan="6">双手叉腰</td></tr>
<tr><td>②</td><td>起身</td></tr>
<tr><td>③</td><td>同①</td></tr>
<tr><td>④</td><td>同②</td></tr>
<tr><td>⑤</td><td>动作同①对称</td></tr>
<tr><td>⑥</td><td>起身时起跳，左脚并至右脚，同时向右转体 180 度</td></tr>
<tr><td>⑦</td><td>单跪左膝</td><td>双手捧至胸前</td></tr>
<tr><td>⑧</td><td>双脚打开，与肩同宽</td><td>双手叉腰</td></tr>
<tr><td colspan="2">2</td><td colspan="2">动作同上述对称</td></tr>
</table>

l. 腊月：“打扫过年”

表一一 “打扫过年”动作分解

| 节奏 | 腿部动作 | 手部动作 |
|---|---|---|
| ① | 右跳步旁点 | 左手叉腰，右手往肩平位甩巾 |
| ② | 左跳步旁点 | 左手叉腰，右手从肩平位经下弧线甩至左侧肩部 |
| ③ | 双腿屈伸一次 | 左手叉腰，右手从左肩向右下甩巾掸鞋 |
| ④ | 右跳步旁点，身体向右转 180 度 | 右手叉腰，左手从左上向右下甩巾 |
| ⑤⑥⑦⑧ | 动作同上述对称 | |

### （4）七郎节中的铜鼓舞

众多壮族铜鼓舞资料书籍都笼统地把彝族、壮族的铜鼓舞混作一谈，认为壮族与彝族一样，在年节时跳的铜鼓舞最隆重。而在广南县那洒镇贵马村，每年七郎节的壮族铜鼓舞表演最为盛大。笔者于 2012 年春节在贵马村采风时，采访了铜鼓舞省级传承人梁慧兰（壮族，1961 年出生，高中文化水平）。据她描述，贵马村最盛大的铜鼓舞表演是在七郎节。

汉族、壮族等民族有众多的民间传说，从中也可了解到七郎节跳铜鼓舞的一些情况。民间传说每年农历七月中旬地府之门会打开，放出所有鬼魂，逝去的祖先、亲人会回家。民间传说侬姓人是侬智高的后代，贵马村的壮族人把侬智高归属于祖先的地位。贵马村当地还有侬智高将领七月途经贵马的传说。众多传说融会在一起，从中可以了解为何每年农历七月，贵马村以铜鼓舞祭祀侬智高，并将祭品带回家祭祀祖先，供奉时行礼如仪。七郎节盛大的铜鼓舞祭祀活动不仅还原了铜鼓舞是丧葬祭祀舞蹈的本来面目，也反映了铜鼓舞在娱神祭祖中的功用价值。

图四三　广南县那洒镇贵马村的壮族群众跳铜鼓舞庆祝七郎节（兰天明　供图）

## 3. 与壮族铜鼓舞起源相关的舞蹈

贵马壮族铜鼓舞及其前身丧葬手巾舞，因过去壮族缺乏文字记载，二者均无确切的史籍可考。但据广南县旧莫乡昔板村一带的传说，壮族丧葬手巾舞融合了彝族丧事中的仪式动作和壮族舞蹈元素，而现今的铜鼓舞在吼声、锣鼓伴奏方面还保留着彝族舞蹈的特点。民间传说是一种口承文化，其口承方式相对于文字记载会呈现出在发展过程中加入各朝各代主流观点或个人的智慧创造的特点。因此，尽管传说故事无法直接证明壮族丧葬手巾舞或铜鼓舞一定吸收了彝族丧葬仪式的动作，但可以推测二者与彝族的丧葬仪式有一定关联。因此，探索彝族地区流传至今的丧葬仪式舞蹈，对探究壮族铜鼓舞起源具有重要意义。

历史上，彝族是一个迁徙的民族，也是云南省少数民族中人口数量最多的民族。在广南县，彝族世代与壮族杂居。广南彝族由滇东迁徙至此。迁徙在解决民族生存问题的同时，也将民间习俗、文化艺术从一个地方带至另一个地方。例如，彝族祭祖丧葬舞蹈“转噶”就是随着彝族迁徙而扩散、流传至广南地区的。

民国《宣威县志稿》载：“亲朋既集，则各执鸾铃一串，蹲而歌，两足交互运动，状如绳，名曰‘蹉蛆’。顷之群起绕帐，一人吹笙前导，歌且舞，谓之‘转噶’。既转而蹉，蹉已复转，如是者数。自言其先有客死于外者，子孙觅之得尸于树……逐害鸟，使不生畏，去腐虫，俾免厌憎。”[①]这正是现今流传在滇东、滇东南的宣威、曲靖、广南、罗平等地彝族祭祖丧葬舞蹈“转噶”的真实写照。“转噶”又称“跳德”“跳歹”“呕蛤比”“期黑”“确比”“搓蛆舞”“会玛克”“跳脚”“跳噶”“搓蛆撵老鸹舞”“叠脚舞”，从清代一直流传至今。传说这种舞蹈原有七十二套，后来只剩下“踢羊”“钉桩”“转通”“搓蛆”“打鸟”“姑爷磕头”“编篱笆”“仙人摔跤”等十多套传统跳法。在套路之间，领舞者会发出信号，喊一声接下来要跳的套路的名称，大家就跟着发出“唷！嗬！”的喊声。宣威东山安迪乡彝族凡遇长辈去世，都必须在晚上跳“转噶”。“转噶”，在曲靖被称为“确比”，包括“大鼓舞”“铜鼓舞”“手帕舞”“酒礼舞”等。以上各地的丧葬舞有两种跳法：一种是以双手各持一条长约40厘米的白色布巾甩跳的男子集体舞；另一种是以两根短棍与一条长棍对打的男性舞，舞者多为六至八人。从与壮族丧葬手巾舞（铜鼓舞前身）的形式要素进行对比可知：一是两者的形式一样，如在尸前跳舞和发出“唷！嗬！”的喊声；二是两者的传说故事相似；三是两者的跳法套路生成的模式一样，彝族传统跳法套路以山地狩猎为主，而壮族以农耕稻作为特点，虽然动作套路不一致，但结合本民族生存方式而产生套路的思维方式具有一致性；四是两者的道具和男子集体舞的要求基本一致；五是两者的目的一样，均以歌舞娱尸；六是两者信仰一致，信奉灵魂不灭。由此推断，彝族“转噶”与壮族铜鼓舞存在内在联系。

与壮族铜鼓舞起源有关的另一种宗教祭祀舞蹈是在滇东北镇雄、彝良两县彝族聚居区流传的彝族丧葬舞蹈“喀红呗”。“喀红呗”是一种以歌舞娱尸的丧葬祭祀舞蹈，有一套严密的程序。在彝族巫师毕摩念完祭灵的彝经后，“喀约”（跳“喀红呗”的男性舞者）以四人一组登场，每位“喀约”用右手挥舞着四个铜铃和白色孝帕跳“喀红呗”。“喀约”们依序昼夜轮换，通宵达旦地以歌舞娱尸。清乾隆《开化府志》记载有彝族阿戛支系以歌舞娱尸的旧俗：“阿戛有丧，合寨老幼，向尸前跳舞……”石裕祖认为，“喀红呗”与《开化府志》记载的“尸前跳舞”一脉相承。笔者认同他的观点。

与壮族丧葬手巾舞共同成长的还有壮族的喜庆性手巾舞，两者的源流已无从考证。广南县文化馆陈应文认为：两者是在手巾舞产生以后，因部落之间的差异，逐渐发展成为祭祀性手巾舞（用于丧葬场合）和喜庆性手巾舞。

广南县的喜庆性手巾舞在《中国民族民间舞蹈集成·云南卷》中只提及而无详细记录，笔者在2013年1月去广南县者兔乡者兔村参与“接竜”和5月去广南县莲城镇太平寨村参与皇姑节活动的过程中，领略到喜庆性手巾舞的风采。喜庆性手巾舞是壮族自娱性民间舞蹈，男女皆可参与，在壮族民歌的伴奏下，脚部动作以迈步为主，手部动作是甩巾，动作轻快，手巾上下翻飞，表现了壮族民众内心愉快、欢乐的心情。喜庆性手巾舞的动作是对农耕生产的模拟和再现，有撒秧、插秧、割谷、打谷、舂米、纺线、织布、纳鞋底、敬酒等。喜庆性手巾舞给人直观的感觉是完全区别于壮族铜鼓舞中的甩巾动作，一个显得轻

① 陈其栋、缪果章等：《宣威县志稿》卷八之四，民国二十三年（1934年）云南开智印刷公司铅印版。

快，另一个显得沉稳肃穆。但两者在表现内容上保持一致，以稻作农耕生产生活为主题。

壮族铜鼓舞究竟源于什么，与“转噶”、“喀红呗”、喜庆性手巾舞的源流关系如何，已无从得知。但从它们的表现形式、风格特点中，可以了解到它们是互相联系的。彝族、壮族杂居、通婚，不仅让两个民族成为一家人，还让两个民族的文化既互相影响又各具特色。

## 4. 壮族铜鼓舞的文化内涵及功能

### （1）麽教文化

贵马壮族铜鼓舞由丧葬手巾舞发展而来，主体动作由丧葬祭祀仪式中麽公所跳的动作发展而来。贵马壮族铜鼓舞的传承人梁正功是贵马村的麽公，他既替人看风水、解邦（禳解厄运），又替人超度亡灵，是麽教的神职人员。麽教所反映出的灵魂观、神灵观和神性观中的天命观是形成壮族铜鼓舞的基础，也反映了铜鼓舞所蕴含的麽教文化的神秘色彩。

首先，壮族铜鼓舞的产生源自壮族的灵魂观念。英国人类学家爱德华·伯内特·泰勒在《原始文化》中给“灵魂”下了定义，其本质内容有两点：一是灵魂是其所在之个体（人或物）的一切活动的生命力、原动力和操纵者，是个体之一切行为的主宰；二是灵魂可以离开形体而独立活动，甚至灵魂不会随形体的死亡而消失。壮族在形成灵魂观念之时，不仅相信有生命的东西有灵魂，而且相信生活中的各种自然物品和人工物品都具有灵性和生命，这就是原始时期世界各个民族在形成灵魂观念之后认为万物有灵的共同信念。从中我们可以理解壮族民众在尸前跳舞和祭铜鼓的动因。另外，壮族民众的灵魂观念还体现在二次葬中，他们认为每一个活着的人都有灵魂附着于其肉体，这种灵魂是独立存在的，一般人无法随意控制，人的死亡只是肉体的终结，而灵魂是不灭的，即将转入彼岸世界，重新生活。因此，进行二次葬时，必须等待逝者肉体腐化才能捡骨超度。铜鼓舞表现了稻作农耕内容，也表达了生者告慰逝者：在彼岸世界，逝者仍可像生前一样劳动生活。

其次，壮族麽教的神灵观念是以信仰布洛陀大神为核心，信奉自然神、氏族神、图腾神、祖先神、职能神的信仰体系。按地域划分，在以布洛陀为主神的壮族麽教神灵系统中，广南县麽教既具有广西右江流域麽教神灵系统的特点，又隶属于云南壮族麽教神灵系统。云南壮族地处壮族聚居区边缘地带，相对于广西，其宗教的文化形态保留得更原始、更完整。但贵马村在老人亭供奉神农氏的情况在云南壮族麽教神灵系统中未有提及。查询广西右江流域麽教神灵系统，其中表明信奉神农氏是源于道教、师公教、佛教，可见两个系统的交叉性。丧葬手巾舞主要出现在丧葬、祭祖活动（七郎节）中，用来祭奠宋朝时期的壮族首领侬智高。侬智高是壮族的历史人物，我国广西、云南及越南北部壮族地区的壮族每年都祭奠他。这不仅反映了侬智高事件在壮族地区的广大影响，也可以看出壮族民众已将其纳入神灵系统，将其奉为神灵膜拜。甚至，有些地方流传侬智高最后与宋军激战时，登马升天，化作神仙消失于人界。

最后，壮族的天命观念从人的角度可以理解为：自然世界和人间生活按照神的意志和命令，服从于神灵的支配和操纵。其所包含的道德（善恶）、智慧和权能三种神性，本质上是人类特性的宗教异化。它在铜鼓舞中的体现主要是在丧葬仪式中超度亡魂时念诵的《麽荷泰》。“麽荷泰”是壮语音译，即“超度经”的意思。“麽”即诵经，“荷”为操办，“泰”的本义为移植，后来引申为超度，即像移栽禾苗一样，将死者的灵魂移送到仙界。整部经诗包括创世史诗和宗教典籍两部分，共42篇6000余行，为土俗字手抄本。贵马村麽公梁正功的经书，据他说是由他伯父传给他的。全套经书包含了壮族人种起源、谷种棉种和耕牛起源、杀牲祭祀、送亡灵上路等神话传说和宗教礼仪，为五言诗，押韵对仗。壮族麽教的天命观念主张天是至高无上的主宰，而布洛陀大神是天的代表及发言人，是壮族无所不知、无所不晓的智慧神，管理人间，协调人、社会、自然之间的关系。这种天命观念具有鲜明的伦理道德和理智色彩，与中国传统宗教的“天道合一”“天人感应”的天命观念相吻合。在众人相聚的丧葬、祭祀仪式中，麽公念诵承载天命观念的《麽荷泰》等一系列经书，向人们传扬伦理、道德、秩序、生产知识，传递壮族在历史发展中总结的社会经验。铜鼓舞提供了传承壮族历史文化知识的机会，同样也赋予了自身深层内涵。

## (2) 铜鼓文化

铜鼓是人类社会的产物，同时也是见证整个人类发展和社会生产水平的载体。在贵马壮族铜鼓舞中，铜鼓作为主要伴奏乐器，其功用价值意义重大。而铜鼓舞中铜鼓所具有的壮族宗教范畴中的功用价值，正是基于壮族传统的“三元宇宙观”。

### ①“三元宇宙观”

贵马村的铜鼓是1985年文山州进行铜鼓调查时发现的传世品，现存于广南县那洒镇贵马村戴联富家。麻江型铜鼓是以贵州省麻江县一古墓出土的铜鼓为标准器，流行时代为南宋至清末。其特征是体型小而矮扁，面略小于胸。胸、腰、足间的曲弧形柔和，无分界标志，腰中部起凸棱，胸部有两对大跨度耳。花纹有游旗纹、乳钉纹、花草纹、人物纹、符箓纹、同心圆纹、云纹等，有的还出现汉字纪年铭文。例如，广西壮族自治区博物馆的一面麻江型铜鼓鼓面上铸有“天元孔明，福寿进宝”铭文。“天元”是脱古思帖木儿的年号，即1379—1388年，而贵马村这面鼓是麻江型中期的铜鼓。据戴联富说，这面铜鼓在他的家族里已保存并流传14代，以25—30年为一代，可以推算其在1593—1663年间就

图四四　贵马村戴联富家族收藏的铜鼓（张瑛　摄）

已经存在。因此，可以推断贵马村的这面铜鼓的铸造时期在1379—1663年间。

贵马村这面铜鼓通体完好，鼓面中心因敲击略有破裂，且有明显的修补痕迹。其面径为47.5厘米，身高32厘米，有条纹扁耳两对、合范线四道。鼓面中央有十二芒太阳纹，芒间纹饰已无法辨认。鼓面由里到外双弦、三弦分六晕：第一、三、六晕为乳钉纹，第二、四、五晕为云纹，面沿铸蟾蜍四只，蟾蜍身上有斑点，头朝太阳纹。鼓身分七晕：第一晕为乳钉纹，第二晕为葫芦纹、云豹纹、云纹等纹饰，第三晕为云纹，第四晕为凸棱，第五晕为波浪纹，第六晕为素面，第七晕为复线三角纹。铜鼓的纹饰是今人根据纹饰像什么而命名的，既有抽象的乳钉纹、弦纹、锯齿纹、云雷纹、绳纹、网纹、编织纹等纹样，又有具象的太阳纹、鹭鸶纹、牛纹、羽人纹、武士纹、船纹等纹样，以及反映古代民族住干栏、敲编镠、击铜鼓、跳芦笙舞、竞渡、剽牛等生活或娱乐情景的画面。这些纹饰图案既反映了拥有该铜鼓的民族的自然崇拜、心理诉求和宗教观念，又反映了当时人们社会生活的方方面面。

壮族的创世史诗《布洛陀》记载："宇宙是由天、地、水三种物质构成的，最初是一个混沌的球体，后来被创世大神布洛陀分成天、地、水三界。其中，天为上界，由神灵居住；地为中界，由人和各种动物居住；水为下界，由水族居住。"这样的宇宙观念在铜鼓纹饰上也有所体现。

在贵马村铜鼓的鼓面上，太阳纹、云纹、蟾蜍塑像对应天界。太阳是原始人类直接接触的自然实体，它的出现带来温暖，它的消失带来寒冷。它可以照耀植物，促进生长，让原始人类有食物果腹，它也可以制造旱灾毁灭生物。因此，人类的原始宗教中产生了对太阳的崇拜。壮族是稻作民族，新石器时代晚期就已经熟练掌握了水稻栽培技术，水稻的生长更加依赖太阳的赠予，因此更加坚定了壮族太阳崇拜的心理。对蟾蜍或青蛙的崇拜与壮族稻作农耕依赖节气时令有关。对于稻作民族，水的重要性不言而喻，关乎其生存。蟾蜍或青蛙的皮肤表面有许多分泌体液的细胞，能使其在干燥的环境中保持皮肤湿润，从而使其生理正常运作。下雨天，蟾蜍或青蛙的皮肤得到充分湿润，于是它们会活跃地呱呱叫。原始时期的人类不知道这个道理，但是人类的经验和智慧是在实践中不断积累形成的。于是，蛙鸣叫带来雨水的经验在农耕民族中普遍存在，这也促使了农耕民族的蛙崇拜。红水河流域河池市天峨县传统的蚂蜗节正是源于此。岩画中也有蛙形再现，如云南麻栗坡县大王岩的岩画中统一的蛙舞形象。现今，壮族有些绣品中还遗存着蛙的图案。另外，壮族民间传说还有对青蛙的描述，如"青蛙是天神（雷公）之子，具有呼风唤雨的能力，人间求雨止雨都需要它的帮忙"。从这则传说中可以了解到，青蛙是跨越壮族宇宙观中天界与人界的灵物。这也促使壮族人将青蛙或蟾蜍的形象铸于铜鼓上，当他们想向上天表达诉求时，便通过敲击铜鼓，让青蛙或蟾蜍将他们的愿望传至天界。在其他铜鼓中，天界的代表还有"飞有次序，百官缙神之象"的飞鸟纹（鹭鸶纹）。

贵马村铜鼓鼓身上的葫芦纹、云豹纹、复线三角纹对应地界。许多民族的创世史诗中都有关于洪水、葫芦生人、兄妹繁衍神话的记载。《麽经布洛陀》中记载，远古时有个叫作卜伯（布伯）的人，聪明又勇敢，本领高强，人们推选他做中界的头人。有一年，天大旱，河水断流，草木枯焦，不少人畜渴死，人们祭天求雨，却没有作用。原来是管雨水的雷王怪人间不供奉他，把天池封闭起来，蓄意要渴死中界的生灵。卜伯就到天上找雷王算账。卜伯把雷王抓起来，限他三天内一定要降雨，要不就杀死他，雷王假意答应。卜伯走后，雷王不仅不按期下雨，还起了坏心，准备劈死卜伯。卜伯预先知道此事，就把湿滑滑的水苔厚厚地铺满屋顶，设计抓雷王。雷王果真来了，他一踏上屋顶便因水苔滑倒，骨碌碌地滚到晒棚上，然后被卜伯用鸡罩罩住，关在木笼里。卜伯关好雷王后，便出去买缸买盐，准备把雷王杀掉并腌起来，请远近的人都来吃雷王肉解恨。卜伯走时吩咐他的子女盘

图四五　贵马村铜鼓鼓身上的纹饰（张瑛　摄）

古兄妹，要好好看管雷王，不要给他喝水或把斧头借给他。雷王很狡猾，诱惑两个孩子给他喝了一碗水，恢复了力气，冲破木笼逃走。雷王逃走时，拔下一颗牙齿，送给盘古兄妹作为报偿，叫他们快拿去种，会马上长出一个大葫芦（按：葫芦籽形似牙齿）。雷王还告诉他们，天很快就会下大雨，洪水要淹没大地，到时躲进葫芦里才可以避难。雷王一回到天上，就打开天池，水立刻把中界大地淹没了。人们坐上竹排，纷纷往高处逃难。雷王的兄弟差锯齿鱼来锯断所有的竹排，这样人们便都掉进水里被淹死了。卜伯坐在木碓上，和雷王、锯齿鱼展开了你死我活的战斗，后来锯齿鱼锯断了木碓，卜伯被水淹死了。盘古兄妹坐在葫芦里，因为葫芦的底是圆的，会团团转动，所以没有被锯齿鱼锯破。后来洪水退了，世间只留下盘古兄妹。眼看着人类要灭绝了，布洛陀就来劝他们俩结婚，重新建家园。后来他们生下一个怪胎，他没有头脚，像一块磨刀石。他们认为不吉祥，就把怪胎砸碎，拿到野外四处抛撒。过了几天，肉块变成成千上万的人，从此人类才又繁衍起来。葫芦是人类在洪荒时期延续生命的物体，同时葫芦多子又寓意人类希望子孙后代繁衍昌盛的诉求。笔者认为，复线三角纹是壮族对山的描绘，理由是：第一，壮族居住的地方大都是依山傍水；第二，至今广南县那洒镇贵马村壮族女子的服饰，仍有用银泡排列成三角纹镶嵌在衣服周边的情况。据笔者的采访，广南壮族人一致表示这种三角纹代表的是山。

贵马村铜鼓中的波浪纹对应水界，这跟壮族聚水而居的习俗一致。其他铜鼓上，与水界对应的还有水草、鱼虾等形象。值得一提的是，在丘北县出土的草皮鼓上，铸有壮族非常敬畏的一种水精灵——“都额”，民间传说它可以变成美丽的少女勾引男人，也可以变成英俊的小伙子勾引女人，还能呼风唤雨，潜入深潭兴风作浪，铜鼓便是专门用来“镇额”、为民除害的。“都额”的纹饰图案又称“鼍纹”（形似鳄鱼或蛟龙的图案），丘北县普格岩画上的鼍纹正反映了它们之间的传承关系。

### ②铜鼓承载的丧葬祭祀功用

关于南方少数民族丧葬时敲铜鼓的记载不少，水族、壮族、苗族、布依族等民族均有这一习俗。民国《都匀县志稿》卷五记载：“黑苗……丧期击铜鼓。”清光绪十六年（1890年）重刊的《平远州志》是这样记载的：仲家（布依族），“丧事击铜鼓，屠牛，招亲友遍饮，务醉而后快”。民国《独山县志》是这样记载的：“亲死……男女对击铜鼓、木鼓，鼓声相应。”嘉靖《贵州通志》记载：仡佬族“丧葬击鼓唱歌，男女围尸跳跃，举哀而散”。民国《马关县志》记载：“苗人之丧葬，自人死时，即敲鼓、吹芦笙以乐鬼，昼夜不停。”这些民族认为，在丧葬中敲击铜鼓除了有报丧的功用外，还有另一功用，即希望通过敲击铜鼓将逝者的灵魂引入仙界。由此可见，铜鼓被这些民族的先民赋予了灵魂与力量，并且成为沟通三界的神器。

在丧葬中，铜鼓充当引导灵魂的媒介。为什么是铜鼓充当媒介，而不是其他青铜器物？这与原始人类自身意识有关。

公元前 7 世纪，中原青铜时代逐渐衰落，铜鼓开始在长江以南和东南亚等地区的少数民族中流行，其与北方的鼎有同样尊贵的地位。对于铜鼓是什么，众说纷纭。目前，有铜鼓是重器，是礼器，是乐器，是炊器之说。笔者认为，铜鼓并不是与生俱来就是礼器、重器的，而是原始人类将其神化后，赋予了其在不可解释领域的功用价值，才将其归于祭祀礼器的。《麽经布洛陀》记载，从前毒虫猛兽经常出来伤害人畜，布洛陀教人用青桐木烧炼孔雀石熔铸铜鼓，敲打铜鼓吓跑毒虫猛兽。从这个传说可以了解到：壮族居住的地区多毒虫猛兽，人们通过敲击铜鼓成功驱赶毒虫猛兽。原始社会时期，毒虫猛兽对人类的生存造成巨大威胁。这些毒虫猛兽，人类自身无法驱赶，却能通过敲击铜鼓成功驱赶。由此可知，原始人类神化铜鼓是有现实基础的。此外，《尚书・夏书・胤征》《左传・庄公二十五年》《穀梁传・庄公二十五年》《左传・昭公十七年》中记载有“伐鼓救日”的故事。基于现实中铜鼓声与日食结束时间的巧合，人赋予了鼓神力，而逐渐奠定了鼓在祭礼中的地位。笔者认为，铜鼓祭祀地位的确立与“伐鼓救日”中的鼓的发展类似。在丧葬中，人们为了得到精神具象化的满足，将逝者超度至灵魂世界的目的和铜鼓的神秘力量结合，将人的精神寄托于铜鼓这一器物上。因此，铜鼓不单纯只是因祭祀需要而存在，而是人类自身历史文化发展赋予了铜鼓生命力，奠定了其在 2000 多年的发展中经久不衰的基础。

### （3）稻作农耕文化

透过史籍及现实可知，无论是古越人还是现今壮族，劳作皆以种植水稻为主，由此衍生出具有明显稻作特征的各种风俗，这些风俗体现在壮族生活中的衣食住行等方面。

考古人员在河姆渡遗址中发现了建筑水平很高的干栏式木构建筑、水田农业种植的籼稻和粳稻遗存及原始纺织机构件等遗迹遗物。根据目前考古学的证据，距今约 7000 年的河姆渡文化，很可能就是古越人所创造出来的文化。遗址中共同出土了大量的稻谷、稻壳、茎叶堆积层和大批农具、加工工具、炊用器，说明在新石器时代中期，古越人就已经有了成熟的水稻栽培技术和饭稻羹鱼的饮食习惯，过着一种以稻作为主的农耕狩猎采集生活。随着人类历史的演进，农业栽培技术逐渐成熟，狩猎与采集逐渐被农业和畜牧业代替，人类开启了具有稳定粮食产出的农耕生活。

以稻作为主的农耕经济在壮族的文化中留下大量的历史痕迹。云南壮族以“那”命地名就是稻作文化在壮族生产生活中的遗存。“那”，壮语，译为“水田”或“稻田”，在有些文献资料中也写作“纳”。在云南省文山州，冠以“那（纳）”字的地名就有 500 多个。在广南县，地名冠以“那”字的地方有那伦、那郎、那朵、龙那、那洒。贵马村属于那洒镇。壮语中，“那”指田，“洒”指散，“那洒”意为田地分散的村庄。贵马村的稻田是被山围起来的一个个小坝子，不像江南稻田连接成片。据徐松石《泰族僮族粤族考》记载，广西合浦有那浪、柳州有那六、宾阳有那村、百色有那崇、邕宁有那关，广东台山有那扶墟、中山有那州村、番禺有都那、新会有那伏……由此可见，冠有“那”字的地名是壮族在聚居地长期的生产活动和交往中创造出来的，是历史的产物，保存了壮族文化尤其是稻作农业史的本来面目。

这种浓郁的稻作农耕文化还保存在壮族的宗教祭祀和文化艺术活动中。贵马村老人亭二楼设神龛供奉“皇厅索”（神农氏）。“皇厅索”为壮语音译，意为为广大民众寻求利益和幸福的皇帝，贵马村壮族群众将其归为本境神，年年为其举行祭祀活动。关于神农氏，司马贞在《三皇本纪》中是这样记载的：“神农氏，姜姓以火德王。母曰女登，女娲氏之女，忎神龙而生，长于姜水，号历山，又曰烈山氏。”《孟子·梁惠王章句上》载：“神农，有娲氏之女安登，为少典妃，忎神龙而生帝。承庖羲之本，以火德王。”《帝王世纪》云：“神农氏……以火德王，顾号炎帝。”由此可知，神话人物神农氏的原型是炎帝。他对中华民族的功绩主要在于：撰写了人类最早的著作《神农本草经》，发明农具以木制耒，教人稼穑饲养、制陶、纺织及使用火。因此，神农氏被后世尊为中国农业之神，世称“农皇”。由此可知，壮族十分重视稻作农耕，并仍然以传统的方式祭祀神农氏，祈求农业生产风调雨顺、五谷丰收。在其他祭祀活动中还有稻作文化的痕迹，如贵马村戴联富家族祭祖、祭铜鼓时要用鸭血；广南县村民祭皇姑时，祭品中必须有红糯米团、米糕；在广南县、马关县，祭祀侬智高时必须准备花糯米，当地人也把祭祀侬智高的节日称为“花糯米节”。如前文所述，在喜庆性手巾舞和铜鼓舞中也有稻作农耕动作内容的体现。

图四六　用鸭血祭铜鼓（张瑛　摄）

稻作农耕文化在壮族服饰中也有所体现。贵马村壮族女子的头饰，是用宽布折成条状后在头上折绕出两只角的形状，当地有称其为“龙角帽”的，也有称其为“牛角帽”

图四七　壮族聚居区的田园风光（王梦祥　摄）

的。笔者认为，称“龙角帽”有可能是受了中原龙文化的影响，因为壮族史料中没有对龙这一动物的描述，壮族祭竜中的“竜”也不是指中原文化中的“龙”，而是特指麽教中特定的神灵。因此，称其为“牛角帽”更切合壮族稻作农耕的特点。广南县文化馆陈应文介绍说：“壮族历史上将黄牛视为牲畜，可以屠宰食其肉，而水牛是具有灵性的，不能屠杀。”这也从一个侧面反映出在稻作农耕中，水牛的耕作价值比黄牛大，因而壮族人视水牛若珍宝。富宁县普阳村传世的孟梅Ⅰ、Ⅱ号铜鼓鼓面均有瘤牛形象。

壮族成熟的稻作文化在出土文物中都有所体现。马关县阿峨新寨出土了用于水田耕作的尖叶形铜锄。文山壮族苗族自治州博物馆收藏有壮族祖先句町人的铜铲、铜耒、锯镰等稻粟耕作中所用的农具。

稻作农耕的生产方式是几千年来壮族社会发展的活化石，是积淀在壮族人生产生活中的原始活态文化。

## （三）云南广南县贵马壮族铜鼓舞的变迁

### 1. 贵马壮族铜鼓舞舞蹈本体因素的变迁对比及其原因

贵马壮族铜鼓舞由固定程式的丧葬仪式动作发展成为现今模样，不仅体现在名称上由丧葬祭祀手巾舞转变为铜鼓舞，还表现在其风格特征、节奏、动作、传承主体及方式等方面的变化。通过采访贵马壮族铜鼓舞传承人梁正功及《中国民族民间舞蹈集成·云南卷》《云南民族民间舞蹈集成·广南县资料卷》的编撰人员陈应文，比对铜鼓舞现今动作与《中国民族民间舞蹈集成·云南卷》《云南民族民间舞蹈集成·广南县资料卷》中的文字记载，笔者发现铜鼓舞及其文化的变迁是巨大的，这样的结果无法人为控制，只希望其在未来历史长河中以不断发展的形态稳步前行。

#### （1）舞蹈名称的变迁及其原因

在《中国民族民间舞蹈集成·云南卷》中，与铜鼓有关的舞蹈有“跳铜鼓”和“铜木神鼓”两种，而经过比对舞蹈形式和要素，它们与现今贵马壮族铜鼓舞是不符的，与其相符的是被称为“手巾舞”的舞蹈。

在《云南民族民间舞蹈集成·广南县资料卷》中，手巾舞分为自娱性手巾舞“拢阿拉”和祭祀性手巾舞“拢阿曰”两种。笔者认为，这样的分类方法是符合实际的，可以填补《中国民族民间舞蹈集成·云南卷》中不足的地方。

最初，笔者了解贵马壮族铜鼓舞是通过非物质文化遗产进校园活动。笔者通过一周短暂的学习，仅初步了解贵马壮族铜鼓舞如何舞动。课堂上单一的动作学习并不能使人感知其深层次所具有的肃穆、庄严的感情和蕴含的真实意义。因此，笔者最初将铜鼓舞归为自娱性舞蹈。后来，笔者去者兔乡参加祭竜活动和去广南县过皇姑节时见识到另一种风格截然不同的手巾舞。后来通过采访、比对，笔者终于了解到贵马村现今跳的铜鼓舞就是《中国民族民间舞蹈集成·云南卷》中记载的丧葬祭祀手巾舞，而祭竜、祭皇姑时跳的手巾舞是在壮族地区普遍流行的一种喜庆性手巾舞。两者风格、表现、内涵完全不一样。由此可见，铜鼓舞名称的变化，或者说舞蹈名称的定位和划分是十分重要的。

这一现象也可以从侧面推测，20 世纪 80 年代的丧葬祭祀手巾舞有可能不突出铜鼓在其中的地位。据陈应文说，在 20 世纪 50 年代末的特定历史背景下，传世铜鼓能够保存下来实属不易。1981 年，《中国民族民间舞蹈集成・云南卷》开始摸底调查工作。历史环境造成的不确定因素，足以让持有铜鼓的壮族民众谨小慎微。这样的推测在《中国民族民间舞蹈集成・云南卷》中有所印证。该书对手巾舞（现今的贵马壮族铜鼓舞）舞蹈的乐器组成的记载，就根本没有提及铜鼓。改革开放以后，随着经济发展，社会文化活动日益丰富，加之国家对文物保护和非物质文化遗产的重视，促使铜鼓重新回到丧葬祭祀手巾舞中。这样一种文化中断一段时间又恢复的现象是历史和人类共同造就的。

### （2）舞蹈风格特征、节奏、动作内容的变迁及其原因

《中国民族民间舞蹈集成・云南卷》调查时期并无视频录像记载，因此舞蹈原来的风貌只能从文字中得悉。《中国民族民间舞蹈集成・云南卷》对丧葬祭祀手巾舞的记载是：“动作粗犷、奔放，舞步平稳而缓健，节奏缓慢，气氛庄重、肃穆。”《云南民族民间舞蹈集成・广南县资料卷》对丧葬祭祀手巾舞的记载相对更详细，“舞蹈动作主要以跳步、顺拐、立足尖、膝关节屈伸带动上身颤动为特点……气氛庄重、肃穆，表现对死者的哀悼和悲戚。舞姿动作粗犷、奔放，舞步平缓而稳健，节奏缓慢”。将两书中关于手巾舞的描述和现今流传的贵马壮族铜鼓舞进行比对后发现，两种舞蹈的风格特征基本保持一致。笔者认为，随着现今政府通过大力建设示范点扩大传承范围，目的的不同所体现的庄重、肃穆的心情肯定是有所不同的，因此在舞蹈中呈现的舞姿和感觉肯定是有细微差别的，但这种细微的变化并没有影响其完全改变。笔者还认为，这可能与当地壮族人对铜鼓舞起源历史的知晓程度有关。一旦这个起源史从历史中完全抹去，沉稳、肃穆的风格肯定也会发生根本变化。

比对发现，《中国民族民间舞蹈集成・云南卷》中记录的丧葬祭祀手巾舞并不是贵马壮族铜鼓舞，而《云南民族民间舞蹈集成・广南县资料卷》所记载的丧葬祭祀手巾舞才是贵马壮族铜鼓舞。

在《云南民族民间舞蹈集成・广南县资料卷》中，笔者发现，20 世纪 80 年代丧葬祭祀手巾舞节奏以四二拍和八六拍为主，在动作中体现出以二拍、四拍、八拍为一组对称和以六拍、十二拍为一组对称的特征。而现今贵马壮族铜鼓舞节奏以四二拍为主，动作中以二拍、四拍、八拍为一组对称。关于八六拍的节奏变化，笔者只能参考《云南民族民间舞蹈集成・广南县资料卷》中的记载。为了解清楚，笔者特意采访了当年参与调查的陈应文。陈应文说：“以前的舞蹈有几个动作是单拍子……不过，现在单拍子已经被填补了几拍进去。”可见，贵马壮族铜鼓舞八六拍的节奏是发生了变化的。

节奏发生变化，必然会引起动作的变化。《云南民族民间舞蹈集成・广南县资料卷》总共提及四种基本步法，分别是“跳步立足尖”“跳步屈伸”“向前跳步”“踩步踮脚跟”。将这四种基本步法与前文笔者对贵马壮族铜鼓舞的动作分析进行对比，可得出如下结论：

腿部动作方面，既有相同的动作，又有产生变化的动作：“跳步立足尖”与“跳步旁点”一致；“跳步屈伸”是“跳步立足尖”动作添加一拍“双腿屈伸”，即“跳步旁点”的衍化；“向前跳步”和“踩步踮脚跟”在现今铜鼓舞中已消失。

手部甩巾动作一致，路线有区别：“跳步立足尖”的手部动作与四月“拔秧插秧”的手部动作一致；“插秧”的手部动作消失；“打谷”的手部动作与五月“薅秧”的手部动作一致；“拍鞋”动作在腊月“打扫过年”中有遗留；“叩拜”动作中掏盖手消失，下分手在三月“播谷种”中存在，“跪蹲式”的手部动作单手扛巾发展至今变为双手扛巾。原来的“上山”“打蜂”“谢酒”动作在书中无详细记载，因此无法比对。

通过比对，笔者发现贵马壮族铜鼓舞发展至今，腿部动作趋于简单，而手部甩巾动作逐渐丰富。这种变化是由舞蹈的动态性和以人的身体为载体决定的。贵马壮族铜鼓舞的动

态性让其一直在发展中，而人的无意识、不自觉因素也会让其发生改变。

## 2. 贵马壮族铜鼓舞形式及相关要素的变迁及其原因

### （1）贵马壮族铜鼓舞形式要素变化对比

表一二　贵马壮族铜鼓舞形式要素变化对比

| 形式要素 | 丧葬祭祀手巾舞（原） | 贵马壮族铜鼓舞（今） |
|---|---|---|
| 铜鼓所有权 | 共有 | 戴联富家族私有 |
| 伴奏乐器 | 牛皮鼓、牛角、锣等 | 铜鼓、牛皮鼓、牛角号、锉、镲、铙 |
| 舞蹈主体 | 男性 | 男女老幼皆可 |
| 传承方式 | 师徒传承 | 传承人教授给任何想学的人 |
| 传承范围 | 麽教内部 | 不限 |
| 活动场合 | 丧葬仪式和祭祀活动 | 不限 |
| 目的及功能 | 寄托哀思、缅怀逝者、祭祀神灵 | 缅怀逝者、祭祀神灵和娱乐等 |

### （2）原因分析

#### ①铜鼓所有权和伴奏乐器变迁的原因

铜鼓所有权的变化是一个历史社会问题。壮族分布的地理区域大多蕴藏丰富的铜矿资源，壮族的祖先很早就已经会采铜矿石，熔铜矿石，制作青铜器。据《麽荷泰》记载，壮族先民原本对铜矿一无所知，还用铜矿来铺路和建鸡舍，后来用木炭将铜矿烧化成铜水，又用铜水铸成各种工具，才发现铜矿的巨大作用。后来，人们做出了风箱，建成了炼铜炉，铸造了请神用的铜铃，铸造了宝剑，还铸造了祭祀用的铜男铜女，以及社会生产生活中常用的刀、斧和铜鼓。从这段记载可以得知：铜器的使用替代了之前的石器；铜矿的开采、冶炼和铜器的制作要耗费巨大的人力。因此，早期铜鼓都是财力、人力雄厚的统治阶级或部落首领、贵族才拥有的。但是，在中国的氏族社会中，人们共同使用铜鼓，发挥其祭祀功能，不仅能拉近人与人之间的距离，而且是凝聚氏族力量的方式。后期，铜鼓的所有权和使用权发生了相应的转变。据了解，铜鼓一般以村寨或家族集体为单位保管，这与壮族社会的寨老制也有很大关系。调查中发现，贵马村戴联富的祖宗曾经是村寨寨老，管理过贵马村，因此贵马村的铜鼓有可能是以其家族的名义保存下来，其他村民也就默认了这种保存方式。据戴联富讲述，铜鼓在其家族传承了 14 代，按照历史学以 25—30 年为一代，可以推算出至少在 350 年前，贵马村的铜鼓就已经保存在戴家。在这么长的时间里，社会对物质文化遗产的重视、人们经济意识的深化或其他村民文物产权意识的缺失，都可能是铜鼓的所有权产生转变的原因。

20 世纪 80 年代开展铜鼓舞调查至今，铜鼓在舞蹈伴奏乐器中从无到有的记载，跟铜鼓的所有权的转移和历史原因有关，前文已经有所分析，此处不再赘述。

### ②舞蹈主体、传承方式和范围、活动场合、目的及功能变迁的原因

贵马村麽公梁正功说，贵马壮族铜鼓舞过去是只传男不传女的。出现这一现象，最主要是因为麽公是男性。

麽教源于史前壮族的原始巫信仰。在原始巫信仰产生和形成的阶段，没有专职巫师，族群内每个成员都会念祝词或咒语，直到群体中公认巫术灵验的人出现，才产生专职巫师。父系氏族社会完全替代母系氏族社会后，男女巫师开始分化，女为巫，男为麽。而麽公的出现正是男麽在古代壮族社会中地位显著提高的标志。男麽女巫的分工，意味着麽教传承方式的限定。

因贵马村的老人亭二楼供奉着“皇厅索”，所以严禁女性进入二楼。竜林中有象征布洛陀的竜树，因此壮族的竜林也是严禁女性进入的。这体现了麽教教规教义的严格。铜鼓舞源于麽教丧葬祭祀仪式，因此，以前的铜鼓舞舞蹈主体、传承方式和范围、活动场合也受到麽教传承体系的限定，即要求必须由男性舞蹈，遵循麽教内部师徒传承，仅在丧葬祭祀仪式上舞动。

另外，这一系列变迁与人们对宗教祭祀的重新认识和文化政策的实施有关。传承主体有两个，即传者和承者。现代社会科学的普及让人们对灵魂、神灵的认识发生质变，在一定程度上削弱了铜鼓舞在这一方面的功能和作用。观念的改变，国家对传统文化的保护与传承的重视，自然推动了传者抛开旧俗，传授铜鼓舞；而承者在改变观念后，也出于娱乐、健身、交际的目的而乐于接受它。

图四八　贵马村壮族群众在老人亭祭祀“皇厅索”(兰天明　供图)

壮族人开放包容的民族性格、民族自信和文化自觉，让他们乐于将壮族文化宣扬出去，让更多人接受，推动自己的文化对社会、国家产生积极的影响。现今在贵马村，不仅在家务农的人学会了跳铜鼓舞，而且当地小学还开设了铜鼓舞研习班，让小学生接受专业的铜鼓舞舞蹈训练。这种将民族舞蹈融入小学教育的方式在云南众多民族地区都已经推广，这不失为民族文化传承的一种创新方式。

# 二、红水河流域壮族铜鼓文化

## ——以广西东兰县为例

## （一）东兰县壮族铜鼓文化的人文时空及其分布

东兰县壮族铜鼓文化的形成，与当地的自然地理生态环境和人文生态环境密切相关。

### 1. 东兰县自然地理环境概况

#### （1）地理位置

东兰县位于广西西北部、云贵高原南缘，县政府驻地为东兰镇。全县辖区总面积为2435平方公里。东兰县东临河池市金城江区，西临凤山县，北临南丹县、天峨县，南临巴马瑶族自治县、大化瑶族自治县。

#### （2）水文气候

东兰县属南亚热带季风气候，常年气温宜人，雨量充沛，年平均气温为21℃，年平均降水量为1625.9毫米，年平均日照时数为1399.3小时，无霜期在340天以上。境内山林翠绿，空气清新，自然风光十分秀丽。东兰县水资源丰富。西江流域著名的红水河从北到南贯穿全境，流经巴畴、长江、隘洞、东兰、长乐、三弄、三石、大同等地，流经县内的长度为92公里。境内除红水河外，有大小河溪250条，除东平河流入巴马盘阳河，其余均直接汇入红水河。①

#### （3）地质地貌和交通概况

东兰县属于大石山区，海拔200米以上的大石山成群林立，境内中部地区多有海拔500米甚至高达1000米的高山，山脉连绵不绝。大石山的山谷面十分陡峭，石山顶部多是悬崖峭壁，山路十分崎岖，山上植物茂盛，毒蛇、蚊虫、马蜂等甚多，生活环境恶劣。

① 韩元利主编《中华人民共和国政区大典·广西壮族自治区卷》下，中国社会出版社，2017，第1912页。

图四九　大山中的红水河风光（王梦祥　摄）

这种地势地貌状况给当地居民的生产生活带来较多不便。因为石山林立，开山凿路成本巨大，政府财力不支，所以以前东兰的交通很不便利。直到2000年以后，政府大量投资建设当地基础设施，实现村村通公路，东兰当地的交通才有所改善，但很多公路穿越于崇山峻岭之间，弯弯曲曲，总体上交通仍然不发达。目前，东兰县仍是一个以传统农业为主要经济基础的行政县，保持着较为良好的自然地理生态环境，工业污染少，空气清新，山水秀丽，拥有东里三潭、江平田园风光、银海洲、坡豪国家湿地公园、兰阳泉等自然风光旅游地。

## 2. 东兰县人文生态环境概况

东兰县现辖有东兰镇、隘洞镇、长乐镇、三石镇、武篆镇、长江镇、花香乡、兰木乡、切学乡、巴畴乡、三弄瑶族乡、大同乡、金谷乡、泗孟乡14个乡镇，常住居民主要为壮、汉、瑶、毛南等民族。东兰县民俗文化丰富多彩，民风古朴，传统民俗文化保存得较为完好。当地盛行的传统节日有“三月三”歌圩节、“二月二”、“四月四”、“六月六”、蚂蜗节、祝著节等。各种神话、传说、民间故事等民间文学作品也甚为丰富，主要有布洛陀开天辟地神话、屎壳郎推天造地神话、与铜鼓文化相关的民间传说、狼外婆故事和大量的民间歌谣等。其中，金谷乡、长江镇、巴畴乡、隘洞镇、三弄瑶族乡等壮族民众聚集地区十分盛行铜鼓文化。

## 3. 东兰壮族铜鼓文化的分布

有铜鼓的地方就有使用铜鼓的习俗，铜鼓文化的传承发展也离不开铜鼓这一器物。但现今，当地的铜鼓与铜鼓文化在一定程度上出现了分离的现象，有铜鼓的地方不一定还传承有活态的铜鼓文化。因为现在当地有相当一部分的铜鼓只作为私人收藏的物品，不允许民众敲击使用，这部分铜鼓便成了“死”的文物。因此，当地铜鼓的分布不等于活态铜鼓文化的分布，但两者仍有一定的联系。

## （1）东兰铜鼓分布概况

目前，全世界馆藏传世铜鼓数量为 2400 多面，其中我国馆藏量为 1400 多面，广西馆藏量为 774 多面，加上民间收藏的铜鼓则更多。[①]2003 年河池市文化局组织工作人员对河池铜鼓开展了一次调查，调查资料显示，河池市藏有传世铜鼓 1458 面，其中民间收藏有 1388 面，是目前全世界铜鼓分布最密集的地方。其中，东兰县民间藏有传世铜鼓 504 面，约占河池市收藏传世铜鼓数量的 36.3%。从传世铜鼓分布密度来看，东兰县名列榜首，被称为“世界铜鼓之乡”。2009 年，东兰县被文化部命名为“中国民间（铜鼓）文化艺术之乡”。东兰铜鼓分布在东兰县境内的东兰镇、长江镇、长乐镇、隘洞镇、三石镇、三弄瑶族乡、泗孟乡、大同乡、巴畴乡、金谷乡、花香乡等 11 个乡镇下辖的 77 个建制村 179 个屯中；这些传世铜鼓主要集中在东兰县北部地区的红水河沿岸的村屯。[②]

图五〇　东兰县壮族女子打铜鼓（王梦祥　摄）

## （2）东兰铜鼓权属概况

按集体权属和私人权属状况来分，东兰县民间收藏的 504 面传世铜鼓中，有 144 面

① 蒋廷瑜主编《广西铜鼓》，广西民族出版社，2016，前言。

② 吴伟峰、黄启善、谢日万、梁富林主编《河池铜鼓》，广西民族出版社，2009，第 24—27 页。

属于宗族成员所有，约占28.6%；有60面属于私人收藏，约占11.9%；有300面属于村、屯、生产队集体所有，约占59.5%。按民族来分类，东兰县民间收藏的504面传世铜鼓中，壮族有486面，瑶族有15面，汉族有2面（收藏），毛南族有1面（收藏），壮族拥有的铜鼓数量占总数的96.4%。

### （3）东兰壮族铜鼓文化分布概况

东兰铜鼓分布广泛，流行有活态铜鼓文化的地方也颇多，但也有不少村屯的铜鼓文化只是“偶有波澜”。历史上，当地很多地方曾经很流行铜鼓文化，但如今已经鲜有使用铜鼓的习俗，只留下铜鼓这一器物作为宝贝收藏。总体而言，当地活态铜鼓文化的分布范围小于传世铜鼓的分布范围。而东兰壮族铜鼓文化则主要分布在境内长江镇兰阳村一带、隘洞镇坡拉村和纳怀村一带、金谷乡牙能村一带和巴畴乡一带。此外，一些乡镇的老年人休闲活动场所和东兰县城瀛陵桥上、烈士陵园等地方，也有人在敲击、使用铜鼓。

## （二）东兰壮族铜鼓文化的历史与现实

东兰县是红水河流域铜鼓文化较为盛行的地区之一。历史上，东兰县境内铜鼓文化十分盛行，在各种传统的民俗节庆中都有出现，其往往与春节、蚂蜗节等岁时节日和民俗活动融合，共同形成一个具有综合性、整体性的民俗文化体。

如今，东兰县还流行有壮族铜鼓文化的地方主要是东兰镇、长江镇、隘洞镇、巴畴乡、金谷乡等地。这些地方都集中在东兰县北部，形成一个较为集中的壮族铜鼓文化流行片区。本文以东兰县作为整体考察东兰壮族铜鼓文化的大背景的同时，以隘洞镇、长江镇、金谷乡等3个地方作为田野调查的重点，梳理东兰壮族铜鼓文化的历史与现实状况。

## 1.历史状况

有关东兰壮族铜鼓文化历史状况的文献史料比较零碎，相关的古代文献更少，目前未发现有较为系统的古代文字记载，多是靠民间记忆、民间口头传播而得以传承延续。到了近现代，一些史志类的资料开始记载东兰壮族铜鼓文化。本文主要依托田野调查所得的口述资料和部分史志资料，还原出东兰壮族铜鼓文化的历史面貌。

### （1）公开资料中的东兰壮族铜鼓文化

一些文献资料和当地人的口述资料显示，历史上东兰壮族铜鼓文化主要分布在金谷、巴畴、堂房、兰阳、坡拉等东兰县境内大片地区，铜鼓数量不下千面，后在“大跃进”和“文化大革命”时期被大量损毁，铜鼓文化的传承与发展因此大受影响。在公开资料中，当地的铜鼓及铜鼓文化在不同的历史时期的表述不同，大多数时候被表述为“民间风物”与“民间风俗”。

#### ①“民间风物”与“陋俗”

关于东兰壮族铜鼓文化何时开始流行，笔者难以溯源，但从当地传世铜鼓上刻的铭文和铜鼓主人的口述来看，至少在清朝时期就很盛行了。例如，隘洞镇纳怀村韦忠义家收藏的铜鼓就传承了三代人。当地人收藏的铜鼓中，有不少铜鼓的鼓壁上刻有说明其是清朝时期铸造的铭文，如东兰县巴畴乡巴畴村纳桃屯韦乔贵家收藏的铜鼓，内壁就刻有“乾隆四十年”的铭文，注明此鼓的铸造时间。这些铭文在一定程度上说明早在清朝时期，当地就已经流行有铜鼓文化了。目前，笔者搜集到的民国以前与当地壮族铜鼓文化相关的文献甚少。因此，对当地铜鼓文化的描述主要是建立在当地人的口述资料和近现代相关文献的基础上。据东兰县长江镇兰阳村壮族铜鼓文化传承人韦万义老人介绍，民国时期，官方把壮族铜鼓文化当成一种“民间风物”，一般不会对民众使用铜鼓的习俗进行干预，但有时候也会将其称为“陋俗”而加以禁止，因为在敲击、使用铜鼓的过程中，有些民众聚集在一起对唱山歌，唱歌过程中有一些大胆的民众会唱一些比较粗俗或讽刺地方官员的山歌。为了不让群众相聚唱歌，使用铜鼓的习俗被列入“陋俗”的范畴。

### ②“文物、藏品”与“传统民间风俗”

20 世纪 80 年代以后，社会形势好转，民族政策得到更好的落实，民俗民风得到肯定与尊重。这一时期，铜鼓被定为文物，被收藏家收藏的铜鼓成了私人的藏品。有关部门认识到了铜鼓的文物价值和其作为藏品的财富价值，也认识到了民间敲击使用铜鼓的习俗不是什么“陋俗”和“四旧”，而是民族传统的风俗，并鼓励民众恢复和保持这种传统风俗。

铜鼓作为文物、藏品的身份首先在当地有关部门的工作人员那里得到确认。改革开放以前，铜鼓作为禁物，人们都不敢拿出来使用，也不敢说自己家有铜鼓。改革开放以后，国家政策宽松了，政府不再禁止使用铜鼓，并鼓励民众拿铜鼓出来使用，但民众仍心有余悸，一时间还不敢拿铜鼓出来使用。后来，一些有收藏爱好的人意识到国家不会再禁止使用铜鼓了，就开始大胆收藏铜鼓，把铜鼓当成一种文物、藏品。政府文物管理部门也看到了铜鼓的文物价值，开始有意识地进行文物普查。

后来，民众心中的疑虑也渐渐消失，手中有铜鼓的民众开始把它拿出来使用。由于 20 世纪 80 年代以前的两次政治运动损毁了大量的铜鼓，有些铜鼓被砸烂后已无法修复，有些则还保存完好，或堆积在收购站和废品公司里，或被收缴后留在政府里保管。后来这些铜鼓均被归还给民众。在政府的推动和民众自发组织下，东兰壮族铜鼓文化得以逐渐恢复。这一时期，民众使用铜鼓的习俗不再被视为“陋俗”和“四旧”，而被认为是传统风俗。

随着经济社会的快速发展，社会转型加速，尤其是 20 世纪 90 年代以后，东兰壮族铜鼓文化发生了很大的变迁，铜鼓文化、习俗面临着生存的危机——当地热衷于使用铜鼓的老百姓越来越少了，一些铜鼓在使用中被损坏了，一些非法文物贩子也趁机骗老百姓把手中的铜鼓卖掉，使得东兰铜鼓再次流失。这一时期，政府力量也投入到对当地铜鼓文化的保护、传承与发展中。有关部门认为，铜鼓文化、习俗是民族文化的一部分，应加强保护与传承。有关部门通过开展铜鼓山歌会、铜鼓山歌艺术节等群众性活动来推动东兰壮族铜鼓文化的恢复与传承。政府力量对铜鼓文化保护与传承的干预，也从某种角度说明政府不仅肯定了铜鼓作为文物的价值，也肯定了铜鼓文化作为民族民俗文化的重要性。

东兰县非物质文化遗产保护中心工作人员韦霍介绍说：

> 20 世纪 80 年代后政策宽松了，政府意识到铜鼓是一种珍贵的文物，民众使用铜鼓的习俗是一种传统的民族风情，不应该禁止，应该鼓励民众恢复这种民族传统。在政策的引导下，东兰县民众使用铜鼓的热情又逐渐兴起，但铜鼓已被大量损毁或收缴，群众对此有意见，他们认为应该把被收缴的铜鼓退还给民众，河池市其他县的群众也有这样的愿望。群众把意见反映到自治区政府以后，政府便让群众把铜鼓领回去。
>
> 同时，铜鼓不仅是民间风物，也是一种珍贵的文物，具有收藏价值。由于铜鼓被收

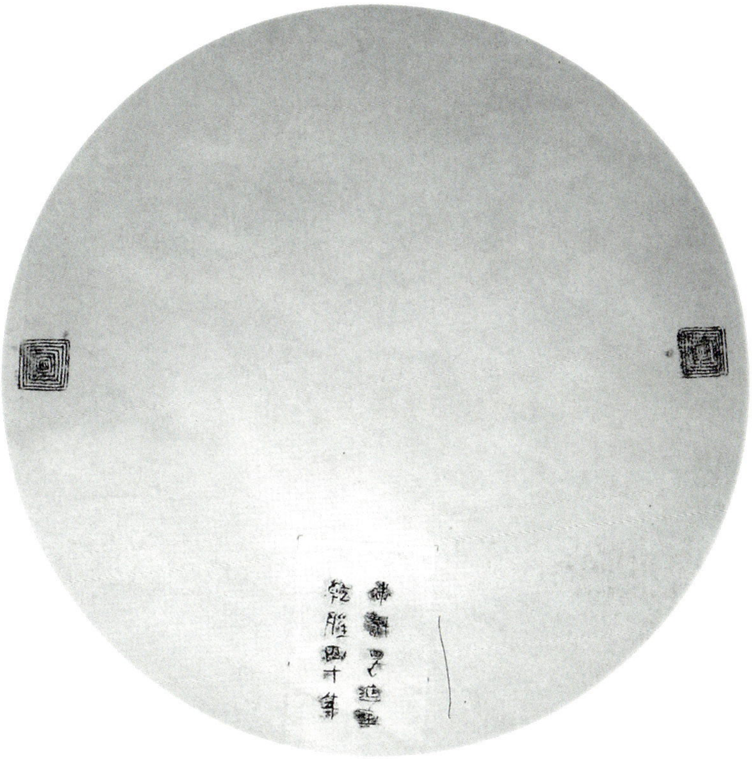


图五一　东兰县巴畴乡巴畴村纳桃屯韦乔贵家收藏的铜鼓鼓面拓片和内壁铭文拓片（梁富林　摄）

图五二　1992年东兰县铜鼓山歌会上的铜鼓阵（梁富林　摄）

藏在民间，权属在民间，监管存在很大的困难，所以20世纪90年代的时候，一些非法文物贩子趁机到民间去坑蒙老百姓把铜鼓给卖了。当时，政府对铜鼓的保护力度不够，民众思想意识也落后，所以有不少铜鼓被贩卖到外面，导致东兰铜鼓的再次流失。

### ③“文化遗产”与“文化资源”

近年来，“文化遗产”尤其是“非物质文化遗产”的概念，从国际到国内，从理论到实践，都得到大量使用。联合国教科文组织在2003年通过的《保护非物质文化遗产公约》中指出：“‘非物质文化遗产’，指被各社区、群体，有时是个人，视为其文化遗产组成部分的各种社会实践、观念表述、表现形式、知识、技能以及相关的工具、实物、手工艺品和文化场所。”壮族铜鼓文化是壮族民众在长期的历史过程中不断传承与发展起来的民俗模式，是一种非物质文化遗产。进入21世纪以来，在非物质文化遗产保护语境下，有关部门对东兰壮族铜鼓文化的表述由原来的“民间传统风俗”等逐步转变为“文化遗产”“非物质文化遗产”，政府开始投入更多的力量对东兰壮族铜鼓文化进行抢救与保护，如组织专家学者探讨壮族铜鼓文化的抢救与保护模式、成立非物质文化遗产保护中心、筹备建设东兰县非物质文化遗产（铜鼓）展示馆等。这些措施对东兰壮族铜鼓文化的抢救与保护起着一定的作用。这时候，东兰壮族铜鼓文化更多地被看成是“文化遗产”。

随着经济社会的发展，旅游业兴起，传统文化成为一种旅游资源，可以带来很大的经济效益。尤其是近几年来，民俗文化的旅游开发成为热门话题，不少地方政府都在打造传统民俗文化旅游开发的品牌。在传统民俗文化旅游开发语境下，东兰壮族铜鼓文化又被看成是一种“文化资源”。有关部门认为，东兰壮族铜鼓文化是当地一大文化品牌，应高度重视其传承、保护与发展。政府认为，这种文化资源不仅可以增强地方的文化魅力，还可以给当地带来经济效益。为此，政府开始研究如何开发当地的铜鼓文化，积极开展宣传活动和招商引资，并加大资金投入力度，以全面抢救、保护与开发当地的铜鼓文化资源。有关部门的措施包括在县境边界的国道上建起写有“红色东兰，铜鼓之乡”的巨型水泥柱，在街道的重要路口立起巨型的铜鼓雕塑，在县城街道两边的路灯电杆上悬挂铜鼓的雕塑，在政府大楼上悬挂“红色东兰，铜鼓之乡”几个大字等，这些措施展示和强化了东兰作为“世界铜鼓之乡”的魅力。

图五三　河池市铜鼓广场上的大型铜鼓雕塑（廖明君　供图）

## （2）民众眼中的东兰壮族铜鼓文化

与公开资料的表述有些许不同，民众除了被动地认同有关部门对东兰壮族铜鼓文化的表述之外，他们还保留有自己的历史记忆和表述模式。当地壮族民众（主要是50岁以上的民众）对自己村寨流行的铜鼓文化的起源、分布都有一套自己的说法，认为铜鼓文化是应该传承与发扬的传统。在他们心里，铜鼓就是镇村法宝，是神圣之物，是具有财富价值的藏品，是族人的公共财产，也是当地蚂蜗节盛典不可缺少的器物。民众对东兰壮族铜鼓文化的自我认同和历史记忆，对东兰壮族铜鼓文化的传承与延续起着十分重要的作用，是当地壮族铜鼓文化生生不息传承至今的重要推力。但随着市场经济发展和现代化程度不断加深，东兰壮族传统的铜鼓文化不断弱化。铜鼓文化的物质载体——铜鼓作为文物和收藏品的身份不断得到强化，使其成为一种财富而被收藏起来，被束之高阁。铜鼓的主人因铜鼓的稀缺、历史久远、价值贵重而不轻易拿出来使用，铜鼓文化成了“被收藏起来的习俗”。

### ①起源与分布

关于铜鼓的起源，民间有很多传说，其中“铜鼓斗水怪说”是当地壮族地区流传较广的一种民间说法。该传说的梗概是：东兰县境内的红水河千弯万拐，经常出各种各样的事故。这是因为水中有水怪在给人们惹事。后来，人们从布洛陀那里得知，水怪最怕铜鼓，可以用铜鼓来对付它。于是，当地各村寨就造铜鼓来对付水怪，并经常敲打铜鼓来吓水怪。有了铜鼓镇守村寨，水怪和各种怪兽就不敢进犯村子了。铜鼓很顽皮好斗，夜晚的时候会飞出去跟水怪打架，打赢就飞回来，打不赢就被水怪留在河底。人们使用铜鼓的习俗就这样传承至今。

关于东兰壮族铜鼓文化的分布，当地民众也有一套自己的说法。

韦万义老人介绍说，他们当地人认为蚂蜗节习俗与民间求雨仪式有关，而铜鼓又是民间求雨仪式的神圣器物，因此东兰壮族铜鼓文化的起源、分布与蚂蜗节习俗的起源、分布密切相关。

相传以前，当地有一个叫东林的孝子与他母亲相依为命，后来他母亲去世了，他就为母亲守孝。那时候正是农历四五月份，蚂蜗成群乱叫，叫得东林很心烦。他担心蚂蜗乱叫而使他母亲的灵魂不得安宁，就叫人拿开水去把周边的蚂蜗都烫死了。结果，那年天下大旱，颗粒无收。东林就向始祖布洛陀求助。布洛陀说，蚂蜗是天上雷公的儿女，是雷公叫它们到人间来查看雨水情况的，现在被烫死了，雷公发怒了，所以不降雨水给人间，人间要想得到雨水，必须去捡回那些被烫死的蚂蜗的尸骸来为它们守孝，并将其好好安葬。东林听后，花了三天三夜的时间去把死蚂蜗的尸骸捡了回来，并沿着红水河沿岸的村庄一路过来，给每个村庄发一具蚂蜗的尸骸，告诉人们要为蚂蜗守孝，并举行隆重的安葬仪式，以后都不能伤害蚂蜗。人们照做了，结果第二年风调雨顺，粮食获得大丰收。后来，为了年年都能这样风调雨顺，人们便开始举行为蚂蜗守孝、安葬蚂蜗的仪式，并在活动中敲击铜鼓向天祈求雨水，渐渐地便形成习俗而沿袭至今。相传，当时东林来到东兰县中部的巴拉村一带分发死蚂蜗的尸骸时，蚂蜗尸骸发完了，所以蚂蜗节习俗在东兰的分布只局限在东兰县的中、北部一带的壮族村寨，而中部往南一带的武篆、江平、兰木等地就不流行蚂蜗节习俗了，铜鼓文化在那一带也就不流行了。这个传说给东兰壮族铜鼓文化的起源与分布提供了一个民间的说法。

### ②“镇村法宝”与“我们的风俗”

东兰县红水河沿岸一带的壮族村寨是东兰壮族铜鼓文化最为盛行的地方。以前，这一带基本上每个村、屯、生产队都有自己的铜鼓，有的农户自己也收藏有铜鼓。中华人民共和国成立以前，当地铜鼓数以千计，且大多属于宗族所有。这里的民众认为，铜鼓是他们的“镇村法宝”，使用铜鼓的习俗是他们的传统风俗，一般逢年过节或者遇上重大事件的时候，都会拿铜鼓出来敲打。尤其是喜庆之事，少不了要敲打铜鼓助兴。而没有铜鼓的村寨被视为“冷乡”“冷土”，没有铜鼓的宗族也被视为“冷族”，他们因此常被认为“族运不济”且“威望不足”。在当地人心里，铜鼓具有镇邪的功能，是吉祥物，是镇村寨、保宗族成员吉祥的法宝，而且可以保族运兴旺不衰，保族人威望高。此外，敲打铜鼓可以驱邪，尤其是驱除水怪，所以当地民众喜于敲打铜鼓。

《河池铜鼓》一书整理的史料中也详细地提到存活在蚂𧊅节中的东兰壮族铜鼓文化：红水河沿岸北起天峨县坡结乡拉岩村，南迄大化瑶族自治县板升乡升平村，在20世纪50年代初期以前，长300多公里的红水河流域内，有铜鼓的壮族村寨几乎都有这种习俗。如东兰县的金谷、巴畴、长江、城关、隘洞、长乐、大同等乡镇数百个村寨都有蚂𧊅节活动。[①]《广西县市概况》中也有记载：“（东兰县境内）红水河沿岸的壮族村寨，每年正月初一至月末为‘蚂𧊅节’，传说因伤害了蚂𧊅而招致灾害，因而立节戒捕蚂𧊅，以寄预丰收之望。节日最后一天晚上，成千上万的青年男女汇集山野歌场，以歌传情谈爱，预祝人寿年丰，通宵达旦……”

《壮族风俗志》中也有记录：“正月初一、十五、三十，东兰县隘洞、长乐的壮人过铜鼓节，人们在野外比赛敲打铜鼓，进行野餐。”

东兰县金谷乡牙能村的韦伟华是笔者的初中同学。他向笔者介绍说：

我们这一带的铜鼓很多，我出生以来就见有人在使用它，主要是在春节、“三月三”歌圩活动、搬新居、结婚的时候用。每逢这些喜庆活动，我们村的人就抬铜鼓出来敲打，感觉他们好像都不累似的，整日整夜都在敲。

图五四　东兰县巴英村群众扛着铜鼓去庆贺蚂𧊅节（温远涛　摄）

近三四十年来，由于铜鼓流失严重，许多村寨没有了铜鼓，蚂𧊅节活动也逐步消失。

经韦伟华的引荐，笔者于2010年5月拜访了金谷乡牙能村林廷生产队的铜鼓手韦庆海队长。韦庆海队长介绍说：

① 吴伟峰、黄启善、谢日万、梁富林主编《河池铜鼓》，广西民族出版社，2009，第140页。

我们村目前有一些铜鼓，但比以前少，使用铜鼓的次数也比以前少。很久以前，那时候我还很年轻，我们村经常有人敲打铜鼓。那时候不像现在有电视、收音机等娱乐设备，劳累了一天的人们，茶余饭后也没什么其他的娱乐活动，就聚集在一起聊天，一些年轻人为了热闹，晚上就敲铜鼓。铜鼓是集体的，一般存放在宗族的族长家里，人们没事就去族长家抬铜鼓出来敲。铜鼓不是随便乱敲打的，而是有规律的，声音大、声音小都有规律，听起来很“爽”。

我们这一代人基本上都会敲铜鼓。小时候村里铜鼓很多、很重，一个人扛不动，整天就挂在那里。小孩子喜欢玩，见铜鼓挂在那里就敲着玩。老人们也经常教小孩子敲铜鼓，久而久之，我们都学会了。

节日的时候，一些人举行敲铜鼓比赛，他们一般是村子附近一带的人。那时候每个村都有自己的铜鼓，有的村还有很多。人们把铜鼓抬到事先已经约好的山坡上，用架子把铜鼓架起来，用绳子钩住铜鼓的耳，然后把铜鼓吊到比腰稍低一点的位置，固定好。鼓口朝村外的旷野，以便声音传得更远，让远处的人都听得到铜鼓声。四面铜鼓做一组，最前面那面是公铜鼓，第二面是母铜鼓，后面是两面子铜鼓。架好铜鼓之后，人们就开始敲击铜鼓，先敲一声公铜鼓，母铜鼓立刻紧跟，接着子铜鼓跟上，往复循环敲击，有规律，节奏紧凑、欢快。公铜鼓与母铜鼓一定要衔接好，因为公母铜鼓是一对搭档，两面子铜鼓是一对搭档，两对搭档不能乱，乱起来的话整个旋律就会完全被破坏。众人听到铜鼓声后都来观看，男女青年最多，老人在旁边指导。等众人来之后，就进行敲击铜鼓比赛，比谁敲的时间最久，敲击时间最久的铜鼓队获胜。因为年轻人很有力气，他们敲打半天都停不下来，所以整个村一直不停地响着铜鼓声，很久

图五五　壮族村民敲打铜鼓过蚂蜗节（廖明君　摄）

都不停，半夜都还有响声。有时候也比哪个宗族、生产队的铜鼓好。比赛的办法是选出两面铜鼓来相叠，铜鼓的口相对，用布把两面铜鼓中间的接口封住，然后同时有规律地敲击这两面铜鼓，敲到有一面铜鼓的声音变哑了，就出结果了。铜鼓的声音变哑，说明这个铜鼓质量不够好，因此声音变哑的铜鼓输。有时候，因为敲的时间很久，两面对接的铜鼓中，质量不好的那一面很容易损坏，所以这种比赛很少举行，一般只比敲击时间的长久和声韵的质量。

我们的铜鼓一般在春节、蚂蚂节、上坟祭祖（上宗族的老坟）、结婚、进新房的时候使用。

从这些文献资料和口述资料中可以看到，在东兰北部地区壮族民众的记忆里，以前当地民众都喜好敲击铜鼓，以敲铜鼓为乐，把铜鼓看成是“镇村法宝”，把在春节、蚂蚂节、歌圩节、祭祀宗族老坟、结婚、进新房等时候使用铜鼓视为一种风俗。

### ③“宝物”与“财富”

铜鼓是集多种价值于一身的器物。它是一种历史文物，也是一种藏品，具有很高的收藏价值，历来被收藏家们青睐。民众一直都意识到铜鼓有经济价值，把铜鼓当作一种宝物，但在不同的历史时期，民众对铜鼓的经济价值重视程度是不相同的。

在传统社会里，民众把铜鼓当宝物，其更多是建立在对铜鼓的信仰基础之上。他们认为铜鼓具有驱邪、镇村、求雨、带来吉祥、保持族运兴旺、保佑族人平安等实用的民俗功能，因而把铜鼓当成宝物，而铜鼓的经济价值不是他们把铜鼓看成是宝物的首要因素。

改革开放后，市场经济迅速发展，现代化进程不断加速，传统的乡土社会受到市场经济和现代化的冲击，各种传统的风俗渐渐退出了民众日常的生活舞台，人们的生活方式更

图五六　东兰县四位老人列队敲打铜鼓欢度春节（廖明君　供图）

多地融入了现代社会情境中，淳朴的乡土社会显现出了较强的经济意识和现代意识。这一时期，当地民众开始更加看重铜鼓的经济价值，把它看成是一种财富。他们对铜鼓的这种财富观念更多的是建立在铜鼓的收藏价值、文物价值基础之上。

民众对铜鼓的这种经济意识在铜鼓权属和保管权限的态度上得到明显的体现。

一是当地铜鼓的权属越来越倾向于私有化。中华人民共和国成立初期及以前，当地铜鼓的权属大多属于集体所有，集体里的每个人都可以使用，私人拥有的铜鼓也允许给别人敲打。在20世纪50年代末及20世纪六七十年代，集体所有的铜鼓受到了很大的损失，而有些私人藏有的铜鼓则被主人藏起来得以保存至今，但因为他们意识到了传世铜鼓的不可再生价值，觉得铜鼓是珍贵的文物，损坏了就没有了，所以都不乐意拿出来给他人使用，甚至连自己都舍不得敲打，只把它作为一种藏品供自己收藏。而一些经济较宽裕的当地人，因为看中铜鼓的财富价值而通过各种方式收购到不少的铜鼓，并把这些铜鼓作为私人的藏品，不允许他人使用。这样一来，爱好敲打铜鼓的民众想敲打铜鼓却没有铜鼓敲，而一些人拥有铜鼓却不拿出来敲，铜鼓文化便成为“被收藏起来的习俗”。

二是当地民众对集体所有的铜鼓的保管方式存在一定的争议。以前，人们把铜鼓当作宗族、集体共同的法宝，认为铜鼓是维护族人族运的神器，集体所有的铜鼓一般是由族长、生产队长或者比较有威望的家庭来保管，但如今铜鼓被财富化了，民众在一定程度上都不放心由单一家庭来保管铜鼓。因为铜鼓很值钱，他们担心保管的人把它卖掉，或者日子一长，集体所有的铜鼓被据为私有，有些人甚至想把集体所有的铜鼓拍卖了分钱，以免铜鼓被私人据为己有。

东兰县隘洞镇的韦相杰老人介绍说：

> 我家现有四面铜鼓，都是我以前冒险偷藏下来的。这些铜鼓有的是我们家祖传的，有的是集体所有的。因为铜鼓是我在20世纪六七十年代偷藏下来的，所以集体所有的铜鼓也一直都由我保管。现在的人们都很看重铜鼓的经济价值，怕我独吞，前几年就开始有人不让我保管集体所有的铜鼓，他们想卖掉分钱，但被我阻止了。因为这铜鼓一旦被卖掉，就再也没有了，需要敲打的时候就不知道去哪里找了。为此，后来有一个屯的人甚至密谋着邀请我拿铜鼓去村外敲打，想趁机把集体所有的铜鼓抢走。我知道这事后，就没有拿铜鼓出去敲打，不然铜鼓就被抢走了。现在，我们把铜鼓藏得很好，名义上铜鼓是由我家保管的，但铜鼓不一定在我们家，外人完全不知道我们把铜鼓藏在哪里。

说这话的时候，韦相杰老人的儿子韦忠干先生似乎明白了什么，估计是怕笔者泄露了机密，突然警惕起来，插话说：“我们家把铜鼓藏在一个极为险恶的地方，我们还经常暗中查看，一旦有什么动静，整个屯的人都会行动起来保护铜鼓。”

从访谈中可以看得出，现在的民众十分重视铜鼓的经济价值，他们把铜鼓视为宝物和财富的象征。

### ④铜鼓与蚂蜗节

蚂蜗节是东兰县北部地区壮族民众使用铜鼓的文化活动之一。在过去，民众眼中的铜鼓文化与蚂蜗节习俗密不可分，蚂蜗节成了东兰壮族铜鼓文化传承的一大载体。

蚂蜗节也叫“蛙婆节”“青蛙节”，主要流行于红水河沿岸的东兰县北部、南丹县南部和天峨县南部等壮族聚居地区，以找蚂蜗、抬蚂蜗拜年、给蚂蜗“守灵”、葬蚂蜗等一系列蚂蜗崇拜活动为内容，活动还兼有唱山歌、碰彩蛋、玩民间游戏、敲击铜鼓等民俗活动。

图五七　碰彩蛋（魏桂宁　摄）

它是民间一种以娱神的方式来祈求风调雨顺、五谷丰登、人畜平安兴旺的民俗活动。目前还有这种习俗的地方主要是东兰、南丹、天峨三县交界一带的壮族村寨。东兰县北部地区的巴畴、巴英、金谷、兰阳、长乐、坡拉等壮族村屯是蚂蜗节活动较为盛行的地方。以前，那里每年都举行蚂蜗节活动，规模大的有上千人参加，规模小的也有几十人参加。

韦庆海队长回忆说：

> 以前这一带的人们经常举办蚂蜗节活动，几乎每个村都有，形式和内容都差不多。那时候大家都在家干农活，人多，人手够，有能力组织这种活动。人多的时候有上千人，参加的人又多是年轻人，一些年轻人脾气暴躁，很容易闹矛盾，所以得组织保安队，以保证活动不混乱，让来观看的人都开心。

根据韦庆海队长的介绍，笔者整理出当地蚂蜗节活动的流程。其过程可分为六个阶段：

第一阶段是信息发布阶段。尽管以前人们都没有手机、电话之类的现代通信工具，但民间总是有自己传递信息的方式，而且信息传播得十分快。因为过去大家都在家里干农活，走的路就村寨里那么几条，同一个村的人，低头不见抬头见，见面了就聊起新近的话题，举办蚂蜗节活动的信息就这样传播开来。一般在举办蚂蜗节活动之前，由主办村的村主任或者一些老人商议要不要举行蚂蜗节活动，如果大家都同意举办，就议定具体的时间和地点，并推选出活动的主事者（一般由村主任或者一些有威望的老人、宗族族长，或收藏有铜鼓的主人家担任），然后向外发布信息。信息发布后，村里的人们就相互转告，并向邻村的亲朋好友传递信息，邻村的亲朋好友又向其他人传递信息。这样，一传十，十传百，没多久，大家都得到信息了。

第二阶段是找蚂蜗。找蚂蜗当天一大早，大人小孩相继聚集起来，年轻人抬铜鼓出来，等主持人宣布“找蚂蜗去了”，大家就分头跑向田野、小溪、小河、山坡找蚂蜗。谁先找到蚂蜗，谁就是当年的“蚂蜗郎”。首先找到蚂蜗的人放一串鞭炮，向众人报喜，大家听到炮声后就向先抓到蚂蜗的人靠拢，热热闹闹地把蚂蜗接回出发时集合的地点。把蚂蜗请回村以后，主事者将蚂蜗弄死，然后将蚂蜗的尸骸放入竹筒制作成的蚂蜗棺里，并像停尸一样把蚂蜗棺停放在蚂蜗寿亭里，供人们上香祭祀，供奉酒肉。

第三阶段是抬蚂蜗拜年。众人组成抬蚂蜗棺队伍，一些人抬蚂蜗棺，一些人抬铜鼓，由“蚂蜗郎”在前面引领，浩浩荡荡地逐家登门唱蚂蜗。

每到一家，众人先用壮语齐呼，齐呼的内容大意为“好——嚯——好！”，接着唱《蚂蜗歌》，讲吉祥话，说一些祝词，祝愿今年雨水来得及时、没有虫灾害，祝主人家粮食有个好收成、人畜平安兴旺等，主人家报之以鸡、米、酒、散钱、香火之类的东西。游村唱蚂蜗一般需要半天才结束，结束后，众人把蚂蜗棺放回蚂蜗寿亭，继续烧香祭祀。

第四阶段是给蚂蜗“守灵”，也叫“闹蚂蜗”。闹蚂蜗就是在蚂蜗“停尸”祭祀期间，众人每天都聚集到祭祀蚂蜗的灵前聊天、唱山歌、敲击铜鼓等，为蚂蜗“守灵”。

第五阶段是葬蚂蜗。葬蚂蜗是整个蚂蜗节活动最盛大的环节，非常隆重。葬蚂蜗当天，在主事者的指挥下，众人一起把蚂蜗送到山坡上下葬。葬蚂蜗的地点一般选在半山腰或山脚下，或者选在土坡的顶部。葬好蚂蜗后，师公开始做法事，在蚂蜗坟前念祝语，将酒洒在蚂蜗坟前，表示给下葬的蚂蜗敬酒。

第六阶段是众人狂欢。蚂蜗丧葬仪式结束后，众人开始敲击铜鼓，欢歌载舞，尽情娱乐。这一活动一般在葬蚂蜗之后当天傍晚举行，地点是在葬蚂蜗的地方附近或蚂蜗寿亭附近。先是相约而来的年轻铜鼓手们抬着铜鼓到山坡上，支起架子，把自己队的铜鼓架起来，固定好，然后开始敲。鼓口朝村外，声音远播四方，让邻近村寨的人们都能听到。邻村的人听到铜鼓声响后，纷纷赶过来参加活动，尤其是年轻男女，他们都盛装打扮，三五成群地赶过来。整个场面十分热闹，欢呼声此起彼伏。

第六阶段的活动可分为三个环节：

第一个环节是在活动开始的三四个小时的时间里，人们相继赶到蚂蜗节活动现场，与亲朋好友交谈，以及参与敲击铜鼓、跳蚂蜗舞等活动。其中，敲击铜鼓、跳蚂蜗舞和民俗表演的环节最热闹。

首先是敲击铜鼓。

各个铜鼓队的人们先搭好铜鼓架，把铜鼓挂上去，固定好；同时，准备上好的木棍，用以前农村人自己纳的布鞋（也叫“千层底鞋”）的鞋底包住木棍的一端，制成敲击铜鼓的铜鼓棒。用布鞋的鞋底来制作铜鼓棒是因为这种鞋底由多层布重叠在一起缝合而成，有一定的硬度，敲起铜鼓来声音清脆，但又不像石头或者木棍那样硬，不会敲坏铜鼓。在这一环节中，铜鼓爱好者可以自由地敲击铜鼓，为场面的欢乐气氛助兴；同时，铜鼓声也作为一种信号，用来吸引更多的人前来看热闹。

接着是跳蚂蜗舞。

蚂蜗舞由主办村的村民们来跳，人数一般少则几个，多则十几个。跳舞者身着自制的服装，脸上绘有简单的蚂蜗图案，有时候还戴着面具，他们模仿着蚂蜗跳跃、走路、抓虫的样子，滑稽却不缺乏严肃性。场上的观众都注视着跳舞者的每一个动作，怀着一种敬仰的心情在观看表演。

最后是民俗表演。

场上有扮演卖药者、行医者、算命先生、判官和差兵等各种角色的表演者，每个表演者都穿着与角色相对应的服装，戴着自制的面具，扮演好自己所演的角色。表演过程中，“卖药者”向众人推销药（用木屑、树叶等代替），边推销边说“这药是万能药，能医治百病”之类的话语，然后塞一点药到被推销者的手里。此时，众人会开玩笑地说“你这药是假药吧，留给老鼠吃了”之类的话，然后大家随声附和，一起欢呼大笑。“行医者”有时候由扮演“卖药者”的人兼演，有时分开。“行医者”装着很正经的样子，与“病人”进行很搞笑的交谈，围观的众人照旧戏谑表演的人，逗众人开心。

图五八　抬蚂蚜棺上门拜年（温远涛　摄）

扮演算命先生者则举着写有“算命先生”或“神仙算命”的幌子找人“算命”。这时候，会有人走过来让他“算命”，问他：“我今年是什么命呀？”“算命先生”就回答说“好命，好命”，或者说是其他具有喜剧性色彩的命，逗大家笑。说命不好的时候，“算命先生”就假装指手画脚一下说，不好的命已经被改掉了。这时候，旁人也往往会接过“算命先生”或被算命者的话进行戏谑，引在场众人欢笑。

“判官”和“差兵”的表演也相当有趣。场上先布置有一张桌子和板凳组成审判的现场，桌子上放着一块石头，代表衙门审判用的惊堂木。扮演判官者坐在板凳上，“差兵”站在旁边候令。表演开始以后，“差兵”就跑到人群里抓人，抓到一个就把他拉到“判官”面前。“判官”开始审问，一般问“你是从哪里来的？”“你有没有偷米？”“你是做什么的？”“你姓什么？”等问题。被抓到的人就进行回答，这样一问一答，逗大家笑。旁边围着的观众也纷纷插嘴戏谑“判官”和被审的人。“判官”审问完后，“差兵”将不符合要求的人放走，再去抓其他人来审。当“判官”审问“你姓什么？”，被抓到的人回答“姓重”或其他与“虫”谐音的姓时，此人便是要留下来的人。“判官”就宣判说：“就是这个人啦，拉去消灭了。”“差兵”得令后就把这个人押起来，众人跟着欢呼，喊“他是虫，消灭他”。“差兵”在众人的喊声中进行“行刑”表演，然后把道具全部烧掉。在众人心中，抓到那个姓氏与“虫”谐音的人意味着抓到虫子；把虫赶走，就意味着消灭虫子，以免虫子祸害粮食。赶走“虫子”，烧完道具后，这些富有隐喻内容的仪式就结束了，接着就进入众人狂欢的第二个环节。

图五九　东兰县巴英村蚂𧊅节狂欢活动场面（温远涛　摄）

第二个环节是赛铜鼓。赛铜鼓就是通过敲击铜鼓来比哪个铜鼓的音质、质量最好，也比哪个铜鼓队敲击铜鼓最有战斗力。比赛有两种比法：一种是比铜鼓的音质和质量，即由众人选出两组铜鼓进行比赛，比出音质、质量最好的铜鼓。这种比法有时候是几个铜鼓队轮流敲击铜鼓，众人在旁边听，最后由众人评出音质最好的那一组铜鼓；有时候则是选出两面最好的铜鼓，口对口地对接起来，接口用布缠住，形成一个两边都有敲击面的连体铜鼓，然后双方各自敲打自己铜鼓的鼓面，一直敲打到有一面铜鼓的声音变哑，甚至坏掉，剩下的那面铜鼓就获胜。另一种则是比哪个铜鼓队的战斗力最强。规则如下：所有来参加蚂蜗节活动的铜鼓队“一”字排开。每个队都应配备公母铜鼓和两面子铜鼓，共四面铜鼓，铜鼓数量不够的铜鼓队则和另一个铜鼓数量不够的铜鼓队组合，组成有四面铜鼓的铜鼓队。比赛时，铜鼓的鼓口朝着主办村的村外，一般不朝村内。然后统一时间开始敲打，敲打的节律是一样的，都是按照当地人统一的铜鼓乐谱来敲打。各队要持续不停地敲打，最终坚持时间最长的队伍获胜。

第三个环节是唱歌作乐，这一环节也叫“蚂蜗节歌会”。来参加蚂蜗节歌会的众人见面的时候以歌问候，以歌代握手问好，以歌传情。尤其是年轻的男女，一见面就相互调侃，接着就兴致勃勃地相邀对歌。有的年轻男子早就已经物色好了蚂蜗节歌会上要对歌的女子，这位女子就是他之前已经打听过的、想追求的人，到蚂蜗节歌会时，他就带着自己的同伴专门找这位女子对歌。年轻人对歌的时候，上了年纪的人也会兴致勃勃地对上几句，有的则在一边当年轻歌手们的军师。众人唱歌唱到天亮的时候，歌会结束了，人们各自散场回家，有的则应邀与主办村的亲朋好友一起聚餐喝酒。至此，蚂蜗节活动结束。

一般情况下这三个环节都分得很不明显，有时候三个环节的民俗活动同时进行。

在整个蚂蜗节活动中，铜鼓扮演着十分重要的角色，使用铜鼓是其中一大民俗活动。从找蚂蜗开始，人们就敲打铜鼓并告诉大家要找蚂蜗，给蚂蜗“守灵”期间也敲打铜鼓，游村唱蚂蜗的时候也抬着铜鼓一路敲打，葬蚂蜗当晚也使用铜鼓。铜鼓是当地蚂蜗节不可缺少的器物。

蚂蜗节是农耕时代民众生产生活的产物，是壮族先民蚂蜗崇拜的遗俗，是民众原始思维的产物。当地人举办蚂蜗节活动的目的是祈求风调雨顺、五谷丰登、人畜兴旺。正如乌丙安在《民俗文化新论》中所说的那样，人类社会必然要在生态环境中受自然周期的制约，祈求平安，祈求五谷丰登、风调雨顺成为几千年农耕民俗祈求的终极目标。在刀耕火种的年代，人们的农耕经济完全依赖于自然气候和天气固有的规律，人们只能看天是否给个风调雨顺的年头，不能充分创造条件以避免不利自然因素对粮食生产造成的不利影响。可以说，当时的人们对自然气候、天气因素处于一种完全依赖的状态，在强大的自然力面前，人们无能为力。“蚂蜗叫，雨水到”，当人们发现蚂蜗的叫声与下雨似乎有某种对应关系时，由于思维还处于“未开化”状态，便把它当作一种必然的联系，认为雨水的到来是蚂蜗叫以后出现的必然结果，从而觉得蚂蜗具有神奇的力量，可以呼风唤雨，便产生了对蚂蜗的崇拜心理，祈求蚂蜗带来雨水。为了表达对蚂蜗的崇拜，人们采取了“祭祀以娱神”的方式“贿赂”这“雨水的精灵”——蚂蜗，祈求这“精灵”能保佑风调雨顺、五谷丰登。相关的传说、祭奠仪式也就在这样的崇拜心理支配下衍生。

发展到后来，蚂蜗节活动融入了唱歌会友、跳蚂蜗舞、传播民间文化知识、强化民间社会组织等娱人和实用功能的内容以后，原来祭祀娱神的仪式变得更加丰富而更受人们青睐。这时候，蚂蜗节活动也成为传统社会人们加强彼此交往和联系、建立社会关系的活动载体。因为在以前的社会里，人们或以家庭为单位，或以宗族为单位，各自进行生产生活，面朝黄土背朝天，社会分工与合作不如现代商品社会这样频繁、密切，平时相互之间的交往少，所以人们多通过这种活动认识新人，建立其社会关系，尤其是通过这种活动来加强男女之间的联系，实现两性择偶。同时，这样的民俗活动还可以调适人们农忙时期劳累的身心，休闲娱乐，娱神又娱人。这些内在的民间信仰和民俗实用功能正是当地蚂蜗节活动产生和传承的原动力。

### （3）学者眼中的东兰壮族铜鼓文化

相比较而言，学者往往以“第三者”的角度来看待东兰壮族铜鼓文化。他们更多的是把铜鼓文化当成“民间风俗”；在非物质文化遗产保护语境下，同时也把铜鼓文化看成是一种“濒危的传统文化”和“非物质文化遗产”。

#### ①“民间风俗”

一直以来都有学者把铜鼓文化当成民间的一种风俗。如 20 世纪 30 年代初的旅行家田曙岚就把东兰壮族铜鼓文化当作一种“民间风俗”来看，并对该风俗进行了描述。中华人民共和国成立以后，有关部门和文人学者也一直都把东兰壮族铜鼓文化当成一种“民间风俗”，并把这一“民间风俗”当成地方少数民族风情记入各类民族风情录中，如《河池地区民族概览》《广西通志·文化志》《东兰县志》等。

改革开放以后的很长一段时间里，学者们仍把东兰壮族铜鼓文化看成“民间风俗”。例如，1987 年梁庭望编著的《壮族风俗志》就以学者的眼光来看待东兰壮族铜鼓文化，把东兰壮族铜鼓文化当作壮族风俗之一进行描述。

东兰壮族铜鼓文化传承人韦万义老人介绍说：

过去的学者们都把我们东兰壮族铜鼓文化当成我们的“民间风俗”。中华人民共和国成立初期，文人们也是这么看待铜鼓文化的。20世纪六七十年代，没人敢过问铜鼓文化，但改革开放以后，不断有学者过来采访我，跟我了解东兰壮族铜鼓文化的相关问题。例如，中国香港地区的一个电视台拍摄《中国人·中国心》栏目的时候就来找我了解情况，还让我带队到兰阳村去拍摄群众敲打铜鼓的场面；日本的专家学者也有过来考察过东兰壮族铜鼓文化；广西区内外的许多专家学者来采访过我。这些国内外学者把我们东兰壮族铜鼓文化当作一种“民间风俗”来考察，并在他们的著作中进行描述。

### ②“濒危的传统文化”与“非物质文化遗产”

20世纪末以来，工业化、现代化、全球一体化不断加快，中国社会剧烈转型，传统文化面临着生存的危机。这时候，学者们更加关注东兰壮族铜鼓文化，把东兰壮族铜鼓文化定位为“濒危的传统文化”。尤其是受国际非物质文化遗产保护理论和实践的影响，学者们把东兰壮族铜鼓文化表述为“文化遗产”“非物质文化遗产”，同时沿用之前学者们所称呼的“民间风俗”。只是，现在的学者们更注重把东兰壮族铜鼓文化表述为一种“传统文化”“文化遗产”，十分强调其濒危的现状，并在非物质文化遗产保护语境下探讨其保护与传承工作，有些人则积极参与到政府对东兰壮族铜鼓文化的保护工作中，为政府的抢救性保护工作出谋划策。

笔者梳理了20世纪末以来出版的多部研究文献，如覃彩銮的《神圣的祭典——广西红水河流域壮族蚂蜗节考察》、容小宁和廖明君的《千山万岸红水河——红水河流域民族文化艺术考察札记》、韦苏文的《千年流音——中国铜鼓文化》等著作，这些著作无一不把东兰壮族铜鼓文化当成一种“濒危的传统文化”“文化遗产”来进行关注、考察与研究。

《千山万岸红水河——红水河流域民族文化艺术考察札记》一书，以西部大开发为时代背景，关注西部大开发过程中社会对传统民族文化艺术造成的冲击，关注经济开发过程中民族文化的濒危现状。在该书中，作者以学者的身份和眼光，对与铜鼓文化相关的蚂蜗节进行了考察，把红水河沿岸的壮族铜鼓文化、蚂蜗节当作一种“传统的民族文化”“文化遗产”来进行关注。

韦苏文一直致力于民间文艺的挖掘、整理和研究。他把铜鼓文化当成壮族的传统文化，并着力挖掘这一传统文化的内涵，关注其濒危的现状，呼吁社会对其加以关注与保护。他所撰写的《千年流音——中国铜鼓文化》就是一部把壮族铜鼓文化当成“濒危的传统文化”“非物质文化遗产”的著作。在该著作中，韦苏文关注铜鼓文化濒危的现状和危机，对铜鼓文化这一非物质文化遗产的保护与发展进行了探讨。

学者们对壮族铜鼓文化，尤其是东兰壮族铜鼓文化的表述，对铜鼓文化本身产生了深远的影响。尤其是在行政决策民主化、专业化的今天，专家、学者对铜鼓文化的看法直接影响着有关部门对铜鼓文化的看法。当濒危的壮族铜鼓文化引起学者们的关注时，他们通过文化考察了解到该传统文化的魅力，呼吁有关部门和社会各界关注这一传统文化，同时建议采取措施对其进行抢救与保护，从而影响政府的文化政策，促使政府出台有利于铜鼓文化传承与发展的保护政策。

## 2. 现实状况

在当下社会，东兰壮族铜鼓文化以何种姿态存在呢？笔者以改革开放以来的时间段作为东兰壮族铜鼓文化现实状况的时间视界，对当地壮族的活态铜鼓文化进行了田野调查，其现实状况如下：

## （1）铜鼓文化的恢复

改革开放以来，历史上曾经盛行铜鼓文化的东兰壮族地区的民众又开始燃起了使用铜鼓的热情，曾经在20世纪六七十年代被破坏的东兰壮族铜鼓文化开始得以恢复并延续。

### ①东兰壮族铜鼓文化恢复的时代背景

20世纪80年代后，我国进入改革开放新时期，国家政策转到“以经济建设为中心”，国家的文化、民族宗教等政策较为开明，对民众的各种民间信仰活动不再令行禁止，这种形势下，民众燃起了使用铜鼓的热情。这一时期，政府意识到铜鼓是一种珍贵的历史文物，使用铜鼓的习俗是民众的传统风俗，因此允许并鼓励民众自由使用铜鼓，并通过组织开展民俗活动、制定非物质文化遗产保护条例、引导民俗旅游开发等来积极推动铜鼓文化的保护与传承。同时，随着国际国内社会保护传统民族文化意识、保护非物质文化遗产意识的兴起，专家、学者及媒体人士等社会各界人士也积极参与到铜鼓文化的抢救与保护工作中，他们通过文化研究、开研讨会、新闻报道等形式，大力推动了壮族铜鼓文化的保护与传承。

从20世纪80年代开始，东兰县城以及长江、巴畴、金谷、隘洞、长乐等地的壮族民众逐步恢复了使用铜鼓的习俗。其推动力量主要有两种：

一是地方政府的积极推动。地方政府通过开展宣传活动和组织开展民俗活动、文物普查、传承人普查等工作，打消了民众的疑虑，激起民众使用铜鼓的热情，提高民众的自我文化意识，这在一定程度上对东兰壮族铜鼓文化的恢复与延续起到积极的推动作用。

二是社会各界人士的积极推动。社会各界人士是东兰壮族铜鼓文化得以恢复的一大推动力量。例如，被誉为“铜鼓王”的韦万义老人是东兰县第十三代壮族铜鼓文化传承人，对铜鼓有深厚的感情，其家族世代使用铜鼓。20世纪80年代后，他凭借自己作为政府工作人员的身份和威望，积极做群众的思想工作，积极培养铜鼓文化传承人，组织学者进村考察研究，推动了其家乡——长江乡（今长江镇）兰阳村铜鼓文化的恢复与传承。

韦万义老人介绍说：

> 从中华人民共和国成立到20世纪70年代末的这段时间，东兰壮族铜鼓文化受到很大的破坏，很多铜鼓被砸烂了，铜鼓文化的主要活动之一——蚂蜴节也不给举办，用于举办蚂蜴节活动的蚂蜴寿亭被捣毁，现在只剩下4座，而蚂蜴节活动的传承人也在那个特殊的历史时期遭到了不公的对待。20世纪80年代初期，政府不再禁止蚂蜴节了，但还活着的这些传承人多数已经不再关心这一习俗了，一方面是因为他们在那个特殊的历史时期遭受了不公的对待，其主持活动的威望已经没有了；另一方面是因为他们自己也没有兴趣去组织了。尽管如此，群众中仍有很多人喜欢敲打铜鼓，他们逢年过节就拿铜鼓出来敲打。在外面工作的一些人也回家乡推动家乡铜鼓文化的恢复。我也积极投入其中，拿了8面铜鼓回到兰阳村给群众敲打，而且率先打破性别限制，允许妇女参与敲打铜鼓，让妇女也成为铜鼓文化的传承人；加上政府的鼓励和组织，就有更多的人积极加入铜鼓文化的传承队伍中。当地的铜鼓文化就这样得到恢复和传承。

### ②民众使用铜鼓的时空和使用方法

东兰县境内红水河沿岸的壮族居民使用铜鼓的时间一般是岁时节日及其他喜庆之时，

铜鼓代表的是喜乐和吉祥。丧事、受灾等哀伤或不幸的场合忌使用铜鼓，在这样的场合使用铜鼓会被认为是幸灾乐祸、不顾民风民俗。使用铜鼓的具体时间一般包括春节、“三月三”、中秋节、国庆节。

东兰壮族铜鼓文化一般都是在乡土社会中存活。使用铜鼓的具体地点一般是铜鼓主人家门口、楼顶、村屯中人们经常聚集的场所、山坡或其他敲打铜鼓的固定场所。因为铜鼓较重，搬到远处不方便，且也不利于保障铜鼓的安全，所以除了蚂蜗节活动、重大的开工和竣工仪式等大型的活动之外，一般不把铜鼓搬到远离主人家或保管人家的地方，只在附近地方使用。

拿铜鼓出来之前，先架好悬挂铜鼓的架子，架子一般高约 2 米，铜鼓悬挂到高约 1 米处，即与人的腰部相平处，便于敲打。铜鼓的摆放颇为讲究，需要 4 面作为一组配合起来使用（一般是 4 面铜鼓作为一组，也可以多于 4 面，多于 4 面的铜鼓数量必须是 4 的倍数，即可以一组一组地叠加，但不可以一面一面地叠加）。4 面铜鼓一字排开，排在最前面的是公铜鼓，第二面是母铜鼓，接着是两面子铜鼓，鼓面朝家门或者村内，鼓口朝家门外或者村外，让声波往外传。

不同的铜鼓有不同的传音功能，同一面铜鼓采用不同的敲击方法也有不同的传音功能。敲击铜鼓的时候，一般需要双手并用，右手拿着用布鞋底做成的布锤敲击鼓面，敲击鼓面发出的声音浑浊、苍劲，稍低沉，但传得远，传播的时间较长，缭绕不绝；左手拿一块小石子或小木片敲击鼓壁，敲击鼓壁发出的声音频率较高，声音轻快。一组 4 面铜鼓相互配合使用，先是由排在第一位的敲击公铜鼓的铜鼓手开始，其右手先敲击鼓面一声，然后左手拿小石子敲击鼓壁，接着排在第二位的铜鼓手按照公铜鼓的敲法，先后敲击鼓面和鼓壁，再到排在第三位的铜鼓手按同样的方法敲击子铜鼓，最后是排在第四位的铜鼓手敲击子铜鼓，敲法和前面一样。4 面铜鼓相互配合，间隔的节奏、敲击次数等都要一致，这样听起来就形成了一个完整的旋律。

### ③东兰壮族铜鼓文化存在的具体场合

东兰壮族铜鼓文化在当地乡土社会中，既有单独存在的姿态，也有依托其他民俗事象来生存的姿态。笔者在田野调查中了解到，东兰壮族铜鼓文化存在的具体场合主要有以下 8 种。

一是春节。

东兰壮族铜鼓文化存在的一个重要场合是春节。

春节是中国传统的节庆，各民族、各地方以各种形式欢度春节。东兰县盛行铜鼓文化的巴畴乡、金谷乡、长江镇等地，在春节时有使用铜鼓的习俗。当地壮族人春节时使用铜鼓的时间一般从腊月二十六就开始了，一直延续到元宵节（有的村屯延续更长的时间）。

临近春节的那几天，当地各村屯外出工作的人都回家过节了，原来比较清静的村庄一下子热闹起来。村里到处可见这里一群人在欢谈，那里一群人在欢谈的景象。总之，大家很久不见了，春节放假回家了就聚一聚、聊一聊，放松心情，村里热闹的气氛逐渐升温。到了腊月二十六，大家基本上都放下手中的农活，开始为欢度一年一度的春节做准备。这时候，爱好铜鼓的人们自然而然地想起敲铜鼓助兴，就去把集体所有的铜鼓搬出来敲，农忙时期从不露面的铜鼓开始亮相了。铜鼓由宗族族长家或生产队队长家保管，一般跟粮食一起藏在谷仓里。而私人收藏的铜鼓一般都不轻易拿出来给人敲，怕被敲坏了或者怕没有人看管而弄丢了。因为私人收藏的铜鼓属于私有，主人有支配权，人们也不会刻意要求拿出来敲；而属于集体所有的铜鼓则不同，大家有权支配，想敲的时候就搬出来敲。铜鼓搬出来之后，就挂在人们经常来往和聚集的场所，任人们敲打。大概元宵节的时候，外出谋生的人又踏上了离乡的旅程，在村里务农的人也进入了春耕的繁忙之中，春节使用铜鼓的活动就此结束。

图六〇　壮族铜鼓保管人从谷仓中取出铜鼓（廖明君　供图）

在春节使用铜鼓的习俗既是东兰民间的一种娱乐行为，也是东兰壮族民众民俗心理的生动展现。在东兰壮族民众的心中，铜鼓是一种吉祥物，逢年过节乃一年之大事，民众期盼快快乐乐地过年过节，希望吉祥，所以要敲击铜鼓，营造祥和、温馨的喜庆环境。铜鼓既可以娱乐，又可以满足民众对吉祥的渴求心理。

二是蚂蚂节。

蚂蚂节一直以来是东兰壮族铜鼓文化最大的生存载体，曾经盛极一时。但在当下社会环境中，东兰壮族民众举办蚂蚂节活动呈现出活动程序简化、活动形式化、活动时间缩短化、神圣性和民间信仰弱化、媚俗化、节日活动规模缩小化等趋势，与村民们记忆里的蚂蚂节盛典大不相同，蚂蚂节中使用铜鼓的习俗也出现了萎缩，各种民间表演的节目也减少了。笔者在田野调查中发现，地方史志资料中记载的蚂蚂节盛况只停留在村民们的记忆中，现在看到的蚂蚂节无法与以前的盛况相比。现今当地蚂蚂节活动情况如表一三所示。

图六一　春节期间，壮族妇女在敲打铜鼓（廖明君　供图）

表一三　东兰县蚂蜗节活动一览表

| 活动要素 | 活动内容 |
| --- | --- |
| 时间 | 一般在春节正月之内，超出这个月的时间范围都不举办蚂蜗节活动，最迟只能在月末。其中，正月初一或初二（一般临时定）为找蚂蜗的时间，找到蚂蜗之后，选属鼠的日子为葬蚂蜗的时间，葬蚂蜗当天晚上为蚂蜗节歌会的时间。 |
| 地点 | 地点多是固定的，一般在村外或其他特定的地点。 |
| 参加活动的人 | 1. 组织者：活动的组织者一般有 10 人左右，最高组织者由当地德高望重、最有话语权、最有威信的老人担任。2. 参加者：参加蚂蜗节活动的人分为两部分，一部分是本村的人，这些人中的大部分全程参与蚂蜗节活动；另一部分是来自其他村屯的村民，他们一般只在蚂蜗节歌会那晚参加活动。 |
| 道具准备 | 临近举办蚂蜗节活动的时候，组织者得准备铜鼓、一根 10 米长的幡杆、香、竹筒、鸡、猪头、红鸡蛋、画有各种动物的纸条等相关的仪式用品。 |
| 活动情况 | 主要步骤如下：<br>1. 找蚂蜗。正月初一或初二的时候，组织者就组织村人敲打着铜鼓到山上找蚂蜗。因为此时正是冬季，蚂蜗多处于冬眠状态，很不容易找，得翻开石块，或挖开枯水期河里的小石块；同时还要找一只蛐蛐。两者都找到之后，把它们弄死，然后装入用竹筒制成的蚂蜗棺中，封起来，再把蚂蜗棺拿到村里的蚂蜗寿亭停放。<br>2. 抬蚂蜗拜年。一般是正月初二或者初三的时候，组织者开始组织小伙子们扛着铜鼓、抬着蚂蜗棺，一边敲打铜鼓一边走，挨家挨户地给村人拜年。村里每户人家都要拜到，不可以忽略任何一户，否则会导致那户人家不高兴。给村人拜年的时候，大家一起唱庆贺歌，说今年风调雨顺、粮食丰收、鸡鸭成群、人畜兴旺等祝福话语。拜完之后，主人家就捐赠一些香火钱答谢。<br>3. 给蚂蜗"守灵"。葬蚂蜗前要"停尸"一段时间。这期间的每一天，蚂蜗棺一直都停放在蚂蜗寿亭里，人们自发地聚集到蚂蜗寿亭里聊天、打牌、唱歌、敲铜鼓等，并摆上酒肉、烧香祭祀，意为给蚂蜗"守灵"。<br>4. 葬蚂蜗。葬蚂蜗需要找好日子，一般是鼠日。确定日子之后，就着手准备举行葬蚂蜗仪式。葬蚂蜗的时间为当天早上或者下午四五点，组织者组织村人边敲打铜鼓边抬着蚂蜗去葬。葬蚂蜗之前，先由主事者取上一年的蚂蜗遗骸出来看，根据其骨颜色预测当年年景，然后再下葬当年的蚂蜗。葬下蚂蜗之后，众人立起 10 米长的幡杆，幡杆上挂着画有蚂蜗、老鼠、马匹、牛或其他动物图案的纸条。来参加活动的村人每户都制作一面小旗子，准备少量的豆腐圆、糍粑等民间小吃，带到蚂蜗坟前进行供奉，祭祀蚂蜗。<br>5. 举办蚂蜗节歌会（有时候是给蚂蜗"守灵"当晚举行歌会，第二天早上才葬蚂蜗）。葬蚂蜗仪式结束时，大概是早上八九点或下午五六点，附近村寨的人们，特别是年轻男女、各路歌手开始前来参加蚂蜗节歌会。 |

东兰县蚂蜗节具有祈求丰年、祈求人畜平安兴旺、加强民众交往与交流、有效促进择偶婚配、娱乐民众身心等多种民俗功能，其原始形态是古人们的神话传说、宗教仪式等民俗仪式，是民众希望采取祭祀、供奉等仪式，以及唱歌、敲打铜鼓、跳舞等娱人的方式来取悦神灵，以求得保佑。这种狂欢式的民间庆典，本质上是人类社会生产力极为低下时

期，人们万物有灵观念的产物，是人类原始思维的遗俗。在这场狂欢式的蚂蚜节活动中，铜鼓文化起着重要的作用，是整个民俗活动中不可缺少的一部分。

三是进新房仪式。

在东兰县金谷乡、长江镇一些村寨，在新居落成的时候也有使用铜鼓的习俗。当地建房子可不能随便建，得先拿全家人的八字去给算命先生算一算看是否适合当年建房子，如果适合就择吉日下墙基动工。新房子建成以后，主人家会找算命先生或者其他会看日子的人士，询问哪天是吉日，寻得吉日后就开始张罗着进新房的事。先是通知宗族、亲朋好友进新房的日子。等到进新房的前一天，邻近的亲朋好友先过来帮忙杀猪做菜，以备进新房当天供前来祝贺的客人食用。这时候，为了给新房子一种温暖感，主人家会跟自己的宗族借铜鼓来敲打。当地人认为，新房子刚刚建成，人还没有住进去，祖宗神位也还没有正式立好，这样的房子没有祖宗神守护，新房子一般都给人一种阴森的感觉，只有住进去久了以后才有一种温暖感。进新房的仪式从凌晨开始，主人家先拿南瓜进大厅放好，然后烧一串鞭炮，宣示正式进新房，接着跟主人家一起聚集的亲朋好友就开始敲打铜鼓。在铜鼓声中，主人家跟亲朋好友一起聊天、喝酒，场面十分热闹。人们听着这铜鼓声，自然而然地有一种温暖感，自然觉得新房子没有了寒气。进新房的这一天凌晨开始到第二天晚上，主人家一般都不睡觉，得陪着亲朋好友一起热闹，也好给新房子增加人气和热闹的气氛。凌晨，主人家一般只敲打铜鼓半个小时或者一个小时，以免影响同村其他人休息。第二天早上开始，主人家其他的亲朋好友就会陆续地赶来祝贺新居落成。一般是一个宗族接一个宗族地来，村里村外的亲朋好友几乎每家都有人来，多的时候达到几百人。这时候，铜鼓一般就挂在门口的走廊上任人们敲打。

这一场合中，进新房仪式中使用铜鼓的习俗具有吉祥、温暖、活跃气氛、象征主人家威望的文化内涵。此时的铜鼓体现出礼器、乐器、吉祥物的功能，同时还是主人家威望的象征。因为铜鼓是一件宝贝，人们认为能找到铜鼓来敲打，说明进新房仪式规格高，主人家有威望、有能力。

四是宗族祭祖仪式。

在祭祀宗族老坟活动中使用铜鼓是东兰壮族铜鼓文化存在的一个民俗文化场。东兰县

图六二　东兰县长江镇周赖村板怀屯的壮族群众敲打铜鼓庆贺进新房（廖明君　摄）

各地的居民都有集体祭祀宗族老坟的风俗，一般是三年或五年一祭。祭祀的时候，宗族中的大部分男性都参加，由宗族族长或者宗族里德高望重的人家主持，每户按参加人数的多少交一定的活动经费，择吉日进行祭祀，宗族子孙们欢聚一堂。东兰县巴畴乡、金谷乡等地不少有铜鼓的壮族村寨在祭祀宗族老坟的活动中还使用铜鼓。祭祀当天上午，宗族里的年轻男子一起扛酒、肉、铜鼓、鞭炮进山里。到宗族老坟所在地后，先给老坟清理杂草和脏物，细心修葺，给老坟换上新颜。接着，挂上白幡，摆上酒肉，架好铜鼓，点燃鞭炮。鞭炮放完后，开始敲打铜鼓。敲打铜鼓是为了宣示该老坟里的人后继有人，子孙满堂，同时也是为了活跃气氛，驱散深山老林的凄冷之感。其他宗族的人听到铜鼓声后就会知道这个老坟里的人是有后代的，而且其子孙都很争气，不敢轻易去破坏该老坟。如果老坟多年都没有人来上，或者上了都不张扬给其他宗族的人知道，那么会被认为埋在老坟里的人后继无人，或者子孙不孝。敲打铜鼓一个小时后，来上坟的人就开始进餐，大家一边吃喝一边听老人们讲述老坟里祖宗的子孙后代分布和社会关系状况，讲述祖宗的辉煌历史，以激励后世的子孙们努力光宗耀祖。进餐结束后，众人回家。到了晚上，宗族的人进行大聚餐，一般宗族的所有人员都参加。大聚餐后，祭祀宗族老坟活动结束。

这种宗族人集体祭祀宗族老坟的活动，对加强宗族成员的认同感和凝聚力，以及对维系当地社会稳定、弘扬先辈光荣传统、传承宗族前辈优秀品质等具有十分重要的作用。这种活动仪式也是传统民族文化，尤其是当地的铜鼓文化得以生生不息传承的重要载体。此时，宗族铜鼓是整个宗族人精神的象征，具有认同和凝聚族人的功能。

五是送新兵仪式。

敲铜鼓送新兵也是体现东兰壮族铜鼓文化的一个重要场合。村寨里的人认为当兵是一件光荣的事情，因此每当村寨里有人体检、审查过关被正式接收入伍时，村寨里就会派人去跟乡政府申请，想组织铜鼓队给他们送行。得到乡政府相关负责人的允许之后，村寨里的人就相互通知欢送新兵的时间和地点。送新兵那天一大早，铜鼓队就来到乡政府等候，新兵列队报到之后，乡政府相关人员说可以敲打铜鼓了，铜鼓队就开始敲打铜鼓，并说些鼓励和祝福的话。新兵上车后，车子缓缓开出乡政府大门，乡亲们的铜鼓队也跟在车子后面一路敲打铜鼓送行，场面十分热闹。送出几百米后，乡政府的人说送到这里就可以了，乡亲们就停了下来，目送载着新兵的车子远行，敲铜鼓送新兵的仪式也就此结束。此仪式中使用铜鼓的习俗是乡土社会亲情的表达形式，是亲情文化的载体。此场合中，铜鼓作为一种礼仪性的乐器，发挥其作为礼器的民俗功能，敲打铜鼓表示祝贺和欢送。

六是婚嫁仪式。

一般有人家结婚的时候，如果本宗族自己有铜鼓，主人家就向保管铜鼓的族长申请借用铜鼓（只限于宗族内的人借），借到铜鼓后就把它架在自家门前的空地上，任铜鼓爱好者敲打，同时也确定好几个铜鼓手在婚宴的时候敲打铜鼓。婚宴开席的那一天早上，前来贺婚的人熙熙攘攘，铜鼓手就敲打铜鼓助兴。考虑到贺婚的人要聊天，所以铜鼓手敲打铜鼓的时候比较轻，不像在其他场合那样用力，一般敲打二十分钟左右就停下来，半个小时后再继续敲打，这样往复循环。

婚嫁仪式中的铜鼓文化既是吉祥的象征，也是喜庆的催化剂。人逢喜事精神爽，但愿年年有今朝。人们总是祈求喜气洋溢不断，所以敲击铜鼓来烘托喜庆的氛围，这也是对日子吉祥的渴求。此时的铜鼓成了民众渴求吉祥和烘托喜庆氛围的民俗载体。

七是工程开工、竣工仪式。

在重大工程开工或竣工仪式上，东兰县也有使用铜鼓的习俗。一般举行仪式的当天，铜鼓队提前准备就绪，领导宣布仪式开始后，相关人员剪彩，同时放一串鞭炮。鞭炮响完后，主持人宣布开始敲打铜鼓，铜鼓队就马上兴致勃勃地敲打铜鼓，一般敲十分钟后停止。如果是修路或者建桥的开工或竣工仪式，铜鼓队就需要八个人，每两个人抬一面铜鼓，然后依次排队边走边敲打铜鼓，把新建的公路或桥走一遍。走在后面的铜鼓手负责敲打铜鼓，他用肩膀扛着抬铜鼓的担子，左手拿小石子，右手拿木棒，按一定音律往复循环地敲打铜鼓，直到走完全程或者一公里左右的路程。

铜鼓是吉祥物。在此仪式中，敲击铜鼓具有祈求吉祥的意义，敲打铜鼓是为了驱除邪气，祈求平安，增添热闹氛围。民众通过敲打铜鼓的方式，表达了他们希望新落成的桥、路以后能使用顺利、吉祥的愿望。

八是其他娱乐活动。

铜鼓文化在漫长的历史进程中，其神秘色彩不断褪去，神圣性不断减弱，娱乐性得以彰显。笔者在东兰进行田野调查的时候发现，使用铜鼓进行娱乐的活动变得很平常，传统的铜鼓文化渐渐变成当地民众休闲娱乐民俗中的一种。在东兰县城的灞陵桥上、烈士陵园里，经常会传出铜鼓与笛子、二胡、电子琴等乐器合奏的声音，声音持续不断，甚为动听，缭绕着整个东兰县城，给这个偏远地区的小城增添了几分温暖的气氛。这是县城里退休的老人们在休闲娱乐活动中使用铜鼓与其他乐器合奏。在乡下的敬老院或者村口等一些主要的村民娱乐场所中，当地民众也时不时拿铜鼓出来敲奏娱乐，铜鼓成了当地民众，尤其是老年人日常生活中的娱乐工具。

娱乐活动中的铜鼓文化是一种休闲娱乐民俗，体现出铜鼓的乐器身份和铜鼓文化具有愉悦身心的民俗功能。

总之，东兰壮族铜鼓文化流行甚广，渗入民众生活的方方面面，与民众的生产生活息息相关。

### (2) 铜鼓文化的衰弱

在现代社会里，传统文化的衰弱是普遍的现象。中华人民共和国成立后，东兰壮族铜鼓文化在 20 世纪六七十年代中遭受了破坏，到 20 世纪 80 年代以后才得以恢复和延续，大概从 20 世纪 90 年代中期开始出现衰弱的迹象。进入 21 世纪以后，在全球一体化、现代化的冲击下，乡土社会传统的生态基础迅速瓦解，加速了东兰壮族铜鼓文化的衰弱。其主要表现在铜鼓文化传承人的减少、民众使用铜鼓的兴趣锐减、举办铜鼓文化活动的次数锐减、铜鼓文化活动的规模变小等。

以东兰县隘洞镇板老村为例。该村的韦家雄老人介绍说：

> 以前（指 20 世纪 90 年代以前），全镇集体性敲打铜鼓的活动每年大约举行五场，都是民间自发组织的，再加上村内各个生产队日常生活中也使用铜鼓，在村里可以经常看到有人使用铜鼓。但现在这样的活动一年比一年少，有时候一年才有一两次，有些年一次也不举行，而且这种集体性公开敲打铜鼓的活动主要是由政府组织举办的。

据韦家雄老人介绍，该镇像他这个年纪（68 岁）或这个年纪以上的人中，估计有 50% 以上的人会敲铜鼓，但该年纪以下的人中则较少有人会敲铜鼓了，30 岁以下的年轻人中更是很少有人会敲铜鼓；整个隘洞镇流行铜鼓文化的村屯也在减少，很多村屯原来盛行铜鼓文化，但现在已经很少有人对铜鼓文化感兴趣了。

东兰壮族铜鼓文化在 20 世纪六七十年代不流行是因为政治的干预，但民众心底里仍然保留着使用铜鼓的愿望；而改革开放以后，东兰壮族铜鼓文化的逐渐衰弱是民众在当下社会环境中自我调适的结果，是民众的自然选择。

总之，东兰壮族铜鼓文化的日渐衰弱已是不争的现实。

### （3）铜鼓文化的展演

20 世纪 80 年代开始，东兰壮族铜鼓文化逐步得到恢复，并不断延续。大概到 20 世纪 90 年代中期，当地一些壮族地区的铜鼓文化开始走向衰弱。与此同时，这时期的东兰壮族铜鼓文化也开始出现了展演的现象。所谓铜鼓文化的展演，即铜鼓文化的展示与演出，指的是人们把铜鼓文化作为奇风异俗的片段、文艺节目来向观众展示与演出。

东兰壮族铜鼓文化展演现象的出现改变了东兰壮族铜鼓文化传统的姿态。过去，东兰壮族铜鼓文化在传统的乡土社会中传承与发展，其存在的时间是岁时节日和喜庆之时，时间段比较固定，其存在的空间也是特定的村里乡间。而现在，其存在的时间、空间，以及表现的内容和形式都发生了改变，出现不定时、不定地点地展示与表演的现象，内容与形式也融入一些现代元素。

东兰县非物质文化遗产保护中心的韦霍介绍说：

> 东兰壮族铜鼓文化得到恢复以后，大概在 20 世纪 80 年代末 90 年代初这个阶段，开始出现展演的现象。这个阶段，东兰壮族铜鼓文化的展演尚属少数，一般是有贵宾前来参观考察的时候，群众才会在地方政府工作人员的组织下演示使用铜鼓的习俗。而进入 20 世纪 90 年代以后，东兰壮族铜鼓文化的展演则开始频繁了，如外出参加各种表演活动，为外面来考察采访的专家、学者和媒体记者进行表演等。东兰壮族铜鼓文化的展演是一种自上而下的活动，一般是政府接到外面专家、学者的邀请函后，由政府相关部门组织、动员群众拿铜鼓出来敲打。例如，国家民族事务委员会和国家体育运动委员会（现国家体育总局）主办、广西壮族自治区人民政府承办的第四届全国少数民族传统体育运动会，中国文联和中国电影家协会联合主办的首届中国金鸡百花电影节暨桂林山水文化艺术节，以及河池市铜鼓山歌艺术节等，都由政府去组织群众拿铜鼓出来进行表演。

东兰壮族铜鼓文化的展演实际上是把壮族铜鼓文化作为一种文化、一种民族的精神文明象征，向世人展示其文化魅力，是延续传统、复制传统与再现传统的一种形式。

## 3. 历史与现实时空中的东兰壮族铜鼓文化解读

### （1）东兰壮族铜鼓文化的功能解读

民俗是人类文化之一。任何文化都有自身的功能和价值，尤其是民俗文化事象，往往是文化综合体，具有与其所处的生态基础相符的多种文化内涵和功能。在功能学派看来，“功能”简单地说就是“满足需要”，是事物与制度的“作用”。他们认为一切文化与社会现象都有其存在的现实意义和不可缺少的作用，“一个民族的文化就是一张满足社会基本需要的相互联系着的网，其中每一个现象，都像生物机体的每一个器官一样，具有一定的功能”[①]。功能学派的创始人之一马林诺夫斯基就认为，文明的每一种类型以及风俗、物品、观念、信仰都在履行某些重要的功能，都有某种任务要完成，都代表工作整体中不可

① 程伟礼、邓雪兰：《人类心智成长的史诗——卡西尔的〈人论〉》，云南人民出版社，1992，第 96 页。

图六三　第四届全国少数民族传统体育运动会铜鼓展演现场（王梦祥　摄）

少数民族传统体育运动会
平等

缺少的一部分。“民俗的功能，指它在社会生活与文化系统中的位置、民俗与其他社会文化因素之间的关系，以及它所发挥的客观效用。”[①] 东兰壮族铜鼓文化作为生存于当地热土之上，且长期在当地热土上生生不息传承的民族民俗文化，与其所处的生态环境有着某种互动关联，有其自身独特的文化功能。

### ①神器功能

神器功能是铜鼓的民俗特性，也是铜鼓最主要的功能之一。廖明君、蒋廷瑜合著的《铜鼓文化》、吴伟峰等主编的《河池铜鼓》等书都论述了铜鼓的神器功能，认为铜鼓是民间用于祭祀的宗教器物。东兰壮族民众使用铜鼓的习俗也是产生于各种原始宗教仪式中，是当地壮族先民原始宗教的遗风。

据东兰县韦万义老人介绍，当地民众认为，铜鼓是一种圣物，是吉祥物，是一个具有巨大法力的“大好人”，可以给人们带来祥和、平安。人们始终相信，有铜鼓的村寨就不会是“冷乡”“冷土”“冷村”“冷寨”，而是充满温暖、吉祥的村寨。有铜鼓守着村寨，各种邪神恶鬼就不敢来犯，村寨就平安。

在这种民俗情境中，铜鼓成了当地民众的镇村法宝。这种民俗观念主要体现在以下两个方面：一是民众认为铜鼓可以愉悦雷神；二是民众认为铜鼓能镇水怪。

在民众的心中，铜鼓是他们与雷神、邪神恶鬼接触的中间媒介。他们认为，雷神是掌管雨水的，人间敲击铜鼓，能被天上的雷神所感应，铜鼓声能把他们心中的祈愿传达给雷神，于是喜以敲击铜鼓来娱悦雷神。

东兰地处亚热带地区，气候温湿，石山林立，河流水系发达，山与山之间多是盆状的土地，这些土地适宜种植水稻。他们每年可以在这有限的土地上种植两季水稻，水稻成了他们赖以生存的主要食物。这种经济行为孕育了当地壮族的稻作民俗文化。他们把赖以生存的水田称为“那”，世代据“那”而作，赖“那”而食，凭“那”而居，靠“那”而穿，依“那”而乐，是“那”文化圈中的一个点。

“那”文化是具有悠久历史的农耕文化，其传统的经济模式是农耕经济。传统的农耕经济离不开雨水、风、阳光等自然条件。在过去漫长的历史时期里，人们对自然规律的认识比较感性，在初民们的原始思维中，自然界的一切变化都是有某种神秘的力量在起作用。对稻作民族来说，风调雨顺至关重要，但现实中“风不调雨不顺”的情况时有发生，给人们的生产生活造成很大的损害。在巨大的自然力面前，人们无法改变自然的种种侵害，于是，就想到借助各种法器，举办各种祈求仪式，希望采取供奉的方式来娱悦自然对象——雷神，祈求对方保佑风调雨顺和人畜平安。

“铜鼓镇图额”也是当地十分盛行的一种民俗观念。当地传说水中有一种叫图额的水怪，在当地人的想象中，这种水怪很邪很怪，深藏于深水或者阴森的河流、湖水、水洞中，是极为不祥的怪物。一般情况下，人们是见不着它的，只有命不好的人才偶尔见到。而万一见到了，可能要面临灾祸。现在每当听到水洞里传来“叮咚”的水声时，或看到河水翻滚厉害时，当地依然有人认为这是水中有图额在翻身或与铜器打斗。图额很怕铜鼓。当地世代流传的传说中，图额最怕铜制的东西，尤其怕铜鼓，铜鼓是它的死对头。人们认为，铜鼓具有强大的镇邪魔力，所以被人们当成镇图额的撒手锏。当地人过河、过桥、划船时，有铜钱的人往往会带一枚铜钱在身上，而小孩子，尤其是刚刚出生的婴儿，大人们也往往会在他们身上挂一枚铜钱，认为这样可以保佑平安。当地人认为，铜钱是铜做的，

① 毛艳、洪颖、黄静华：《西南少数民族民俗概论》，云南大学出版社，2012，第8页。

具有镇水怪、镇野鬼猛兽的法力，带上它，便可以防止这些邪物怪物的侵犯。

当地流行谚语说过河要带铜，过悬崖峭壁要带柴刀。过河带铜的目的是想借用铜的法力来镇压水怪，而过悬崖峭壁带柴刀则是为了披荆斩棘，开山找路。在这里，过河时的铜与开山找路时的柴刀同等重要，它在一定程度上也反映出当地人对铜怀有崇拜心理。

笔者在当地进行田野调查时还了解到，当地人崇拜铜，认为铜可以镇邪，但也不是所有铜都能随意携带，他们一般只带古铜币之类的老铜，新炼制出来的或体积太小的铜一般不带，新炼制出来的铜鼓也不用于祭祀活动。他们认为，铜制之物就像人一样，是有灵性和年龄的，是图额的死对头；铜比较顽皮好斗，喜欢斗图额，带上它就会招惹图额，而新炼制的铜鼓或体积太小的铜，法力不够，斗图额的经验不足，会斗不过图额。这些都说明当地人认为铜是具有某种法力的，铜鼓是用铜造成的“大物”，具有强大的法力。这也是当地人在举行祭祀仪式时不用新炼制的铜鼓的原因。

当地民众认为，宇宙有三界，上界为天界，中界为人间，下界为水界，三界分别由雷神、布洛陀、图额来掌管。布洛陀是人类的始祖，是为人类谋求福利的，而掌管风雨的雷神和掌管水灾的图额经常跟人类过不去，导致人间遭受祸害。尤其是图额，在当地人的潜意识中，它是非常不吉祥的东西，非常邪恶。人们在生产生活中不顺利之事时有发生，当遇到各种灾害时，人们就会认为是这两个家伙“搞鬼”，于是借助铜鼓这一神器来举行各种仪式，以讨雷神开心，祈求其给人们带来风调雨顺，且铜鼓能镇压图额，所以就借助铜鼓来镇压它。在当地的蚂蚜节仪式、师公驱邪仪式等活动中，铜鼓就扮演着神器的角色，发挥神器的民俗功能，当地人敲击铜鼓的目的是娱神与镇邪。铜鼓成了当地人与天界和水界发生接触的中间媒介，成为当地民众蚂蚜崇拜、雷神崇拜的表达载体。笔者在对东兰县长江镇兰阳村进行蚂蚜节习俗调查时就看到，民众在给蚂蚜停尸“守灵”期间，每天都把铜鼓挂在蚂蚜寿亭前敲击。他们说这样做的目的是营造吉祥、热闹的氛围；同时，敲击铜鼓可彰显仪式的隆重，可以让雷神看到人们给蚂蚜举办的葬礼是隆重的，从而使雷神满意

图六四　蚂蚜节活动中村民击鼓孝蚂蚜（廖明君　摄）

而保佑来年风调雨顺。

在这些民俗活动中，铜鼓作为神器的一种，发挥作用的途径有两种：一种是“安抚”，即通过供奉、娱悦的形式安抚、讨好雷神；另一种是“镇压”，即采取直接对抗的形式镇压图额。

### ②社会组织与维系功能

“民俗的维系功能指民俗统一群体的行为与思想，使社会生活保持稳定，使群体内所有成员保持向心力与凝聚力。”[①]铜鼓作为宗族精神文化的纽带，具有团结与凝聚社会宗族成员、维系社会秩序的作用。铜鼓的社会组织与维系功能主要体现在以下四个方面。

一是聚众功能。

聚众功能是古代铜鼓的一大特性。在古代社会，交通不发达，通信技术落后，每当遇到重要的事情需要召集众人的时候，就依托敲击铜鼓发出的声音来进行联络，铜鼓声在古代南方少数民族的心目中具有召唤的意义，听到铜鼓声就意味着众人开始集结。在当今交通方便、通信技术发达、信息传播便捷的社会里，铜鼓仍然显示出它的这一古老功能。铜鼓的聚众功能在东兰县兰阳、巴畴、金谷等地的蚂蜴节歌会上得以明显地展现。当地的蚂蜴节歌会是一项民间集会活动。一般来说，东兰蚂蜴节歌会的时间安排并不十分严格，通常只定个大概的时间和具体地点。人们听到铜鼓声响后往往会第一时间赶来参加歌会。在这里，铜鼓声就有召唤众人前来参加歌会的功能。

二是铜鼓对乡土社会秩序起维系作用。

象征权力是古代铜鼓的文化共性。在现代社会语境中，铜鼓象征权力的内质表现为其是乡土社会一种威望的象征。铜鼓在当地社会是一种吉祥物，很多场合会用到铜鼓，没有铜鼓的人家需要使用铜鼓时只能去跟收藏有铜鼓的人家或保管铜鼓的人家借。这时候有铜鼓或保管铜鼓的人家就有了“借与不借”的主动权，这一主动权对其在当地乡土社会中权威地位的形成起着直接的作用。“借”是人类交换中的一种，这种单向“物质流动”的社会关系催生了资源丰富者的社会地位和威望。这种威望产生的根源实质上是物权私有制度在发挥作用。在这里，铜鼓成了社会个体威望产生的介质，拥有铜鼓的人家在日常生活的“借出与收回”铜鼓中不断建立起自己的威望，当威望达到一定程度之后，就具备了维系当地社会秩序的“潜资格”。而这一过程，铜鼓起着直接的推动作用。

此外，东兰壮族民众家中收藏有铜鼓或保管铜鼓的人家往往是有一定知识文化、经济基础也比较好的家庭，这样的家庭有能力在社会中承担更多的责任，其他相对弱势的家庭在生产生活中往往有求于这样的家庭。其他人在求得帮助之后，就会怀着一种感激和尊敬的心理，这种心理就成了收藏有铜鼓或保管铜鼓的人家产生社会威望的温床。

三是铜鼓对宗族成员起组织与维系的作用。

东兰当地众多的壮族铜鼓中，有相当一部分是属于宗族集体所有的，这些宗族集体所有的铜鼓在宗族祭祖仪式、送新兵仪式以及对外的纷争中，都起着团结与凝聚族人的作用。据东兰县金谷乡韦伟华先生介绍，当地民众认为，宗族祖传的铜鼓是属于宗族每一位成员的，未经允许，非本宗族人员不得擅自使用，宗族铜鼓也不能随便外借给其他宗族，因为其他宗族的人不具备本宗族人的身份，是“外人”，所以要区别对待。在这里，铜鼓与当地宗族成员身份的认同具有密切的关系，对宗族成员的团结与凝聚、对宗族社会关系的维系发挥着重要的作用。

① 金海龙、田小彪：《中外民俗概论》，哈尔滨工程大学出版社，2012，第15页。

四是铜鼓对当地社会物权秩序起维护的作用。

以前，在东兰县金谷乡、巴畴乡等地，敲击铜鼓的地点很讲究，人们不能随便拿铜鼓到其他村寨的土地上敲。一般情况下，在没有通知对方事由并获得批准之前，不能拿铜鼓到其他村寨的地盘上去敲打，否则会被认为是一种侵犯行为，必引起对方村民的不满并引发纠纷。当因某一块地、某片山林的权属不明而引发纠纷时，为了表示本集体对这块地、这片山林拥有主权，村民们往往会组织本集体的人在这块地、这片山林上敲击铜鼓、欢呼，以宣示该地盘为他们所有。不过，现在一般是先经过政府协调，等处理结果出来之后，获胜的一方再组织人拿铜鼓去敲，一方面庆贺对这块地或这片山林权属“斗争”的胜利，另一方面则向世人宣示其主权所有。

例如2000年，东兰县金谷乡牙能村林廷屯与天峨县板花村产生土地纠纷，后经两个县的政府取证处理，判土地归金谷乡牙能村林廷屯所有。处理结果出来后，该屯的人就组织村民把铜鼓抬到该土地上敲了一天，宣示主权所有。在这里，敲击铜鼓是当地民众宣示主权的一种方式，起到了维护物权秩序的作用。

### ③载体功能

铜鼓这一器物是具有悠久历史的人类文化遗产，在漫长的历史进程中，铜鼓已积淀成为多种文化寄生的载体，尤其是民族文化传承的载体。铜鼓的载体功能主要表现在以下两个方面。

第一，铜鼓是财富的载体。

铜鼓是一种传世的文物，也是一种具有重要价值的艺术品，具有极高的收藏价值，代表一定的社会财富，可以换取相当大的货币量。东兰当地很多私人收藏的铜鼓一般都不轻易拿出来使用，其原因之一就是铜鼓已成为私人财产的代表，其代表的货币价值相当高，主人家既要防盗也要防止损坏。

第二，铜鼓是民族文化艺术的载体。

铜鼓是集历史、考古、音乐、美术等多种文化价值于一身的文化综合体。尤其是对少数民族文化艺术而言，在过去漫长的岁月里，使用铜鼓的民族多是文字不发达的民族，民族文化主要依托各种载体才得以传承下来。铜鼓作为壮族的古老器物，在壮族文化艺术的传承方面也起着十分重要的作用。如东兰当地民间人士自编的铜鼓音乐、有关铜鼓的各种民间文学等，在文献上很少有记载，却在铜鼓文化中得以传承下来。

### ④调节功能

民俗的调节功能是指“通过民俗活动的娱乐、宣泄、补偿等方式，使人类社会生活和心理本能得到调节的功能”[①]。东兰壮族铜鼓文化具有明显的调节功能，主要体现在以下三个方面。

一是使用铜鼓的时间。

东兰壮族民众使用铜鼓的时间主要在春节、蚂蜴节、“三月三”歌节等主要节日，因为相对于平时农忙而言，这些节日处于农闲之时。

二是使用铜鼓的目的。

东兰壮族民众使用铜鼓的主要目的是娱神和娱人，因此使用铜鼓的场景一般有两种，分别是仪式中和娱乐活动中。仪式中使用的铜鼓既有娱神功能也有娱人功能。东兰蚂蜴节

① 吴才泽主编《河池壮族铜鼓习俗》，广西人民出版社，2017，第66—67页。

仪式就是一个娱神和娱人的民俗活动，该仪式使用铜鼓来娱神是为了祈求平安，祈求风调雨顺、五谷丰登；同时，使用铜鼓也是为了活跃氛围，传递和抒发民众的欢乐心情，为民众相聚、交往、交流、择偶对歌、节庆狂欢等营造一个其乐融融的环境氛围，达到调节、放松身心的效果。而当地壮族民众在春节活动、“三月三”歌节活动、休闲娱乐活动中使用铜鼓的目的是娱人。他们把铜鼓当作乐器来使用，目的是通过有节奏地敲击铜鼓来悦耳悦身，打发时间和排遣负面情绪，从而达到放松、调适身心的效果。总之，不管是在仪式中使用铜鼓还是在娱乐活动中使用铜鼓，都具有明显的调节功能，都有宣泄内心、抒发情感、愉悦身心的作用，能产生调节身心的效果。

三是使用铜鼓的感官效果。

从听觉效果来看，敲击铜鼓能发出悦耳的声音，通过敲击铜鼓不同的部位或同时敲击多面铜鼓，可以敲奏出悦耳的乐曲。在文化生活不丰富的传统乡土社会里，铜鼓的声音可以给民众带来很强的听觉效果，可以让身心得到放松。

从视觉效果来看，铜鼓具有很强的审美功能。东兰壮族民众收藏的传世铜鼓有500多面，不仅数量多，而且十分精美，具有很高的艺术审美价值。从类型上看，主要有麻江型、冷水冲型、遵义型这三种类型的铜鼓。这些铜鼓造型十分精美，鼓面、鼓胸、鼓腰、鼓足、鼓耳等铜鼓部位都熔铸有精美的图案或铭文，十分别致，是精美的艺术品，其审美功能不言而喻。

### ⑤其他新型的功能

东兰壮族铜鼓文化的新型功能指的是东兰壮族铜鼓文化在现代社会语境中体现出来的新功能，它们在传统的乡土社会中还没有明显地展现出来。这些新型的功能主要有以下两种。

一是民俗旅游功能。

在当下的社会语境中，市场经济几乎无孔不入，市场经济话语渗入人们生活的诸多领域，传统的民俗文化也被纳入它的话语范畴。民俗不仅是传统社会留给现代社会的文化遗产，也是一种极为珍贵的旅游资源。放眼国际国内旅游市场，不少国家、地区通过开发本地丰富的民俗文化资源来推动旅游业的发展，取得了十分可观的经济效益。东兰是“中国民间（铜鼓）文化艺术之乡”，在民俗旅游开发语境下，该县积极推动铜鼓民俗文化的市场化开发，如建立铜鼓民俗文化村、铜鼓艺术生态博物馆等，把壮族铜鼓文化的保护和传承与旅游开发相结合，取得了一定的成果。目前，该县积极与有关政府部门和学术研究机构联合，为充分发挥当地铜鼓文化的旅游功能创造更好的条件。

二是文化符号功能。

铜鼓文化在南方的热土上生根发芽成长，是南方少数民族一种标志性的文化艺术，具有文化符号的功能。当下社会，全球一体化加速，文化同质化越来越严重，各国各地区都面临着传统文化衰弱和被同质化的挑战。在我国，文化同质化的现象颇为严重，各城市文化建设模式单一化明显，国民的生活方式和文化模式都出现趋同的现象。在这样的语境中，铜鼓作为一种民族的、区域的、特色的文化符号，对现代城市建设、现代城市形象塑造、民族文化展现等具有重要的意义。

东兰壮族铜鼓文化的文化符号功能体现在诸多方面。如：给参加东兰县活动的外来人员赠送铜鼓造型的纪念品，使铜鼓文化成为人们认识东兰的一张名片；各种铜鼓造型的雕塑屹立在东兰县的拔群广场、街道、公路边等；广西首府南宁市也别出心裁地利用铜鼓雕塑来装点城市；等等。许多城市都把铜鼓当作一种文化符号来装饰现代建筑。这种在现代城市建设中融入传统民俗文化元素的做法，给城市增添了几分韵味，显现出了民族特色，

图六五　南宁市道路护栏上的铜鼓雕塑（王梦祥　摄）

城市品位因此别具一格。

此外，壮族铜鼓文化作为文化符号的身份还融入更多的场合中，如2009年国庆大阅兵的广西彩车上，铜鼓雕塑成为最有标志性的元素；2010年上海世界博览会的广西馆里，铜鼓也成为十分显眼的文化符号。在这些场合使用铜鼓形象，展示出铜鼓文化的魅力，充分发挥了其文化符号功能。

## （2）东兰壮族铜鼓文化的人文生态环境解读

东兰县具有较深的人文底蕴。人文环境是当地民俗文化存在的温床，一些民俗文化形成之后又促进其他民俗的产生和发展，形成各民俗文化事象互动关联的“民俗网”。东兰壮族铜鼓文化在传统社会中生存发展，除了与自然生态环境各要素相关之外，还与当地人文生态环境密切关联。

### ①经济模式

壮族是稻作民族之一，东兰当地传统的经济模式是农耕经济。传统的农耕经济模式给当地壮族铜鼓文化提供了源源不断的传承与发展动力。其一方面表现为铜鼓文化是当地民众生产实用的需要。东兰县传统的农耕经济是靠天吃饭、靠自然条件的施舍。当地有句谚语说：“雨天下河打鱼，晴天下田劳作。”这句话道出了当地民众简单而依赖于自然条件的农耕经济模式。过去，当地自然环境恶劣，农耕条件很差，人们战胜自然的能力非常有限，水渠灌溉、抽水设备等设施非常落后，人们更多时候只能望天盼雨，看天吃饭，一旦遇到洪涝等自然灾害，人们的生存就受到严重的威胁。从某种意义上说，自然界的规律成为掌管人们生死的生命神。由于自然力十分强大，先民们的原始意识里无形中就产生了一种自然崇拜的民俗心理。他们潜意识里认为，自然界各种灾害的发生都是某位神灵在作怪。为了避免自然灾害带来的伤害，人们便采取祭祀娱神的方式取悦自然界里所谓的神灵，祈求五谷丰登、人畜平安兴旺，因此，人们借助铜鼓的神器功能来举行各种娱神仪式。比如，东兰县北部的壮族地区有铜鼓参与的歌圩活动就有来源于“祈求丰年”之说。民间认为，举行各种娱神娱人的歌会可以取悦神灵，温暖村寨，给人间带来吉祥、丰收、平安。于是，民众就不断地传承这种习俗，铜鼓文化也在这样的民俗环境中得以传承和发展。

另一方面则表现为铜鼓文化是民众休闲娱乐生活的需要。农耕经济的一大特点是季节性强。这种季节性的劳作模式使得当地民众的农忙时期与农闲时期划分明显且有规律，需要民众有一套相应的休闲民俗模式来放松农忙时期疲惫的身心。尤其在过去，粮食品种还没有得到科学改良，水稻和玉米的种植周期比较长，当地每年种植一季玉米，水稻最多种两季，很多时候是一季。一般是二三月开始进入忙碌的耕种阶段，四五月则只需做些护理工作，七八月是抢收粮食、抢种晚稻的农忙时期，当地称为“双抢”。除此之外，其他时间相对就没有那么繁忙。这种季节性的耕作模式成为东兰壮族铜鼓文化传承、发展的一个人文生态因素。

### ②民间信仰和崇拜观念

民俗一旦形成就具有一定的稳定性，并同时为其他民俗的产生准备了条件，成为其他民俗文化产生、传承与发展的人文生态基础之一。东兰县不少地方都存在雷神崇拜和水神崇拜的民俗心理。当地壮族民众认为，掌管雨水的是雷神，掌管水界的是水神，这两位神灵都不好惹，它们动不动就制造一些干旱、洪涝灾害给人类。因此，当地壮族民众对它们既恨又怕。他们认为，要想获得风调雨顺和平安，就必须安抚好这两位神灵。雷神在天上，看不见摸不着，人们只能想当然地认为通过祭祀的方式来取悦雷神可以求得风调雨顺，因而举行蚂蜗节活动来祈求雨水，祈求风调雨顺，祈求五谷丰登。水界图额的原型可能是鳄鱼和白鳝，这两种动物人们都不能轻易见到。鳄鱼生性凶残，尤其是在很久以前的粤西、粤东地区，鳄鱼非常大，吞食人和牲口的情况时有发生，人们闻之色变。白鳝身体细长如蛇，身长1米多，头部又尖又长，像个小精灵。它生活在深水处，是一种很有灵性的动物，喜于夜间活动，人们不容易碰到，乍一看给人一种神灵下凡的感觉。而人们的水中事故多是在深水区发生，因此白鳝生活的区域与人们经常出事故的地点相似，不免给人心里增添几分神秘与恐怖的感觉。为对付所谓的图额，人们想当然地认为铜鼓能收服它们，所以有“铜鼓镇图额”的民间传说。

总之，当这些信仰民俗产生之后，也会促进铜鼓文化的生存与发展，使铜鼓文化获得更大的生存空间和更强的生存能力而流传至今。

### ③审美观念

审美观念作为人文生态基础之一，深深影响着壮族铜鼓文化的传承与发展。铜鼓上有很多精美的纹饰和立体装饰，可以给人以美感。东兰县现有的传世铜鼓中，很多铜鼓的鼓壁上刻有耕田图案、花鸟图案、划船图案、太阳纹饰、青蛙图案等，十分精美，惟妙惟肖，具有很高的审美价值。当地壮族民众也认为，铜鼓本身就是一件精美的物品，可以拿出来给人们欣赏，值得收藏与流传。他们的这种审美观念对铜鼓文化的延续也起着十分重要的作用。

### ④休闲娱乐生活

东兰县虽属大石山区，但在传统社会里，对于当地民众简单的需要而言，当地物质还算是丰足的，人们下地可耕种，下河可打鱼，基本上能够维持简单的生活之需。每年经过繁忙的农忙时期后，人们有了更多的时间从事副业。农闲时期，有些人去河边打鱼，有些人则干其他比较简单、轻松的活儿，年纪稍微大一点的人则较少常年劳作。在这样的生活环境中，人们的生活节奏缓慢，忧患意识弱，休闲娱乐生活比较多。铜鼓作为乐器中的一种，具有愉悦身心的功能，经常被人们用于娱乐生活。在这种环境中，休闲娱乐生活成了当地铜鼓文化的人文生态因素之一。

⑤社会组织因素

与东兰壮族铜鼓文化相关的民间节庆活动具有很强的社会功能。比如，蚂蜗节、歌圩节等有铜鼓参与的民俗节庆活动对加强社会成员的联系与交流、促进社会婚配择偶、维系社会关系等具有重要的作用。以前，人们由于交通不方便、消息不灵通等原因，村、屯、生产队等不同地方的人们之间进行集体性的组织活动十分不便，每年举办群众性的民俗活动较少，但人们又十分需要举办这些群众性的民俗活动来交流思想、加强彼此间的联系、认识新朋友、择偶、娱乐等。铜鼓由于其自身具有传音、娱乐等功能，为这些群众性的民俗活动提供了某种帮助，从而受到当地壮族民众青睐。这推动了东兰壮族铜鼓文化的传承与发展。

总之，在当地具体的自然环境生态基础之上，壮族铜鼓文化具有的民俗功能与当地壮族民众生产生活环境中的各种人文生态要素的互动关联，是东兰壮族铜鼓文化得以生生不息传承的人文生态环境。

## （三）东兰壮族铜鼓文化的变迁与再生

在现代社会中，传统文化都发生了很大的变迁，它们不同程度地面临着“传统”被“现代”挑战的境遇。“传统”往往代表民族的、地域的、民间的、边缘的、特色与多样化的话语力量，而“现代”更多代表的是同质化、快节奏、普同性的话语力量。两者在此消彼长的斗争中，“现代”话语跟随着工业化大生产齿轮的滚动速度，来势凶猛，“传统”话语力量很快处于劣势，很多“传统”甚至在现代化进程中永远消失。如此情势下，很多传统民俗事象的文化内涵和民俗功能在现代化进程中不断变迁，有的功能不断退化、消失。

壮族铜鼓文化作为一种传统民俗文化，同样无法回避现代社会同质化的定律。东兰壮族铜鼓文化作为壮族铜鼓文化的一个典型个案，在传统社会里，它与当地的“土壤”“水分”“日照”等各种生态要素形成了某种互动关联；在现代社会中，它作为当地乡土社会“传统”中的一员，被现代社会各势力不断挤压，生存空间不断缩小，面临着前所未有的变迁，出现了传统文化的再生现象。

### 1. 东兰壮族铜鼓文化的现代变迁

当前，全球一体化、社会现代化进程加速，一体化和现代化侵蚀着传统文化的每一方阵地。广西东兰县也难以避免，正面临着城镇化迅速扩大、人们生活方式转变、民众文化消费多元化、娱乐多样化等前所未有的变迁，人们不断被现代化的各种元素所“武装”。东兰壮族铜鼓文化在此情势下受到严重冲击，发生了很大的变迁。其主要表现在习俗的传承主体、传承对象、传承时空、受众等相关要素的变化。

#### （1）传承主体的变化

东兰壮族铜鼓文化的传承主体是当地民众，主要包括两部分：一是铜鼓文化活动的主持者；二是使用铜鼓的民众。

①铜鼓文化活动的主持者

过去，东兰壮族铜鼓文化活动的主持者一般是村长、族长、师公或其他有威望的老人，主持者的传承人保持着一定的数量，当年老的主持者不再组织活动了，总是自然而然地有一些新的主持者出来主持活动。但现在铜鼓文化活动的主持者很多已相继辞世，还在世的主持者中，有些人因为在20世纪六七十年代主持铜鼓文化活动而遭受不公平的对待，心灵受到创伤，现在十分不愿意过问铜鼓文化活动；有些人则因为接受了新时期的科学观念，认为蚂蜗节中与铜鼓文化相关的民俗活动是迷信行为，没有什么意义，不再愿意组织活动；有些人尽管心里也愿意主持铜鼓文化活动，但因其年事太高而无力从事民俗活动的主持工作。

以金谷乡牙能村林廷屯为例。以前，该屯不少老人都可以主持蚂蜗节习俗活动，但在经历了20世纪六七十年代长时间不举办蚂蜗节活动的时期之后，一些还在世的主持者已经忘记了活动程序。20世纪80年代后，组织铜鼓文化活动的一般是村主任或者宗族族长，其他人由于“讲不得话”(没有威望的意思）而组织不了。

②使用铜鼓的民众

在当下社会，东兰壮族地区的民众中会使用铜鼓的人数已大为减少。以前，当地的男性普遍会敲击铜鼓，但现在当地很多人对敲击铜鼓失去了兴趣。目前还对敲击铜鼓感兴趣的主要是一些老年人，会敲击铜鼓的中年人甚少，会敲击铜鼓的年轻人更是少之又少。年轻人迷恋于现代流行音乐和影视剧等现代通俗娱乐文化，不愿意跟老一辈人学习铜鼓的使用方法，使得铜鼓文化的传承后继乏人。如隘洞镇的板老村，以前举办歌会的时候，人们经常会拿铜鼓出来敲击，会敲击的人很多，而现在只有十多位老人家会敲击铜鼓。这些老人休闲时间较多，平时闲着就喜欢拿铜鼓出来敲击，而其他人则很少关注铜鼓文化。

### （2）传承对象的变化

东兰壮族铜鼓文化传承对象的变化主要体现在当地传世铜鼓的数量、民众对铜鼓文化的信仰心理、民众使用铜鼓的方法及形式等方面的变化。

①传世铜鼓数量的减少

中华人民共和国成立初期，东兰民众藏有的传世铜鼓“数以千计”，尤其是在东兰北部的壮族聚居地区，几乎每个村寨、生产队都有铜鼓，都流行使用铜鼓，而且有很多铜鼓权属是公有的，众人都可以敲打。后来，铜鼓被大量损毁，甚至被非法文物贩子贩卖到外面去，现今东兰县民间收藏的传世铜鼓只剩下500多面。以东兰县大同乡和龙村为例，该村在20世纪50年代时拥有传世铜鼓22面，而进入20世纪80年代后，民间收藏的传世铜鼓已损失殆尽。

此外，目前东兰县民间收藏的500多面传世铜鼓中，有很多铜鼓的权属是属于私人的，已经成了私人藏品，被束之高阁，不允许众人使用。而新造的铜鼓的声音、外观等很多方面都比不上传世铜鼓，很难得到民众的认同，他们举办铜鼓文化活动的时候只使用传世铜鼓，一般不使用新铜鼓。东兰县隘洞镇板老村拉料屯的韦家雄老人介绍说：

我小时候就开始学打铜鼓，但我家没有铜鼓，后来跟韦万义去环江买了四面新铜鼓回来敲打。但是我们圩上举办铜鼓文化活动的时候，人们都不使用我的铜鼓，就因为我的铜鼓不是祖上传下来的。新铜鼓不被认同，而我们圩上的居民又没有传世铜鼓，人们只好去其他村子请铜鼓队过来。

传世铜鼓的不可再生性和新铜鼓的不被认同，使得东兰县传世铜鼓在流传过程中因为不断被损坏而导致数量有减无增。没有了铜鼓，铜鼓文化的传承便难以进行。

#### ②民众对铜鼓文化信仰心理的变化

过去，铜鼓在民众的心中是十分神圣的，哪怕是铜鼓用于民众农闲时期的休闲娱乐中，也是不同程度地蕴含有民众的信仰心理。铜鼓文化的娱人在很大程度上是为了娱神，以获得某种精神上的安慰，而单纯的娱乐则相对比较少。而今，铜鼓的神圣性大为减弱，人们使用铜鼓时怀有的敬畏心理弱化，很多时候是单纯地把铜鼓当作一种乐器来使用，娱乐性十分明显。例如，在东兰县的灞陵桥、烈士陵园以及一些有铜鼓的乡镇和村寨，民众大多是把铜鼓当成乐器用于娱乐生活。

#### ③使用铜鼓的方法及形式的变化

东兰壮族铜鼓文化传承对象的变化还体现在使用铜鼓的方法和形式上。从使用铜鼓的方法来看，以前当地壮族民众使用铜鼓的方法较为固定，敲打铜鼓的节奏也相对比较固定，敲奏的铜鼓谱较短，内容简单，使用的过程一般是按铜鼓谱重复敲打，往复循环。因为鼓谱短、不复杂，所以很容易学会。但现在有人把铜鼓与其他乐器配合起来演奏现代歌曲，其乐谱较为复杂，而且也很长，人们往往需要有一定乐谱知识才会敲打，而不懂乐谱的人很难学会。如在东兰烈士陵园里，一些来自各乡镇的退休老人时常用铜鼓与二胡、笛子等乐器一起合奏。使用铜鼓的形式的变化则主要表现在蚂蜗节活动等与铜鼓文化相关的民俗活动形式的变化上。例如，现今当地一些村屯举办蚂蜗节民俗活动的时间大为缩短，活动的程序也不再像以前那么复杂，形式上简化了很多，因而使用铜鼓的形式也随之简化了很多。

### （3）传承时空的变化

从文化传承的时空来看，在传统的乡土社会里，东兰壮族铜鼓文化活动举办的时间是春节、“三月三”、中秋节、国庆节等特定的岁时节日，举办的空间也局限在特定的乡土社会中，其时间和空间都较为固定。但现在东兰壮族铜鼓文化出现了展演的现象，民众使用铜鼓的情境由原来的乡土社会转移到舞台上、电视镜头里及其他各种公开活动场所。

图六六　春节期间东兰县壮族群众在使用铜鼓（廖明君　供图）

以东兰壮族铜鼓文化上舞台的现象为例。现今，东兰壮族民众上舞台演绎铜鼓文化的机会每年都有好几次，其表演节目展现的区域特色和民族特色等给观众留下新鲜的体验。如在东兰县迎新晚会、铜鼓山歌艺术节、广西文联60周年文艺晚会等

图六七　第二届铜鼓山歌艺术节铜鼓展演现场（王梦祥　摄）

场合中，都曾有东兰壮族铜鼓队演绎铜鼓文化的身影。

民俗文化的展演现象改变了东兰壮族铜鼓文化传统的生存时空，也改变了民众对铜鼓文化的信仰心理。

### （4）受众的变化

从文化受众的变化情况来看，在传统的乡土社会里，东兰壮族铜鼓文化的受众主要是各村寨的民众，但现在这一部分民众变得越来越少，而乡土社会以外的受众规模却日益增大。

在当下社会中，现代社会各种思想、文化、生产方式、娱乐产品等充斥着乡土社会，使乡土社会传统的生态基础发生了很大的变化，民众有了强烈的现代意识，其生活方式也跟着转变，民众审美意识、娱乐方式、信仰心理、生产生活节奏等都发生了很大的变化。他们对铜鼓文化的兴趣骤然减弱，用于铜鼓文化活动的时间也大为减少。据调查，东兰壮族民众中有不少人宁愿在家看电视也懒得出去参加蚂𧊅节民俗活动，他们渐渐觉得那些民俗活动很无聊，对铜鼓的民俗信仰心理也明显弱化，更多的人只看中铜鼓的财富价值，而不是看中其民俗功能。总体而言，东兰壮族铜鼓文化传统的受众规模日益缩小。

与此形成对比的是，乡土社会以外的都市人群渐渐成为铜鼓文化受众的一大群体。由于展演现象的出现，东兰壮族铜鼓文化为更多的人所了解。人们通过观看电视、舞台表演

等方式欣赏到铜鼓文化，对这一传统民俗文化产生兴趣，使传统铜鼓文化的受众群体不断扩大，并呈现结构多元化的特征。

## 2. 东兰壮族铜鼓文化的当代再生

“文化再生产”是法国当代著名的社会学家布迪厄在20世纪70年代初提出的一个理论，布迪厄与让·克劳德·帕松合著的《教育、社会和文化中的再生产》一书中用这一理论分析了“资本主义的文化制度如何在人们的观念里制造出维护现存社会制度的意识，从而使得现存的社会结构和权力关系被保持下来，即被再生产出来”①。人类文化的发展是一个不断变迁与再生产的动态过程。人类通过自身的创造和再生产来促使自我文化的更新换代，并不断对文化做出某种调适，保证人类自身不会被淘汰，通过文化的再生产来使人类的各种观念和价值观不断得到充分的肯定，从而延续人类社会和人类文化。换句话来说，文化的再生产实际上是人类自我调适的结果，也是人类文化获得更强生命

① 宗晓莲：《布迪厄文化再生产理论对文化变迁研究的意义——以旅游开发背景下的民族文化变迁研究为例》，《广西民族学院学报（哲学社会科学版）》2002年第2期。

力的一种策略。当一种文化发生变迁，面临生存危机的时候，在人的作用下，文化自身内部进行自我更新或形式上的改头换面，从而展示其新的生命力，以适应人类在具体情境中对文化的需要。

任何文化都有自己的生存策略。一个民族悠久的习俗既是该民族日积月累的经验结晶，也是其民族心理、文化的积淀。当蕴含在习俗中的民众信仰和其他民俗心理渐渐弱化，该习俗便渐渐淡化，但该习俗作为漫长历史中不断积淀起来的民族文化，仍然根深蒂固地烙印在民众的心里，成为民族文化的符号标记，成为增强民族成员凝聚力、培养认同感、树立文化自信的纽带。这便是传统民俗文化的一种生存策略。壮族铜鼓文化也是如此。作为一种民俗文化，铜鼓文化渐渐衰弱，其中蕴含的各种民间信仰在现代社会中也渐渐消失，但作为壮族的标志性文化，铜鼓文化在壮族人民的心里已经根深蒂固。东兰壮族铜鼓文化是铜鼓文化的“活化石”，面对社会的变迁，它并不是一味地退出现代社会生活，而是有某种强劲的力量，以一种“再生”的姿态融入现代语境中，产生新的文化内涵，并“走出”和“回归”乡土社会，逐步实现“传统”再生的“再认同”和“再地方化”。

## （1）文化符号化的出现

符号化铜鼓的出现是东兰壮族铜鼓文化再生的一种行为。在东兰县随处可看到铜鼓雕塑、铜鼓造型的纪念品、以铜鼓为图案的各类商品商标，以及以铜鼓文化为主题的铜鼓广场等。这种现象是当地政府和商家共同推动开发铜鼓文化的结果。其做法实际上是将东兰壮族铜鼓文化这一民俗文化符号化了。比如，东兰县城街道两边的路灯杆上所挂的铜鼓雕塑，就是从真的铜鼓上提取出铜鼓造型特点，然后按这种造型特点进行大量复制而形成的。当地政府这样做的目的是宣传东兰县当地的铜鼓文化，把东兰壮族铜鼓文化作为东兰壮族文化的代表之一，让铜鼓文化以文化符号的身份出现在现代社会语境中。这时候，人们对东兰壮族铜鼓文化的关注往往不再是它的民间信仰、民众民俗心理、民俗功能等民俗元素，更多的只是关注它作为一种文化符号的身份，即壮族的文化符号身份。

铜鼓是铜鼓文化的物化形式，是铜鼓文化的构成要件。符号化铜鼓是从民间大众日常生产生活时空中存活的铜鼓文化中抽取出铜鼓这一器物，把它当作一种文化标本、文化符号进行复制、创新和再生产，其源于民间民众的生活，又高于民间民众的生活，是一种标本化、符号化、批量化生产的产物。

符号化铜鼓不是铜鼓文化在民众原生态的生产生活时空中自然而然地传承、嬗变而来的，而是社会精英阶层参与、策划、推动的结果，是社会精英阶层对民俗文化的一种提取、浓缩、包装与提升，是社会精英阶层对民俗文化的再生产。壮族铜鼓文化的再生现象增强了壮族人民的文化认同感，扩大了铜鼓文化作为壮族文化符号身份的知名度，使得铜鼓文化作为壮族文化的象征符号更合法化、权威化。

符号化铜鼓在当下社会语境中出现，主要有两种功能：

一是作为审美符号。铜鼓本身具有很高的美学价值，其符号化过程中，得到社会精英阶层的包装与提升，具有更高的美学价值，可以作为审美的对象供人欣赏。如书本封面上印有铜鼓图案，一些舞台用铜鼓图案作为背景，以及各类产品包装上印有铜鼓图案等，这充分发挥了符号化铜鼓的美学价值，把它作为一种美的对象来装饰物品的外壳。

二是作为民族文化符号。壮族铜鼓文化是壮族传统的文化，在当下社会语境中，壮族铜鼓文化得到了升华，成为壮族文化的象征。从壮族铜鼓文化中提取出来的符号化铜鼓成了壮族铜鼓文化的符号代表，象征着壮族文化。它代表着壮族人民的精神信仰，是壮族文化根基的一部分，可以增强壮族人民的民族认同感和文化自信。符号化铜鼓是中华民族灿烂文化中的一员，其也成为中华民族文化的一个象征符号。

## (2) 文化市场化的出现

当前，民俗文化的旅游开发成了地方经济发展的一种策略，很多地方政府都在积极筹划着开发本地方的文化旅游资源。在民俗文化旅游开发的语境下，东兰壮族铜鼓文化成了县政府、市场主体眼中文化旅游开发的资源。现今，东兰县政府正积极筹划开发本县的铜鼓文化。例如，开展各种铜鼓文化的展演活动，在县城街道两旁立起铜鼓雕塑，以及在各大路口悬挂铜鼓画像等，着力打造“世界铜鼓之乡”的文化形象，为招商引资做铺垫。有远见的企业也在东兰县城建起了一个小型的铜鼓雕塑纪念品制造厂，专门生产、销售各种规格的铜鼓纪念品。

在民俗旅游开发背景下，东兰县壮族民众对铜鼓文化的态度也发生了微妙的变化。当地一些村屯的铜鼓原来是被收藏起来的，很少有人问津，在得知政府准备对铜鼓文化进行旅游开发之后，民众似乎也看到了民俗旅游开发带来的经济利益，一些村屯开始有意识地组织民众敲打铜鼓，其目的是让外界知道自己的村屯也是铜鼓文化流行的地方，希望政府的旅游开发计划能把自己所在的村屯纳入规划的范围之内。民众的这种做法客观上也促进了当地铜鼓文化的恢复与发展。

民俗文化的旅游开发需要民俗文化的市场化，民俗文化的市场化需要民俗文化不断地再生产和扩大化再生产，形成类似于工业产品那样的流水线生产模式，以满足消费者(游客、其他观众等）对民俗文化的消费需求，从而实现市场主体对利益的最大化追求。在民俗旅游开发背景下，东兰县民众积极对壮族铜鼓文化进行提取、创新、加工与复制，这种做法推动了铜鼓文化的市场化。

就东兰壮族铜鼓文化的展演现象而言，为了扩大当地铜鼓文化艺术的知名度，推动地方民俗旅游的发展，东兰县政府组织民众拿铜鼓上舞台表演、组织铜鼓队上电视等，向更多的人传递东兰县是“世界铜鼓之乡”的文化名片。这种展演现象也是东兰壮族铜鼓文化的再生现象，铜鼓队在舞台上演绎铜鼓文化是对当地壮族民众生产生活时空中传承的铜鼓文化的一种复制、创新与加工，满足了观众对民俗风情的猎奇心理。

## (3) 文化遗产化的出现

在非物质文化遗产保护语境下，东兰壮族铜鼓文化作为非物质文化遗产，被不断推广，逐渐为社会所认同，从而出现了民俗文化的遗产化现象。

东兰壮族铜鼓文化的非物质文化遗产身份是社会对该文化的一次“重命名”，是对民俗文化的重新定位。

在这种语境下，东兰壮族铜鼓文化获得了两种身份：一种是在民间百姓原生态的生活时空中自然传承发展的民间习俗身份，其集体性、传承性与传播性、稳定性与变异性、规范性和服务性等特征都得以保持；另一种则是被“供奉”起来的非物质文化遗产身份，这一身份是社会对民间民俗文化的一种提取、包装、升华与标本式的保存，习俗中一些不符合时代主旋律的民俗元素则被抛弃，取而代之的是以原生态民俗为基础、被专家学者们精心整理和表述出来的民俗模样，是被表述出来的民俗文化遗产。

在非物质文化遗产身份下，东兰壮族铜鼓文化的存在姿态发生了变化。除了在民众原生态的生活时空中自然传承之外，其还活在“取其精华，去其糟粕”的“轨迹”中。因被列为非物质文化遗产，东兰壮族铜鼓文化在一定程度上被当成“宠儿”；因社会担心其濒危而被“圈养”；因时代主旋律的需要而被删改其中一些不符合科学精神的民俗片段；等等。这些做法可看成是以主流意识形态为主导的民俗文化的再生产行为。

此外，社会还对作为非物质文化遗产的铜鼓文化进行包装、升华，强化其民族身份，

图六八　铜鼓图案在舞台背景中的应用（王梦祥　摄）

使其上升为全社会的共同意志，并在市场化进程中，积极开发其藏有的巨大经济价值，实现传统民俗文化的扩大化再生产。

## 3. 东兰壮族铜鼓文化变迁与再生现象思考

文化变迁是文化发展不可避免的客观规律。东兰壮族铜鼓文化也一样，在当下社会发生变迁和再生是一种客观的现象，需要客观认知。

### （1）东兰壮族铜鼓文化变迁与再生现象认知

如何看待东兰壮族铜鼓文化变迁与再生的现象呢？变迁是人类文化发展自身固有的规律，东兰壮族铜鼓文化之变迁是民俗文化不断发展、嬗变的正常现象，是不可避免的，而其在当下时代的各种再生现象则是东兰壮族铜鼓文化这一传统文化在现代社会中变化发展的必然结果，也是一种正常的文化现象。

#### ①对东兰壮族铜鼓文化发生变迁的认知

文化是稳定性和变异性的统一体。其稳定性是相对的、暂时性的，而变异性是绝对的。其变异性是指民俗自身包含有可变因素，随时都有可能发生渐变或剧变，它是“民俗文化机能的自身调适，也是民俗文化的生命力所在”①，是为“不断适应着社会发展的需要”②。变异性是民俗文化内在的特质，是不可避免的文化定律，其在不同的时代背景、不同的社会制度环境中，有不同的变迁模式。如在传统的封建社会稳定时期，封建时代的民俗文化处于缓慢的、渐变式的变异状态；而在动荡时期或其他社会剧变时期，民俗文化往往会在短时间内发生剧变。东兰壮族铜鼓文化作为民俗文化之个案，其处在社会转型剧变时期，传统的社会生态基础受到前所未有的冲击，铜鼓文化的生态基础发生了极大的变化，从而引起习俗本身的变迁。这是壮族铜鼓文化内藏的变异性特质在当下时代中所体现出来的文化现象。

“每一种文化都处于一种恒常的变迁之中。”③ 文化的变迁，往往会产生两种结果：一种是该文化的消失；另一种是新的文化元素融入该文化，出现文化再生的现象，新的文化形态存活于新的文化环境中。“这种（文化）再生产不是重复过去的简单再生产，而是不断增加新元素、新内容，不断丰富自身的扩大化再生产。”④ 东兰壮族铜鼓文化在当下社会发生变迁，这不会使其立刻消失，而是通过融入各种现代元素，呈现出文化再生的姿态，从而实现了这一文化在现代社会的延续与升华。

#### ②对东兰壮族铜鼓文化再生现象的认知

传统民俗文化之再生是民俗文化变迁的重要内容。在不同的时代、不同的社会背景下，民俗文化有不同的变迁姿态。当前时代是市场经济时代，企业是市场经济的主体，市场经济思维渗透着人们的思维空间，人们无时无刻不受市场经济的影响，民众的民俗生活也不例外。在市场经济思维的渗透下，传统民俗文化出现了民俗旅游开发、民俗文

① 钟敬文主编《民俗学概论》，上海文艺出版社，1998，第 18 页。
② 钟敬文主编《民俗学概论》，上海文艺出版社，1998，第 19 页。
③ 周丹：《民族旅游与村寨文化变迁——以四川理县桃坪羌寨为例》，硕士学位论文，四川大学，2007，第 4 页。
④ 高婕：《民族旅游发展背景下的民族文化变迁与保护研究——以黔东南苗寨为例》，硕士学位论文，华中农业大学，2009，第 14 页。

化展演等传统民俗文化再生的现象。东兰壮族铜鼓文化之展演、旅游开发等民俗旅游资源化、民俗市场化的再生现象，是以经济效益为主要目的，是对地方传统民俗文化进行市场化开发的结果。

而民俗文化之遗产化现象则是东兰壮族铜鼓文化在非物质文化遗产保护语境下发生变迁与再生的重要表现。在这种语境下，保护非物质文化遗产——东兰壮族铜鼓文化成了一种施政计划，或一种行政行为。政府给东兰壮族铜鼓文化冠以“文化遗产”“民族文化遗产”的称号，对其进行抢救性保护，采取各种措施鼓励民众对其进行传承，从而让该文化获得一种再生的机会。

实际上，这种传统民俗文化遗产化现象的出现不是偶然的，它的出现有着深刻的人文根源。当下社会，工业化、现代化、全球一体化、文化同质化已是普遍的趋势。人类在工业化、现代化进程中，不同程度地出现生存的困境。这种困境体现在人们信仰的缺失和混乱，精神的迷茫，被工业化、现代化异化后产生的种种困惑与痛苦，以及文化同质化带来的审美疲劳等，部分人为此所困，“精神之根”出现了危机。生存的困境引起了人们对自身生存状态的忧虑和反思，激发人们向传统看，启发人们向传统寻根。很多非物质文化遗产是传统文化精神之根，当下社会对传统文化精神之根的关注与忧虑正是人们经历着“失根”危机之后自然而然出现的一种社会人文思潮。

比如，当前环境因遭受严重破坏而引起了人们对环境保护的关注。为了唤醒人类保护环境的意识，人们总是喜于寻找更为远古的文化传统来作为“现在话语”的渊源，把现在所倡导的，当成是“传统话语”的延续，从而让“现在话语”的逻辑和观念更具合理性，从而在社会上获得更广泛的认同。于是古代社会、古老部落族群及乡土社会遗留下来的那些曾经被批判为保守的、落后的、体现出朴素的环保意识的古训和村规民约等便为人们所挖掘，人们通过“重命名”的方式，把它们命名为“传统文化”“文化遗产”，把它们当作人类传统的精神文化之根，使其在当下社会获得更为广泛的认同感，并通过挖掘其文化内涵来感召人们的感性思维和提高人们的理性认识，让环境保护的话语为人们所认同，从而实现以文化和观念来规范、约束人们的行为，客观上也使这些传统文化、文化遗产在当下社会得到了延续。

某一文化发生变迁是在任何时代、任何社会制度下都可能会出现的现象，但没有哪个时代的人们能像今天这样，在全球范围内共同关注人类过去创造出来的、今日日渐式微的传统文化。“人是寻求意义的动物”①，当一种价值与目的变成虚无的时候，人类必然努力去寻找新的价值和意义。在当下时代，人们高度关注式微的传统文化，实质上是人们对当下自身存在状态的一种质疑和反思，是人类生存出现价值危机的表现，是现代人对传统的肯定。西方社会出现的享乐主义、存在主义、虚无主义等各流派思潮和美国社会出现“垮掉的一代”等社会现象，正是人类价值危机出现后在人文领域引发的思潮，是西方人文学界对“人”作为一种客观存在进行反思的产物。这些社会思潮和社会现象折射出了人类在工业化、现代化、全球一体化、文化同质化进程中遇到的价值危机、精神危机。

存在主义哲学的代表人物阿尔贝·加缪就用“荒诞”一词来描述现代人普遍面临的基本生存处境，他认为现代人是一种“荒诞的存在”，现代人被抛在荒诞的基本处境中无处可逃，人唯一能做的只是“如何面对荒诞并在荒诞中生存”；他认为现代人基本生存处境的荒诞，意味着作为意义本源的“上帝”无可挽救地死去，从而导致现代人生存处境的无

① 徐杰舜主编《人类学教程》，上海文艺出版社，2005，第26页。

意义和虚无。[1]其哲学思想正是对现代社会人存在本身的一种质疑，是对现代人出现价值危机、精神危机的深刻反思。所以，保护传统文化和保护非物质文化遗产是当前人类遇到价值危机、生存危机而出现的一种社会人文思潮。

总之，传统习俗之文化遗产化再生现象，首先应该是一种社会人文思潮。在这种思潮下，过去被认为是“陋俗”“四旧”的东兰壮族铜鼓文化得以正名，被冠以“文化遗产”之名，出现了民俗文化遗产化的再生现象。

#### ③东兰壮族铜鼓遗产化现象分析

传统文化的遗产化现象是当下社会常见的文化现象。东兰壮族铜鼓文化的遗产化现象，还体现在有关部门通过“重命名”、实施非物质文化遗产保护等方式，主导了壮族铜鼓文化的再生，取其精华，弃其糟粕，力图把壮族铜鼓文化的文化身份推向更广的社会范围和更高的层次；为其确定“中华民族之文化遗产”的身份，将其视为中华民族灿烂文化的重要组成部分；在与世界各国进行对话与交流中，将其表述为“我国的文化遗产”“中国的文化遗产”“中华民族灿烂文化之一员”，使壮族铜鼓文化上升为整个中华民族的共同精神纽带的一部分，从而使壮族铜鼓文化有了更为广泛的社会基础。这既让壮族因拥有铜鼓文化这一悠久的民族文化而骄傲、自豪，也让其他民族在中华民族大家庭中共享这一悠久民族文化带来的荣誉，使中华民族大家庭的向心力和凝聚力得到加强。

### （2）东兰壮族铜鼓文化变迁的原因分析

在人类学视野中，文化变迁一般指的是由于文化自身的发展或异文化间的接触交流造成的文化内容或结构的变化。文化变迁是人类文化永恒的定律，文化的相对稳定性只是暂时的，其处于不断变迁的动态过程中才是文化绝对的姿态。民俗文化是人类文化之一部分，其相对的稳定性与绝对的变异性是其显著的特征。民俗文化的稳定性是指“民俗一旦产生，就会伴随着人们的生产及生活方式长期相对地固定下来，而成为人们日常生活的一部分。也就是说，只要社会稳定，人们的生产、生活方式不发生剧烈的变革，民俗文化的稳定性就会越强”[2]。这种稳定性是相对的，而变异性是绝对的。从文化生态学视角来看，民俗文化是在具体的自然地理、政治、经济、社会、思想文化和观念等各种生态基础上“存活”，它要生生不息地传承下去就需要有与之相适应的生态基础和条件；与它互动关联的各要素只有保持相对稳定的状态或渐变的状态，民俗文化的稳定性才有可能维持，否则就是突变或者消亡。一般来说，民俗文化的稳定性取决于经济基础和与之相适应的意识形态。东兰壮族铜鼓文化是民俗文化之一，其在当下时代的变迁有深刻的根源，包括自然地理生态基础和人文社会生态环境等多方面因素的共同作用。

#### ①自然地理环境的改变

相对于过去而言，现今东兰县的自然地理环境得到了极大的改善。随着现代科学技术的发展和生产工具的改进，人们改造自然地理环境的能力得到了提高，过去被人们视为险途、险境的地方，如今已不再为人们所畏惧。就以交通来说，以前东兰县巴畴、长江、金谷等乡镇不少村屯还没有通公路，有的村屯虽然通了公路但路况很差，人们出入多是步行，或靠当地人自己制造的简易船只从水路进出。这样的交通状况不但让当地人出行不方

① 朱立元主编《当代西方文艺理论》(第2版，增补版)，华东师范大学出版社，2009，第131页。
② 梁学成：《中外民俗》，西北大学出版社，2004，第11页。

便，而且人们的安全也很难得到保障。尤其是水路，由于船只的设计不够科学，船上也没有救生设备，安全系数十分低，而现在这种状况已经得到了极大改善。东巴凤革命老区基础设施建设大会战期间，政府投入了大量的资金来改善当地基础设施，实现了村村通公路。陆路交通改善后，陆上的交通工具也得到了改善，现在当地几乎每个村庄都有人开面包车、卡车、小汽车，政府为拉动内需而实施的“摩托车下乡”使更多当地民众拥有了摩托车，出行更方便。水路交通也得到政府的规范化管理，配备有海事局的救援设备和救援人员，使当地水上交通与生产更为安全，人们不再畏惧所谓的水怪，也渐渐淡化了用铜鼓来对付水怪的观念。通信工具的普及和互联网的迅猛发展，更使人们冲破了空间距离的束缚，地理环境对信息传播的限制变得微乎其微。这些变化，在一定程度上影响了东兰壮族铜鼓文化的变迁。

### ②社会经济模式的改变

过去，东兰县以传统的农耕经济为主，当地人一年四季依田地而作、以田地为生。而现在，当地人有的以经商为生，有的外出务工，有的在机关事业单位工作，谋生模式出现多元化的趋势。

除了人们的谋生方式改变外，当地的耕种模式也发生了改变。以前，在传统的乡土社会里，人们靠简单的农具来劳作，靠人工来生产，以牲畜粪便为农作物的主要肥料，农作物生产周期较长，对天气的依赖性很强，收成好坏得看是否风调雨顺。但现在，农业生产工具、种子品种、农业肥料、灌溉设施等得到了很大的改进。比如，当地人已普遍采用手扶拖拉机来犁田犁地，采用塑料秧盘来播种，种子品种也得到了优化，人工灌溉设施更为先进，一定程度上摆脱了过去看天要雨、看天求丰收的状况。过去，当地人使用铜鼓的一个重要目的是借助铜鼓的神性功能与上天沟通，祈求雨水，以保证粮食获得好收成；而今，人们的耕种模式发生了变化，对雨水的直接依赖性较以前降低了，人们不再急切地需要敲击铜鼓来祈求雨水，从而一定程度上影响了当地铜鼓文化的变迁。当蕴含在铜鼓文化中的祈求仪式、民俗信仰弱化甚至消失后，当地举办的展示铜鼓文化的各种活动就渐渐只剩下了娱乐的成分。

### ③生活方式的改变

当今社会，全球一体化和社会现代化进程加快，人们生活方式发生了很大的变化。过去，东兰县壮族民众过着传统的农耕生活，农忙时期下田种地，农闲时期便下河打鱼或做其他事，岁时节日则休闲娱乐。那里的人们，一年四季的休闲娱乐生活多是众人聚集闲聊、演奏民间乐器等。如今，当地民众的休闲娱乐生活发生了很大的变化，由于电视机、收音机、智能手机的普及，以及“家电下乡”政策的实施，当地壮族民众的生活与现代电器越来越分不开，休闲娱乐生活也与现代文化产品密切相关。

东兰壮族铜鼓文化与东兰县壮族民众传统的生活方式密切相关，是当地传统农耕经济时代的产物。如今，当地壮族居民的传统农耕生活方式发生了变化，铜鼓文化也相应地发生了变化。

### ④政治因素的作用

政治力量的推动是东兰壮族铜鼓文化发生变迁的重要因素。以铜鼓文化的展演现象为例，展演现象是东兰壮族铜鼓文化变迁的重要表现形式，而这种展演现象主要是由当地政府来推动的。政府组织开展铜鼓文化的展演，其意在于打造东兰县“世界铜鼓之乡”这一文化名片，把铜鼓文化作为地方的文化资源来推动经济的发展，具有明显的经济目的。

总之，这些自然地理、交通、政治、经济、文化观念等自然和人文生态要素的变化，使东兰壮族铜鼓文化发生了变迁。这些生态要素的变化是东兰壮族铜鼓文化发生变迁的根本驱动力。

当然，东兰壮族铜鼓文化的生态基础并未彻底改变，当地人仍在一定程度上保持着传统的生活方式，铜鼓文化的民俗功能也仍未全部退化。所以，现今我们还可以看到东兰壮族铜鼓文化在当地乡土社会中存在。此外，民俗文化的稳定性一般取决于经济基础和与之相适应的意识形态，但并不意味着这些经济基础和意识形态消失之后，处在这种经济基础和意识形态之上的民俗文化就立刻消失。实际上，民俗文化的消失相对于其生态基础的消失而言，具有一定的滞后性，两者处于一种动态的、一定幅度内的平衡状态中。所以，东兰壮族铜鼓文化发生变迁的同时，仍在一定程度上保持着它的传统姿态。

## （3）对非物质文化遗产保护的启示

### ①东兰壮族铜鼓文化变迁与再生的意义

东兰壮族铜鼓文化之变迁与再生，会产生一些消极的影响，但也产生了积极的意义。尤其是文化再生现象的出现，给东兰壮族铜鼓文化的保护与传承带来了十分积极的作用。当前，社会转型加速，很多民俗文化都面临着生存的危机，如果不采取干预措施而任其自行发展，它们将走向消亡。因此，必要的干预是应该的。东兰壮族铜鼓文化在当下社会发生变迁，面临生存的危机，有关部门通过推行非物质文化遗产保护措施，对其进行“重命名”，积极宣传、保护这一民俗文化，并开展各种展演活动等，使得过去只在村里乡间流行的铜鼓文化有了新的身份和新的舞台。民众也因为本民族文化受到有关部门的肯定与重视而产生自豪感，从而更加重视自身的这一民俗文化。而市场主体积极对东兰壮族铜鼓文化进行市场化开发，力求让东兰壮族铜鼓文化走市场化的道路，试图从中追寻到商业利

图六九　首届东兰国际铜鼓文化旅游节上的壮族铜鼓展演（廖明君　摄）

益，这在一定程度上也对东兰壮族铜鼓文化的保护与发展起着积极的推动作用。商家的市场化开发让民众看到了本民族的民俗文化在当下时代的经济利益，也驱使民众更加重视本民族的民俗文化，并积极效仿商家的市场策略，希望从中获利。这客观上也对东兰壮族铜鼓文化的保护与传承起着积极的作用。有关部门的抢救性保护、商家的市场化开发、部分民众的投机性恢复铜鼓文化等，都共同促进了东兰壮族铜鼓文化的传承、保护与发展。这是东兰壮族铜鼓文化之变迁与再生给该传统文化本身带来的积极意义。

### ②东兰壮族铜鼓文化传承、保护与发展的可能途径

东兰壮族铜鼓文化之变迁与再生的姿态表明了传统文化在现代社会语境中传承、保护与发展的可能途径至少有三种。

一是让壮族铜鼓文化在民众原生态的生活时空中自然传承与发展。传统民俗的这一存活途径是指传统民俗在民众原生态的生活时空中自然传承与发展，政府、商家不采取市场化策略对其进行过多的干预，任其按原来的形态自然发展。就东兰壮族铜鼓文化而言，在当下社会环境中，在有关部门的大力宣传与倡导下，民众能感觉到自身持有铜鼓文化的价值和意义，在日常生产生活时空中自觉或不自觉地传承铜鼓文化，任当地壮族铜鼓文化在自然的状态中传承与发展，从而达到传承、保护与发展传统民俗的目的。

二是让壮族铜鼓文化走市场化的道路。这一途径是把壮族铜鼓文化与现代社会各要素相结合，使其形式与内容及文化内涵得以更新与升华，实现壮族铜鼓文化在现代社会的延续与转化。例如，可以继续推动东兰壮族铜鼓文化的市场化进程，加大宣传力度，继续推动其展示与演出，让其有更宽广的发展空间，让其创造更多的经济效益，从而让民众感觉到本民族文化的珍贵而更加主动地传承传统的民俗文化，也让政府与社会看到壮族铜鼓文化的巨大价值而加强传承、保护与发展民俗文化的措施。

三是让壮族铜鼓文化在新语境下传播，使其获得更大的文化空间，拥有更多的受众，从而推动其传承、保护与发展。例如，可以把东兰壮族铜鼓文化作为非物质文化遗产进行搜集、整理，加大保护力度，将其作为一种标本式的民俗文本进行提取、整理、保存、复制、创新与开发，使其焕发出新的活力，使其更符合现代人文化消费的需要，并推动其在学校、舞台以及更广大的社会民众中传播，让其更好地融入现代社会生活中，实现“传统”向“现代”的转化。

# 三、红水河流域壮族铜鼓传说

## （一）古代文献中铜鼓传说的记载与文化分析

据考古学家考证，铜鼓由铜釜演化而来，大约出现于公元前 7 世纪的春秋时期，距今已有 2000 多年的历史。在漫长的历史中，随着时代的变迁，虽然铜鼓的用途不断发生变化，但它一直是我国红水河流域各族人民生活中的重要器物。古代文献凡是在描写记录红水河流域各民族生活状况及风土人情时，无不提及铜鼓。其中，有许多关于铜鼓传说的记载。本文将古代文献中的铜鼓传说根据内容分为两类：一类是关于铜鼓来历的传说，一类是反映铜鼓神奇、灵异的传说。

### 1. 文献中关于铜鼓来历的传说

铜鼓在我国红水河流域各族人民生活中扮演着重要角色，它不仅仅是乐器，也是神器和重器。这样一个重要的器物，民众对它的来历充满了好奇和幻想。普通民众当然不会从科学的角度去考证铜鼓的来历，他们往往借助想象去理解。从我国古代文献的记载来看，民间对铜鼓的来历有三种说法：伏波造鼓、诸葛造鼓和孟公造鼓。

#### （1）伏波造鼓

文献中记载有一些伏波遗鼓或伏波造鼓的传说。宋人范成大在《桂海虞衡志》中说：“铜鼓，古蛮人所用，南边土中时有掘得者，相传为马伏波所遗。”① 自范成大有了此种说法之后，便出现了更多伏波将军铸造铜鼓或遗留铜鼓的传说。《大明一统志》卷八十三柳州府“山川”条记载：“武宣县西一十里亦有铜鼓山，下有铜鼓滩，或谓马援铸铜鼓于此，或谓滩声如鼓。”② 据清人汪森的《粤西丛载》记载，明代的张穆在他的《异闻录》中说：“昔马伏波征蛮物，以山溪易雨，因制之。”③ 清人屈大均也相信伏波铸鼓之说，他在《广东新语》中写道：“雷、廉至交趾濒海饶湿，革鼓多痹缓不鸣。伏波始制铜为之。”④

① 范成大：《桂海虞衡志校注》，严沛校注，广西人民出版社，1986，第 41 页。
② 李贤等：《大明一统志》，明天顺五年（1461 年）内府刻本。
③ 汪森：《粤西丛载校注》，黄振中、吴中任、梁超然校注，广西民族出版社，2007，第 799 页。
④ 屈大均：《广东新语注》，李育中、邓光礼、林维纯等注，广东人民出版社，1991，第 389 页。

图七〇　红水河风光（王梦祥　摄）

马援为我国东汉时的大将军，人称伏波将军。历史上，马援曾南征交趾，因此他在岭南地区影响很大。出于对马援的纪念和崇敬，岭南人民创作出许多关于他的传说。伏波遗鼓、伏波造鼓就是关于马援传说的主要内容。

## （2）诸葛造鼓

三国时期，诸葛亮对开发西南地区及改善中原与西南地区各民族的关系做出了很大贡献。他为西南老百姓做了许多好事，西南各族人民都很怀念他。西南地区不仅有许多诸葛亮的祠庙，还流传着很多关于他的传说。铜鼓是西南各族人民心目中的神器，而诸葛亮是他们所崇敬的人，所以人们就将铜鼓附会于诸葛亮身上，说铜鼓是诸葛亮造的，而且在鼓身上铸上“诸葛造”或“孔明造”的字样。诸葛造鼓的说法自明代以后在文献中记载较多。明朝时做过夔州通判的何宇度在《益部谈资》一书中把铜鼓称为“诸葛鼓”。《明史》卷二百十二中说：“相传诸葛亮以鼓镇蛮。”[①]《大明一统志》卷八十三柳州府“山川”条记载：“铜鼓山，在融县西二十里，旧传诸葛亮散埋铜鼓以魇蛮僚，后有得于是山者，故名。”[②] 以上记载或说铜鼓是诸葛亮所制，或说诸葛亮用铜鼓镇压西南地区各民族（笔者认为此说属以讹传讹），都是说铜鼓始于孔明。

## （3）孟公造鼓

1948 年《宾阳县志》中册“铜鼓考”条中记载了铜鼓是孟获留下来的传说。“询以铜鼓由来曰，此孟公鼓也（孟公指孟获）。问何以多埋没土中，则谓孔明征蛮时，孟获失败，

① 张廷玉等：《明史》卷二百十二，中华书局，1974，第 5620 页。

② 李贤等：《大明一统志》，明天顺五年内府刻本。

孔明令苗瑶之族，一律居板屋或茅屋，不得屯（囤）积谷米，不得设置旗鼓，以防复叛。故当时铜鼓悉埋土中，示不复用，今所存，皆得诸土中者。”[①] 这则关于铜鼓来历的传说和前面两种说法不同，说铜鼓是苗瑶首领孟获留下来的。诸葛亮征服了孟获，为了防止当地的苗瑶百姓反叛，命令他们不能使用旗鼓，于是就把铜鼓埋在了地下。这则传说反映了苗瑶人民对他们首领孟获的怀念。虽然铜鼓源于孟获的说法有悖于历史事实，但它至少反映了铜鼓本出自我国古代岭南民族，而不是从中原传入这一事实。

伏波造鼓和诸葛造鼓的说法在历史上十分盛行，后世也有一些铜鼓铸有“伏波造”或“孔明造”的字样。久而久之，这两种说法普遍被人们接受，很多文人学者都把它们当成历史事实，在自己的著述和诗作中直接称铜鼓为“伏波鼓”或“诸葛鼓”。清代以后，有一些人对这两种说法的真实性提出质疑，认为它们不符合历史事实。出现这种现象的原因是古代文人对于传说和历史的关系模糊不清，把二者混为一谈。关于传说与历史的关系，钟敬文在《民间文学概论》中说：“传说主要是通过某种历史素材来表现人民群众对历史事件的理解、看法和感情，而不是严格地再现历史本身。”[②] 这句话精辟地概括了传说与历史的关系。传说和历史分不开，但传说又不能代替真正的历史，传说是民众依托某一历史人物、事件或某一人工物、自然物虚构故事，以此来表达他们的理解、看法和感情。伏波造鼓和诸葛造鼓的传说是红水河流域各族人民依托铜鼓来表达对马援和诸葛亮这两位历史人物的怀念，传说中的铜鼓“镇蛮”之说，显然是封建文人在记录这些传说时将个人的观点附加上去的。我们不能把它当成历史，也没有必要批评它是错误的，因为它仅仅是民间传说，不是真正的历史，不存在错与对，只是民众借铜鼓虚构故事来表达他们的理解和看法。

以上关于铜鼓来历的三种说法都和历史人物有关，反映了红水河流域各族人民对马援、诸葛亮和孟获三位历史人物的崇敬与怀念。

## 2. 文献中反映铜鼓神奇、灵异的传说

古时，红水河流域各族人民将铜鼓视为神器。他们认为，铜鼓的声音可以沟通人和神，向神灵传递人间的信息，所以在大小祭祀仪式上都要敲击铜鼓。在他们看来，铜鼓是很神奇的器物，所以他们创作出很多神奇、灵异的故事来表达对铜鼓神性的信仰。

文献中有很多铜鼓显神性的记载。嘉庆《广西通志》中说：“伏波将军南征交趾，舟载骆越二铜鼓，跃入八桂江中，后有得之者，旋失去，殆神物通灵，抑隐见无常，将以待有德也。”[③] 此段文献记载说伏波将军过江时，两个铜鼓自行跳入江中，入江的两个铜鼓经常在水中时隐时现，等待有德行的人来将它们取走。后文还记载说，据民间传说，清雍正年间，这两个铜鼓有一个被粤西北流县（今北流市，下同）的农民获得，另一个被渔人在浔江捞得。清人陆次云的《峒溪纤志》中也有铜鼓显神性的记载：“人传铜鼓有神，有此峒之鼓盗于彼峒，夜见有虎，欲出啮人，迹之鼓也，还之乃静。”[④]《广东新语》记载说铜鼓帮助人们断案，还清白于那些被诬陷冤枉的人：“罗定城隍庙有铜鼓，高二尺五

① 胡学林、朱昌奎等：《宾阳县志》中册，广西壮族自治区档案馆翻印，1961，第 463 页。
② 钟敬文主编《民间文学概论》，上海文艺出版社，1980，第 184 页。
③ 谢启昆、胡虔等：《广西通志》卷二百二十九，清同治四年（1865 年）重刻本。
④ 陆次云：《峒溪纤志》中卷，康熙三十六年（1697 年）至四十二年（1703 年）诒清堂刻本。

寸，径二尺，州人争讼不平及被诬欲昭白者击之，则祸有归，无事而击，则祸击者。”[①]张穆《异闻录》中有铜鼓可保护行舟人安全的记载：“铜鼓，昔马伏波征蛮物，以山溪易雨，因制之。一悬之梧州镇府左廊。昔沉潭中，声震十里，鼓出遂无怒波，人言其为祟，今舟赖以无险。”[②]

在古人的记载中，有铜鼓的地方大多有神奇、怪异的事件发生。《广东新语》记载了一个铜鼓的传奇来历：“其小者或谓出浔州铜鼓滩，先是滩水湍急，舂石底作铜鼓声，入夜辄有光怪，一日水涸铜鼓见。”[③]因滩中有铜鼓，滩水不仅湍急而且夜间有神奇、怪异的现象出现，人们给此地取名铜鼓滩。《嘉庆重修一统志》卷四百七十四《郁林直隶州》记载：“铜鼓湾在博白县北二十里，相传旧有汉时铜鼓，浮在水面有声，久之复沉。”[④]因传说水中的铜鼓经常浮在水面上发出声音，人们将此地叫铜鼓湾。《郁林州志》卷二十《艺文·铜鼓》记载了一个铜鼓的传奇来历：“时适梁姓家娶妇，吹笛敲锣，铜鼓遂应声而起。居人又谓，未掘获以前，往往天阴夜雨，见其地有光云。”[⑤]

铜鼓有公母之分，民间有公母两铜鼓情深意长的传说故事，古代文献中也有这样的记载。《广东新语》中载有雌雄铜鼓的传说，传说南海庙中原来有两面铜鼓，一大一小，大的不知去向，只有小的还留在庙中。嘉靖年间，海寇想盗走这面小铜鼓，可悬挂铜鼓的铁索忽然断了，他们不管怎么使劲也拿不走铜鼓。“有父老云：‘此铜鼓昔浮海至，其鸣应潮，自为大盗所移，灵蛙残缺，遂不复自鸣。’又云：‘铜鼓之大者，旧雌雄各一，今庙所存者雄也，其雌向遇风雷，飞入狮子海中。’今雄鸣，则其雌辄相应云。”[⑥]岸上的雄铜鼓与水中的雌铜鼓虽然不在一起，却能相互感应，彼此能听到对方的呼唤，就像人间心心相印的夫妻一样。

铜鼓和青蛙的关系十分密切，早期铜鼓鼓面上都铸有立体的青蛙塑像。如今，云南的傣族还称铜鼓为蛤蟆鼓，佤族称铜鼓为蛙鼓。关于铜鼓和青蛙之间的密切关系早在唐代就有传说。唐代刘恂在《岭表录异》中记载了青蛙为铜鼓精的传说：“有乡墅小儿，因牧牛闻田中有蛤鸣，牧童遂捕之。蛤跃入一穴，遂掘之，深大，即蛮酋冢也，蛤乃无踪。穴中得一铜鼓，其色翠绿，土蚀数处损阙，其上隐起，多铸蛙黾之状。疑其鸣蛤即铜鼓

图七一　铜鼓鼓面上的单蛙塑像（王梦祥　摄）

图七二　铜鼓鼓面上的累蹲蛙塑像（王梦祥　摄）

① 屈大均：《广东新语注》，李育中、邓光礼、林维纯等注，广东人民出版社，1991，第390页。
② 汪森：《粤西丛载校注》，黄振中、吴中任、梁超然校注，广西民族出版社，2007，第799—800页。
③ 屈大均：《广东新语注》，李育中、邓光礼、林维纯等注，广东人民出版社，1991，第389页。
④ 穆彰阿、潘锡恩等：《嘉庆重修一统志》卷四百七十四《郁林直隶州》，上海涵芬楼景印清史馆藏进呈写本。
⑤ 冯德材、文德馨等：《郁林州志》卷二十《艺文·铜鼓》，光绪二十年（1894年）刻本。
⑥ 屈大均：《广东新语注》，李育中、邓光礼、林维纯等注，广东人民出版社，1991，第389页。

精也。”[①]

这些关于铜鼓的神奇怪异传说，要么说铜鼓会自行跃入水中或浮于水面，要么说铜鼓会变成老虎吓唬偷走它的人，要么说铜鼓从地下应乐声而起，要么说铜鼓帮助人们公平断案，要么说雌雄铜鼓也像人间夫妻一样，心心相印，永不分离。这些传说说明在人们的心目中，铜鼓是具有神性的器物。

综上所述，文献中关于铜鼓来历的传说和历史关系密切，这些传说反映了红水河流域各族人民对马援、诸葛亮和孟获三位历史人物的崇敬与怀念。关于铜鼓神奇、怪异的传说则说明铜鼓自古在红水河流域各族人民心目中就是十分神圣的，人们将它视为具有神性的器物而加以崇拜。从古代文献中的铜鼓传说可看出，铜鼓传说中的个别情节内容从古至今一直流传，如铜鼓飞入水中的传说和公母铜鼓的传说，现代还有流传。

## （二）现代口头资料中红水河流域各民族铜鼓传说的分类

现代口头资料中的铜鼓传说主要是指中国民间文学“三套集成”中收录的铜鼓传说，壮族、苗族、瑶族、水族、彝族、布依族等民族的各种民间故事集中收录的铜鼓传说，以及在田野调查中所搜集到的相关传说。

铜鼓传说属于地方风物传说。韦其麟的《壮族民间文学概观》将壮族民间传说分为三类：一是人物传说，二是史事传说，三是地方风物传说。地方风物传说又分为山川传说、风俗传说和物产传说三类。韦其麟将铜鼓传说列入物产传说来讨论，但他并未对壮族的铜鼓传说做出分类。关于铜鼓传说的分类，蒋廷瑜在他的铜鼓研究著作中有所涉及，他在《古代铜鼓通论》和《壮族铜鼓研究》中，将铜鼓传说按内容大致分为铜鼓的来历、铜鼓的神威、铜鼓通人性三大类。笔者把自己搜集到的铜鼓传说分为壮族铜鼓传说和其他民族铜鼓传说两类。在壮族类与其他民族类下再归纳出若干主题，主题之下再进一步归纳出具体的情节类型。

### 1. 壮族铜鼓传说的主题和情节类型

笔者将壮族铜鼓传说分为征服自然，社会斗争，道德、伦理与信仰观念三大主题。在征服自然主题下，归纳出“布洛陀造铜鼓”“铜鼓护水源”“铜鼓战水鬼”等八个情节类型；在社会斗争主题下，归纳出“红铜鼓”“邕江铜鼓峡”两个情节类型；在道德、伦理与信仰观念主题下，归纳出“铜鼓斗雷王”“公铜鼓”等四个情节类型。

#### （1）主题一：征服自然

从地理风貌来看，广西境内，喀斯特地貌分布广泛，山多水多，气候属亚热带季风气候，适合各种动植物生长。在这里的深山密林里，有很多凶禽野兽经常出来危害百姓。由于雨水多，这里也时常发生水灾。古时生产力水平低下，人们抵抗大自然的能力微弱，征服自然是人类生活的主要内容。部分铜鼓传说就是壮族先民与大自然做斗争的记忆。

① 刘恂：《岭表录异》，鲁迅校勘，广东人民出版社，1983，第7—8页。

### ①“布洛陀造铜鼓”型[①]

梗概一：布洛陀嫌天地太小，把天地变大了。
梗概二：地上生出了毒虫恶兽、妖魔鬼怪，人们去求布洛陀来制服它们。
梗概三：布洛陀制成了铜鼓。铜鼓响声如雷，吓跑了毒虫恶兽、妖魔鬼怪。
梗概四：壮家人造出了像星星一样多的铜鼓。

### ②“铜鼓会龙女”型[②]

梗概一：铜鼓晚上变成英俊威武的后生，到歌圩和姑娘对歌。
梗概二：海龙王的女儿爱上了铜鼓，经常和铜鼓约会，有时铜鼓还住在龙宫里。
梗概三：毒虫恶兽、妖魔鬼怪趁机作乱。
梗概四：人们把黄猄角穿在铜鼓耳上，这样铜鼓就不会离开村寨了。
梗概五：太平时期，人们又把黄猄角抽出来，让铜鼓去会龙女。

### ③“铜鼓护水源”型[③]

梗概一：有一对神鹅走到哪里，哪里就有甘甜的泉水。
梗概二：毒兀霸占泉水，神鹅被迫离开。村庄遭了难。
梗概三：铜鼓变成小伙阿冉，杀死了毒兀，找到了神鹅。
梗概四：为了守护泉水源头，阿冉留了下来。此后铜鼓就埋在了地下。

### ④“铜鼓夫妻战蛇魔”型[④]

梗概一：驼娘江里有一条蛇魔，它抢走了渔妇姆海。
梗概二：在渔妇儿子的请求下，红、黄铜鼓夫妻打败了蛇魔，救出了渔妇。
梗概三：母子团聚。铜鼓成了保护神。

### ⑤“铜鼓战水鬼”型[⑤]

梗概一：一个叫日鲁的人误杀了圣母，将圣母肉分给村民吃。
梗概二：玉帝怪罪下来，将整个村子沉陷在深水潭里，被淹死的人变成了水鬼。
梗概三：铜鼓夜里悄悄飞到水潭里和水鬼搏斗，有的铜鼓斗不过，变成了石鼓。
梗概四：人们按照布洛陀的吩咐，在铜鼓的耳朵上挂两个山羊角，铜鼓就百战百胜。

### ⑥“铜鼓斗恶龙”型[⑥]

梗概一：铜鼓会在夜间飞到水中与恶龙图额打架。
梗概二：人们将铜鼓藏于粮仓内，或把稻草拴在它的耳朵上。
梗概三：铜鼓看到时时有粮食，就安心住在主人家中。

① 据《铜鼓的来历》归纳，参见附录一《壮族铜鼓传说情节梗概》(一)。
② 据《铜鼓的耳耳为什么穿着黄猄角》归纳，参见附录一《壮族铜鼓传说情节梗概》(二)。
③ 据《铜鼓为什么埋在地下》归纳，参见附录一《壮族铜鼓传说情节梗概》(三)。
④ 据《铜鼓的传说》归纳，参见附录一《壮族铜鼓传说情节梗概》(五)。
⑤ 据《铜鼓与水鬼搏斗》归纳，参见附录一《壮族铜鼓传说情节梗概》(九)。
⑥ 据《铜鼓与图额斗争的传说》归纳，参见附录一《壮族铜鼓传说情节梗概》(十)。

⑦“铜鼓王”型[1]

梗概一：水中怪物图额经常兴风作浪，危害百姓。

梗概二：铜鼓要求主人给它的两耳挂上山羊角，让它下水与图额搏斗。

梗概三：铜鼓胜利了，乡亲们给铜鼓戴上红花，把它供奉为铜鼓王。

⑧“铜鼓斗犀牛”型[2]

梗概一：深潭里有一头犀牛经常作怪，危害当地百姓。

梗概二：铜鼓挣脱挂绳，一跃飞进深潭，与犀牛决斗。

梗概三：铜鼓粘在石壁上。

梗概四：从此潭面碧绿如镜，人畜平安无事。

以征服自然为主题的铜鼓传说数量较多，它们有一个共同特点，就是铜鼓帮助人类战胜了毒虫猛兽，给壮家人带来了幸福和安宁。其中，最值得注意的是铜鼓与水中恶龙、蛇魔、水鬼、图额和犀牛等怪物搏斗的情节，这是铜鼓传说最为普遍的内容。这类主题的铜鼓传说反映了壮族先民对铜鼓的崇拜和喜爱，在他们心目中，铜鼓是能够祛灾消祸、保佑他们平安幸福的神灵。其中，铜鼓往往以人格化形象出现，在“铜鼓会龙女”型和“铜鼓护水源”型传说中，铜鼓就是英俊威武的小伙子，其为了百姓的幸福牺牲了个人的爱情或自由。

## （2）主题二：社会斗争

在封建社会，壮族人民深受封建王朝和土司制度的双重压迫，灾难深重。为了生存，壮族人民反抗民族压迫和阶级压迫的斗争延绵不断，他们的斗争历史和反抗精神在壮族民间文学中多有反映。铜鼓传说也反映了这方面的内容。

①“红铜鼓”型[3]

梗概一：住在九龙山下的雷加夫妇的大儿子叫天轰轰，二儿子叫地沙沙，女儿叫锦花花。

梗概二：官兵常来村里抢劫金银、粮食。

梗概三：大家在九龙山上安置了一面大铜鼓。官兵一来，天轰轰就擂起铜鼓，人们联合起来抵抗官兵。

梗概四：官兵派人把铜鼓砸烂了。

梗概五：官兵来攻，铜鼓却一直炼不成。

梗概六：锦花花把自己的鲜血洒进铜汁，终于炼成铜鼓。

梗概七：鼓声又起，官兵被打败，地沙沙杀了皇帝。

梗概八：锦花花因流血过多而将死去。

梗概九：锦花花临死前交代大家把皇帝的头埋入地下，把她埋在上边，永远压住皇帝。人们把埋她的岭叫作压皇岭。岭上长出一丛丛红花，人们称之为“映山红”。

---

① 据《铜鼓与图额搏斗，保稻谷丰收的传说》归纳，参见附录一《壮族铜鼓传说情节梗概》(十一)。

② 据《石壁铜鼓》归纳，参见附录一《壮族铜鼓传说情节梗概》(十二)。

③ 据《红铜鼓》归纳，参见附录一《壮族铜鼓传说情节梗概》(四)。

② “邕江铜鼓峡”型[①]

梗概一：邕江上游遭了灾，朝廷派钦差大臣下来察看灾情。

梗概二：钦差大臣想偷走村民的铜鼓进贡给皇上。

梗概三：大风将钦差大臣吹到了江里。

梗概四：铜鼓被深深地嵌在峡谷的石壁中，人们就把这个峡谷叫作铜鼓峡。

这类主题的铜鼓传说以反抗民族压迫为主要内容。在封建社会，历朝历代的皇帝几乎从未停止对壮族人民的剥削和压迫，上述传说对社会斗争的反映集中表现在壮族先民对封建王朝的反抗上，他们常常把斗争的矛头指向封建社会的皇帝。如《红铜鼓》传说中，壮家百姓杀死了皇帝，而且皇帝的尸身永远被压在了女英雄锦花花的身下。这些传说都反映了壮族人民英勇无畏的反压迫精神。

## （3）主题三：道德、伦理与信仰观念

在日常生活中，人民群众主要通过口口相传的方式传播道德、伦理观念，如讲故事、唱民歌、说谚语等。故事、歌谣、谚语等民间文学往往还反映民间信仰习俗，表现民众的精神世界。部分铜鼓传说就反映了壮族人民的道德、伦理观念和民间信仰。

① “铜鼓斗雷王”型[②]

梗概一：天上雷王规定，世上老人死后，大家把他的肉分来吃。

梗概二：特依兄弟三人不忍心把母亲的肉分给别人吃，以马肉代替。

梗概三：雷王知道后要惩罚他们。

梗概四：三兄弟造出铜鼓和雷王比赛。雷王赛不过三兄弟，逃走了。

梗概五：从此，人间改掉了吃人的习惯。（另一传说：后人为纪念三兄弟斗雷王，编成雷鼓舞，在双亲过世时跳。[③]）

② “公铜鼓”型[④]

梗概一：传说铜鼓分公、母、子三种，公鼓会飞。

梗概二：公铜鼓每晚飞到海上与龙女幽会。

梗概三：人们将公铜鼓的耳朵穿起来，或者在鼓身上挖一个小洞，意为“杀势”（阉去）。

③ “铜鼓与包登”型[⑤]

梗概一：天神怕重甲人（壮族先民）的势力大起来，派要发（蛟龙）淹没了大地。大地上只剩下一个重甲人和一只母老虎。

梗概二：老虎生下一面铜鼓。

梗概三：铜鼓中滚出一个重甲人，老虎给他取名叫包登。

梗概四：包登不停地敲打铜鼓，无数人从铜鼓里钻出来。

梗概五：重甲人的儿孙跟着包登，敲着铜鼓，打败了要发。

---

① 据《邕江铜鼓峡》归纳，参见附录一《壮族铜鼓传说情节梗概》（十三）。

② 据《铸铜鼓》归纳，参见附录一《壮族铜鼓传说情节梗概》（六）。

③ 据《雷鼓的传说》归纳，参见附录一《壮族铜鼓传说情节梗概》（七）。

④ 据《公铜鼓》归纳，参见附录一《壮族铜鼓传说情节梗概》（八）。

⑤ 据《铜鼓老祖包登》归纳，参见附录一《壮族铜鼓传说情节梗概》（十四）。

梗概六：他们定居下来，建造家园，繁衍子孙。

梗概七：后人不忘祖先的恩德，将老虎尊奉为创世老祖，将铜鼓尊奉为保护神，将包登尊奉为波掌。

梗概八：每个重甲人的村子里，都有一名包登，专为人们求神问卜、消灾免难、驱邪捉鬼。凡是做包登的人，其家里都供有一面无底的铜鼓。

④“观音与铜鼓”型[①]

梗概一：古时，一个农民打柴时挖到一面大铜鼓，这面铜鼓被称为铜鼓王。

梗概二：几个壮汉想将铜鼓王抬去卖个好价钱。

梗概三：观音娘娘用法术将铜鼓王留在了水冲庵，她想用铜鼓王给百姓造福。

梗概四：人们有苦难时去水冲庵里求拜观音娘娘，观音娘娘告诉他们敲打铜鼓王，就可以脱离苦难。

梗概五：观音娘娘的做法得罪了上天，天神夺去了她的神力，观音娘娘离开了水冲庵。

梗概六：人们请人把守着铜鼓王，朝晚敲打，盼望观音娘娘能听到这鼓声。

“铜鼓斗雷王”型传说中，三兄弟不忍心分食母亲的肉，这反映了人类社会在发展过程中，道德、伦理观念的变化和进步。“铜鼓与包登”型传说反映了壮族先民对铜鼓的崇拜，在他们的信仰观念中，铜鼓是他们的祖先，被赋予了图腾的地位。“观音与铜鼓”型传说反映了壮族人民对佛教的信仰。

## 2. 其他民族铜鼓传说的主题和情节类型

在古代，铜鼓被我国南方各民族普遍使用。直至今日，除壮族外，苗族、瑶族、布依族、水族、彝族、佤族等民族还在使用铜鼓。铜鼓传说在这些民族中也都有流传。这些民族源于古代的百越民族，他们与壮族杂居或毗邻，语言相通。在我国南方，从古到今都有铜鼓文化的传承，在铜鼓文化上南方各民族有相通之处。在研究壮族铜鼓传说的同时，考察其他民族的铜鼓传说，有利于在对比中更准确地理解和把握壮族铜鼓传说所蕴含的文化内涵。因此，在研究过程中，本文还搜集到流传于红水河流域桂滇黔地区苗族、瑶族、布依族、水族、彝族五个民族中的铜鼓传说。下面将对这些铜鼓传说的主题和情节类型予以归纳。

### （1）主题一：征服自然

反映人与自然的斗争是民间文学的经常性主题，是创世史诗、神话、传说的主要内容之一，与壮族铜鼓传说一样，苗、瑶、布依、水、彝等民族的铜鼓传说也反映了这一主题。

①“黑岩鼓声”型[②]

梗概一：黑岩位于平果与马山的交界处。

梗概二：瑶族先祖带着一批人从湖南经东兰迁徙，来到了黑岩。

梗概三：在岩洞中，他们遇到了一条巨大的蟒蛇。

① 据《铜鼓王》归纳，参见附录一《壮族铜鼓传说情节梗概》(十五)。

② 据《黑岩鼓声》归纳，参见附录二《其他民族铜鼓传说情节梗概》(四)。

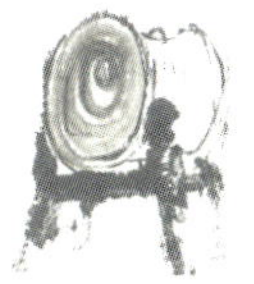

梗概四：抬铜鼓的两位弟兄害怕得手发抖，铜鼓“扑通”跌在地上，铜鼓的跌落声镇住了蟒蛇。

梗概五：人们敲着铜鼓，安全走出了岩洞。

梗概六：为了让以后的同胞也能走这条路，他们将一面铜鼓埋在了这条路上。人们经过时，那鼓便发出嗡嗡的响声。

### ②“铜鼓战孽龙”型①

梗概一：准备过端节了，水友寨的人们把大铜鼓挂在寨子边的大榕树上。

梗概二：寨前奈劳大河里的孽龙让水淹没了河上唯一的一座石桥。外寨的妇女无法过河来水友寨过节。

梗概三：没有年轻姑娘一起对歌、跳舞，人们只好各自回家。

梗概四：挂在大榕树上的铜鼓天亮前悄悄去河里将孽龙砸死。

梗概五：河对岸的妇女欢声笑语地过了石桥。

梗概六：大家发现铜鼓躺在地上，周身湿淋淋的。

### ③“铜鼓斗犀牛”型②

梗概一：平寨有个叫翁达的水族老人，他家里有面龙铜鼓。

梗概二：这面铜鼓让平寨的人们心里很踏实，日子过得很顺心。

梗概三：平寨下坎的阴水潭来了头犀牛，犀牛掀起滔滔洪水，将庄稼淹没了。

梗概四：一天半夜，翁达发现床铺底下的铜鼓不知去向。

梗概五：翁达以为是铜鼓和犀牛合伙淹没庄稼。铜鼓回来后，他打断了铜鼓的一只耳朵，还将铜鼓吊在房梁上。

梗概六：河水又涨了。梁上的铜鼓挣断了绳索，滚进了阴水潭，与犀牛打斗。

梗概七：河水退了，庄稼得救了，大家才晓得铜鼓为了救庄稼去和犀牛斗。

梗概八：翁达后悔错怪了铜鼓，可铜鼓却再也没上来。

梗概九：从此，每逢大雨过后出现彩虹时，潭边就会出现一个缺了一只耳朵的打伞老者。

梗概十：人们说打伞老者就是龙铜鼓，他上来透透气，彩虹一消，便又回到潭里去镇守犀牛。

### ④“虎铜鼓伏虎”型③

梗概一：龙铜鼓降龙，虎铜鼓伏虎。

梗概二：甲仿寨旁边的芭茅坡上有一只老虎，经常出来咬人、伤牲口。

梗概三：寨老派人到外寨借来了虎铜鼓。

梗概四：一连三天，芭茅坡上的老虎再没出现过。

梗概五：人们抬起铜鼓，看见鼓底下有一堆老虎骨头，鼓身上粘有老虎毛。

### ⑤“铜鼓斩妖龙”型④

梗概一：那坡县城厢镇口角山脚有一口深潭。很久以前，潭里住着一条大母龙。

① 据《端节降龙》归纳，参见附录二《其他民族铜鼓传说情节梗概》(六)。

② 据《斗犀》归纳，参见附录二《其他民族铜鼓传说情节梗概》(七)。

③ 据《虎鼓伏虎》归纳，参见附录二《其他民族铜鼓传说情节梗概》(八)。

④ 据《铜鼓的神威》归纳，参见附录二《其他民族铜鼓传说情节梗概》(十一)。

梗概二：母龙经常危害周围的彝族人民。

梗概三：彝家桑巴（中年男子）从云南买来一面大铜鼓，准备在寨上敲鼓娱乐。

梗概四：他们抬着铜鼓走到口角山顶时，铜鼓突然发热，烧断抬杠，滚进山脚下的那口深潭。

梗概五：母龙被铜鼓砸成了七八节，浮到水面上。

梗概六：彝寨乡亲过上了安乐的日子。大家都说是铜鼓显了神威。

⑥"铜鼓镇黄龙"型[①]

梗概一：逃荒的布依族人中，有一个叫阿伍的后生，他挑着一公一母两面铜鼓。

梗概二：阿伍坐竹筏渡金沙江。有一条黄龙在江里摇头摆尾，竹筏眼看要被淹没。

梗概三：阿伍肩上的公铜鼓挣断绳索滚到江里，打败了黄龙，却再也没回来。

梗概四：阿伍和母铜鼓一起到江里去寻找公铜鼓。

梗概五：他们来到了金沙江底，看见公铜鼓把守在龙宫门口，镇住了大黄龙。

梗概六：阿伍和公铜鼓约定，每年春节会在岸上敲响母铜鼓报平安。

梗概七：从此，每年春节，金沙江边的布依族人都要敲铜鼓，一来庆丰收，二来向公铜鼓报平安。

上述类型的铜鼓传说反映了红水河流域各族人民与自然灾害斗争的历史。在这些传说中，铜鼓是与蟒蛇、孽龙、老虎斗争的英雄，人们把铜鼓幻想为具有超自然能力的神物，反映了人民群众战胜自然的愿望。

## （2）主题二：社会斗争

历史上，苗、瑶、布依、水、彝等少数民族与壮族一样，饱受封建中央政权的欺凌，这些民族的人民也在不断地反抗压迫。传说是民众的口承历史，各民族人民反抗阶级压迫与民族压迫的历史自然也反映在他们创作的铜鼓传说中。

①"铜鼓泉"型[②]

梗概一：山顶寨口住着一个打铁的老公公，他有一个女儿叫娃妹，娃妹和寨里的孤儿成高定了亲。

梗概二：老铁匠经过三百六十天的工夫铸成一面铜鼓送给他们作为成亲礼物。

梗概三：在娃妹和成高成亲时，官府的管家来逼债。

梗概四：管家回到官府说老铁匠铸了铜鼓，准备带大家造反。

梗概五：官府派兵赶到山顶寨，逼老铁匠交出铜鼓。

梗概六：众人不让老铁匠交出铜鼓，老铁匠擂响铜鼓，大家一次次打退了官兵。

梗概七：官兵见铜鼓是瑶家的号令，就集中重兵来抢夺铜鼓。

梗概八：娃妹和成高抱着铜鼓从寨门墙上滚了下来，滚到了寨门边的石洞里，一股泉水从那里流了出来。

梗概九：大家把这泉水称为"铜鼓泉"。

① 据《铜鼓镇金江》归纳，参见附录二《其他民族铜鼓传说情节梗概》(十三)。

② 据《铜鼓泉》归纳，参见附录二《其他民族铜鼓传说情节梗概》(三)。

### ②“铜鼓节”型[①]

梗概一：很久以前，三都九阡的水族先民不堪忍受官府的欺压，被迫西迁。

梗概二：他们来到了都匀境内的陈蒙山下定居。

梗概三：他们有十二个兄弟，分别住在十二个深山老林里。

梗概四：他们修筑了十二个哨卡，每个哨卡的名字都有个“翁”字。

梗概五：每次官府派兵追缴贡税，只要有一个哨卡的铜鼓被敲响，十二个村寨的人就到深山老林中躲藏起来。

梗概六：官兵深夜窜到第九个翁，头人翁摆九用计敲响了铜鼓，十二个村寨的弟兄一齐打跑了官兵。

梗概七：官兵将翁摆九绑走了。翁摆九纵身跳下了悬崖。这天正是清明节。

梗概八：此后，清明节时，父老乡亲都到山垭口敲铜鼓。久而久之，形成了一年一度的铜鼓节。

### ③“龙王赠铜鼓”型[②]

梗概一：很久以前，平塘地区住着一个名叫古杰的孤儿。

梗概二：古杰在海边钓了一条红尾红鳃的鲤鱼。

梗概三：财主苏海八抢走了那条鲤鱼，将鱼放到锅里煮了。

梗概四：古杰要回了鲤鱼，放在水缸里养了起来。第二天，那条鱼又活了过来。

梗概五：古杰每天种地回来时饭菜都已经做好了。原来那条鱼是龙王的三公主。

梗概六：古杰和三公主结了亲，公主带着古杰回到了龙宫。

梗概七：在返回人间时，龙王送给他们一面铜鼓。

梗概八：财主苏海八来抢铜鼓，结果被鼓声震聋震哑了。

梗概九：从此，古杰夫妇的日子过得十分美满幸福。

在上述类型的铜鼓传说中，铜鼓一方面是人民群众联络抗敌的工具，另一方面也是惩治剥削者的武器。这些传说与壮族铜鼓传说一样，主要反映各族人民与封建中央王朝的矛盾，不同的是增加了反抗本民族剥削者的内容。例如，“龙王赠铜鼓”型传说就反映了主人公与财主之间的斗争，该类型传说中的“龙王”“龙王公主”的形象常见于民间文学，“龙宫得宝”是民间故事中常见的情节。

## （3）主题三：铜鼓的不凡来历与其他

在苗、瑶、布依、水、彝等民族中，还流传着一些讲述铜鼓来历或反映其他内容的铜鼓传说，我们将它们归为同一主题。红水河流域各族人民把铜鼓看作宝物和神物，在他们看来，铜鼓的来历自然也不凡。

### ①“波松嘎借鼓”型[③]

梗概一：最开始时，铜鼓只有老仙婆务侯乜才有。务侯乜养了两只恶狗守着铜鼓。

梗概二：大家在节日或婚礼的欢庆时刻都会想到铜鼓。

① 据《铜鼓节的由来》归纳，参见附录二《其他民族铜鼓传说情节梗概》(十)。

② 据《铜鼓的传说》归纳，参见附录二《其他民族铜鼓传说情节梗概》(十五)。

③ 据《铜鼓的来历》归纳，参见附录二《其他民族铜鼓传说情节梗概》(一)。

梗概三：有个后生叫波松嘎，他将大家的想法告诉了告厅拉、务厅赛。

梗概四：告厅拉、务厅赛教给他对付务侯乜的办法。

梗概五：波松嘎拿到了铜鼓。

梗概六：从此，悠扬的铜鼓声响彻苗岭。

### ②“龙女铸铜鼓”型①

梗概一：古时候有两兄弟分家，哥哥只分给弟弟一个钓鱼钩。

梗概二：在一个仙人的帮助下，弟弟每天钓到很多鱼。

梗概三：哥哥知道后借走鱼钩，钓到的却是死蛇和烂蚂蚜。

梗概四：哥哥将鱼钩扔进了江里，钩住了东海龙王的喉咙。

梗概五：龙王许诺只要谁能取下鱼钩，就将龙女许配给他。

梗概六：弟弟帮龙王取下了鱼钩。

梗概七：弟弟和龙女结为夫妻。

梗概八：龙女仿照龙宫铜鼓的式样为人们铸造铜鼓，但都失败了。

梗概九：龙女跳进了铜水里，铜鼓铸造成功了。

梗概十：苗族人把铜鼓看成是龙女的化身。

### ③“孔明鼓”型②

梗概一：水王到咸阳朝拜秦始皇，看见皇宫门外挂着铜鼓。他只看见了铜鼓的正面，不知道铜鼓的另一面是空的。

梗概二：水王让铜匠照他讲的样式铸造铜鼓，他们造的铜鼓敲起来没有秦始皇的响。

梗概三：一个老匠人将铜鼓改为一头空心。改后的铜鼓敲起来果然同秦始皇的铜鼓一样响了。

梗概四：铜鼓成了皇家独享之宝，百姓可望而不可即。

梗概五：三国时，孔明路过水家地方，孔明的军士做饭、盛米、装水都用铜鼓。

梗概六：孔明送给水家人一面铜鼓，上面刻有“孔明造”三个字。从此，铜鼓不再是皇家独享之宝。

梗概七：水家人自己铸造铜鼓时，为了纪念孔明，也刻上“孔明造”三个字。

图七三　刻有“孔明置造”铭文的铜鼓鼓面拓片（梁富林　摄）

① 据《龙女化铜鼓》归纳，参见附录二《其他民族铜鼓传说情节梗概》(二)。

② 据《铜鼓的由来》归纳，参见附录二《其他民族铜鼓传说情节梗概》(五)。

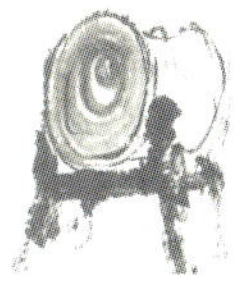

④“两兄弟与公母铜鼓”型①

梗概一：黄土寨有两兄弟相依为命。

梗概二：他们家有一面公铜鼓和一面母铜鼓。

梗概三：弟弟搬到空泥寨去讨生活，走时背上了母铜鼓。

梗概四：哥哥敲响公铜鼓，弟弟背去空泥寨的母铜鼓也嗡嗡地响起来。

梗概五：弟弟背起母铜鼓赶回了黄土寨。哥俩见面，抱头痛哭。侧边的公铜鼓和母铜鼓也嗡嗡地响着，好像在哭泣。

梗概六：他们敲响铜鼓，庆贺团圆，公、母铜鼓的声音又重新响亮起来。

⑤“铜鼓与人祖”型②

梗概一：以前有个老变婆（像人熊模样的精怪）天天扛人去喂她的儿子。眼看彝族人就要被吃光了。

梗概二：有两兄弟砍伤了老变婆，可没几天，老变婆又来村里扛人。

梗概三：铜鼓让他们在刀上抹上鸡屎和狗屎。

梗概四：他们砍死了老变婆后，发现天底下已经没有其他彝族人了，就剩下他们哥俩了。

梗概五：铜鼓里走出来两个姑娘，说是他们的妻子。

梗概六：他们分别与两个姑娘结成夫妻，繁衍了后代。

⑥“天神赐铜鼓”型③

梗概一：布依族的老人死后不能上天成仙，只能到地府。

梗概二：太白星托梦给布杰（传说是布依族的祖先之一），让他向天神讨一面铜鼓，老人死后，人们敲击铜鼓，死去的老人就可上天成仙。

梗概三：布杰上了天庭，天神给他一面铜鼓。

梗概四：从此，布依族老人死后就可以升到天上成仙。

梗概五：每逢过年，布依族人就要敲响铜鼓，邀请天上成仙的祖宗和布杰下凡来过年。

上述类型的传说主要讲述了铜鼓的不凡来历。铜鼓或是来自天庭、龙宫等神仙府第，或最早是皇家御用之物。这些传说反映了使用铜鼓的各族人民对铜鼓的热爱与崇敬。

以上我们对壮族之外的其他民族的铜鼓传说做了梳理，把铜鼓传说分为“征服自然”“社会斗争”“铜鼓的不凡来历与其他”等三大主题及“黑岩鼓声”“铜鼓泉”“波松嘎借鼓”等十五个情节类型，旨在为壮族铜鼓传说的研究提供一个参照。

前文对流传于红水河流域各民族中的铜鼓传说做了主题与类型归纳，旨在建立铜鼓传说研究的资料系统，为后文对壮族铜鼓传说的分析研究提供前提与依据。

## （三）壮族铜鼓传说与其他民族铜鼓传说之比较

从主题来看，壮族铜鼓传说分为征服自然，社会斗争，道德、伦理与信仰观念三个主题，壮族以外的其他民族铜鼓传说分为征服自然、社会斗争和铜鼓的不凡来历与其他三个

① 据《铜鼓情》归纳，参见附录二《其他民族铜鼓传说情节梗概》(九)。

② 据《铜鼓的来历》归纳，参见附录二《其他民族铜鼓传说情节梗概》(十二)。

③ 据《铜鼓的来历》归纳，参见附录二《其他民族铜鼓传说情节梗概》(十四)。

主题。二者有两个相同的主题，即征服自然和社会斗争。从情节类型来看，二者也有相似的情节内容。在征服自然这个主题下，壮族铜鼓传说“铜鼓夫妻战蛇魔”“铜鼓战水鬼”等几个情节类型与其他民族铜鼓传说“铜鼓战孽龙”“铜鼓斗犀牛”等几个情节类型在内容上也有相似的地方，都是讲铜鼓下水与水中作恶的蛇魔、水鬼、恶龙、犀牛等打斗，战胜水中的怪物。壮族和苗、瑶等民族都聚居于岭南地区。岭南地区多雨，时常发生水灾。铜鼓下水斗恶怪就成为各民族铜鼓传说的主要内容，传说中的蛇魔、水鬼等都是水涝灾害的象征。这类传说表达了人们征服自然的愿望。在社会斗争这个主题下，壮族铜鼓传说“红铜鼓”“邕江铜鼓峡”两个情节类型与其他民族铜鼓传说“铜鼓泉”“铜鼓节”两个情节类型都以反抗民族压迫为主要内容。在封建社会，壮族与苗、瑶等民族一直遭受封建中央政权的剥削与压迫，因而反抗民族压迫是岭南各民族民间文学共有的主题之一。

相同的地理环境和民族处境是壮族铜鼓传说与其他民族铜鼓传说在主题及情节类型上相同或相近的主要原因。此外，征服自然与社会斗争是世界各国民间文学的常见主题。远古时代，社会生产力低下，人类抵御自然的能力很微弱，人类无时无刻不在遭受自然的肆虐与蹂躏，自然界中的干旱水灾、雷轰风卷、山崩地陷、毒虫猛兽都足以置人于死地。然而，人类对于大自然没有更多的办法，只能依靠想象来征服自然，因而征服自然、改造自然就成为神话的常见主题。这一主题为传说等民间文学形式所继承，成为民间文学的传统主题。进入阶级社会后，处于下层的普通百姓深受统治阶级的剥削和压迫，百姓也从未间断过反剥削反压迫的斗争。因而，反映社会斗争也成为民间文学尤其是民间传说和故事的传统主题之一。

从民族学及文化的传承与传播来看，壮族与水族、布依族同为语言属壮侗语族的民族，这使他们在历史文化方面有许多相同或相似之处。虽然苗、瑶、彝三个民族所使用的语言和壮族不同属于一个语族，但他们同壮族人民杂居或毗邻而居，长期的共同生活和彼此之间的文化交流也使得他们在文化上具有相似性。

如前所述，壮族铜鼓传说与红水河流域其他民族的铜鼓传说有许多相似的地方，但是他们之间也有一些不同，这些不同主要表现在传说中的一些形象上。

在红水河流域壮族铜鼓传说中，出现了布洛陀、包登、雷王、图额等壮族民间口头文学中特有的形象。布洛陀是壮族的创世神、始祖神和道德神，他的功绩主要有开辟天地、创造万物、制定伦理等。“布洛陀”是壮语的音译，“布”是具有很高威望的老人的尊称，“洛”是知道、知晓的意思，“陀”是很多、很会创造的意思，“布洛陀”就是指“山里的头人”“山里的老人”或“无事不知晓的人”等。据民间传说，布洛陀出生在敢壮山，农历二月十九是布洛陀的生日，壮族群众每年从这一天到农历三月初九都会前往敢壮山祭奉布洛陀。壮族民间流传着很多关于布洛陀的神话、史诗、传说。图额是壮族敬奉的水神。“图额”是壮语的音译，在壮文文献中也写为“图厄”“图兀”“溺”等。传说中，图额形似巨鳄或巨蟒，居于江河深潭之中，能呼风唤雨，善变形。在壮族民间口头文学中，图额是个既恶又善的形象，他会变成俊男靓女到歌圩对歌、谈情说爱，也经常给壮家人带来灾难。在《铜鼓与图额搏斗，保稻谷丰收的传说》中，图额就是个兴风作浪、危害百姓的恶神。雷王是壮族崇拜的主要神灵之一。壮族民间认为雷王是天上的主宰神，管理着天上的一切。壮族民众将雷王称为“雷公”，丘振声在《壮族图腾考》中说：“这是人们对雷‘认亲’的表现，他们把雷当作自己的亲属。”[1] 这足以说明雷王在壮族人民心目中的地位。在壮族口头文学中，雷王也是个既恶又善的形象。壮族民间流传着很多雷王惩恶扬善、主



① 丘振声：《壮族图腾考》，广西教育出版社，1996，第51页。

图七四　东兰县铜鼓队敲打铜鼓朝拜布洛陀（廖明君　摄）

持正义的传说故事，但也有《布伯斗雷公》这样的神话流传。在《布伯斗雷公》这个神话中，雷王残害百姓，壮族英雄布伯打败了他。壮族民间文学中图额、雷王等自然神既恶又善的形象是壮族先民对变幻无常的自然界的一种主观想象。当风调雨顺时，人们就觉得主管雨水的雷神、水神是个大善人；当暴雨引发洪灾时，人们就觉得雷神和水神很可恶。人们对自然的这种认识反映在民间文学中就是这些神灵时而善良，时而凶恶。包登是壮族先民所信奉的创世神之一。“包登”也是壮语的音译，即人王之意。壮族人认为是包登创造了他们，后来壮族民众将为他们求神问卜、消灾免难的巫师称为“包登”。铜鼓传说中出现的布洛陀、包登、雷王、图额等形象都是壮族民众信仰的神灵。

在红水河流域其他民族铜鼓传说中也有各民族特有的形象出现，如苗族“波松嘎借鼓”型传说中的务侯乜、告厅拉、务厅赛，布依族“天神赐铜鼓”型传说中的布杰。务侯乜是苗族民间口头文学中曾参加开天辟地的神仙之一；告厅拉、务厅赛在传说中是一对夫妇，告厅拉为男性，务厅赛为女性，他们二人是“五谷之王”；布杰是布依族民间传说中的布依族祖先，他能上天下地，曾把作恶的雷公从天上捉下来惩治。红水河流域壮族与其他民族铜鼓传说中出现的不同形象是各民族信仰的不同及对本民族历史的不同理解所造成的。

除以上铜鼓传说中所呈现的不同形象外，红水河流域壮族与其他民族对铜鼓形象的想象也不同。在红水河流域壮族铜鼓传说中，铜鼓可以化为聪明勇敢的猎手射杀毒蛇，也可变为英俊威武的后生与姑娘谈情说爱。虽然壮族群众将铜鼓视为神器加以崇拜，但在他们的想象中，铜鼓也和人一样，有七情六欲，他们赋予铜鼓以人的形象和品格。在红水河流域其他民族的铜鼓传说中，铜鼓在与毒虫猛兽打斗时，并未以人格化的形象出现，主要是以器物原本的形象出现。

红水河流域壮族与其他民族都有铜鼓信仰，但不同民族对铜鼓的理解有着一些不同。就此而言，不同民族铜鼓文化的内涵存在着一些差异。

由以上分析可以看出，红水河流域壮族铜鼓传说与其他民族铜鼓传说既有相同之处又有差异。他们的相同之处主要体现在主题、情节类型等方面，差异之处则主要体现在传说中的形象等方面。

## （四）壮族铜鼓传说的民俗文化内涵与民间文学特征

### 1. 壮族铜鼓传说的民俗文化内涵

民间传说是一个民族的文化瑰宝，它积淀着一个民族的族群记忆，反映了一个民族曾有的习俗风尚。壮族铜鼓传说也是如此，它反映了壮族人民古老的信仰观念、风俗习惯及宗教礼仪。

#### （1）原始信仰民俗的反映

远古时代的人类在对梦境、疾病、生死等与自身密切相关问题的思考过程中产生了灵魂观念。在形成灵魂观念之后，人类常常把这个观念从人自身推及与自己生活相关的万物之上，想象它们也和人一样有灵魂。泰勒把这种观念称为“万物有灵”。在这种信仰的支配下，人类认为世间万物，无论是有生命的动植物，还是无生命的自然事物（日月星辰、风雨雷电等）和人工器物等都像人一样具有灵魂，整个物质自然界是个有生命和灵魂的世界。泰勒认为，万物有灵观念是人类童年时期的普遍信仰。壮族先民也信仰万物有灵，在这种观念的支配下，他们产生了自然崇拜、图腾崇拜、祖先崇拜等原始信仰。这些原始信仰观念在壮族铜鼓传说中都有反映。

自然崇拜是早期人类对自然物和自然力顶礼膜拜的原始宗教信仰。在原始社会生产力水平极其低下的情况下，人类对不断威胁他们的自然力和自然现象无能为力，他们觉得日月星辰、电闪雷鸣、狂风骤雨等自然现象，都是由各自的神灵主宰着，发生自然灾害就是那些神灵不高兴了。为了尽量减少自然给人类带来的危害，人类虔诚地敬奉那些所谓的自然神灵，希望他们高兴，不要发怒。岭南地区多雨水，过多的雨水经常引发洪涝灾害。壮族先民对主管雨水的雷神无比崇拜，他们认为雷神是天上的主宰神，现在民间还有“天上雷公大，地下舅公大”的谚语。“铜鼓斗雷王”型传说中就有这样的内容：雷王规定世上的老人死后，大家把他的肉分来吃，谁要不照办，雷王就拿斧劈人。这个传说反映了壮族先民对雷神的敬畏，在他们看来，雷神不仅主宰着天上，还管理着人间事，给人间制定规则。

人类对自然的崇拜逐渐演变为图腾崇拜。丘振声在《壮族图腾考》导言中说，如果说自然崇拜是人类把眼光放在自然力和自然物上，那么图腾崇拜则是把注意力放在人自身方面。原始人希望通过了解自己与自然物的关系，认识自身，探索自己是怎么来的。[①]早期人类往往认为自己来自自然界中的某种动物或植物，和那些动植物有着血缘关系，把它们视为自己的始祖神和保护神。世界各个民族都有图腾崇拜。壮学研究者认为壮族图腾具有多样性，达数十种之多，其中既有动物类的蛙、鸟、蛇、鳄、牛、羊等，又有植物类的花、树、竹等，还有奇山怪石等其他自然物。壮族铜鼓传说反映了壮族先民对蛙、虎、鹅等动物的崇拜。

壮族先民的蛙图腾是与他们对雷神的崇拜联系在一起的。民间传说青蛙是天神雷王的儿子或女儿，“铜鼓斗雷王”型传说中就说青蛙是雷王的儿子。壮族先民将青蛙与雷联系起来是因为它们都和雨水有着密切关系，打雷下雨时，青蛙也在叫。民间认为青蛙是雷王



① 丘振声：《壮族图腾考》，广西教育出版社，1996，第8页。

派到人间帮助呼唤雨水的使者，雷王在天上听到青蛙的鸣叫就会降雨。壮族蚂蚜节从正月初一开始，至月尾结束，整个蚂蚜节活动持续一个月，中间有找蚂蚜、游蚂蚜、孝蚂蚜、葬蚂蚜等仪式活动。举办隆重而持续时间较长的蚂蚜节活动是为了唱诵青蛙呼唤雨水的功德，祈求风调雨顺、稻作丰收。“铜鼓斗雷王”型传说告诉我们，在壮族人的观念中，铜鼓、青蛙、雷三者之间有着密切的关系。他们把铜鼓叫作“雷鼓”，把青蛙称为“鼓精”。早期，铜鼓上都有云雷纹和立体的蛙饰。

图七五　铜鼓上的云雷纹（王梦祥　摄）

铜鼓传说还反映了壮族先民对鹅、虎等动物图腾的崇拜。“铜鼓护水源”型传说讲述，有一对神鹅走到哪里，哪里就有甘甜的泉水。壮家人和神鹅结成了老庚（最亲密的朋友）。神鹅带来的泉水滋润着大地，土地肥沃、牛羊肥壮，壮家人过着美好的生活。在《壮族麽经布洛陀》中，鹅是神造的灵物。壮族先民认为鹅是一种吉祥之灵物，可度送祖先灵魂到故地。至今，在敢壮山附近还保留有鹅村的地名，是壮族鹅图腾崇拜的遗存。岭南地区多深山密林，山中常有老虎出没，著名的华南虎就生长在岭南。古时，老虎伤人的事件经常发生。为了寻求保护，先民在心里早就和老虎认了亲，将自己视为老虎的后代。“铜鼓与包登”型传说讲述，洪水淹没了大地，只剩下了一只老虎和一个重甲人，是老虎和重甲人繁衍了人类的后代。这类型传说反映了壮族先民以老虎为图腾的原始信仰观念。

祖先崇拜是人类继自然崇拜和图腾崇拜之后出现的一种原始信仰观念。人类相信祖先的神灵可以保佑、庇护他们，所以就产生了祖先崇拜。壮族人民将布洛陀视为祖先神，铜鼓传说反映了壮族人民对祖先布洛陀的崇拜。“布洛陀造铜鼓”型传说讲述，布洛陀把天地变大了，阴暗的地方生出了毒虫恶兽和妖魔鬼怪，人们没办法，就去求布洛陀，布洛陀造了铜鼓来为他们驱邪赶恶。“铜鼓战水鬼”型传说讲述，铜鼓斗不过水鬼，人们就去问布洛陀，布洛陀告诉他们在铜鼓耳朵上挂上山羊角，就可战胜水鬼。从传说可以看出，壮族先民认为布洛陀可以帮助他们解决一切困难，他们可以在祖先布洛陀那里寻求庇护和保佑。

人类的原始信仰观念除了自然崇拜、图腾崇拜和祖先崇拜之外，还包括物神崇拜。壮族先民认为物神是精灵的化身，精灵具有个人的意识和力量，既可以给人带来好运和勇气，也可以给人带来疾病或灾祸，于是就产生了物神崇拜。整个铜鼓传说都反映了壮族先民的物神崇拜观念。铜鼓本是壮族民众生活中的一件器物，可在传说中，铜鼓成了具有神性的精灵。在“布洛陀造铜鼓”型传说中，铜鼓能吓跑毒虫猛兽、妖魔鬼怪；在“铜鼓会龙女”型传说中，铜鼓能变为英俊威武的小伙子与姑娘对歌、谈情说爱；在“铜鼓护水源”型传说中，铜鼓也能变为聪敏勇敢的后生射杀毒兀；在“铜鼓夫妻战蛇魔”和“铜鼓战水鬼”等情节类型的传说中，铜鼓还可以自行飞入水中与蛇魔、水鬼、犀牛等搏斗。在壮族先民看来，铜鼓是千变万化的精灵。

由以上分析可以看出，铜鼓传说反映了壮族先民的万物有灵观念，以及在这种观念影响下产生的自然崇拜、图腾崇拜、祖先崇拜、物神崇拜等原始信仰观念。

### （2）古代风俗习惯的映射

壮族铜鼓传说中有些情节内容反映了远古时代人类的风俗习惯。“红铜鼓”型传说中，人们铸造铜鼓不成，情急之中锦花花想起了老人给她讲的古时一对夫妻炼铁铸耕犁，妻子将自己的血融进铁水而最终铸成耕犁的故事，于是她割破自己的手腕，让血流进铜水里，铸成了红铜鼓。这是远古时期人祭习俗的映射。

我国古代各民族都曾有在造物时将自己作为祭品献给神灵的习俗，这也是人祭的一种形式。艾伯华所编的《中国民间故事类型》中，就有“建筑牺牲者”①这个类型。这类型的故事中提到，建筑者为了让神灵保佑其所造的河堤、剑等完美成形，往往都会牺牲生命，将自己献给神灵。我国著名的干将莫邪的传说就属于这个类型。该传说讲述，干将莫邪是一对铸剑的夫妻，楚王让他们铸剑，可铸剑的铁水却一直不能成形，妻子莫邪跳入其中，最终才将剑铸成。壮族铜鼓传说《红铜鼓》也属于这个类型的传说。

壮族铜鼓传说还反映了古时的食老习俗。在生产力水平极其低下的野蛮时期，人类为了自身的生存和氏族部落的发展，对待老人的态度比较消极，经常将其丢弃，或者将其杀死。在食物极度缺乏的条件下，甚至将死去的老人的肉作为食物吃掉。恩格斯在《自然辩证法》中说：“在我们知道的一切民族中，有一个时期曾因吃肉而吃起人来。柏林人的祖先，韦累塔比人或维耳茨人，在十世纪还吃他们的父母。”② 恩格斯告诉我们，人类在历史上存在过食老的习俗。但随着生产力水平的提高和人类社会的发展，人们的道德伦理观念有了进步，并逐渐改变了对待老人的态度，从弃老、杀老、食老变为敬老。壮族铜鼓传说《铜鼓斗雷王》记述了关于食老的传说，明显地反映出人类丧葬习俗的改革和人类文明的进程。

壮族铜鼓传说中有些内容还反映了与铜鼓相关的一些习俗。壮族民众习惯在铜鼓的耳朵上挂上黄猄角或山羊角。“铜鼓会龙女”“铜鼓斗恶龙”等情节类型的传说为这些铜鼓使用习俗做出了解释。挂上黄猄角是为了把铜鼓留在家里，挂山羊角是为了让铜鼓能够打败水怪。如今壮族民众在抬铜鼓过河时还在铜鼓耳上挂山羊角，以防铜鼓跳下河去与水怪打斗。“铜鼓斗恶龙”型传说讲述，人们为了让铜鼓安心留在主人家中，将铜鼓置于粮仓里或给铜鼓的耳朵挂上稻草。这类型传说反映了壮族民众将铜鼓放入粮仓的习俗。云南文山壮族民众如今还将铜鼓埋入稻谷堆中。铜鼓的声音穿透力极强，可以越过高山大川，透过茂密丛林，传到很远的地方。铜鼓声音的这种特质使得古时人们用它来传递信息，集中民众，尤其是在战争时期，铜鼓的作用更为重要。《红铜鼓》中讲述人们在铜鼓声的鼓励下，打败了官兵，这反映了铜鼓在战争中的集众功能。

铜鼓在壮族先民的生活中不仅是乐器，而且是神器。铜鼓作为乐器，和舞蹈是难以分开的。古时，乐舞是人们祭祀仪式的主要内容，壮族先民也常以铜鼓舞来娱乐众神。在广西左江花山岩画上，就绘有壮族先民跳铜鼓舞敬神的祭祀场面。“铜鼓斗雷王”型传说中说，壮家人每逢双亲过世时就跳铜鼓舞。这反映的是壮族先民在葬礼上敲铜鼓、跳铜鼓舞

① 艾伯华：《中国民间故事类型》，王燕生、周祖生译，刘魁立审校，商务印书馆，1999，第163页。

② 恩格斯：《自然辩证法》，曹葆华、于光远、谢宁译，人民出版社，1955，第155页。

以祭死者灵魂的习俗。如今，铜鼓舞仍然流行于壮族民间，只是它的祭祀功能已经衰退，更多的是娱乐性。蒋廷瑜在《壮族铜鼓研究》中说：“自娱性的铜鼓舞蹈流行于红水河畔，主要是广西东兰、凤山、巴马一带的壮族村寨。每当新春佳节，人们就将寨里的铜鼓集中到比较平旷的场地上……跳舞者随着鼓声表演各种优美感人的动作，再现各种农事情

图七六　收藏在粮仓中的铜鼓（王梦祥　摄）

图七七　众人竞打铜鼓（韦霍　摄）

景。”① 这说明如今的铜鼓舞是广大壮族民众喜爱的一种娱乐活动。

铜鼓在古时还是象征权力和财富的重器，只有部落首领或村寨的头人才拥有铜鼓。《隋书》卷三十一《地理下》中说：“自岭已南二十余郡……并铸铜为大鼓……有鼓者号为‘都老’，群情推服。”②“都老”是壮族民众对其族长或头人的尊称。《隋书》的记载说明古时壮族地区铜鼓为族长或头人所有，象征着权力。“铜鼓与包登”型传说中说，每个村子的人王包登都有一面铜鼓，这反映了古时壮族先民的部落首领或头人拥有铜鼓这一历史事实。

在万物有灵观的支配下，人类在遭受自然的威胁与伤害时，往往认为是那些自然物的灵魂在作祟。人类利用各种方式与那些灵魂进行对话，希望和神灵进行精神上的沟通。人类和自然进行对话和沟通的方式有两种。一种是向神灵献媚，通过给神灵献供品、表演歌舞等方式讨好神灵，就是所谓的娱神。娱神的目的是向神灵表达自己的敬畏、讨好和祈求，希望他们不要再伤害人类。表演歌舞是人类娱神的主要方式。广西左江流域花山岩画描绘的就是古代壮族先民以歌舞祭祀雷神的场面。据学者们研究，屈原的《九歌》是楚地巫师祭祀神灵时所唱的歌词，其中的神都由巫师来扮演，巫师唱着歌词，踏着鼓点，载歌载舞以娱神灵。部分学者认为我国的戏剧就起源于巫觋祭神时所表演的歌舞，所以我国戏曲在源头上就有娱神的功能。自古至今，每逢年节，我国民间都有搭台唱戏娱乐酬谢神灵的风俗。古时的戏台一般都搭在寺庙、祠堂的对面，面向神像或祖宗牌位，目的是让神灵看见他们的表演。另一种就是威吓和镇压神灵。人们通过某种神圣的物品来威吓和镇压神灵，使神灵害怕，不敢做出危害人间的事情。古时，人们相信一些物品具有神性，能够镇压给他们带来灾难的神灵。当人类面对自然带来的灾难而无能为力时，就幻想着心目中的神物能够帮助他们威吓和镇压那些作怪的神灵。古人往往用这种幻想出来的方法镇灾禳



① 蒋廷瑜：《壮族铜鼓研究》，广西人民出版社，2005，第259—260页。

② 魏徵等：《隋书》卷三十一，中华书局，1973，第887—888页。

灾，最为常用的是厌胜法。厌胜法必有厌胜物，古时常用的厌胜物有钱币、桃符、玉八卦牌、玉兽牌、刀剑、门神等。

所谓厌胜，《辞海》释义：“古代方术，以诅咒制服人或物。”① 壮族铜鼓传说中常常有这样的情节：每当水怪兴风作浪、危害百姓时，铜鼓就会自行飞入水中，与其搏斗。铜鼓还经常会留在水中镇守水怪，不再回来。壮族铜鼓传说中的上述情节反映的就是古时壮族先民将铜鼓作为镇水神物投入水中，以镇水患的厌胜仪式。古时，壮族先民对自然灾害既没有科学的认识，也缺乏抵御的能力，发生水患时就以为是居于水中的孽龙、蛇魔等水怪在作祟，往往幻想借助神力来抵御水患。铜鼓是壮族先民心目中能够消灾免难、辟邪禳灾的神圣器物，人们就幻想着铜鼓能够镇压作怪的孽龙、蛇魔，于是就将铜鼓投到江河或水潭之中以求镇住水怪。这可能也是后世人往往在水中捞得铜鼓的原因。

厌胜本是一种巫术，用这种方法禳水灾自然是不能成功的。在科学技术高度发达的今天，借助厌胜法来镇压神灵的事情已不大可能再发生，而向神灵献媚的娱神活动也早已变成人的自娱。我们只能在历史文献和口头文学中管窥人类在认识自然和征服自然的过程中曾经走过的路。

壮族铜鼓传说蕴含着丰富的民俗文化。它反映了壮族先民自然崇拜、图腾崇拜、祖先崇拜、物神崇拜等原始信仰观念，从中我们可以追寻到远古时期的人祭、食老习俗，以及壮族先民把铜鼓作为镇水神器，以期借助神力来抵御水患的习俗等。

## 2. 壮族铜鼓传说的民间文学特征

民间文学在内容和艺术形式上有一些鲜明的特征，这些特征主要体现在民间叙事口头文学中一些相对稳定的主题、类型、母题和程式化表达及经常出现的形象等方面。壮族铜鼓传说表现出了鲜明的民间文学特色，主要表现在四个方面：一是对民间文学常见主题、母题及类型的运用；二是对程式化表达的运用；三是对民间文学经常出现的形象的运用；四是对民间文学二元对立叙事范式的运用。

美国学者阿尔伯特·贝茨·洛德在《故事的歌手》中说：“在以传统的、歌的程式化文本来讲故事时，有一些经常使用的意义群，对此，我们可以按照帕里的定义，把它们称为诗的‘主题’（theme）。”② 帕里和洛德认为，口头故事的主题就是口头讲故事时经常使用的意义群。从洛德对主题的解释中可以看出，同一主题经常出现在不同的故事讲述中，意义群相同就可以说是同一主题。民间文学中有一些经常出现的主题，比如表现人类与自然做斗争的征服自然主题，反映阶级压迫和民族压迫的社会斗争主题，以及爱情伦理主题等。壮族铜鼓传说中的征服自然主题和社会斗争主题就是民间文学中常见的主题。

民间口头文学有一个明显的特征，就是不同人讲述的故事，情节结构常常大同小异，甚至远隔千里、不同国家的人所讲述的故事也有相似的地方。故事学家通过比较其异同，将类同或近似而又定型化的主干情节相同的文本归在一起，称之为同一类型。类型是就其相互类同或近似而又定型化的主干情节而言。和类型相关的还有一个常见概念母题。在民间叙事文学中，母题被认为是一个情节要素，是难以再分割的最小叙事单元，由鲜明独特的人物行为或事件来体现。刘守华在《中国民间故事类型研究》一书的导论中说，母题

① 陈至立主编《辞海》(第七版)，上海辞书出版社，2020，第 5040 页。

② 阿尔伯特·贝茨·洛德：《故事的歌手》，尹虎彬译，中华书局，2004，第 96 页。

“可以反复出现在许多作品中，具有很强的稳定性；这种稳定性来自它不同寻常的特征、深厚的内涵以及它所具有的组织连接故事的功能”①。同一母题可以出现在不同作品中，母题以其稳定性可以将故事组织连接起来。壮族铜鼓传说中也有一些民间文学常见的类型和母题。《铜鼓与水鬼搏斗》中，一个叫日鲁的人误杀了圣母，玉帝怪罪下来，将整个村子沉陷在深水潭里。这是民间文学中常见的“地陷型”传说，这个铜鼓传说可以说是壮族的“地陷型”传说。《红铜鼓》说锦花花在铸铜鼓时，将自己的血融进铜水后，最终铸成铜鼓。这个传说则属于艾伯华在《中国民间故事类型》一书中所说的“建筑牺牲者”这个类型的传说。《铜鼓老祖包登》讲述，洪水后，只剩下一个重甲人和一只老虎，是他们繁衍了重甲人的后代。这个传说属于“洪水后人类再殖”类型故事。壮族铜鼓传说中也有一些民间文学常见的母题，如“铜鼓斗雷王”型传说是民间传说故事中常见的食老母题。

壮族铜鼓传说在艺术形式上的民间文学特征主要是程式化表达。程式化表达源自阿尔伯特·贝茨·洛德的《故事的歌手》，洛德说：“程式，我指的是在相同的格律条件下为表达一种特定的基本观念而经常使用的一组词。程式化的表达，我指的是以程式的模式来建构的一行诗或半行诗。”② 洛德所说的程式就是讲故事时表达同一基本观念经常使用的一组词，他用这个概念来表示民间故事讲述中经常出现的重复现象。在民间叙事文学中，最能体现程式化表达的主要表现为人物、情节、语言的定型比。壮族铜鼓传说中的人物往往是三兄弟或三姊妹。如《红铜鼓》中雷加夫妇有三个儿女，三女儿锦花花用自己的鲜血铸成了红铜鼓。《铸铜鼓》中有三兄弟，最小的儿子特依不忍心将母亲的肉分给别人吃。除了人物的定型化外，铜鼓传说使用了套语程式化语言。如《铜鼓王》中，妇女重重地打三下铜鼓，连喊三声“铜鼓王，救我郎”，她丈夫的病就好了；观音走后，人们敲打铜鼓，朝打三轮，晚打三轮，希望她能听到铜鼓的声音。《铜鼓的来历》中，布洛陀用三彩泥、炼了三天三夜的孔雀石，造出了铜鼓。《石壁铜鼓》中，鼓主等了三天三夜，仍不见铜鼓回来；三天三夜后，潭水干了，人们看见铜鼓粘在石壁上；人们又用了三天三夜的时间，把犀牛熏死在洞里。

民间文学是广大民众集体口头创作、世代相传的文学。民间文学中经常会出现一些民众所喜爱和憎恶的形象。铜鼓传说中就有一些民间文学中常出现的形象，如“观音与铜鼓”和“铜鼓会龙女”型传说中的观音娘娘和龙女就是民间传说故事中经常出现的形象。“铜鼓夫妻战蛇魔”和“铜鼓斗恶龙”型传说中所出现的蛇魔、恶龙、毒兀等都是民间叙事文学中常有的妖怪形象。

万建中在《民间文学引论》中说：“二元对立是民间叙事的范式。”③ 他认为二元对立是民间文学叙事的一大特点。民间叙事文学中形象塑造的二元对立是这种叙事范式的最明显体现。壮族铜鼓传说中也有一些二元对立的形象。例如，创世始祖布洛陀与危害百姓的野兽毒虫，给人类带来甘泉的白鹅和毁坏水源的毒兀，保卫人畜平安的铜鼓和兴风作浪的水怪，保卫家乡的壮族人民和抢夺财产、欺压壮族人民的封建官僚等。这些对立的形象是对民间文学二元对立叙事范式的运用。

以上，我们从主题、母题及类型，程式化的表达方式，常见形象，二元对立叙事范式四个方面分析了壮族铜鼓传说的民间文学特征。从以上分析可以看出，壮族铜鼓传说在内容和艺术形式上都明显地表现出了民间文学的相关特征。

---

① 刘守华主编《中国民间故事类型研究》，华中师范大学出版社，2002，第2页。

② 阿尔伯特·贝茨·洛德：《故事的歌手》，尹虎彬译，中华书局，2004，第40页。

③ 万建中：《民间文学引论》，北京大学出版社，2006，第329页。

# 壮族铜鼓传说情节梗概

## （一）

布洛陀嫌天地太小，就把天地变大了。天地大了，就有了太阳、月亮和星星照不着的地方。阴暗的地方生出了毒虫恶兽和妖魔鬼怪，它们时常到寨子里害人。人们没办法，就托风大哥上天求布洛陀，把星星摘来安在地上，照亮犄角旮旯。布洛陀来到地上，用三彩泥做成一个两头圆中间小的模子，再把孔雀石烧成熔浆，倒进模子里，就做成了一个两头圆中间小的，有四只耳朵的金光闪闪的东西。上边有刀箭、斧凿、渔叉、耕织、狩猎、游戏和占卜等图案。它一头封顶一头空，封顶上边有一颗又大又亮的星星。布洛陀用拳一擂，响声如雷，毒虫恶兽、妖魔鬼怪就东奔西逃。布洛陀说这个东西叫阿冉（壮语，即铜鼓）。布洛陀回天上去了，人们从铜鼓上的图案学会了生产、纺织和狩猎。毒虫恶兽、妖魔鬼怪来了，人们就擂起铜鼓。庆祝节日时，人们还用铜鼓盛糯米饭、肥牛肉和美酒。壮家人造出了像星星一样多的铜鼓。

——《铜鼓的来历》，见蓝鸿恩编《壮族民间故事选》，上海文艺出版社，1984，第123—126页。

## （二）

老辈人讲，铜鼓是有生命的精灵，晚上他们就会变成一个个英俊威武的后生，挎着刀箭，骑着善跑的黄猄巡视山河田地，守卫村寨。有时，他们也到歌圩和姑娘对歌、谈情说爱。海龙王的女儿见铜鼓英俊威武，便爱上了铜鼓，铜鼓也十分喜爱龙女。他们经常约会，有时铜鼓还住在龙宫里。毒虫恶兽、妖魔鬼怪知道铜鼓夜间要去会龙女，便趁机作乱。人们知道是因为铜鼓夜间去会龙女，村寨才遭难，就请抱剖（长老）念祷文，祈求铜鼓不再出去。铜鼓也为自己的失职而伤心，就对抱剖说："把黄猄角穿在我耳耳里吧，这样我就不会离开村寨了。"人们就把黄猄角穿在铜鼓耳里，当村寨平安时又把黄猄角抽出来，让他去会龙女。

——《铜鼓的耳耳为什么穿着黄猄角》，见蓝鸿恩编《壮族民间故事选》，上海文艺出版社，1984，第126—128页。

## （三）

很久以前，有一对神鹅走到哪里，哪里就有甘甜的泉水。壮家人和他们结成了老庚。泉水滋润着大地，土地肥沃、牛羊肥壮，壮家人过着美好的生活。这时，可恶的毒几来了，霸占了泉水。神鹅只好走了。泉水干了，村庄遭了难。这时，有个叫阿冉的小伙，他是铜鼓变的，他踏着两个燃烧着的铜鼓，与霸占泉洞的毒几展开搏斗，杀死了毒几。之后，阿冉又深入地下寻找泉水源头。他在泉水源头处找到了神鹅，请神鹅回到村庄。神鹅说必须有人守护水源，阿冉就自荐留下来守护水源。此后，铜鼓就被埋在了地下。

——《铜鼓为什么埋在地下》，见蓝鸿恩编《壮族民间故事选》，上海文艺出版社，1984，第128—130页。

## （四）

从前，雷加夫妇住在九龙山下的一个村庄里，大儿子是擂鼓英雄，叫天轰轰；二儿子是耕地能手，叫地沙沙；三女儿是织锦能手，叫锦花花。官兵常来村里抢劫金银、粮食。大家在九龙山上建了一座鼓楼，安置了一面大铜鼓。官兵一来，天轰轰就擂起大铜鼓，附近的人们就联合起来抵抗。官兵派人伪装成卖酒的，灌醉了天轰轰，趁机把铜鼓砸烂了。皇帝带兵来攻，雷加夫妇战死沙场。天轰轰和大家赶制铜鼓，一直不成功。锦花花把自己的鲜血洒进铜汁，终于炼成铜鼓。鼓声又起，官兵被打得大败，地沙沙杀了皇帝，锦花花却因流血太多而将死去。她让大家把皇帝的头埋入地下，堆成一个土堆，并把她埋在土堆上，永远压住皇帝。后来，人们依照锦花花的话去做，堆成了一个大土岭，人们把它叫作压皇岭。不久，岭上长出一丛丛红花，人们称之为“映山红”。

——《红铜鼓》，见蓝鸿恩编《壮族民间故事选》，上海文艺出版社,1984，第139—142页。

## （五）

古时，驮娘江的深潭里住着一条蛇魔，它兴风作浪，为害四方。一次，它抢走了渔妇姆海。姆海的儿子达海为救出母亲，求助于红、黄铜鼓夫妻。红、黄铜鼓打败了蛇魔，救出了达海的母亲，母子团聚。从此，人们就把铜鼓当成保护神。

——《铜鼓的传说》，见西林县民委、文化局编《西林民间故事集成》（内部资料），1990，第120—122页。

## （六）

古时候，天上雷王规定，世上老人死后，大家把他的肉分来吃。有个叫特依的孩子觉得吃老人的肉太对不住老人。特依的母亲死后，兄弟三人把家里的马杀了，把马肉分给大家吃。他们这样做惹怒了雷王，雷王要惩罚他们。布洛陀告诉他们，雷王因为有铜鼓才耍威风，让他们把马皮蒙在空筒上，擂打起来，和雷王比赛。雷王被吓住了，于是派他的儿子青蛙来打听人间为什么有鼓。三兄弟捉住了青蛙。青蛙被迫告诉他们雷王铜鼓的样子。三兄弟就仿照着造了铜鼓。三兄弟擂打铜鼓，和雷王比赛。雷王赛不过三兄弟，逃走了。从此，雷王不敢和人比鼓了，人间也改掉了吃人的习惯。

——《铸铜鼓》，见过伟主编《中国民间故事集成·广西卷》，中国ISBN中心，2001，第87—88页。

## （七）

相传，古时人老死了，肉要分给众人吃，谁不照办，雷王就拿斧劈人。一寡母生有三个儿子。寡母病重，小儿子特依望着寡母流泪，说自己牧马时看见马生崽十分痛苦。其母说人亦如此，就断气死了。三兄弟不忍心再把母亲的肉分给别人吃，便杀马，以马肉代替。村里每人分得一份马肉。这事骗过了村里的众人，却骗不了天上的雷王。三兄弟为了对付雷王，做了十多面铜鼓，摆满了房子的前后左右。三兄弟的鼓声，比雷王的还响。雷王赛不过三兄弟，只好逃走了。后人为纪念特依三兄弟斗雷王，编成雷鼓舞，在双亲过世时跳。

——《雷鼓的传说》，见蓝鸿恩编《壮族民间故事选》，上海文艺出版社，1984，第 54—57 页。

## （八）

据安定镇的老人讲，祖辈传说铜鼓分公、母、子三种，公鼓会飞，每到晚上便飞到海上与龙女幽会。所以安定一带，凡有公铜鼓之家，平常总是将铜鼓的耳朵穿绑起来，或者在鼓身上挖一个小洞，意为“杀势”。

——《公铜鼓》，见顾有识《田林史事札记》，载广西民族学院民族研究所编《民族研究集刊》1985 年第 2 期，第 159 页。

## （九）

相传，一个山坡上住着二十几户人家。一天，村里的人都出去劳动，唯有一个叫日鲁的懒汉在家。这天，圣母刚好下凡到这个村庄了解民间疾苦。圣母装扮成一只大肥猪。这只大肥猪时不时叫喊，故意碰撞壮家人的物资，探视人间善与恶，却惊醒了睡觉的日鲁。日鲁不问青红皂白就把肥猪杀了。他把猪肉分给村庄里的人。玉帝得知圣母在人间被杀，就派雷公呼风唤雨，将整个村子沉陷在一个深水潭里，凡是食过圣母肉的人通通被淹死，变成了水鬼。这些水鬼残害人畜，毁坏庄稼。铜鼓知道这事后，就在夜深人静时悄悄飞到水潭里和水鬼搏斗。有的铜鼓被打断了两只耳，有的斗不过便被埋在了水里，变成了石鼓。鼓主们怕自己的铜鼓遭到同样的不幸，就去问祖先布洛陀。布洛陀让他们在铜鼓耳上挂两个山羊角。果然，挂着山羊角的铜鼓都能安全回家。现在，铜鼓耳上挂有山羊角，就是这个原因。

——《铜鼓与水鬼搏斗》，故事流传于东兰县长江镇兰阳村，韦万义搜集整理。

## （十）

传说铜鼓会飞，会在夜间飞去与图额打架。图额是水中恶龙，有时兴风作浪，祸害人间。铜鼓容不得图额为非作歹，常在夜间从主人家的窗口或屋檐下飞出去，与水里的图额搏斗。人们说，一个地方只要有图额作乱，铜鼓就一定会在夜间飞出去，就是铁链也锁不住它。人们为了保住铜鼓，有的就在它的耳上挂上一对山羊角，让它以此为武器去战胜恶龙；有的就将铜鼓藏于粮仓内，或在鼓身上挂一把谷穗，或用稻草拴其耳，目的是让铜鼓看到它身边时时有粮食，以为图额已经不再出来捣乱，人间年年丰收，于是安心住在主人家中。

——《铜鼓与图额斗争的传说》，见梁富林《河池传世铜鼓的“神器”功能》，载《广西民族研究》2000 年第 1 期。

## （十一）

传说有一年，红水河里窜出来一只叫图额的怪物，它兴风作浪，伤害人畜。红水河两岸人民拿图额没有办法。情急之中，大家抬出铜鼓到河边敲打。图额被震天动地的铜鼓声镇住了，不敢作恶。可是，到了傍晚，当人们把铜鼓抬回家后，图额又出来捣乱。图额的所作所为激怒了铜鼓，铜鼓要求主人在它的两耳挂上一对山羊角，让它去和图额搏斗。铜鼓跃入水底和图额搏斗，人们在河边一边敲打铜鼓助威，一边向河里投五色糯米饭。一时间，河中泥沙翻腾，图额被撞死并浮出了水面。铜鼓胜利了，乡亲们给铜鼓戴上红花，高高兴兴地把铜鼓抬回家，供奉为铜鼓王。从此，红水河两岸庄稼得到保护，人们过上了安定的生活。每年春节人们都祭祀铜鼓，并把铜鼓收藏在谷仓里，把禾穗挂在鼓耳上，表示与铜鼓相依为命。

——《铜鼓与图额搏斗，保稻谷丰收的传说》，见容小宁主编《红水河民族文化艺术考察研究》，广西人民出版社，2005，第 53 页。

## （十二）

相传古时芭幕乡堡上屯有一姓黄的老者，他请外地工匠铸造了一面大铜鼓，专门供村里人娱乐。铜鼓铸好后，就被挂在鼓主堂屋里的一根顶梁柱上。堡上屯下面有一深潭，名曰“黄坑”，潭内有一石壁，壁下有深洞，有一头犀牛在洞内作怪，危害当地百姓。一天，铜鼓挣脱挂绳，一跃飞进深潭，与犀牛决斗。后来，鼓主怕铜鼓出事，将铜鼓的两只山羊角取下，并加锁绑牢。谁知深更半夜，铜鼓自己解开锁头，悄悄地飞入深潭，再与犀牛决斗。铜鼓往石壁上猛压，因无角反击即粘在石壁上。农夫们前去取铜鼓时将犀牛熏死了。从此，潭面碧绿如镜，当地人畜平安无事。

——《石壁铜鼓》，见广西壮族自治区天峨县民间文学“三套集成”编辑领导小组编《天峨县民间故事集成》(内部资料)，1988，第 112 页。

## （十三）

相传，一千多年前，邕江上游一带遭了灾。朝廷派了钦差大臣下来察看灾情。钦差大臣来到这里后，勾结贪官污吏，搜刮民脂民膏。临走时，他想偷走村民的至宝——铜鼓进贡给皇上。一天，他做出启程离开村子的假象，深夜时他又悄悄溜回村子，盗得铜鼓。村民们看到这一切，便打着火把，成群结队地追赶钦差大臣。钦差大臣眼看要上船逃脱，突然刮起一阵大风，将他卷走了。风势平静后，人们发现钦差大臣被吹到江里，而铜鼓却被深深地嵌在峡谷的石壁中，怎么也拿不出来。从此，人们就把这个峡谷叫作铜鼓峡。船民每逢经过铜鼓峡的时候，就用竹篙敲打铜鼓，铜鼓便发出咚咚的响声，震撼整个峡谷。

——《邕江铜鼓峡》，见王矿新主编《广西民间文学作品精选·南宁市卷》，广西民族出版社，1996，第 128—129 页。

## （十四）

传说，天地刚分开时，大地上只有重甲人。天神怕重甲人的势力大起来，同他争夺管理天地的位子，就派耍发淹没了大地。后来，大地上只剩下一个重甲人和一只母老虎。老虎驮着重甲人在洪水中漂到了云南鹤庆朵美。这只母老虎和重甲人相处了九年后怀孕了。那唯一的重甲人等不到自己的娃娃落地就老了（死了）。母老虎生下一面铜鼓。老虎爪子一扒铜鼓，铜鼓就发出“轰——”的响声。随着响声，大地上出现了万物。老虎一高兴，就使劲用爪击铜鼓，铜鼓底部被击烂了，破洞中滚出一个身穿铁胄铁甲的重甲人，老虎给他取名叫包登。包登从铜鼓中滚出来就马上变成了一个巨人，手里握着一根大铁鼓槌，不停地敲打铜鼓。随着鼓声，无数人从铜鼓里钻出来。重甲人的儿孙跟着包登，敲着铜鼓，打败了耍发。从此，他们在各地定居下来，建造家园，繁衍子孙。后人不忘祖先的恩德，把老虎尊奉为创世老祖，把铜鼓尊奉为保护神，把包登尊奉为波掌——世界上的大能人。每个重甲人的村子里，都有一名包登，专为人们求神问卜、消灾免难、驱邪捉鬼。凡是做包登的人家里，都供有一面无底的铜鼓。

——《铜鼓老祖包登》，见刘辉豪主编《中国民间故事集成·云南卷》上册，中国 ISBN 中心，2003，第 278—280 页。

## （十五）

传说，古代石窝黄田村有个叫陈玉泰的农民，一天他上山打柴，碰巧挖到一面大铜鼓。这面铜鼓通身金黄，鼓面直径五尺多，高足足两尺，称得上是铜鼓王。几个壮汉想将铜鼓王抬到六靖圩去卖个好价钱，哪知，刚抬到水冲庵，就觉得铜鼓王重得抬不动了，只好把铜鼓王留在了庵里。原来是庵内的观音娘娘用法术将铜鼓王留了下来，她想用铜鼓王给百姓造点福。自从铜鼓王被抬进水冲庵后，一连几年，当地风调雨顺、五谷丰登，陈玉泰的家境更是奇迹般地好起来。百姓有难去水冲庵求拜观音娘娘时，观音娘娘就告诉他们，敲打铜鼓王就能解脱苦难。观音娘娘的这种做法得罪了上天，天神下来夺去了她的神力，观音娘娘只好离开了水冲庵。自此，铜鼓王只用两三个人就可以抬动了。敲打铜鼓王时，铜鼓声依旧很响。人们便筹资请人把守着铜鼓王。守鼓人朝打三十三下，晚击九十九下。逢大年初一和正月十五，就要朝打三轮，晚打三轮，总盼望观音娘娘能听到这鼓声。

——《铜鼓王》，见何泽非主编《北流县故事集成》(内部资料)，1988，第 84—87 页。

**附录二**

# 其他民族铜鼓传说情节梗概

## （一）

传说，苗族祖先最初只有木鼓，没有铜鼓。铜鼓是天上传下来的。据说，老仙婆务侯乜参加开天辟地立了功，天王特地赠给她铜鼓，叫她带回人间，与大家共享欢乐。务侯乜将铜鼓带回人间后却独自霸占。她养了两只恶狗守着铜鼓。大家在节日或婚礼的欢庆时刻都会想到铜鼓。有个后生叫波松嘎，他将大家的想法告诉了告厅拉和务厅赛。告厅拉和务厅赛给了波松嘎三把菜籽、三把凌、三把水、三把岩石，并教他怎样使用这些东西。波松嘎带着这些东西去找务侯乜借铜鼓，他按照告厅拉和务厅赛教他的办法巧妙地摆脱了务侯也和她的恶狗，拿到了铜鼓。从此，悠扬的铜鼓声便响彻苗岭。

——《铜鼓的来历》，见燕宝编《苗族民间故事选》，上海文艺出版社，1981，第86—88页。

## （二）

苗人为什么喜欢铜鼓呢？传说，古时候有两兄弟分家，狠心的哥哥只分给弟弟一个钓鱼钩。一个仙人见了，很同情弟弟，便在鱼钩上吹了口气，于是弟弟每天都能钓到很多鱼。哥哥知道后借走鱼钩，钓到的却是死蛇和烂蚂蚜。他气得把鱼钩扔进江里，恰巧钩住了东海龙王的喉咙，怎么也取不下来。龙王许诺只要谁能取下鱼钩，就将龙女许配给他。去寻访大夫的龙女恰好遇到了在江边找鱼钩的弟弟。弟弟帮龙王取下了鱼钩。龙王大喜，将龙女许配给弟弟为妻。龙女为了带给人们更多的欢乐，仿照龙宫铜鼓的式样炼铜铸造铜鼓，但都失败了。后来，龙女在炼熔铜块时，纵身跳进了铜水里，和铜水熔在了一起，铜鼓铸造成功了。苗人把铜鼓看成是龙女的化身，所以，千百年来对铜鼓的感情很深。

——《龙女化铜鼓》，见过伟主编《中国民间故事集成·广西卷》，中国ISBN中心，2001，第356—357页。

## （三）

传说，山顶寨口住着一个打铁的老公公，他有一个女儿叫娃妹，娃妹和寨里的孤儿成高定了亲。老铁匠经过三百六十天的工夫铸成了一面大铜鼓，送给他们作为成亲礼物。娃妹和成高成亲时，官府的管家牙标来山顶寨逼债。牙标看见了铜鼓，故意说他们铸造铜鼓是想造反，大家将他轰了出去。牙标回到官府添油加醋地说铁匠铸了铜鼓，准备带大家造反。官府派兵连夜赶到山顶寨，逼着老铁匠交出铜鼓。众人不让老铁匠交出铜鼓，说那是瑶家的欢乐。老铁匠擂响铜鼓。在铜鼓的鼓舞下，寨里的人和官兵打了起来。老铁匠牺牲后，娃妹和成高又使劲地擂起铜鼓，大家又一次次打退了官兵。官兵见铜鼓是瑶家的号令，就集中重兵来抢夺铜鼓。在和官兵的抢夺中，娃妹和成高抱着铜鼓从寨门墙上滚了下来，一直滚到了寨门边的石洞里。官兵追到洞口一看，一股清悠悠的泉水流了出来，娃妹和成高已经不见了。那泉水的响声还像冲锋的鼓点。因此，大家把这泉水称为“铜鼓泉”。

——《铜鼓泉》，见红波《红波诗文集·故事传说卷》，香港天马图书有限公司，2000，第600—603页。

## （四）

黑岩位于平果与马山的交界处。传说一千多年前，瑶族先祖带着一批人从湖南经东兰迁徙，来到了黑岩。岩洞黑咕隆咚，深不可测。一个勇敢的青年特力走在前面带领着大家。在岩洞中，他们遇到了一条巨大的蟒蛇。他们怎么也对付不了蟒蛇，抬铜鼓的两位弟兄害怕得手发抖，铜鼓“扑通”跌在地上，铜鼓的跌落声镇住了蟒蛇。于是他们敲着铜鼓安全走出了岩洞。为了让以后的同胞也能走这条路，他们将一面铜鼓埋在了那条路上。人们从那里经过时，那鼓便发出嗡嗡的响声。

——《黑岩鼓声》，见红波《红波诗文集·故事传说卷》，香港天马图书有限公司，2000，第107—108页。

## （五）

相传，水家从前没有铜鼓。有一回，水王到咸阳朝拜秦始皇，看见皇宫门外挂着一面铜鼓，轻轻一敲，余音绕梁，他非常喜欢。水王只对铜鼓的正面瞅了一眼，不知道另一面是空的。他回去后，让所有手艺高明的铜匠照他讲的样式铸造铜鼓，结果都没有秦始皇的那面铜鼓响。一个老匠人随后将铜鼓改为一头空心，改后的铜鼓敲起来果然同秦始皇的铜鼓一样响了。水王在自家大门外的一边吊起一面铜鼓，平日一般不让敲，逢节过端或有要紧的事情才敲。铜鼓成了皇家独享之宝，百姓可望而不可即。三国时，孔明路过水家地方，人们见孔明的军士做饭、做菜、盛米、装水都用铜鼓。孔明看水家老百姓很喜爱铜鼓，就送给他们一面。从此，铜鼓不再是皇家独享之宝。孔明送的那面铜鼓，刻有“孔明造”三个字。水家人自己铸造铜鼓的时候，为了纪念孔明，也刻上“孔明造”三个字。

——《铜鼓的由来》，见岱年、世杰主编《水族民间故事》，贵州人民出版社，1984，第114—116页。

## （六）

传说，水友寨准备过端节，人们把大铜鼓挂在寨子边的大榕树上，准备美美地过一个节。可端节这天却出了事，寨前奈劳大河里的孽龙让水淹没了河上唯一的一座石桥。外寨的妇女无法过河来水友寨过节。没有年轻姑娘一起对歌、跳舞，人们只好无精打采地各自回家。第二天天快亮时，人们看见河里有个圆圆的东西将孽龙砸死了。天亮后，河对岸的妇女欢声笑语地过了石桥。大家高兴地跑到大榕树下去敲铜鼓欢迎亲友，却看见挂铜鼓的绳索断了，铜鼓躺在地上，周身湿淋淋的。人们顿时明白了，那个和孽龙打架的圆圆的东西是铜鼓。

——《端节降龙》，见岱年、世杰主编《水族民间故事》，贵州人民出版社，1984，第118—120页。

## （七）

传说，平寨有个叫翁达的水族老人，他家里有面龙铜鼓。因为有这面铜鼓，平寨的人们心里很踏实，日子过得很顺心。有一年，平寨下坎的阴水潭，不知从哪里来了头犀牛，犀牛掀起滔滔洪水，将庄稼淹没了。一天半夜，翁达老爹发现床铺底下的铜鼓不知去向。这时，阴水潭里传来“乒乒乓乓”的响声，翁达以为是铜鼓去和犀牛合伙淹没庄稼，越想越气。天快亮时，铜鼓回来了，翁达抡起铁锤打断了铜鼓的一只耳朵，还将铜鼓吊在房梁上。河水又涨了起来，淹了更多的庄稼。梁上的铜鼓挣断绳索，滚进了阴水潭，与犀牛打斗。河水退了，庄稼得救了，大家才晓得铜鼓是为了救庄稼去和犀牛斗。翁达老爹很后悔错怪了铜鼓，可铜鼓却再也没上来。从此，每逢大雨过后出现彩虹时，阴水潭边就会出现一个缺了一只耳朵的打伞老者，人们说那就是龙铜鼓，他上来透透气，彩虹一消失，他便又回到潭里去镇守犀牛。

——《斗犀》，见岱年、世杰主编《水族民间故事》，贵州人民出版社，1984 年，第 120—121 页。

## （八）

龙铜鼓降龙，虎铜鼓伏虎。甲仿寨有一个虎铜鼓伏虎的传说。寨子旁边的芭茅坡上有一只老虎，经常出来咬人、伤牲口。听说虎铜鼓会吃老虎，寨老便派人到外寨借。借鼓的人借到了虎铜鼓。人们把铜鼓放在寨老家粮仓的地板上。从借鼓来的那天晚上起，一连三天，老虎再没出现过。人们抬起铜鼓，看见鼓底下有一堆老虎骨头，鼓身上沾有老虎毛。原来，铜鼓真的把老虎吃了。人们虽然不知道铜鼓是怎么吃掉老虎的，但从此便把铜鼓当成宝贝。

——《虎鼓伏虎》，见岱年、世杰主编《水族民间故事》，贵州人民出版社，1984 年，第 122—123 页。

## （九）

相传，黄土寨有两兄弟，从小死了爹妈，两人相依为命。他们家有两面铜鼓，一面公铜鼓，一面母铜鼓。他们的土地被财主占了，日子无法过下去。哥俩商量了一下，让弟弟搬到空泥寨去，听说那里的日子好过。弟弟走时背上了母铜鼓。两年过去了，哥哥的日子越过越苦，他敲响公铜鼓，以此消愁解闷，可铜鼓的声音却很沉闷。在哥哥敲响公铜鼓时，弟弟的母铜鼓也嗡嗡地响起来。弟弟天不亮就背起母铜鼓赶回黄土寨。哥俩见面，抱头痛哭。身边的公铜鼓和母铜鼓也嗡嗡地响着，好像在哭泣。他们哭罢，敲响铜鼓，庆贺团圆。公铜鼓的声音又重新响亮起来，母铜鼓的声音也猛得多了。

——《铜鼓情》，见岱年、世杰主编《水族民间故事》，贵州人民出版社，1984，第 123—124 页。

## （十）

相传很久以前，居住在三都九阡的水族先民不堪忍受官府的欺压，被迫西迁。他们跋山涉水，来到了都匀境内的陈蒙山下定居。他们有十二个兄弟，为了不让官府发现，就分别住在十二个深山老林里。他们都在村后的山垭口上修筑一个哨卡，共十二个哨卡，每个哨卡的名字都有个“翁”字。每次官府派兵来追缴贡税，人们就敲响铜鼓，只要有一个哨卡的铜鼓被敲响，十二个村寨的男女老少就到深山老林中躲藏起来，官兵每次都扑空。一次，官兵深夜窜到第九个翁，威胁头人翁摆九交纳苛捐杂税。翁摆九用计敲响了铜鼓，十二个村寨的兄弟一齐围拢过来，打跑了官兵。不久，官府加派兵力，将翁摆九绑走了。途中，翁摆九纵身跳下了悬崖。翁摆九跳崖这天，正是农历清明节卯日。后来每到这一天，十二个翁的父老乡亲各抬一面铜鼓到陈蒙山垭口，将铜鼓挂在一排支起的木架上，同时敲击。久而久之，就形成了一年一度的铜鼓节。

——《铜鼓节的由来》，见燕宝主编《中国民间故事集成·贵州卷》，中国 ISBN 中心，2003，第 461 页。

## （十一）

广西那坡县城厢镇口角山脚有一口深潭。传说很久以前，这口深潭里有一条大母龙经常危害周围百十里的彝族人民。一次，两位彝家桑巴从云南普梅（传说中的地名）买来一面大铜鼓，准备在寨上敲鼓娱乐。当他们抬着铜鼓走到口角山顶时，铜鼓突然自己发热，烧断抬杠，滚进山脚下的那口深潭。大家到潭边一看，发现那条母龙已被铜鼓砸成了七八节，浮到水面上。铜鼓在水下再也没上来。一位包芒（老公公）说："铜鼓自己找到了落脚的地方，就让它住在那里，为我们驱邪斩恶。"打那以后，附近彝寨乡亲过上了安乐的日子。大家都说是铜鼓显了神威。

——《铜鼓的神威》，见广西师范学院民族民间文学研究所编《回、彝、水、仡佬、毛南、京六族故事选》，广西人民出版社，1988，第 77—79 页。

## （十二）

传说很久以前，有个老变婆生下了很多儿子，她天天扛人去喂她的儿子。眼看彝族人就要被吃光了，有两兄弟决定跟老变婆拼个死活。一次，他们砍伤了老变婆，可没几天，老变婆又来村里扛人。铜鼓告诉他们，要在糊烟刀上抹上鸡屎和狗屎，只有这样，老变婆的伤才无法医治。他们砍死了老变婆，回家一看，铜鼓不翼而飞了。他们到处寻找铜鼓，才发现普天之下已经没有其他彝族人了，就剩下他们哥俩了。一天，他们碰到了铜鼓，铜鼓里面走出来两个姑娘，说是他们的妻子。他们分别与两个姑娘结成夫妻，繁衍了后代。

——《铜鼓的来历》，见刘辉豪主编《中国民间故事集成·云南卷》下册，中国 ISBN 中心，2003 年，第 788—789 页。

## （十三）

相传，向北逃荒的布依族人中，有一个叫阿伍的后生，他挑着一公一母两面铜鼓。阿伍坐竹筏渡金沙江时，有一条黄龙在江里摇头摆尾，竹筏眼看要被淹没，阿伍肩上的两面铜鼓嗡嗡地响起来，挣断了绳索。公铜鼓滚到江里，和黄龙打起架来。公铜鼓打败了黄龙，也没再回来。阿伍和母铜鼓一起到江里去寻找公铜鼓。他们来到江底，看见公铜鼓把守在龙宫门口。公铜鼓告诉阿伍："每年过春节的时候，你敲响母铜鼓，我在江里听见，就晓得这年风调雨顺，乡亲平安，我就放心了。"母铜鼓说："为了乡亲们，你就在水里镇黄龙，我就在岸上报平安。"从此，每年春节，迁到金沙江边定居的布依族人都要敲铜鼓，一来庆丰收，二来向公铜鼓报平安。

——《铜鼓镇金江》，见贵州省社会科学院文学研究所、黔南布依族苗族自治州文研室合编的《布依族民间故事》，贵州人民出版社，1982，第 103—105 页。

## （十四）

传说很久以前，布依族的老人死后，总是上不到十二层天去成仙，只能下到十二层海的地府里。天上的太白星托梦给布杰，告诉他去天上向天神讨一面铜鼓，老人死后，人们敲击铜鼓，铜鼓声可将死去的老人引到天上去成仙。第二天，布杰进了天庭，向天神说明了来意。天神觉得布杰是个有孝心的人，就送给他一面铜鼓。因为过于高兴，布杰背着铜鼓经过南天门时一跟斗摔到地下摔死了。从那以后，布依族老人死了，就可以升到十二层天上去成仙了。每逢春节，一些布依族人敲响铜鼓，邀请天上成仙的祖宗和布杰下凡来过年。

——《铜鼓的来历》，见贵州省黔南文学艺术研究室搜集、贵州民间文学工作组编《民间文学资料》第 44 集（内部资料），1985，第 556—573 页。

## （十五）

传说平塘地区很久以前是一个大海子（贵州土语称内陆湖为海子），岸边住着一个孤儿，名叫古杰。财主苏海八经常欺压古杰。古杰在海边钓了一条红尾红鳃的鲤鱼，他把鱼带回家养着，舍不得吃。消息传到了苏海八那里，他抢走了那条鲤鱼，放到锅里煮了。古杰用十石白米换回了那条鱼。他把鱼带回家放在水缸里养了起来。第二天，那条鱼活了过来。之后，古杰每天种地回来时发现饭菜都已经做好了。原来那条鱼是龙王的三公主。他俩成了亲，公主带着古杰回到了龙宫。在返回人间时，龙王送给他们一面铜鼓。财主苏海八来抢铜鼓，走到古杰家堂屋时，被鼓声震聋震哑了。由于古杰家过年兴敲铜鼓，因此，他家年年五谷丰收、六畜兴旺，日子过得十分美满幸福。至今，布依族过春节都要敲铜鼓。

——《铜鼓的传说》，见贵州省黔南文学艺术研究室搜集、贵州民间文学工作组编《民间文学资料》第 44 集（内部资料），1985，第 38—40 页。

# 第二章

# 红水河流域瑶族铜鼓文化

# 一、红水河流域布努瑶铜鼓文化

## ——以广西东兰县三弄瑶族乡为例

## （一）东兰布努瑶铜鼓文化的自然与人文环境

### 1. 东兰布努瑶铜鼓文化的自然环境

河池市东兰县地处广西西北部，云贵高原南缘，红水河中游，东接河池市金城江区，西接凤山县，南邻大化瑶族自治县、巴马瑶族自治县，北与南丹县、天峨县相连。东兰县属亚热带季风气候区，夏长冬短，雨量充沛，地形以石灰岩山地为主，耕地集中在红水河冲积平原。

东兰县瑶族铜鼓文化表现最为突出的地区是三弄瑶族乡。三弄瑶族乡地处东兰县中部，是东兰县唯一的民族乡。根据 2004 年东兰县传世铜鼓普查资料，东兰县瑶族传世铜鼓只保存于大同乡和三弄瑶族乡，其中大同乡有 5 面，三弄瑶族乡有 12 面。从数据上看，三弄瑶族乡保有铜鼓数量在东兰县瑶族传世铜鼓中占大多数，且该乡有 3 人被认定为自治区级非物质文化遗产项目布努瑶铜鼓舞的传承人。笔者认为，了解三弄瑶族乡铜鼓文化的情况对于研究瑶族铜鼓文化，尤其是东兰县瑶族的铜鼓文化是有重大意义的，于是将三弄瑶族乡作为本研究的田野调查点。

### 2. 东兰布努瑶铜鼓文化的人文环境

每年的农历五月二十九是布努瑶纪念始祖密洛陀的节日。在三弄瑶族乡，外出打工的人纷纷赶回家过节，在他们心中，这个节日比春节更为重要。节日期间，瑶族要敲响铜鼓，载歌载舞庆祝。布努瑶人家中设有祖宗牌位，祭祖只在正月初一与农历五月二十九举行：正月初一，由主家供肉，烧香纸即可；农历五月二十九则杀猪宰羊，请道公来供奉，意思是要请祖宗给子孙赐福。布努瑶家里有人生病，都要请麽公进行占卜。家中发生较大的事情，如生孩子、家里有人过世，都要请麽公举行祭祀仪式。

下弄宁屯位于三弄瑶族乡西北部，距离乡政府所在地约 7 公里。全屯共有 23 户人家，全屯的房子都在山坳中，现在有铜鼓的两户人家共有 12 面铜鼓。蓝尚林一家的房子位于山坳的底部，面朝东南，是全屯唯一的三层楼房。房子内部装修完整，外墙贴有瓷砖，一进屯就能看到这幢建筑。蓝尚林在全东兰县有一定的威望，曾是三弄瑶族乡的小学教师，后又调往教育局和旅游局工作，在乡里较受人尊敬，因患病于2012年2月去世。蓝尚林有三子，目前家里的主要经济来源是养羊的收入。

下弄宁屯居住的都是布努瑶人，他们将瑶话、壮话和桂柳官话作为主要语言，但在与本屯人交流时都使用瑶话。学界通常认为，布努瑶使用的语言属于苗瑶语族苗语支的布努语。屯里的房子多属于木质干栏式建筑，沿着山坳的底部一直向西北分布。房屋的第一层主要用于饲养牲畜或存放柴火，第二层住人。第二层一进屋是客厅，再往里是火塘和厨房，由于房子面积不大，家里人口较多，因而客厅边都摆有床铺。整个下弄宁屯甚至整个三弄瑶族乡的可耕地都十分有限，家里的农活并不多，因而屯里大多数年轻人在外打工，年长的在家负责简单的农活。整体来看，布努瑶人的生活是较为拮据的。即便如此，他们十分好客。如果有客人来，他们一定拿出家里最好的东西招待客人。若是吃饭时遇到邻里之间来聊天的，他们都会给人添上一碗饭、一杯酒。遇上节日，布努瑶人经常是今天聚在这一家吃饭，明天又到另一家吃饭，村里人轮流做东，拿出好酒好肉招待邻里，场面十分热闹。

## 3. 东兰布努瑶铜鼓文化概述

### （1）东兰布努瑶铜鼓的使用史

一般认为，瑶族使用铜鼓的记载最早可追溯至宋代。宋人洪迈在《容斋四笔》一书中记载，瑶族在械斗过程中，常“震以金鼓”，这可能就是瑶族使用铜鼓的较早记载。宋人朱辅在《溪蛮丛笑》一书中也说：“溪峒爱铜鼓，甚如金玉。”[①] 书中所说的“溪峒”，专指五溪地区的少数民族，朱辅在书中已交代得很清楚，即苗族、瑶族、壮族、侗族、仡佬族。既然瑶族属于“五溪蛮”的范畴，那么五溪地区崇尚铜鼓的“溪峒”之民理应包括瑶族在内。由此看来，瑶族在宋代就开始使用铜鼓了。《宋史·蛮夷列传》记载，北宋元丰年间，湖南巴陵永庆庄的农民在耕田时得一面铜鼓。

在笔者进行田野调查的三弄瑶族乡，由于没有相关文字记载，老人们只是听他们的父辈说过，他们这一支的布努瑶人迁到这里来至今大约已有40代人了，按20年为一代人计算，他们应该是宋元年间迁徙到这里的。蓝家收藏的最古老的一面传世铜鼓，据说是宋代的。虽然无法确切地证明这一支布努瑶的祖先在宋代就开始使用铜鼓，但至少说明在布努瑶人的记忆中，先人在很久远的年代已经使用铜鼓了。

明确提到东兰县瑶族使用铜鼓的历史文献应该是清道光年间修的《庆远府志》，该志书卷三记载：“瑶僮俱尚铜鼓，而所用之时不同，有用之于吉礼，有用之于凶礼。”[②] 庆远府辖区相当于今天的河池市，其中所论述的情况应包括东兰县的瑶族。

布努瑶使用的铜鼓是麻江型铜鼓，体型比较小，鼓身为圆桶形，鼓的胸、腰、足过渡较为圆滑，鼓面中央一般有太阳纹，周边布有祥云或动物图案，鼓壁较薄，发音效果好。根据铜鼓敲击的声音，又分为公鼓和母鼓，公鼓声音清脆，母鼓声音低沉。

东兰县铜鼓主要沿着红水河流域分布。三弄瑶族乡坐落在红水河边，居住在三弄瑶族乡的布努瑶人与附近壮族村落联系密切，多有往来。布努瑶人的铜鼓不是自己制造的，而是在壮族人那里购买的，所以东兰县的铜鼓几乎都是麻江型铜鼓。关于铜鼓的来源，较为

① 王时阶：《瑶族铜鼓考》，《民族艺术》1989年第3期。

② 英秀、唐仁等：《庆远府志》，道光九年（1829年）刻本。

图七八　东兰山水风光（李桐　摄）

盛行的说法是它们从贵州通过水路运来。据说，布努瑶人的祖先到贵州购买铜鼓，再通过水路运回，代代相传至今。从铜鼓的类型来看，东兰县的铜鼓百分之九十几是麻江型铜鼓。从地理条件上看，红水河自贵州流经东兰县，是当时两地人民利用水路运输物资、进行商业交往的主要通道。考虑到铜鼓的体积和重量，靠肩挑、背扛、牲口驮来运输是相当困难的。因此，通过红水河运输铜鼓至东兰县，是既合理又高效的方式。如今东兰县铜鼓文化分布最广的地区，要算是红水河两岸的壮族村寨和瑶族村寨，东兰县的铜鼓也大都收藏在红水河两岸的村寨。

## （2）东兰布努瑶铜鼓文化概述

布努瑶铜鼓文化主要是指与铜鼓的使用相关的一系列民俗活动，既包括铜鼓的取用、祭祀、敲打和保存，也包括与铜鼓相关的舞蹈、歌唱、竞技等活动。三弄瑶族乡布努瑶使用铜鼓的场合主要包括春节、祝著节、婚礼、建新房和男性葬礼。不使用铜鼓的时候，一般将铜鼓藏在自家房子里或洞穴中。敲打铜鼓前，要举行祭鼓仪式，将要敲打的铜鼓摆在自家祖宗牌位前，由麽公念经，大意是要祖先庇佑家人平安，保佑铜鼓在敲打中不受损害，麽公会根据敲打铜鼓的目的念不同的经文。做完祭鼓仪式后，铜鼓方能拿出来敲打。春节时，通常要在腊月底将铜鼓取出，祭鼓后即可悬挂于家中，任人自由敲打。收鼓时间一般在正月十五，有的一直打到正月三十方将铜鼓收藏起来。三弄瑶族乡布努瑶婚礼一般持续两天：第一天在女方家进行；第二天为男方请客日，男方家要敲打铜鼓庆贺。

表一四　东兰布努瑶使用铜鼓的场合和步骤

| 使用铜鼓的场合 | 使用铜鼓的步骤 |
|---|---|
| 春节（腊月二十八至正月十五） | 祭鼓—自由敲鼓—收鼓 |
| 祝著节（农历五月二十九） | 祭鼓—跳铜鼓舞—自由敲鼓—收鼓 |
| 婚礼 | 祭鼓—男方家敲鼓—新人敲鼓—收鼓 |
| 建新房 | 祭鼓—自由敲鼓—收鼓 |
| 男性葬礼 | 祭鼓—敲鼓三下—下葬—收鼓 |

男方请客日这一天，当迎亲队伍的唢呐声传到男方家的村子时，男方家里就开始敲打铜鼓。新娘进门之后，还要让新娘、新郎打一轮铜鼓。两位新人打过之后，男方的亲朋就要将铜鼓一直打下去，直到最后一位客人离开，中间不能停顿，否则被视为不吉利。在三弄瑶族乡，布努瑶人建新房，一般要由舅家送大梁。当大梁送到时，主家要举行一套迎接、安放仪式。在举行迎接、安放仪式的过程中，人们都要打铜鼓。大梁安放好后，有时人们还会跳铜鼓舞，举行赛马等娱乐活动。

过祝著节时要拿出四面铜鼓一起敲打，敲打的节奏由打皮鼓的人掌握。敲打铜鼓的时候，要将鼓侧放于平地上，一手持鼓槌敲打鼓面，一手持小木棍敲打鼓侧中部。铜鼓往往与皮鼓、竹鼓合奏，各鼓声音阵阵，相得益彰。在敲打铜鼓的同时，身着盛装的布努瑶人还要一起跳铜鼓舞。舞蹈时，他们模仿猴子的动作，并随着鼓声的节奏不断变换着舞蹈动作，引得观者纷纷击掌。《河池县志》卷二记载：“地方多古代铜鼓，凡遇年节及有婚丧事等，皆击铜鼓，并挝革鼓以和之。击鼓者多瑶人，击必跳舞，多数以次轮击，每三通辄饮酒，呼喝以为礼。”①

铜鼓舞跳到高潮，布努瑶人便会展现他们的绝技——咬铜鼓，即将原本放置于地面的铜鼓抬起至头部，用牙齿咬住铜鼓底部边缘，等咬稳当后，缓缓放开双手，再随着鼓点继续敲打咬着的铜鼓。舞蹈结束以后，是自由敲打铜鼓的时间，布努瑶人把铜鼓一侧的耳部用红布绳穿过，挂在粗木的横杆上，让大家敲打。根据传统，布努瑶人还会进行打铜鼓的比赛。这项比赛分两种类型：一种是耐力赛，参赛者竞相比拼谁能持续敲打铜鼓更久。据说有的比赛能持续一天一夜。另一种是技巧赛，拥有铜鼓的主家敲打皮鼓作为号令，参赛者必须根据皮鼓的节奏来敲打铜鼓，力求使铜鼓与皮鼓的敲打声和谐相融。打皮鼓的人会不断变换节奏，若参赛者跟不上鼓点，则会被判出局。伴随着阵阵鼓声，附近各个村屯的人都赶过来，相互间致以节日的问候。这种问候很多是通过歌声来表达的。布努瑶人喜欢在敲铜鼓的地方唱山歌，哪里有铜鼓，他们就在哪里唱。祝著节的时候，他们唱的歌往往是赞美密洛陀创造天地万物的。山歌以问答的方式进行，一般两人一组，每组中有一个歌手负责编词，另一个歌手随着和唱，两组间互相对歌问答，一唱一和，这种对歌能持续一整天，很多人唱到第二天天亮才离开。

① 黎德宣等：《河池县志》卷二《舆地志上》，民国八年（1919年）点校本。

图七九　东兰布努瑶铜鼓展演（李桐　摄）

## （二）集体记忆：东兰布努瑶铜鼓文化

莫里斯·哈布瓦赫在《论集体记忆》一书中认为，集体记忆是“在一个由人们构成的聚合体中存续着，并且从其基础中汲取力量，但也只是作为群体成员的个体才进行记忆”①。在布努瑶社区中，由于族群的单一性，布努瑶的集体记忆是立足于对其族群历史的建构，即在个体与集体对族群历史的认知、分享中获得集体记忆。在集体记忆的结构中，铜鼓和铜鼓文化发挥着唤醒和衔接记忆的节点作用，这一记忆的符号，使得族群的记忆传承保持着一定的规范。如同格尔茨所说的那样：“人明显地是这样一种动物，他极度依赖

① 莫里斯·哈布瓦赫：《论集体记忆》，毕然、郭金华译，上海人民出版社，2002，第 40 页。

于超出遗传的、在其皮肤之外的控制机制和文化程序来控制自己的行为……文化的‘控制机制’是以这样的前提开始的：人的思想基本上既是社会的又是公共的……思想不是由‘头脑中发生的事’构成的，而是由在被G. H. 米德和其他人称之为有意义的象征性符号之中进行交流构成的。”[①] 在布努瑶社会中，铜鼓就具有这种控制力，约束着人们按照传统进行各种仪式。与此同时，人们通过敲打铜鼓来沟通人与神以及人与人之间的关系，并努力维系这种联系。铜鼓在布努瑶社会中就如同这样一种“公共符号”，即同一文化共同体内的人们赖以表达自己的世界观、价值观和社会情感的媒介。在三弄瑶族乡，铜鼓是布努瑶传统文化的载体，在不同的民俗活动中传递着不同的文化信息。在祭鼓仪式中，铜鼓被视为人与神之间交流的媒介；布努瑶人打铜鼓、跳铜鼓舞庆祝丰收与娱神，这有助于增进

① 克利福德·格尔茨：《文化的解释》，韩莉译，译林出版社，1999，第57页。

图八〇　东兰布努瑶群众打铜鼓（廖明君　摄）

族人之间的感情，在舞蹈动作中又传递出敬祖与传承的信息。同时，铜鼓本身的传承使得社会情感得以维系，这对维持父子、家庭甚至是社区的传统有重要意义。不仅如此，铜鼓本身的纹饰还表现出布努瑶的世界观和宇宙观。铜鼓作为布努瑶社会的重要符号，不仅促进了社会成员之间世界观和价值观的交流，还承载着民族文化精神及其他观念，对下一代的行为具有约束作用。铜鼓文化作为布努瑶的集体记忆，可以唤醒布努瑶对其共同的历史传统的记忆，这对其族群认同的形成有重要作用。

## 1. 集体记忆片段：东兰布努瑶铜鼓传说

在三弄瑶族乡的瑶族同胞中，流传着与铜鼓及其历史有关的一些传说。蒙胜文告诉笔者：

我母亲说，1968 年的春节，三合村山坳上有一对不知什么时候埋藏的铜鼓突然自己响了起来，山坳中传来“咚噔、咚噔”的铜鼓声，使得蓝家藏在自家岩洞里的两面铜鼓也自己响起来。正在做饭的蓝家太公急得跳起来，对着铜鼓喊：“嘿，你们先别急，等我吃完饭再拜你们。”话落，那两面铜鼓听从蓝家太公的劝告安静了下来。

以前的铜鼓，敲的声音比如今大很多。据说有一对铜鼓，在祝著节的时候被瑶胞们敲响以后，声音居然传到了东兰县城。县城的大官害怕了，以为是民众发动起义，就派了一队人马进山，到了三弄才发现是瑶族过节敲铜鼓。大家都很惊讶这一对只有 40 多厘米高的铜鼓能敲出震耳欲聋的声音，鼓声还能传到 20 多公里外的东兰县城。

关于铜鼓的传说中，还有一些赋予铜鼓灵性的内容：

以前弄里的房子全是木头墙、茅草顶，很容易起火。平时人们煮饭做菜都是在房里的火塘生火，由于用火不慎，常有房子被烧毁。家里的铜鼓，如果没有拿来藏粮食，就会被大火一起烧毁。有一年山坳上起火，烧了 20 多间房子，大火过后，人们清点物品，发现被烧的房子里有两面铜鼓：一面没有装粮食，被火烧得只剩半边；另一面装了玉米，没有被烧毁。布努瑶人认为铜鼓是有灵性的：如果装了粮食，哪怕是一把米粒，铜鼓有了吃的，就可以知道外界的情况，起火了自己会逃走；如果没有装粮食，铜鼓感觉不到外界的情况变化，起火了就会被烧掉。

当地流传的传说中，也有与壮族相似的铜鼓斗孽龙的传说：

传说铜鼓与龙是死对头，晚上夜深人静的时候，铜鼓会跑下水与龙打架。如果打赢了，铜鼓就会跑回家；如果打不赢，就回不来了。村民们在藏铜鼓的时候，往往用铁链绑着铜鼓，这样它就不会跑出去了。有一次，老太公去赶集，背着铜鼓坐渡船过红水河，突然水面起了波浪。此时，他背后的铜鼓跃跃欲试。老太公知道铜鼓想要下水与龙打斗，于是赶忙拿稻草把铜鼓绑在身上，念起了咒语。铜鼓听到咒语，终于安定下来。关于铜鼓与龙打斗的原因，当地村民解释说，铜鼓得来不易，造铜鼓的时候，需要挖铜矿，可能挖矿破坏了龙脉，因而铸成铜鼓以后，铜鼓便与龙有了矛盾。

布努瑶的创世史诗《密洛陀》中，也有不少关于铜鼓的内容，主要是讲密洛陀造铜鼓的故事。蓝胜明老人回忆有关密洛陀造铜鼓的相关内容说：

密洛陀的儿子们创造了动物，但是世界没有声音，飞虫振翅不响，昆虫飞动无声，人间不热闹，于是他们就去问密洛陀。密洛陀就让儿子们去点灶火，铸造大铜鼓。凡

图八一　东兰音乐铜鼓（廖明君　摄）

间太阳、月亮最大，因此鼓面要有日月光芒。鼓身还要铸鼓耳。铜鼓铸好以后，要把它拿到山上去敲，敲的时候昆虫都到铜鼓旁边来了，密洛陀的儿子们一边敲鼓一边念符咒，世界万物便有了声音。

这些关于铜鼓的传说，都是通过个人的记忆展现出来的，但这通常是他们在社会中集体习得的。在布努瑶社区中，铜鼓文化的记忆来源于族群、社区共同的集体记忆，以此帮助人们对个人的记忆加以识别和定位，使得他们找到族群、社区的归属感和认同感。“人们可以说，个体通过把自己置于群体的位置来进行回忆，但也可以确信，群体的记忆是通过个体记忆来实现的。”[①] 三弄瑶族乡流传的铜鼓传说，与地方历史、风物相结合，通过个人记忆的加工，展现出共同的集体记忆。这些传说包含了铜鼓神圣性的来源与人们对它的认识，具有丰富的地方性知识。相关铜鼓传说融入布努瑶的民族世界观、价值观、文化精神，传说的流传也使得这些精神得以传承。一提起铜鼓这一“公共符号”，就能唤醒布努瑶人对于其族群文化的集体记忆。

## 2. 集体记忆的习得：东兰布努瑶铜鼓文化的传承

铜鼓文化的传承过程便是集体记忆的强化与习得的过程，这一过程常通过仪式来实现。社会成员从小对铜鼓的使用耳濡目染，反复对祭鼓、敲鼓、舞蹈这一系列过程加以记忆和强化，这种个体性的强化通过个体间的交流定型为集体记忆。

### （1）东兰布努瑶铜鼓文化的传承

在三弄瑶族乡的瑶族中，铜鼓文化有一套自身的传承体系，通过反复的练习，年轻人可以从老一辈那里习得如何祭祀铜鼓、如何敲打铜鼓以及如何跳铜鼓舞，这一过程是一种经验的传授。在学习与传承中，年轻人不仅习得了铜鼓文化，还找到了共同的集体记忆，即认同他们是布努瑶，认同他们是密洛陀的后代，认同他们是铜鼓舞的传人。这种认同感将会伴随他们终生。铜鼓文化通过代代相传，进入了布努瑶人的记忆里。随着铜鼓反复被使用，这种记忆会被唤醒，认同感也会被强化。每年祝著节的一项保留节目，便是村里的小朋友表演铜鼓舞。参与表演的都是村里8—12岁的小朋友，在每年祝著节前一周左右，大人便要教孩子们排练铜鼓舞，但由于时间紧张，大人无法将所学全部教给孩子们，于是孩子们的表演还有诸多不到位的情况。此外，由于孩子们的力量不足，敲皮鼓和咬铜鼓的表演还无法完成。但是在学习本民族舞蹈的过程中，孩子们还是获得了很大的乐趣。大人教孩子们打铜鼓前，要先教敲竹鼓。竹鼓即竹筒，是用大麻竹制作的，长约80厘米，粗约20厘米。将竹节砍下后，挑起两条表皮，用小木棒敲击竹鼓的中间和一端便可发出“叮咚”的声音，这声音类似铜鼓的敲击声。敲击竹鼓的节奏与敲击铜鼓的节奏相同。以前，铜鼓的使用有较为严格的时间限制，如果不是重大节日，是不能够敲打铜鼓的。而竹鼓则没有这些限制，所以大家都拿竹鼓来练习，等竹鼓敲打得熟练了，再去练习敲打铜鼓，便很快就学会了。

如果孩子们要学咬铜鼓，则要先练习咬提桶，因为咬着提桶的边缘慢慢站起来比咬铜

① 莫里斯·哈布瓦赫：《论集体记忆》，毕然、郭金华译，上海人民出版社，2002，第71页。

图八二　东兰县三弄瑶族乡三合村瑶族铜鼓舞传承活动现场（韦霍　摄）

鼓要简单得多。即使咬提桶熟练了，咬铜鼓也很难成功，因为一面铜鼓一般有 20 多公斤重，咬铜鼓时，牙齿和嘴边的肌肉都承受了极大的重量，稍有不慎，就会造成铜鼓损坏或人员受伤的惨剧。

如今，孩子们多是利用课后的时间跟大人学习铜鼓舞，这是一种自发的传承方式，大人会跟孩子们强调这是老祖宗留下的东西。不仅如此，铜鼓作为器物本身也得以传承下来。跟壮族类似，在三弄瑶族乡，铜鼓代表着财富和地位，并不是家家户户都有铜鼓的。

三弄瑶族乡拥有铜鼓数量最多的便是笔者进行田野调查时所住的蓝家。

表一五　蓝家可查的铜鼓传承谱系

| 代别 | 姓名 | 性别 | 出生年份 | 文化 | 传承方式 | 学艺时间 | 居住地址 |
|---|---|---|---|---|---|---|---|
| 第十五代 | 蓝阿思 | 男 | 不详 | 不详 | 家族传承 | 节日或农闲 | 罗伍罗军 |
| | 蒙东喜 | 男 | 不详 | 不详 | 家族传承 | 节日或农闲 | 好里坡剥 |
| | 蒙东约 | 男 | 不详 | 不详 | 家族传承 | 节日或农闲 | 好里坡剥 |
| | 罗顾 | 男 | 不详 | 不详 | 家族传承 | 节日或农闲 | 东兰三弄 |
| 第十六代 | 蓝阿毛 | 男 | 不详 | 不详 | 家族传承 | 节日或农闲 | 东兰三弄 |
| | 蒙阿剥 | 男 | 不详 | 不详 | 家族传承 | 节日或农闲 | 东兰三弄 |
| | 韦阿命 | 男 | 不详 | 不详 | 家族传承 | 节日或农闲 | 东兰三弄 |
| 第十七代 | 蓝阿藏 | 男 | 不详 | 不详 | 家族传承 | 节日或农闲 | 东兰三弄 |
| | 蓝阿粗 | 男 | 不详 | 不详 | 家族传承 | 节日或农闲 | 东兰三弄 |
| | 蒙阿庆 | 男 | 不详 | 不详 | 家族传承 | 节日或农闲 | 东兰三弄 |
| | 蒙托旁 | 男 | 不详 | 不详 | 家族传承 | 节日或农闲 | 东兰三弄 |

续表

| 代别 | 姓名 | 性别 | 出生年份 | 文化 | 传承方式 | 学艺时间 | 居住地址 |
|---|---|---|---|---|---|---|---|
| | 韦阿荣 | 男 | 不详 | 不详 | 家族传承 | 节日或农闲 | 东兰三弄 |
| 第十八代 | 蓝阿帽 | 男 | 不详 | 不详 | 家族传承 | 节日或农闲 | 东兰三弄 |
| | 蒙阿紧 | 男 | 不详 | 不详 | 家族传承 | 节日或农闲 | 东兰三弄 |
| | 蒙阿港 | 男 | 不详 | 不详 | 家族传承 | 节日或农闲 | 东兰三弄 |
| | 韦阿剥 | 男 | 不详 | 不详 | 家族传承 | 节日或农闲 | 东兰三弄 |
| 第十九代 | 蓝阿基 | 男 | 不详 | 不详 | 家族传承 | 节日或农闲 | 东兰三弄 |
| | 蒙阿伟 | 男 | 不详 | 不详 | 家族传承 | 节日或农闲 | 东兰三弄 |
| | 韦阿庆 | 男 | 不详 | 不详 | 家族传承 | 节日或农闲 | 东兰三弄 |
| 第二十代 | 蓝阿港 | 男 | 不详 | 不详 | 家族传承 | 节日或农闲 | 东兰三弄 |
| | 蓝阿苏 | 男 | 不详 | 不详 | 家族传承 | 节日或农闲 | 东兰三弄 |
| | 蒙阿果 | 男 | 不详 | 不详 | 家族传承 | 节日或农闲 | 东兰三弄 |
| | 蒙阿则 | 男 | 不详 | 不详 | 家族传承 | 节日或农闲 | 东兰三弄 |
| 第二十一代 | 蓝阿安 | 男 | 不详 | 不详 | 家族传承 | 节日或农闲 | 东兰三弄 |
| | 蓝阿伟 | 男 | 不详 | 不详 | 家族传承 | 节日或农闲 | 东兰三弄 |
| | 蓝老六 | 男 | 不详 | 不详 | 家族传承 | 节日或农闲 | 东兰三弄 |
| | 蒙阿查 | 男 | 不详 | 不详 | 家族传承 | 节日或农闲 | 东兰三弄 |
| | 蒙阿注 | 男 | 不详 | 不详 | 家族传承 | 节日或农闲 | 东兰三弄 |
| 第二十二代 | 蓝胜明 | 男 | 1926 年 | 私塾 | 家族传承 | 节日或农闲 | 东兰三弄 |
| | 蓝胜基 | 男 | 1936 年 | 私塾 | 家族传承 | 节日或农闲 | 东兰三弄 |
| | 蒙德安 | 男 | 不详 | 文盲 | 家族传承 | 节日或农闲 | 东兰三弄 |
| | 蒙胜林 | 男 | 不详 | 私塾 | 家族传承 | 节日或农闲 | 东兰三弄 |
| | 蒙胜安 | 男 | 不详 | 小学 | 家族传承 | 节日或农闲 | 东兰三弄 |
| | 蒙有明 | 男 | 不详 | 文盲 | 家族传承 | 节日或农闲 | 东兰三弄 |
| | 蒙正光 | 男 | 不详 | 文盲 | 家族传承 | 节日或农闲 | 东兰三弄 |
| 第二十三代 | 蓝尚林 | 男 | 1956 年 | 中师 | 家族传承 | 节日或农闲 | 东兰三弄 |
| | 蓝尚生 | 男 | 1960 年 | 中师 | 家族传承 | 节日或农闲 | 东兰三弄 |
| | 蓝尚谋 | 男 | 1962 年 | 初中 | 家族传承 | 节日或农闲 | 东兰三弄 |

续表

| 代别 | 姓名 | 性别 | 出生年份 | 文化 | 传承方式 | 学艺时间 | 居住地址 |
|---|---|---|---|---|---|---|---|
| | 蓝光吉 | 男 | 1967 年 | 初中 | 家族传承 | 节日或农闲 | 东兰三弄 |
| | 蒙胜文 | 男 | 1967 年 | 小学 | 家族传承 | 节日或农闲 | 东兰三弄 |
| | 蒙忠泽 | 男 | 1958 年 | 小学 | 家族传承 | 节日或农闲 | 东兰三弄 |
| | 蒙宗明 | 男 | 1962 年 | 初中 | 家族传承 | 节日或农闲 | 东兰三弄 |
| | 蒙胜吉 | 男 | 1950 年 | 高中 | 家族传承 | 节日或农闲 | 东兰三弄 |
| | 蒙庆民 | 男 | 不详 | 小学 | 家族传承 | 节日或农闲 | 东兰三弄 |
| | 蒙光文 | 男 | 不详 | 小学 | 家族传承 | 节日或农闲 | 东兰三弄 |
| 第二十四代 | 蓝奇龙 | 男 | 1980 年 | 高中 | 家族传承 | 节日或农闲 | 东兰三弄 |
| | 蓝成科 | 男 | 1982 年 | 初中 | 家族传承 | 节日或农闲 | 东兰三弄 |
| | 蓝成举 | 男 | 1985 年 | 初中 | 家族传承 | 节日或农闲 | 东兰三弄 |
| | 蓝奇峰 | 男 | 1975 年 | 初中 | 家族传承 | 节日或农闲 | 东兰三弄 |
| | 蓝奇军 | 男 | 1979 年 | 小学 | 家族传承 | 节日或农闲 | 东兰三弄 |
| | 蒙小东 | 男 | 1979 年 | 小学 | 家族传承 | 节日或农闲 | 东兰三弄 |
| | 蒙柳艳 | 女 | 1982 年 | 小学 | 家族传承 | 节日或农闲 | 东兰三弄 |
| | 蒙秀林 | 女 | 1967 年 | 小学 | 家族传承 | 节日或农闲 | 东兰三弄 |

蓝家可查的铜鼓传承谱系如表一五（第十五代前的传承人是根据相关传说内容整理的，本文暂不选用）。从表中不难看出，蓝家的铜鼓使用和传承了 24 代人。这一谱系是根据传承人的记忆整理的，真正的传承时间如今已无法考证，有可能比表中所显示的更为久远。在传承过程中，蓝家拥有的铜鼓数量在不断增加，这证明蓝家人的经济状况较好，有能力购买铜鼓。

过去，蓝家的铜鼓埋藏在地洞里。据蓝成科介绍，地洞口原来有一人多宽，扛着铜鼓可以从容进出。地洞深不可测，他们从来没有下到洞底。如今为了防止小孩掉进地洞，已将洞口用石头和水泥封死。

现如今，蓝家的铜鼓全部放置在家中二楼的房间里。村里其他拥有铜鼓的家族也都是将铜鼓存放于家中的二层阁楼。他们认为埋藏铜鼓的年代已经一去不复返了，现在社会秩序稳定，没有人会来偷铜鼓，政府也比较重视铜鼓的保存，不需要为了安全将铜鼓埋藏起来了。

拥有铜鼓的人家本身有一套传承的体系，男女都可以继承。铜鼓舞一般有家传和师传两种形式，师传也并非遵照严谨的师徒关系，其中往往掺杂着亲属关系。例如，在蓝尚林一家中，铜鼓传给了长子，但蓝尚林的三个孩子都会跳铜鼓舞，因此都存在传承关系。而在蒙胜文家，他把咬铜鼓的绝技传给了弟弟和女婿，他说或许以后还会传给外孙，并未遵循自家传承的模式。当然，这跟瑶族的婚姻制度有一定的关系。“盘古瑶人不论是男或女都可留在家继承姓氏、香火、财产与家屋，因此在婚姻的交换上，流动的不只是女人，所以相互联姻的群体应以‘给偶者’和‘讨偶者’的概念来理解。”[①]在三弄瑶族乡，布努瑶人的婚姻状况也是类似的。“在婚姻的交换形式上主要有两大分类：一为‘女人出门’，一为‘男人上门’。其中‘男人上门’又分为‘卖断’和‘两边顶’两种。而在‘两边顶’的婚姻方式里，由于‘给偶者’并未向‘讨偶者’索取太多‘养奶钱’，或者甚至不收，因此‘给偶者’便保留着关于子女姓氏继承、嫁出的男子是否改名换姓，以及顶香火等较多谈判的权力。”[②]蒙胜文的长女和女婿的婚姻便属于“两边顶”的形式。他们家新建的房子便是给长女和女婿的，由蒙家负责建造，男方家不过问。婚后既不需女方从夫居，男方也不用上门。蒙胜文的外孙也仍随父姓。而蒙家二女儿的婚姻则属于“女人出门”的形式，蒙家的二女儿嫁到另一个村去了，因而在这个家庭中，蒙胜文的大女儿仍然保留着继承权。在“两边顶”的婚姻关系中，两家联姻后，他们的铜鼓作为各自的财产并不随着婚姻而集中到一个家庭，而是仍然各自保有。

### （2）个人记忆

“可以肯定，记忆事实上是以系统的形式出现的。而之所以如此，则是由于记忆只是在那些唤起了对它们回忆的心灵中才联系在一起，因为一些记忆让另一些记忆得以重建。但是，记忆联合起来的诸种模式，源自人们联合起来的各类方式。只有把记忆定位在相应的群体思想中时，我们才能理解发生在个体思想中的每一段记忆。”[③]铜鼓文化正是布努瑶集体记忆中，能够唤醒其他记忆片段的符号，集体记忆正是相对于个人记忆而存在的，往往也通过个人记忆反映出来。通过对铜鼓文化传承个体的访谈调查，笔者了解到铜鼓文化是如何影响个人记忆，又是如何通过个人记忆联合起来构建集体记忆的。

在铜鼓文化的个人记忆中，最有代表性的自然是铜鼓文化传承人的个人记忆了。布努瑶铜鼓舞现为自治区级非物质文化遗产项目，根据《中华人民共和国非物质文化遗产法》第二十九条规定：“国务院文化主管部门和省、自治区、直辖市人民政府文化主管部门对本级人民政府批准公布的非物质文化遗产代表性项目，可以认定代表性传承人。”蒙胜文经过申报和审批等程序，最终被认定为布努瑶铜鼓舞的传承人。

蒙胜文，瑶族，1967年生于三弄瑶族乡三合村。他自幼学习打铜鼓。他回忆自己与铜鼓的渊源时告诉笔者：

> 我刚出生的时候，正好是20世纪60年代，大家都不敢敲铜鼓，很多铜鼓都被拿去熔了，我家的铜鼓就是那时候没有的。蓝家因为可以把铜鼓藏到洞里，才得以保存下来。我父亲在我4岁的时候就去世了，这些都是我妈妈告诉我的。20世纪70年代末，人们才慢慢敢拿铜鼓出来敲，但也不敢搞大规模的活动，1979年过年的时候才搞得比较热闹。那时候我妈妈告诉我，我们家祖祖辈辈都有铜鼓打。后来我跟我大伯学打铜鼓。大伯说，我们蒙家以前是有铜鼓的，后来有的被打坏了，有的被偷了。大伯还说我父亲可以用牙咬起铜鼓，要我好好练习，只有这样，我才能掌握这门技术。这样我就下决心好好学打鼓和咬铜鼓。我从咬提桶开始练起，每天都咬，但是因为那时候家里没有铜鼓，又不好跟蓝家借，只能在过年的时候跑到坳口的亲戚那里试着咬铜鼓。12岁的时候我就可以咬起铜鼓了，不

① 陈玫妏：《从命名谈广西田林盘古瑶人的构成与生命来源》，台北唐山出版社，2003，第46页。
② 陈玫妏：《从命名谈广西田林盘古瑶人的构成与生命来源》，台北唐山出版社，2003，第48页。
③ 莫里斯·哈布瓦赫：《论集体记忆》，毕然、郭金华译，上海人民出版社，2002，第93页。

图八三　东兰布努瑶铜鼓舞传承人蒙胜文（韦霍　摄）

过刚咬的时候牙齿痛，咬起来了也不敢走。那年春节，我在亲戚那边练了几次咬铜鼓，慢慢就练得可以咬着铜鼓走几步路了，后来还可以在房间里面咬住铜鼓走一圈。家里人也高兴啊，说我终于继承了咬铜鼓的技术。那时候，屯里没人学得会这门技术。1981年，大化那边的布努瑶人请我过去跟他们比赛。大化的板升那边有人也可以咬铜鼓，请我过去跟他比赛，比哪个咬住铜鼓走得更远。后来，我咬住铜鼓走得比他远，他们都给我鼓掌。我走的时候他们给了我两块毛巾，是布努瑶人织的传统毛巾。那时候这种毛巾很珍贵。本来我还留着的，建房子的时候不知道放到哪里去了。从大化那边回来以后，大家都知道我可以咬铜鼓，所以平时喝酒、打铜鼓，他们都叫我去。后来有铜鼓的那家亲戚搬走了，我就不能练咬铜鼓了。除了过年过节可以跟大家一起打铜鼓，平时也不能练了。一直到1992年县里面搞“三月三”铜鼓会，我才有机会再练习咬铜鼓。那时候县里面组织节目，我们三弄瑶族乡就让我参加，去表演咬铜鼓。领导借来铜鼓给我练，我练了一个月，就可以把铜鼓咬起来打了。后来我到县里面表演，那次表演有很多记者拍了我的照片。到1992年6月，我们去参加第二届农民运动会，那时运动会在河池举行，有很多人参加。那时候蓝老师（蓝尚林）跟我们一起改编铜鼓舞，为了上台表演节目方便，我们把差不多一个小时的节目缩短到十几二十分钟。其实，我们打铜鼓、跳铜鼓舞的时间也是可长可短的。另外，角色也明确下来了，就是哪个人扮猴子，哪个人敲铜鼓，哪个人敲竹鼓和皮鼓，分工明确。现在跳的铜鼓舞就是跟那时候一样的，也是老祖宗教会我们的，我们跳的跟老祖宗跳的没有什么区别。那次表演很成功，有很多记者来采访。后来我出去打工，提到铜鼓，有好多人都知道我们布努瑶有人可以咬起铜鼓。1995年国家实施异地安置政策，因为三弄瑶族乡条件有限，国家安排我们搬到环江去，那边的条件比这里好，可以种水田，又可以种果树。但是那边没有铜鼓敲，那边的人们也听不懂瑶话，过年过节也没有那么热闹。所以，我就想回来这边。到1997年，我们又搬回三弄瑶族乡，原来的房子旧了又重新建起来，不过还是按照老的样子建的。现在，我也当上外公了。最近要到上弄（三合村另外一个屯）那边帮我亲家建房子，然后我这边也要建房子，都是自己搞地基以后有工人来帮忙，是外面老板来投资帮我们建房子。在公路边还建了一个舞台，以后祝著节搞活动都在舞台那里举行。我本来想把咬铜鼓的本事传给小孩，但是两个女儿学不了，她们唱瑶歌可以，但铜鼓咬不起来。以前，县文工团有个男的来跟我学咬铜鼓的技术，但是咬不得，练习的时候牙都掉了，流了好多血，还差点摔坏铜鼓，所以，我就不敢教他了。后来我把咬铜鼓的技术教给我女婿，现在我的兄弟也会咬铜鼓，以后有可能也会把咬铜鼓的技术教给我外孙。

2012 年底，东兰县政府帮蒙胜文家买了四面铜鼓，勉励他要把打铜鼓、咬铜鼓的本领继续传承下去，以后他不用再羡慕别人有铜鼓可以敲了。

蓝成科是已故传承人蓝尚林的二儿子，大哥不在的时候，他与母亲主持家事，祝著节期间，几乎全家都参与跳铜鼓舞。他自幼跟父亲学习打鼓，从敲竹鼓练起，也跟着村里的铜鼓队参加了不少展演。他也由衷地承认："全村只有蒙胜文的鼓打得最好。铜鼓舞的整个节奏由皮鼓掌握，皮鼓打得好，打铜鼓的就容易跟上节奏。蒙胜文打皮鼓，可以说是一绝，远近闻名。他打皮鼓打得最好，这个不得不佩服。我们村会打皮鼓的人很多，但是打得最好的就是他了。"

在布努瑶社区中，铜鼓打得好的人与拥有铜鼓的人一样，具有很高的社会地位。传承人蒙胜文经历过社会地位的改变，从铜鼓遗失到学习咬铜鼓再到重获铜鼓，他的社会地位也随着其个人生活轨迹而起伏变化。但究其一生，也脱离不了铜鼓文化，这正是集体记忆对其施加的影响。一个个传承人对铜鼓文化的个人记忆片段，构建了整个三弄瑶族乡或是布努瑶的集体记忆，他们会有选择性地记忆与铜鼓相关的生活片段，会因拥有铜鼓或打得一手好铜鼓而自豪。从蒙胜文身上我们也看到集体记忆与个人记忆的关系，这种关系是相互的。由于集体记忆对铜鼓的强烈认同，个人记忆也对铜鼓产生了同样的追求。这种追求，无论是体现在拥有铜鼓本身还是习得铜鼓技艺上，都使得个人在集体中拥有更高的地位和更多的话语权。同时，通过个人记忆的传承和传播，集体记忆得以延续和拓展，无论是空间上还是时间上都是如此。

图八四　东兰布努瑶群众表演咬铜鼓（李桐　摄）

### （3）传承人的特性

笔者接触的几位传承人，拥有以下一些共同的特性：

一是对传统文化有着浓厚的兴趣。他们大多从小就接触铜鼓文化，并了解其传统的形态。蓝尚林被认为是当地对布努瑶传统文化了解最深的人，他本人曾担任教师，后又在东兰县旅游局任职。据说他搜集了许多关于布努瑶传统文化的内容，现在的铜鼓舞就是他改编的。他改编后的铜鼓舞既保留了传统舞蹈的特色，又缩短了表演时间，适应了舞台表演。蒙胜文从小便对打铜鼓很感兴趣，如果没有铜鼓打，他觉得过年过节也不完整。

二是打铜鼓技艺与民间信仰文化兼备。打铜鼓往往伴随着一些祭祀活动，其中又有一些禁忌，因而传承人往往对祭祀活动的流程和禁忌了如指掌，有的甚至扮演着师公、麽公的角色，承担与神灵沟通的任务。

三是有广泛的群众基础。由于铜鼓文化是布努瑶节日生活的重要部分，又与密洛陀崇拜有关，因而拥有铜鼓的家庭本身就有较高的社会地位，而铜鼓打得好的人也会广受尊敬，这些人往往在重要时刻能利用其自身拥有的铜鼓或地方性知识帮助民众祈福禳灾，在当地的社交中也较为活跃，能获得周边群众的认可和尊重。

正是这些特性使得传承人热衷于强化铜鼓文化的符号作用，同时也维持着共同的集体记忆。对他们而言，铜鼓虽不是生活必需品，但又超越生活所必需，影响着他们的心理和信仰。一旦离开了铜鼓，他们便觉得脱离了集体的记忆，脱离了他们一直以来遵守着的生活范式。这意味着铜鼓或铜鼓文化承载着他们共同的集体记忆，并强化之。

## （三）从祝著节的表演性仪式看东兰布努瑶铜鼓文化

祝著节是布努瑶一年中最为重大的节日，祝著节及其前后的这段时间，是人们使用铜鼓最为频繁的日子，因此理应对祝著节期间的铜鼓文化予以重点关注。“作为人类仪式行为的一种，公共节日的活动方式都带有极强的表演性质。”① 在布努瑶祝著节的庆祝活动中，从节日的组织筹划到祭祀铜鼓，再到舞蹈和竞赛单元的进行，无疑都带有一种表演性的欢庆。从某种程度上来说，这种表演性的仪式，反映的是背后的社区文化秩序。同时，祝著节作为布努瑶一年一度的重大节日，又称为“瑶年”，节日含义类似春节，意味着脱离过去而进入新的生活。在祝著节上使用铜鼓，是具有表演性的，如同理查德·鲍曼认为的，“表演是一种说话的模式”，“是一种交流的模式”。在祝著节的节日活动中，铜鼓文化通过表演性的活动展现出来，用以进行社会群体成员间的沟通与交流。在相关的节日活动中，布努瑶社区里的个体成员脱离原先其在社会中扮演的角色，进入另外一种节日期间的角色中。

这就表明，节日活动就如同一出社会戏剧表演。“文化表演为一个社区的个体成员提供了特定的机会，使他或者可以担当不同于日常生活的特殊表演角色……或者可以获得对日常生活中的自我更强、更深的确认。”② 在祝著节中，布努瑶在这种“文化表演”中，运用模仿等手段进行重复与强化，再现先人斗争、丰收、欢聚的场景，以此形成一个特殊符号的框架。在此框架内，人们可以理解布努瑶群体的认同。

---

① 王霄冰：《节日：一种特殊的公共文化空间》，《河南社会科学》2007年第4期。

② 理查德·鲍曼：《作为表演的口头艺术》，杨利慧、安德明译，广西师范大学出版社，2008，第90页。

祝著节定于每年的农历五月二十九，据说是为了纪念瑶族始祖密洛陀的生日。关于祝著节的来历，当地的传说认为是当年密洛陀率领瑶族群众征讨蚩尤部族，从农历五月二十五开始，历经五天激战，到五月二十九终于得胜归来。恰逢密洛陀生日，她便号召大家庆祝这来之不易的胜利。于是当天瑶族的男女老少纷纷身着盛装，杀鸡宰羊，到坳口敲锣打鼓，同时举行赛马、斗鸡、射箭、打陀螺等活动庆祝。活动的目的一是纪念始祖生日；二是祭祀神佛，保佑老少平安，求获农事风调雨顺、果实丰收；三是追求幸福、自由和美好的未来。在当时的欢庆活动中，那惊天动地的铜鼓声、皮鼓声、唢呐声引来了山上的猴群，它们与人们一起跳舞狂欢。密洛陀发现猴的动作非常敏捷、逗人，便让大家仿着跳，天长日久，习以为常，自然形成了模仿猴的舞蹈动作。因舞蹈以模仿猴的动作为主要表演形式和以铜鼓声为主旋律，故又称"猴鼓舞"，并一直流传至今。

## 1. 祝著节前的准备和安排

布努瑶人过节的准备工作，如同戏剧表演前的准备工作一样，是有条不紊、各司其职的。这种准备工作是按照某种既定的规则来展开的。祝著节的筹备和安排就是依照传统的秩序展开的，年复一年，通过重复这种节日秩序，传统的社会秩序建构了起来，并在节日中得到维护和巩固。

祝著节前，布努瑶人早早就开始做起了准备工作。节前两天，一些在外工作的人就开始请假往家里赶了。笔者也是在节前，跟着蓝成科的车子，从南宁前往三弄瑶族乡的，同行的还有几个在南宁工作的三弄瑶族乡人。由于祝著节不是法定节假日，大家都是请假回家的，过完节就回南宁上班。笔者问他们请假是否影响工作，大家都回答，老板比较理解，也尊重布努瑶的这个重大节日，所以请假还是比较容易的。从布努瑶人请假回家过祝著节一事，可以看出祝著节在布努瑶社会中的重要性，这个节日给布努瑶人带来了强大的凝聚力和向心力。

这是笔者第二次前往三弄瑶族乡进行调查。2012 年 4 月 17 日，笔者在东兰县文化馆工作人员的引荐下，在三弄瑶族乡下弄宁屯进行了短期的田野调查，对村落情况有了大致了解。其间，还对家里保存有铜鼓的蓝成科和被认定为传承人的蒙胜文进行了访谈。笔者此番再次前往三弄瑶族乡，主要是进行祝著节期间的田野调查，在铜鼓文化相关活动现场，观察、调查铜鼓文化。

笔者到达三弄瑶族乡的第二天（祝著节前一天）早上 7 点，麽公便在蓝家的神龛前念起了经。由于今天要杀猪为过节做准备，因此少不了要请麽公来超度一番。一是为了确保这节日前的准备工作能够顺顺利利地进行；二是要诵经超度逝去的灵魂，免得他们再来家中纠缠，给家里的孩子们带来不安。蓝成科告诉笔者："现在杀猪或者杀羊，有时候也不一定做麽了，但是因为我们家小孩比较多，怕对小孩有影响，所以肯定要做。如果哪家有孩子，也肯定要做麽。"这天，担任麽公角色的是蓝成科的老丈人，只见他坐在桌前，桌上放着香炉，炉中插着一炷香，炉子边上的两个碗分别装着白酒。他先是对着神龛诵经，在诵经后，他拿出两块牛角牌开始打卦，反复抛起，直到两块卦板连续三次均是正面朝上才停止。后来他告诉笔者："这是在向老祖宗请示，前面念经就是要问老祖宗今天适不适合杀猪，然后要把卦板抛起，如果三次都正面朝上，就说明老祖宗认为今天是个好日子了，这才可以动手杀猪。"

杀猪以后要割下猪头，把它摆在家中的神龛上，再由麽公敬告祖先。摆上一碗盐水，表示让老祖宗蘸盐吃肉。烧白纸，表示过节了，家里杀了猪，儿女都可以吃上肉。祭上猪头，表示让祖先明白，并有请祖先品尝的意思。等祭祀完毕，才是分享的时候。将猪内脏

图八五　节日里的铜鼓（王梦祥　摄）

炒熟，拌以香葱等调料，分发在碗里，然后浇上肉汤和猪血供食用。这是布努瑶节日的传统食物，也是分享的第一步。村里其他家听说蓝家杀了猪，也都纷纷前来，有的是过来一起吃饭，有的是过来购买猪肉。蓝家虽然人丁兴旺，但杀了一头猪，节日期间也吃不完，加上天气炎热，肉也难以长期保存，卖与别人正是两全其美的办法。因为买家都是村里的老熟人，蓝家也只是象征性地收点钱，相当于半卖半送，这是分享的第二步。

中午过后，电视台来了一批记者，他们提前通知蓝家人，第二天将过来拍摄祝著节与铜鼓的纪录片，让蓝家人做好准备。导演还询问了节日活动的相关安排，以便提前做好拍摄准备。电视台的人走后，村里几个跳猴鼓舞的核心成员便聚在了一起，商量祝著节当天表演的事宜。大家原本盘算着晚上先进行一番排练，但是由于当晚许多在外工作的人都已回到村里，他们聚在一起吃饭喝酒，一些人早已喝得酩酊大醉，舞是排不成了。大家又开始盘算着第二天的庆祝活动如何开展。由于今年乡领导并未组织表演活动，于是几个核心成员便与三合村的村委商量，按照布努瑶的老规矩庆祝，即先是跳猴鼓舞，然后唱山歌，再进行打铜鼓和皮鼓的比赛，以及斗鸡、射箭、打陀螺等活动，场地安排在村委会门口。因为电视台要进行拍摄，所以表演的场地只好改到了公路上。

晚饭过后，女子开始整理起衣物来。瑶族的传统服装中有复杂的头饰，全部用银打造。如今会做传统服装的人已越来越少，只有少数老人家会做。跳铜鼓舞的几位人员所穿的传统服装都是按照老一辈的样式，到县城里请人做的，甚至包括女子的银制头饰也是如此。现在只能在重要节日，如祝著节期间，才能够看到这样复杂的头饰了。她们把头饰和其他首饰拿出来，反复擦拭，还要用线将各种银饰穿在一起进行加固。

祝著节活动的组织在传统上有一套程序，从祭品的储备到竞赛单元的安排，都是有意识地进行的，因为这些活动围绕的都是敬祖这一共同的主题，这一主题从节日的准备和安排起，到欢庆结束，是贯穿祝著节始终的。

## 2. 表演性仪式：祭鼓

布努瑶最盛大的节日——祝著节到了，这一天早上7点不到，乡亲们就早早起床做准备了，大家穿上了节日的盛装，男子扎上头巾，女子戴上银饰。7点半，大家穿着打扮妥当，便纷纷到厨房帮忙，先是把五色糯米饭蒸熟，然后杀鸡，准备祭祀工作。为了配合电视台的拍摄工作，蓝家原本早上8点前就要完成准备工作，由于要等候摄像人员到位，不得不往后推迟。到9点左右，蓝家人才开始取出铜鼓。铜鼓保存在二楼的一个偏房中，一般都是成对使用，一公一母为一对，一般都是使用两对。蓝家的4个男性成员负责取鼓，他们分别将4面铜鼓扛在肩上，拿到一楼堂屋的祖先牌位前，准备开始祭鼓。在没有祖先牌位的家庭中，祭鼓仪式在火塘前进行。祭鼓仪式由本村最有名望的麽公主持，他负责将牌位前的铜鼓一字摆开，将早上准备好的祭品摆在铜鼓上，并摆上鼓棒和鼓槌，再在铜鼓上分别摆上红鸡蛋和米酒。摆放完毕，麽公还要点上香，然后坐在铜鼓前，开始念经。经文的大意是：今天五月二十九是密洛陀的生日，我们要敲响铜鼓庆祝，先要请老祖宗保佑，保佑铜鼓敲得响亮，保佑铜鼓不要损坏，保佑族人生活富足。念完经后，麽公要把铜鼓上的酒倒入口中，喷洒在铜鼓上。最后，家里的成年男性要一起把祭鼓用的食物吃掉、酒喝光，至此，祭鼓仪式才算完成，鼓才被允许拿来敲打。仪式一般持续半个小时，而这一次为配合电视台拍摄，其间屡次中断，整个过程持续了约一个半小时。在摄影、摄像设备的拍摄下，祭鼓仪式已经没有私密性可言，而是成为一种表演性的仪式。在仪式中，麽公通过一系列动作展示自身的能力和社会经验，以此来吸引观众的注意力。当然，他的动作有可能受到观众的影响。征求记者的意见以后，麽公的动作可能会在一些地方进行调整或简化。当然，这些调整或简化后的动作也大体上是符合传统的。在不知不觉中，这些祭祀行为偏离了它原来的轨道，但是也不至于偏离得太多，这实际上是由麽公作为表演者与观众之间的交流造成的。当一个私密性的仪式展示在观众面前的时候，神职人员往往扮演着维

图八六　东兰县三弄瑶族乡三合村瑶族祝著节祭鼓仪式场面（韦霍　摄）

护传统的角色，而观众们则乐于看到未知的活动，在两方面的影响下，仪式最终以一个折中的形式展现出来。

铜鼓在密洛陀神话中是用以赋予世间万物声音的器具，还用以唤醒诸位神灵，是通神之物。蒙胜文告诉笔者，在布努瑶人的观念中，如果不进行祭鼓仪式，敲打铜鼓的人就会眼瞎耳聋。笔者认为，这种说法是出于对祖先神的敬畏。布努瑶人认为他们是密洛陀的后人，“密”是母亲的意思，“洛陀”的全称是“洛陀洛西”，是创造的意思。布努瑶人认为，密洛陀是创世大神。她诞生后造天、造地、造日月，同时也造了 12 位男神和 12 位女神。她依靠这 12 对男女神创造了山岳、江湖、禽兽、五谷、路桥、房屋。密洛陀是布努瑶的创世始祖，而铜鼓也被认为是密洛陀创造的，因而布努瑶人通过铜鼓寄托了对先人的特殊情感，认为铜鼓是通神之物，而举行仪式时，铜鼓便成了家中已逝先人的化身。仪式要在家中的祖先牌位前举行，祭鼓实际上就是祭祖，祭鼓仪式所表达的是崇宗敬祖、祈求祖先庇佑的含义。同时，用新酿的米酒、五色糯米饭供奉铜鼓（祖先之灵），庆祝当年的收成，并期望来年也能获得丰收。祭鼓是具有排他性的仪式活动，只有拥有铜鼓的人家才能举行，只有麽公和家庭成员才能参与。通过麽公，部分米酒被喷洒在铜鼓上，剩下的被家里的成年男性喝掉，这实际上是一种接触术。“事物一旦互相接触，它们之间将一直保留着某种联系，即使他们已相互远离。……它的物质基础，如果我们可以这样说这种东西的话，称呼也和顺势巫术一样，是某种类似现代物理学里的‘以太’那样的中介物，以它来联系远距离的两个物体，并将一方的影响传送给另一方。”[①] 在祭鼓仪式中，麽公通过念诵经文、喝酒并把酒喷在铜鼓上与铜鼓产生接触，家里的成年男性再把剩下的酒喝完，这实际上就是通过麽公与铜鼓进行接触，也就意味着麽公向祖先的祷告通过铜鼓又传回到家庭成员身上，期盼求吉的祷告在家庭成员身上应验，这本质上是接触律的延伸，形

图八七　扛铜鼓（李桐　摄）

① 弗雷泽：《金枝》，李兰兰译，煤炭工业出版社，2016，第 40 页。

成了一个循环过程。这一过程意味着家庭成员与祖先之灵进行了接触，祖先将给予家庭成员庇佑。《文化人类学》一书将宗教仪式分为生命礼仪和强化仪式，而祭鼓仪式无疑属于强化仪式的一种："强化仪式是标志群体生命而非个体生命危机时刻的仪式。"[①] 强化仪式能够把人们团结起来，减少对危机的恐惧，并促发集体行动。强化仪式还可能包括寻求吉利条件的一年一度的庆典。祭鼓属于寻求吉利条件的强化仪式。通过祭鼓仪式，家庭成员间的关系变得更加紧密，同时，主持仪式的麽公在社区中的地位也得到了延续。"象征符号产生行动，支配性象征符号倾向于变成相互作用的中心点。群体因为这些支配性符号被动员起来，人们在它们面前顶礼膜拜，在其附近表演其他象征活动，加缀其他象征物体于其上，往往将它们变成复合的祭坛。这些参与者群体本身通常代表着世俗社会系统的重要组成部分。"[②] 在围绕铜鼓进行的仪式中，铜鼓象征着祖先和神灵。在此家族类的仪式中，铜鼓强调家族的排他性，强调其区分的家族范畴。在仪式中，家族成员与祖先通过铜鼓进行交流，家族成员借铜鼓获得祖先的庇佑，铜鼓象征家族成员的紧密团结，拥有铜鼓的家族的社会地位也得到提高。

## 3. 仪式场景的再现：铜鼓舞

祭鼓结束以后，大家把 4 面铜鼓扛到坳口的公路上，准备开始跳铜鼓舞。蒙胜文将皮鼓敲得"咚咚"响，铜鼓也配合着"咚噔咚噔"地响了起来。只见敲铜鼓的人单膝跪地，一手握鼓槌敲击鼓面，铜鼓便发出沉重的声音；另一手拿细鼓棒敲击铜鼓的侧面，铜鼓便发出清脆的声音。同时，敲击竹筒发出"嗒嗒"声，花棍敲地发出"噔噔"的声响，这些声音交织在一起，营造出一种沉重而庄严的氛围。铜鼓不断配合着皮鼓变换节奏，随着节奏越来越快，有 3 个人开始一起敲击皮鼓，有 2 个人开始模仿猴子的动作并逐渐走到队伍的前端，他们时而做偷桃状，时而做抓痒状，一会儿单脚独立，一会儿四肢爬行，惟妙惟肖，神似 2 只灵猴围绕着铜鼓跳舞。只见又有 2 个人将铜鼓拿至前排缓缓蹲下，接着分别将 2 面铜鼓抬起，张嘴用门牙咬住铜鼓，待稳定后放开双手，张开双臂向周边观众展示，接着左右手分别拿起鼓槌和鼓棒，跟上节奏敲击着铜鼓，展示咬铜鼓的绝技。整个舞蹈持续了 20 分钟左右。

布努瑶铜鼓舞是一种传统舞蹈，反映了布努瑶人对先祖的纪念和对神灵的崇拜之情，同时寄托着他们对幸福安康、风调雨顺、粮食丰收的期盼。它以 6 个不同的铜鼓敲击节拍为主旋律，以模仿猴子的动作为主要表演形式，参加舞蹈的人员扮演着 9 个不同的角色，即敲铜鼓、打大鼓、咬铜鼓、舞猴棍、戏竹筒、舞竹筛、耍花棍、跳猴舞、吹唢呐。在器乐上，除吹奏唢呐、笛子外，人们还演奏其他专以敲击声为主的乐器，边舞边伴奏。各个角色的演员人数可以灵活安排，一般而言，每个角色最少需要 2 个人来扮演，最多需要 6 个人来扮演，整个舞蹈一般需要 19—24 个演员。

铜鼓节奏的变换，展现的是不同的场景，凸显了铜鼓舞的表演性；同时，通过分工协作，社会成员们脱离其自身原本的角色，进入特殊场景的角色演绎中。铜鼓舞一共分为 3 个阶段：第一个阶段是欢聚；第二个阶段是庆祝丰收；第三个阶段是互相祝福。在展示祭祀祖先的场景时，虽然铜鼓舞所使用的乐器种类众多，但它们的合奏声庄严又沉稳。此

① 威廉·A·哈维兰：《文化人类学》，翟铁鹏、张钰译，上海社会科学院出版社，2006，第 406 页。

② 维克多·特纳：《象征之林——恩登布人仪式散论》，赵玉燕、欧阳敏、徐洪峰译，商务印书馆，2006，第 276 页。

图八八　东兰县三弄瑶族乡布努瑶铜鼓舞使用的器具（韦霍　摄）

外，该舞蹈有展示庆祝密洛陀生日的场景，有表达庆祝丰收的场景，有反映庆祝战争胜利的场景。祝著节期间的祭鼓、跳铜鼓舞、赛铜鼓等活动带有极强的表演性。敲打竹棍、舞动竹筛等一系列动作展示人们欢庆丰收的场景，而敲铜鼓和皮鼓则很可能是在模仿战争的场景。舞蹈的各个部分，甚至包括节日的一系列安排也如同戏剧的剧本一般，有条不紊。

从审美上看，布努瑶铜鼓舞则展现出“圆”的审美特征，从舞具、舞蹈动作、舞台到服装都渗透着“圆”的审美特征。笔者认为：首先，这种“圆”的审美特征与其舞蹈的背景有密切关系。因为密洛陀生日、战争胜利、粮食丰收都是圆满的结局，所以要通过舞蹈来表现这种圆满。其次，铜鼓舞是以皮鼓和铜鼓为核心的，舞蹈在铜鼓和皮鼓这类圆形物体间演绎，自然形成“圆”的特征。最后，这种审美特征或与瑶族人居住的地域环境相关。在大石山区中，人们不易发现圆形的物体，山坳中遍布着不规则的石块，除了日月，难以找到其他圆形的物体。或许正是这样的自然条件，促使瑶族人民在生活和生产中有意无意地去发掘、寻找圆形元素。因此，他们对铜鼓和皮鼓赋予了特殊的象征意义：铜鼓代表月亮，皮鼓代表太阳。

总而言之，布努瑶人通过仪式场景的再现，强化和巩固了原有的传统社会秩序。而拥有铜鼓的人和麽公掌握着地方性知识，拥有话语权，他们是祝著节一系列活动的核心。通过祝著节的表演性仪式，布努瑶人强调了敬祖的思想，巩固了传统的社会秩序。

## 4. 铜鼓和铜鼓文化的社会功能

其一，举行祭祀仪式，祈求神灵保佑，这是铜鼓最初的功能。蒋廷瑜先生认为：“南方古代各民族多信鬼神，在山坡水畔祭祀时，常用铜鼓赛神、娱乐。”[①] 如今祝著节跳铜鼓舞就是这样，一方面是为了敬神，另一方面是为了娱乐大众。人们通过舞蹈传递着族群

① 蒋廷瑜：《铜鼓史话》，文物出版社，1982，第 29 页。

图八九　东兰布努瑶铜鼓舞（李桐　摄）

精神的精髓：敬神，表明先人传下来的文化得到了继承；娱乐，展示丰收的成果。

其二，传递信息的功能。东兰县地处山区，交通不便，村寨中如果有大事发生，敲打铜鼓能快速传递信息。这一功能在当地流传的传说中有所表现。如今铜鼓依然具有传递信息的作用，只是不再像以往那样具有实际意义了，更多是象征的意义。当三弄瑶族乡的铜鼓声在山谷中响起，附近的乡亲们就知道是布努瑶人在过重大节日了，便纷纷聚集到坳口上来。这已不同于以前聚集民众商讨大事或是抵御侵略的功能了，更多是传递着象征吉祥、美好的意思。

其三，暖屋功能。在广西德靖一带壮族民间有一种被称为“吟诗”的聚会对歌传统。人们把邀请歌者到家里对歌叫作“暖屋”，强调“吟诗”对于构建一个“暖”的家屋空间所具有的意义。布努瑶社区中，同样也存在相似的情况，诸如祭祀、对歌、打陀螺、射箭等活动，随着铜鼓的敲打而进行，随着铜鼓的移动而改变这些习俗活动进行的地点。在祝著节期间，笔者进行田野调查时观察到，布努瑶民众喜欢通宵达旦地唱歌，以庆祝这一节日。大家相约在村寨后的坳口上唱歌。晚饭过后，几位长者陆续表示要离席前往坳口。这时蓝家表示，既然大家兴致很高，可以拿铜鼓出来敲。长者们听后纷纷表示，如果敲铜鼓，他们更愿意在蓝家这里唱歌。于是大家便在饭桌前唱了起来，之后越来越多的人加入进来。因而笔者认为，在布努瑶社区中，敲打铜鼓同样有暖屋的功能，这种“屋”不是实际上的房子，也不仅仅局限于家的范围，而是在一个社区中，只要敲打铜鼓的地方，人们便认为这个地方是好的，是适合开展活动的好地方，敲打铜鼓起到类似于比赛前热身的作用。

其四，教化功能，“指民俗在人类个体的社会化文化过程中所起的教育和模塑作用”[1]。在布努瑶聚居区，祭鼓、跳铜鼓舞已经成为一种传统模式，这种模式表现的是布努



① 钟敬文主编《民俗学概论》，上海文艺出版社，1998，第 27 页。

瑶敬神敬祖的过程。在铜鼓文化的传承中，布努瑶也将铜鼓文化中敬神敬祖的内涵传递下去，对下一代起到教育作用。

其五，维系功能，“指民俗统一群体的行为与思想，使社会生活保持稳定，使群体内所有成员保持向心力与凝聚力”①。布努瑶铜鼓文化传递出来的世界观与价值观，在布努瑶社会中根深蒂固，维持着社会的体系运作，维系着社会的稳定运转，人和人、人和神的关系通过敲打铜鼓，通过祭祀性的舞蹈得到维持。从心理层面上来说，布努瑶铜鼓文化是三弄瑶族乡布努瑶特定的集体认同和集体文化心理，同时，布努瑶铜鼓文化也是布努瑶族群的共同记忆，起到维系族群认同和群体内部关系的重要作用。

其六，调节功能，“指通过民俗活动中的娱乐、宣泄、补偿等方式，使人类社会生活和心理本能得到调剂的功能”②。布努瑶铜鼓文化中，有不少娱乐和竞赛的内容，庆祝祝著节的同时也表现了粮食获得丰收的场景，人们通过敲打、跳跃、歌唱、舞蹈宣泄节日中的心理情感，农忙时期的劳累和疲倦因此获得了补偿，极大地丰富了民众的生活。

## （四）从铜鼓文化看瑶族与壮族的交流与交融

瑶族人历史上经历过长途跋涉，从中原地区往我国西南部迁徙，现如今主要分布在湖南、贵州、云南、广西等地区。在迁徙的过程中，他们不可避免地与周边族群产生互动。至迟至唐宋时期，西南各民族已开始使用铜鼓。这些民族语言各异，其他风俗习惯亦有差别，但大家都会使用铜鼓，而且在敲击方法、信仰仪式等方面，有很多一致的地方。从铜鼓的使用习俗可以看出，历史上这一地区的族群交流与交融状况。

三弄瑶族乡布努瑶人聚居区周边居住的都是壮族人，布努瑶人认为历史上与壮族人的交流最多、最频繁。据蓝胜明老人回忆，以前东兰县城曾经有官兵来寨子里打布努瑶人，把布努瑶人赶走了，后来布努瑶人到了都安，最后又迁了回来。他估计迁来这里已超过40代人。如果他的回忆准确的话，按照瑶族的传统，约20年为一代人，那么时间大概可以追溯到800年前的宋元时期。宋时，羁縻兰州安抚司署设于坡豪村，而三弄瑶族乡所在区域距离坡豪村较近，可以说当时的三弄瑶族乡应是在坡豪村壮族人的管辖之下。

在铜鼓的功能方面，瑶族与壮族有诸多类似之处。壮族人使用铜鼓，主要是在蚂蜗节期间，这个习俗与一段传说有关：相传以前，当地有一个叫东林的孝子与他母亲相依为命，后来他母亲去世了，他就为母亲守孝。那时候正是农历四五月份，蚂蜗成群乱叫，叫得东林很心烦。他担心蚂蜗乱叫而使母亲的灵魂不得安宁，他就叫人拿开水把周边的蚂蜗都烫死了。结果，那年天下大旱，颗粒无收。东林就向始祖布洛陀求助。布洛陀说，蚂蜗是天上雷公的儿女，是雷公叫它们到人间来查看雨水情况的，现在被烫死了，雷公发怒了，所以不给人间降雨，人间要想得到雨水，就必须去捡回那些被烫死的蚂蜗的尸骸来为它们守孝，并将其好好安葬。东林听后，花了三天三夜的时间去把蚂蜗的尸骸捡了回来，并沿着红水河沿岸的村庄一路过来，给每个村庄发一具蚂蜗的尸骸，告诉人们要为蚂蜗守孝，并举行隆重的安葬仪式，以后都不能再伤害蚂蜗。人们照做了，结果第二年风调雨顺，粮食获得大丰收。后来，为了年年都能这样风调雨顺，人们便开始举行蚂蜗节活动，在活动中敲击铜鼓向天祈求雨水，蚂蜗节习俗由此而来。

① 钟敬文主编《民俗学概论》，上海文艺出版社，1998，第30页。

② 钟敬文主编《民俗学概论》，上海文艺出版社，1998，第32页。

图九〇　山清水秀的东兰瑶乡（李桐　摄）

可见，壮族人在蚂蜗节期间使用铜鼓主要是为了求雨。在瑶族传说中，铜鼓也有类似的求雨作用。传说天遇大旱，庄稼不生，密洛陀便派大神郎星桑严去找掌管水的水神。郎星桑严来到水神的住所，却发现水神还在睡觉，要“三七”才翻身，“七七”才起床，要有比水声大的声音，水神才能听到。郎星桑严听了密洛陀的指令，带着铜鼓下水宫，路上战胜了蛟龙，却与其结下冤仇。下到水宫，郎星桑严敲响铜鼓，叫醒了水神。水神说：“水界水声大，只有公、母铜鼓能够叫醒我，现在我马上放水给人间。”水神还对铜鼓说：“你们唤醒我，让我得以送水到人间，大家不会忘记。我要交代人们，把你们当作神，世世代代敬奉。人们需要你们出来时，要杀公、母鸡各一只，归位要有一块肉，还要烧香点烛，祭拜你们。”在壮族、瑶族的传说中，人间都曾经历过大旱，掌管水的神灵都需要声音的通知才能得知人间的情况，敲打铜鼓也都是为了祈求神灵降雨，祈求风调雨顺。在历史上，东兰县一带很有可能经历过大旱，壮族、瑶族两个民族都曾有相关的求雨活动，而铜鼓在这两个民族中都有通水神或雨神的作用。

壮族的《布洛陀经诗》对铜鼓的铸造和供奉都有介绍：“族人请来工匠日夜铸铜鼓，敲击吓鬼通神，让布麽布道为之超度开路，又让你（亡者尸骨）暂停栈房十夜，然后再移地迁葬（即二次葬），又返回做宗族神做宝贝。铸造十面铜鼓，有九面成为神仙，佑护生活不受穷苦。敲铜鼓让先祖吃饭上路，然后留你（铜鼓）做部族长老。”[①] 这与前文提到的三弄瑶族乡布努瑶祭鼓仪式中，铜鼓所发挥的通神作用，以及对祖先敬仰的寄托是一致的。该篇《布洛陀经诗》采录于东兰县坡峨村，从地缘上看，坡峨村又与三弄瑶族乡距离相近，两地民众对铜鼓有着相近的看法，这足以说明三弄瑶族乡的布努瑶人与周边壮族人往来甚密。



① 张声震主编《壮族麽经布洛陀影印译注》第五卷，广西民族出版社，2004，第1412页。

关于铜鼓的传说，壮族、瑶族流传的内容也有诸多类似。例如，铜鼓斗孽龙类型的传说，在壮、瑶族群中均有流传。从地域上来看，三弄瑶族乡是东兰县唯一的民族乡，周边的村屯均是壮族人的聚居地。从生产上来看，三弄瑶族乡的粮食等生活用品相对匮乏，村民们需要赶集，购买生活必需品。毫无疑问，三弄瑶族乡的布努瑶人无法避免地与壮族人进行着交流与交融，因此其生活用品、生产工具和铜鼓的类型都与周边的壮族无异。但瑶族与壮族有着迥异的生活方式，究其原因，不得不考虑到瑶族人聚居的地域多位于山间，不适宜进行大规模的种植活动。从居住条件上看，山坳间的地势不平，建构砖瓦结构的房屋需要耗费大量的时间、精力平整土地，因而瑶族多采用木结构建筑。从生活条件上看，以往三弄瑶族乡三合村下弄宁屯的生活用水都难以得到满足，只能通过修建蓄水池储水。此外，山区间的信息传递多有不便，铜鼓作为传递信息的一种工具在瑶族村落间广泛存在是有重要意义的。从民间文学角度来看，“在壮族铜鼓传说中，铜鼓也和人一样，有七情六欲，他们赋予铜鼓以人的形象与品格。在其他民族的铜鼓传说中，铜鼓则很少以人格化的形象出现，在与毒虫猛兽的打斗中主要是以器物原本的形象出现”[①]。

综上所述，瑶族与壮族在文化和习俗上有诸多类似之处，这说明在历史长河中，西南地区各民族长期保持着密切的接触，这种接触涉及方方面面，各民族不可避免在接触后又有交融，这在铜鼓文化中都有所体现。在这些使用铜鼓的民族中，拥有铜鼓、敲打铜鼓所表达的含义都颇为类似，传说也有诸多相关之处，可以想象，铜鼓文化与铜鼓本身一样，经历了一个传承和扩布的过程，从而使得散布于多个民族中的铜鼓文化表达着相似的意义，也发挥着类似的作用。这就形成了各民族既富有个性又具有共性的铜鼓文化。这一区域性的习俗文化，从一个侧面支持了铜鼓沿红水河流域传播的观点，说明了铜鼓文化已经成为红水河流域的地域性文化。

① 陈金文：《壮族风物传说的文化研究》，民族出版社，2011，第207页。

# 二、红水河流域白裤瑶铜鼓舞

## ——以广西南丹县里湖瑶族乡为例

### （一）白裤瑶概况

白裤瑶是瑶族的一部分，自称“朵努”，因男子都穿及膝的白裤而得名，主要分布在广西南丹县的里湖瑶族乡、八圩瑶族乡和贵州荔波县瑶山瑶族乡等地。白裤瑶是中国为数不多的依旧保持着古老文化形态的瑶族分支。据史料记载，南丹县里湖瑶族乡的白裤瑶在宋代就已从湖南、贵州等地移居到此，定居在这一带的时间至今已有500年，其语言属汉藏语系苗瑶语族苗语支。

#### 1. 生产和生活方式

白裤瑶地区保存着较为古老的部落组织和严密的地域组织。现今，各瑶族村寨虽被改名为屯，但它们的部落组织和地域组织依然不变，各村下属的屯内有以家族为单位的“大

图九一　南丹县里湖瑶族乡村寨（李桐　摄）

家庭”，其以血缘为纽带，聚族而居，崇尚舅权。白裤瑶依然保留着自给自足的农耕生产方式，家家户户养蚕、养猪、养牛。白裤瑶民众在重大节日和闲时经常以打陀螺、吹拉乘、吹牛角号、唱细话歌等作为娱乐和谈情说爱的方式，这也是其传统文化的主要部分。

### 2. 民间信仰

白裤瑶人认为世间万物均有灵魂，于是产生了广泛的自然崇拜和鬼魂崇拜。自然崇拜中保留得较完整的有雨神崇拜和土地神崇拜。在白裤瑶地区，不同死因的死者受到的丧葬礼遇是不同的。在白裤瑶人眼中，意外死亡是野鬼附身作难，须速葬简葬，并作法阻止灵魂回到族内，也不让其与祖先团聚，使灵魂无处托身。而正常老死之人属“善终”，须厚祭、隆重下葬，以创造便利条件帮助他的灵魂回归祖源故地。现今白裤瑶地区仍盛行的砍牛击鼓仪式，是当地为死者的灵魂回归祖源之处扫清障碍的一种丧葬仪式。据说砍牛是让牛为灵魂引路，并让死者在另一世间有牛用；击鼓则被认为是通告祖先，沟通神灵，并将邪鬼驱走。

## （二）白裤瑶传统铜鼓舞“勤泽格拉”源流初探

舞蹈起源于远古人类在求生存、求发展中的劳动生产（狩猎、农耕）、性爱、战斗等活动，是图腾崇拜、巫术宗教祭礼活动和表现自身情感思想内在冲动的需要。这就决定了舞蹈从原初起就带有以维系社会（部落）为目的的群体性，而非孤立的个人行为。从出土的文物、崖画、古籍中，我们不难发现舞蹈的最初起源。劳作、征战、祭祀、求偶等都是人类原始生活的重要内容，同时也成为舞蹈活动的重要表现内容（这时的舞蹈可能已成为记载和娱乐的工具），诸多因素的共同作用便形成了舞蹈的多元性起源。它在我国“多元一体”的民族舞蹈文化乃至世界舞蹈文化的发展中，具有共通性。白裤瑶传统铜鼓舞也不例外。白裤瑶传统铜鼓舞的瑶语音译为“勤泽格拉”，又称“猴鼓舞”或“猴棍舞”，其究竟起源于何时何地虽无史料可以考证，但从表现的内容和表达的思想情感可以看出，其中夹杂着一些类似原始舞蹈起源的共性。

### 1. 神话与传说

#### （1）史诗说

一个民族的文化之所以能够具有如此顽强的生命力和坚实的社会基础，是因为它深深地扎根于民族的土壤之中，汲取民族精神的营养，接受民族悠久历史的熏陶。白裤瑶铜鼓舞亦不例外，其产生和发展的过程，无不与人类社会的发展以及族群悠久的历史渊源有关。

据瑶族创世史诗《密洛陀》记载以及民间传说可知，铜鼓舞与瑶族的产生和发展有着不可分割的关系。《密洛陀》中说：“上古时代的天地之间，有一面铜鼓相隔，铜鼓中间睡着一个高大的女人，头枕着一对鼓槌，旁边有九个浮游的影子。”这个女人就是密洛陀，浮游的九个影子是密洛陀手下的九尊神。密洛陀出世以后，便带领众神创造天地万物。在操劳中，密洛陀不幸患了大病，她手下的众神及万物生灵举办了“对和宴”，为她消灾祝寿。宴会上，众神杀牛祭祀，万物生灵则敲打铜鼓，跳“贬来舞”（伴牛舞），高声唱歌，并以大皮鼓助威壮阵。妖魔鬼怪被驱除，密洛陀也恢复了健康，她继续带领众神创造世界，创造人类。因为“对和宴”是以杀牛祭祖、跳铜鼓舞为主的，故铜鼓舞也叫“吃牛铜鼓舞”，这个名称一直沿用到中华人民共和国成立前。[①] 中华人民共和国成立后，政府提倡保护耕牛，禁止群众私自宰杀，“吃牛铜鼓舞”这一名称亦自然消亡，改称为“瑶族铜鼓舞”。但是，史诗和传说所对应的母系氏族时期不可能有铜鼓。铜鼓是南方少数民族娱乐的工具，也是财富和权力的象征。《北史·僚传》在描述西南少数民族的先民僚人时云:“僚王各有鼓角一双。”这里的“鼓角”指的是铜鼓，“一双”指的是公鼓、母鼓各一。史诗和传说中的铜鼓与密洛陀都是人类母系原始氏族群婚制的产物，其实在这个阶段铜鼓还没有形成，所谓铜鼓，只不过是后人的想象和虚构而已，只是在青铜器出现之后，铜鼓以其相对的优势取代了木鼓和陶鼓，用于舞蹈伴奏当中而形成了铜鼓舞。

### （2）模仿动物说

关于白裤瑶铜鼓舞的起源，“模仿猴子说”在当地广为流传并为人所津津乐道。著名舞蹈史学家库尔特·萨克斯在《世界舞蹈史》一书中说:“愉快而活泼地围绕某些高大的、牢固地竖起的物体跳的环舞，必定是以作为人类的祖先的动物传递给人类的。”[②] 在对国

图九二　南丹县白裤瑶猴棍舞（李桐　摄）

① 卢艺化:《红水河畔话铜鼓》,《当代广西》2007年第2期。

② 库尔特·萨克斯:《世界舞蹈史》，郭明达译，恒思校，上海音乐出版社，1992，第193页。

家级非物质文化遗产代表性项目代表性传承人黎芳才的访谈中，这种起源的观点再次得到验证。黎芳才说这种说法是从祖辈们那里得来：“相传很久以前，一位瑶族老汉在山地敲打皮鼓，驱赶偷吃黄豆的猴群。开始猴群被鼓声吓得不敢下山，后来有顽猴竟趁着老汉酒醉熟睡后，悄悄打鼓玩耍，并发出‘呜呜呜’的叫声。老汉惊醒后，看见猴子打鼓，觉得奇怪，同时逐渐被猴子打鼓、边跳边舞的动作所吸引。他暗暗记住了猴子们打鼓时的动作，回家后加以模仿，于是便有了这传承久远且独具风格的白裤瑶舞蹈艺术形式——猴棍舞。”

白裤瑶长期居住在大山之中，在今天的生活环境下虽已没有了猴子活动的踪迹，这可能是由白裤瑶刀耕火种和喜欢狩猎的生产、生活方式所造成，但在其祖先生活的年代，生态环境还未恶化，猴子出没相对频繁，这为白裤瑶模仿猴子的动作而形成独特的舞蹈提供了条件。从今天的舞蹈动作形态上看，猴棍舞确是依照猴子玩耍和跳跃时的动作特点，并经过人为的稍带夸张的艺术提炼、加工而成。也就是说，它是一种因人的模仿本能而形成的地域舞蹈艺术形式。高棪、李维认为：“生命的表现起于动，没有动即没有生命……而人类出于动物性本能的有节奏的运动，应为‘本能之舞’。”[①] 因此，“模仿猴子说”被白裤瑶生动传神地、长久地流传下来，但由于这个说法没有文字记载和相关的例证，只是以世代口口相传的形式被一致认同，其真实性尚有待进一步考证。值得提及和思考的是，此种说法在很大程度上真实地还原了白裤瑶祖祖辈辈生活的本真面貌，唤起了他们对舞蹈艺术的本能理解，满足了他们的审美心理需要。因而也只有此种说法，才符合其独特生态文化孕育下的艺术形态特征，才符合其艺术形式的生存现状和发展轨迹。

上述的神话和传说无疑经过了长时间的流传，或多或少会被添加白裤瑶自身的感情色彩，但它们却反映了原始歌舞和天地、飞禽走兽、氏族祖先及祭祀活动之间的密切联系。后世学者所说的“大乐与天地同和”，从美学逻辑上升华了这些神话传说所包含的深层意思，反映了先民们在精神活动中追求与自然界协调、和谐的意愿，对“天人合一”最高艺术境界的向往，同时表达着他们对生活的理解——与天地、祖先同乐，与兄弟姊妹同甘共苦。

## 2. 楚文化中的巫舞遗风

广西与楚文化的集聚地（湖南）有着地缘上的近邻关系，早在先秦时期，楚文化已传入广西，随着秦始皇对岭南的开拓和灵渠的开凿，岭南与楚地的关系更为密切，楚文化亦以更强的态势，源源不断地传入岭南。楚人的传统宗教信仰是以鬼神信仰为核心的巫教，如《汉书·地理志下》记载：“江南地广……信巫鬼，重淫祀。”[②] 而祠祀必歌舞，或者说，歌乐鼓舞是楚人信巫好祀的主要艺术手段。这样势必从整体上使楚国及其艺术带上浓厚的巫祀色彩，因而当时以巫扮神、以舞娱神、祈神驱鬼禳灾的舞蹈很是流行。楚地宗教文化南传，与岭南文化汇合后，很自然就为当地的先民所接受和吸收。而其舞蹈亦以特有的艺术魅力与神秘功能，给当地各民族的传统礼神舞蹈文化注入了新的内容，既能充分表达人们企盼丰收、消灾祛难、祈福求安的愿望和要求，又能适应人们日益提高的审美情趣的需要，所以很快就被人们接受。楚地的舞蹈文化首先在湘楚相邻的桂东北地区传播，而

① 高棪、李维：《中西舞蹈比较研究》，台北文物供应社，1983，第7—8页。
② 班固：《汉书》卷二十八下，中华书局，1962，第1666页。

后渐次传入桂东南与桂中地区，并与当地的山歌、舞蹈、神话传说、民间故事等相结合，演变为具有较强艺术性、观赏性、功利性与宗教性的一种舞蹈文化。楚地的巫舞在艺术表现上不受礼教束缚，强调和表现爽快、热烈、粗犷豪放、动荡跳跃，高扬浪漫主义的艺术精神。在巫术活动中，基本以功利性强的舞蹈（巫舞）贯穿其中，仿佛构成了一个虚幻与真实、肤浅和深邃、糟粕和精华相混合的世界：既有迷信巫术的表现，又有原始文化的承袭；既有对神灵、生灵的盲目崇拜，又有对祖先、英雄创业的崇敬与缅怀，以及对美好生活的渴望与向往。① 这与白裤瑶铜鼓舞在传统的砍牛击鼓仪式中所要表现的内容、主旨精神、艺术特点等相类似，同时成为探讨其起源的有力实证之一。进一步来看，铜鼓舞缘起的直接动因比较单纯，与氏族时代的巫教祭祀活动有较大关联。原始社会时期，祭祀是一种普遍的社会现象，即所谓“国之大事，在祀与戎”，巫术礼仪遍及世界各地。李泽厚先生认为，这一时代的音乐、舞蹈“仍然是图腾活动的表现，具有严重的巫术作用或祈祷功能”，“翩跹起舞只是巫术礼仪的活动状态，原始歌舞正乃龙凤图腾的演习形式”。②

关于白裤瑶铜鼓舞的起源有各种说法，均有一定道理。比较起来，把带有巫术性质的巫舞作为它的起源则更有深意。这主要是因为巫术是人类早期的一种比较普遍的带有一定宗教成分的准宗教现象，这一观点在西方比较流行。巫术，崇拜图腾、祖先，相信万物有灵等，从不严格意义上讲，也可以说是一种自然宗教。白裤瑶铜鼓舞与宗教活动有密切联系，这是由于它含有宗教信仰、祭祀礼仪的因素，所传达的思想、艺术表现形式和表演的目的，均与原始巫术中的巫舞不谋而合。可以说，作为文化源头的荆楚文化中的“巫文化”，对白裤瑶铜鼓舞的起源和发展产生了深远的影响。

白裤瑶葬礼是严肃的祭祀仪式，具有浓重的巫文化氛围。铜鼓舞的起初表现形式，只是由敲打皮鼓的人左右来回跳动即可，但由于文化的演进与发展，仪式的聚会、娱乐性质渐渐突出，特别是随着原始宗教意识的日渐淡薄，在祭祀仪式中，人们开始借助复杂舞蹈这一载体，进行欣赏和娱乐，巫舞的动作随之趋向复杂化。正如有人所说：“开初的祭祀舞蹈还较为粗陋、简略，然而，人们一再运用它，对它加工、雕琢，使它处在从粗放到精美、从简单到丰富、从单一到完整的发展过程中。”③ 白裤瑶铜鼓舞也按照了这样的规律，逐渐脱离巫舞的模式而演变为带有一定祭祀内容的、以娱神和娱人为主的民俗舞蹈，同时具备了一定的形式美。巫舞发展到一定阶段，其原有的祭祀礼仪功能逐步向两端分化：一部分进入宗庙殿堂，形成上层社会的礼仪乐制（以雅乐舞蹈为代表）；另一部分则走向广阔的民间，紧贴生活，形成面向全社会的民俗舞蹈。

综上所述，巫舞是巫文化的重要组成部分。巫舞和巫术有紧密关联，巫术要借助快速舞动的舞蹈技巧以增加其神秘感与色彩性。如要使巫舞真正成为一门艺术，服务于各级社会阶层，就有必要花力气将巫舞从巫术的束缚中剥离出来，赋予其新的人文内涵，使其进入艺术之林，成为各民族舞蹈艺术发展之根本。

白裤瑶铜鼓舞在漫长的原始社会中度过了它的萌芽形成期，这是一个时间跨度极深、舞蹈本体及它所依存的生态环境变化很大的阶段。但牢固的文化根基和重要的族群地位，使它在以后的世代传承中，始终保持着原汁原味的风格和旺盛的艺术生命力。

① 王建辉、刘森淼：《荆楚文化》，辽宁教育出版社，1995，第134—135页。

② 李泽厚：《美的历程》，生活·读书·新知三联书店，2009，第14—15页。

③ 葛树蓉：《从迷雾中走来——云南祭祀舞蹈从娱神到娱人轨迹初探》，载中国艺术研究院舞蹈研究所编《舞蹈艺术》（总第36辑），文化艺术出版社，1991，第48页。

# （三）白裤瑶铜鼓舞的民族色彩与风格

## 1. 本体与变体

可以说，如今的白裤瑶铜鼓舞艺术已自成体系（如表一六），既包括传统的铜鼓舞，又涵盖了新提炼出的生活舞蹈。它们一脉相承，而又各具艺术魅力。

表一六　白裤瑶铜鼓舞体系表

| | | |
|---|---|---|
| 铜鼓舞 | 传统铜鼓舞 | “勤泽格拉”（猴棍舞） |
| | 生活舞蹈 | 簸箕舞 |
| | | 竹筒舞 |
| | | 服饰舞 |
| | | 皮鼓舞 |

### （1）本体的性质作用

#### ①传统的铜鼓舞

白裤瑶独特的人文生态环境所孕育的民间传统舞蹈——“勤泽格拉”，又称“猴棍舞”或“猴鼓舞”，因以铜鼓伴奏而习惯叫“铜鼓舞”。《中国民族民间舞蹈集成·广西卷》中虽已对白裤瑶传统铜鼓舞“勤泽格拉”的艺术本体进行了相对全面的记录，但作为白裤瑶最具代表性且造诣最高的艺术形式，“勤泽格拉”凝聚着这个古老族群太多的历史记忆、太深厚的人文内涵等元素，因而对它的研究则要更为宽泛、深入和系统，才能真正地解读这门传统的民间舞蹈艺术。白裤瑶传统铜鼓舞“勤泽格拉”是原生型舞蹈，但需要说明的是这个“原生”不是发生学意义上的原生，而是针对白裤瑶各种新提炼出的舞蹈而言的。白裤瑶所表演的舞蹈“勤泽格拉”，没有经过太多刻意的艺术加工与再创造，虽经各个时代的传衍，却始终保持着原貌且风格独树一帜。“勤泽格拉”涵盖了对神灵和祖先的崇敬，对生活情感的诸多倾诉，对本民族文化形态的再现，但其唯独不是为表演而表演的舞台艺术，因此，其属于民间舞蹈的范畴。《中国舞蹈大辞典》对民间舞的解释为：“由劳动人民在长期历史进程中集体创造，不断积累、发展形成，并在广大群众中广泛流传的舞蹈形式。反映了劳动人民的生活和斗争，以及他们的审美情趣、思想情感、理想和愿望等。”① 由于各民族、各地区人民的生活劳动方式、历史文化心态、风俗习惯、生活条件存在差异，因此形成了不同的民族风格和地区特色。英国《大不列颠百科全书》认为，“民间舞蹈”这一概念包括两个内容：一是舞蹈形式经过了很长的历史的集体加工而得到发展；二是在不断选择和淘汰中代代相传。这一观点强调：其一，民间舞蹈是在漫长的历史岁月里形成的，也就是说，民间舞蹈形态并非一次性产生，而是在漫长的历史发展过程中逐渐形成的，这与其源流是从巫舞演化而来的观点十分契合。其二，民间舞蹈并非某个人的发明，而是集体创造、发展的产物，是集体智慧的结晶。这说明自然与人文生态环境的特殊性，以及族群的观念、信仰和审美意识的相互结合，才是民间舞蹈产生的基础。由此看出，

① 王克芬、刘恩伯、徐尔充、冯双白主编《中国舞蹈大辞典》，文化艺术出版社，2010，第 347 页。

白裤瑶铜鼓舞具有舞蹈的历史性、民众性、传承性、民俗性和变异性的特点。

白裤瑶传统铜鼓舞“勤泽格拉”还兼具民俗舞蹈的性质。从严格意义上说，民间舞蹈和民俗舞蹈是不同层次和不同层面的。简而言之，民间舞蹈又包含民俗舞蹈。民俗舞蹈指民俗活动或民俗仪式中的舞蹈，也指民俗化了的舞蹈。白裤瑶传统铜鼓舞“勤泽格拉”在砍牛击鼓仪式和传统节日（如春节）中，表演的形式和功能是不一样的。因此，在笔者看来，民间舞蹈为民俗舞蹈，民俗舞蹈为民俗化了的舞蹈，但始终未脱离民俗文化对它的影响。

传统的民间舞蹈也并非一成不变，生产生活方式的变化、生存环境的改变和外来文化的影响等，会引发民间舞蹈的发展、变化。在对黎政军[①]的访谈中，可以了解白裤瑶传统铜鼓舞艺术的发展状态。白裤瑶传统铜鼓舞随着时代变迁、人们精神需求的变化，被赋予了新的内容。在其文化内涵、艺术形式与风格不变的前提下，为了提高其艺术欣赏性，增强艺术魅力，适应舞台效果，并更好地进行艺术交流和传承，当地的民间艺人和文化工作者对铜鼓舞的鼓乐伴奏和表演程式等方面做了进一步规范与完善，同时对铜鼓舞的题材进行了扩充，形成了相对完整的白裤瑶铜鼓舞体系，从而将这个传统的民间舞蹈形式推上了一个新的艺术高峰。

### ②以白裤瑶传统铜鼓舞为模板

白裤瑶在日常的生产、生活和民俗活动中，依然保留着较为原始的方式与习惯，这为铜鼓舞新舞种的产生提供了许多鲜活的素材。再加上白裤瑶人本身对铜鼓舞的喜爱与迷恋，簸箕舞、竹筒舞、服饰舞、皮鼓舞等新舞种也就应运而生了。

可以说，现在的白裤瑶铜鼓舞已自成体系，白裤瑶传统铜鼓舞的模板作用自然厥功至伟。一方面，新的舞种保留着传统铜鼓舞用铜鼓伴奏、用皮鼓引领的特色，遵循着原有音

图九三　南丹县白裤瑶男子打皮鼓和打铜鼓（廖明君　摄）



① 黎政军，男，瑶族，1964 年生，南丹“勤泽格拉”自治区级代表性传承人。

乐和鼓式的基本形态，保持着地域舞蹈的独特风格。它们既继承了传统铜鼓舞的艺术特性，又以新的题材丰富了传统铜鼓舞的艺术门类，不断延续着传统铜鼓舞艺术旺盛的生命力。另一方面，白裤瑶悠久的历史和独特的文化形态，需要不同的载体为依托，才能更好地持久地传承下去。在传统铜鼓舞的启示下，这些新舞种也将成为用来记载与保存民族事项的实用工具，在白裤瑶各种文化遗产保护过程中发挥作用。

白裤瑶传统铜鼓舞是白裤瑶舞蹈艺术取之不尽的能量之源，它形成了一种以人文生态环境为本，风格化与功能化并重的民间舞蹈艺术发展模式。这是具有相同文化资源的各个民族，以及具有相同艺术整合能力的民间艺术形式需要汲取和借鉴的成功经验，也是值得舞蹈艺术研究者们关注的新视角。

### （2）变体的样式

历史上，人类根据自己不同时期的不同需要，创造出了宣泄感情的舞蹈、祭祀神灵的舞蹈、鼓舞士气的舞蹈、婚丧嫁娶的舞蹈等，这些舞蹈的产生均有着不同的内容和特殊的作用，有时可以在一种舞蹈本体中将不同内容同时显现。例如朝鲜农乐舞（农民的自娱乐舞）的雏形是几个乐人手持打击乐器，通过击打而自得其乐。在历史的进程中，长鼓乐器融入其中后，渐渐成为舞蹈道具，并在农乐舞中形成了一段能独立表演的长鼓舞（民俗舞蹈）。可以说，白裤瑶铜鼓舞舞种的丰富，也经历了与之类似的发展轨迹。黎政军在访谈中说："在我的倡议和推动下，我与其他白裤瑶铜鼓舞传承人达成共识，从本民族真实的生活场景出发，以白裤瑶传统铜鼓舞为模板，经过反复的艺术推敲，最终浓缩、提炼出了以簸箕舞、竹筒舞、服饰舞、皮鼓舞为代表的四种新形式的铜鼓舞。这些新形式的铜鼓舞只是在表演内容上发生了变化，其他方面均未发生明显改变。"舞蹈学者朴永光将这一类舞蹈定义为"再生态民间舞蹈"，即由职业或非职业舞蹈工作者从原生态民间舞蹈或课堂民间舞蹈中获取素材，且以此为主要手段，改编成舞台表演或创作成表现、反映一定内容的舞蹈作品，可称"再生态民间舞蹈"，也可称"舞台民间舞蹈"。[①]

艺术源于生活，亦能还原生活。隆荫培、徐尔充的《舞蹈艺术概论》一书根据舞蹈的作用和目的，把这一类舞蹈归结为生活舞蹈。"生活舞蹈一般是指与人们各种生活有着直接紧密的联系，功利目的性比较明确，人人都可参加的具有广泛群众性的舞蹈活动。"[②]可以说，簸箕舞、竹筒舞、服饰舞、皮鼓舞这四种舞蹈就是我们传统观念定义上的生活舞蹈。通过两次的实地调查，笔者已对这四种舞蹈进行了详细的观察和记录，现对这四种舞蹈进行基本的介绍，以便进一步做综合分析。

#### ①簸箕舞

当地的铜鼓舞传承人从白裤瑶妇女们日常晒米、挑拣大米时使用簸箕的情景得到启发，以簸箕作为舞蹈道具，以使用簸箕时的动作为素材，提炼出了具有鲜明生活气息的簸箕舞。舞蹈轻盈明快，动作简洁而流畅，力求还原真实的劳动场景。舞蹈借用簸箕这件普通的生活器具，将妇女挑拣粮食时上下左右的摇摆动作巧妙地融入击鼓的节奏之中，再配合简单的舞步，就形成了一幅流动感很强的家中劳作画面，生动地表现出白裤瑶妇女勤劳和贤良的特点。

① 朴永光：《舞蹈文化概论》，中央民族大学出版社，2009，第97页。

② 隆荫培、徐尔充：《舞蹈艺术概论》，上海音乐出版社，1997，第67页。

②竹筒舞

竹筒是白裤瑶男人在正式敲打铜鼓之前，用来练习所需的技巧和鼓式的必备发声体，其并不具有真正的乐器性质。它以竹子为原料，用削好的小竹棍敲打竹筒，可发出“嘭嘭嘭”的清脆声音，可以很好地训练人们掌握节奏的能力。敲竹筒的传统由来已久，敲竹筒是敲打神圣的铜鼓之前的必经之路，因而练习敲竹筒的场景在白裤瑶的各个村落也时常可以见到。同时，竹筒还可以作为平日娱乐的一种工具来使用。竹筒的广泛应用，也就顺理成章地被吸收为铜鼓舞艺术所要表现的内容，形成了节奏感很强的竹筒舞。竹筒与铜鼓先天的默契，使得竹筒舞表演起来节奏感十足，依据鼓式的变化，舞者左手拿竹筒，右手执棒，并以蹲地敲、扛肩敲和手提绕身敲为主要表演形式，打出的节奏仿佛在与鼓乐对话，清脆的声响则更增添了舞蹈的神秘氛围。值得一提的是，如今敲竹筒不再是男人的特权，女人同样可以敲竹筒和跳竹筒舞。

图九四　南丹县白裤瑶孩童练习打竹筒（刘广铭　摄）

③服饰舞

服饰舞是白裤瑶铜鼓舞体系中最华丽、最具观赏性的舞蹈。它将白裤瑶的舞蹈文化和服饰文化完美、和谐地结合在一起，借助反复转动的舞姿，加上舞者多姿多彩的饰物和传统工艺制成的蓝靛印染百褶裙的衬托，彰显出白裤瑶舞蹈独特的韵律与视觉之美。舞蹈本身简单易学，其动作设计的目的，是展示白裤瑶服饰特殊的样式和精湛的工艺。因此，舞蹈动作以脚步和手臂的舒展摆动为主，有时则加上舞者手持经过刺绣与蜡染而成的图案布块左右晃动的动作。服饰舞的地域文化气息浓厚，在舞蹈间接地转型为展示白裤瑶服饰文化窗口的同时，也诠释出白裤瑶铜鼓舞对本民族其他文化因子的包容性。

④皮鼓舞

皮鼓舞有别于白裤瑶传统铜鼓舞，虽说敲打皮鼓者就是皮鼓舞的舞者，但在表演形态上已经基本脱离白裤瑶传统铜鼓舞的动作形式，而只是从中汲取几个夸张和有代表性的动作，串联成简单的舞蹈。皮鼓舞的舞姿强劲有力、朴实无华而又充满激情。皮鼓舞意在表现皮鼓强大的视听效果和艺术感染力，因此必须以群舞的形式出现，一般要七面皮鼓配合才能完成表演，鼓式依旧沿用传统的敲打规则。在铜鼓乐音的环绕下，节奏感极强的皮鼓声响彻山谷，震撼着人们的心灵。皮鼓舞象征着白裤瑶人无言的呐喊，他们在唤醒万物的生气，他们在与天地、祖先共舞。这鼓声、舞蹈展现出他们火一样的激情，表现出他们坦荡与爽朗的情怀，跳出了他们勇于战胜自然、战胜命运和战胜一切困难的民族精神之魂。

## 2. 鼓的配乐演奏

### （1）皮鼓的领奏与引导

①演奏角色的切换

虽说是铜鼓舞，但皮鼓的引导在整个鼓群演奏中的地位不容小觑。它就像一个指挥家，在完美地展示自己对作品深刻理解的同时，用指挥棒掌控和协调着整个乐队的演奏，使演出有条不紊且异彩纷呈。但舞蹈艺术毕竟有别于音乐艺术，指挥者在整个乐队演奏的过程中，是不允许随意参与演奏的，而在白裤瑶铜鼓舞中，敲皮鼓的人既是指挥者又是舞蹈的主要表演者，他在表演、演奏和指挥的角色中反复切换，不会受到过多的约束，可发挥更大的艺术创造力和表现力，因此笔者将此舞蹈形式定义为“奏者即舞者”的艺术。

②演奏的形式与特点

**一领众和**　白裤瑶丧葬仪式中的铜鼓乐队，无论规模多么庞大，都是以齐奏为唯一形式，以小快板速度进行演奏，皮鼓起指挥作用。常见的是铜鼓先自由引奏一个四二拍的“Dd　Dd”[①]的节奏，反复多次，之后皮鼓进入，引领整个鼓乐开始进行演奏。此时，乐场中所有的铜鼓都必须丝毫不落地跟随皮鼓的节奏——鼓棍落、鼓槌落，鼓棍离、鼓槌离，铜鼓中心鼓点和皮鼓鼓点要始终保持一致，否则鼓乐队将各自为政，失掉应有的节奏感和乐音效果。皮鼓手可敲打皮鼓的鼓面、鼓边、鼓身，也可棍棒交击和以棍击地，具体演奏时敲打何处全取决于鼓手的爱好、鼓手对音色的选择和敲打部位的方便性，但必须保证皮鼓与铜鼓的紧密联系，并给予铜鼓鼓点转换时用来清晰辨别声响的提示节奏。在每一遍鼓点的结束和下一遍反复的开始，则必须敲打鼓面，以强调和提醒大家做好进入下一种鼓式的预备。白裤瑶鼓乐的合奏，采用了“一领众和”的传统方式，皮鼓发挥着指挥与演奏的双重功能。这种方式因易于掌握、简便实用，且能使鼓乐整齐划一、协调有序而在白裤瑶铜鼓的演奏中被约定俗成地固定了下来。

**即兴性**　在演奏皮鼓的过程中，皮鼓手双手各执一根长30厘米、直径2厘米的短木棍，从屈膝击鼓开始，先对着皮鼓击打，再绕着鼓身四处击打，一会儿击鼓面，一会儿击鼓边，一会儿击鼓身，有时双棍齐落，有时左右轮击，有时两棍互击，有时以棍击

①D表示鼓槌敲击铜鼓中心的太阳纹，d表示竹片敲击铜鼓鼓身。

地，配合正打、侧打、弯身打、反胯打、跃身打的动作，时而单击，时而双击，奏出“咚咚”“打打”“嗒嗒”三种强弱不同、音色相异的声响。击鼓者身形矫健灵活，通过手腕、手臂、肘部、头部、肩部、背部、腰部、臀部、胯部、膝部、腿部、足部等部位的动作，不断模拟猴子在地上行走跳跃、在林中攀爬玩耍的各种姿势，时而弯腰，时而直立，忽而跃起，忽而蹲落，有时并步，有时跨步，有时跃步，有时跳步，一会儿迅，一会儿缓，动作幅度或大或小，双手挥槌也时重时轻。每个皮鼓手都依据自己的喜好对动作进行个性化处理，在基本打法的贯穿形式和节奏不变的情况下，随意发挥自己的艺术创造力和演奏技巧，这种即兴性展示了白裤瑶民间舞蹈艺人最高的艺术造诣。

图九五　南丹县白裤瑶男子吹牛角（王梦祥　摄）

### ③演奏的节奏型

丧葬仪式和节日中的鼓乐，一方面是在告奉神灵，给活人带去身心的慰藉；另一方面就是自娱，但最终的目的是形成整个族群的向心力和凝聚力。所以在鼓乐中，人们总是不断地变换着各村的鼓式，一会儿是“怀里式”，一会儿是“瑶里式”，一会儿又是“纪后式”，但无论如何变换，鼓点一出，人们就能很快地辨认出来，显出了很强的节奏识别能力。基本节奏型如下：“怀里式”为四二拍的“× × | × × |”，“瑶里式”为四二拍的“× × | × - |”，“纪后式”为四三拍的“× - × | × - × | × × - | × - - |”。为了统一鼓手们此轮演奏所用的鼓式，在铜鼓手们反复引奏四二拍的“Dd Dd |”的节奏后，皮鼓手进入指挥，并会敲打一定的节奏型提醒其他鼓手该进入何种鼓式。例如：“怀里式”的始终为四二拍的“打 打 | 打 打 |”的节奏；进入“瑶里式”时，敲四二拍的“打 | 打 打 · |”的节奏接入；进入“纪后式”时则敲击四三拍的“打 打 - | 打 打 - |”的节奏。同理，因为进入各村基本节奏型的演奏后，这种基本节奏型的演奏反复次数是自由的，完全依皮鼓手个人习惯，所以为了告诉大家即将转入下一遍时，也会有一定节奏型予以提醒，以便统一转换。如“怀里式”的为“打 打 | 咚 打 | 打 打 - |”的节奏，“瑶里式”的为“打 咚 | 咚 · 咚 | 咚 咚 |”的节奏，“纪后式”的则仍以相同的节奏不同的打击部位直接进入。[①] 此外，各村鼓点虽在每遍转折结束部分不尽相同，但它们全曲的补充收尾部分节奏都是四三拍的“× × - | × - - |”，其中“× × - |”为随意反复。[②] 正是这些各具标志性的基本节奏型和有规律的鼓点发展方式，才使如此庞大的鼓乐队的演奏者在根本没有鼓谱的情况下，能够心灵相通，众手同槌，合奏出如此整齐、协和的“交响大曲”。

## （2）铜鼓的伴奏

鼓曾被古人赋予“春分之音，万物皆鼓甲而出”的内涵，所以无论是在音乐、舞蹈还是在社会生活中，鼓都占有重要地位，白裤瑶的铜鼓也不例外。

演奏铜鼓前，人们先在村寨附近一块较大的平地或收割后的稻田，打桩立稳若干个齐高的木柱或搭建数个简易的三角木架，木架上端三叉处横着枉木，然后再用粗藤或麻绳系住铜鼓的一只鼓耳，让其侧悬，鼓面朝向皮鼓，离地约 10 厘米。铜鼓的摆法要以铜鼓数量的多少而定，以唯一的一面大皮鼓为中心，正对皮鼓摆成“一”字形、“L”字形，或围向皮鼓摆成“II”字形，若铜鼓较多也可构成“冂”字形或“口”字形。

正式演奏时，铜鼓手们半躬着身，侧对着皮鼓手，随着皮鼓的鼓点，用鼓槌和竹片分别敲击鼓面和鼓身：敲击鼓面时以敲击鼓心为主，可发出雄厚的“当当”声；用竹片敲击鼓身会发出清脆短促的“嘀嘀”声，可算是一种对节奏的装饰和补充。铜鼓发出的乐音，是不符合音律与音高的固定标准的，它只是一种有节奏的音响，或者说它是一种音乐的原始形态。

铜鼓作为南方少数民族使用的乐器，各民族都形成了自己习惯的演奏形式或方法，大致有平悬移动式、侧悬移动式、平置固定式、侧置固定式、平悬固定式、侧悬固定式六种。白裤瑶采用的是侧悬固定式，这也是现在民间流传最广、使用最多的方式。这种方式演奏起来较为方便，能让鼓身完全振动，而且声音传播不受阻挡，因此最容易让鼓手发挥



① “咚”表示敲击鼓面，“打”表示敲击鼓边。

② 郭永青：《南丹县白裤瑶族丧葬仪式音乐考察报告》，《艺术探索》2006 年第 5 期。

各种技巧，并能得到浑厚铮亮的音响效果。此外，风桶的运用虽然不是白裤瑶独有的，但是在众多南方少数民族中也极其少见，这是一种很具特色的表演方式。风桶外形、大小、高矮、粗细与农户家中用的木水桶相似，只是没有提手罢了。风桶演奏者的左右手分别握住桶边上下两端并横持，和铜鼓手同向，躬身站在铜鼓后面，配合着铜鼓的鼓点，有规律、有节奏地将风桶口部从铜鼓足部推进鼓腔，接着又迅速抽出，一推一抽，在较短的时间调节铜鼓的共鸣腔，使铜鼓发出钟鸣似的声潮和浑厚低沉的回音，宛然有一种风转音回、山呼谷应的感觉。

### （3）铜鼓和皮鼓的使用禁忌与规则

#### ①神器

铜鼓是白裤瑶从原始走向文明的重要标志，它既是娱乐的工具，也是财富和权力的象征。在白裤瑶人的心中，铜鼓具有神奇的力量，这就使得铜鼓得到白裤瑶人的爱戴和尊重，形成一种铜鼓崇拜心理。铜鼓是人们心目中的重器、神器，被认为具有保佑族人和祈福纳祥之功用，所以平日一定要封藏好，不能随意敲击和碰撞，否则天上的神灵会降罪于这家人。

除了铜鼓，大皮鼓也是白裤瑶人心中的神器。大皮鼓是家族的象征和徽记，每个家族只能共有一个。大皮鼓古朴凝重，近 1 米高，直径为 60 ～ 80 厘米不等，身呈圆柱形，以一整段圆木挖空做鼓框，蒙以全张牛皮做鼓面，用竹钉钉牢。皮鼓的制作也充满了神秘的色彩。今天的白裤瑶还谨守着一条不成文的规矩：如果某个家族要换制一个新皮鼓，定要由“鬼师”选择一个吉祥日进深山完成蒙牛皮这个步骤。在蒙牛皮这一天，除做鼓人外，其他人不得进山，否则将视为冒犯。人们认为，这个冒犯之人会遭遇血光之灾。

#### ②使用规则

##### a. 时间规则

铜鼓和皮鼓并不是随意、随时都可拿出来演奏的，而是有着严格的使用时间限制。与铜鼓舞一样，铜鼓和皮鼓只有在举行丧葬仪式（白事）或过春节时才演奏，红事及其他时间是不允许轻易使用的。确切地说，是在忙完一年的农事之后（秋收之后），即在当年的八九月份至来年的春耕之前这段时间才可使用。在秋收之前，如果有人去世，只能在自家门口先进行“浅埋”，待完成秋收之后，再另选吉日举行丧葬仪式。

##### b. 演奏规则

在丧葬仪式中，每一位演奏者都必须严格遵守鼓的演奏规则，不能随意改动。

首先，在演奏铜鼓与皮鼓之前，必须进行祭鼓仪式。祭鼓仪式由村里的“鬼师”主持，用竹叶蘸清水浇洒在鼓上。死者下葬完成后，还要再次进行祭鼓，就是将竹片扔入水碗放在鼓上。

其次，铜鼓的摆放一般遵循“从舅家原则”。舅家的铜鼓必须放在中间，而且必须等舅家的人来了才能开始敲，这应该与族群崇尚“舅权”的观念有关。另外，在正式举行丧葬仪式后，敲鼓的人是不可以随便换的。

再次，在皮鼓演奏中，皮鼓后面应站三位 36 岁以上的亲戚或村里的长者，他们拿着竹棍，表示抬着皮鼓将死者安全送上天。同时，要在皮鼓上挂一顶草帽，表示避免惊动神灵。

最后，在敲鼓次数方面，也有相对严格的规定，次数因死者的性别和年龄不同而有所

图九六　南丹县白裤瑶男子打铜鼓（廖明君　供图）

不同（如表一七）：男敲单数，女敲双数；年龄越大次数越多，年龄越小次数越少，男女同理。

表一七　丧葬仪式中敲鼓次数对照表

| 男 | 40 岁以下 | 40—59 岁 | 60—100 岁 | 备注 |
|---|---|---|---|---|
| 皮鼓 | 7 次 | 7 或 9 次 | 11 次 | 敲皮鼓 3 遍 = 1 次<br>敲铜鼓 3 遍 = 1 轮 |
| 铜鼓 | 7 轮 | 7 或 9 轮 | 11 轮 | |
| 女 | 40 岁以下 | 40—59 岁 | 60—100 岁 | 备注 |
| 皮鼓 | 8 次 | 8 或 10 次 | 12 次 | 敲皮鼓 3 遍 = 1 次<br>敲铜鼓 3 遍 = 1 轮 |
| 铜鼓 | 8 轮 | 8 或 10 轮 | 12 轮 | |

## 3. 舞蹈的特征

南丹白裤瑶仍保持着重大节日或治丧时敲铜鼓和跳铜鼓舞的古老传统。传统的铜鼓舞和簸箕舞、竹筒舞、服饰舞、皮鼓舞等新舞种，都是白裤瑶人生活中必不可少的内容，虽然它们形成的时间不同，但从表现技法和整体模式上看，可以说是风格统一并一脉相承的，它们共同组成了白裤瑶铜鼓舞体系。为进一步展开系统性研究，以下将传统的铜鼓舞和簸箕舞等新舞种统称为“白裤瑶铜鼓舞”。

## (1) 生成动机

### ①模仿的冲动

民间舞蹈作为一门艺术，在最初的形成过程中必会掺杂着人为的因素，而模仿的冲动则是人为因素中最常见的方式，这种方式体现在“动作模拟”中，并最终成为舞蹈发生的动机。格罗塞认为，模拟式的舞蹈是对于动物的动作和人类动作的节奏的模仿。模拟式的舞蹈因与其模拟的对象有一种对应关系，使得模仿者能找出更深一层的快乐。原始民族沉溺于模拟式的舞蹈，在我们的儿童之中也可以看到这种同样的模仿欲，模仿的冲动实在是人类一种普遍的特性。[①] 白裤瑶铜鼓舞的“动作模拟”作为生成舞蹈的动机的一个重要方面，就在于模拟者对模拟对象的动态复现中，有一种可以类比的参照来确定动作的规则以及对规则的偏离。而事实上，“模拟式”的白裤瑶铜鼓舞无论是精确地逼近模拟对象的规则，还是对模拟形态的偏离而产生的夸张效果，都使人产生了极大的快感和极丰富的想象空间。因此，人类对于模仿的冲动特性，可以先天转化为萌发各民族舞蹈艺术的动机。

### ②风格化与生命化的统一

舞蹈动机不仅是编舞的起点，还是舞蹈艺术的内核和灵魂。由于白裤瑶新提炼的舞蹈总是在传统铜鼓舞的风格制约下进行创编，因而舞蹈动机风格化与生命化的统一是十分重要的。风格化就是要依照与凸显本民族舞蹈的创作手法和表现形式；生命化则要体现出对传统舞蹈艺术精髓和内涵的延续性，保持舞蹈基因的稳定。二者的统一必然使舞蹈动机在舞蹈表演中充满动感和表现力，也使新提炼的舞蹈形式从容而准确地与传统铜鼓舞完成接轨，形成了相对完整且独具特色的白裤瑶铜鼓舞体系。

## (2) 动作的特点

### ①动作的表现性

纵观中外舞蹈的历史文化和不同种类，所有称为“舞蹈”的文化形态都以人体动作为主要表现形式，以此与音乐、美术、戏剧、电影等门类形成鲜明的差异。因此，舞蹈可以说是一种人体动作的艺术。

白裤瑶铜鼓舞的动作样式具有简明、直接的特点，能清晰地反映出舞蹈的思想情感和意境，让观众轻而易举地辨别出其表现的内容与深意。在白裤瑶铜鼓舞中，这类动作具有一定类型性和说明性的艺术特点。例如，传统铜鼓舞中体现情绪激动时急速地跳跃、旋转、敲打的动作，表现了族群与大自然同乐及相依共存的主题，让观众感同身受，使舞蹈有了强烈的感召力。又如簸箕舞和服饰舞，动作圆润流畅、张弛有度、简单实用，力求还原生活的常态，粗中带细地宣扬了白裤瑶妇女以家为重、勤于家务、贤良淑德、心灵手巧等优秀品质，衬托出妇女们从中得到的满足和自豪之感。这样的动作通俗易懂，能很快地让观众融入白裤瑶人民真实的生活中。因此，在对白裤瑶文化感到陌生的情况下，外界依据舞蹈动作的表现性，能迅速、直观地了解当地人的生活状态和地域文化样式。

### ②动作的节奏化

节奏是舞蹈艺术构成的基本要素。任何舞蹈都是有节奏的，没有节奏便没有舞蹈。格



① 格罗塞：《艺术的起源》，蔡慕晖译，商务印书馆，2008，第156、167页。

罗塞在研究了原始民族的舞蹈后说：“没有一种跳舞是没有节奏的。”① 节奏是人们对时间的一种知觉，在舞蹈中，节奏一般表现为舞蹈动作力度的强弱、速度的快慢。相同的动作由于节奏的变化出现了力度上的增强或减弱，或是在速度上加快或减慢，从而演绎出不同的情绪和情感，体现出不同的内容。“我们认为，只有把动作节奏化，使它能够符合一定的运动的规律，才能成为舞蹈的动作，任何舞蹈的构成都离不开节奏性这个基本要素。”②

白裤瑶铜鼓舞的动作节奏层次分明，节奏的快慢、强弱对比很明显。如旋转的动作，快速地旋转可以表现出人们激动的情绪，或喜，或怒，随着速度减慢，情绪也随之平静；又如跳跃的动作，沉重的顿足跳跃可以表现人们压抑的情绪，而轻巧的顿足跳跃则可以表现人们对生活的憧憬和善良温顺的性格。这一切都掌控在动作节奏快慢与强弱的转化之中，同时结合各种情绪和情感所引起的人内在的节奏变化，形成了白裤瑶铜鼓舞的节奏化。因为这一节奏主要是一种对情感流露过程的有意识的控制，使情感有节制地表现出来，这是舞蹈节奏的艺术目的。“节奏由此成为促进舞蹈的情感内容与外在动作形式相互统一的重要因素之一，成为情与形之间最重要的一个中介和桥梁。”③

白裤瑶铜鼓舞是典型的“三段体抒情舞”，多以节奏的变化和处理作为分段的依据，往往形成“快（强）—慢（弱）—快（强）”或“慢（弱）—快（强）—慢（弱）”的总体动作节奏模式。这种动作节奏是被艺术化了的节奏，符合白裤瑶人的性格、气质、心理节奏和审美追求，久而久之就成为白裤瑶人约定俗成的舞蹈风格。

图九七　南丹县白裤瑶铜鼓舞（廖明君　摄）

① 格罗塞：《艺术的起源》，蔡慕晖译，商务印书馆，2008，第156页。

② 隆荫培、徐尔充：《舞蹈概论》，上海文艺出版社，1984，第35页。

③ 冯双白：《试论舞蹈艺术的表现性》，载中国艺术研究院舞蹈研究所编《舞蹈艺术》（总第11辑），文化艺术出版社，1985，第7页。

③动作的抒情性

在诸多抒情方法中，舞蹈最能够淋漓尽致地抒发感情。白裤瑶铜鼓舞的动作则以抒情为最终目的，舞者的举手投足、旋转跳跃、随性摆动等动作无不带有情感的表述，而使整个舞蹈的情绪得以长久延续并充满纵深感。白裤瑶人的情感是含蓄的，但他们或许需要舞蹈的动作作为传达媒介，来宣泄需要迸发的那一部分情感积蓄，因为他们的内心世界同样需要他人了解，他们的失落情绪同样需要别人的抚慰。因此，可以抒情的动作，也就顺理成章地成为他们内心情感的“外化”。

## （3）舞蹈的队形

民间舞蹈的队形以舞蹈的场地和蕴含的观念为依据而形成其特征，这样就有了各民族不同的民间舞蹈构图。比如有些民族因居住在被群山包围的山区或半山区之中，所以“圆”的概念在他们心中是根深蒂固的，其舞蹈的队形因地域成为围圆而舞的形态。又如很多民族的民间舞蹈队形因群体性、民俗性和自娱性的需要而蕴含着一定的意义，即民间舞蹈队形是“有意味的形式”。这种“有意味的形式”，使民间舞蹈队形呈现出千姿百态，其中适用范围最广的就是场队形。而白裤瑶铜鼓舞的队形，则汲取了其最主要的两种表现形式：围圆形和横排形。

①围圆形

“舞蹈创造了一种难以形容的，甚至是无形的力的形象，它注满了一个完整、独立的王国，一个‘世界’，它是作为一个由神秘力量组成的王国的世界之最初表现。”[①] 这个“由神秘力量组成的王国”是怎样的呢？苏珊·朗格接受了库尔特·萨克斯的看法，即最古老的舞蹈形式是环舞或圈舞，与之相应的成对、成行或成线跳的舞蹈形式起源于较晚的阶段。对于人类早期形成环舞的原因，库尔特·萨克斯提出了自己的见解，他认为原始社会中人类的住处看起来像个蜂窝，没有垂直面的墙壁，因为他们造不出四方形的房屋。原始文化和大部分初步得到发展的文化在空间概念上只要求圆形。[②] 圆形之所以是舞蹈中最早出现的空间形式，或许可以归因于此。

白裤瑶铜鼓舞中，以围圆形为队形的舞蹈最典型的就是圆圈舞。圆圈舞的形成有诸多方面原因：首先，氏族群居是形成圆圈舞的前提。过去，白裤瑶由于生产力水平低下和繁衍后代的需要，族群必须共同生产、共同生活，他们围坐在一起共同面对困难，分享快乐，并由此形成了共同歌舞的传统。其次，从历史资料和流传到当代的传统圆圈舞看，白裤瑶传统铜鼓舞、皮鼓舞均围绕着一个核心物（皮鼓）跳舞，这也是形成圆圈舞的重要因素。最后，就是与生存环境的紧密联系，如生活在半山坡或山上的民族，就有可能导致其舞蹈队形主要为围圆形。总之，这是一种以对“圆”的理解与意识占主导作用的队形方式。

白裤瑶圆圈舞可分为两种类型：一种是沿顺时针方向走圆，跳舞时先迈左脚；另一种是沿逆时针方向走圆，跳舞时先迈右脚。综观诸多民族的圆圈舞，多数沿逆时针方向行进，这可能与人们习惯先迈右脚有关，如传统铜鼓舞、服饰舞和竹筒舞都是先从逆时针方向开始起舞。在有些民族中，圆圈舞的行进方向有一定的含义。比如，傈僳族丧事舞蹈



① 苏珊·朗格：《情感与形式》，刘大基等译，中国社会科学出版社，1986，第216页。
② 库尔特·萨克斯：《世界舞蹈史》，郭明达译，恒思校，上海音乐出版社，1992，第133页。

《诗得德》："按逆时针方向围棺边说边舞三圈后，把箩放在棺旁，意为把死者的东西送到了亡灵所归宿的地方。尔后，又按顺时针方向跳四圈，意为舞者从阴间返回阳世。"[1] 同一含义和方式在白裤瑶砍牛击鼓仪式中跳的传统铜鼓舞也是有所体现的，不同的是在跳的圈数上并不做特殊的规定。

围圆形这一队形的作用有三：其一，让参与者获得依靠感。在舞蹈中手拉着手跳舞，参加跳舞的人会感觉到一种相互之间的依靠感。这种感觉在每个人的幼年时期都有过，即幼儿与父母牵手，是为了获得依靠感，即安全感。其二，让参与者获得向心感。所有参与舞蹈的人，如一起面向中心，会有一种无形的力量集中到中央。中央成为焦点，让人们在舞蹈中找到生活的目标。其三，增强感染力。因群体围圆形舞蹈，舞者之间的距离近，情绪相互感染，从而增强了艺术表现力和感染力。

### ②横排形

横排形的舞蹈队形有单排、双排及多排之别，其中还能细分为面向同一个方向和面对面的队形。

横排形舞蹈队形的出现，也与社会发展历史有密切的关系，这是农耕文化的产物。人类的食物生产方式是从狩猎活动发展到游牧生产，从采集活动发展到农耕生产。农耕生产使人们开始了定居生活，定居生活又使得村落的规模不断扩大，于是便逐渐形成了街道，后又出现了舞台，舞台提供了排列舞蹈队形所需的充分空间。因此，白裤瑶铜鼓舞横排形的队形方式得以实现。随着舞蹈内容复杂性的提高和参与表演人数的增加，横排形队形越来越显出其结构优势，既便于和观众面对面地沟通与互动，又增强了铜鼓舞艺术的直观表现力。

总而言之，白裤瑶民间舞蹈队形是在一定的场地围绕下形成的，是由简单的队形逐渐发展、演变出来的略复杂的形态。这种由简到繁的变化过程，可能与民间舞蹈逐渐融入更

图九八　南丹县白裤瑶姑娘跳铜鼓舞（刘广铭　摄）

① 中国民族民间舞蹈集成编辑部：《中国民族民间舞蹈集成·云南卷》下，中国 ISBN 中心，1999，第 1020 页。

多的表演性质有密切的关系。这两种队形为白裤瑶铜鼓舞建立了一个活泼的世界，使它不会单调，同时展现出一种整体的美感，而每个舞者也凭此进入了一种属于白裤瑶自己的艺术空间。

## （4）舞蹈的模仿形象

### ①模仿形式

库尔特·萨克斯的《世界舞蹈史》将传统的民间舞蹈划分为形象型和非形象型两大类，其区分的主要依据在于舞蹈有无模仿性。形象型舞蹈具有明显的模仿性，而非形象型舞蹈不具有模仿性。白裤瑶铜鼓舞则属于形象型舞蹈，具有鲜明的模仿性。模仿性的舞蹈可进一步细分为写实模仿和象征模仿。

#### a. 写实模仿

真实地模仿狩猎、农耕生产过程的舞蹈，属于写实性模仿范畴。

在白裤瑶铜鼓舞中，写实模仿有着重要的地位，传统铜鼓舞、簸箕舞、竹筒舞都以写实模仿的手法，展现舞蹈内容，抒发思想感情。传统铜鼓舞就是白裤瑶人模仿猴子的习性和动作而形成的一种祭礼性舞蹈，再现了猴子搔头、拍屁股、抓腋、跳跃、追打等动作形象。簸箕舞和竹筒舞则还原的是白裤瑶人日常辛勤劳作和练习打竹筒时的真实场景。模仿动物的舞蹈可能是出于对动物某些品质的崇敬而加以模仿，在模仿中表达了人类争取生存的愿望，同时也寄托了对美好未来和幸福生活的向往。

#### b. 象征模仿

白裤瑶象征模仿性舞蹈的突出特点在于“象征性”。象征模仿性舞蹈能让表演者有更多的发挥空间，同时带给欣赏者更广阔的想象空间。白裤瑶服饰舞和皮鼓舞的每一个姿态、每一个动作都象征着某种意义，这种意义需要长时间深入当地人的生活中才能完全体味。

### ②模仿的目的

白裤瑶模仿性舞蹈的目的主要有如下几点：其一，通过模仿传授生产、生活知识，满足生存需要；其二，通过模仿完成巫术祭祀，即“以相似的行为，达成相似的结果”；其三，通过模仿达成娱乐的目的，即通过对动物夸张、变形的模仿，体验到滑稽所带来的喜悦；其四，通过模仿表达期盼，如通过模仿挑拣米、打竹筒来期盼五谷丰登与社会和谐。

## （5）服饰和道具

### ①服饰的特点与作用

#### a. 舞服的样式

观看白裤瑶铜鼓舞表演时，首先映入眼帘的是别具一格的服装。据舞者和春[①]介绍，表演者穿的服装必须是本民族传统的节日服装，当地人称之为“盛装”（便装和盛装的差别，在于花纹图案的多少和饰物的有无）。这种原生态的服装，能帮助表演者很快地进入表演状态，很好地诠释出舞蹈的意境。从观赏者的角度来说，最容易从舞服上辨别舞蹈

① 和春，女，瑶族，南丹里湖白裤瑶生态博物馆馆员，长期参与白裤瑶铜鼓舞蹈的展演。

的民族、身份等属性。白裤瑶舞蹈服装既不同于日常服装，又不同于其他表演艺术的服装。它在选料、制作、样式等方面，均符合舞蹈表演对服装的要求，既轻便、合体、便于舞动，又能突出舞者的线条美和动作姿态美。清人李文琰、何天祥等纂修的《庆远府志》说，南丹"瑶人居于瑶山，男女皆蓄发。男青短衣，白裤草履；女花衣花裙，短齐膝"[①]。整体来看，白裤瑶男子的节日服装上衣像雄鸡，裤子一般是用白布制成，裤长及膝，裤脚用黑布包边，并用红线绣花点缀，膝盖处绣着五根直的红线条，中间三根长，两边两根短，形状像手印，是依瑶王的血手印绣成的。女子穿的是绣有瑶王大印的新衣，上装为褂衣，简单而奇特，褂衣没有衣袖，前后各一幅，两边肩上各用黑布相连，腋下敞开；下装是蓝底百褶裙，长至膝盖，裙面上以黑蓝两色相间形成多道环形圈图案，并错落有致地点缀零星的蚕丝布，裙边则镶红色织锦和黄色蚕丝布，朴素而艳丽，颜色浓淡相宜。瑶王印凝聚着民族的历史，把瑶王印放在衣服上，是为了让白裤瑶的儿女们记住民族的历史，不要忘记祖先的精神。

b. 饰物的种类

人类用物品对身体进行修饰，起初多出于实用功能，随后逐渐发展出娱乐、审美功能。俄国学者普列汉诺夫指出："野蛮人在使用虎的皮、爪和牙齿或是野牛的皮和角来装

图九九　南丹县白裤瑶传统的节日服装（冯汝君　摄）

① 李文琰、何天祥等：《庆远府志》卷十《杂类志·诸蛮》，乾隆十九年（1754年）刻本。

饰自己的时候，他是在暗示自己的灵巧和有力。因为谁战胜了灵巧的东西，谁自己就是灵巧的人；谁战胜了力大的东西，谁自己就是有力的人。"[①] 除此之外，也有很多饰物由显示人的勇敢精神演变成审美饰物或避邪灵物，如白裤瑶男人们用来裹头的里白外黑的头巾、女人们表演舞蹈时腿箍上的小铃铛、幼儿佩戴的铃铛头饰等，这些饰物在铜鼓舞表演中被广泛应用，既成为表演者的装饰品，又可以提升舞蹈的节奏效果。

舞蹈者的饰物要适应舞动，所以多为轻便简易的饰物。如果饰物过重、过大，就会影响舞蹈者的舞动。白裤瑶铜鼓舞表演者所佩戴的饰物，具有民族风情，便于携带，既能恰如其分地与服饰搭配，又可以使舞蹈呈现出完美的意境。更为有趣的是，女性表演者的头饰与其腿箍上的小铃铛，随着舞者的摆动与旋转而有规律地相互撞击，发出清脆而整齐的声音，这些声音不仅强化了铜鼓舞的伴舞节奏，还成为铜鼓舞的一大亮点。

### ②道具的样式与功能

运用道具是我国传统民族民间舞的一大特征，如以扇子和手绢为主要道具进行表演的《河北秧歌》《东北秧歌》，以各种鼓类为道具进行表演的《腰鼓舞》《长鼓舞》《铜鼓舞》等。这些乐器在舞蹈者手中，除为该舞蹈伴奏外，还发挥着美化舞蹈形象和辅助舞蹈者抒发情感的作用。

#### a. 道具的类型

舞蹈道具也称为"舞具"，是舞蹈表演时的重要道具之一。道具的历史可以追溯到中国古代，如古籍中有关于人们"击石拊石，百兽率舞""昔葛天氏之乐，三人掺牛尾，投足以歌八阕"的记载，其中所提到的"石""百兽""牛尾"等均为歌舞时所用的道具。白裤瑶铜鼓舞所用道具类型范围有限，大多是与生产、生活有关，如簸箕、木棍以及服装剪裁的图案布块等；乐器类则有皮鼓、竹筒等。这些道具兼具实用性和观赏性，既方便使用，又便于保存，舞蹈者随时可以用它们来进行演出和娱乐活动。

舞蹈道具是人体舞蹈动作的延伸部分或补充部分。也就是说，人体动作是主体部分，道具是补充部分。白裤瑶铜鼓舞主要通过对道具的运用来表现感情，而人体本身的肢体美的表现却是次要的。它更多地展现了一种精神和技能，即道具占据主导地位。当然，不论是哪个民族，不论是传统舞蹈还是舞台艺术舞蹈，道具的作用都相当重要。

#### b. 功能与作用

一方面，白裤瑶人为了改善自己的生存条件，需要从事各种必要的活动，如劳动生产、择偶及其他日常活动。这些内容构成了白裤瑶社会活动的主要内容。白裤瑶人使用的民间舞具则从不同侧面再现白裤瑶社会活动的内容，并进一步表现出他们的劳动方式和生存状态。另一方面，在我国传统民间舞蹈中，凡始于古代原始信仰或寄托人们种种愿望的舞蹈，均是在幻想神灵保佑的框架下形成，以征服自然为宗旨。这类舞蹈所用的道具，有些属于社会生活中人们所常见的飞禽走兽、花草树木，或人们常用的生活用品、娱乐用具，白裤瑶砍牛击鼓仪式中铜鼓舞的道具也具有此类性质。它们之所以被用于祭祀活动，完全是由当时人们的信仰所决定。人们指望它们发挥某种法术效能，帮助实现自己的某种愿望。虽然有些道具原系人们生活中的日用品和娱乐工具，但其一旦在祭祀活动中出现，

① 普列汉诺夫：《论艺术：没有地址的信》，曹葆华译，生活·读书·新知三联书店，1973，第10页。

就与其原有的社会作用和功能完全不相干了。[①]

从表演者和欣赏者不同的角度看，道具有其重要的作用：其一，是观众把握舞蹈内容的媒介。观众是通过白裤瑶舞蹈表演者手持的道具，理解舞蹈所表现的内容的，也就是说，这些道具引导着观众理解作品的内容。其二，是观众从舞蹈中获得快感的媒介，即表演者以娴熟的技巧舞动道具，使观众产生快感，达到表演者与欣赏者之间无障碍的艺术沟通。其三，是表演者展示白裤瑶文化的便捷途径，有利于民众对铜鼓舞的文化内涵有更深层次的理解，从而达成一种文化共识。

## 4. 艺术的风格与内涵

### (1) 鼓乐与舞蹈的协调统一

白裤瑶铜鼓舞的鼓乐和舞蹈是怎样结合为一体，并作用于艺术之中的，目前还没有相应的研究成果。在进行详细记录时我们发现，它们的统一应该是一个漫长的需要反复推敲的过程。铜鼓和皮鼓从一开始就作为白裤瑶人的神器加以使用，它们所发出的乐音和击打出的节奏自然也就带有相当神秘的色彩，同时又代表着白裤瑶人的心声。从舞蹈方面看，传统的铜鼓舞和新提炼的生活舞蹈，是对白裤瑶族群历史进程和生活现状的生动写照。因此，白裤瑶铜鼓舞艺术是音乐的“乐想”与舞蹈的“意想”高度融合的产物。它们一个满

图一〇〇　南丹县白裤瑶姑娘打铜鼓（王梦祥　摄）

① 张俊杰：《民族民间舞蹈道具剖析》，载中国艺术研究院舞蹈研究所编《舞蹈艺术》（总第15辑），文化艺术出版社，1986，第158—164页。

足听觉需要，一个满足视觉需要，共同承载着人们的心理需求。如果说，鼓乐中的节奏和乐音营造的是白裤瑶生活中的一种氛围，代表的是共同生活里的一种无言语句的话，那么舞蹈的动作则反映的是白裤瑶生活中的一种无言画面。

我们可以这样理解，白裤瑶舞蹈的形成是从鼓乐的整体乐思中去找出舞蹈的“意想”。即随着鼓乐的乐句、乐节和乐段，通过舞蹈展开了人体动作的画面，通过动作和姿态上的韵、力、形去表现舞蹈的节奏、表情和构图。舞蹈可以根据鼓式不同的处理而表现各种不同的意境，因为白裤瑶人能够接受的音乐生理结构，是促成舞蹈风格的重要元素。有些艺术家甚至认为，音乐是舞蹈的灵魂，舞蹈是音乐的回声。比如猴棍舞通过鼓乐的音响效果，对舞蹈的环境和气氛进行渲染和衬托，同时这种音响效果也代表了一定的社会思潮和族群情感。因此，鼓乐可以加强舞蹈的感情色彩，能够直接打动观众的内心，这就等于在舞蹈与观众之间增加了一条情感的纽带，拉近了观众与舞蹈之间的情感距离。在艺术形象上，舞蹈必须通过音乐才能把它的“意想”完整地表现出来。

舞蹈的动作就等于音乐的旋律，动作之间的连续就等于乐句、乐段的连续。而动作的连续又必须像音乐一样通过节奏上的力度（强弱）、速度（快慢）、能量（增减）等变化有机地组织在一起，二者有着基本的共同点。至于鼓乐的节奏和旋律，必须对照白裤瑶舞蹈动作进行，否则会破坏舞蹈的艺术性，鼓乐的“乐想”也就失去了它存在的意义。

总之，白裤瑶的舞蹈和音乐是密切结合的，它们共同完成艺术形象的塑造，又在一定程度上担负着展现铜鼓舞风格的任务。

### （2）结构的特殊性

白裤瑶铜鼓舞是以人体简单且带有模仿性的动作为主要表现手段的，所以其结构具有如下特点：其一，结构简练。即便是叙事性的簸箕舞，其情节也是尽可能简练的，因为舞蹈难以表现复杂的情节，难以厘清复杂的人际关系。情节尽可能洗练，此即舞蹈结构的简练性。其二，富有情感。由于白裤瑶铜鼓舞“长于抒情”，而情感寄托在模仿的动作之中，由此达到以动作模仿带出情感、表现情感的目的。其三，内容丰富。铜鼓舞的结构内容蕴含了白裤瑶民众复杂的情感、观念和追求。

#### ①单一的情感结构

单一的情感结构，即所表现的人物情感比较单一，没有繁复的发展变化，没有掺杂更多其他的情感元素，多以舞蹈的节奏和情绪的类型对比来展现舞蹈的结构。白裤瑶传统铜鼓舞的三段体结构为“A（欢快）—B（抒情）—A（欢快）”，表演者表达的情感比较单一，因而舞蹈结构简练、清晰、通俗易懂。这类结构善于抓住舞蹈的主题并直接宣泄情感，有较强的艺术表现力，可以调动观众在舞蹈审美活动中的艺术想象力，在扩大舞蹈题材表现范围、深入刻画人物内心世界、丰富舞蹈的表现手段等方面都有一定的积极作用。这种结构在白裤瑶铜鼓舞体系中也被广泛应用，正是由于其形式脉络清晰，符合社会现实自然生活的逻辑，舞蹈所表现的情感更容易为观众理解和接受。因此，单一的情感结构逐渐成为白裤瑶铜鼓舞必备的情感建构模式。

#### ②复杂的内容结构

虽然白裤瑶铜鼓舞中安排的各种题材的舞蹈段落并不多，但表现出的内容却相当复杂。这些内容相互交织，各有重要的意义。具体表现为：其一，内容结构复杂，即内容的构成成分复杂。白裤瑶铜鼓舞将生产、生活、信仰、情感等内容糅合成为一体。其二，文化因素构成复杂。白裤瑶铜鼓舞中，既有狩猎文化因素，也有农耕文化因素；既有本民族文化因素，也有外来文化因素等。其三，文化功能复杂。白裤瑶铜鼓舞既可以叙事、祭祀，又可娱神、自娱。这种复杂的内容结构从一开始就伴随着白裤瑶铜鼓舞，并继续以强有力的渗透性影响着它的风格构成。

## （3）理想的境界

每个民族的民间舞蹈都各具独特的风格，所体现的艺术精神亦有所不同。由于受历史传统和客观环境的影响，白裤瑶铜鼓舞中蕴含着白裤瑶族群不同的世界观、道德观、人生观、宗教观等。在众多观念的支配与影响下，白裤瑶铜鼓舞不断追求着个性化艺术理念与艺术精神。

### ①艺术理念

#### a. 表达民众的思想与愿望

很多民间舞蹈形态都表达着民众的思想，民间舞蹈中的很多形象都是民众思想的传达媒介。白裤瑶铜鼓舞以不同的表现内容，把现实生活中难以言表的思想与愿望，通过舞蹈的形式表现出来，在发泄内心情绪与挣脱现实精神束缚的同时，得到心灵的慰藉。白裤瑶铜鼓舞用舞姿、节奏、道具等要素，承载着白裤瑶民众由来已久的诉求、寄托和憧憬。例如，皮鼓舞和竹筒舞表达着白裤瑶人祈求消灾赐福、人丁兴旺、民族和谐的朴实愿望，这种表达既直白又急切，非常符合白裤瑶人的心理特征。又如簸箕舞，表达了白裤瑶人希望五谷丰登、生活安定的淳朴思想。白裤瑶铜鼓舞用舞蹈语言将这些思想和愿望生动而鲜活地表现出来，力求贴近生活、贴近群众，在体现其艺术宗旨的同时，切实地传达了白裤瑶人的心声。

#### b. 以宣泄情感达成自娱

白裤瑶铜鼓舞的特点主要体现在达成自娱的方式上，即以舞蹈宣泄情感达成自娱。在过去乃至今天，在很多民族中，举凡喜事、节日庆典，人们便聚集在一起载歌载舞，以抒发喜悦之情。正如德国学者格罗塞所说：“凡是可以激发人们快乐的感情的事情都用舞蹈。”[①] 以舞宣情达成自娱的舞蹈形态，在我国各民族中比比皆是，如壮族的蚂蜗舞、苗族的芦笙舞、维吾尔族的赛乃姆等。

从舞蹈的原因、时间、方式等方面不难看出，白裤瑶铜鼓舞是为了宣泄内心的情感、追忆祖先的恩德、令身心愉悦而跳。因此，舞蹈仅仅是手段，宣泄感情、调剂心境才是真正的目的。也就是通过舞蹈宣泄激动不安的心情，使心情恢复平静、常态、舒畅。生活的艰辛，让白裤瑶人变得坚韧、顽强、乐观，而跳舞的目的就是为了兴奋，为了沉醉，为了无拘无束，为了暂时远离悲伤和疲惫，由此达成自娱的目的。在文化生活不丰富的过去，通过跳舞娱乐是白裤瑶人最为重要的一种生活方式。白裤瑶铜鼓舞从一开始就要求舞者进入一种亢奋的状态，自由地发挥表现欲望，引导欣赏者共同宣泄亢奋的情绪，由此达到精神上的解脱，满足人们以舞自娱的心理需求。在用情感疏导焦虑，达到自娱目的的同时，更为深层的原因是，白裤瑶人试图通过短暂的舞蹈释放人的天性，摆脱人的社会属性，以达成“本我”的自由，回归到自然的人，因为“人也是自然的一部分”。所以，在舞场上，人们淋漓尽致地、不顾身份地舞蹈，犹如进入忘我的状态，进入一个祥和的自由王国。

① 格罗塞：《艺术的起源》，蔡慕晖译，商务印书馆，2008，第159页。

②艺术精神

白裤瑶铜鼓舞的艺术精神指艺术表现时追求的意识，比如在动作上是规规矩矩地跳还是无拘无束地舞蹈，在情感表达上是淋漓尽致地宣泄情感还是有节制地表现情感，在艺术形式上是花样百出还是墨守成规，均为艺术表现层面所追求的精神。白裤瑶铜鼓舞的艺术精神体现了以下几点：

一是自由性。白裤瑶铜鼓舞虽然有一定的舞蹈程式，也有一定的动作样式，但每个舞者在跳舞时，不受动作规格的严格限制，会稍带随意性地自然舞动，追求自然的风格。

二是淳朴性。舞者在跳舞时，动作非常朴实与实用，风格返璞归真，体现了白裤瑶传统的淳朴民风。另外，在感情方面，沉醉于情感的自然宣泄，给人以轻松、和谐的艺术氛围。

三是创造性。在白裤瑶铜鼓舞的发生、创作和表演过程中，参与者经常是即兴发挥，或跳出新的花样，或创造出新的动态模式，或添加新的舞蹈题材而丰富舞种，但风格始终遵循着地域文化形态的特点，遵循着特有的艺术价值观。所谓“一方水土养一方人”，它始终根植于民俗生活中，是民俗精神的再现与升华。

## 5. 审美的认知与追求

### （1）动态之美

就物质存在形态而言，舞蹈美依附于表现性的人体运动美。说到底，舞蹈美是表现性人体运动创造的意象美。因此，舞蹈美欣赏的审美基点，不能不立足于美的人体运动。只有以按一定节律观和造型观运动的人体为审美基点，人们才可能由表及里、由浅入深地去审度舞蹈所表现的意象。[①] 白裤瑶铜鼓舞以运动的人体作为传情达意的物质媒介，人体动态美是其舞蹈美的有机构成。

白裤瑶铜鼓舞没有艺术舞蹈中人体的长袖之美、细腰之美、高髻之美和纤足之美。可以说，人体动态美就是其舞蹈美的基点，也是舞蹈美的有机构成。白裤瑶铜鼓舞由于对人体动态之潜能的充分发掘和利用，使人体动态美在舞蹈中得到了最充分的展现。动态，意味着生机、鲜活、变化。在自然界，我们可以看到步态轻盈的孔雀、翱翔的雄鹰、驰骋的骏马等，它们具有一个共同的特征——动态美。白裤瑶传统铜鼓舞就是以模仿猴子的动作为基点，塑造出动感十足的舞蹈形象，猴子的动态美成功地转移到人的身上，使得舞蹈动作既自然又夸张，既真实又富有想象力。这时的人体动态，作为一种具有自觉意识的行为，作为一种具有个性特征的行为，作为以情感、意志或理性为内涵的行为，无疑具有了最高意义上的美。这种动态美往往将舞者、欣赏者带入另一个世界，一个充满神秘色彩的世界，一个转化为舞蹈意象美的世界。白裤瑶铜鼓舞的人体动态美之所以会产生超现实的感觉，原因在于舞蹈中的人体动态主要是超常的人体动态。舞者的人体，作为艺术表现的物质媒介，较之普通人体具有更强的能力。当白裤瑶民间舞者通过灵活的腰肢、轻捷的跳跃、急速的旋转、稳定的控制来创造超常的人体动态之时，欣赏者就会在一种超现实的感觉中感受到理想的人体动态美——这正是舞蹈作为动态艺术美的至高境界。

可以认为，人体动态美是舞蹈美创造与欣赏的主干。白裤瑶铜鼓舞通过人体动态来营

① 于平：《中外舞蹈思想教程》，中国戏剧出版社，1994，第625页。

造某种审美意象，一方面可以使舞蹈摆脱人体外观形态的限制，获得更为广阔的表现领域；另一方面可以使舞蹈摆脱单一的抒情色彩，展现出揭示文化韵味、人生哲理、审美情趣的艺术理念。因此，舞蹈美欣赏的审美基点，实际上是从人体动态美的层面来切入的，只有这样才能体味出铜鼓舞的独特之美，才能从中获得人格的升华和精神的洗礼。

### （2）求“圆”之美

中国戏曲舞蹈或中国古典舞均有一个共同的特征，即讲究“圆”。以西方的古典芭蕾和中国古典舞做对比，由于各自的社会、历史文化背景不同，中西方对舞蹈艺术的发展思维也有所不同。西方人认为宇宙是直线前行的，是分层面的、有秩序的，因而古典芭蕾的动作多由一基点直线展开，并在各个层面上有秩序地变化发展动作，从而形成线形舞蹈思维。中国人则认为宇宙是圆流周转、周而复始的，因而中国古典舞的动作多取圆的形状，其体态运动在总体风貌上是向心的而非离心的，从而形成以“圆”为美的环形思维。因此，中国老一代艺术家欧阳予倩先生将中国古典舞概括为“划圆圈的艺术”，他指出：“全部舞蹈动作可以说无一不是圆的。”[①]

白裤瑶铜鼓舞的表演动作虽然本身不能构成一个完整的圆环，但是在视觉感受中提供了一种圆的轮廓和动势，进而始终围绕着“圆”来走位和移动。从大的方面讲，这种万物周而复始的圆环思想深深地影响了中国人对事物的整体概念。铜鼓舞的舞蹈队形、舞动轨迹、舞姿的变换都离不开“圆”的概念，并由此呈现出舞蹈的圆姿、圆韵。从结构主义角度说，白裤瑶铜鼓舞的动态结构讲究“圆”的原因，还与其舞以腰为轴的舞动相关，其动作多以上半身的律动为基础，形成似圆非圆的舞动状态，即“中国舞蹈的动律正是以腰为轴心的运动形成的，它出于腰部回旋往复的一种自然形态，所以中国舞的‘划圆’要领是‘以腰为轴，以圆为律；四肢为轮，轴转轮动’”[②]。

### （3）原始之美

白裤瑶铜鼓舞透露的是传统民族文化意识中对美的理解和认识，同时在民俗风情的感染下，始终散发着浓郁的原始气息，蕴含着一种原始的美。这种趋向原始的美，就要求铜鼓舞的舞乐旋律单纯，但重节奏、重力度；舞蹈动作扎实、粗犷、凌厉并适应打击乐的节拍与气氛；舞姿舒展开放，动作轻捷优美。总体格调苍古深沉，充满个性，避免矫揉造作，情绪上由心而发。在舞动中，舞者的表情和神态可随场合的变化而自由调节，跳舞的时间可随兴致高低而临时加长和缩短，跳的动作可自由反复且不受太多约束，最终达到“人神共娱”的忘我状态，使整个舞蹈氛围入神入境，即“天人合一”。在欣赏者看来，其艺术求真又别具空灵之美，即以超脱淡薄的精神，去达到超逸的灵动，使人沉醉于幽渺的憧憬之中，将人们带回到铜鼓舞萌发的年代，带入铜鼓舞古朴、原始的意境之中。

## （四）白裤瑶铜鼓舞的多重社会功能

舞蹈来源于生活，并随着社会的变迁而发展。白裤瑶铜鼓舞是社会生活、社会思潮、

① 欧阳予倩：《一得余抄》，作家出版社，1959，第212页。

② 袁禾：《中国舞蹈意象论》，文化艺术出版社，1994，第34页。

社会风气的一种表现，反过来又会给予社会一定的影响。这种影响将使人们获得对它更多的认识和理解，体现它在白裤瑶人心目中至高无上的地位。

## 1. 教育功能

民间舞蹈的教育功能早在原始舞蹈中就已存在。当人们狩猎归来，一方面为了再度体验狩猎成功那个瞬间的欢乐，手舞足蹈；另一方面也通过模拟狩猎过程，向后代传授狩猎知识，有利于子孙的成长与部族的繁衍。如此，民间舞蹈的教育功能在一些民族的民间舞蹈中被保留下来，流传至今。过去，白裤瑶由于没有统一规范的文字，常常需要通过民间艺术形式向后代传承历史，铜鼓舞就责无旁贷地扮演了这样的角色。黎金桥[①]介绍说："白裤瑶铜鼓舞一跳起来，本族的男女老少都会专注地观看，好像在接受一种仪式的感染。听老人们讲，铜鼓舞是祖先传下来的舞蹈，是活着的人同祖先的灵魂进行沟通的最好方式。有了它，我们的族人就会沿着象征祖先足迹的'路线'，团结一心、不离不弃，就会不断地繁衍、壮大。"因此，白裤瑶铜鼓舞在向本族群的成员进行着历史教育，告诉后代勿忘过去，勿忘"你是谁"，也由此强化他们热爱族群的心理，进而增强族群意识。

白裤瑶新创编的竹筒舞、服饰舞和簸箕舞有着同样重要的教育功能。人们借助这些舞蹈向后代传授着日常生产、生活经验，以及本民族的文化观念（道德观、宗教观、审美观等）。在生产力和文化教育不发达的年代，白裤瑶人借助舞蹈间接地、实用地向后代传授生活经验，介绍特色文化样式，宣扬行为准则与道德价值。

## 2. 象征功能

舞蹈，作为人类文化长河中璀璨的明珠，不仅是艺术的表现方式，更是一些民族区别于其他民族的标志与象征，其核心价值主要表现在凝聚民众、强化社群认同的重要作用之上。这一点，在白裤瑶铜鼓舞伴奏用的铜鼓上也是有所体现的。对于朝夕与共、赖以生存的集体，人们必然需要在思想上有所反映、有所表达，形成相应的集体意识，这是社会生活的客观要求。然而，由于白裤瑶历史上并没有统一规范的文字，不会使用"集体"这样的名词或类似的抽象符号来概括和表达，因而选择一种具体器物作为表达集体感情、维系人心的象征，铜鼓就成为这样的文化器物。

白裤瑶铜鼓舞作为"整合社群的手段"与象征实体，与许多民族的祭祖乐舞一样，通过鼓乐与舞蹈动作，让族群成员仿佛穿越时空，与祖先共历奋斗与欢娱。这种形式不仅将族群内的成员团结于共同的祖先崇拜之下，更以深远的象征意义超越血缘界限，甚至弥合个体间的疏离与仇视，最终形成一个因舞蹈而联结的和谐群体。正因如此，铜鼓舞成为该族群文化的核心象征。此外，白裤瑶铜鼓舞巧妙地将舞蹈节奏、生活节奏与心理节奏相融合，使民众在做着统一的动作、抒发统一的情感的舞蹈中，深切感受到集体力量的磅礴与伟大。这种体验既增强了成员间的相互理解与信任，也进一步巩固了铜鼓舞的象征地位，让这一古老的艺术在当代依然焕发光彩。

① 黎金桥，男，瑶族，南丹县里湖瑶族乡怀里村人，白裤瑶铜鼓舞传承人。

## 3. 祭祀功能

### （1）护佑祖先

作为宗教仪式组成部分的白裤瑶砍牛击鼓仪式，其精神主旨在于使去世的人得到善终。仪式中的铜鼓舞形式，就是为他们的灵魂回归祖源故地创造便利条件。传统的白裤瑶铜鼓舞为老人的灵魂与祖先团聚开路，指引方向。击鼓而舞的目的和作用很明显，即通告祖先、沟通神灵，并将邪鬼震走，为离世的人回归祖源之处扫清障碍。

### （2）驱鬼逐疫

过去的白裤瑶人对生老病死等生理现象无法理解，因此就认为自己遭受的苦难和灾祸是妖魔或恶鬼的力量所致，他们对这种神秘力量怀有特殊的恐惧，总要想方设法采用某种方式将它驱除，白裤瑶铜鼓舞的驱鬼逐疫之用，就是在这样的认识基础上产生的，并一直沿用到今天。朱载堉在《律吕精义》中说："乐舞之妙，在于进退屈伸，离合变态，若非变态，则舞不神，不神而欲感动鬼神，难矣。"① 白裤瑶人深信，铜鼓舞的伴奏乐音和舞蹈动作对恶鬼、妖魔是有震慑力的，所以他们通过跳铜鼓舞祈求在新的一年里无病无灾、五谷丰登、一家平安。这种认为铜鼓舞能驱鬼逐疫的意识，在白裤瑶民众心中根深蒂固。

## 4. 娱乐功能

在寻求实用功能的同时，白裤瑶铜鼓舞的娱乐功能也在逐渐增强，其转化顺序是"娱神—神人相娱—娱人"，舞蹈的性质由宗教性顺次降为娱乐性。

有学者认为，鬼神是"人格化的对象"，或者"自然的人格化"，人类以"人"待之。于是，人类向神献上喜爱的舞蹈。正如普列汉诺夫在《论艺术：没有地址的信》中所说："为了讨好某个鬼神，非洲野蛮人竭力设法使它愉快。他用美味食品（祭祀）来收买它，并且为了表示尊敬，给它跳一些他自己从中得到最大快乐的舞蹈。"②

白裤瑶先民也是如此，其原始宗教信仰，即多神崇拜，是在万物有灵观念的支配下形成的。在生产力极低下、科学尚未发达的时代，先人认为人类的生老病死和大自然中的雷电、风雨、四季更替等现象，都是由某种超自然的力量在左右。在他们看来，这些超自然的力量无处不在，山川、天空、大地均有神灵，神灵与人类一样，具有喜怒哀乐，喜能给人带来幸福，怒则给人带来灾难。因此，人们祭祀鬼神，令其不发怒、不扰民，求神保佑和降福于自己。在祭祀活动中，铜鼓舞就是祭神和娱神的手段之一。

任何种类的艺术，都不可能脱离滋养它的环境独立存在，舞蹈亦如此。随着社会的变革、宗教思想的指导，不同时期舞蹈会呈现出不同的状态，具有不同的性质，其独特风格也再一次因与神灵的相通而被生动地演绎。根据史料记载，三国前的乐舞基本上属于祭神的乐舞，不仅祭祀神灵，同时也娱人，即祭天娱人同体。

① 朱载堉：《律吕精义》，冯文慈点注，人民音乐出版社，1998，第1160页。
② 普列汉诺夫：《论艺术：没有地址的信》，曹葆华译，生活·读书·新知三联书店，1973，第103页。

白裤瑶铜鼓舞本是巫为了达到沟通神灵和娱神等目的而进行的，后来人们利用其特点，把娱神的巫舞接过来开始娱人，使得具有宗教娱神性质的铜鼓舞开始具有表演的性质，“娱”的属性也逐渐民众化、通俗化和娱人化，族人的娱乐精神需求得到极大的满足。他们需要这种娱乐精神来改善其单调的劳作生活，抒发其在心底积蓄已久的愤懑情绪，表现其乐观主义的心态。于是，铜鼓舞就成了历史性的必然选择。伴随着文明开化程度的不断提高，白裤瑶铜鼓舞已经走下了神坛，转化为供人娱乐的舞中异景，祈神安鬼的“膜拜的需要”淡化为世俗自娱的需要。白裤瑶传统铜鼓舞也开始适应舞台艺术和新的观众群的需要。其间，大量民间题材被整理、提炼、加工，成为新的铜鼓舞内容后被搬上舞台，虽然内容也是反映社会生活，但已非简单的动态形式艺术化，而是以传统舞蹈的模式来表现人们的思想、感情，并最大程度地引起共鸣而娱乐大众。

白裤瑶铜鼓舞在岁月的洗礼中不断为适应环境而发展着，同时，在增加娱人的功能后，它依然不失自身的传统风格。这主要是因为它始终以神与人互通的精神内核为艺术追求，使传统舞蹈艺术内涵得以保持，并以生动的娱乐形态呈现于世。

## （五）白裤瑶铜鼓舞的文化属性与解读

### 1. 巫文化的追溯

巫文化与白裤瑶民间舞蹈有着渊源关系。巫文化是古代信仰的原型文化，它始终贯穿着白裤瑶铜鼓舞的发展进程，并形成了以“巫”为中心的艺术氛围。

在追溯白裤瑶传统铜鼓舞“勤泽格拉”的源流中得知，白裤瑶在长期的迁徙跋涉中，保留着文化源头荆楚地“好巫风”的传统和习俗。因此，携带楚巫文化因子的白裤瑶人定

图一〇一 南丹县白裤瑶铜鼓舞（王梦祥 摄）

居大山后，其生产生活过程中仍然保留自然崇拜的多神观念，相信万物有灵，认为鬼神无处不在，主宰一切事物。这种巫文化反映了白裤瑶的原始宗教信仰和自然崇拜意识。楚巫文化不仅反映在白裤瑶的日常生活、狩猎与农事活动中，还反映在其传统艺术形态中。

过去，在白裤瑶地区，巫术作为一种对付异己力量的手段和方式，用以增强其族群成员的生存信心和生活信念，而铜鼓舞艺术在进行功利化的巫术应用中，也使巫术的作用和巫文化意识备受推崇。马林诺夫斯基在《巫术科学宗教与神话》中指出："初民的知识、社会组织、风俗信仰，都是列祖列宗惨淡经验得来的无价之宝，得之不易，便无论怎样都要保存起来。所以，初民的德操，以忠于传统为最重要……这样的信仰与行为将传统圈上圣圈，打上超自然的印记，是对于这样阶段的文明有生存价值的。"① 巫的特征就是能歌善舞。白裤瑶人在丧葬和春节时，都要进行大规模的铜鼓舞表演，这种表演绝非专供祭祀与娱乐之用，更主要是传达对神灵的敬仰、安抚、祈求之意，表明了人对天、鬼神、祖先的精神依赖与心理寄托关系，体现了本族群对神灵的忠诚信仰和"巫观"的信奉。

## 2. 狩猎与农耕文化的情节

资华筠等人认为："因为人类是在一定的环境中生存的，舞蹈作为人类的行为也是在一定的环境中产生、发展和传衍，并在此过程中，不断受到环境的影响和制约的。舞蹈中不仅有着人类自身发展留下的特殊印记，也必然存在着环境（社会的与自然的）所产生的烙印。"② 概而言之，自然或社会环境对民间舞蹈种类的形成也产生一定的作用。世界上有许多民族均由狩猎、采集逐渐进入农耕生产，或转向从事畜牧业。生产方式的变化，对民间舞蹈的变化产生了一定的影响。原本产生于狩猎时代的歌舞，随着时代传承到农耕社会，且随着经济文化类型的转变，融入了新的文化因素。例如，白裤瑶的生产方式由原先的狩猎逐渐转向农耕生产，所以依附于狩猎文化的传统铜鼓舞也逐渐转为以农耕文化为背景的铜鼓舞。

白裤瑶传统铜鼓舞的产生和狩猎行为有着必然的联系。白裤瑶喜欢上山打猎，因途中小憩而遇上猴子，或者说猴子就是追寻的猎物之一，这就使他们对猴子的动作、习性有着深入的了解，并发展为对猴子的崇拜。从舞蹈的风格特征上看，粗犷、豪放、质朴、野性等是白裤瑶传统铜鼓舞的典型特征，而这些特征均与狩猎文化简单、粗放的生产过程有着密切的关系。因此，是狩猎行为与文化促成白裤瑶铜鼓舞这一舞蹈形态的形成。

白裤瑶铜鼓舞又是以农耕生产、生活为背景而产生的舞蹈文化。白裤瑶民众一般都在秋收后至春耕前这段时间里弄舞作乐或举行丧葬仪式。他们认为秋收后至春耕前这段时间，鬼神或上天，或入地，或躲进山洞，不会骚扰人，为他们的活动提供了有利环境。实际上，这种忌讳观念与农耕文化情结有关。毕竟这段时间恰好是农耕的闲暇时间，人们有足够的时间来从事各种活动，同时丰收的喜悦会很快冲淡一切悲伤和痛苦。因此，白裤瑶祭祖敬神、丧葬宴请等活动多推移到秋收后进行，就是农耕文化特性所致。另有一些民族，其舞蹈文化也与农耕文化有着密切的联系。在农耕舞蹈文化中，突出体现农耕文化特征的舞蹈现象是岁时民俗舞蹈。在一定的时节，为了庆祝农业的丰收，为了感谢苍天，为了抒发喜悦，人们载歌载舞。《三国志》记载，马韩"常以五月下种讫，祭鬼神，群聚歌

① 马林诺夫斯基：《巫术科学宗教与神话》，李安宅译，中国民间文艺出版社，1986，第23页。

② 资华筠、王宁、资民筠、高春林：《舞蹈生态学导论》，文化艺术出版社，1991，绪论第3页。

舞，饮酒昼夜无休。其舞，数十人俱起相随，踏地低昂，手足相应，节奏有似铎舞。十月农功毕，亦复如之”[①]。这里的“五月下种讫，祭鬼神”其实是祈求鬼神保佑风调雨顺、五谷丰登。而“十月农功毕，亦复如之”既有感谢鬼神的含义，也有祈祝来年丰收的愿望。白裤瑶铜鼓舞经常在春节时表演，正是有感恩和希望年年有好收成之意，体现了农耕文化的特点。

## 3. 崇拜文化的呈现

### （1）自然崇拜

原始社会生产力水平极其低下，人们在大自然威力面前感到渺小，加之早期人类的具象思维，便将自然界的许多现象有灵化、人格化、神化并加以崇拜。这样的信仰现象，被英国人类学家爱德华·伯内特·泰勒称为“万物有灵”。自然崇拜的对象通常是山、河、土地、火、石头等与人们的生产和生活有密切联系的事物，自然崇拜往往伴之以一定的宗教仪式及宗教舞蹈。白裤瑶从大自然获取了许多生活材料、精神安慰和力量源泉，他们将大自然视为自身的创造者，对它的敬畏之情显而易见。至今在白裤瑶聚居地区，人们为逝者举行上山下葬仪式之前，都要以铜鼓舞祭祀神灵，以求山神、地神的谅解、保佑等。过春节时也跳铜鼓舞，为的是祈求老天保佑风调雨顺、人丁兴旺、牲畜繁衍、五谷丰登，并感谢神灵降福于人间等。他们将自然崇拜之情，寄托于铜鼓舞艺术之中，他们认为鼓声是与大自然接洽、对话的最好工具。白裤瑶在表达对铜鼓崇拜的同时，也传递了对大自然（造物主）的崇拜。

### （2）祖先崇拜

所谓祖先崇拜，乃是对死者灵魂的一种崇拜。白裤瑶祖先崇拜的产生，应与其农耕生产、生活方式有着密切的关系。如把长辈看作自己人生路上的保护者和指导者，因为长辈有丰富的生产、生活经验和权威的领导力（舅权制度），故死后仍属“有权威之神”而受到崇拜。白裤瑶相信灵魂不灭，长者死后，灵魂到了另一个世界，那里同样有山林、村寨、房屋，有各种生活用具。后来，人们举行以打铜鼓和跳铜鼓舞为主的送魂仪式，将死者灵魂送到祖先居住之地。还有一种说法是惧怕死人之灵回来报复活人，故而就有了杀牛祭奠以超度亡灵的祭祀仪式，同时还要给死者供奉一些东西，诸如吃、穿、住、用等物，供其在另一个世界享用。铜鼓舞在此时成为生者与祖先进行沟通的重要媒介，而鼓乐与舞者产生的艺术氛围，是渲染对祖先崇敬、思念、缅怀的最好方式。舞者在这一刻已化为祖先的身影，让生者感到祖先就生活在每个人的身边，能够护佑族群得到幸福和得以繁衍。这舞蹈是祖先留给他们最宝贵的遗产，是族群获得凝聚力的象征，白裤瑶的后人将永远怀着这种感恩之心，追忆着祖先带给他们的无数恩德。

### （3）生殖崇拜

所谓生殖崇拜，就是对生命生产力的崇拜。在原始时代，这种生产力被看作是一种自然力，而且是一种无法驾驭的神秘的自然力。原始人不懂得繁衍子孙后代的科学道理，因

① 陈寿：《三国志》，裴松之注，武传点校，崇文书局，2010，第386页。

而对女性的生育现象甚至周围动物的繁殖、植物的花开花落都觉得有神秘感。受恶劣的自然环境、极为低下的生活条件等的限制，生命时刻面临着死亡的威胁，原始人的平均寿命都比较短暂，当时人们的一切重大活动都要借助集体的力量完成，因此需要不断地增添氏族成员，繁衍就成为首要的大事，于是产生了对生殖力及生殖现象的崇拜。这种原始的生殖崇拜观念也孕育在白裤瑶铜鼓舞中，用铜鼓舞、簸箕舞、皮鼓舞来寓意对生殖的渴求与冲动，表达繁衍后代的急切心情，同时庆祝这些关键而重大时刻的不断来临，最终以此企盼寿命的长久与人畜的兴旺。在砍牛击鼓仪式中，从舞者依据死者的性别来决定跳的次数（男跳单，女跳双）来看，明显地反映出对于女性能够繁衍后代而本能产生生殖崇拜。白裤瑶人相信只有具有神秘力量的舞蹈，才是他们获得生命延续的唯一精神寄托，才是他们的族群得以繁衍的不灭火种。

## 4. 文化属性的变迁

白裤瑶舞蹈文化的变迁主要是文化生态环境和心理需求的变化。变迁的层面多样，变迁的原因也有多种。

依据达尔文的“适者生存”理论，就舞蹈文化的发展而言，当舞蹈文化适应了社会需求时，就会得到发展，反之就会萎缩。有些传统舞蹈形态，逐渐转变为适应新经济文化类型的歌舞：有的形式发生了变化；有的形式依旧，但内容发生了变化；有的不仅形式发生了变化，还注入了新的内容。[①] 朝鲜族农乐舞就是由渔猎文化形态演变而成的农耕文化形态，它保留了狩猎文化的遗存，又注入了农耕文化的内容。白裤瑶传统铜鼓舞“勤泽格拉”经过历史的打磨与传承后，已进入新的存在空间，又逐步进入了舞台艺术的发展阶段。这是传统艺术要适应新的生存环境，适应新的审美需求产生的被动变化。这种变化反映了族人价值观的改变，外界文化冲击带来的影响，为的是让铜鼓舞被族人更好地接受、认同和传播。它主要表现为舞蹈的题材、功能、应用范围上发生的变化，并产生了由娱神或自娱转向以娱人为主要目的的实质性变化。正是这种变化，导致了铜鼓舞表现的形态更加完整、内容更加充实、情感更加丰富、文化内涵更加深邃。

有学者认为，西方现代舞产生的原因之一，也是为了满足人类自身发展的需要。现代舞对舞蹈的改革依据是：进入现代文明的人，其自然本能似乎正在逐步退化，对自然节奏和自然情感表现的敏感性大大降低，要想防止这种退化，就要使舞蹈回到自然，即需求是舞蹈文化变迁的推动力。

从需求的角度看，白裤瑶铜鼓舞新发展的不同题材的舞蹈，既与人们的需求相关，又适应了地域文化发展的需要。那么，要满足各种需求，不仅要使铜鼓舞的表现内容更加完备，还要让族群压抑已久的生命活力与精神力量得到充分的释放和宣扬。今天的白裤瑶铜鼓舞艺术时刻都在萌生着冲破传统文化藩篱的念头，去寻求作为情感寄托和审美需求的自由天空，并给予自身新的艺术样式、艺术标准和文化定位。白裤瑶铜鼓舞经历了由宗教性舞蹈向世俗性舞蹈转变的过程。伴随着它的变迁，它的文化属性也发生了变化。它的文化属性发展过程为“巫文化—狩猎舞蹈文化—农耕舞蹈文化—民俗舞蹈文化—铜鼓舞蹈艺术文化”。值得关注的是，这种变迁既没有使白裤瑶铜鼓舞偏离其原有的文化轨道，又彰显出了民间舞蹈艺术的民族感和时代感。

① 朴永光：《舞蹈文化概论》，中央民族大学出版社，2009，第16—17页。

图一〇二　南丹县里湖瑶族乡民族运动会开幕式上的白裤瑶铜鼓舞展演（王梦祥　摄）

# 三、红水河流域白裤瑶铜鼓文化

## ——以广西南丹县为例

白裤瑶认为铜鼓有灵魂和生命，不是任何时候都能敲打的。白裤瑶的铜鼓主要用于丧葬仪式，但广西南丹县八圩瑶族乡的白裤瑶在春节时的喜庆场合也使用铜鼓。

简·艾伦·哈里森认为，古代艺术和仪式不仅关系密切，还可以相互阐发和说明，两者其实就是一母所生，源于同一种人性冲动。[①]葬礼作为人生的一种重要礼仪，存在着时间和空间上的特殊性，安抚死者之后，生者又回到现实生活中。白裤瑶葬礼上使用的铜鼓都是村寨里的人、家族人、舅家和其他亲戚朋友带来的。他们背铜鼓时，用绳子拴住自己家铜鼓的双耳，绑成书包带的样子，像背书包一样背在背上，让鼓面紧贴着背部，鼓足朝外。以前是男人们背着铜鼓走路来参加葬礼，现在一般都是男人骑着摩托车、女人背着铜鼓坐在后面。过去铜鼓大多属于同一个“油锅”成员所共有，独家独户拥有铜鼓的很少，常常是村里有人去世就借用同一个“油锅”的铜鼓为死者送葬。随着生活的富裕，现在白裤瑶基本上每家每户都有了铜鼓，有些人家还有多达三四面铜鼓。

白裤瑶将铜鼓拿去参加葬礼的时候会在鼓耳上系上一根稻谷穗，同时将配好的木桶一起拿去。他们来参加葬礼的时候，男人们拿铜鼓，女人们送“被子”。男人们将自己家的铜鼓拿来后，鼓面朝上、开口向下放在墙角的地上，并将木桶口朝下放在鼓面上，所有铜鼓整整齐齐地放在一个地方。围观的人也不自觉地通过铜鼓数量的多少去看这个家族的财力和声誉地位。

### （一）白裤瑶葬礼中的铜鼓场和开鼓仪式

在白裤瑶丧葬仪式中，使用铜鼓之前，要先选好场地，一般都安排在屋外不远处的空地，或者在收了稻谷的田地里。在空地上按照铜鼓的数量来决定要立多少根柱子，每根柱子间隔两米多，上面架上一根横木，用竹皮圈将其固定起来。每根横木都挂着一把稻米，一方面作为“米本”让死者带去另一个世界，另一方面也祈愿活着的人粮食丰收、后代富足。仪式快要开始的时候，人们先将铜鼓拿到场地，用绳子绑住鼓耳，让鼓侧悬，距离地面二三十厘米，再将皮鼓放在场地中间，稍微倾斜，上面挂一个竹帽子。每一面铜鼓



① 简·艾伦·哈里森：《古代艺术与仪式》，刘宗迪译，生活·读书·新知三联书店，2008，第7页。

图一〇三　南丹县白裤瑶葬礼上的打铜鼓仪式（冯汝君　摄）

的鼓面都面向皮鼓，形成一个半包围圈，有时候铜鼓多了会摆成封闭的方形，或者更大的圆形。这样的摆法一方面是为了节省空间和更为美观，另一方面是为了将铜鼓的声音向四面八方传出去，让人无论在哪一个方位都能清楚地听到鼓声，也希望远在天边的祖先能听见铜鼓的声音。铜鼓的悬挂顺序有规定：皮鼓左边是开头，第一面挂的是死者家族的铜鼓，中间挂舅家的铜鼓，以表示对舅家的尊重，剩下的铜鼓就可以随便挂。所有的铜鼓聚在一起共同形成的这个用来进行打铜鼓仪式的场景可称为“铜鼓场”。铜鼓场大致有如图一〇四所示的几种类型。

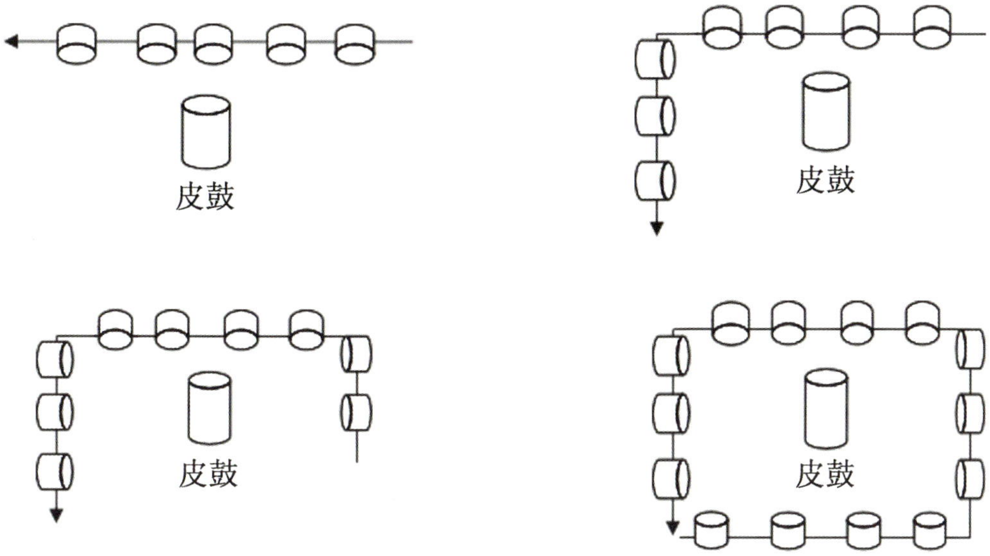


图一〇四　铜鼓场的类型

铜鼓在使用之前要先祭鼓，即举行开鼓仪式。葬礼上负责祭鼓的人一般是“鬼师”，不过有时候懂祭鼓的师公也可以。祭鼓时，“鬼师”手上拿一根或两根短竹条和一碗水，用竹条蘸碗里的水，然后触碰铜鼓的太阳纹处，念道：

×××，
用清水洗你的脸，
用金子做的梳子来梳你的头。
今天你跟随这个族人来，
我们这边这位老人过世了。
请你来帮我们开路，
将你的声音传给天上的神灵，
让天上的神人开天堂的路，
让老人归西。
……①

念完之后，“鬼师”会撤掉系在铜鼓耳上的一根稻谷穗，再用鼓槌敲几下铜鼓，之后这一面铜鼓就可以在仪式上敲打了。白裤瑶葬礼上的每一面铜鼓在使用前都要进行开鼓仪式，而且必须得弄清楚是谁带来的铜鼓，因为铜鼓也代表着那个家族的一个成员。在祭鼓的时候要先祭死者所在家族的铜鼓，其余的就按照到达铜鼓场的先后顺序进行祭祀，拿来一面祭一面，在铜鼓场的男人们将已经祭完的铜鼓挂在横木上。皮鼓也必须进行祭祀才能敲打。“鬼师”手上拿一根竹条，念皮鼓的名字，然后用竹条蘸清水，再触碰鼓面，告知它此次要为哪个老人举行葬礼，让它指挥铜鼓，送死者的灵魂升天。

铜鼓场上的铜鼓一般都是谁家的铜鼓谁家的人负责敲，当然也可以相互交换敲，但死者家族的铜鼓要请其他家族的人来敲，自己家族的人不能敲。在正式敲铜鼓的仪式还没开始时，在铜鼓场的男人们会先试着敲响祭好的铜鼓。他们一般都会很兴奋地敲打自己家的

图一〇五　南丹县里湖瑶族乡白裤瑶“鬼师”祭铜鼓（梁富林　摄）



① 访谈对象为黎FC，男，访谈时间为2018年11月17日，访谈地点为南丹县里湖瑶族乡怀里村怀里大寨。

铜鼓，有时候也会敲打别人家的铜鼓，听听声音是否是自己喜欢的，并就某面鼓的声音以及外观进行交流讨论。如果遇到声音好听的铜鼓，尤其是传世的老铜鼓，就觉得是很幸福的事情。白裤瑶人都很喜欢老铜鼓的声音，无论在什么时候，这样的传世铜鼓总会引起男人们的兴趣，他们都很乐意去讨论铜鼓，并将铜鼓互换着尽情地敲打。

在葬礼准备阶段，男人们负责制作敲鼓用的鸡血藤鼓槌：从坡上弄来鸡血藤，用刀砍成一段一段的，将竹子削成竹条，钉在鸡血藤中间，再将做好的鼓槌泡在装有水的桶里，使之泡软以避免敲击时损伤铜鼓。祭完铜鼓之后，丧葬仪式也就开始了。

## （二）白裤瑶丧葬仪式中的开路鼓、夜晚鼓、砍牛鼓、下葬鼓

爱弥尔·涂尔干将宗教世界分为“神圣”和“世俗”两个部分[①]，但在白裤瑶的葬礼上并没有严格的“神圣”与“世俗”之分。按照时间和重要的程度，白裤瑶铜鼓艺术的仪式展演可以分为自由鼓、世俗鼓、神圣鼓三种形式。自由鼓指的是人们随意敲打而发生的铜鼓音乐；世俗鼓指的是尚未开始计算敲打轮次的铜鼓音乐；神圣鼓指的是在正式场合也就是开始计算敲打轮次的铜鼓音乐。无论是随意敲打的自由鼓，或是逐渐进入阈限阶段的世俗鼓，还是寄托着人们沟通神灵愿景的神圣鼓，都是白裤瑶葬礼不可缺少的艺术行为，围绕着铜鼓声而产生的仪式氛围和人的行为活动也成为白裤瑶铜鼓艺术不可或缺的部分。在丧葬仪式的“分离—阈限—聚合”三个阶段中，不同场合的铜鼓艺术都有自己的表现方式。这些表现方式随着仪式的推进，影响着白裤瑶人在各个仪式展演中的感情和心理活动，最终引领白裤瑶人完成最后的情感融合。

### 1. 开路鼓

铜鼓艺术第一次在白裤瑶葬礼上正式出现是在开路的时候。开路就是借助铜鼓的声音为死者的灵魂打开前往天堂的大门，通知祖先前来接死者的灵魂。敲开路鼓的时候要分两个场合，一个是家里，另一个是铜鼓场。在家里敲开路鼓的主要是死者最亲近的人，以及围在棺材旁边哭棺的妇女。开路仪式中，铜鼓艺术在不同时间段的表现方式有所不同，所营造的氛围也不尽相同。

开路仪式中最先敲打的是自由鼓。这个时候是仪式准备阶段，皮鼓还没出现，是否敲打铜鼓由敲打者自行选择，男人们将祭好的铜鼓挂在横木上，就可以随意敲打了，此时来到铜鼓场的人还比较少。随着时间的推移，男人们吃完饭后就会将自己的铜鼓陆续拿到铜鼓场，然后根据拿来的铜鼓数量去增添木柱，所以整个场面表现出来的就是祭好铜鼓的人先敲打，刚到来的人先祭铜鼓，这时候既可以听到敲打铜鼓的声音，也可以听到“鬼师”祭鼓的声音，还有人们相互说话的声音，呈现出的声音和形态多种多样。由于这是白裤瑶葬礼中第一个使用铜鼓的场合，因此，大家都在试敲铜鼓以及确定敲打方式，特别是确定每面铜鼓的敲打者，以此来增强彼此间的配合度与演奏熟练度。从仪式的阶段来说，此时是在为将要出现的分离做准备，死者将要脱离生者的社会，天堂的大门要打开了。

打了一段时间自由鼓之后，就准备进入正式的开路仪式阶段，开始敲打起尚未正式计

① 爱弥尔·涂尔干：《宗教生活的基本形式》，渠敬东、汲喆译，商务印书馆，2011，第47页。

算敲打轮次的世俗鼓。此时铜鼓场上所有铜鼓的位置已经确定，皮鼓的位置也已经明确。敲皮鼓的人来到场地中间开始敲打皮鼓，正式场合敲打皮鼓的人是固定的，而这个时候还可以随便敲，节奏可以随意选流传于里湖瑶族乡一带的“怀里式”“瑶里式”“纪后式”“巴地式”四种铜鼓曲谱中的一种。

敲打世俗鼓的时候，敲打铜鼓的人有自由的选择权，可以随意发挥自己的创造力。在世俗鼓的铜鼓声中，敲打皮鼓的人后面站着3—6个“长老”，他们手里都拿着棍子。据说，这象征着他们在仪式中抬着皮鼓，引领死者前往天堂。一般是一人拿一根，有时候人手不足就一人手里拿两三根，敲多少轮铜鼓就拿多少根棍子。死者是男性的话，棍子的数量一般是单数，是女性的话则是双数。敲打世俗鼓的时候，铜鼓声几乎是不中断的，有时候是所有铜鼓手一起敲，有时候是这边停了那边敲。总之，这个时候铜鼓手可以随意敲打世俗鼓，有皮鼓指挥就听指挥，没有皮鼓指挥则自己敲打节奏。

开路仪式正式开始的时候，仿佛所有人都进入一种神圣的空间。铜鼓敲打形式的变换，象征着死者前往阴间的场景在不断变换，一路上会经历不同的艰辛和遇见不同的人，最终到达目的地。这时候敲打的就是神圣鼓了。一般会在铜鼓场放一块木板，上面摆上装满酒的碗，旁边站着两三个人负责倒酒和递酒给敲鼓的人喝，其他人都站在外围，形成一个整齐的场面。

正式开路的时候，除了敲打铜鼓和皮鼓，还会根据死者生前的喜好使用拉築、牛角、竹筒等其他乐器。如果死者生前喜欢枪，那就会放枪，并用火枪声作为信号。铜鼓场这边敲打神圣鼓的时候，家里棺材旁边的人们就开始哭棺。

当总管来到铜鼓场告知可以开路了，死者家里就有人放枪，铜鼓场这边也以枪声回应，然后正式开始敲鼓，常常是敲一轮铜鼓，放一声枪。男人们用鼓声抒发内心的悲痛，女人们则用哭声表达她们的悲伤。鼓声和哭声相互对应，哭声将铜鼓的声音显得更悲壮，鼓声让哭声更加悲伤。

正式开路敲的神圣鼓要计算轮次：敲三遍皮鼓是一次，敲三遍铜鼓是一轮，变三次音就是一遍。铜鼓和皮鼓的乐谱有四种形式。在怀里村，正式场合敲神圣鼓的时候只用“怀

图一〇六　南丹县白裤瑶的皮鼓、铜鼓和鼓槌（梁富林　摄）

里式”。“怀里式”的铜鼓打法：开始的节奏是“咚·嘟咚·嘟”，中间是“咚·咚嘟·咚”，敲三次就是一遍，然后回到开始的节奏，再到中间，这样的敲法连续重复三次，最后以“咚·咚嘟·咚嘟”结尾，这样就算是一轮了。死者是女性的话最多敲八轮，是男性的话则最多敲九轮，年龄越大敲铜鼓的轮次越多。另外，开路鼓还分为敲“送魂鼓”和敲“回魂鼓”前后两个阶段。敲“送魂鼓”的时候每敲完一轮都要停下来喝酒；敲“回魂鼓”的时候中间不能停，要一次性敲完所有的次数。

图一〇七　南丹县白裤瑶男子打铜鼓（彭年　摄 / 视觉中国　供图）

在开路仪式中正式敲的神圣鼓必须有皮鼓指挥，不然铜鼓的节奏会不整齐。他们认为，铜鼓的节奏不整齐，死者的灵魂就无法升天。因此，敲皮鼓的人节奏一定不能错，所有的铜鼓都要跟随皮鼓的节奏，拿木桶的人要跟随敲铜鼓的人的节奏，彼此相互认可，相互依托。开始敲铜鼓的时候，死者家族的铜鼓第一个出声，之后所有的铜鼓紧跟着开始敲，敲一会儿之后，皮鼓开始指挥，让铜鼓的节奏保持一致。站在皮鼓后面拿着棍子的人上下摆动竹竿，跟着皮鼓的节奏晃动身体。敲皮鼓的人开始敲之前，要拿着鼓槌拜三下“长老”，然后转过头来才开始敲皮鼓，敲的时候双槌击打鼓面和鼓边。每敲完一轮，敲鼓的人都要停下来喝酒，敲皮鼓的人会给“长老”敬酒，敬完之后再拜三下。每一轮都要停下来拜三下。如果死者生前喜欢打鸟枪，就会在敲铜鼓的时候放鸟枪，每敲一轮铜鼓放一声鸟枪。等敲完九轮“送魂鼓”之后，就通知家里停止哭棺。这时开始敲“回魂鼓”，要敲九次，一次性敲完，不停留。敲完“回魂鼓”，就象征着已经为死者打开了前往天堂的大门，通知到了祖先，整个开路仪式也就结束了。之后，人们将铜鼓从绳子上取下，放在一个地方，指定专人看管。

## 2. 夜晚鼓

开路之后直到下葬之前，是白裤瑶丧葬仪式的过渡阶段。在怀里村，只要有人去世，葬礼期间每天晚上寨里的人都要来守夜。晚上八点之后，男人们就拿皮鼓和两三面铜鼓到屋外敲打，且要敲一整晚。这既是送别死者的仪式，也是葬礼上的娱乐活动。他们通过敲铜鼓和跳铜鼓舞，让活着的人沉浸在音乐和舞蹈的氛围里，让情感得到自由传递。

开路之后到下葬之前的晚上，敲的是自由鼓，皮鼓和铜鼓都可以随便敲打，不限节奏和时间，老人们会教年轻人学习敲铜鼓和跳猴棍舞。平时没有机会敲，正式场合又不能敲错，只有这时有足够多的时间学习敲铜鼓。晚上敲铜鼓的活动比较随意，娱乐功能突出，谁有兴致都可以去敲。一般是先挂两面铜鼓敲，不停地相互换着敲，打一轮之后就换，拿风桶的人以及敲皮鼓的人也在换。无论是否会敲铜鼓，只要想敲都可以去尝试，其他人则在铜鼓音乐和舞蹈的氛围中坐在凳子上围着火堆喝酒聊天。这个时候也是小孩子学习敲铜鼓和皮鼓的时刻。老一辈在教后辈敲铜鼓和跳铜鼓舞的过程中传授的不仅是技术，还有思维方式，因而这也是他们互相沟通感情的时候。老一辈将对后辈们的期待和对民族文化的认同感、自豪感融入铜鼓艺术的表现中。

图一〇八　南丹县白裤瑶男子敲铜鼓到深夜（徐立宇　摄）

敲夜晚鼓的时候每个人都是放松的，人们更注重的是艺术的审美，即铜鼓的声音好坏、舞蹈的动作优美与否。不同的人敲出来的声音是不一样的，特别是拿风桶的人，没有弄好风桶，铜鼓发出来的声音也不一样。另外，拿风桶的人把风桶拉出去和送进鼓腔时，不仅要跟上铜鼓的节奏，还要注意控制距离和力度，主要靠双手发力，腰部带动上半身往前律动，脚下要稳，才能收放自如。因此，铜鼓的声音能不能响亮和传得远，主要就看拿风桶的人是否配合演奏得好。

皮鼓的敲打主要看节奏和动作，正式敲的时候因为不能敲错，所以要指定一个人敲，而晚上随便敲打的时候谁都可以敲，并且可以根据节奏选择适合自己的舞蹈动作。其中一种跳法是用两根鼓槌在身体的头、肘、腋下、胯下、脚下等地方敲打，腿膝屈下，腰部向下弯曲，模仿猴子的动作，形象生动。在怀里村，这种跳法很少在正式的仪式场合使用，而贵州荔波县的白裤瑶人则是在正式敲鼓的场合选择这种跳法。另一种跳法是自由发挥，人的身体跟随木鼓的节奏而上下晃动，同时围绕着皮鼓，双脚离地左右来回跳动，舞蹈动作的节奏感更强。每个人擅长的动作和敲打的风格都不一样，这是个人展示才艺的好机会，也是大家互相观看、互相学习、取长补短的好机会。在葬礼上除了下葬的前一天晚上不敲铜鼓外，其余的每天晚上都要敲打铜鼓，音乐和舞蹈让夜晚不再无趣，让整个氛围更加活跃，而且不像集体敲开路鼓时那么悲壮，而是更加自由和随意。

## 3. 砍牛鼓

砍牛是整个葬礼中最隆重的环节。下葬的日子选定之后，砍牛的时间会定在下葬前一天的下午两点之后。砍牛的时候来的人很多，包括亲戚朋友以及村寨内外的乡亲们，与死者有亲戚关系的就背上自己家的铜鼓来参加，等所有人到齐了就将铜鼓挂在架子上，随后男人们就前往铜鼓场。

### （1）过砍

砍牛前要敲铜鼓。砍牛前敲铜鼓称为“过砍”，意思是要给死者送牛了，通知祖先来领牛，至少要敲三次，其余根据敲鼓者的喜好，以及哭牛的准备情况决定敲打时间的长短，一般敲的时间不长，一次性敲完，不用敲“回魂鼓”。铜鼓敲完之后，家里人就准备哭牛。哭完牛就由师公颂牛，他走到牛面前，肩上披着一片白布，认为身上披白布才能和神灵沟通。师公手里拿一竹筐米，一边念诵祭祖歌①，一边往牛身上撒米。念完祭祖歌之后，就开始砍牛了。砍牛结束之后，妇女回家蒸糯米饭，为晚上的铜鼓仪式准备，男人们则返回铜鼓场继续敲铜鼓。

### （2）砍牛之后

砍牛之后敲铜鼓是整个葬礼中最为关键的一个环节。铜鼓声和铜鼓舞作为仪式过渡的符号，在不同的场景里有独特的表现形式，并将整个葬礼引向高潮。另外，铜鼓不同的艺术表现形式也将整个丧葬仪式分成了不同的阶段，呈现出“脱离世俗世界—进入神圣世界—重回世俗世界”的过程。

在脱离世俗世界的过程中，铜鼓的敲击可以分为自由鼓和世俗鼓两种形式。首先是随意敲打的自由鼓，没有事情做的男人就到铜鼓场随意敲鼓，往往这时敲打的人不多。在过砍的时候很多人都在为哭牛准备，只有一部分人会拿铜鼓出来敲，观看的人也不多，人们将注意力都放在了砍牛上。此时敲鼓和开路一样，一边有人拿来铜鼓，一边有人敲打。此时敲铜鼓多为娱乐，敲鼓的人也较为放松。其次就是世俗鼓，这个时候铜鼓也可以随便敲打，四种节奏可以换着敲，可以有皮鼓指挥，也可以没有皮鼓指挥，敲铜鼓的人可以不停地变换节奏。送葬的人为将死者的灵魂送入神圣世界而准备，借由铜鼓的声音，让死者的灵魂逐渐脱离世俗世界，进入神圣世界。

进入神圣世界敲神圣鼓要等到牛肉煮熟后，由两三个男人把蒸好的糯米饭和煮熟的牛肉都拿去铜鼓场。此时敲铜鼓是为了将死者和牛的灵魂都送去天上，去往祖先所在的地方。他们认为，仪式是否顺利决定着死者是否能成功到达祖先所在的地方。在此环节中，所有带来铜鼓的人都敲响自己的铜鼓，为送死者上天造势，所以这一环节使用的铜鼓数量最多，敲的轮次也最多：男性死者敲十一轮，女性死者敲十二轮。正式敲打的时候，敲铜鼓的人和敲皮鼓的人中途不能换，要一直敲到结束。家里也要哭棺，表示死者家人的灵魂会随哭声和鼓声去到天上，进入神圣世界，最终到达祖先所在的地方。

敲完十一轮或十二轮“送魂鼓”的时候，天色已经灰暗，只有敲铜鼓的地方因为有灯

① 祭祖歌的内容：诉说死者生平之事及历代祖先的姓名，让死者熟悉和记住他们，以便今后与祖先们共同生活。把死者的灵魂送到祖先之地，祈祷祖先及死者在阴间安息。

而明亮，为进入神圣世界营造了一个很好的氛围。此时，观看的人退到外围，中间只剩下送酒的三人。敲铜鼓的人都在认真地敲打，敲皮鼓的人也在随着自己的节奏跳动。因为铜鼓使用的数量很多，声音很大，要发挥皮鼓的指挥作用，敲皮鼓的人就要敲打得很用力，动作幅度也会很大。死者家里的人会扛着顶上有纸花的竹竿在铜鼓场转一圈，他转的时候，敲皮鼓的人快速用双槌交换敲打鼓面，敲铜鼓的人也是一直敲打铜鼓鼓面，不用风桶，只是跟随皮鼓的节奏敲。拿风桶的人双手将风桶举过头顶，发出呜呜的欢呼声。人的声音伴着铜鼓和皮鼓的声音，将铜鼓场的气氛烘托到高潮。

敲完“送魂鼓”，人们就会喝酒，举桶欢呼，象征着送魂的过程结束了。欢呼声代表着已将死者安全送走。

送走死者的灵魂后，活着的人就要回到现实世界，即所谓的重回世俗世界。扛竹竿的人离开铜鼓场，表示着敲“送魂鼓”的环节已经结束。接下来将敲响“回魂鼓”，意为通

图一〇九　南丹县白裤瑶丧葬仪式之撒米送牛（王梦祥　摄）

过鼓声让活着的人的灵魂平安顺利返回。扛竹竿的人回去之后，死者家里的人就停止哭棺，全都来到铜鼓场，铜鼓还要继续敲。此时，敲皮鼓的人敲打两下鼓壁，然后敲打鼓面六下，重复三次，停止之后举风桶的人欢呼，然后敲皮鼓的人再拜三下后面的“长老”后开始敲打皮鼓，这个时候就开始敲打“回魂鼓”了：敲十一轮铜鼓，重复七次。敲“回魂鼓”的时候不能停，要一次性敲完，敲完之后将插着两串牛肉串的糯米团子发给敲鼓的人，敲皮鼓的人得到最大的一个。

在上述过程中，白裤瑶人用超乎平常的感官和兴趣去面对周围的事物，用艺术行为来表达自己的情感。在铜鼓声中，敲鼓的人仿佛处在一个虚化的仪式世界。大型的场面加上铜鼓、皮鼓以及其他乐器的声音，再加上敲皮鼓的人随着节奏跳动、舞蹈，营造了一个特殊的仪式氛围。

图一一〇　插着两串牛肉串的糯米团子（梁汉昌　摄）

## （3）唱引路歌

砍牛当天晚上不敲铜鼓，而是唱引路歌（也称“带路歌”），歌师唱着歌带领死者的灵魂去往祖先所在的地方。唱引路歌的歌师一般有三位，均坐在棺材边的桌子前。唱引路歌之前，要先给死者烧纸点香，然后往地上倒两碗酒，告知死者要带他去找祖先了，之后歌师都站起来喊三声，再开始唱歌。引路歌的内容有神话故事、族群的来历和迁徙、死者的生平、去往祖先之地路上的所见所闻等，可以说是“白裤瑶的史诗”。

白裤瑶引路歌中唱铜鼓的内容有很多，比如唱铜鼓与天地初始联系在一起：“天地初始，什么都没有，人们制造铜鼓的火星溅出来，最后变成了星星。我们瑶族有人去天上那个地方，看到了铜鼓，那里还有棵树，他就把树砍了，叶子落下变成了花草树木。他将树砍下，一节做了皮鼓，一节做了棺材。”[①] 白裤瑶引路歌也有唱到铜鼓和皮鼓的由来以及在葬礼中的使用：

从前太阳有九个，
还有九个月亮挂在天上。
白天晒得石头冒火烟，
夜里照得眼发花。
射落八个日、月的叫武吉，
他高兴地对大家讲：
那年射日去到太阳山，
看见苗人铸铜鼓。

① 访谈对象为王HC，男，引路歌歌师；何C翻译；访谈时间为2019年12月24日；访谈地点为广西民族博物馆。

早上铸一个，
中午铸一个，
晚上铸一个。
早上铸的那个死了小孩拿来敲，
中午铸的那个死了后生拿来敲，
晚上铸的那个死了老人拿来敲。
我替你去要晚上铸的那一个，
待到葬你妈时拿来敲。
那年我射月去到月亮山，
那里有棵香樟树，
最好做木鼓，
也可做棺材。
…………
木鼓做成了，
武吉也把铜鼓扛来了。
老九牵来的黄牯牛肥又大，
敬请舅爷来砍牛。
砍了黄牯牛就打鼓，
请得人猴来指教。
皮鼓摆地上，
铜鼓悬在木梁下。
打皮鼓，
嗒嗒咚。
跳一跳，
打中间；
跳两跳，
打鼓边；
跳三跳，
棒打棒。
时快又时慢，
有重又有轻，
不断变化才动听。
打铜鼓，
嘀嘀嗵，
还要有人摇风桶，
声音共鸣才洪亮。
有人来敬酒，
有人来哀唱，
哀唱打鼓到天亮，
才抬老人上山葬。
老九葬妈破旧俗，
歌手编成歌来唱，
他的美名传四方。

从此哪家死了人，
都学老九那样办。
请舅来砍牛，
亲戚来打鼓，
代代相传到如今。[①]

上述这段是怀里村蛮降屯一个老“鬼师”唱的引路歌，歌的内容正是白裤瑶将铜鼓和皮鼓用在葬礼中的起始，说明了铜鼓和葬礼密不可分的关系。接下来唱的就是死者的生平和去往的地方，以及整个葬礼的过程。从开路到下葬，用歌声带领死者按照“家里—铜鼓场—砍牛场—坟墓”这个顺序一一走过，之后就送死者去往祖先所在的地方。

图一一一　南丹县白裤瑶丧葬仪式中的敲铜鼓场景（梁富林　摄）

## 4. 下葬鼓

下葬属于白裤瑶葬礼中的最后一个进程，仪式的氛围在铜鼓声中慢慢进入高潮。下葬之前也要敲铜鼓，意思是最后一次送别死者，让他在另一个世界活得好，同时也将对祖先的期待放在铜鼓声中传达给死者。所以，最后一轮铜鼓与其说是为死者所敲，不如说是为了活着的人而敲。这是白裤瑶葬礼上最后一次敲铜鼓，意味着死者将要离开阳间，活着的人的生活将要回归平常。

下葬这天参与的人比较多，时间一般都选在上午十一点到下午两点之间。男人们吃完早饭就来到铜鼓场，将铜鼓挂在横木上开始敲打，四面八方的人听到铜鼓声也纷纷赶来。先是自由敲打，节奏不限定，等到山上的东西准备得差不多了，就开始正式敲铜鼓。因为葬礼已接近尾声，所以敲铜鼓的人的表情都很放松，整个铜鼓场的氛围都很轻松愉快。这次要正式敲一轮铜鼓，不用哭棺，不分“送魂鼓”和“回魂鼓”，一次性敲完就可以。敲

① 玉时阶：《瑶族文化变迁》，民族出版社，2005，第100—104页。

到最后一轮，大家举起木桶，欢呼几声，喝一碗酒后就结束了。之后，把铜鼓带回家放好，准备上山下葬。

## （三）白裤瑶丧葬仪式结束时的铜鼓艺术

下葬之后吃完长桌宴，男人们背上自己的铜鼓拿去给“鬼师”举行封鼓魂仪式。大家排队将铜鼓放在“鬼师”面前，让“鬼师”为自己的铜鼓封魂。他们认为，如果铜鼓没有举行封鼓魂仪式，其灵魂将会留在葬礼上，不能跟随它的主人一起回去。

封鼓魂的时候，将铜鼓面朝上平放在地上，并在上面放一整碗酒、一碗牛汤饭、一碗水、两块牛肉、一个装着牛肝的竹篮子，“鬼师”手上拿两块竹片，嘴里念：

> 开路到葬完，有三天到五天。
> 你过来哭了三天三夜，你消瘦了，你疲惫了。
> 你为我们这老人，到他安居的地方。
> 从今天起你就跟随你的主人回去，下雨别要醒，雷震别要醒。
> 请你保佑你主人的家人，一年四季身体健康。
> …………[①]

念完这些话之后，“鬼师”将两块竹片从高处丢到水碗里，如果两块竹片一青一白（一正一反）朝上，表示已经封好鼓魂。否则，“鬼师”要重新喝酒，丢竹片，直到两块竹片是一青一白朝上。

在葬礼上敲的每一面铜鼓都要进行封鼓魂仪式。回到家之后，铜鼓的主人还要用拿回来的牛肉再祭祀一下：在鼓面上放上酒和水，简单念一些让铜鼓以后打雷不要惊醒，好好地待在家里的话。之后，就可以将铜鼓放好，直到下次有葬礼再拿出来。

皮鼓也需要进行封鼓魂仪式。长桌宴结束后，就将皮鼓放回原来的地方，存放时不能将其他杂物放在鼓面上。从墓地回来的“鬼师”，手上拿着竹枝，直接来到皮鼓面前。参加丧葬仪式的人将牛肉、酒和一碗水放在鼓面上。随后，“鬼师”开始祭鼓。祭鼓仪式结束后，家族的人和同“油锅”的人才可以吃肉，这也代表整个葬礼结束了，参加葬礼的人，尤其是死者家族的人和同“油锅”的人，从仪式的阈限阶段回到现实社会。

铜鼓艺术贯穿于白裤瑶葬礼的整个过程，铜鼓可谓白裤瑶的“仪式之鼓”，白裤瑶的铜鼓艺术就是仪式艺术。在白裤瑶葬礼不同的场域环境中，铜鼓艺术将不同性别、年龄、身份的人，以及其他类型的艺术都融合在一个复杂、多样、鲜活的仪式环境中，让铜鼓艺术与丧葬仪式，以及人与人之间的关系得到完美的展现。存在于白裤瑶丧葬仪式之中的铜鼓艺术具有极强的仪式性，展现着白裤瑶文化的独特魅力。在白裤瑶丧葬仪式中，敲铜鼓的人通过动态的敲打、舞蹈与周围观众静态的观看构成了互动关系，形成了一个特定的铜鼓艺术场域，实现了情感的表达与交流。铜鼓的声音与其他的声音交相呼应，表现的是生者与生者的互动交流、生者对死者的深厚感情，体现的是白裤瑶人的生死观念，以及铜鼓艺术在白裤瑶人生活中的重要价值和意义。

① 根据南丹里湖白裤瑶生态博物馆展馆内视频文字资料整理。

图一一二　南丹县白裤瑶葬礼上的长桌宴（梁汉昌　摄）

# 四、红水河流域木柄瑶铜鼓文化

红水河流域是现今仍在使用铜鼓的主要区域，这个区域的壮、瑶、苗、彝等民族仍将铜鼓作为本民族文化的一个重要载体，通过祭祀、庆典等场合把铜鼓的文化功能呈现出来。田林县木柄瑶的铜鼓文化就是红水河流域铜鼓文化中的一朵小花，从木柄瑶对铜鼓的使用可以看到该族群的文化形态。

## （一）木柄瑶生存环境与文化生态

瑶族是一个古老的民族，其族源为上古传说中以蚩尤为首领的部落联盟九黎，与炎帝、黄帝的华夏联盟同属一个时期。相传蚩尤统领的九黎族曾与黄帝统领的华夏族交战，蚩尤战败，九黎联盟解体，部分融入华夏族，瑶族这一支脱离九黎族向南方散落。瑶族支系多，分布区域广，大都居住在深山老林，而且是小群落聚居，形成了“大分散、小聚居”的分布特点。瑶族是一个迁徙的民族，在诸多瑶族传说中，都有族群迁徙的历史痕迹。历史上，由于瑶族没有本民族的文字，族群的迁徙历史只能通过口头传说延续下来。

### 1. 族源与族称

木柄瑶是瑶族的一个分支，主要分布在广西田林县浪平镇的平山村和潞城瑶族乡的三瑶村。田林县文化馆馆长王福干于2020年10月10日从浪平镇平山村村支书黄明平、潞城瑶族乡三瑶村村支书陆富章处得知，平山村的木柄瑶人口为452人，以黄姓为大姓；三瑶村的木柄瑶人口为774人，以班姓为大姓。两个村相距约一百里，相互通婚，保持有血脉亲缘关系，但两村的族源来历说法略有不同。

图一一三　田林县木柄瑶女子（梁汉昌　摄）

平山村平山屯又叫“平

山老寨”，这里的木柄瑶自称是从古州八万寨运江大石桃迁来的。这里说的古州是指贵州黎平县的古州，《清史稿》记载了关于古州的内容：“古州距黎平府百八十里，即元置古州八万洞军民长官司所也。地周八十余里，户四五千，口二万余。都江、溶江界其左右，合为古州江。由此东西南北各二三百里为外古州，约周千二三百里，户数千，口十余万，可敌两三州县。”① 《田林县志》的编撰人员经过考察、调研得出结论：“八万洞与木柄瑶所说的‘古州八万寨’没有差异。”②

三瑶村的木柄瑶人则认为自己的祖先是从陕西那边过来的，至于什么年代迁徙过来，后人已经不知晓，仅留存有祖先来自陕西这么一点模糊的印象。据国家级非物质文化遗产代表性项目田林瑶族铜鼓舞代表性传承人（以下简称“田林瑶族铜鼓舞国家级代表性传承人”）班点义（三瑶村瑶怒屯人）说，20 世纪 60 年代以前，三瑶村木柄瑶人过春节时，会在大年初二的晚上聚餐，吃饭前由一个掌握本族群历史的寨老唱述族群的历史、人情世故、人伦道理。这一习俗在 20 世纪六七十年代被禁止了，之后一直没有恢复，现在已经没有人会唱述了，这个族群的口头历史传承也就中断了。

“木柄瑶”这个称谓是他称，自称为“诺莫”。为什么叫作“木柄瑶”，《田林县志》记载有两种说法：“其一，据说木柄瑶是什么族，自己也不清楚，别人问他们是什么族，都说‘木柄’（不知道），所以就称之木柄族；其二，他们定婚、结婚、记事等都在木柄砍上记号作凭证，所以叫木柄瑶。”③ “木柄瑶”这个称谓已约定俗成为该族群的名称。

## 2. 族群迁徙脉络

2007 年 5 月 21 日，笔者在浪平乡（今浪平镇）平山老寨见到木柄瑶寨老黄文述（因排行第二，又叫“黄二”），黄文述说木柄瑶是由古州八万寨迁到平山的。当时旁边一人插话，说他们黄氏的老家在日本东京。据马志伟到平山村实地调查考证，黄氏源自日本东京的说法是民间的一种误传。“据考证，黄氏的先祖黄田坤是一位知名的铁匠，但膝下无男儿，只有一个女儿黄哑妹。后来招留了一个名叫古卜喜高的日本人当帮工，古卜喜高来自日本的阿伊努族，木柄瑶语称‘麽索’(瑶语音译)。几年下来，女儿黄哑妹和古卜喜高产生了感情，古卜喜高提出要做上门女婿。起初，黄田坤夫妇不同意，担心成婚后古卜喜高会带女儿回日本，到时没人养老送终，后来在寨老的劝说下才同意这门婚事。”④ 村民所说的老家是日本东京，其实是日本人做上门女婿，自愿成为木柄瑶人。另外，北宋都城开封也曾叫东京，金灭北宋后，人口南迁，这些迁徙的人口中是否有瑶族？是否有木柄瑶这一支系？村民口中的东京是否为北宋的东京？由于村民只提到这么一句，没有更多的解释，此亦为族群迁徙历史的一个口传，以资参考。古州八万寨之说则在平山村广为流传，《田林县志》载：“清雍正六年（1728 年），古州苗变，清军进剿，木柄瑶祖先从古州八万寨向西迁徙进入广西。从民间传说中，说明他们是从山路游耕，经过天峨、乐业县的深山老林进入浪平、平山，在平山（打房）定居到现在。”⑤

田林县潞城瑶族乡三瑶村的木柄瑶对本族群的迁徙路线所知甚少，笔者询问过三瑶村

① 赵尔巽等：《清史稿》卷五百十五《土司四》，中华书局，1977，第 14272 页。
② 田林县地方志编纂委员会：《田林县志》，广西人民出版社，1996，第 158 页。
③ 田林县地方志编纂委员会：《田林县志》，广西人民出版社，1996，第 158 页。
④ 马志伟：《木柄瑶社会历史与文化研究》，民族出版社，2018，第 28 页。
⑤ 田林县地方志编纂委员会：《田林县志》，广西人民出版社，1996，第 158—159 页。

原村支书班振金和村民班振根、班彩兰、班武贺，他们都说不清楚祖先从哪里来，只有班点义比较清楚。班点义是三瑶村班姓的点字辈，在瑶怒屯不仅辈分高而且有名望，是他那一辈人中比较聪明能干又有知识的人，对本族群的历史、信仰、禁忌等诸多方面的情况都有一定的了解，是瑶怒屯较有权威的寨老。班点义说，姓班的这一支木柄瑶最早是从陕西迁出的，至于什么时候迁出，迁往哪里就不知道了，只知道从他这一辈往上数，他们家族迁到三瑶村最少已经有 7 代了。他从父辈处得知本族群由贵州迁到东兰，又由东兰迁到凤山，再由凤山迁到田林，但具体的迁徙时间、什么时候迁到哪里、由什么原因引起迁徙都不清楚，只知道上述的大致迁徙路线。《田林县志》载："或从贵州南下到宜山、南丹西出东兰过都阳山过岑王老山而到平山、三瑶一带。"① 这一条迁徙路线，班点义没有具体叙说，只是大致点出贵州、东兰、凤山、田林这 4 个迁徙地点和先后次序，与县志的记述有一定程度的吻合。据班点义所说，20 世纪 60 年代前，每逢大年初二，族人围长桌聚餐（晚餐），在吃饭前由一个善唱民歌的寨老唱述族群迁徙的历史，有很多生动的故事和好听的调子，现在没有人会了。班点义自己也没有学，因为要记得清、讲得好、讲得明，加上这种歌不能随便唱，所以不容易学、不容易记。另外，"据当地文化知情人士陆富银介绍，三瑶村这支瑶族的祖先最先是从河南省开封市迁徙到广西宜州市的怀远镇定居，后来又迁到河池地区东兰县。田林县政协原主席李进文存有瑶怒屯老人在农历正月初二摆长台时念经的录音带，念词中也说他们是来自怀远。因战乱、饥荒、瘟疫等原因，又于清朝同治时期迁徙至现在潞城（瑶族）乡的三瑶村定居，至今已有两百多年的历史，从东兰县迁到三瑶村，当时主要有陆、班、潘三姓的几户人家，分别住在瑶告、瑶怒、瑶昂三个自然屯"②。马志伟的这段调查，较之班点义的口述更为详细一些，其中讲述到的河南开封与平山寨老的东京之说吻合，虽然黄姓族人、陆姓族人、班姓族人在各自祖先的迁徙路线上口述有差异，但也有吻合之处。

## 3. 自然环境

田林县位于广西的西北部，地处广西丘陵至云贵高原的过渡地带，整个县境为山地，红水河的上游南盘江由西向东横贯县境北缘，县域西部的板坚河、旧州河，东部的根标河、板干河、百乐河、班村河均为南盘江的支流。瑶族散居县域内各地，多在海拔 800—1000 米林密草茂的高山峰峦间生活。利周瑶族乡、潞城瑶族乡、八桂瑶族乡和八渡瑶族乡 4 个瑶族乡是田林县瑶族的主要聚居区域。木柄瑶主要聚居在潞城瑶族乡的三瑶村和浪平镇的平山村。

浪平镇位于田林县东部，平山村位于浪平镇的北部；潞城瑶族乡位于田林县中部，三瑶村位于潞城瑶族乡的东部。两个村坐落在青龙山脉的岑王老山里。岑王老山是青龙山脉的主峰，位于山脉的西南部，海拔 2062.5 米。1955 年，岑王老山森林经营所成立，1982 年，自治区人民政府批准岑王老山自然保护区为自治区级自然保护区，2007 年升格为国家级自然保护区。整个保护区东西长 20.48 千米，南北宽 19.08 千米，由于地势高，被誉为"桂西屋脊"。保护区内森林覆盖率达 95.8%，森林涵养水源总量为 6285.35 万立方米，有河溪 44 条，是西江上游西江部分支流的源头。保护区内动植物资源丰富，是桂西重要

① 田林县地方志编纂委员会：《田林县志》，广西人民出版社，1996，第 159 页。
② 马志伟：《木柄瑶社会历史与文化研究》，民族出版社，2018，第 39 页。

的生物资源库。目前，保护区内发现有维管束植物 195 科 890 属 2308 种，野生动物有 50 多种，其中国家一级保护动物有 4 种，国家二级保护动物有 49 种，它们在保护区内保持着良好的原生形态。

木柄瑶人生活在岑王老山里，那里山深林密，可耕种的土地很少，民国往上溯其生产方式为游猎、采集和耕种。中华人民共和国成立后，木柄瑶人游猎的生产方式逐渐被淘汰，尤其是岑王老山自然保护区升格为国家级自然保护区后，猎杀野生动物的行为被禁止，林木不能随意砍伐，耕种成为木柄瑶人主要的生产方式，旱地、水田得到有效的开发和利用，养殖、种植业也获得发展，生产力得到一定程度的提高，木柄瑶人的生活质量不断得到提升，保护区的珍稀动植物得到了很好的保护。进入新世纪，木柄瑶的年轻人大都外出务工，农事劳作由留守村里的中老年人来承担，虽然青壮劳力没有用于农事，增添了留守人员的负担，但外出务工增加了各家的收入来源，不少人家都将土墙、木屋修葺为砖瓦房，改善了居住条件和生活环境。

虽然木柄瑶分布的平山村、三瑶村仅相距约一百里，生活环境相同，语言相通，两个村落的村民有姻亲关系，血脉相连，但由于山区的空间距离各有特点，形成了两个族群聚居群落。平山村距浪平镇稍远，离县城则更远，相比之下，三瑶村更为靠近潞城瑶族乡政府所在地，且离县城较近，交通也便利一些，因此三瑶村的铜鼓队参加县级和市级，乃至自治区级政府组织的活动更多一些。

## 4. 文化传统

木柄瑶的族群文化传统主要体现在民俗文化的层面上，比如服饰习俗、节庆习俗、人生礼俗、信仰习俗等。

木柄瑶的服饰保留着传统的着装样式：包头，绑腿，扎腰带，穿大掩襟（右衽）上衣、

图一一四　田林县潞城瑶族乡三瑶村木柄瑶传统民居（李桐　摄）

百褶裙、花布鞋等。衣服裤子以黑为底色，镶嵌了白边，男子上衣不绣花边纹样，女子上衣在袖口、衣襟绣有花边，有些头巾、腰带、绑腿等绣有花边，裙子缀有流苏。裙子、头巾、绑腿等分为绣有花样和素色两种。绣有花样的平常日子是不穿的，只有在节日才作为盛装穿戴；平常穿素色衣服。平山村与三瑶村在服装穿戴上略有差异：平山村木柄瑶男子的头巾不用流苏装饰，头巾正中有圆形红色如印章的纹样，头巾两端从额前两侧伸出，像一对玲珑小角；女子头巾偏重素色，不缀流苏，覆盖额头的头巾绣有一点花边。三瑶村木柄瑶男子头巾正中绣的是长方形花纹图样，两端缀有流苏，头巾两端从头部两侧伸出，如同两条小辫子；女子头巾分为素色和花色两种，素色头巾盖头，其流苏缀于脑后，花色头巾覆盖额部。两村的头巾、腰带、绑腿的系法相同，衣、裙的穿法也相同。

图一一五　田林县浪平镇平山村木柄瑶新郎、新娘服饰（梁汉昌　摄）

节庆是人们聚在一起活动的重要日子，也是民俗行为集中呈现的时候，因此节庆习俗是很重要的民俗事象。木柄瑶的节日有春节、清明节、端午节、中元节、中秋节、重阳节、社王节等。与铜鼓有密切关联的是春节，因为只有在春节才能够使用铜鼓。

人生礼俗主要体现在人们进行社会交际活动的礼仪行为中，如婚礼、寿礼、葬礼这些生活中的重大社交礼仪活动。在这些人生礼俗中，木柄瑶的一些传统生活情态被生动地呈现出来。例如，木柄瑶的婚礼就保留着许多本族群的传统习俗，如迎亲用八仙（由唢呐、笛子、锣、鼓组成的乐器组合叫作“八仙”）奏乐，迎送队伍将到男方家的村头时，男方家会请两位已婚妇女在路中间摆上“阴阳饭”。所谓“阴阳饭”，“一般是用干草烧火，把芭蕉叶包好的糯米饭和猪肉烧熟，然后打开芭蕉叶平放摆好，等迎送队伍的到来。迎送队伍一到达，所有参加迎送新娘的人员和新郎新娘都要吃一口‘阴阳饭’。具体吃法是，由

图一一六　田林县浪平镇平山村木柄瑶婚礼仪式之八仙奏乐（梁汉昌　摄）



巫师先抓一把丢给鬼吃，自己再吃上一口，然后迎送队伍的人都仿照巫师的吃法吃”[①]。这是木柄瑶特有的婚礼习俗。

信仰习俗是族群文化传统中非常重要的民俗事象，它呈现的是这个族群精神层面的文化内涵。因此，信俗文化是民俗文化的核心，是民俗文化的内在驱动力。信仰习俗需要有特定的活动空间和时间，以及特定的行为方式。木柄瑶的信仰习俗有两个主要的活动空间，一个是社庙，另一个是家中堂屋的祖宗神龛。平山村与三瑶村木柄瑶在信仰习俗方面是有明显差异的。平山村木柄瑶的社庙祭祀始母娘、盘古王、莫一大王、甘王、妈祖和韦驮菩萨 6 位社王，在家里则祭祀始母娘和本家祖先；庙祭在农历十二月三十、正月初三、正月十五这三天进行，家祭最好是在正月的鼠日晚上进行。[②] 其实平山村的庙祭也是发生过变动的。“1984 年，张一民实地调查平山木柄瑶：从前，木柄瑶寨祭社神，安排在除夕日，几寨共祭一社，社无定址，一般选在村边树蔸，同时祭铜鼓，一定要杀牛祭祀，供奉韦、陆、甘、莫四姓的神。中华人民共和国成立以后，祭社神由各寨自己祭。改除夕祭为年初三祭，改杀牛祭为杀鸡祭，改社神和铜鼓同祭为分开祭。平山木柄瑶‘老寨已无庙宇，也没有社坛’。”[③] 三瑶村与附近的壮族村屯一样信奉岑大将军，三瑶村的社庙祭祀的是岑大将军，故其社庙也称“岑大将军庙”，家中祭祀的则是历代祖先。三瑶村、平山村的社庙供奉与家祭的这些差异形成了木柄瑶两个群落的区域信俗文化特点。造成这种差异的原因或许有很多，但存在于两个群落的人文环境的差别可以说是最为重要的原因。关于这种信俗文化的差异，广西民族大学黄家信教授做过深入的考察研究。他通过调查发现迁

① 马志伟：《木柄瑶社会历史与文化研究》，民族出版社，2018，第 122 页。

② 马志伟：《木柄瑶社会历史与文化研究》，民族出版社，2018，第 193—194 页。

③ 黄家信：《信仰移植：以木柄瑶岑大将军庙为例》，《广西民族研究》2011 年第 4 期。

徙到三瑶村的木柄瑶主要聚居在瑶怒屯，瑶昂屯、瑶告屯只有少部分木柄瑶村民居住且壮族居民较多，三瑶村是壮族、瑶族杂居，周边村屯居住的多是壮族村民，因此“瑶怒的木柄瑶……其民族性格、民族文化不得不被壮族文化涵化，这就为双方共同构建区域信仰体系提供了前提”[①]。平山村有汉族、壮族、瑶族3个民族，以汉族、壮族为多，而且周边的

图一一七　田林县浪平镇平山村木柄瑶婚礼仪式之吹长号迎亲（梁汉昌　摄）

① 黄家信：《信仰移植：以木柄瑶岑大将军庙为例》，《广西民族研究》2011年第4期。

村屯都形成了以汉族和壮族为主的聚居群落。平山村的木柄瑶分布在上坝屯、老寨屯、花棚屯、新寨屯、平山街等，上坝屯和老寨屯是较为集中的聚居地。在平山村，汉族、壮族、瑶族和谐共处。壮族文化与汉族文化对瑶族有较大的影响，因此在木柄瑶的信仰习俗中可以看到 3 个民族的神祇供奉在一起的现象。“平山的木柄瑶，其周边虽有壮族人，但绝大多数还是高山汉，高山汉是明末清初迁入该地区的，与木柄瑶的民族性格、文化差异较大，因此，两种文化仍然保持平行发展。”[①] 这种共处共融的生存状态体现在精神层面就是信仰神祇谱系的相互纳入。

## （二）木柄瑶铜鼓文化的艺术形态

铜鼓文化以铜鼓作为物质载体，可以说铜鼓是铜鼓文化的象征物。为什么铜鼓能够成为一种文化的象征物？这可以从铜鼓的物质属性和功能做一些研判。铜鼓是以铜为主，配以少量的锡和铅铸造而成的。长期以来，铜都是作为贵重的金属被人们开发、使用，铜鼓在少数民族聚居的地区更是作为村落、族群的贵重财物，这是铜鼓作为重器之用的表现。使用铜鼓的壮、瑶、苗、水、彝等民族都有关于铜鼓精灵的传说，这些民族世代都将铜鼓作为神器来供奉。例如，东兰县、天峨县、南丹县的壮族蚂蜗节就有用铜鼓祈雨的仪式行为，以铜鼓沟通雷神，这就是典型的神器之用。红水河流域的少数民族但凡隆重的庆典活动、节日都有请出铜鼓，以鼓乐娱乐民众、以鼓声振奋民心、以鼓舞渲染民情的习俗，这体现出铜鼓作为乐器的使用特征。正因为铜鼓凝聚着诸多的文化要素，并通过不同的使用行为将这些文化要素生动地呈现出来，所以人们以铜鼓作为一个象征物，将与之有关的文化概括为铜鼓文化。

图一一八　壮族蚂蜗节活动——游蚂蜗（王梦祥　摄）

① 黄家信：《信仰移植：以木柄瑶岑大将军庙为例》，《广西民族研究》2011 年第 4 期。

## 1. 铜鼓造型

铜鼓由鼓面、鼓胸、鼓腰、鼓耳、鼓足等部分构成。按出土和世代留存的铜鼓种类，目前公认分为8种铜鼓类型：万家坝型、石寨山型、冷水冲型、北流型、灵山型、遵义型、麻江型、西盟型。其中冷水冲型、北流型、灵山型是以广西出土地名命名的。麻江型铜鼓是至今仍在使用的铜鼓，其分布范围广，我国的广西、贵州、云南、四川、湖南及东南亚一带均有留存。麻江型铜鼓，以20世纪50年代贵州省麻江县一座古墓出土的铜鼓为代表，这种类型的铜鼓从南宋到清末都有铸造，现为红水河流域少数民族广泛使用，也是红水河流域最为常见的。“这类铜鼓的特点是，鼓面略小于鼓胸，体形扁矮，胸腰与腰足之间都无分界线，其间有凸棱一道将鼓身分作上下两节。花纹主要是十二道光芒的太阳纹，芒间饰复线双瓣纹；另有同心圆纹、乳钉纹、大方块雷纹、S形勾头纹、兽形云纹、酉字纹。主纹多样，但以游旗纹最普遍。有的有‘万历’‘康熙’‘道光’年款和吉祥短语汉字铭文，还有双龙献瑞、缠枝花卉、人物禽兽、十二生肖、符箓、八卦等图案。”① 木柄瑶有四面祖传的铜鼓，平山村、三瑶村各有两面，都属麻江型铜鼓。木柄瑶使用的铜鼓据说是祖先迁徙时带过来的，至于这祖传的铜鼓是自行炼制的还是购买的，已无从知晓。虽然平山村与三瑶村两村的铜鼓都是麻江型铜鼓，但仍有一些差异。“平山村的一面铜鼓即所谓的母鼓，从造型上看应该是遵义型铜鼓向麻江型铜鼓演变的过渡期鼓，鼓身的凸棱偏于下部，使鼓身明显呈现鼓胸、鼓腰、鼓足三段，有别于一般的麻江型铜鼓。平山村的另一个鼓即所谓的公鼓，鼓面有十二生肖纹。三瑶村的铜鼓，除了太阳纹、乳钉纹和弦纹之外，

图一一九　田林县潞城瑶族乡三瑶村木柄瑶群众收藏的铜鼓（李桐　摄）

① 蒋廷瑜：《铜鼓艺术研究》，广西人民出版社，1988，第10页。

其余纹饰比较模糊，有一面依稀能辨认出是游旗纹。”① 平山村、三瑶村木柄瑶的迁徙路径都有贵州，木柄瑶在贵州停留的时间，依据瑶族游耕的生产特点，可能不会很短，铜鼓很有可能是这个时间段集资购买的。麻江型铜鼓因为器形不大，方便携带，便于使用，所以一直留存至今。

## 2. 铜鼓音乐

将麻江型铜鼓作为打击乐器使用，在红水河流域颇为常见。铜鼓所发出的声音是以非乐音而是噪音的形式运用在铜鼓音乐中的。我们可以通过几个例子来了解一下：

东兰县壮族铜鼓是以两面铜鼓为一组，用四面铜鼓组成音响高低不同、音色有别的四个声部，分别称为“咛”“囔”“哝”“浓”。这是当地壮语的字音声调，取壮语的谐音汉字但声调却与汉字的声调有别。“咛”为高平声，“囔”为中平声，“哝”为中平声，“浓”为低平声。“咛”声鼓与“囔”声鼓为一组，“哝”声鼓与“浓”声鼓为一组。四面鼓悬挂成一排，由四个人敲击，由不同的鼓点形成独特的非音阶式的四声组合音响序列，颇有气势。

天峨县六排镇都隆村壮族铜鼓“四季鼓”，由两面铜鼓与一面大鼓组合而成，以四章十二段为结构象征四季和十二生肖，构成具有乐章特征的铜鼓乐。

巴马瑶族自治县的瑶族铜鼓音乐有两种不同的敲击方式：一种是由两人同时敲击一面铜鼓，其中一人站立敲击鼓心，另一人蹲着敲击鼓边，形成音色和节奏的变化；另一种是以两面铜鼓、一面小皮鼓为基本配置，铜鼓悬挂在前，皮鼓悬挂在铜鼓之后，小皮鼓敲击

图一二〇　东兰县壮族女子打铜鼓（廖明君　摄）

① 农学坚：《田林瑶族铜鼓舞》，北京科学技术出版社，2014，第72页。

的鼓点花样是在铜鼓的鼓点上变化的，虽然有一定的随意性，但不能脱离铜鼓的基本节奏，铜鼓有固定的节奏型，两人的演奏或同步一致，或交错进行。

南丹县中堡苗族乡的苗族铜鼓音乐所使用的乐器由一面铜鼓、一面木鼓组成，两鼓同挂在一根横木上，木鼓高挂与人齐胸，铜鼓则低挂，鼓心与人膝盖齐高，一人击铜鼓，一人击木鼓。演奏时以铜鼓起奏，击铜鼓鼓腰为弱拍，击铜鼓鼓心为重拍，两手分击，发出“且”“当”的声响，击鼓心的节奏均匀无变化，鼓腰的击法却有些许的节奏变化；木鼓则依铜鼓的节拍而变，有击鼓心之变，有击鼓沿之变，木鼓的“冬”“夸”之声穿插在铜鼓的“且”“当”声里，节奏多变，富有韵律，给人以美感。

田林县木柄瑶铜鼓音乐所使用的乐器由两面铜鼓（公鼓和母鼓）、一面木鼓组成。两面铜鼓悬挂起来，鼓心高度约与膝部平齐，由一人执槌敲击；木鼓用横杆悬挂，约与人的头部齐高，可由一人、二人或四人敲击。以铜鼓起奏，由铜鼓掌握节奏、速度，木鼓依节奏而击。铜鼓击法为右手执槌轮流敲击鼓心，左手执小木棍击鼓腰。木鼓击法有击鼓面、击鼓沿、击鼓棍等，其花样变化均循着铜鼓的节拍而变。不仅如此，击木鼓还有单棍击鼓、双棍击鼓、背身击鼓、转身击鼓、腾跃击鼓等击法。鼓棍的击法又有脑后击棍、腰后击棍、抬腿膝下击棍等。木柄瑶铜鼓音乐有“且”“当”“党”“冬”“夸”“大”等声响。其中，“且”是小木棍击铜鼓鼓腰的声音，“当”是鼓槌击公鼓鼓心发出的声音，“党”是鼓槌击母鼓鼓心发出的声音，“冬”是击木鼓鼓心发出的声音，“夸”是击木鼓鼓沿发出的声音，“大”是鼓棍相击发出的声音。这些敲击声响交织在一起，构成一个独特的声音场域。田林县木柄瑶的铜鼓音乐并非单独的铜鼓演奏，而是由铜鼓和木鼓的声音有机构成。其节奏形态特点是单拍子由慢渐快，最后在快速中结束。这种音乐不以节奏变化见长，而以速度变化凸显其特点，铜鼓的敲击节奏是其基本形态，木鼓的敲击变化都是依铜鼓的敲击节奏而生的。多在喜庆场合使用，以极快的速度将喜庆气氛推向高潮而结束，正是田林县木柄

图一二一　田林县潞城瑶族乡三瑶村木柄瑶男子打铜鼓（李桐　摄）

瑶铜鼓音乐的特殊之处。这种带有竞技、炫耀的表演，每一次都是由慢到快地展现个人的击鼓技能，鼓乐左右着人们的情绪，这就形成一个个高潮跌宕的声音场域。

综上所述，红水河流域的铜鼓音乐是各民族以自己的审美方式将噪音运用变化而产生美感的，喧闹的鼓乐能够给喜庆的节日增添欢乐，用鼓乐抒发情感是当地民众常用的娱乐方式。

## 3. 铜鼓舞蹈

存续繁衍于民族之中的民间艺术是人们宝贵的精神财富，田林瑶族铜鼓舞就是这样一朵绚丽的民间舞蹈之花，当它呈现在世人面前时，那股灵动盎然的生机，那种沉郁厚重的文化气息，冲击着人们的心房，让人久久回味。

### （1）舞蹈的文化意象

舞蹈是用来传情达意的，它通过人的肢体动作来表达人们的情绪、情感。民间舞蹈在这方面尤为凸显。因为民间舞蹈不是某个艺术家灵机一动创作的产物，而是汇聚了无数民间艺人深厚情感与智慧的结晶，所以它是一群人甚至一个民族的情感积淀。观看民间舞蹈就是观其象而体其意。刘勰在《文心雕龙·神思》中云：“独照之匠，窥意象而运斤。”这道出了艺术创作和审美的一个重要观念——意象。经过千年的延续，意象由文学的美学之念发展成为中国传统美学的一个范式。正是这种理论的归纳和升华，使“意象”成为中国传统艺术哲学的特定概念，主观的创作、客观的审美都在使用它。“意”为内在之心意，“象”为外在之物象，“意”由心所思所感，将此思此感化为形，“象”则由此而生。民间舞蹈作为老百姓一个很重要的抒发情绪、情感的艺术形式，由于其延续久远，其意象积淀大多有独特的文化意味，对其意象做分析一定离不开对其文化的理解。

田林瑶族铜鼓舞究竟是以什么样的文化为底蕴来建构其舞蹈意象的呢？从实际考察的

图一二二　田林县潞城瑶族乡三瑶村木柄瑶群众表演《打长鼓》(梁汉昌　摄)

情况来看，民俗文化是舞蹈赖以生存的土壤，田林瑶族舞蹈或者说木柄瑶的舞蹈是在本民族或本族群的民俗中生长起来的。

据田林瑶族铜鼓舞国家级代表性传承人班点义介绍，过去正月初二跳铜鼓舞，这个舞叫作“圆圈舞”，是寨里的木柄瑶人聚餐之后围起圆圈而跳的舞，有纪念祖先、迎接新春、庆祝丰收的意义。大年初二过后就不围圆圈跳舞了，但可以打铜鼓、打木鼓、打扁担，在敲击中起舞，到农历二月初二祭祀社神后就不能打铜鼓了，铜鼓也要收起来。在这里，班点义所说的正月初二跳的铜鼓舞特指圆圈舞，包含有《迎春舞》和《丰收舞》这两个舞蹈内容，而在打铜鼓中敲击木鼓所形成的舞蹈形态，是属于打铜鼓的。

班点义说，跳圆圈舞是欢欢乐乐过新年，是纪念祖先跋山涉水到这里落脚生根，是族人团结一心开荒谋生，所以要在寨老唱述祖先迁徙的经历、族群的伦理规矩、岑大将军的护佑之后跳圆圈舞。田林瑶族铜鼓舞国家级代表性传承人黄明荣（平山村平山老寨屯人）则说，圆圈舞又叫作“庆丰收”，是春节期间因喜庆欢乐而跳的舞，从正月初三开始跳。跳圆圈舞前，要先到社神那里祭拜，然后才能跳，一般在寨子里跳，如果寨子的场地小或者人少就只打铜鼓，不跳圆圈舞。

两位传承人的说法虽然有异，但都是依照各自小群落的生活习俗来说的。平山村、三瑶村两地的圆圈舞都是春节期间人们相聚在一起举办的重要活动内容，也是人们缅怀祖先艰辛创业功德的一种形式。也就是说，这两个村落都是将圆圈舞作为特定的传统舞蹈，而打铜鼓中的击鼓起舞则被视为打鼓娱乐。在整个春节期间，打铜鼓是最热闹、最有人气的娱乐活动。木柄瑶把打铜鼓走寨当作一种非常重要的人际交流方式，这一习俗历经世代传承，已成为铜鼓文化的核心要素之一。由此可见，打铜鼓起舞是木柄瑶在春节中不可或缺的娱乐方式和人际交流方式。人们在春节期间聚会、娱乐、欢庆，是为了释放一年辛勤劳作积淀的心理压力，是为了在打铜鼓的热烈氛围中宣泄情绪，是为了在互动交流中化解平日的小矛盾。人们相信，对铜鼓的敬重与喜爱能给生活带来和睦、希望。从这个层面看，铜鼓舞是瑶族追求美好生活的一种表达，铜鼓舞的聚众而乐产生了铜鼓文化的社会和谐效应。

铜鼓舞的社会功能如此明显，那么在其舞蹈意象的构塑上是否要凸显其民族的属性呢？木柄瑶铜鼓舞最为突出的是圆圈舞，这是历代传承下来的传统。圆圈舞以圆形和弧形走动为舞蹈形态，圆形、弧形的线条体现的是柔和、韧性，圆圈又有圆满、团圆的意思。这种用圆形、弧形的线条来构成流动的舞蹈画面对木柄瑶来说有特殊的意义——庆贺丰收与迎新春。在圆圈舞中，舞者挥动手中的红绸，踏着铜鼓的节奏，迈着小步，走着弧线，走着圆圈，舞姿质朴，画面简洁，生动地呈现了喜悦相庆、团聚相融的意象。这个意象是族群所共同认可的，是人们由此获得的共有欢乐。

三瑶村木柄瑶的“闹年打铜鼓”既是铜鼓舞的泛称，又可特指《打长鼓》，是族人聚会敲击铜鼓和木鼓欢度新年最重要的舞蹈形式。木鼓的敲击有不同的动作和击鼓技巧，这就形成了击鼓起舞的独特舞蹈。“闹年打铜鼓”有很明显的个人技巧表演，舞者在击鼓、击棍的舞动中充分展示个人对节奏的掌握和敲击动作的变化，其体力、速度、韧性、技巧、舞姿等都得以展现。舞者大多以青年男女为主，舞蹈展现了木柄瑶人坚韧不拔、吃苦耐劳、昂扬向上的民族气质。以舞呈现个人之勇武、族人之气势，这是一个族群之象，是一个山地民族特有的气质之象。

木柄瑶把春节期间作为铜鼓舞表演的时间段，在这个特定的时间段跳铜鼓舞，喜庆欢乐便成了舞蹈的基调；在这个时间段走村串寨，人们聚集在铜鼓声里，跳跃在铜鼓的节奏中，铜鼓也由此具有了凝聚之力和文化之意。

图一二三　田林县潞城瑶族乡三瑶村木柄瑶男子表演《打长鼓》(李桐　摄)

## (2) 舞蹈的审美意趣

专业舞蹈工作者创作的舞蹈作品与民族民间舞蹈最大的不同之处就是，民族民间舞蹈不是某个人一时心血来潮创作的，而是经由族群众人之手创编，再经过岁月的浸润而逐渐形成的。因此，它带有浓厚的族群文化印痕和群体的心理印记，也必然带有民族的审美色彩。少数民族的舞蹈在这方面表现得尤为明显。

铜鼓舞在红水河流域少数民族聚居地区盛行，如壮族、瑶族、苗族、水族、彝族等民族都有铜鼓舞。不仅如此，不同支系的瑶族所跳的铜鼓舞也各有各的艺术特点。田林木柄瑶铜鼓舞是以铜鼓和木鼓为核心来构成其舞蹈的个性的，舞蹈艺术的个性正是舞蹈审美的关键所在。对舞蹈审美意趣的分析判断，不能泛泛而谈，须从具体的舞蹈作品中分析感受体悟。田林县潞城瑶族乡三瑶村木柄瑶把铜鼓舞叫作“闹年打铜鼓”，具体包括《迎春舞》《扁担舞》《丰收舞》《打长鼓》等舞蹈，每个舞蹈都有其特点和风格，这也是分析判断该舞蹈审美意趣的依据。

《迎春舞》主要以队形的变化来展示其魅力，通过男女两列的队形分合变化来呈现圆形或半圆形，这些圆或半圆的队形一直在舞蹈过程中组合构成，具有很强的流动感。舞者双手各执一条红绸在胸前左右挥动，红绸轻柔拂动如微风吹拂，春意浸润的意趣在流动的柔滑线条中淌出。这种流线型的运动再配上手中舞动的红绸，就很好地将圆的形式美表达了出来。班点义说，这个叫作《迎春舞》的舞蹈又叫作《迎宾舞》。无论是迎接春天还是欢迎宾客，舞者都以热情相待之。通过跳这支舞，人们既表达了他们对春天到来的喜悦，也传递了他们对宾客的热烈欢迎。舞蹈取圆形和弧形线条的柔和之美，以流动的形态呈现出来，把春天的生机勃勃和柔和之美寓于其中，其意趣是非常明显的。

图一二四　田林县潞城瑶族乡三瑶村木柄瑶群众表演《扁担舞》(李桐　摄)

《扁担舞》一般是将男女青年各分为一组在场地两侧表演。每组由两人负责击打扁担，他们相对蹲着，双手各持扁担的一端做开合碰击；其余舞者则双手叉腰在扁担的开合之间踏节起舞。舞时，其节奏由慢到快，节奏和速度的变化由击扁担者掌控，舞者在快慢不同的节奏中跳出花样来。在一个舞者踏节起舞的时候，另一个舞者可以随时穿插进来。《扁担舞》看的是舞者双脚的灵活性，抬腿跳起的迅捷、落地的轻巧将瑶族青年灵动的朝气表现出来，舞蹈的意趣就在其中透出。《扁担舞》有很强的竞技性，以劳动工具扁担为舞具，其内容就蕴含着瑶族青年在劳作之余进行娱乐的情趣。

《丰收舞》是呈现庆祝丰收的喜庆情景的舞蹈，以圆形为舞蹈的基本队形，不仅有流动的圆形线条变化，还有静态的同心圆的构图造型。其圆是以男舞者为外圈、女舞者为内圈而构成的同心圆。在舞蹈的过程中，男女相互穿插，使得圆形产生变化。这种线条流动与静态造型相结合，形成一种动与静的对比。动，是以男女交错穿插、圆的聚合发散产生热烈之感；静，是以造型的画面构成“塑像”之美。而在舞蹈的起始与结束则又采用直线和横线的队形，因此这个舞蹈的队形是较为多样化的。舞蹈用红绸和酒杯作为舞具，红绸代表喜庆，酒杯则能够直观地展示丰收后人们举杯饮酒庆贺的场景。

《打长鼓》是表演者根据铜鼓的敲击节奏而敲击木鼓起舞的舞蹈。木鼓呈圆柱形，又叫“长鼓”。《打长鼓》贯穿整个春节欢庆活动，是青年男女进行竞技的即兴表演。《打长鼓》击鼓形式丰富多变，技巧性很强，不仅有鼓面、鼓沿等不同的敲击点，还包含鼓棍之间的相击技巧，以及跨步击鼓、腾跃击鼓、背身击鼓、旋转击鼓、脑后击棍、腰后击棍、跨步膝下击棍等多种击打动作，其竞技性、表演性都很突出。虽然这些击鼓形式似乎没有特定的内容指向，但其意趣在于展现技艺、传递欢乐，通过个人技能和体能的展现，青年男女相互欣赏便是此舞蹈的意义所在。

图一二五　田林县潞城瑶族乡三瑶村木柄瑶男子打长鼓（李桐　摄）

## （3）舞蹈的动律特点

田林县木柄瑶的传统舞蹈以圆圈舞和《打长鼓》《扁担舞》最具特色，每个舞蹈的动作构成不同，都有自身的动律特点，这些动律特点对舞蹈风格和舞蹈所要传递的情绪、情感起到画龙点睛的作用。

圆圈舞的舞蹈基本动作包括一步一顿的行进步伐和双手左右挥动红绸的动作，行进线路以圆形和弧形为主，整体节律保持中速。小步行进是圆圈舞的核心动作，走圆圈队形时注重其行进的顺畅和舒展。其动律特点在于“走”：舞蹈分男女两列按弧形和圆形路线走动，女子走内圈，男子走外圈，脚步向前迈出，步幅约 30 厘米。女子迈左脚时手向右挥舞红绸，迈右脚时手向左挥舞红绸。相反，男子迈左脚时手向左挥舞红绸，迈右脚时手向右挥舞红绸。这样的动作协调，使得在迈左脚时，男女双方的红绸会聚合在一起，而在迈右脚时，红绸则会分开。这便构成了上肢动作依脚步行走而左右运动的规律。男女行走队形变化时，女子由内向外走，男子由外向内走，步法、步幅随着身体的动作发生变化，有弓步俯身、穿插、抬腿颠步拍掌等动作。弓步俯身，即先向前迈出一脚呈前弓状，随后上身随着前脚的迈出而向前俯身。迈左脚时，身体向左前方俯身；迈右脚时，身体向右前方俯身。整个动作呈现向下张开铺展的状态，形成一种由脚步迈出带动身体前俯的张力型动律，使得“走”的动态感变为“塑像”的静态感。穿插、抬腿颠步拍掌则是弓步俯身之后的动作，即在几个弓步俯身动作之后身体立起，男女交错穿插，双掌在胸前合拢再垂下至腹部分开。舞蹈由短暂的伸张造型过渡到队形穿插手部上合下分的小步行进。不管是“走”的动还是“塑像”的静，都保持圆形线条和弧形线条的顺畅。和谐感是这个舞蹈最为重要的特征。

《打长鼓》是田林县木柄瑶具有代表性的传统舞蹈。由于是依铜鼓的节奏敲击木鼓起

图一二六　田林县浪平镇平山村木柄瑶群众展演《打长鼓》(玉时阶　摄)

舞，且所用的木鼓是直腰长桶两端蒙皮之形，所以又以《打长鼓》为舞蹈之名。舞蹈动作有跨步击鼓、腾跃击鼓、背身击鼓、脑后击棍、腰后击棍、跨步膝下击棍等。跨步击鼓是此舞蹈的核心动作。跨步有向前跨步和向侧跨步两种。跨步可以构成跨步击鼓、跨步膝下击棍、跨步腾跃击杆（击挂鼓的横木杆）、跨步转身击鼓等动作。男子跨步的步幅较大，向前跨时前腿高抬，上身微后仰扬臂前倾踏出击鼓；向侧跨步时前腿旁抬，上身微向另一侧侧仰扬臂，然后反方向侧倾踏步击鼓，形成抬、仰、扬、冲的动律，特别突出刚性的力量感。女子跨步的步幅较小，跨步转身的动作运用较多。因为女子跨步没有大幅度的高抬腿动作，所以就没有上身微仰的动作，跨步时上身随着前腿跨出的方向微倾，同时扬臂击鼓，呈现出倾、扬的动律。跨步转身击鼓是女子打长鼓的主要动作，因为女子在转身时裙子飞旋，别有一番趣味，所以转身击鼓最能体现女子舞蹈的灵巧性。转身击鼓有鼓底转身击鼓和鼓旁转身击鼓两种。其中，鼓底转身击鼓是在长木鼓底下转身，要弯腰、低头，由鼓的此端转向鼓的彼端击鼓。转身过程中，步法以旁跨步和斜跨步为主，腰部微弯，头部稍低，身体随着步子的跨出自然而然地顺着同一方向转动。当完全转出鼓底时，舞者扬臂击鼓。这一系列动作形成弯、跨、转、扬的动律。鼓旁转身击鼓除没有弯腰低头的动作外，其余跟鼓底转身击鼓的运动规律相同。

《扁担舞》以扁担为舞蹈器具，舞蹈的生活情趣浓郁。舞者双手叉腰随扁担击打的节奏在扁担的开合之间跳跃起舞。舞蹈动作以单腿起跳为主要特征。单腿起跳分为正跳和旁跳。正跳的落脚点在两根扁担之间，落地以脚尖点地然后迅速弹起；旁跳的落脚点在两根扁担之外，落地之脚为主力腿。不管是跳起还是落地，跳里还是跳外，上身都要挺直不要左右摇晃。跳起时，腿抬约 30 厘米高，落地时，以前脚掌落地，落地后以前脚掌为发力点迅速弹起，形成抬腿、落地、弹起的动律。整个动作要迅捷灵活，跳出落脚点的变化，跳出活跃的气氛。

# （三）木柄瑶铜鼓的使用习俗与内涵

## 1. 铜鼓的来历

关于田林县木柄瑶铜鼓的来历，平山村和三瑶村有不同的说法，从前文对铜鼓来历的叙述中可以看到，两村的祖先有各自的游耕迁徙路线，定居田林县后两个村才有往来、通婚和族群认同。班点义说，他的祖先是从陕西那边迁移过来的，至于铜鼓是否是从陕西带来的，他并不清楚，他只知道田林县木柄瑶的铜鼓是从东兰县、凤山县拿过来的。此外，他从父辈的口述中得知祖先迁徙到东兰县、凤山县一带时是有铜鼓的。平山村的黄明荣说："我们黄氏家族是从江西那边过来的，还有一些别的姓氏的人也跟随我们一起走。我们从江西迁移到湖南，又从湖南到广西，再从广西到贵州，这样慢慢迁移，从贵州又到广西，最后就迁移到这个地方。"黄明荣说，有关铜鼓的具体故事，祖辈们只说是帮别的部落"打江山"得了钱买的铜鼓，迁移时大家把铜鼓带着，走到哪里带到哪里。平山村和三瑶村的木柄瑶是两条支脉，黄明荣和班点义分别为两脉瑶族铜鼓舞的传承人，对本支脉的铜鼓来历都有所知晓，但不详细。黄明荣明确地提到了他们的祖辈曾在迁徙过程中帮别的部落族群争地盘，并用获得的酬金购买铜鼓，但具体在哪里购买没有提及。木柄瑶以游耕为主要生产方式，因此不会有多少物资和资金积累。他们因受雇助拳而得钱，并用这些钱购买铜鼓，这一行为是较为可信的。虽然班点义的口述里没有提到购买铜鼓，但三瑶村的木柄瑶在迁徙的途中也曾在多地停留，其经济能力与平山村的木柄瑶是相类似的，因此三瑶村的铜鼓很大可能也是买来的。两村的铜鼓都是麻江型铜鼓。笔者曾参与河池地区的铜鼓调查，许多村屯的麻江型铜鼓都是祖辈在贵州购买的，这在东兰县、凤山县一带尤为常见。因此，三瑶村的铜鼓也很有可能是在东兰县或凤山县购买的贵州铜鼓。笔者多次对班点义进行采访，他都说铜鼓从东兰带来到他这一辈已经是第七代了。从班点义和黄明荣

图一二七　田林瑶族铜鼓舞国家级代表性传承人班点义及其保管的铜鼓（梁汉昌　摄）

的口述来看，木柄瑶的铜鼓由迁徙之初就带出来的可能性比较小，而在迁徙途中由于其他的原因获得了一定的资金再来购买，是比较符合实际情况的。这个迁徙过程可能不短，也有跟其他部落族群的交往联系，铜鼓文化或许就在这个过程中积淀起来了。

## 2. 铜鼓的使用习俗

红水河流域的铜鼓习俗因民族不同而有所不同，即便是同一个民族也会因地域的不同而有差异。俗话说“十里不同风，百里不同俗”，说的就是这种民俗现象。田林县木柄瑶的铜鼓习俗有起鼓、洗鼓、祭鼓、用鼓、埋鼓等。

### （1）起鼓

每当新的一年即将来临之际，木柄瑶就要把埋起来的铜鼓起出来，为新年来临庆贺做准备。关于起鼓的仪式，平山村与三瑶村是有一些差别的，这也体现出两地的习俗不同。班点义说，他们是在大年三十那天早晨，带上香火、纸钱、鸡、猪头、粽粑、酒等供品去起鼓，鸡、猪头、粽粑都是煮熟的。在开始挖土前，还要烧上香对铜鼓说：“铜鼓宝贝，今天我们请你出来，拿出去热闹过年，寨上老少最喜欢和你一起热闹过年，你要保佑整个寨子平安，保大家一年四季都好，年年丰收。”之后才动手挖土起鼓，把鼓拿回家。

平山老寨寨老黄文述的女儿黄美月（嫁到三瑶村瑶怒屯）凭着小时候看到起鼓的记忆说：“铜鼓一直以来都是放在我家，我都知道。我出生那时候我阿公（即爷爷）还在，铜鼓一直都是埋在我家那个后阳沟。大年三十那天杀水牛、拜社神后，我们才把那个铜鼓拿出来，从地下挖出来。起鼓时，需要准备两只鸟，连同粽粑、米花一起作为供品进行拜鼓。铜鼓起出来后，还要用两个雨帽来盖鼓。到正月初三打鼓时，才把雨帽打开，进行祭拜，这样铜鼓才能开打。以前，我阿公那一代的人讲，大年三十晚上我们瑶寨每家要出一个人合钱去买水牛回来杀。杀牛不用刀杀，要用那时候一种长长的、叫作‘戳子’的工具，一打打在牛头上，这样社庙的神祇才会认领。以前，一年要杀一头水牛，到现在都改了，经常是拿一只生过蛋的母鸡宰杀以后去祭拜。此外，正月初三、三月初三还要敬一次社庙。至于其他节日，都是瑶王自己去祭拜。瑶王祭拜完后再敲打铜鼓三下，然后到大年初三才开那个铜鼓。”

两村的起鼓仪式流程大体相似，区别在于起鼓所用的供品以及祭祀的一些细节。

### （2）洗鼓

铜鼓取出来后要进行养护，这个仪式叫作“洗鼓”。班点义说：“铜鼓取出来不敲，拿到家洗好了，要敬社神，拿到岑大将军庙里打三下，打过了在那里吃饭，晚上再拿回来。每家都拿些东西，如米、谷子等，摆在岑大将军的像前进行祭拜。祭拜结束后，大家都在庙堂里吃饭。之所以要敲三下让铜鼓发出响声，是让寨子里的人懂得，铜鼓动了，铜鼓来了，大家准备好拿东西去祭拜。洗鼓用煮过粽粑的水来洗，铜鼓就会比较光亮。洗鼓的时候还要跟铜鼓讲，今天拿你出来打，要保佑整个寨子平安、丰收，鸡、鸭、牛、马都成群。”班点义还说：“以前有个老人家，专门管这个，都是他教我的，他叫班家林。”笔者随机询问了三瑶村瑶怒屯一个上了年纪的村民，为何要使用煮过粽粑的水来洗铜鼓，他说：“粽粑水有油啊，可以去土腥，去铜锈，养铜鼓。”由此可见，洗铜鼓是器物养护的一个重要认知和行为。

黄明荣说：“铜鼓从地下挖出来后，我们要用干净的毛巾擦拭它，还要用茶水洗鼓面。洗完鼓面后，我们会看鼓里面有没有水分，如果有水分，那就说明那一年雨水就多一点。最后，我们再看铜鼓上的十二生肖图像哪一个生锈了，按照子丑寅卯这样计算，子对应正月，依次排序，哪一个生肖生锈，就推断哪一个月雨水多。如果是看见哪一个生肖是红的，那就推断它对应的那个月是干旱的。铜鼓挖出来后，要用茶水洗了以后才拿来祭拜。祭拜后由寨老先敲，他敲了以后，把铜鼓交给年轻人，年轻人就可以敲了。寨老就等于是文化传承人，铜鼓也主要由他来保管、养护。”由此可知，平山村的寨老在洗鼓之后，还会根据铜鼓上生肖图像的颜色变化，预测新的一年各月份雨量，这是三瑶村所没有的洗鼓仪式细节。

用粽粑水或茶叶水去除土腥气和铜锈，对铜鼓进行养护，这是老一辈延续下来的经验，一直这么用，实际效果也不错。

### （3）祭鼓

在木柄瑶的铜鼓文化中，祭鼓是核心内容，铜鼓在历代的传统中是被作为有灵性的精灵来对待的，人们认为它能够给人呈现祸福，也能够与族人信奉的神灵沟通并将信息传递给人们，所以祭祀铜鼓就是最为重要的仪式。

平山村的黄文述老人在社庙祭鼓时，会采用鸡骨卜卦的方式来验明吉凶，这一做法与验铜鼓颜色起相互验证的功用。黄明荣说：“过去，祭拜铜鼓的时候我们还用两样供品，一个是松鼠，另一个是鸟。因为松鼠给我们带来了种子，它去偷吃人家的果木，吃完了它消化不良，那时候我们老一辈拿猎枪把它打过来以后，破开它那个胃，胃里还有很多果木种子，我们拿来放在地里，最后种子生根发芽了，不断生长，后来就有这方面的收益。鸟也是偷吃人家的农作物，它还飞得很远，当时我们还没有种植这种农作物，我们那时候可能是比较落后一点，所以在这方面没有收益。它给我们带来了种子，给我们带来了饭吃。所以我们用这两样供品来祭拜铜鼓，就等于庆丰收。它们给我们带来丰收。”这反映了人们对一个生态循环链的粗浅理解：动物吃掉植物的果实，然后将这些果实的种子排泄出来，而人们则拿这些种子来种植、生产粮食。这一认知是基于长期观察与积淀而得出的。铜鼓成了这种认知的中介之环，当时的人们认为，这些信息是神灵通过铜鼓呈现给他们的。黄美月从小就观察父亲在家祭祀铜鼓的过程，她说：“大年三十早上把铜鼓起出来后放在家里，正月初三才拿到社神那里去祭拜。大年三十的晚上要把铜鼓摆在家里神台前，在鼓面上放四个杯子、四双筷子及粽粑、米花等供品，祭祀时父亲嘴里念念有词，说些什么，我也听不懂。”

三瑶村祭祀铜鼓又是另一番景象。班点义说，以前大年三十起鼓后，先洗干净，再拿到岑大将军庙去祭祀，“早晨拿出来洗好了，打三下，让村寨的人知道，铜鼓动了，铜鼓来了，大家准备好拿东西去社神那里祭拜。大家在社神那里吃完饭了就开始打鼓，一个打铜鼓，一个打皮鼓。那一天寨子里要杀一头猪去祭，个人从自己家里面拿一个筒装糯米、粽粑等东西去供，岑大将军吃过以后再拿回来供到神台这里，过了十五才能够动。到初一拿铜鼓来拜，拿鸡、猪头等供品来拜，摆在神台前，点香，上香，祭鼓。到晚上就把铜鼓迁去另一家，又开始另外一年了”。到农历二月十二，还要“拿到岑大将军庙那里去，祭完了收回来，就把它收藏好”。在三瑶村，大年三十到岑大将军庙祭祀铜鼓时，每家都去一个人，带上供品，祭过之后大伙聚餐吃午饭，然后规规矩矩地打一轮铜鼓，这表示铜鼓经过岑大将军的同意，可以打了。这是由祭祀铜鼓到使用铜鼓的一个必经环节。

由两村祭祀铜鼓的差异，可以感受到两村在各自民俗行为中是有所侧重的，平山村侧重于祭鼓，三瑶村侧重于用鼓，这就凸显出铜鼓文化丰富多样的特点。

## （4）用鼓

在红水河流域，各民族都有不同的使用铜鼓的方式。木柄瑶使用铜鼓前要做一个简短的仪式，然后才将铜鼓拿出来使用。铜鼓的正式使用是要在社庙做起用仪式的。关于起用的时间，三瑶村与平山村各有不同。

三瑶村是在大年三十的上午，将铜鼓放置在岑大将军的像前，向岑大将军祷告：“新年要到了，请岑大将军享用我们供奉的盛宴，我们要用铜鼓庆贺，请岑大将军保佑我们新的一年风调雨顺、人畜平安，欢欢乐乐过新年。”然后，大伙一起聚餐，表示享受岑大将军的赐予。吃过饭之后把铜鼓搬到庙外架起，由寨老先打，寨老打过一轮后其他人便可自由敲打，天晚了就将铜鼓收回保管者家中。到大年初二晚上族人聚餐后，大伙架起铜鼓和木鼓开始新年闹鼓、跳圆圈舞。闹鼓一般都要闹到正月三十，并且要到农历二月十二才收鼓。

平山村在大年三十祭祀铜鼓之后便将铜鼓放好，等到大年初三才开始用铜鼓。大年初三那天，先到社庙前把鼓摆好，并上香祭祀，然后再把铜鼓和木鼓架起，先由德高望重的寨老敲一轮，再由其他人敲打。过了大年初三之后，便从老寨出发到新寨、上坝等村屯走寨打铜鼓，进行村屯之间的联谊欢庆。走寨打铜鼓之前也要上香祷告一番，为铜鼓的外出行简单祭礼，这样才合乎规矩。正月三十，打铜鼓的娱乐活动结束了，然后就是将铜鼓收藏起来——埋鼓。

上述的用鼓方式都是依传统的规矩延续的，自改革开放后用鼓方式已经发生了不少的变化。以架鼓为例，过去平山村、三瑶村两村都是在活动场地中竖两根木桩，在木桩上横架一根长木，形成类似门框的结构，长木上悬挂木鼓，击鼓者通常为一人或两人。如今三瑶村已经发展成有多个木鼓架，每一个鼓架有一人击鼓；平山村则用一个立柱式的铁架置放木鼓，这样架鼓可供四人同时击鼓。“闹年打铜鼓”的具体用法已经发生了变化，架木鼓的阵型已由传统的门框型向立柱型和鼓架队列型转变。

## （5）埋鼓

埋鼓是指传统的收藏铜鼓的方式。为什么要用埋藏的方式呢？黄明荣说，平山村有两种说法。一种说法是：传说有一对铜鼓不见了。后来，有两个兄弟去一个叫河湾的鱼塘打鱼，他们潜水下去，看见有一对铜鼓，回来就把这事告诉村子里的人。老一辈的人问道：“你们有没有看见它们的耳朵，有一边被打烂了的，是不是这样？如果是这样，它们就是我们丢失的那一对铜鼓”。他们去看，确认就是那一对铜鼓。但是它们在河底很多年了，被树根穿进里面去，拿不出来，后来那个叫河湾的鱼塘就被叫作“铜鼓塘”。另一种说法是：以前有一对铜鼓被偷走了，瑶族人找不到。有一回瑶族人去帮别人攻打一个部落，后来发现那个部落有一对铜鼓，跟平山村被偷走的铜鼓一模一样，瑶族人就从那里把铜鼓抢了回来。因为担心铜鼓再被别人偷，就把铜鼓埋了起来。

在三瑶村，关于为什么埋鼓，人们也说不出个定论。班点义曾听老一辈说过，以前，他们有一个铜鼓被火烧烂了。后来为了保存铜鼓，就把它埋在地下。还有个说法是这地方旧社会有土匪，土匪一来什么东西都抢。所以老一辈的人都说铜鼓放家里不安全，要埋起来。班点义说：“埋鼓的老人同我讲，我们埋鼓，到晚上才拿去，其他人都睡了，偷偷地拿去埋。埋鼓是在农历二月十二，那一天要到岑大将军庙祭拜，意思是告诉岑大将军，要做活路了，把鼓收起来，请岑大将军帮我们保护好铜鼓。”班点义还说：“农历二月十二，我们到社神那里去，拜社神后打一轮铜鼓再吃饭，吃过饭了把铜鼓拿回家，晚上等人家都睡了，悄悄地拿去埋。埋鼓的时候，用我们瑶话讲：‘我们寨上的宝贝，今晚上拿你埋到这里，你不要给人家发现，一发现人家哪个拿去，你们自己找他。’”到班点义保管铜鼓的时候，已经不用埋鼓了，所以他也只能把自己看到的、听到的述说出来。他还说，以前埋鼓的地点在一个小山洞里，把铜鼓放在洞里藏起来，藏好后把洞口封住就是埋鼓了。

## （6）禁忌

木柄瑶的铜鼓使用有讲究，也有禁忌。这些禁忌都是存在人们心里，几乎不会谈论的。班点义说，有关铜鼓的禁忌一般是老一辈的人传的。过去三瑶村女子是不跳舞的，也很少打铜鼓，但可以打木鼓。到社庙祭祀时，女子是不碰铜鼓的，其他人也不能随便敲铜

图一二八　田林县潞城瑶族乡三瑶村木柄瑶女子打铜鼓（李桐　摄）

鼓。这些是班家林传给他的。班点义说："这个老人是我们班家的，我父亲管他叫哥，他专门管铜鼓和岑大将军庙。见他怎么样做，我也按照他那样做。"

平山村这边也有使用铜鼓的禁忌，妇女一般是不碰铜鼓的。黄明荣说："以前是男的打，女的很少打，现在我们开放了，男女都可以打。说实话，前些年刚开放的时候，铜鼓，女的是不给摸的。"

关于禁忌的缘由，班点义和黄明荣都没有说，但从班点义的述说中可以感受到明显的敬畏之感，这种敬畏感是与敬畏岑大将军联系在一起的，这可以说是信俗力量的积淀。

## 3. 铜鼓文化的主要内涵

铜鼓文化是通过铜鼓这个载体将文化事象呈现出来的，这些文化事象具有多样性，如何从多种多样的铜鼓文化事象中归纳出其主要的文化内涵呢？有两个视角不可忽略：一是行为，二是心理。从行为层面看，行为是文化事象具体呈现的形态，它是活态且具有相对稳定性的。心理是这些行为所要满足的需求和依据。从文化事象来看，田林县木柄瑶的铜鼓文化有起鼓、洗鼓、祭鼓、用鼓、埋鼓等行为，每一个行为都有特定的时间、地点，每年重复如此，形成了较为稳定的行为模式。这些行为都涉及一个很重要的问题——信仰。并不是说木柄瑶信仰铜鼓，有铜鼓崇拜的行为，而是说在这些行为中可以看到木柄瑶是把铜鼓与他们信奉的神祇联系在一起的，首先是祭祀护佑他们的神祇，然后才祭铜鼓。他们认为，只有经过祭祀神祇，铜鼓获得神祇的加持之力之后才能使用。每年的年底把铜鼓起出，搬到社庙进行祭祀之后，铜鼓的使用才合乎规矩。这种族群的庙祭，是群体行为，是为新年的开端祈福，所以是群体认同的规矩。在家祭祀铜鼓是保管者必须履行的职责，也是保管者出于对铜鼓的敬畏而做的举动。因此，信奉铜鼓得到神祇的加持能够护佑村屯安宁、老少平安，铜鼓的祭祀行为自然就打上了深深的信仰烙印，成为铜鼓文化的重要内涵之一。

木柄瑶的铜鼓行为模式中最富有变化性的当数用鼓，即打铜鼓。新年伊始的打铜鼓是在社庙前进行的，这新年头一轮的打铜鼓讲究的是规规矩矩地敲打，并要依照鼓谱由慢到快地敲打。之所以要规规矩矩地敲打，是因为这是打给社庙里的神祇听的，是敬神、礼神、娱神之乐。这一轮鼓敲下来，后面节庆时间的敲鼓就是众人的娱乐了。在新年伊始打铜鼓就是"闹年打铜鼓"，突出的就是这个"闹"字。人们打铜鼓是要热热闹闹、喜气洋洋地过年。小伙子们在打铜鼓时展示自己强健的体魄，而姑娘们在打铜鼓时展露自己灵巧的风姿。此外，打铜鼓还是年轻人向自己心仪之人表达心意的一种特殊方式。这种带有竞技性、展示性、炫耀性的打铜鼓方式，其用鼓行为的特质就是热闹、喜庆。铜鼓因其具有乐器的性能而产生聚众欢乐的效应，娱乐成为铜鼓文化的一个重要内涵。

从心理层面看，敬畏心理、审美心理在木柄瑶的铜鼓文化中是较为突出的。敬畏心理源自对神秘力量的恐惧，这种神秘力量由社神掌控并能通过铜鼓传递，铜鼓的祭器功能也成为敬畏心理的来源之一。作为祭器，铜鼓是沟通人与神的重要媒介，人们通过祭祀向神表达愿望。人们敬畏铜鼓，认为铜鼓既能够向神传递人们的需求，又能够把人们的不敬和破坏规矩的行为向神传递而使人们遭到神的惩罚，这种惩罚在一定程度上具有伦理价值维护作用。因此，敬畏铜鼓实际上是敬畏社神的折射，这种心理现象也是一种文化现象，它可以反映在与信仰有关的文化事象中。传统的铜鼓文化中，敬畏心理的痕迹是很重的，在木柄瑶老一辈的人看来，礼敬铜鼓是不可缺少的礼仪。

审美是一种非常重要的心理活动，人对美好事物的追求，人的喜、怒、哀、乐、怨、恨都在这审美的心理活动中呈现，学者们称之为审美文化现象。说得直白一点，审美就是表演者（主体）与观赏者（客体）的互动。表演者通过才艺展示，传递自身的情绪、情感，观赏者接受这种传递并做出情感共鸣的回应，审美心理由此而生。在木柄瑶的铜鼓文化中，人们时常击鼓而舞，只要你击鼓，就会由观赏者变成表演者，每个人都可以展示自己的才艺，也可评价他人的才艺，审美心理在铜鼓声中，振动着在场者的心房。这种审美心理出自铜鼓和木鼓的乐器功能。作为乐器，铜鼓以其独特的音响使人们产生审美的愉悦。木柄瑶依据铜鼓和木鼓的配合，以铜鼓的声响为节奏而起舞，《扁担舞》《迎春舞》《丰收舞》都是依据铜鼓的节奏而舞蹈的。《打长鼓》是在铜鼓节奏的指挥下敲击木鼓而形成的舞蹈，是击鼓之舞，鼓不仅仅是伴奏乐器更是舞蹈的器具。这个舞蹈能够让人充分感受到鼓与舞的激情，使人对“鼓舞”一词生出鼓声振人心、舞蹈动人情的体悟。打铜鼓起舞这种娱乐方式是木柄瑶世世代代传承下来的，是一代代的木柄瑶艺人把自己的才艺、情趣、感悟、追求融入其中而创造出来的，这种民族审美心理的积淀是厚重而又久远的。

图一二九　田林县潞城瑶族乡三瑶村木柄瑶群众表演《打长鼓》(李桐　摄)

祭鼓、用鼓的行为和敬畏、审美心理，是构成木柄瑶铜鼓文化的内核，由此发端，对木柄瑶铜鼓文化进一步研究应从敬畏心理溯源。在对木柄瑶人进行访谈时，所有被访者均把铜鼓视为族群的集体财富。他们认为铜鼓是最早到田林定居的祖辈传下来的，是贵重之器。黄文述老人就认为，铜鼓埋在地里，起出来以后查看鼓面十二生肖的颜色，就可以预测当年各月份的雨水情况。这种方法是祖祖辈辈传下来的，他几十年来都采用此法，大多数预测结果是对的，这让他更坚信铜鼓所蕴含的灵性。铜鼓既贵重又有灵性，怎么能不敬畏它呢？！根据木柄瑶的迁徙路线可知，无论是平山村那支还是三瑶村那支，他们都是在红水河流域长期游耕盘桓，最后定居于田林。在红水河流域，壮族盛行的铜鼓文化将铜鼓与蛙崇拜、雷神崇拜联结为一个整体，通过祈雨祈福的仪式，传达出“蛙鸣有雨”的深刻寓意，这在壮族铜鼓文化中有着极为浓郁深切的表达。这种文化对木柄瑶的影响是深远而

图一三〇　田林瑶族铜鼓舞国家级代表性传承人班点义打铜鼓（梁汉昌　摄）

又巨大的，木柄瑶不仅接纳了铜鼓文化，还将其融入自己的生活中，并使之形成一种信仰。有敬有畏，敬畏铜鼓有灵，敬畏铜鼓与社神的神秘力量有密切关联，所以祭祀礼敬为先。凡有重大活动要用铜鼓，必先礼敬铜鼓，就像班点义说的，“要先跟铜鼓说我们要做什么，请宝贝帮我们顺利完成”。有娱有乐，每年开端必先娱神，以鼓声表达瑶族人对社神的敬意，让社神高兴；纵情欢乐在后，敲击铜鼓抒情，生活的压力和乐趣、个人的自尊、族群的自豪在敲击铜鼓时得到释放。敬神在前，娱人在后，都与民众的需求相关联，铜鼓的文化意味就在敬畏和娱乐中不断累积，木柄瑶亦由此而成为铜鼓文化传承的一个族群。

## （四）木柄瑶铜鼓文化在传承中的变异

社会发生变化，人们的观念、行为、生活方式也会随之发生变化。木柄瑶的铜鼓文化也是在社会的变化中一点点地发生变异的。1959 年，班点义因为铜鼓打得好，舞也跳得好，所以被抽调到田林县文工团，参加舞台剧《刘三姐》的排演，班点义保管的铜鼓也在那年被田林县文工团借去了。班点义说：“我们是在 1959 年拿铜鼓到南宁去表演，回来后我们就不埋鼓了。”因为铜鼓被田林县文工团借走了，所以就不可能埋鼓了。20 世纪六七十年代，村屯的“闹年打铜鼓”欢庆活动被暂停了，到社庙祭祀社神的活动也被禁了。改革开放后，祭铜鼓、拜社神、“闹年打铜鼓”的活动才开始恢复。活动恢复以后，铜鼓由村民公认的保管者保管，埋鼓、起鼓的行为也就自然消失，木柄瑶铜鼓文化中就少了起鼓和埋鼓这两个铜鼓习俗，这是为适应社会环境巨变而发生的被动变异。广西民族博物馆的农学坚详细记录了 2011 年春节三瑶村洗鼓、祭鼓、用鼓的情形：

除夕这天，寨老一家起个大早，忙着煮大粽粑。因粽粑较多，所以要煮整整一个上午。到了中午，寨老就把煮过粽粑的一锅水抬到室外，接着转身走进放铜鼓的房间。他提起铜鼓，用拳头敲击三下，然后把铜鼓搬到室外。如此反复，把四面铜鼓都搬了出来，排成一列，并用毛巾沾上粽粑水擦洗铜鼓鼓面。寨老认为，这样做可以使铜鼓的音质变得更好。四面铜鼓的鼓面擦洗完毕后，寨老从另一个房间扛出两面大皮鼓，和铜鼓摆成一排，并用干毛巾将皮鼓整个擦干净。随后，寨老把皮鼓搬进室内，靠墙摆放在祖宗神台东侧。接着，又将铜鼓搬进来，用粽粑水将刚才未擦拭的铜鼓鼓身清洗干净。洗毕，将铜鼓置于皮鼓正南面，新鼓（县政府赠送的铜鼓）两两相叠，旧鼓两两相叠，新鼓的公鼓在上，旧鼓的母鼓在上，下面的鼓都是鼓面朝上，上面的鼓都是鼓面朝南，呈侧放状。为防止上面的鼓滑落，寨老在上下鼓之间垫一块红布。最后在鼓南面的地上置一有孔的砖头，用来代替香炉插香。

准备工作结束后，寨老开始祭祀铜鼓。他手拿三炷供香，站直身体，小声祝祷：“我们从东京、怀远、凤山一路迁来，刚才我将铜鼓敲响三次，第一响代表我们从东京迁来，第二响代表我们途经怀远、凤山，第三响代表我们惊动了这个寨子。”祝祷完毕，将香插在砖头上。供香要一直点到初一下午五点，灭了就再点新的……

初一早上，寨老摆放供品，包括猪头、猪尾、血肠（用猪血和糯米灌的猪肠）、鸡、蜡烛、酒水、纸钱。纸钱放在下面两面鼓（新母鼓和旧鼓王）的鼓面上，每面鼓上放两摞，一摞为金纸钱，一摞为银纸钱，每摞纸钱上放一木质小酒杯（由寨老制作，称作“铜鼓杯”）。一根点着的红蜡烛粘在一块小木片上，放在新母鼓上，靠近旧鼓王。三炷香仍插在置于铜鼓南面的砖头上。砖头南面的地上放一个有盖子的塑料桶，用以代替供桌摆放祭品，塑料桶盖子上放一铁盆，内盛祭品……

初一下午接近傍晚时，寨老将祭品重新煮过，摆放妥当后，用手敲响皮鼓三声。接着，寨老先给祖宗敬酒，然后让家中三个小孩拜祖宗，随后让他们拜铜鼓，先跪三次，每跪一次磕头两次，然后起身鞠躬三次。最后，寨老将祖宗供桌上的纸钱分成四份，依次在桌子的四个角烧掉。待祭祖完毕，寨老将放置在铜鼓上的酒水倒在地上，口中念道："我们的铜鼓是我们从东京迁过来的时候带出来的，希望岑大将军保佑寨子上的老老小小平安健康，保佑寨子年年丰收、牛马成群、处处欢声笑语，让人们好好地过大年。"接着把铜鼓上面的纸钱分成两份，依次在新、旧铜鼓南面烧掉，又将刚才的话重复一遍。祭祀完毕，在屋外放鞭炮庆祝。待铜鼓祭祀完毕，便可开展打鼓跳铜鼓舞的活动了。

初一晚上，寨老从自己家拉一根电线到广场上，接上灯泡照明。广场紧挨着寨老家，是一块下沉的场地，约一百平方米。晚上人们把安放铜鼓的架子搭好，将铜鼓和皮鼓从寨老家抬到广场上，装在架子上……晚上八点左右开始打鼓，首先跳的是《打长鼓》和《扁担舞》。初二开始可以跳其他舞。打鼓跳铜鼓舞的活动一直要持续到正月末，待活动结束才将铜鼓收藏起来，然后在农历二月十二这天还要拿铜鼓出来打一次，一直到当天的下午五时再收藏起来。①

从上面引用的材料看，记述的内容少了起鼓仪式和埋鼓仪式。因为没有埋鼓了，洗鼓自然改为从保管者家中把铜鼓搬出屋外清洗，然后搬到堂屋神台前祭鼓。缺少了到岑大将军庙（社庙）祭鼓的仪式，为什么省略这个环节，不得而知。娱神环节的省略，使铜鼓文化更为贴近世俗，同时也意味着对神祇敬畏的衰减。原来是大年初二晚上族人聚餐后才用鼓，2011 年春节已经改为大年初一晚上用鼓了，圆圈舞在大年初二晚上跳的习俗没有变。农历二月十二到社庙祭鼓后埋鼓的仪式也消失了。过去铜鼓只能使用到正月底，过了正月，年味也就散了，该收心准备春耕了，这是农事农时决定的。自 2008 年田林瑶族铜鼓舞被列入国家级非物质文化遗产名录后，铜鼓又增添了一个新的文化事象——参加非物质文化遗产宣传和社会公益表演。此外，随着生活水平的提高、教育的普及、年轻人外出打工拓展见识，瑶族的整体知识水平有了很大的提升，从与年轻人的交谈中可以感觉到他们对铜鼓的敬畏之心淡薄了许多，但他们对老一辈持守的民俗还是能够接受的。现如今，大年初二的族人摆长桌聚餐、歌师对歌、跳圆圈舞、打铜鼓等一整套传统习俗活动已不开展了。哪一年开始不摆长桌聚餐，班点义也记不起来了，只是记得已有些年头了。铜鼓文化的神秘性在逐渐淡化。班点义的儿子班武贺接替了父亲保管铜鼓的职责，也较好地继承了父亲的铜鼓文化知识和技艺，他多次组织本村的铜鼓队进行非物质文化遗产的展演。虽然村屯集体到社庙祭祀的活动没有消失，但随着寨老影响力的式微，这类集体信俗活动正在逐渐减少，铜鼓文化的信仰之光自然也在减弱。

铜鼓文化另一个发生明显变异的痕迹就是铜鼓舞的延展。铜鼓舞是铜鼓文化的一个重要组成部分，它用鼓声和舞蹈来表达人们的情绪、情感。击鼓起舞、踏节而跳都在传递着人们的情感需求。人们把对美好生活的追求和希望表现在舞蹈上，因此舞蹈是铜鼓文化中一个非常重要的文化事象。舞蹈发生延展，是能够呈现铜鼓文化演变轨迹的。平山村传统的铜鼓舞蹈有《庆丰收》和《打长鼓》，三瑶村的传统铜鼓舞蹈则有《迎春舞》《打长鼓》《扁担舞》《丰收舞》。平山村的铜鼓舞没有发生舞目增减的现象，但在《打长鼓》这个舞目上却有了一些变化，即由原来的一个大门框式的舞蹈空间改变为立柱式的舞蹈空间，原

① 农学坚：《田林瑶族铜鼓舞》，北京科学技术出版社，2014，第 41—44 页。

来舞者在门框下击鼓起舞，现如今木鼓放置在呈梯形的铁架上，舞者围着柱式铁架击鼓起舞。由于铁架占据场地的正中，舞蹈的空间缩小了，所以舞蹈阵型和构图发生了较大的变化，可供四人同时击鼓面、鼓身，强调以鼓为中心，凸显多人击一鼓的画面。黄明荣说，这种变化大概也有十来年了。这样的击鼓画面，鼓犹如置放在高台上，有一种尊贵感和神圣感，彰显了瑶族人对鼓的敬重之情。

图一三一　田林县浪平镇平山村木柄瑶群众展演铜鼓舞（玉时阶　摄）

三瑶村对铜鼓舞的延展、创新则更有开拓性。比如圆圈舞就发展成《迎春舞》和《丰收舞》。迎春、丰收本就是圆圈舞所要表达的意蕴，但将之分解发展成《迎春舞》《丰收舞》，各舞目的含义就更为突出了。《迎春舞》重在表达春天来临的喜悦，表达对客人来访的尊敬，表达瑶族人对山外来宾的敬重。因为这些客人尊重瑶族人，来到瑶寨关心瑶族人的生活，所以就要用《迎春舞》的喜悦之情表达瑶族人迎接宾客的心意。“贵宾的来临就像春天一样给我们带来吉祥的气息”，班点义是如此解说《迎春舞》的由来的。《丰收舞》则直接把一些生活动作（如敬酒）、生产动作（如锄地）等添加进去，让舞蹈内容丰富些，好看些，更有生活化的味道。《打长鼓》则把过去只挂一个长鼓的门框阵形做了改动，即将一个大门框改为两个及两个以上的小门框，构成一个悬挂长鼓阵列。一个个小伙子击鼓，刚性十足，一个个姑娘击鼓，裙巾飞舞，鼓声隆隆，大大增加了鼓的气势。在这些舞蹈演变的过程中，班点义起到了极为重要的作用。改革开放伊始，班点义就有意识地将自己在田林县文工团工作期间所受到的训练、学到的知识和积累的经验运用到本村的铜鼓队中，组织队员们进行训练，并带领他们参加为民众服务的节庆表演。在训练排演中，他不断加入一些自己的创意，使得铜鼓舞在不经意间有了些许的变化。其实民族民间艺术都有如此历程。正是班点义这种为本村、为本族谋福利，传承弘扬本民族舞蹈艺术的想法，推动他不断在铜鼓舞上进行创新，因此才有了既保留原有传统又能有所出新为大伙所接受的《迎春舞》和《丰收舞》。经过三十多年的积淀成型，三瑶村的瑶族铜鼓舞已经被外界认可，成为铜鼓文化的重要内容。

通过上述的梳理，可以发现木柄瑶铜鼓文化的变异首先是民俗行为的改变，而这种改变是社会趋势所致；其次，艺术形式的增减变化则由民间艺人的创新动机所导致，是人们主动去改变的，这符合文化创造的人文特性。木柄瑶铜鼓文化的变异可以让人们看到文化传承的活态性和生动性，同时也警醒人们必须尊重民众的文化创造力。

# 第三章

# 红水河流域布依族铜鼓文化

# 一、红水河流域布依族铜鼓十二调文化特征

## ——以贵州镇宁布依族苗族自治县为例

铜鼓广泛流传于我国西南地区的苗、壮、水、布依等民族之中，其中布依族是最早使用铜鼓的民族之一，有文献记载可追溯到汉文帝年间。布依族铜鼓属麻江型铜鼓，被布依族人民尊为神器与礼器，它不仅是权力和财富的象征，更是凝聚族群力量的文化载体。乐器功能是铜鼓诸多功能中最晚出现的，据文献记载，这一功能可追溯至元代。《炎徼纪闻》记载："仲家……以十二月为岁首，俗尚铜鼓，中空无底，时时击以为娱。"① 铜鼓十二调（也称"铜鼓十二则"）是以铜鼓为主奏乐器，以铓锣、皮鼓、镲、唢呐等乐器为辅的十二段套曲，主要流传在贵州省境内的镇宁布依族苗族自治县、贞丰县，并辐射到六枝特区、普定县、关岭布依族苗族自治县等周边地区。它作为布依族人心中的神器，集中表现了他们的宇宙观、文化观、审美观、音乐观，也因具有悠久的历史、古朴的音乐形态、丰富的文化内涵等而被布依族人钟爱，并于2006年被列入第一批国家级非物质文化遗产名录。

### （一）镇宁铜鼓十二调概述

镇宁铜鼓十二调主要流传于六马、募役、朵卜陇、扁担山、大山、丁旗等乡镇，其起源并没有确切的文献记载。据当地文化部门对县内重要的几个演奏铜鼓十二调的家族、村寨传承谱系和源流的梳理，其出现可追溯到19世纪初的清代，这一时期正是民间器乐合奏在我国各地大肆繁荣发展的时代。文化的发展是建立在经济发展的基础之上的，不同的乐器组合也代表着经济发展状况的不同。"最边远的经济文化滞后的山区，使用打击乐器居多，盛行各地锣鼓乐。广大丘陵、农村，既不是经济文化最发达的地区，也不是太滞后的地区，则是打击乐器与吹管乐器相结合的吹打乐的发达地带……沿江城镇等经济文化发达地区，才盛行丝竹（即管弦）乐……"② 铜鼓十二调的生存环境恰恰是交通条件不利、经济发展相对落后的西部山区，也正是这样相对闭塞的环境，才使得铜鼓十二调较少受到外来文化的侵蚀，在相对稳定的环境中生存，至今仍保存着古代质朴的音乐风格。因为过去布依族有语言无文字，他们只能口头传承历史，所以对于铜鼓十二调究竟是如何产生的，是从外地引入还是发轫于

① 田汝成：《炎徼纪闻》卷四，钦定四库全书本。

② 刘正维：《民族民间音乐概论》，西南师范大学出版社，2005，第163页。

本土已不得而知。自铜鼓十二调产生以来，布依族人就严格遵循“口传心授，传男不传女，传内不传外”的传承方式，这样其在传播过程中发生流变的可能性就大大降低，至今仍保持着其定型初期的原貌，保留了原有的曲牌名、音乐特点及演奏形式等。

布依语根据语音特征分为3个土语区，流传于镇宁布依族苗族自治县境内3个土语区的铜鼓十二调在音乐形态、表演形式与使用场合等方面没有太大的差异，最大的不同之处在于因方言的不同而影响了记录歌词的汉字译音的不同。例如，石头寨伍氏家族的铜鼓十二调是以“卡”“照”“离”“左”“东”等汉字记谱的，而石板寨的铜鼓十二调则是以“借”“召”“挂”“操”“左”“及”等汉字记谱的，凹子寨罗氏家族的铜鼓十二调则是以“先”“排”“纳”“双”“照”等汉字记谱的。

## （二）镇宁铜鼓十二调的表演形式及使用场域

### 1. 表演形式

常见的铜鼓十二调表演形式有两种：一是与唢呐、皮鼓、铓锣、镲等乐器合奏，乐器摆放位置以铜鼓为中心两面排开。演奏时，铜鼓悬吊于大树或木棍之上，两人分别侧身站立于铜鼓两侧，他们右手持软槌分别同时击打铜鼓的鼓心、鼓腰等不同位置，其中一人的左手还要持竹条敲击鼓边、鼓足、鼓胸，以此形成音色、音响和音高上的丰富变化。二是铜鼓与皮鼓合奏，整个演奏过程由一人完成。演奏时，铜鼓悬挂于由两人架起的木条上或立于木凳之上，皮鼓平放在铜鼓右边的木凳上，演奏者侧身站于皮鼓旁边，右手持软槌，左手持竹条，交替或同时敲击铜鼓和皮鼓的鼓面、鼓边。敲击过程中，要求演奏者心、口、手合一，边敲击铜鼓边演唱歌词，两手交错有序，动作协调连贯，节奏清晰流畅，不能间断。

图一三二　镇宁铜鼓十二调表演形式——铜鼓与皮鼓合奏（王钧　摄）

## 2. 使用场域

“锣鼓乐主要是运用节奏、速度、力度、音色等的对比变化，表现不同的情绪，渲染不同气氛。”① 而铜鼓十二调也充分体现出这一特点，在不同的使用场域，因音乐要素的变化而形成了不同的情绪变化。布依族人演奏铜鼓十二调有严格的使用场域要求，铜鼓十二调只运用在丧葬、祭祀、春节等场合。在丧葬中，铜鼓是通天地的神器，人们在这个场域下演奏的铜鼓十二调速度缓慢，力度较弱，表达出对逝者离世的悲痛之情，动情之处感染周围人潸然泪下。在祭祀活动中，铜鼓音乐节奏也较慢，旋律苍凉古朴，气氛庄严肃穆，敲击沉稳有力，每一击都似乎在诉说着对神灵的敬畏和昭示着世人对传统的尊重。而在节庆里，铜鼓音乐节奏则较为欢快，力度适中，其音乐的整体情绪轻松、愉快，表达出节日的热闹气氛，同时也表达出人们对美好生活的歌颂和向往，铜鼓也因此具有了祈福的文化内涵。这正应了布依族的一句古话：“铜鼓之声，怒而击则武，忧而击则悲，喜而击则乐。其意变，其声则变之。”这也充分说明，“在任何一个没有文字或文字不发达的民族或社区中，艺术往往是其传递信息、表达文化和认知世界的一个重要方式，也是他们最重要的文化符号体系”②。当下，铜鼓的使用场域也随着社会的发展而弱化或外延，如最初古代铜鼓被用于战争时，布依族人敲击铜鼓召集族人共同御敌，敲击不同的节奏代表着进攻、后退以指挥战斗，战斗中的鼓声激昂，具有鼓舞士气的作用。但是由于战争早已经远离布依族人的生活，现在几乎没有人能说出铜鼓具体是如何在战争中运用的，它的战争功能也逐渐消失在历史的长河之中。又如铜鼓平时不能随意敲击演奏，布依族人“闻鼓声毕至”，如果谁敲响了铜鼓，村民就认为出了事情。但是随着当下布依族村寨与外界的交流越来越多，社会各界对非物质文化遗产的关注度越来越高，铜鼓音乐较之以前也更频繁地出现在人们的生活中，甚至被用于布依族文艺表演中。但是不管在何场域下使用铜鼓，千年来留下的请铜鼓和送铜鼓的规矩是必不可少的，祖辈流传下来的程序不可简化，更不允许更改，足见铜鼓在布依族人心中具有强大的约束力和震慑力，是布依族族群向心力的象征，也是凝聚族群力量的核心。

# （三）镇宁铜鼓十二调的音乐特点

镇宁铜鼓十二调由喜鹊调、散花调、祭鼓调、祭祖调、三六九调、祭祀调、喜庆调等组成。整首作品完整演奏约需要 11 分钟，属于布依族音乐中较为大型的音乐作品。每一调前面都有一段 20 个小节左右的引子，由皮鼓单独演奏，起到预告下一调速度、情绪等作用，引子部分只敲不唱。

## 1. 歌词与敲击位置的对应关系

铜鼓十二调的曲谱都是以汉字译音记录的，主要使用了“借”“召”“左”“挂”“及”等汉字记谱，不同的汉字代表敲击铜鼓的不同位置，如“借”代表用竹条敲击铜鼓的上

① 刘正维：《民族民间音乐概论》，西南师范大学出版社，2005，第 176 页。
② 中国艺术人类学学会：《艺术人类学的理论与田野》上，上海音乐学院出版社，2008，第 7 页。

图一三三　镇宁铜鼓十二调演奏前的请铜鼓仪式（王钧　摄）

鼓腰，“召”代表用软槌敲击铜鼓的鼓心，“左”代表用软槌敲击鼓面的边缘，其中“召”为重音，也是全曲出现频率最高的音。

## 2. 音高与敲击位置的对应关系

铜鼓独特的制作工艺使其敲击不同的位置可以发出具有不同音色和音高的声音，敲击鼓面时声音低沉、浑厚，而敲击鼓边时声音清脆、明亮。敲击铜鼓不同位置与音高之间是有明确的对应关系的。如“借”对应 la（以下均为固定调唱名），这种用竹条敲击鼓边产生的清脆明亮的声音成为乐曲中的最高音；“召”对应 sol，也就是主音，不仅突出主音的稳定性，也突出敲击鼓心所产生的强大聚心力。但这种音高与歌词之间的关系并不是一一对应的。例如，la 除了对应“借”，还对应了“挂”“衣”等歌词；而 sol 除了对应“召”，还对应了“及”“操”等歌词。在表演过程中，敲击鼓面的节奏成为铜鼓十二调的主要节奏，而敲击鼓边的节奏具有丰富音乐表现的功能，两者在音色、音高、节奏上形成对比与补充。在敲击过程中，还采用了轻击和重击、缓击和促击相结合的方式，给人以视觉、听觉上的变换，以此带来新鲜感。这样既体现了铜鼓音乐的古朴、厚重，又不失单调，彰显铜鼓音乐的丰富性。

## 3. 节奏特点

全曲用四二拍写成，演奏中节奏的重音转移是一大特点，在一小节之内“借”为弱

拍，“召”为强拍，如在“借 借 召 |”和“借 借 召 衣 | 召 衣 召 牙 | 左 0|”等节奏中，这一特点打破了原有四二拍的强弱规律。整首作品节奏以八分音符与四分音符为主，较少出现附点节奏和装饰音，节奏规整平稳，极具韵律感。从第十一调开始，节奏不断细化，大量采用后半拍休止的技巧，如采用“× 0 × 0 |× 0 × 0 | × 0 × 0 | ×0 × × |× 0 0 |”这样的节奏并使力度不断增强，以营造紧张热烈的气氛，最终以高涨的情绪结束全曲。

图一三四 布依族村寨风光（梁兴星 摄）

## 4. 曲体结构

全曲十二段音乐均为乐段结构，长短不一，最短的为 7 个小节，最长的为 52 个小节。其内部结构不规整，多为两句体或三句体乐句组成的乐段，有些结构因过短而无法进行分句，音乐材料的细分和扩充在乐曲的后半部分尤为明显，这些均体现出我国民族音乐创作的即兴性和不规整性。音乐的发展多用重复变化的手法，多为重复三次，乐曲最后两调为了突出音乐情绪的高潮和造成明显的结束感，句式结构不断分裂，甚至加入了新的音乐材料和节奏类型，是全曲的华彩部分。

## 5. 歌词特点

铜鼓十二调歌词多为三字句、五字句和七字句，偶尔出现九字句和十一字句，基本上遵循一字一音的特点。这样的歌词规律与布依族的民歌、山歌、小调的歌词形成方式如出一辙。每一调都以“挂及召衣左牙召，召成召，召成召”结束全曲，让曲调具有明显的结束感。

## 6. 曲调与调式特点

铜鼓十二调采用四声宫调式写成。整首作品音域跨度不大，仅为纯五度，旋律平稳，多以级进为主，音调特点接近布依族人的语言发音特点。其曲调音乐以 sol、la 这两个敲击鼓心、鼓边所对应的音为骨干音，从而彰显铜鼓在合奏中的重要地位。

## 7. 演唱特点

声乐加入打击乐合奏是铜鼓十二调的一大特色，这在我国其他民族的打击乐合奏中也是极为少见的现象。由于演唱者音域不宽，全曲采用真声演唱，演唱的情感变化随着乐器合奏音乐的情感变化而变化，时而低沉委婉，时而激昂欢快，时而舒缓坚定。演唱的歌词为敲击铜鼓不同位置的汉译音，如“借”“召”“成”“左”等，这无形中引领着演奏者更准确地敲击铜鼓，同时也为口头传授敲击铜鼓的技术提供了方便。

## 8. 乐器演奏特点

在演奏中，铜鼓无疑是合奏的中心，它控制着整个音乐的节奏、速度，也掌握着整首作品的情感变化。其他乐器均以其为中心，在节奏上进行互相补充，以达到繁简相宜、互为补充的效果。其中，铓锣基本上是在敲击铜鼓鼓心和鼓面下方时使用，而小镲是在乐曲的后半部分使用，多配合歌词“借”使用，其细碎的节奏与铜鼓一起推动音乐达到高潮。

“一个民族的民间音乐必定反映了这种民族文化的内在特点、感情生活的基本方面——它是非常自我（内在）的。”[①] 铜鼓十二调音乐整体上比较内敛，音域跨度小，抒发的情感中庸而不偏激，这与布依族人的性格是相符的，他们不张扬不炫耀，只满足于他们富足的小农生活。另外，在演奏铜鼓十二调的时候必须穿上布依族传统的民族服装——蓝色长袍，不能穿现代服饰，此时，铜鼓、长袍、歌声、唢呐声，组成了一个有机的整体，极富历史的凝重感。关于铜鼓十二调的内容，有的说是描写了一年四季即春夏秋冬四个季节的不同场景，反映布依族人一年的劳动生活；有的说是分别记载了十二个月的农事劳动，以表演乐曲提醒来年人们要按照天地之间的自然规律进行播种、收获。关于此，众说纷纭，没有定论，即使是诸多传承人也没法对其进行详细的解释。省级传承人伍太安老人说：“调子我们懂，但是这个音表现什么我们还翻译不出来。但根据调子的名字，我们还是懂一些，比如第三调、第四调、鸟鸣调（喜鹊调），还有最后三调属于铜鼓打完了要送

① 上海音乐学院音乐研究所、安徽省文学艺术研究所：《音乐与民族》（内部资料），1984，第 37 页。

铜鼓所打的，所以这三调的铜鼓打得就比较热闹，主要表现热闹的场面，也就是一年四季过完了即将过年的时候大家庆祝丰收的热闹场面。”在问到铜鼓十二调是不是和一年四季的农业生产劳动有关时，他说：“鸟鸣调肯定是表示鸟语花香、春暖花开，其他调有些我们还不清楚，我们只能根据调的名字推测，每个调都有其庆祝的场面，体现不同的节气特点。”这样一来，铜鼓十二调给世人留下了一个玄妙的未解之谜。

## （四）镇宁铜鼓十二调的文化特点

### 1. 抒情性与实用性并存

铜鼓十二调不仅具有音乐这一能够反映人类情感的本质属性，还具有一定的实用性功能。最早运用在战争中的铜鼓十二调能够指挥人们布阵、进攻、撤退等，起着发号施令的功能。在丧葬活动中，它不仅能表达出人们对逝者的悲痛，还能够给予丧葬中的每一环节以提示，如第一次击鼓是布摩做道场之后，第二次击鼓是在升天幡之后，第三次击鼓是出殡前，第四次击鼓则是为逝者升天超度之后，每次击鼓都提示着丧葬仪式流程的变化。

### 2. 娱乐性与教育性并存

节庆场域下演奏的铜鼓十二调不仅具有娱神、娱人的功能，还具有教育后人传承布依族文化的功能。春节期间，人们会不约而同地聚集在铜鼓周围，老人向青年人讲述布依族

图一三五　身穿蓝色长袍的布依族男子演奏铜鼓十二调（王钧　摄）

的历史，教唱布依族的民歌，教育年青一代传承布依族的文化传统。在布依族人的传统习俗中，但凡家族、寨中有重要的事情需要商议，必须在铜鼓的参与下才能进行，每一次的聚议都在无形之中一次又一次地教育着布依族年青一代，不断强化铜鼓至高无上的核心地位，使其严格的约束力在无形之中被传承下来。长期以来，布依族人以铜鼓为“神”约束着族人的日常行为。丧葬中的铜鼓十二调更是如此。布依族人通过铜鼓十二调传递他们的生死观、宇宙观、价值观等，一代代地传承着他们的历史记忆，也教育着布依族的年青一代不忘过去，塑造了他们的精神世界。

## 3. 音乐性与人文性并存

由于铜鼓十二调可以被用于不同的场合，在不同的场合就代表不同的文化特质。“在任何文化中，音乐都具有多种用途……音乐具有使人适应其文化的功能，即引导部落中的成员进入自己文化的各个方面……作为一种与超自然力量或神交往的语言……音乐是部落中每种活动的‘认可的标记’，活动必须由适合的音乐进行伴奏，以使活动有条不紊地进行。有时音乐还是使部落联合、向心的重要力量。”① 例如，春节期间演奏的铜鼓音乐活泼欢快、热烈有趣、鼓点跳跃。其内容多为叙述铜鼓历史，祈求给国家、村寨、家族带来福祉，同时庆祝丰收、思念祖德、畅抒心胸；音乐时而凝重，时而欢快，表现出欢快热烈的节日氛围。在“古谢王”仪式或“砍嘎”仪式中使用的铜鼓音乐慢而弱，沉而悲，传递悲伤之情，内容既有对逝者一生经历的总结、亲友对逝者的悲痛之情，也有对子孙后代的期望，更有对逝者死后能升天的美好祝愿，悲喜交加中无一不包含着布依族人民朴素的生死观。在丧葬中演奏铜鼓十二调还有着引领逝者回归祖先之地的文化内涵。铜鼓被当作连接祖先世界与现实世界的重要工具，它也在默默地提醒着布依族人不忘祖先。在不同的人文背景下，音乐进行着相应的变化，失去了生存的土壤，铜鼓音乐也仅仅只剩下“音”的躯壳，而缺乏了“声”的韵味。“音乐在社会和文化中的主要功能，就是通过增加人的意识来提高靠音响组织起来的人性，因此，人类有组织的音响可以表达出文化和社会中的动力。”② 这也更能体现出音乐不仅仅是音响的存在，还是一种文化的体现，更是“一个以声音表现为核心并同时与人类群体社会生活密切关联的综合性事象”③。

## 4. 历史性与发展性并存

铜鼓十二调中蕴含的历史记忆、民族精神是了解布依族文化的一个重要窗口，它数百年来延续着、传承着布依族人的精神，影响着他们的生产、生活，是组成布依族文化基因链的核心。但是铜鼓十二调又不是一成不变的，随着历史的发展，它也在发生着变化。一方面，演奏的场域在逐渐扩大；另一方面，有些传统的演奏场域又在消失。同时，其演出形式也在逐渐迎合当下人们的口味，它的传承方式也逐渐打破了以往的诸多限制。铜鼓十二调的发展也正印证了黄翔鹏先生的那句“传统是一条河流”，任何事物的发展都不可能是静止不动的。虽然铜鼓十二调所依存的文化生态环境正在发生巨大的变化，但

① 上海音乐学院音乐研究所、安徽省文学艺术研究所：《音乐与民族》(内部资料)，1984，第 44 页。

② 约翰·布莱金：《人的音乐性》，马英珺译，人民音乐出版社，2007，第 97 页。

③ 伍国栋：《音乐形态 音乐本体 音乐事象：与研究生讨论民族音乐学话语体系中的三个关键术语》，《中国音乐学》2010 年第 3 期。

图一三六　学者们在考察布依族铜鼓（王钧　摄）

铜鼓十二调却在变迁中保持着最纯朴的本质，不仅保留了我国古代民族器乐合奏的音乐风格，还近乎完整地传承了古代音乐的原貌，同时保持着它强大的文化凝聚力，这无疑是我们现代人的一大幸事。尤其是它对布依族人文化意识形态所形成的影响，约束着布依族人的行为习惯。而当下我们不仅仅要深挖它所表达的文化内涵，更应在纷繁复杂的变化中保持铜鼓音乐的原汁原味，坚守布依族人的精神阵地，通过铜鼓这一载体延续布依族人的文化认同。

# 二、红水河流域布依族铜鼓神圣性再造

## ——以贵州六枝特区月亮河村为例

铜鼓是布依族珍贵的器物，见证着布依族冶炼、锻造、雕刻工艺的发展过程，代表着一个时代的文明。因此，铜鼓在考古学上对于探究布依族发展史有着重要的意义，同时，铜鼓也是当代布依族人的精神寄托和日常生活实践中不可或缺的器物。

### （一）早期的铜鼓研究

青铜器在中国古代的地位是毋庸置疑的。张光直在《中国青铜时代》中就有描述，宗族的地位与城邑的地位表现在不同的象征物上。因为谱系是地位的基础，所以在仪式上重新肯定个人在谱系中地位的祖先崇拜乃是最高的宗教，而在祖先崇拜中使用的青铜礼器乃是最高的象征物。①

青铜器不仅具有物的使用价值，还同信仰、观念和精神密不可分。《文献通考》中记载："五岭之南……铸铜为大鼓……欲相攻击，则叩此鼓，到者如云。"② 可见最早在宋朝，西南少数民族便开始铸造铜鼓并把铜鼓当作权威与命令的标志。

铜鼓早在2000多年前就被布依族先人广为使用。关于铜鼓的记载最早出现在《后汉书·马援列传》中："援好骑，善别名马，于交阯得骆越铜鼓。"③ 由此可见，铜鼓自东汉时期就已经存在于骆越人当中了，而骆越人是布依族的祖先，因此，可以说铜鼓自东汉时期就在布依族社会生活中存在了，而且还被当作一种奖赏品，也足见铜鼓的稀有和珍贵。这一论断也可以从史书中得到印证，《隋书》提到布依族先民"有鼓者号为'都老'，群情推服"④，即拥有铜鼓的人被推崇为都老，通常是寨子中德高望重的男性。可见，拥有铜鼓也是权力、荣誉和社会地位的象征，铜鼓则是这种权威力量的物化。

作为布依族精神象征的铜鼓吸引了不少人类学家、考古学家、历史学家的关注，甚至已经形成了一个特定的研究领域。早在1988年，蒋廷瑜就在《铜鼓艺术研究》一书中

① 张光直：《中国青铜时代》，生活·读书·新知三联书店，1983，第110—111页。
② 马端临：《文献通考》卷三百二十三，钦定四库全书本。
③ 范晔：《后汉书》，中华书局，1965，第840页。
④ 魏徵等：《隋书》卷三十一，中华书局，1973，第888页。

详细描述了各地铜鼓的诞生、类型与功能，形成一本关于铜鼓的百科全书。随后，他又在《铜鼓研究一世纪》一文中，回顾总结了19世纪末至20世纪末中国和来自西方的学者对铜鼓研究的相关成果。① 汪宁生则运用人类学的方法和观点来探究铜鼓所反映出的人们的宗教信仰和社会意识，以铜鼓文化这一传统文化形态来映射南方少数民族文化变迁的过程。② 秦红增、万辅彬从壮族铜鼓文化复兴的路径、功能与实质对铜鼓文化进行探讨。③ 周国茂曾从符号学的视角入手描述布依族铜鼓在日常生活中所扮演的角色及其文化的象征含义。④ 张利群则从铜鼓与民族身份认同的视角对广西壮族地区铜鼓的特征、功能进行探讨分析。⑤

综上所述，目前学术界对铜鼓的研究主要集中在对铜鼓文化的事实描述方面，比如铜鼓的铸造、图纹花式以及铜鼓在日常生活中所扮演的角色等，或从民俗学的角度阐释与铜鼓有关的传说，也有人类学家从铜鼓的社会功能与族群边界层面进行分析探讨。前人的研究集中在对传统的铜鼓文化及其辐射功能和象征含义的讨论，而为了适应当下民族文化产业化的发展需求，依托传统文化要素而复刻再造的铜鼓文化研究却是一个有趣但未受到关注的议题，这种对物质文化的再造从某种意义上来讲是神圣信仰的再造。

## （二）红水河流域布依族传世铜鼓的实践仪式

月亮河村位于贵州省六盘水市六枝特区月亮河彝族布依族苗族乡（以下简称“月亮河乡”）西北部，整体地势特点是东高西低。月亮河自东向西横贯该村，于晴隆县汇入北盘江后流入红水河，属红水河的间接支流。⑥

笔者先后于2014年6月、2015年9月、2016年7月三次到月亮河乡⑦进行田野调查。月亮河乡总面积为117.06平方公里，下辖1个社区与17个行政村，截至2019年末，月亮河乡户籍人口为35945人。⑧ 全乡主要的民族成分为布依族、苗族、彝族、仡佬族和汉族。月亮河乡有着丰富的自然资源和人文资源，为旅游业的发展提供了保障。据当地政府提供的资料记载，月亮河畔的龙山山势平缓，延绵起伏，有山泉从半山坡涌出。龙山一带的布依族居住集中，月亮河绕龙山而过，横贯七寨，汇入北盘江，形成“东水西流”现象。月亮河乡的月亮河村被贵州省布依学会命名为“中国布依第一村”，不仅布依族人口数量多、比例高，而且当地的布依族传统文化保存得相当完整。

在当地老人的记忆中，月亮河乡每个寨子都有自己的铜鼓，后来由于一些特殊的原因，许多铜鼓被毁掉了，所幸有些寨子将铜鼓偷偷藏起来，才使得铜鼓得以保全。目前，月亮河乡保存有一面传世铜鼓，由该乡花德村花德寨的陈氏家族保管，保管人叫陈如江。

① 蒋廷瑜：《铜鼓研究一世纪》，《民族研究》2000年第1期。

② 汪宁生：《铜鼓与南方民族》，吉林教育出版社，1989。

③ 秦红增、万辅彬：《壮族铜鼓文化的复兴及其对保护民族民间文化的启示》，《中南民族大学学报（人文社会科学版）》2005年第6期。

④ 周国茂：《布依族铜鼓文化的符号学解释》，载贵州省布依学会等编《布依学研究（之九）》，贵州民族出版社，2008，第216—226页。

⑤ 张利群：《铜鼓的民族文化身份辨析及其特征和意义》，《西华大学学报（哲学社会科学版）》2008年第2期。

⑥ 贵州省地方志编纂委员会：《贵州省志·水利志》，方志出版社，1997，第45—51页。

⑦ 笔者2014年6月进行田野调查的地点为贵州省六盘水市六枝特区陇脚布依族乡。2015年3月原陇脚布依族乡和原折溪彝族乡合并为月亮河彝族布依族苗族乡。

⑧ 国家统计局农村社会经济调查司：《中国县域统计年鉴·2020（乡镇卷）》，中国统计出版社，2021，第537页。

图一三七　南盘江和北盘江交汇于贵州省册亨县的双江口，形成风光旖旎的红水河（梁兴星　摄）

陈如江是当地一名中学教师，也是铜鼓调的第十二代传承人。据陈如江老师介绍，传世铜鼓一般都是只用铜制造，鼓面直径通常不超过50厘米，重量为10—15公斤，铜鼓分为公和母两种类型，两者的鼓面花纹不同。铜鼓鼓身分为胸、足两段，其中有凸棱一道，扁条耳有孔，鼓面有太阳纹，晕分宽、狭，主晕饰游旗纹，其余最常见的纹饰有山形纹、芒间心形纹。击打铜鼓是有曲调的，一般是十二调（也称“十二则”）。布依族铜鼓十二调由喜鹊调、散花调、祭鼓调、祭祖调、三六九调、祭祀调、喜庆调等组成，是在庆典、祭祖、祭祀等仪式中用来表达布依族特性的民族音乐。例如，“祭乐”就有一套传统曲牌，分

十二段，其中包括祭神调、助战调、灭火调、送葬调、迎客调、丰收调、狂欢调等鼓调。演奏这些古老的调子，一般由铜鼓担任主奏，辅以皮鼓、锣、手镲等乐器，曲调雄浑厚重、亲切感人，有铜鼓的村寨和大姓家族，都有人了解铜鼓调并会敲击。[①]

① 根据铜鼓十二调传承人陈如江提供的材料整理。

## 1. 铜鼓起源的传说

关于铜鼓起源的传说有多种不同版本。根据陈如江提供的材料，战鼓一说流传较广。相传在明朝洪武年间调北征南时，铜鼓被作为战鼓而制造出来，南征胜利后，布依族人认为战争胜利是因为有了这面战鼓，故把这面鼓叫作“安您”，汉语就是“胜鼓”的意思。在当地民间，广为流传的说法是铜鼓与白事有关。古时候布依族没有铜鼓，老人死后无法超度，老人的灵魂无法升天，逢年过节的时候也无法邀请祖先一起欢度节日。布依族中有一个叫布杰的祖先，他凭借着自己的勇敢、机智和孝心，最终感动了玉帝，获得了一面铜鼓。自此，布依族才有了铜鼓。每当老人过世，族人只要敲着铜鼓为他超度，神仙就会把老人接到天上列为神仙。而逢年过节祭祀祖先时击打铜鼓，祖先就会下凡与后人一起欢度节日，保佑子孙平安、六畜兴旺和五谷丰登。

因此，在当地布依族铜鼓的使用过程中，传世铜鼓在丧葬仪式中也扮演了不可或缺的角色，特别是经济条件较好且德高望重的家族中有老人过世，家族的晚辈会遵守既定的仪式过程请出传世铜鼓。这个仪式被称为“办大灾”或者“砍嘎”，由寨子中的阴阳先生按照鼓调边说边敲边唱，引导老人升天。

无论是战鼓说还是祖先说，铜鼓在布依族先人的生活中都出现在十分重要而神圣的仪式场合中——战争或者殡葬，在这两种场合中，铜鼓被赋予神圣的力量，都具有了保佑本族安危的功能。战鼓作为“胜鼓”护佑本族族人不受外来侵害，使族人在日常生活中得到安定的社会生活环境；而祖先说中铜鼓的作用则是使亡故老人的灵魂可以升天得到安宁，同时借着铜鼓这一媒介，族人可以同故去的先人建立一种联络纽带，并求得祖先对族人的护佑，铜鼓为族人提供了一种精神上的安定，同时依托对同一祖先崇拜，对族人起到了有效的整合作用。因此，铜鼓这一器物在布依族先民的生活中起到了维持社会稳定、增强族群凝聚力的作用。

## 2. 请铜鼓的仪式

依据铜鼓保管者陈如江老师的介绍，布依族视铜鼓为有灵性之物，在当地有重大节日或者事宜时才会把铜鼓请出来，在其两耳上系着红绸以示镇压邪恶。平时他们也不让铜鼓“见天”，把铜鼓放进谷堆中存放或是用一丈二[①]长的红布遮盖放在柜中，只有在过年或“砍嘎”、送丧等隆重场合才能请出来使用。

整个仪式过程中，最重要的是请铜鼓仪式。无论在家里还是到寨子中，甚至是到外地，演奏铜鼓前都必须先举行祭祀仪式才能请出铜鼓。在祭祀的过程中，要念祭鼓词：“多云喽！共布糯它本，共倍糯文勒，碗里碗啊勒，者里者啊广，尧拜请补塞更们，翁塞纳云，云挪它本，妈更老喽！根及保后文本，云云勒，大有巴，纳又我，番浪及古赛古翁，云云都勒挡啦喽！”[②]

请铜鼓仪式也是有讲究的。以过年为例，请铜鼓前，寨中的长者率领寨中所有已成家

① 一丈约等于 3.33 米，下同。

② 祭鼓词为音译，由月亮河乡卢运勇音译，大意为：祭铜鼓喽！布依族同胞们，远方的亲朋好友们，今天是个好日子，现在是吉时，我们祭拜五皇大帝，贵人击鼓后，神鼓定保天下，来喝酒喽！喝了就保佑天下大地样样都好，经祭鼓过好“六月六”节，保佑天下百姓都能做达官贵人，样样都显灵吉祥喽！

立业的男人一起进行庄严的祭鼓仪式。长者带头喊出他们祖辈相传的祭鼓词，晚辈们附和着，泼出碗中敬神的米酒。随后，将用红布包着的铜鼓从木柜中抱出，放于堂屋右侧，面朝上。接着，将祭品摆在鼓面上或供桌上，斟上三杯酒，点上三炷香，烧纸钱，然后请家族代表或者阴阳先生念祭鼓词。礼毕，众人吃菜喝酒，待酒菜吃完，立刻撤去祭祀物品，接着用红布将铜鼓悬挂于堂屋右侧。此时，寨中的老人先敲三锤铜鼓。第一锤敬天神，第二锤敬地神，第三锤敬神鼓，这样神鼓就会保佑寨子风调雨顺。等铜鼓停止摆动，看鼓面朝向何方，就认为来年那个地方会大吉大利。这一切程序完成后，大家才争先恐后地敲起铜鼓，打起皮鼓，吹起唢呐，欢庆新的一年。过年的时候从大年三十开始敲铜鼓，一敲就要把正月全部敲完，到正月底会把鼓请回去封存起来，等到秋收或特别热闹的场合才能再请出来。当正月结束或者活动结束后，仍然要先祭祀一番，才能将用红布包裹的铜鼓珍藏起来。

从请铜鼓的仪式过程可以看出，铜鼓虽服务于民俗社会，比如护佑日常生产生活，但铜鼓平日“不见天”，与民俗社会的日常生活隔绝，只有在重要的节庆或特殊的仪式场合，铜鼓才会经过一系列的仪式后被请出。尽管铜鼓平时“不见天”，但是其仍然在人们心中发挥着作用，其神圣性已内化于人们的心中，传世铜鼓避邪、护佑全寨安宁的神秘特征使其在当地民间信仰体系中占据了特殊的地位。

图一三八　布依族祭铜鼓仪式（蒋英　摄）

## 3. 铜鼓调的传承

与铜鼓密不可分的铜鼓调也有传承的脉络。上文提到的花德寨陈氏家族的铜鼓鼓谱经历了几百年的时间，据家族老人推算，铜鼓十二调的历代传承人依次为：陈卜管、陈启茂、陈德凤、陈德龙、陈国林、陈国栋、陈柱先、陈永贤、陈忠岳、陈忠恒、陈忠声、陈忠祥、陈如才、陈如松、陈如伦、陈如学、陈如江（现任保管人）。到陈如江这一代，已是第十二代传承人了。以前，陈氏家族的鼓谱是由一代代族人口头传诵和传承，没有任何的文字记载，到了20世纪中期，陈氏家族才有了文字记载的鼓谱，但一直都是用布依语的谐音汉字来记录。

从铜鼓调的传承可以看到铜鼓的敲击要遵守特定的鼓调，敲击铜鼓时，通过调整节奏和击打点的变化，再配合着皮鼓的演奏，能演绎出不同的鼓调，为铜鼓的演奏增添了娱乐性。这一技艺不仅成为手工业工人的一项技术和技能，还促进了当地人以教与学的方式紧密相连，共同传承和习得这门宝贵的技艺。

综上所述，与布依族铜鼓相关的传说以及铜鼓的仪式过程是铜鼓在当地社会中神圣性的外化，而铜鼓调的传承又体现出传世铜鼓与世俗生活接轨的一面。在神圣性和世俗性并重的展演中，传世铜鼓不仅加深了人们对祖先的敬重和崇拜，强化了祖先的观念，还通过仪式过程规范教化着人们的行为。此外，传世铜鼓及铜鼓调的独特传承方式，对当地社会起到了整合的作用，而与铜鼓密切关联的一系列仪式过程又反过来强化了铜鼓的神圣性。传世铜鼓的神圣性及铜鼓信仰的民间基础，使得铜鼓信仰再造成为一种可能，传世铜鼓的世俗性使得再造铜鼓中娱人的特性成为旅游文化开发的契机。

## （三）神圣性的再造

西方旅游人类学中一个重要的概念是麦坎内尔提出的“舞台真实性”①，这一概念被引入到旅游动机的研究中。“舞台真实性”的概念依托于拟剧理论的提出者戈夫曼在《日常生活中的自我呈现》一书中所描述的“前台”和“后台”。这一概念指出，在旅游业的开发过程中，文化旅游产品被当作“真实”而搬上了舞台，向游客展示，其目的是为了保护“后台”——当地人民的传统文化，避免它遭受不必要的破坏。杨振之在《旅游经济是建设民族地区小康社会的发展模式》一文中指出，少数民族地区具有丰富的文化资源，基于民族地区的资源禀赋、生态环境等因素的制约以及国家产业政策的调整，决定了旅游经济是达成民族地区建设小康社会这一目标效应最大的经济发展模式。② 在旅游资源开发过程中，旅游地为了营造“舞台真实性”，在一定程度上改变了本土的文化习俗及传承方式，这对于保护“后台”的完整性是不利的。在下文的论述中，将呈现出布依神鼓神圣性的构建路径，并揭示“舞台真实性”同当地居民日常生活的互构机制。这不仅为解决如何平衡旅游开发与传统文化保护的问题提供了借鉴依据，而且通过再造铜鼓的实践，巧妙地实现了其神圣性的再造，进一步丰富了“舞台真实性”概念的内涵。

月亮河乡政府和旅游公司依托月亮河乡独特的自然资源、人文资源优势，合作进行生态旅游开发，于2006年正式建成并对外开放“凉都·月亮河夜郎布依文化生态园”。生态园面积约为26.7公顷，主要由龙山、月亮河和周边7个布依族村寨组成，园区规划有布依神鼓、布依神龙、布依神女、布依神泉、布依神山、布依神果、布依神柱、布依神书、

①MacCannell, “Staged Authenticity: Arrangements of Social Space in Tourist Settings,” *American Journal of Sociology* 79,No.3(1973):589-603.

② 杨振之：《旅游经济是建设民族地区小康社会的发展模式》，《云南民族大学学报（哲学社会科学版）》2004年第4期。

布依神树景观，体现了“九神归一”。该生态园拥有令人瞩目的巨型铜鼓、蜿蜒曲折的山脊文化长廊和规模宏大的露天生态博物馆，为游客提供了一个深入了解布依族文化和自然生态的绝佳场所，其中最主要的旅游景点便是布依族传统文化的精神象征——布依神鼓。

据当地村民介绍，布依神鼓是举办“2006 年凉都月亮河民族风情夜”时仿照传世铜鼓的材质、形状、图案设计铸造而成的。布依神铜的主铜鼓高 9.9 米，重达 14 吨，其两侧各有 3 面副铜鼓围绕。自布依神鼓铸成以来的 10 多年间，它逐渐成为当地人仪式生活中新的信仰寄托。同时，布依族铜鼓的传说与铜鼓信仰文化，使得布依神鼓起到了很好的对外宣传和招揽游客的作用。

图一三九 “凉都·月亮河夜郎布依文化生态园”开园活动现场（蒋英 摄）

## 1. 神圣性的外力构建

2014 年，笔者带队来到陇脚布依族乡进行调研时，施工队正在修缮布依神鼓的祭台。此时的布依神鼓，似乎只是一个有趣的景点。布依神鼓的底座四周雕刻着关于布依神鼓的传说和神鼓图案的含义解说。站在铜鼓广场上可以望到龙山上以龙的造型修建的文化长廊。实际上，在笔者一行人刚刚到达此地时，便有当地村民询问

图一四〇 施工队正在修缮布依神鼓的祭台（杨青青 摄）

我们是否已去龙山上看那个布依神鼓，当笔者问及布依神鼓有什么特别之处时，村民说："布依神鼓特别的大，是在江西铸好运过来的。"此时，在当地人眼中，安放在室外供游客观赏的布依神鼓，更多的是一个游客必去参观的景观，是布依族铜鼓文化依托外力而塑造的对外象征符号。

而当时陇脚布依族乡的卢书记还给笔者一行人讲了一个有趣的故事：在铜鼓广场上的文化长廊落成之时，铜鼓广场上刮起了一阵龙卷风，这是当地的记载中从未出现过的天气现象。

## 2. 神圣与世俗的空间区隔

2015 年，笔者第二次来到月亮河乡调研时，再次参观布依神鼓，铜鼓周边的修缮工作已经完成，在铜鼓广场的入口处设置了人工服务窗口，售卖香火，在通往祭台的台阶上立着一个手写的牌子，上面写着：

贵宾朋友，请留步，请尊重布依文化习俗，先进香后才能上鼓台。

月亮河景区民间委员会

一年前可以自由触摸的布依神鼓被隔离了起来，这一空间区隔也成了神圣与世俗的边界。台阶上的空间是神圣的，在此以外的空间便是世俗的，连通两个空间的途径便是进香。只有通过进香这种方式，才能够解除布依神鼓与人之间的间隔。人们向布依神鼓许愿、祈求，这一行为接续了传世铜鼓的传说、仪式以及传统信仰，使得铜鼓的神圣性得以传递与再造。

修缮完成的布依神鼓与传世铜鼓的不同之处在于仪式过程。第一，布依神鼓安放在室外，是时刻见天的，无论是布依族人还是其他外来游客，都可以通过进香的方式向布依神鼓求拜，以寄托日常生活中的诉求。而只有在一些特殊的仪式开始之前，会用红布把布依神鼓遮起来。第二，布依神鼓是不需要用红布、米酒等供品来请的，也无须念祭鼓词，这一部分的仪式已经简化为通过进香来表达自己的诚意。只有在进行仪式性的展演时，才需要请布依神鼓。第三，

图一四一　修缮后的布依神鼓祭台（杨青青　摄）

敲击布依神鼓并不需要遵循铜鼓调，只需拿起鼓槌敲击即可，敲击的方式也是因人而异的。可见，布依神鼓的实践仪式过程同传世铜鼓相比有所简略和变化，但这并没有妨碍其神圣性的构建。

同传世铜鼓相比，为了推进旅游产业而修建的布依神鼓在体积、重量等物理特性方面无疑是其独特性和神秘性的外化。同时，依托“龙”在当地文化中的神圣性，将布依神鼓安放在龙山脚下。每年春节的时候都会有舞龙表演，“起龙”的位置便是在龙山上，“龙”会在寨子里的每家每户路过，保佑寨子中家家户户都平安吉祥。这样的设计和选址安排是政府旅游规划项目的一部分，这使得布依神鼓这一旅游开发的产物和已经被当地人赋予神圣性的龙山都能够产生神圣性的传递。对铜鼓的信仰也使得布依神鼓成为当地人的一种精神寄托。此时的布依神鼓不仅仅是一个被造物、一个景点，或者说是游客眼中的“后台”，在香火和敬拜中，布依神鼓在当地人的眼中也渐渐具有了“神性”。这种“神性”的获得依托传世铜鼓、龙山等传统信仰符号对神圣性的传递。

## 3. 布依神鼓神圣性的展演

2016 年的夏天，笔者第三次来到月亮河乡，正赶上当地隆重的传统节日“六月六”。在当地政府的策划下，“六月六”的活动分为三个部分：祭山祭水、祭铜鼓、神火扫山。其中，祭铜鼓的活动就安排在铜鼓广场。在这个传统的节日，许多外出务工的村民也会返乡。除了春节以外，“六月六”是这里一年当中最隆重的节日。

祭铜鼓的第一部分是献祭。这时铜鼓已经用红布包裹了起来，四周的围栏也用红布装点好，铜鼓面前摆好了酒坛和宰杀好的猪。十位阴阳先生和月亮河村的一位寨老手握斩鬼的器具，从广场缓慢登上祭台，口中默念布依语的祭词。随后，带头的阴阳先生祈祷一番，掷茭卜卦，卦为吉，领头的寨老端起米酒，带领大家一口饮尽，如此反复三次，然后转身拿下遮盖的红布，敲击布依神鼓，意为完成祭铜鼓的仪式。整个过程参照祭传世铜鼓的仪式进行。祭铜鼓仪式结束后，铜鼓队的少年们便列队依照铜鼓调敲起仿制的小铜鼓。

政府希望借助“六月六”的活动，吸引更多旅游资源。尽管祭铜鼓活动的主要推动者为当地乡政府，活动举办过程伴随着诸多表演成分，但布依神鼓在当地人心目中的神圣性仍通过献祭、敬拜等仪式性的展演逐渐凸显出来。寨老作为传统权威的象征，也使布依神鼓这一被造的元素获得一种令人敬畏的力量。

布依神鼓不仅仅是展示给外来游客进行“前台”表演的器具。这一由当地居民充当演员和观众的“表演”渐渐内嵌于当地人的社会实践中。对于传世铜鼓的信仰元素被嫁接到了布依神鼓之上，当地居民已经将布依神鼓纳入自己的信仰体系当中。在即将结束调研之时，陇脚大寨的王姐对笔者说：“你知道吗，那个布依神鼓也有点儿灵了。如果你去上

图一四二　2016 年“六月六”布依风情节祭铜鼓仪式开始前，布依神鼓被红布遮盖起来（杨青青　摄）

边的布依神鼓那里许了什么愿，回来的路上碰到人也不要说出你的愿望，就会比较灵。”这些与布依神鼓相关联的神秘经验被口口相传，进一步强化了布依神鼓与当地人日常生活的勾连。从这一过程，可以看到布依神鼓作为被构建出来的一种“舞台真实性”，也获得当地居民的合法性认同，完成了神圣性的构建。尽管这种真实性在最初是被构建出来的，是当地人眼中的“前台”，但基于布依族人对铜鼓的信仰，以及与该信仰相关的仪式实践，布依神鼓成为布依族文化的载体。在一系列日常的实践过程中，这一“前台”慢慢变成当地人生活中的一部分，成为可以为当地人所用的“后台”，实现了“前台”的“后台化”。所以“舞台真实性”的构建一定是依托本土文化与民间信仰，并同当地人的生活相互联结、相互作用。民族文化资源的旅游开发可以归纳为一个构建、打破、吸纳、重构“前台”的循环往复过程，而“后台”则被完整保存和延续。在文化复刻的过程中，又将丰富的文化含义赋予其中。而传世铜鼓仍然是当地人心灵的归属和依托。

当地居民说：“传世铜鼓一般是不能拿出来的，要拿出来需要在特定的时候。”阴阳先生则说：“传世铜鼓需要请出来，请就需要准备红布，要有酒，要杀鸡，比较麻烦。”可见，传世铜鼓的神圣性仍然在当地人心中留存，并且丝毫未改。对于传世铜鼓的使用，仍然遵循着传统的守则。这就好比完成了一次传统文化的嫁接，既保留了传统文化的固有特征要素，又繁衍出了新的文化象征产物，进而带动当地经济发展。

## （四）小结

少数民族地区旅游资源开发产业无疑为推动当地经济发展、提高当地居民收入水平提供了一个新的契机和平台。然而，这种外来力量对原生态文化的负面影响也是被学界广泛讨论的。许多案例呈现出为迎合游客和旅游开发的需要，本土的民族文化习俗被篡改或者滥用，以致民族文化产业化被贴上了负面的标签。为了避免这种外来力量对原生文化的负面影响，就需要找到一个途径去解决发展民族文化旅游与保护原生态文化之间的矛盾。

笔者在调研中发现，再造的布依神鼓继承了传世铜鼓的文化属性。两者在传承上有所不同，传世铜鼓作为寨子中村民的信仰寄托和与未知世界连通的器物，是一个对内的、对私的物件，需要有专人来保管，也有相对应的传承和使用规则。安放在室外的布依神鼓作为民族文化的象征物，时刻“见天”，也无须保管和传承。由于体积的特殊性，铜鼓调无法在布依神鼓上演奏，所以布依神鼓并无与之相关的铜鼓调概念。因此，布依神鼓更多用于布依族铜鼓信仰的对外展演。

作为传统信仰和精神依托的象征物，传世铜鼓所蕴含的宝贵的文化价值被旅游开发者发掘，而政府对于旅游开发的支持既依托于传世铜鼓，又在某种层面上维护了传世铜鼓的传统地位。对于寨子里的村民，传世铜鼓是一个心灵的归属，同时也是一种信仰的回归以及祖先崇拜的器物，它的价值能够以不破坏传统信仰文化为前提，转化为经济价值。月亮河乡旅游开发的几个关键要素及其间的关系如图一四三所示。

布依神鼓是将传世铜鼓及其相关的文化要素进行抽离、投射，并依托当地政府对于旅游资源开发的推动构建而成的。这时旅游活动中的“前台”和“后台”是显而易见的。外来旅游参观的游客活动都集中在“前台”活动，“前台”是公开的，“后台”是私密的、不对外的。但是在当地的个案中，“前台”不是从无到有，不是重构，而是一种对“后台”文化要素进行提炼、加工后的复刻。复刻后的“前台”通过神圣性构建的诸要素，逐渐地承载了当地人的信仰寄托，前台的“舞台真实性”具有民众认同的基础。因此“前台”不仅仅对旅游者开放，也得到当地人的接纳。这一模式为人们提供了一种解决旅游开发与传统文化保护之间矛盾问题的途径。总结该模式便是依托传统文化的辐射效应，构建与之相关联的文化符号体系，满足游客探索异文化的需求，带动民族地区的经济发展，同时也保障了“后台”的完整性，保护了民族传统文化的原真性。当地人可以按照他们祖祖辈辈传承下来的习俗来请铜鼓、祭铜鼓、演奏铜鼓，不必考虑这是否符合游客的审美而加以改造。在旅游资源被广泛开发的今天，在强调互联互通、资源开发的经济号召下，这不失为一种保留和延续传统文化的途径。

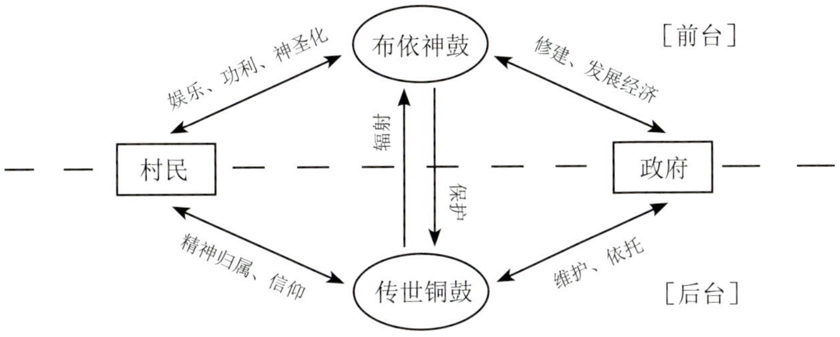


图一四三　月亮河乡旅游开发的关键要素及其间的关系示意图

**附录**

## 铜鼓鼓调[1]

陈氏家族铜鼓鼓调共分十二个调，由十二个字反复重叠和交叉组合而成，每一调中就只有几个字。这十二个字就是召、成、挂、立、卦、刀、瓜、左、借、正、吉、车。其读音和敲击的部位也有所不同。

以下为铜鼓十二调的具体内容：

第一调：召成召成召成召，挂成召立召成召，召立卦卦召立卦卦召，成挂刀，成挂刀，挂卦卦，卦成瓜，挂成左立召立召。

挂成刀，左立刀，成成召立成成召，挂成召立召成召。

节奏欢快，中速。

大意为：“新年到，全族欢聚，在一起喜迎新年，跳的跳，唱的唱，斟满酒，共同祝愿新年里吉祥如意。”

第二调：召立挂挂召立挂挂召，成挂刀，成挂刀，挂挂瓜，挂成瓜，挂成左立召立召，挂成左，成成左立召立召。

挂成刀，左立刀，成成召立成成召，挂成召立召成召。

节奏有力且快速。

大意为：“春天到，小麦已长高，大地待锄草。大家一起来劳作，春耕已经开始了。”

① 陈如江提供。

第三调：瓜，挂成瓜，挂成左立召立召，挂成刀，左立刀，瓜，挂成瓜，挂成左立召立召，挂挂瓜，挂挂左立召，挂挂召立左，成成左立召，成成召立左，挂挂左立召，挂挂召立召。

挂成刀，左立刀，成成召立成成召，挂成召立召成召。

节奏由慢变快再变慢。

大意为："看，田野里，农民穿梭忙春耕；山地上，大伙辛勤种玉米，你家两个人，我家三个人，忙忙碌碌，好不热闹。"

第四调：挂挂瓜，左立召，挂挂召立召，挂挂召立召。

挂成刀，左立刀，成成召立成成召，挂成召立召成召。

节奏欢快。

大意为："四月份，雨季到，有的在家忙，有的在田地上忙，趁着春雨好犁田。"

第五调：挂挂瓜，左立召，挂挂召立召，召立挂挂左立召，挂挂召立召，挂成召立左立召，成成左立召借，召立召，借借车，借成左立召立召，借成召立左立召，成成左立召借，召立召，借借车，借成左立召立召，挂成刀。

左立刀，成成召立成成召，挂成召立召成召。

瓜，挂成瓜，挂成左立召立召，挂成刀，左立刀，瓜，挂成瓜，挂成左立召立召，挂挂瓜，挂挂左立召，挂挂召立左，成成左立召，成成召立左，挂挂左立召，挂挂召立召。

挂成刀，左立刀，成成召立成成召，挂成召立召成召。

节奏稍快。

大意为："栽秧季节到，田地中一片繁忙，有的拔秧苗，有的犁田，有的挑秧苗，有的在田地中栽秧，你到我家来帮忙，我到你家去帮忙；在家中，人们则忙于洗菜、做饭，希望在每年的端午节大家忙得愉快，吃得开心。"

第六调：挂挂瓜，左立召，正吉正吉召立左，挂成刀，左立刀，瓜，挂成瓜，挂成左立召立召，挂成刀，左立刀，挂挂召立刀，挂成刀立召立刀，挂成刀立召立左。

挂成刀，左立刀，成成召立成成召，挂成召立召成召。

节奏轻快。

大意为："田里地里的活忙完了，布依族人的节日——'六月六'也到了，大家请出铜鼓，敲的敲，跳的跳，唱的唱，各族人民一起欢庆'六月六'。"

第七调：挂挂瓜，左立召，挂挂瓜，召立左，挂成左立召立召，挂挂瓜，挂成左立召立召，挂挂瓜，挂成左立召立召，挂挂瓜，挂挂左立召，挂挂召立左，挂挂瓜，挂成左立召立召，挂挂瓜，挂成左立召立召，挂挂瓜，左立召，挂挂召立召。

挂成刀，左立刀，成成召立成成召，挂成召立召成召。

瓜，挂成瓜，挂成左立召立召，挂成刀，左立刀，瓜，挂成瓜，挂成左立召立召，挂挂瓜，挂挂左立召，挂挂召立左，成成左立召，成成召立左，挂挂左立召，挂挂召立召。

挂成刀，左立刀，成成召立成成召，挂成召立召成召。

节奏缓慢。

大意为："七月到了，秋天到了，大家在祭祀先人的同时缅怀先人，家家户户高挂祖宗牌。同时，七彩的七月让人想到银河两边的一对情人在鹊桥上相会。"

第八调：挂挂瓜，左立召，挂成刀立左立刀，挂成刀，左立刀，瓜，挂成刀，挂成左立召立召，成成左立召立召，左立召立召，挂成左立召立左立召立左，挂挂瓜，挂挂左立召，挂挂召立召。

挂成刀，左立刀，成成召立成成召，挂成召立召成召。

节奏欢快，中速。

大意为："秋天到了，田地一片丰收在望，金黄色的谷物让人幸福，让人骄傲。"

第九调：挂挂瓜，左立召，挂挂召立召，挂挂瓜，召立挂挂左立召，挂挂召立召，挂成召立左立召，成成左立召借，召借，召借，借借车，借成左立召立召，借成召立左立召，成成左立召借，召借，召借，借借车，借成左立召立召，借成召立左立召。

挂成刀，左立刀，成成召立成成召，挂成召立召成召。

瓜，挂成瓜，挂成左立召立召，挂成刀，左立刀，瓜，挂成瓜，挂成左立召立召，挂挂瓜，挂挂左立召，挂挂召立左，成成左立召，成成召立左，挂挂左立召，挂挂召立召。

挂成刀，左立刀，成成召立成成召，挂成召立召成召。

节奏欢快。

大意为："秋收季节到了，家家户户忙碌起来。白天，大家在田地中忙于收割。晚上，累了一天的人们聚在一起用餐，饮酒作乐，庆祝丰收，一片欢声笑语。"

第十调：挂挂瓜，左立召，挂挂召立召，召，挂挂召挂召，成挂刀，成挂刀，挂挂左立召立刀，挂挂左立召立刀，挂挂瓜，挂挂左立召，挂挂召立左，召，挂挂召，挂挂召，成挂刀，成挂刀，挂挂左立召立刀，挂挂左立召立刀，挂挂瓜，挂挂左立召，挂挂召立召。

挂成刀，左立刀，成成召立成成召，挂成召立召成召。

节奏稍快。

大意为："田里地里的活忙完了，丰收的人民喜不自胜，大家请出铜鼓，跳的跳，唱的唱。"

第十一调：挂挂瓜，左立召，挂挂召立召，召立挂挂左立召，挂挂召立召，挂成召立左立召，成成左立召立召，成成左立召立召，成成左立召立左，成成左立召立左，成成左立召借，左立召借，召立左借，借借车，借成左立召立召，借成召立左立召，成成左立召立召，成成左立召立召，成成召立召立左，成成左立召立左，成成左立召借，左立召借，召立左借，借借车，借成左立召立召。

挂成刀，左立刀，成成召立成成召，挂成召立召成召。

节奏缓慢。

大意为："冬月到了，天气转冷，该准备过冬的物品了，行动起来吧。"

第十二调：瓜，挂成瓜，挂成左立召立召，挂成刀，左立刀，瓜，挂成瓜，挂成左立召立召，挂挂瓜，挂挂左立召，挂挂召立左，成成左立召，成成召立左，挂挂左立召，挂挂召立召。

挂成刀，左立刀，成成召立成成召，挂成召立召成召。

节奏由快变慢再变快。

大意为："新年即将来到，忙碌了一年的亲人准备团聚，大家也要请自己的祖先、铜鼓、天地神灵一起来过新年，共同预祝新的一年阖家幸福、生活美好。"

# 三、红水河流域布依族铜鼓文化

## （一）布依族与铜鼓

### 1. 布依族概况

布依族是中国的一个少数民族，全族人口在2020年第七次全国人口普查时已达到350多万人。布依族主要聚居在贵州的黔南布依族苗族自治州（以下简称“黔南州”）、黔西南布依族苗族自治州（以下简称“黔西南州”）、安顺市、六盘水市及贵阳市花溪区。此外，贵州的遵义市、黔东南州、毕节市、铜仁市等地区，以及云南、四川的部分地区亦有少数布依族分布。

布依族自古以来就使用本民族的语言。布依语属汉藏语系壮侗语族壮傣语支，它与壮语、傣语、侗语、水语、黎语等有着渊源关系，与红水河南岸的壮语更为接近。布依语无方言差异，只有土语区别，分为3个土语区：贵州省的望谟、册亨、罗甸、独山、贞丰、

图一四四　册亨县板万布依族村寨（梁兴星　摄）

安龙、兴义、荔波等县（市）和惠水、长顺、兴仁、紫云、关岭、都匀、镇宁等县（市、自治县）的部分地区，以及云南省的罗平、富源等县属于第一土语区；贵州省的花溪、龙里、贵定、清镇、平坝、织金、黔西等县（市、区）和惠水、长顺、都匀 3 个县（市）的大部分地区属于第二土语区；贵州省的晴隆、普安、普定、六枝、盘州、水城等县（市、区、特区）和镇宁、关岭 2 个自治县的大部分地区，以及四川省的宁南、会东等县属于第三土语区。

布依族历史上没有通用文字，民间现存的宗教祭祀用书是以谐音汉字作为记录布依语的符号，大约始于明代。1956 年创制了由拉丁字母拼写的布依文。从此，布依族才有了自己的通用文字。

## 2. 布依族铜鼓源流

古代的贵州系百濮、百越、氐羌等民族杂居之地，据文献记载，百濮、百越皆为使用铜鼓的民族。在贵州境内考古、出土和征集的铜鼓资料表明，在贵州居住的古代民族至迟于战国时期已经使用铜鼓。[①]《旧唐书》记载：“东谢蛮，其地在黔州之西数百里……土宜五谷，不以牛耕，但为畲田，每岁易……有功劳者，以牛马铜鼓赏之……宴聚则击铜鼓，吹大角，歌舞以为乐。”[②] 另据文献和地方志记载，贵州境内使用铜鼓的民族，主要是布依族（旧称“仲家”）、苗族、水族等民族。

布依族的祖先自古以来就于南北盘江、红水河及其以北地带生息繁衍。因此，说贵州古代岩画的主人是布依族还是有一定依据的。[③] 明代贵州人邵元善的《红崖》一诗中有“诸

图一四五　贵州红水河风光（梁兴星　摄）

① 宋世坤：《贵州铜鼓的分布、类型和断代》，《贵州文史丛刊》1980 年创刊号，第 111 页。

② 刘昫等：《旧唐书》卷一百九十七，中华书局，1975，第 5274 页。

③ 王良范、罗晓明：《贵州岩画——描述与解读》，贵州人民出版社，1997，第 130 页。

葛曾闻此驻兵，至今铜鼓有遗声”[①]之句。

在布依族丧葬仪式中，布摩要唱诵摩经[②]和敲击铜鼓十二调来超度亡灵。在贵州省兴仁市一带聚居的布依族村民所使用的摩经中，《朵任·果龙》的经文，较详细地记载了布依族先民铸造和使用铜鼓的情景。布依族摩经中的经文，将该民族铸造铜鼓和使用铜鼓的一些信息告知世人，既记载了铜鼓的铸造和来源，又表达了在丧葬仪式中使用铜鼓超度亡灵的意义，这与今天布依族使用铜鼓的场合与范围是相当吻合的。

东汉至两晋南北朝时期，布依族被称为“僚”。晋代有“俚僚铸铜为鼓”[③]的文字记载。隋代有“自岭已南二十余郡……有鼓者号为‘都老’，群情推服”[④]的记载，而二十余郡西部就是布依族先民住地。唐代“东谢蛮”的“聚则击铜鼓”[⑤]，宋代“夷僚疾病，击铜鼓、沙锣以祀神鬼”[⑥]，都是对布依族铜鼓文化的记载。明万历年间，现兴义境内的布依族先民还在继续铸造铜鼓。[⑦]

根据有关专家、学者多年来的研究考证，现存于贵州省黔南州、黔东南州、铜仁市、黔西南州、安顺市、贵阳市、遵义市等地区的布依、苗、水、瑶等民族和广西红水河沿岸少数民族使用的铜鼓多为我国现存铜鼓中最常见的麻江型铜鼓。“此型小巧轻便，面径一般不超过50cm，身仅分胸、足两段，腰已消失，仅存突棱一道。面无蛙（偶见例外），扁条耳有孔，多为纯铜铸造，鼓身常见有四道合范线。纹饰上：鼓面太阳纹十二芒已成定制，晕分宽、狭，主晕饰‘游旗纹’……芒间坠形纹，足部复线角形纹，以及乳钉、栉纹、各式云雷纹最常见；更晚，花纹上有大量汉族文化的影响，如十二生肖、八卦、福、寿、大吉利、长命富贵、永世家财等汉字吉祥语和图像大量出现。”[⑧]

贵州古老的布依族村寨几乎都有一面铜鼓，由寨老或族长保管。保管铜鼓的一些寨老同时又是布摩。布依族铜鼓只在节庆、丧葬、祭祀时才使用。明清以来，贵州方志中记述“仲家”使用铜鼓的资料比比皆是。在明清时期，“仲家”喜欢在铜鼓上刻字，托名“孔明”所造，借以抬高身价。有关布依族“俗尚铜鼓”“岁时击铜鼓为欢”的记载也不少。《百苗图》的“补笼仲家”条记载：“在贵阳定番、广顺二州，南笼、安顺二府。以十二月朔为大节。岁时击［铜］鼓为欢。若掘地得铜鼓，即以为光。谓武侯南征所遗，［富者重价购之］。”[⑨]《独山州志》记载：“仲家好楼居……丧祭，凡属亲眷及瓜葛，本村邻舍，男妇络绎成群……男女对击铜鼓、木鼓，鼓声相应，稍不合节，罚酒一瓢，饮至昏醉。”[⑩]

笔者在贵州省贞丰县龙场镇对门山村进行民俗调查时了解到，经贵州省博物馆有关专家考证，对门山村布依族使用的这面铜鼓竟是贵州少数民族中唯一一面属两广类型的灵山型铜鼓。“该鼓通高35.5［厘米］、面径55［厘米］、足径57厘米，是粤式铜鼓中最小的。鼓身为三段式，胸、腰、足界线分明。鼓面双弦分晕，共四晕，晕间无纹。鼓心光体十二芒。鼓面最外圈有四组蛙足痕，经仔细观察，蛙足痕非立体蛙断落所至，而是预先设计铸

① 唐树义等：《黔诗纪略》，关贤柱点校，贵州人民出版社，1993，第349页。

② 摩经，即布摩所唱诵的经文。

③ 周去非：《岭外代答校注》，杨武泉校注，中华书局，1999，第254页。

④ 魏徵等：《隋书》卷三十一，中华书局，1973，第887—888页。

⑤ 刘昫等：《旧唐书》卷一百九十七，中华书局，1975，第5274页。

⑥ 脱脱等：《宋史》卷四百九十三，中华书局，1977，第14174页。

⑦ 李衍垣：《我国南方少数民族铜鼓的历史演变》（内部资料），贵州省博物馆，1980年油印本。

⑧ 李衍垣：《试论我国铜鼓的类型及演变》，《民族研究》1981年第1期。

⑨ 刘锋：《百苗图疏证》，民族出版社，2004，第160页。

⑩ 刘岱等：《独山州志》卷三，乾隆三十四年（1769年）刻本。

图一四六　刻有“福如东海”“寿比南山”“万代进宝”和“永世家财”铭文的晚期麻江型铜鼓鼓面拓片（梁富林　摄）

造的。鼓面伸于胸外，无垂帘。鼓身亦为双弦分段，足部有四组双弦纹，余无其他纹饰。耳为绳辫纹扁耳。从鼓体的大小及纹饰已消退的情况来看，这面鼓应是灵山型铜鼓中的晚期作品，时代可能在唐末。”[①] 布依族是使用铜鼓的主要民族之一，铜鼓在流传的漫长历史进程中，除了作为乐器使用，还具有诸多社会功能，如用作礼器、重器、葬具、贡赋、贮贝器，借以传授礼仪与道德规范。它是权力、荣誉、智慧与财富的象征，具有浓郁的神秘色彩。现今流传在贵阳市花溪区一带的布依族古歌《铜鼓十二圈》，就是对铜鼓的一种崇拜，这首古歌多在当地老人中流传。

## 3. 布依族铜鼓传说

布依族人珍爱铜鼓，有许多关于铜鼓的神奇传说。传说铜鼓在静谧无声之时，会逃跑出去与天上的龙虹角斗，与潭里的龙王争宫，与塘里的蟒蛇争位，等等。所以布依族地区有“铜鼓井”“铜鼓潭”之类的地名。平时，人们都用红布或绳索系鼓耳，或在鼓里装上五谷种子，以示对铜鼓的尊崇和保护。人们深信，这样做可以防止铜鼓“逃跑”。

相传，贵州省册亨县韦氏家族保存的那一面铜鼓，是专门用于丧葬仪式的铜鼓，平时都用方格土布包裹存放在家中，一般不能见天。传说这面铜鼓会在夜里发出“咚、咚、咚”的响声，一般发出响声后的第三天就会有人来借铜鼓，用以办丧事。借铜鼓时，孝家要带酒、肉、两斤菜、一只鸡，包裹铜鼓既不能用黑布，也不能用红布，必须用布依族人自制的方格土布将铜鼓包好后送去。当地布依族人认为，方格土布的花纹如同一张网，能够防止铜鼓逃跑，还能避免铜鼓被野神野鬼看到。关于铜鼓鼓面的纹饰、符号，民间说法

① 吴晓秋、唐文元：《贵州贞丰县发现一面尊式铜鼓》，《中国古代铜鼓研究通讯》1997年第13期。

是“卍”字代表印章，盖上就有效；云纹表示亡灵归天。

据老一辈讲，贵州省册亨县黄氏家族所在的村寨，在清代时几乎被火给烧光了，唯有保管铜鼓的黄家房屋未被烧，当地人认为是铜鼓保护了黄家。传说铜鼓常与龙王打斗，带来了很多水，所以黄家的房屋、财产和生命因为有水而幸免于难。

贵州省大方县黄泥塘镇背座村郭氏家族保存的铜鼓，在重量、形制、纹饰等方面都与麻江型铜鼓不同，最奇特的是其鼓面上保留有三只青蛙塑像。据郭氏家族的老一辈讲，铜鼓鼓面原有四只青蛙塑像，传说以前铜鼓经常与当地的“龙股石”打架，为了不让铜鼓外出，人们就敲掉了一只青蛙塑像，铜鼓就再也不往外跑了。至于是什么时候敲掉的不得而知，同时铜鼓足部还有一个缺口。

贵州省黔西市钟山镇铜鼓村西北面的一座半山腰上，有一洞穴被当地村民称为“铜鼓井”。传说很久以前，从铜鼓井跑出一对“姊妹鼓”，人们时常听到井里发出“咚、咚、咚”的响声。后来人们根据铜鼓井的来历，将该村称为“铜鼓村”，此名一直沿用至今。当地还流传有一首描述当地自然环境与人文环境的诗歌：“叠叠高山耸鼻空，回观白虎护青龙。吹声牛角归营上，锁个猫儿正治中。禾家铜鼓频频擂，上马闻音庙上钟。扇子扇风消暑日，葫芦装酒待寒冬。”[①]

## （二）布依族铜鼓习俗

布依族村寨至今仍然保留着在节日或丧葬仪式中使用铜鼓的传统习俗。在使用铜鼓前，要举行请鼓仪式。《贞丰县志》记载：铜鼓“取用时要用一吊谷穗去‘请’，并用黑布包好不让其露面，传说以防途中蹚水过滩时，铜鼓会跃入水中与龙王打斗”。[②]

过去，布依族村寨的铜鼓是不能随意敲击的。一般情况下，只要铜鼓一响，人们就会产生一种惊奇的反应，不知发生了什么大事。所以，只有在节庆时，或丧葬、祭祀时才能敲击铜鼓，而且在击鼓时要按照较严格的道场仪式及规范的铜鼓十二调演奏。如今，随着农村经济的不断发展，农民生活逐渐富裕，农闲之余，有贵客来访时也可以敲击铜鼓，说明民俗也在与时俱进。布依族的《祭祀经》还记载了亲友分别时敲击铜鼓的场景：“大家打铜鼓，在此送别你。”如今，使用铜鼓时也要盛上两碗米酒，以祭拜铜鼓。平时只要铜鼓的声音一传出，全村的男女老少都会不约而同地聚集在一起。人们开始是围着铜鼓静静地观赏聆听，每当有上了年纪的人前来，主人家都会给他们送上一碗米酒。击鼓完毕，场面顿时热烈起来，你一言我一语（用布依语对话），讨论着铜鼓的今昔，每个人的脸上都洋溢着激动的神情，似乎听到了铜鼓声里诉说的民族历史、悲欢离合……铜鼓不仅作为乐器使用，还承载着民族文化，表现了民族的凝聚力、感召力。

### 1. 节日中的铜鼓

布依族使用铜鼓的节日主要在正月和农历七月间。使用铜鼓时，将铜鼓悬挂在堂屋中央或村寨里的大树上，多数情况由寨老、族长或布摩击鼓为乐。布依族人对铜鼓十分尊

① 此诗歌由黔西市民族宗教事务局原副局长王臣孝提供。

② 贞丰县史志征集编纂委员会：《贞丰县志》，贵州人民出版社，1994，第196页。

图一四七　布依族祭铜鼓仪式（蒋英　摄）

敬，并把它当作传家宝，敬若神灵，年年施祭，岁岁施拜。

笔者曾在贵州省册亨县秧坝镇目睹了祭拜铜鼓的场景：在大年三十的下午五点，按照祖先传下来的规矩，主人先将铜鼓平放在专祭铜鼓的供桌上。铜鼓面上放三张纸钱，铜鼓前摆上各种祭品，有香烟、土罐酒、肉、粽粑、糍粑、糖果、水果和三支点燃的香。祭拜开始后，主人面对铜鼓站立，嘴里念念有词，这是主人与铜鼓的亲切“对话”。祭拜时，主人念了两首春节铜鼓祭祀诗①：

（第一首）请土地神，
请老祖宗，
我家姓黄，
请带一对有角的铜鼓，
请两个母铜鼓，
请到堂屋来坐，来吃饭，
保佑全寨、田土、庄稼。
请祖宗保佑牛马成群、鸡鸭满圈、钱财满柜，
请祖宗保佑女孩心灵手巧、进城，
请祖宗保佑儿子读大学、上北京。
我说保什么，就按照这样去保。

（第二首）这面鼓有两只角，

① 祭祀诗由黄玉才朗诵，陆正利、黄权昌翻译，蒋英采集记录，采集时间为2004年1月24日。

好像是我们的父母；
你从唐朝来，
我们都尊重你；
保佑黄家和周边寨子，
你在这里住，
旧岁月已经过去，
新岁月已经到来……

主人的话语，叙述着铜鼓从古至今的历史，祈求它给家族及村寨带来福祉。祭拜完毕，主人向铜鼓三鞠躬后，在供桌边点燃铜鼓面上的三张纸钱，然后抬着铜鼓在燃烧着的纸钱上方绕三圈，再将铜鼓挂在堂屋或门前屋檐下，演奏至正月十五才收藏起来。

长期以来，生活在南盘江边的布依族人都把铜鼓称为“年”。黄氏家族对铜鼓的情意像“结拜兄弟”一样牢固，家族中的人都知道，姓“黄”就有“年”。家族中的老人说：“黄年、黄年，黄要有年，年要有黄。铜鼓是黄姓的重要组成部分，是不可缺少的。”

六枝特区月亮河乡的陈氏家族，每当要启用铜鼓时，都要用一桌丰盛的饭菜和几坛自己酿制的刺梨酒祭拜铜鼓，家族中的男女老少都围绕着铜鼓观看，场面热闹非凡。祭拜过程中，陈氏家族的年长者也要面对铜鼓说几句祝词，内容大意如下：

三十夜来了，
要挂铜鼓，
供祭铜鼓。
铜鼓保佑家族平平安安，
铜鼓保佑村寨风调雨顺、五谷丰登。

图一四八　布依族群众祭铜鼓（蒋英　摄）

春节期间使用铜鼓的时间一般是从大年三十到正月三十，过完“了年节”[①]，吃了油团粑后才将铜鼓收藏起来。

有些布依族村寨的大姓家族，他们会在每年的大年三十晚上欢聚一堂，共商接送铜鼓大事，即将铜鼓从现在保管的这一家转送到下一家。商定后，目前保管铜鼓的这家将铜鼓挂起来，并用酒肉奉祭，尽情击奏，全族欢快热闹地庆祝十多天。到正月十五晚上又用公鸡、猪头、米酒等食物来祭铜鼓，念祝词、咒语后，全族饮宴，再将铜鼓转送到下一家。接收铜鼓的这一家又将铜鼓挂起来，敲击到正月末才收藏起来。《贵州通志》有“仲家……岁时击铜鼓为乐”的记载。击鼓之意为：一是庆丰收；二是祝年节；三是思祖德；四是驱邪恶；五是畅心胸。这与我国古代《吕氏春秋·古乐篇》所记载的“昔葛天氏之乐，三人操牛尾，投足以歌八阕：一曰载民；二曰玄鸟；三曰遂草木；四曰奋五谷；五曰敬天常；六曰建帝功；七曰依地德；八曰总禽兽之极”[②]有相似之处。

有些布依族村寨，人们在大年三十晚上请铜鼓时，要杀鸡祭鼓，并滴两滴鸡血在鼓腰上，同时贴上一根鸡毛。铜鼓祭拜完毕，将铜鼓挂起来，然后击鼓三槌。待铜鼓静止下来，如果鼓面朝寨外，村寨里的人就认为年内可能会有人来借铜鼓；如果鼓面朝寨内，就认为年内寨里可能有事发生。这一习俗一直流传至今。

在另一些布依族村寨，击鼓的作用为：一是表现节日中欢快愉悦或喜庆丰收的热烈气氛；二是祝福来年五谷丰登、六畜兴旺，保佑全寨平安；三是教习本寨及家族年轻人演奏铜鼓十二调，让其了解和传承本民族的优秀传统文化。

## 2. 丧葬仪式中的铜鼓

隆重的“古谢王”仪式，如果没有铜鼓是不能举行的。“古谢”是布依语音译，意思是“做客”或“做鬼客”。因为“古谢王”仪式是布依族特大的丧葬仪式，参加的亲友和前来参观的人可达上千人，主人家都将这些人视作客人予以款待，故有“古谢”（做客）之名。“古谢王”仪式中使用的经文，即《古谢经》，是布依族民间丧葬时，由本民族经师口诵的祭祀词。各地区流行的《古谢经》虽不尽相同，但也同样叙述了发丧、送葬的全过程。《古谢经》所唱的内容很广泛，既全面地反映了布依族特有的“古谢”风俗，叙述了布依族对人的生老死葬的观念和礼仪，又反映了布依族对开天辟地远古社会形态以及历史演变的种种认识。

贵州省贞丰县布依族举行丧葬仪式时，铜鼓在仪式中起着重要作用。布依族丧葬活动遵循着报丧、停丧、入殓、择吉、祭奠、出殡、安葬、包坟立碑、脱孝等程序。在这些程序中，又包含了开路、诵经、立升天幡、孝奠、开堂、客悼、收堂、赶鬼场、倒天幡、出殡等仪式。老人亡故，亲属即为逝者沐浴、小殓，然后先讣告外家，再讣告亲友，最后将遗体停放在神龛之前，等待吉时大殓。大殓时，拿一点碎银放在逝者口中。

在整个丧葬仪式中，由布摩按照仪式程序敲击铜鼓。老人去世了，要敲击铜鼓十二调，表达丧家的悲痛之情，并借鼓声传递噩耗；亲友前来吊唁，表达对死者的尊重和哀悼，以及对死者亲属的慰问。

丧葬仪式中，共敲击铜鼓十二调四次。

① 布依族人将整个正月都视为春节，春节最后一天，意味着大年了结，故称这一天为“了年节”。

② 高诱：《吕氏春秋》，上海书店，1992，第51页。

图一四九　布依族老人在丧葬仪式中敲击铜鼓十二调（蒋英　摄）

第一次击鼓，是在诵经仪式后。在诵经仪式中，由布摩做道场念摩经（这一过程俗称“打老摩”），念诵的经文有《苦难经》《报恩经》等，要念三天三夜，全用布依语念。诵经仪式是人死后其亲人必须举行的仪式，仪式完毕后敲击铜鼓十二调。

第二次击鼓，是在立升天幡仪式后。丧葬仪式中，要立一杆升天幡为亡灵举悼。幡杆要选用高大的连根斑竹制成，立于灵堂前方空地上。幡杆保留梢叶，直指云天。幡杆中段斜挂上两根横担，横担上挑起数吊特大纸马，纸马中间垂下由白纸连成的经条，经条上面记录着逝者的生辰、殁期、寿数、生平以及有关超度升天的经文。立好升天幡后，由布摩带领孝男孝女伏跪，绕幡杆诵经，依次敬香祭奠，等等。仪式完毕后敲击铜鼓十二调，节奏缓慢，鼓声低沉。

第三次击鼓，是在赶鬼场仪式中。布摩率众孝子到神树下绕场三周诵经，接着众孝子纷纷散去。仪式中，灵堂里敲击着铜鼓十二调，节奏由慢转快。

第四次击鼓，是在倒天幡仪式中。由寨中长者在幡杆下仰天高喊一些关于生儿育女方面的经文，意为礼送逝者超升，而生者将继往开来，让儿孙繁衍下去。倒天幡仪式中敲击最后一次铜鼓十二调，鼓声昂扬，表达悲中有喜的感情。

在整个丧葬仪式中，四次击鼓都从第一调敲至第十二调，铜鼓声时而悲哀肃穆，时而轻快明朗。“为什么要敲铜鼓呢？据说是铜鼓声音昂（响亮的意思），能传到天上去，天上天神听到了，就派仙人下凡来接死者上天去。”①

在一些布依族村寨的丧葬仪式中，敲击铜鼓十二调的程序严谨而庄重。首先，在老人弥留之际，后人将老人扶到堂屋的靠椅上，将铜鼓覆在地上，让老人的脚踏在铜鼓面上，点上香烛，布摩做法事，意为送老人到天堂。接着，老人断气后，将其遗体停放妥当，并

① 汛河：《布依族丧葬实录》，《贵州民族研究》1982 年第 3 期。

在铜鼓中装上五谷，作插香烛用。之后，遗体入棺，由布摩将铜鼓吊在堂屋里或门前大树上，敲击铜鼓十二调。人们敲击铜鼓十二调，一方面是通过铜鼓声告诉亲友某家有丧事，另一方面是通过铜鼓十二调的鼓点变化，纪念亡灵，以示送亡灵顺利进入天堂。一般击鼓从第一声响起，就要连续地敲下去，如果中途停顿，就认为会使亡灵不能顺利升天。

还有一些布依族村寨，老人过世要入棺后才启用铜鼓，并为铜鼓“披麻戴孝”。启用铜鼓时，先向铜鼓报告家里有老人过世的消息，随后儿女们围绕铜鼓站立，并由仪式主持者击鼓三槌。之后，儿女们方能哀哭。堂祭时，为迎接各方来客（包括出嫁的姑娘），要击鼓三槌，紧接着唱“客人来了，客人来了……”的唱词。发丧时，为了表达对老人的思念之情，也要击鼓三槌，唱“丢了妈，丢了娘……”的唱词。收铜鼓时，再击鼓三槌，表示送老人顺利进入天堂，保佑子孙繁荣、富贵、幸福平安。

关于击鼓三槌，民间有这样一种说法：一槌“通天”；二槌“通地”；三槌“在人间”。布依族村寨还有“击鼓三声，鸣惊九下，奏乐”的习俗。

布依族丧葬仪式中还有关于“十二重天”的说法。《兴仁县志》记载：布依族铜鼓击之有调，一般按“十二重天”，每重一调，加上起鼓调和终鼓调，共十四首。击铜鼓，节日（正月间）击之为乐，办丧事击之为悲。除节日和办丧事外，铜鼓不可击。收藏铜鼓者，一般设供位祭祀，视之为神。传说打铜鼓能通天，逝者要经过十二关程序，闯过十二道关卡，才能平安进入天堂。“十二重天”就是指上十二重天梯到达天堂。布摩做道场有十二道法则，与之配套的仪式是敲击铜鼓十二段，每一段内容有所不同。

## 3. 巫术中的铜鼓

在古代，黔南州一带“蛮夷”，“疾病，击铜鼓、沙锣以祀神鬼”，“邛、雅之夷僚……俗信妖巫，击铜鼓以祈祷”。① 人们认为铜鼓是神物、精灵，具有驱魔镇鬼的神通。当人们遇到灾难、疾病，向神灵祈祷求福、镇邪祛妖，都要敲铜鼓。明末清初著名学者屈大均还说：“州人争讼不平及被诬欲昭白者击之，则祸有归，无事而击，则祸击者。”② 布依族人现今仍有以铜鼓作祭器的现象。如贵州省贞丰县一些布依族村寨的布依族老人认为，铜鼓有祛病除邪的作用。若小孩在夜里惊哭，第二天小孩的父母便会携带一些糖果、香纸、酒水等物品，来到珍藏铜鼓的寨老家中，请寨老帮请出铜鼓，以便向铜鼓祈祷。寨老将铜鼓用黑布包好，放置在堂屋中央的神龛上，嘴里不时地念着“咒词”。随后，小孩父母将糖果、酒水放在铜鼓周围，点上香烛，焚烧纸钱，跪拜在铜鼓面前，嘴里念着祈祷的词句。仪式完毕，寨老把包着铜鼓的黑布打开，小孩的父母抱着小孩，让小孩用手摸一摸铜鼓，以示让小孩接受铜鼓的庇佑与力量。这一习俗，寄托了人们对孩子健康成长的美好愿望。

## 4. 有公母之分的铜鼓

铜鼓在家族中是无价之宝，这也反映出布依族人对铜鼓的崇敬。布依族使用的铜鼓有公母之分。据调查所知，民间分辨公铜鼓和母铜鼓的方法有三种：从外形上看，铜鼓腰部

① 严昌洪、蒲亨强：《中国鼓文化研究》，广西教育出版社，1997，第 304 页。

② 屈大均：《广东新语注》，李育中、邓光礼、林维纯等注，广东人民出版社，1991，第 390 页。

有三道凸棱、面部饰八卦纹的为公鼓，腰部有一道凸棱、面部饰游旗纹的为母鼓；从纹饰上看，铜鼓外部纹饰与男性服饰花纹一样的为公鼓，外部纹饰与女性服饰花纹一样的为母鼓；从声音上看，声音低沉的为公鼓，声音清脆的为母鼓。

笔者在贵州省普定县哪叭寨对廖氏家族进行采访时，听到这样一个古老而神奇的传说：很久以前，哪叭寨前有一条河，河里有一面公鼓，母鼓听到河中公鼓的响声，就想要去河中找公鼓。有一位布依族妇女在寨脚的大沟边洗衣服，看到母鼓跑过来，就用槌衣棒一打，打破了母鼓的“裙子”（铜鼓的足部边缘），母鼓害羞，就停了下来，不好意思再跑了。所以，现在廖氏家族保存的这面铜鼓的“裙子”就有一个缺口。

现今布依族所使用的铜鼓中，大多数均有一个缺口。据说有的家族还特意将完好的鼓边敲一个缺口或打两个小孔，因为布依族人认为：公鼓与母鼓会时常从家中飞跑出来幽会，人们害怕其不回家，就在鼓边敲一个缺口或者打孔。这对公鼓而言，是将其“阉割”；对母鼓而言，意味着被撕破“裙子”，这样铜鼓今后再也不敢往外跑了。有的布依族地区，也将公母鼓称为“姊妹鼓”或“夫妻鼓”。

这些传说和多种保存铜鼓的方法，反映了布依族人自古以来对铜鼓的人性化理解和珍视铜鼓的深厚感情。

## 5. 视为神灵的铜鼓

现如今，尽管很多民间习俗已渐渐淡化或消失，但在布依族人心中，铜鼓仍具有神奇的力量，凝聚着布依族人的灵魂。一些布依族地区拜铜鼓为“干爹”（俗称“保爷”）的传统风俗习惯至今仍然延续着。据了解，每年都会有一些家庭的父母带着小孩来拜铜鼓为“保爷”。这些家庭既有本地的也有外地的，既有布依族人，也有汉族人。拜铜鼓为“保爷”的程序为：父母带着小孩并带上香烛、纸钱、鞭炮和礼物，来到保管铜鼓的这户人家，主人家将铜鼓请到家中神台前祭拜，然后小孩对铜鼓叩头三次，希望“保爷”保佑他健康成长，岁岁平安。拜完后，保管铜鼓的主人家要买一套新衣服和包一个红包送给小孩，并给小孩取一个带有“铜”字或“鼓”字的名字，如铜心、鼓声、鼓铃、铜妹、铜音、铜钱等。此后，小孩的父母要连续三年带小孩来祭拜铜鼓。

一些布依族村寨延续着祖先们流传下来的习俗：每到新年，全寨 12 岁以下的小孩都要到铜鼓保管者的家里给铜鼓拜年。小孩子们要拿些香烛、纸钱敬拜铜鼓，主人家必须给小孩子们发放 10 封鞭炮作为谢礼。

贵州省镇宁布依族苗族自治县扁担山一带的布依族村寨还流传这样的风俗：一年中，如有盖新房、夫妻没有生小孩等情况的家庭，可以优先申请在家中保管铜鼓。盖新房的家庭保管铜鼓，主要祈求吉祥如意、岁岁平安；夫妻没有生小孩的家庭保管铜鼓，主要祈求铜鼓保佑他们早日生小孩。

据一些布依族老人说，过去，当家中有老人去世后，家人若敲击铜鼓，铜鼓的声音能够让逝者在九泉之下得以安心，所以布依族有在丧葬仪式中敲击铜鼓的习俗。铜鼓在丧葬仪式中还起着指挥作用，当第一声铜鼓声响起时，唢呐声、舂碓声①、擂钵声②和哀哭声便随之齐声响起，共同营造出一种悲凉而哀婉的氛围。



① 农村里加工谷类等作物的舂碓所发出的声响。

② 农村里研磨谷类等作物的擂钵所发出的声响。

## 6. 便当酒与铜鼓

布依族人把自己酿造的土米酒称为“便当酒”。它微甜可口，客人喝时，往往觉得容易上口，不知不觉间几大碗酒就已下肚。但这种土米酒后劲特别大，客人一旦喝了便当酒，回家途中走在田埂上时，稍有不慎就可能会摔进秧田里，于是就“便当”了（这实际上是一种行为的表现）。一些村民又这样说，土米酒一般都是用土坛子来装，喝酒时是用土碗盛酒，当土坛子里的酒倒进土碗时，酒与土碗相互撞击发出“便当、便当”的声响，就称之为“便当酒”。而便当酒真正的含义是：“便”指的是廉价的、便宜的、自己烤的酒；“当”是喝个够的意思。那么，便当酒与铜鼓之间到底有什么渊源关系呢？

### （1）祭拜铜鼓而喝的酒

2004年2月5日（正月十五）下午5点，笔者在贵州省兴仁县（今兴仁市）屯脚镇亲历了一次隆重的归还铜鼓的祭鼓仪式。

孝家余成耀距离铜鼓保管者余成胜的家大约有1公里，在归还铜鼓时，先由布摩组织家族中的老人共同商议接铜鼓的大事，并及时派人去通知孝家余成耀备好酒、红蜡烛、鞭炮、香、纸钱等祭祀物品，以及安排大队人马在村口迎接并护送铜鼓进家。因这次丧事发生在正月期间，所以送回铜鼓时，要带着一条红布（2米长、1米宽）、一条白布（孝布）、一壶酒、一对大红烛，以及一些鞭炮、香、纸钱。堂屋中央神龛前摆放约1米见方的大桌子，大桌子上摆放排成两行的小碗11个、酒杯9个、筷子9双，碗和酒杯全部盛满米酒。在大桌子右边有一张专门用来祭铜鼓的小桌子，小桌子上端正地摆放着系了一条红布的铜鼓，鼓面上摆放着4个小碗和2个酒杯，点燃的香烛围绕着铜鼓摆放，纸钱在桌前燃烧着，此时孝家对铜鼓三叩首，铜鼓保管者面对铜鼓三鞠躬，最后由铜鼓保管者将铜鼓收藏起来。

祭鼓仪式结束后，凡是在场的成年男性，每人拿一碗（杯）米酒，分别面对铜鼓一鞠躬，然后相互祝福、庆贺、碰碗（杯），示意家族的铜鼓已平安回到“家”。

如今，在贵州省镇宁布依族苗族自治县扁担山一带的布依族村寨，启用铜鼓时，也有较严格的用酒祭鼓的规矩。请出铜鼓前，铜鼓保管者在堂屋的神龛前摆放三碗米酒祭拜，示意将要动用铜鼓。然后从里屋取出铜鼓，悬挂于堂屋中央。接着在一张小板凳上摆放两碗米酒正对着铜鼓祭拜，铜鼓周围站满人，人们静静地注视并默默地等待着。

当铜鼓发出声响时，村寨里凡是听到铜鼓声的人，无论男女老少都会不约而同地向着发出鼓声的地方集聚。村寨里似乎形成了一种不成文的规矩，来者若为60岁以上的老人，主人家会给每个老人盛上一碗米酒，以示对老人的尊重和体现铜鼓的权威性。同时，表达了人们对铜鼓的敬意和崇拜。

### （2）为见铜鼓而喝的酒

1988年7月，在贵州省贞丰县龙场镇，笔者第一次听到铜鼓的神秘故事，第一次目睹铜鼓的模样，除了兴奋和激动外，对于为见到铜鼓而饮的酒，至今记忆犹新。

对于笔者的到来，余雁祥老人显得格外激动。对于笔者想见铜鼓的请求，余雁祥老人说：“要想见铜鼓，可以，我们俩必须把这两斤米酒喝完，明天随便你看铜鼓和听铜鼓的声音。”在余雁祥老人的“逼迫”下，笔者只好“就范”。

现在，每次笔者与余氏家族的后人谈论那次见面的情景时，他们显得非常激动和高兴，这是一段难忘的记忆。

贵州省普定县哪叭寨，坐落在风景秀丽的夜郎湖畔。当笔者乘坐小木舟来到村寨廖氏家族的廖正儒老人家里时，廖正儒老人先是炒几个小菜，然后倒上几碗清澈的米酒，和笔者边喝酒边谈论铜鼓。提到廖氏家族的铜鼓时，廖正儒老人显得十分激动，滔滔不绝地讲述着这面铜鼓的历史、现状、传承与鼓谱等。

### （3）演唱铜鼓民歌时客人喝的酒

笔者每次来到普定县斗蓬村廖大云老人的家里，几乎都是深更半夜。在廖氏家族中，廖大云老人是唯一一位能完整演唱 12 首铜鼓民歌的人。每次敲开廖大云老人的家门，他都非常高兴地邀笔者进家里。还未坐稳，他和他的老伴就热情地端上一碗“凉水”(米酒)，笔者大口喝下去时，才知道“上当”了。廖大云老人开怀大笑，之后他用那低沉而疲惫的嗓音，一口气唱完 12 首铜鼓民歌。笔者稍事休息，喝完两碗“凉水”，带着轻微的醉意，匆匆忙忙赶回了县城。

### （4）边敲击铜鼓边喝的酒

在贵州省兴仁市屯脚镇的余氏家族，有一边敲击铜鼓一边饮酒的习惯。每逢节日敲击铜鼓时，家族成员便分成两部分，一部分人敲击铜鼓，另一部分人就围在铜鼓附近喝酒划拳，气氛热烈而有序。这表达了家族成员对铜鼓的尊重和敬意，祈愿铜鼓声给家族带来平安、吉祥和兴旺。如有客人来访，也是如此安排。这样的场景，让人仿佛置身于“醉意之中闻鼓声，鼓声阵阵伴醉意”的美妙境界之中。

贵州省册亨县秧坝镇黄氏家族的黄玉才老人，是布依族演奏铜鼓时一边敲击铜鼓、一边演唱、一边饮酒的典型代表。当几碗米酒喝完后，黄玉才老人带着微微的醉意，熟练而流畅地边敲击铜鼓边演唱。在演奏（唱）《红事》喜庆二则时，黄玉才老人春风满面，兴高采烈，歌声高亢。随后，稍事停顿，又喝了两碗米酒，再继续演奏（唱）。当演奏（唱）至《白事》悲伤二则时，黄玉才老人全神贯注，鼓点缓慢、悲壮，演唱音调悲哀、柔婉，好像对人们诉说着许多辛酸的故事……击鼓完毕，黄玉才老人眼眶湿润，他沉默良久后，情绪才渐渐平复。

这也许是酒起到了转化情绪的作用，使演奏者与围观的人不知不觉地进入了一种不为外人所知的情境之中。

### （5）见不到铜鼓而喝的酒

从 1988 年接触铜鼓至今，在田野调查中，笔者只喝过一次见不到铜鼓的酒。2004 年 1 月 29 日（正月初八）笔者来到贵州省册亨县者屯村的余氏家族。据当地人介绍，余氏家族保存有一面铜鼓，击鼓鼓调有十二调（则）、十六调（则）、十八调（则）、二十四调（则）。

笔者一行人爬上陡峭的山坡，在弯弯曲曲的山路上盘旋，用了 2 个多小时才到达目的地。不一会儿，主人家煮好饭菜，并用 5 公斤容量的塑料壶装来了米酒。大家围拢过来，每人面前都盛满一碗米酒。餐桌上的一大锅猪脚火锅正冒着腾腾热气，里面加了新鲜的萝卜、白菜，让人吃了赞不绝口。在相互祝词敬酒中，大家时而用布依语互相问候，时而用汉语热烈交谈。每当提到铜鼓，主人家的言语都很谨慎。经过大家共同努力和解释，主人家心中仍然疑虑重重，怕我们会收缴他们家族的铜鼓。转眼间，一壶酒都要喝完了，无论我们相互间怎样敬酒，主人家始终没有同意让笔者与铜鼓见面。

笔者根据多年的田野调查经验发现：越是偏远、封闭的村寨，他们对铜鼓的保护意识越强。要说服这些村寨的老人，让他们同意拿出铜鼓给外人看，是非常困难的，主要原因是20世纪六七十年代的政治运动使他们仍心有余悸，他们怕祖传铜鼓被收走。据了解，过去很多拥有铜鼓的家族，为了保存好铜鼓，采用了各种各样的保护措施，如藏在洞穴里，埋在山地里，沉于河水中，等等。

### （6）共同为铜鼓而喝的酒

2004年1月24日（正月初三），笔者一行人结束对贵州省册亨县秧坝镇黄氏家族的采访后，大家喝着米酒，听着鼓声，沉醉在相互劝酒与挽留的情景之中，不觉天色已近黄昏。黄氏家族全体成员围着铜鼓，笔者为他们拍下了“铜鼓与黄家”的全家福。

笔者一行人醉眼蒙眬地沿着山路往回走，不知不觉来到了板王寨村委会主任的家。村委会主任一定要留大家吃晚饭。他一手提着鸭，一手拿着刀，并吩咐他的爱人赶快把水烧好。这时，其中一位朋友说：“不要麻烦了，简单一点。”村委会主任非常风趣地说：“这只鸭子是‘瘟’的。”这一个“瘟”字，是布依族人含蓄、幽默、热情及内心激动情感的一种独特表达。为了布依族铜鼓文化的发扬光大，他不辞辛苦地为我们带路、找人、当翻译，让在场的每个人深受感动。笔者一行人几乎无法抵挡住这种热情的“诱惑”，接二连三地喝了不少酒，又满寨子转，直至深夜11点左右。当笔者一行人坐上汽车离开村寨时，在车的身后、在山谷中不断回荡着“欢迎再来”的阵阵呼声。

布依族铜鼓与便当酒凝聚着布依族人情感的结晶，千百年来，已成为布依族人生活中不可缺少的重要内容，也成为布依族民俗文化的重要组成部分。

## （三）布依族铜鼓音乐——铜鼓十二调

布依族流传的铜鼓十二调，是布依族民间艺术中最具神秘性和传奇色彩的传统音乐文化之一，具有久远而厚重的文化底蕴，是布依族先民祖祖辈辈秘传的产物，也是布依族独有的音乐文化遗产。关于铜鼓十二调的来历，民间有这样的传说：铜鼓在古代主要用作战鼓。相传在战国时期，战鼓是打仗时指挥战斗的鼓，但由于战鼓体大，携带不便。为了行军便利，人们便把鼓体缩小。战争结束后，天下太平，祖先们过上了安居乐业的生活，为纪念战鼓，他们就把战鼓改成了铜鼓。为了让子孙后代们纪念铜鼓，了解铜鼓的来历，祖先们就按一年十二个月，分别创编了十二段铜鼓口诀，供整个布依族在每年春节期间（正月初一至十五）进行娱乐使用。

余雁祥老人说：“铜鼓十二调是家族中老一辈秘传下来的。学习演奏铜鼓十二调时，老人会一边念‘口诀’，一边教演奏。铜鼓十二调就是以这种‘口传手授’的方式延续下来的。至于铜鼓十二调的来历与历史，已无法考证了。”在一些布依族大姓氏家族中，传承铜鼓十二调的原则是传内不传外，这一传统习俗至今仍然保留着。

布依族铜鼓十二调的流传多数是家族祖传，只能在极少数偏远村寨听到完整的铜鼓十二调，虽然它不被大多数人所认识和重视，但它在布依族人民中流传了上千年。按当地布依族老人的说法，铜鼓十二调的传承是根据祖先们的口传整理记录下来的，没有丝毫的变化，原汁原味。各家族传承的铜鼓十二调不尽相同，记谱的方式也千差万别，但与其他民族铜鼓音乐文化相比较，布依族铜鼓十二调有其独特的风格、特点和较高的艺术价值，这也是其流传至今而未失传的主要原因。

布依族铜鼓十二调的流传演变主要有两种形式：一是家族祖传，即家族中一般有较完整的铜鼓十二调鼓谱、鼓调和比较规范的演奏方法以及表达的内容。二是民间流传。民间流传也带有祖传的性质。过去，一些村寨的几个大姓氏家族会共同购买一面铜鼓使用，但随着时间的推移，每个家族敲击的铜鼓十二调出现了差异，同时，这些家族又广泛参考外姓家族的铜鼓十二调，大家相互学习、补充，于是铜鼓十二调逐渐在民间流传开来。

## 1. 铜鼓十二调鼓谱

1988 年 7 月，笔者在贵州省贞丰县龙场镇对门山村进行民俗调查时发现，余氏家族的铜鼓十二调鼓谱已遗失。余氏家族余雁祥老人只背诵了第一调的鼓谱口诀：“少许常，常许少，少许常许少许常，赊赊少许常，少少许许常，少许少。”这一调的口诀文字只表音，可能是指敲击铜鼓不同部位发出的声音。当时余雁祥老人只记得第一调鼓谱口诀，其余十一调的鼓谱口诀都忘记了。但余雁祥老人能熟练地把第一调至第十二调的鼓点全部打出来。笔者通过对铜鼓十二调的录音，完整地记录了铜鼓十二调鼓谱，为余氏家族保存了一份珍贵的文化遗产。现今，传承人对铜鼓十二调的记忆逐渐模糊，演奏内容也不尽完整，而且敲击时带有随意性，笔者深感铜鼓十二调面临失传的危机。

近几年，在深入调查布依族铜鼓十二调的过程中，笔者走访了黔西南州、黔南州、安顺市、六盘水市、毕节市等地的大部分布依族村寨，收集、整理了大量不同区域、不同家族的铜鼓十二调鼓谱。现将最具典型性和代表性的布依族铜鼓十二调鼓谱做如下介绍。

### （1）贵州省普定县廖氏家族传世鼓谱、鼓调及记谱符号

#### ①传世鼓谱

据普定县哪叭寨廖氏家族的廖正儒老人介绍，廖氏家族的传世鼓谱《春节布依铜鼓娱乐表》（也称为“布依族铜鼓谱”）是家族祖辈流传下来的，其历史已无法考证。该鼓谱全用布依语记载。

第一调：《坐云》

两拜，拜了拜哪，革拜了，地哪，地哪两拜。
照了。

第二调：《送云》

两拜摆哪，照，革拜了，地哪两拜，照，革拜了。
地哪拜了，拜了摆哪，地哪拜了，两拜。
照了。

第三调：《三拜》

地哪拜了，两拜。
照了。

第四调：《照姐》

地哪拜了，两拜，革拜了，地哪拜了，两拜，革拜了。
地哪拜了，两拜，照，地哪拜了，两拜，革拜了。
地哪两拜，照，地哪拜了，革拜了，地哪两拜，照。
地哪拜了，两拜，革拜了，地哪两拜。
照了。

第五调：《左照长》

地哪倒拜哪，革两拜，地哪两拜，照，革拜了。
地哪拜了，拜了拜哪，地哪拜了，两拜。
照了。

第六调：《左照种》

地哪两拜，三拜摆哪，照，革拜了。
地哪拜了，拜了摆哪，照，革拜了。
地哪两拜，革拜了，两拜，两拜，三拜摆哪，照，革拜了。
地哪两拜，三拜摆哪，地哪两拜，照，革拜了。
地哪拜了，拜了摆哪，照，革拜了。
地哪两拜，革拜了，两拜，两拜，三拜摆哪，地哪两拜。
照了。

第七调：《鸟病双》

地哪两拜，地哪两拜，两拜摆哪，两拜摆哪，地哪两拜，地哪两拜。
地哪拜了，地哪摆哪，拜了摆哪，地哪拜了，长长。
地哪两拜，地哪两拜，两拜摆哪，两拜摆哪，地哪两拜，地哪两拜。
地哪拜了，地哪拜了，拜了摆哪，长长。
地哪两拜。
照了。

第八调：《考黑懂争》

地哪拜了，革拜了，拜了摆哪，革拜了，地哪拜了，革拜了。
地哪两拜，革拜了，地哪两拜，革拜了，地哪两拜，革拜了。
地哪拜了，拜了摆哪，地哪两拜，革拜了。
地哪拜了，拜了摆哪，地哪两拜，革拜了。
地哪拜了，拜了摆哪，地哪两拜。
照了。

第九调：《鸟病单》

地哪两拜，两拜摆哪，地哪两拜，地哪拜了，地哪拜了，拜了摆哪，地哪拜了。
长仲，长仲，长仲，长长！
地哪两拜，两拜摆哪，地哪两拜，地哪拜了，地哪拜了，拜了摆哪，地哪拜了。
长仲，长仲，长仲，长长！
地哪两拜。
照了。

第十调：《云弱》

两拜，拜了摆哪，革两拜，地哪两拜，三拜摆哪两道，哪且哪道夺，革两拜。
两拜，拜了摆哪，革两拜，地哪两拜，三拜摆哪两道，哪且哪两道，革两拜。
两拜，拜了摆哪，革两拜，地哪两拜，三拜摆哪两道，哪且哪道夺，革两拜。
地哪两拜。
照了。

第十一调：《瓜毛》

地哪拜了，两拜，地哪拜了，两拜，地哪拜了，两拜，照。
地哪拜了，地哪拜了，地哪摆哪，地哪拜了，长长。
地哪两拜，地哪两拜，地哪两拜，照。
地哪拜了，地哪拜了，拜了摆哪，地哪拜了，长长。
地哪两拜。
照了。

第十二调：《送云》

两拜摆哪，照，革拜了，地哪两拜，照，革拜了。
地哪拜了，拜了摆哪，地哪拜了，两拜。
照了。

### ②传世鼓调

鼓调是在布依语记录鼓谱的基础上，用4个汉字进行标音，以指示敲击铜鼓和皮鼓的不同部位。用以标音的4个汉字及其对应的击打部位分别为："云"（ying)，表示击铜鼓腰部；"他"(ga)，表示击铜鼓与皮鼓边；"共"(gong)，表示击铜鼓中心；"国"(ge)，表示击铜鼓边。鼓调中的"[　]"为某段的临时反复记号。

第一调：《坐云》

云云他共共，云云他云共云国他共，云云他国，云云他云国共云共，云云他云共云国共，共共共。

第二调：《送云》

云云他云共共云国，云云他云共云国云共云云他共，云云他云国共云共，云云他云共云国云共云云他共，云云他云国共，云云他云共云国，云云他云国共，云云他云共共，云云他云共云国共共共。

第三调：《三拜》

云云他云国共，云云他云共共，云云他云共云国共，共共共。

第四调：《照姐》

云云他云国共，云云他云共共云他共，云云他云国共，云云他云共共云他共，云云他云国共，云云他云共共，云云他云共云国共，[云云他云国共，他，共云共云他共]，云云他云国共云共，云云他云共云国共，[云云他云国共，他，共云共云他共]，云云他云国共云共，云云他云共云国共，[云云他云国共，他，共云共云他共]，云云他云共云国共云共云共云共。

第五调：《左照长》

云云他云国共云国，他共云他共，云云他云国共云共，云云他云共云国云他共，云云他云国共，云云他云共云国，云云他云国共，云云他云共共，云云他云共云国共云共。

第六调：《左照种》

[云云他云国共云共，共云共共云国]，云云他云共云国云他共，云云他云云国共，云云他云共云国，云云他云共云国云他共，云云他云国共云共，云他共，[云云他云共共，共云共共云国]，云云他云共云国云他共，[云云他云国共云共，共云共共云国]，云云他云共云国云他共，云云他云国共，云云他云共国，云云他云共国云他共，云云他云国共云共，云他共，云云他云共，[云云他云共共，共云共共云国]。云云他云国共云共，云云他云共云国共，共云共云共。

第七调：《鸟病双》

云云他云国共云共，云云他云国共云共，[云他共共云国他云共共云国]，云云他云国共云共，云云他云国共云共，云云他云国共，他，云云他云国共，他，他云他云共云国，他，云他云他国云共，他，他他，云云他云国共云共，云云他云国共云共，[云他共共云国他云共共云国]，云云他云国共，他，云云他云国共，他，他云他云共云国，他，云他云他国云共他，他他，云云他云国共云共，云云他云共云国共，共云共云共。

第八调：《考黑懂争》

云云他云国共云他共，云云他云共云国云他共，云云他云国共云他共，云云他云国共云共云他共，云云他云国共云共云他共，云云他云国共云共云他共，云云他云国云共，云云他云共云国，云云他云国共云共云他共，云云他云国云共，云云他云共云国，云云他云国共云共云他共，云云他云国云共，云云他云共云国，云云他云国共云共，云云他云共云国共，共云共云共。

第九调：《鸟病单》

云云他云国共云共，云他共共云国，云云他云国共云共，云云他云国云共，他，他云他云国云共，他，云他云他共云国，他，他云他云国云共，他，他云他云共，他，云他云他共，他，他云他云共，他，他他他，云云他云国共云共，云他共共云国，云云他云国共云共，云云他云国云共，他，他云他云国云共，他，云他云他共云国，他，他云他云国云共，他，他云他云共，他，云他云他共，他，他云他云共，他，他他，云云他云国共云共，云云他云共云国共，共云共云共。

第十调：《云弱》

云云他云共共，云云他云共云国，他共云他共，［云云他云国共云共，共云国共云共云国］，云云他云国共云国，他共云他共，云云他云共共，［云云他云国共云共，共云共，共云国，共云共，共云国］，云云他云国共云国云共云国，他共云他共，云云他云共共，云云他云共云国，他共云他共，云云他云国共云共，共云共，共云国，共云共，共云国，云云他云国共云国，他共云他共，云云他云国云共，云云他云共云国共，共云共。

第十一调：《瓜毛》

云云他云国云共，云云他云共共，云云他云国云共，云云他云共共，云云他云国云共，云云他云共共，云云他云共云国云共，云云他云国云共，他，他云他云国云共，他，他云他云国云共，他，他他他，云云他云国共云共，云云他云国共云共，云云他云国共云共，云云他云共云国云共，云云他云国云共，他，他云他云国云共，他，云他云他共云国，他，他云他云国云共，他，他他他，云云他云国共云共，云云他云共云国云共，共云共。

第十二调：《送云》

云云他云共共国，云云他云共云国云共，云他共，云云他云国共云共，云云他云共云国云共，云他共，云云他云国云共，云云他云共云国，云云他云国云共，云云他云共共，云云他云共云国云共，共云共云共。

图一五〇　镇宁布依族铜鼓十二调表演场景（王钧　摄）

### ③记谱符号

廖氏家族鼓谱的记谱符号是几代人传承下来的，家族中一些青年从小就开始学习击鼓，同时也学会根据鼓谱中的记谱符号进行演奏。记谱符号“○”在上面的，表示击鼓心；“○”在下面的，表示击鼓边。

虽然在廖氏家族鼓谱中没有记录竹条敲击鼓腰的相关符号，只有记录敲击鼓心和鼓边的符号，但在其鼓调中，不仅记录了敲击鼓腰的部位，还记录了铜鼓合奏中皮鼓演奏的节奏。

廖氏家族虽已记不清他们传承下来的铜鼓十二调记谱符号是哪一代人所编创的，但这些符号仍然流传至今，并在布依族人的生活中继续使用着。在对铜鼓十二调进行调查的过程中，笔者还是第一次见到布依族运用这种特殊的符号记录铜鼓演奏的谱式，虽然它对铜鼓演奏的部位记录还不够完善，只是一种简略的记谱方式，可它记载了铜鼓演奏中节奏的主要骨架结构、音位和基本的击鼓部位，鼓点节奏仍然保留着原始的信息。每一调鼓点所发出的信息均表达不同的内容和含义。根据这种特殊的符号，演奏者在敲击铜鼓十二调时能做到得心应手，让每个音符丝毫不漏、清晰连贯。

## （2）其他家族的传世鼓谱或鼓调

贵州省镇宁布依族苗族自治县石头寨伍氏家族的铜鼓鼓调，如第七调：

卡卡照，卡卡照，卡离照了照，卡卡照，卡离照了左，卡卡照，卡离左离照了照，卡卡照，卡离左离照了照，卡卡照，卡离左离照了照，卡卡照，卡离左离照，折离照了左，卡离左离照了照，东东卡东卡，照左照左照，卡离照了左离照。

贵州省兴仁市栋青树寨余氏家族的铜鼓鼓调，如第二调：

写写绍，神写奢，神写奢，喜喜奢，绍，喜写绍，神写奢，神写奢，写写奢，学习圣，绍，写。床神绍，写写奢，写写细，写神床神绍来写神床神绍，床绍，床神绍来写神绍，床绍，床神绍来写神绍，绍神绍。

贵州省镇宁布依族苗族自治县马寨韦氏家族的铜鼓鼓调，如：

卡卡造卡情造，卡情造卡卡造。卡卡造卡情造，卡情造卡卡造……[1]

贵州省册亨县平定寨黄氏家族的铜鼓鼓调，如第一调：

亲戚亲戚亲戚有，亲戚亲戚亲戚来……

贵州省盘州市嘎木寨吴氏家族的铜鼓鼓调，如第一调：

道道道，独烈道，独烈道的独烈道，几屯道，独烈道……

贵州省兴仁市东瓜寨王氏家族的铜鼓鼓谱，如第九调：

少阿且且少阿且且少，床总少，且且色来且且色，少总床。且且色来且色床总少，且且色来且且色，少总床。且且色来且且色，且总床总少总少，且且色来且且色，且总少总床总床。来且总床，少，少！且且少，少，床！少，少，床！床少，床少，少来且总少来且总床总少总少，且总少总床总床。来且总床，少，少！且且少，少，床！少，少，床！床少，床少，少来且总少来且总床总少总少，且总少总床总床。

贵州省盘州市陆家寨陆氏家族的铜鼓鼓调，如第十调：

寡寡土到 | 寡停　交到 | 停底到土　到 | 土　到 | 土　交 | 桃 交 | 寡停交土　交 |
瓜　瓜瓜寡 | 土到 寡 | 交　桃　寡 | 土 到 | 寡停交土　交 | 瓜　瓜瓜寡 | 寡寡 土到 |
寡寡土到邓 | 寡土到　寡 | 到 等等到的等等到 | 寡等到的　等等到 | 寡寡到 | 寡寡到 |
寡寡 到 | 土　到 | 土　到 ‖

贵州省镇宁布依族苗族自治县凹子寨罗氏家族的铜鼓鼓谱，如第五调：

先排么，对纳排么，先排么，排么败纳（三品）。对纳双排，先排么，对纳排么，排么败纳。对纳双排（三到）照了。

贵州省册亨县纳两寨余氏家族的铜鼓鼓调，如第一调：

① 韦兴儒：《瀑乡四季民俗》，中国文联出版社，2002，第138页。

铜照铜照鸡铜照，铜照铜照鸡铜照，铜照铜照鸡鸡铜……

贵州省盘州市赶场坡村坪地陆氏家族的铜鼓鼓调，如第九调：

夭作作作作作，作召曰居居者。召作曰居居者，者正作朝进居居者。者正召作抓居居者，者居居作召者者者召作。者正作力召曰作力召。

## 2. 铜鼓十二调结构与节奏特征

布依族地区流传的铜鼓十二调，在总体结构与基本节奏上大体是一致的。其有三个突出的特点：一是各家族在传承过程中，所使用的汉字记谱字音差别较大，这主要受各家族击鼓习惯和不同区域的布依语土语的影响；二是各家族传承的鼓谱结构规模（长短）有区别；三是一些家族传承的铜鼓十二调有“开场曲”（或称为“起鼓调”，布依语称“先云”）和“终鼓调”，部分家族还有专门的“红事十二调”和“白事十二调”，所以民间也有“铜鼓十四调”或“铜鼓二十四调”之说。

### （1）不同地区、不同家族铜鼓十二调鼓谱结构特征

通过对贵州省贞丰县、普定县两地布依族铜鼓十二调鼓谱结构进行比较，可以得出以下结论：

一是两地铜鼓十二调鼓谱结构规模不同。贞丰县龙场镇余氏家族铜鼓十二调鼓谱在整体结构上规模较小，最短一调有18小节，最长一调有38小节，全曲共347小节。而普定县陇嘎村王氏家族铜鼓十二调鼓谱的规模较大，除“开场曲”有15小节外，最短一调有22小节（含弱起小节），最长一调有74小节，全曲共648小节。

二是两地铜鼓十二调的鼓点节奏不同。贞丰县龙场镇余氏家族铜鼓十二调鼓点音符排列较稀疏、单一，节奏较舒缓，有二分音符的延音、增时；普定县陇嘎村王氏家族铜鼓十二调鼓点音符排列较密集、丰富，节奏流畅急促。

三是两地铜鼓十二调均可以清晰地分辨出前段、中段、结尾三部分。

### （2）铜鼓十二调节奏特点

前段：（每段前5小节，不含弱起小节）以“× | ⊙× ×× | ⊙× ×× | ⊙ ×× | ×× △ | ⊙× ⊙ | ”[①]的节奏作为开始句，敲击鼓心的重槌基本落在强拍上，节奏及敲击部位较统一，乐句划分也较明确（贞丰县布依族铜鼓十二调前段在小节数上略有增、减）。普定县布依族铜鼓十二调还有固定的“开场曲”，它可能具有鸣鼓开道、传递信息、吸引注意力的作用。

中段：与前段相比，中段的鼓点节奏与敲击部位变化较大，其中运用了休止、连音、十六分节奏、左右手同时击鼓等手法。其特点为结构不规整，乐句长短相间，竹条演奏加

① 这是根据演奏铜鼓十二调的鼓点节奏与击鼓部位的不同而创立的鼓谱。⊙表示击鼓心；△表示击鼓边；×表示击鼓腰。

花丰富，鼓点的节奏处于变化较大的段落。此段是铜鼓十二调鼓点的华彩段。

结尾（每段最后 9 小节）：以“⊙ × | ⊙⊙ ×× | ⊙⊙ ×× | ⊙ × | ⊙× ⊙ | ⊙× ⊙ | ×× ×× | ⊙× ⊙× | ⊙ - ‖”的节奏作为结尾句，强拍位置出现了八分音符连续敲击鼓心的重槌，增强了结束感。结尾句结构规整，节奏及敲击部位较统一，具有我国民族传统曲式中循环体种类的合尾式结构特征。合尾式结构是指在由两个或两个以上段落组成的乐曲中，每段或绝大部分段落的结尾相同或相似的结构。“布依族铜鼓的乐调鼓点，各地不尽一样，但大致分为十二段，每段前大部分各异，而结尾部分则段段一律”[①]，充分说明了布依族铜鼓十二调具有合尾式结构特征。

通过以上的比较分析，布依族铜鼓十二调鼓谱虽出自不同地区和不同的家族，鼓谱的结构长短也不一致，但仍然能依稀地看到它们的共同之处：其击鼓方法、使用场合、节奏型之间的内在联系及合尾式结构特征等，都使人感悟到铜鼓十二调是布依族源远流长的、最具代表性的民族传统音乐文化之一。

## 3. 铜鼓十二调民歌表现形式

布依族人对铜鼓十分珍爱，把它视为传家宝，视为家族团结的象征。每年的大年三十晚上，家族中所有的男女老少都要聚集在铜鼓保管者家中，他们准备好酒菜后，先是祭拜铜鼓。接着，老人要给后代讲述铜鼓的来历以及家族历史，然后将铜鼓悬挂起来，演唱一首铜鼓民歌，以示尊重、纪念。随后，击鼓三槌，再开始敲击铜鼓十二调。而在敲击铜鼓十二调的每一调之间，他们也要演唱一首民歌（民歌长短不一），共演唱十二首民歌。内容主要表达一年十二个月中，布依族人劳动、生产及生活的情景。每一调之间演唱一首民歌的目的有三：一是让击鼓者稍事休息；二是预示下一调节奏的类型；三是说明下一调要表达的内容。大年三十祭拜铜鼓后，要欢乐热闹庆祝十多天，到正月十五这一天，也要备好酒菜祭祀铜鼓。把铜鼓放下时，还要演唱一首铜鼓民歌，才将铜鼓收藏起来，以示新的一年已经到来，将开始新一年的生产劳作。

## 4. 铜鼓十二调民歌音乐特点

布依族铜鼓民歌应该是介于民歌与乐器之间的一种独特的音乐表现形式，这在布依族音乐文化中也是极为罕见的。铜鼓是古代少数民族的传世珍品，今天在民间仍然能欣赏到铜鼓民歌演唱，这正是布依族铜鼓民歌的独特魅力所在。

### （1）铜鼓民歌的表演形式

布依族铜鼓民歌的表演形式主要分为两种：一种是在击鼓前后和中途单独演唱民歌，另一种则是边击鼓边演唱民歌。

贵州省普定县哪叭寨廖氏家族沿用的是在击鼓前后和中途单独演唱民歌的形式，一般在节日喜庆期间才演唱。其家族的铜鼓民歌有《挂上铜鼓》《放下铜鼓》，以及从第一调至第十调的民歌，共计 12 首。

① 《关岭布依族苗族自治县概况》编写组：《关岭布依族苗族自治县概况》，贵州民族出版社，1985，第 24 页。

贵州省册亨县平定寨黄氏家族沿用的是边击鼓边演唱民歌的形式，其家族的铜鼓民歌至今只保存了《红事》两调和《白事》两调。一般在春节期间演唱《红事》，在丧葬期间演唱《白事》。

## （2）铜鼓民歌的旋律特点

布依族铜鼓民歌的旋律有其自身的特点，与一般的布依族民歌旋律音调不尽相同。

贵州省普定县铜鼓民歌具有以下特点：第一，12 首民歌的旋律基本上在中、低音区循环。第二，同音反复较多，音域跨度不大。第三，音符的时值主要运用了二分、四分、八分音符，旋律起伏、变化不大。第四，个别曲目使用了润腔方法，运用了单音装饰与双音装饰。第五，除《挂上铜鼓》《放下铜鼓》《第一调》和《第二调》这 4 首民歌之外，其余 8 首民歌的倒数 8 小节音调几乎都是以“56 55|2 26|55 6|65 26|65 6|65 26|66 5|5 - ‖”的旋律重复作为结尾句，既有对比，又有统一。

贵州省普定县铜鼓民歌的音域窄，且运用了同音反复、中低音区进行循环等手法，带有叙事性吟唱特点，并表达了人们对铜鼓的敬仰和崇拜之情。

贵州省册亨县铜鼓民歌是一个特殊的歌种，人们主要运用了民间唢呐吹奏的曲调填上歌词进行吟唱。天长日久，什么曲调填什么词便逐渐固定下来。一般情况下，人们只要一听到唢呐吹奏某一曲调，便知道该唱什么歌词。

在民间，铜鼓民歌早已形成了较固定、较完整的表达方式和内容。

《红事》常在节日喜庆时击鼓演唱，旋律以起句的四、五度连续跳进最具特色，同时也使用了单音装饰，节奏较为单一。

《白事》一般只在老人过世这一特殊场合击鼓演唱，旋律多数以平行级进与下行级进为主，有单音装饰和三音装饰，速度缓慢，感情严肃，音调悲凉，具有哀哭倾诉之感。

这一歌种的演唱与铜鼓伴奏的融合，更显现出它古老而原始的音乐表现形态，极富感染力。

## （3）铜鼓民歌的调式特征

布依族铜鼓民歌以三声调式、四声调式、五声调式为主要调式。

贵州省普定县铜鼓民歌主要有以下几种调式：一是三声调式，只有徵调式一种，即由徵、羽、商三个音构成的三声徵调式。三声调式在布依族民歌中也是极为少见的，“sol（徵）、la（羽）、re（商）”就是旋律的主干音。二是四声调式，有羽调式、徵调式两种，分别是由羽、宫、商、徵四个音构成的四声羽调式，由羽、商、角、徵四个音构成的四声羽调式，由徵、羽、商、角四个音构成的四声徵调式，由徵、羽、宫、商四个音构成的四声羽调式。三是五声调式，有羽调式、徵调式两种，分别是由羽、宫、商、角、徵五个音构成的五声羽调式，由徵、羽、宫、商、角五个音构成的五声徵调式。

贵州省册亨县铜鼓民歌主要有四声调式、五声调式两种调式，总的调式都以徵调式为主，分别是由徵、羽、宫、商四个音构成的四声徵调式，由徵、羽、宫、商、角五个音构成的五声徵调式。

## （4）铜鼓民歌的结构形式

布依族铜鼓民歌的结构形式，常见的有长短自由和较为规整两种形式。

贵州省普定县铜鼓民歌以对应性的上下乐句构成的单乐段结构较为多见，也有由一个乐句构成的单乐段结构形式。

贵州省册亨县铜鼓民歌的句式较为规整，结构严谨，多见于用汉语演唱的歌曲。

### （5）铜鼓民歌的歌词内容

布依族铜鼓民歌的歌词由布依语翻译成汉语时没有采用直译的方式，而是意译。从曲调与歌词的对应来看，由于布依语语法与汉语语法迥异，直译不能完整、充分地表达歌词的意思，而意译能按汉语语法表达，因此意译的效果更佳。

贵州省普定县铜鼓民歌的歌词内容与铜鼓有密切的关系，并带有叙事性的诉说。例如，《挂上铜鼓》一曲的歌词内容为："过年玩过年，过年欢快来，远古历来玩过年。远古老人的老铜鼓高亢来，新铜鼓响亮。隔年来打一次，打重锤轻锤来，选相关重锤，声声回响，山羊会叫，皮鼓会欢。我们要打这则'左照长'来相合，我们要打这则'左照种'来合拍。"该民歌充分表达了布依族人对铜鼓的崇敬以及新春佳节击鼓时的喜悦心情。

《放下铜鼓》一曲的歌词，叙述了铜鼓的历史，表达了布依族人对未来生活充满热情和希望，同时祈求铜鼓保佑他们岁岁平安、丰衣足食。

贵州省册亨县铜鼓民歌的歌词内容，具有非常鲜明的特色。

《红事》的歌词内容洋溢着节日的喜庆氛围，其中还描绘了把铜鼓请出来，与民众一同欢庆的场景。例如："请铜鼓啦，请铜鼓啦，乡亲们，请铜鼓啦，请铜鼓啦，乡亲们。我们来高兴，我们来相爱，亲朋好友大家一起来，亲友来高兴，亲友来相爱。大家来喝酒，大家来吃肉，大家来喝酒，大家来喝茶。大家来吃吧，大家来吧，父辈们，大家来吃吧。"

《白事》的歌词内容则表达了对逝者的悼念和思念之情。

铜鼓民歌的一个特色是从旋律到歌词内容，都反映出它所使用的场合与环境非常明晰，"红白分明"；另一特色是《红事》全用布依语演唱，而《白事》则全用汉语演唱。

贵州省六枝特区月亮河一带的布依族村寨流传着《酒令歌》。这首歌曲一般是在隆重迎接客人和日常迎来送往时，或男方到女方家里接新媳妇时演唱，歌词内容极为丰富。其中，《酒令歌》部分歌词内容与铜鼓十二调有着密切的关系。

### （6）铜鼓民歌的演唱形式

一方面，由于演唱铜鼓民歌要处于特定的环境，因此它的演唱场合与一般民歌（如山歌、情歌等）的演唱场合有较大的区别。另一方面，这些铜鼓民歌多由家族传承。但也不是会击铜鼓的家族都有铜鼓民歌传承下来，这反映出铜鼓民歌在布依族铜鼓音乐文化研究中所具有的特殊性。

综观布依族铜鼓民歌的演唱形式，大致分为无伴奏的独唱形式和有伴奏的独唱形式。

无伴奏的独唱形式，一般是应用于农历正月阖家欢聚时。一些家族在启用铜鼓之时，挂上铜鼓或取下（收藏）铜鼓要清唱一首民歌，铜鼓十二调每演奏一调前，也要清唱一首民歌。也有将歌颂铜鼓的民歌独立作为民歌来进行演唱的。

有伴奏的独唱形式，一般是应用于农历正月间或老人去世时。它的特点是演唱与伴奏融为一体，演奏铜鼓和演唱民歌均由一个人独立完成，有时还有一人在铜鼓后用木盆接音配合。

## 5. 布依族铜鼓的演奏方法

在民间，布依族铜鼓演奏的方法主要有 9 种。

## （1）单鼓击鼓法

单鼓击鼓法，即一人击打一面铜鼓。这是民间较普遍和常用的一种击鼓法，它对击鼓者的技术要求颇高，击鼓者要心、口、手合一，动作协调连贯，节奏清晰流畅。

## （2）双鼓击鼓法

双鼓击鼓法即一人击打皮鼓，另一人击打铜鼓。这是民间较普遍和常用的一种击鼓法，两人演奏的曲目相同，要求两人动作协调统一，配合默契。

## （3）交叉击鼓法

交叉击鼓法，民间称为“花样击鼓法”，即一人将一面大钹绑在左大腿上，右手持鼓槌击打铜鼓，左手持另一面大钹碰击左大腿上绑着的大钹。演奏时，根据铜鼓十二调鼓点，右手只击铜鼓鼓心和鼓边，不击鼓腰；大钹发出的碰击声起到一种呼应和填充的作用。击鼓动作潇洒自如，鼓点清晰流畅、轻重缓急分明，声音洪亮。

此种击鼓法，有时还配以皮鼓、镲、锣、唢呐等乐器共同演奏。最独特之处是，击鼓时，一般还有几个人一起随着鼓点的变化表演铜鼓舞。这在布依族铜鼓演奏中，也是极少见的一种击鼓而舞的表现形式。

## （4）铜鼓合奏法

铜鼓合奏法，即铜鼓与锣、镲、皮鼓等乐器配合演奏。这种合奏形式的特色为参与人员较多，特别讲究人员的配合，尤其是击鼓时节奏的协调融合。现如今，多数布依族村寨很难见到此类合奏形式。

图一五一　布依族铜鼓与锣、镲、皮鼓合奏（蒋英　摄）

## (5)同时击鼓法

同时击鼓法，即一人同时击铜鼓和皮鼓。这是布依族铜鼓演奏发展历程中极少见的一种表现形式。贵州省惠水县芦山镇麦旁村新寨的程永贵老人就是同时击鼓法的代表人物。虽然程永贵老人上了年纪，耳朵听力下降，但精神状态极佳，还能为大家现场演奏。据寨里的一些老人讲，程永贵击鼓有章法，鼓点好听。这种击鼓方式，考验演奏者与铜鼓、皮鼓的站位角度以及双手的配合，鼓点节奏相对简单。

## (6)手掌与脚掌击鼓法

手掌与脚掌击鼓法，即用手掌与脚掌击鼓，是一种奇特的击鼓形式。贵州省册亨县坡妹镇纳温寨韦氏家族就有人会此击鼓法。这种击鼓方式，演奏者多数只能击打出较为缓慢或单一的鼓点节奏，现今一般很少采用。

## (7)拳头击鼓法

拳头击鼓法，即一人将三张纸钱紧握在右手或左手掌中，用第五掌骨及小指的第一、二、三指骨敲击鼓面。

此击鼓方法主要用于丧葬仪式，三张纸钱的作用为：一是避免击鼓时手受伤害；二是示意给逝者“送钱”了；三是击鼓结束后，要把三张纸钱放进“牛嘴笼”里，表示告诉逝者要杀牛祭祀了。

除了布摩击鼓三槌外，凡是孝家不论男女老少都要用拳头击鼓法分别击鼓三槌。民间有“早三、晚四、黑十一”之说。其意是：早上击鼓三槌，并与鸣地炮三响配合，表示请逝者来吃饭；晚上击鼓四槌，表示告知逝者到晚上了；“黑十一”是配词（衬词），没有实际意义。拳头击鼓法在贵州省毕节市的黔西、织金、大方等县（市）较盛行。

图一五二　布依族男子展示拳头击鼓（蒋英　摄）

## （8）转动击鼓法

转动击鼓法，就是在击鼓即将结束之前，将铜鼓缓慢转动三圈，击鼓者跟随铜鼓边转动边击鼓。当第三圈击鼓完毕，演奏者将双手拿着的鼓槌往身后丢。贵州省兴仁市屯脚镇栋青树寨余氏家族的人会此击鼓法。这种击鼓方式，动作大方潇洒，因被击物旋转移动，鼓点较为单一，但有结束感。此击鼓法如今也基本不用。

## （9）鼓后接音法

在贵州，布依族铜鼓演奏中至今仍保留有一人击鼓，另一人捧着器物在鼓后接音的演奏方法。这种击鼓法有以下两种形式。

图一五三　册亨县大寨布依族男子演奏铜鼓（蒋英　摄）

### ①木盆接音法

木盆接音法，即一人击铜鼓，另一人在鼓后用木盆来回抽动。木盆接音方式极为讲究：首先，木盆是用檀香木制成的，直径约 20 厘米，深度约 15 厘米，体积较小。其次，接音时人的步伐不能乱。再次，接音的往返次数、时间、速度要与击鼓者的动作配合。最后，木盆接音时，其抽出的距离与铜鼓相距约 80 厘米，这种接音方式与其他民族使用的接音方式有所不同。贵州省册亨县秧坝镇平定寨黄氏家族的老人讲：“这种击鼓方式，是祖辈传下来的。”经了解，附近村寨也只有黄氏家族的黄玉才会使用木盆接音的技法。

### ②铜鼓“挖音”法

铜鼓“挖音”法，即将公鼓放入母鼓鼓腔内，将音“挖”（释放之意）出来。据贵州省贞丰县龙场镇对门山村的余雁伟（下寨）和杨文碧（上寨）两位老人介绍，铜鼓“挖音”法是余氏和杨氏两个家族新创立的一种击鼓方式。过去，附近几个村寨只有余氏家族有一面铜鼓，后来杨氏家族搬迁至上寨后，才将两面铜鼓组合而创立了这一新颖的、具有创新意识的铜鼓“挖音”法。铜鼓“挖音”法的特点为操作缓慢，音质厚重、圆润，节奏单一。

据老人们讲，当地还有一种“挖音”方法，击鼓时四个人各拿一个铜制的器物同时在鼓后“挖音”，发出的声响带有“苦啊、苦啊”或“哭啊、哭啊”的共鸣声，好像是人在哭诉。这种击鼓“挖音”法，至今再也没有人见过了。

不管是哪一种击鼓形式，击鼓前，都要先将绳索系在鼓耳上，然后将铜鼓悬挂在大树上或堂屋中央，或用三根木棍支撑而悬吊。击鼓时，一人右手持软槌，左手持竹条，侧站立或侧坐敲击铜鼓鼓心、鼓边和鼓腰。

有的布依族地区使用的鼓槌与一般的鼓槌不同。有些是用稻草的草芯捆成一把，用稻草尖扎成鼓槌；有些则是用高粱秆捆成一把，扎成扫把头做成鼓槌。这样做出来的鼓槌非但没有减弱敲击铜鼓的力度，反而保护了铜鼓免遭损伤。

在布依族铜鼓的演奏技能方面，一些研究者设计了简便易学的击鼓方法，如“布依族铜鼓调五个基本音合成法图解”[①]等，这使更多的人能够很快掌握敲击铜鼓的基本方法，无疑对继承和弘扬民族优秀文化起到了积极的推动作用。

## 6. 铜鼓的传承方式

布依族民间的铜鼓在不同地区、不同家族有不同的传承方式。

1993 年，因贵州省普定县哪叭寨的廖氏家族有部分住户要搬迁，家族专门召开会议，主要讨论保管铜鼓的方案。会议确定了正副族长：廖正儒为正族长，廖正亮、廖正义为副族长。经讨论决定，铜鼓由廖正儒保管。如家族其他成员要借用，须经族长们召开会议研究决定，并签订合同书或写借条后才能借出。经济比较困难的家庭一般不借，怕铜鼓损坏了这家人赔不起，这主要是为了保护、保管好铜鼓。一般借用的年限最长为 5 年。

廖氏家族中的廖正儒、廖正国、廖正勇、廖正学、廖大云等人会击鼓，他们的平均年龄超 60 岁。家族中也有热爱击鼓的年轻人，他们一般在春节期间，阖家欢聚之时，在老人的指导下学习击鼓。同时，也有不是廖氏家族成员的年轻人，如罗堂华、王忠华、伍大洋等，也在学习击鼓，他们与廖家是亲戚关系，平均年龄在 40 岁左右。

在多年的田野调查中，笔者也走访了布依族不同地区保管铜鼓的家族，像廖氏家族这样，形成了有规模的击鼓队伍的，的确少见（大多数家族铜鼓演奏已后继无人）。廖氏家族在教习击鼓技艺时，不仅将其传授给家族以外的人，还打破了传统界限，允许妇女学习击鼓和演奏。

贵州省兴仁市屯脚镇的余氏家族，是这样确定学习击鼓的人选的：首先，要诚心诚意，要热爱祖辈传下来的家族文化；其次，要制一套新衣服作为拜师礼物。

贵州省兴仁市屯脚镇的王氏家族传承铜鼓文化的范围都是在直系亲属的范围内，从祖辈开始，一代一代地传承，一直传承至今。

这些文化能否一代一代地传下去，一方面取决于家族长辈是否对铜鼓文化有充分的认知并对青年人进行积极引导，另一方面取决于当地政府是否重视民族文化并加强保护意识。只有两方面都重视起来，才能避免这些优秀的民族传统文化流失和消亡。

## 7. 铜鼓音乐及美学价值

### （1）铜鼓音乐

铜鼓音乐就是指单独演奏铜鼓或将铜鼓与其他乐器配合演奏形成的音乐。单独演奏铜鼓，主要靠敲击鼓面（包括鼓心、鼓边）和鼓腰发音。敲击鼓面时，声音浑厚、低沉，较明显地形成两个不同的音高，突出铜鼓十二调鼓点的基本节奏型骨架；竹条击鼓腰时，发出清脆、短促的声音，对鼓点的节奏、音色具有填充、加花的功能，起到了调节和丰富鼓



① 贵州省布依学会：《布依学研究》，贵州民族出版社，1989，第 365—368 页。

点节奏、渲染气氛的作用。铜鼓音乐的表现手法在于敲击铜鼓的不同部位，以此发出不同的声音，并通过这些声音在音色、音量和节奏上形成的对比和变化，传达出音乐的信息。运用重击、轻击、缓击、急击等手法，使三种声音交融在一起，形成节奏鲜明、声音洪亮悠扬的音乐效果，其声音可传数里，给人以强烈的震撼力。

铜鼓与锣、镲、皮鼓等乐器相互配合演奏时，场面宏大、声音浑厚，气氛热烈，亲切感人，使人抚今追昔，浮想联翩。这种合奏形式充分表现了铜鼓这一独特乐器在民间打击乐队合奏中的主导地位，丰富了音乐的表现力。

有的布依族村寨，如遇红白事，击鼓的轻与重具有特殊的含义：轻击铜鼓代表欢迎亲戚朋友；重击铜鼓表示主人的谢意。丧葬仪式中听到铜鼓声会令人伤感；节庆中听到铜鼓声会令人欢乐。

根据有关专家对铜鼓声学特性的研究，麻江型铜鼓声音洪亮，音色清脆激越，余音较长。就整体而言，其音量和音色在所有类型铜鼓中都是无与伦比的。难怪它的声音会令许多至今仍在使用麻江型铜鼓的民族如痴如醉、心驰神往。优良的声学特性，是使麻江型铜鼓能世代相传并绵延至今的重要原因之一。①

铜鼓以其独具特色的声音与特定的音乐语言，述说着民族的历史和布依族人对美好生活的向往，音乐别具风韵。《尸学》一书将铜鼓声音特点归纳为：“铜鼓之声，怒而击则武，忧而击则悲，喜而击则乐。其意变，其声则变之。”②

## （2）美学价值

王朝闻在《美学概论》中说：“没有民族生活内容的民族形式是不可想象的，这主要是从内部形式来讲的；反过来说也是一样，离开了具有民族特征的个性、环境、心理活动等内部形式的多种因素，民族生活的内容也无从表现……艺术的外部形式当然也概括地体现了一定民族的审美趣味。”③ 每个民族都有自己喜爱的独特乐器。用铜鼓这种独特的乐器演奏出来的音乐，正如王朝闻在《美学概论》中所指出的：“器乐由于物质的发声材料的多样性，音量和音质等方面的特点，在表现情感的复杂、深邃、强烈方面，比声乐有更大的可能性。”④ 铜鼓正是这样一种器乐，从外部形式上看，它古朴简约，具有原始造型艺术的美，鼓心的十二芒太阳纹和其他纹饰，一定具有与自然、生产、生活相关的深刻含义；从制作材料上看，它以铜为主，加入其他金属，所以铜鼓其实是一种合金器物，具有科学技术的美，体现古代高超精湛的铸造工艺和古人的聪明才智；从社会作用上看，它最初是炊具——铜釜，再演变为战鼓，后来又成为乐器，具有一物多用的使用价值的美；从社会功能上看，它反映社会历史的发展，反映劳动人民的生产、生活和风俗习惯，并通过特殊的传承方式，对后人进行本民族（或家族）的变化发展以及道德规范的教育，具有深厚的文化内涵，这是社会美的表现。所以，铜鼓有其独特的艺术审美及美学价值。

布依族铜鼓十二调，在贵州少数民族铜鼓音乐文化中具有特殊的意义。笔者认为：它能够实现铜鼓与其他乐器的配合演奏，为舞蹈伴奏等，并已形成最具独特性、典型性、代表性的铜鼓音乐体系，可称为南方少数民族打击乐的源头。此外，运用多种演奏（唱）的方法，能够极大地丰富铜鼓这一节奏型体鸣乐器的表现内容和形式。在口传手授的同时，

① 万辅彬等：《中国古代铜鼓科学研究》，广西民族出版社，1992，第 202 页。

②《黔西南布依族苗族自治州概况》编写组：《黔西南布依族苗族自治州概况》，贵州民族出版社，1985，第 210 页。

③ 简平主编《王朝闻全集》第八卷，青岛出版社，2019，第 253—254 页。

④ 简平主编《王朝闻全集》第八卷，青岛出版社，2019，第 289 页。

图一五四　依山傍水的布依族村寨（梁兴星　摄）

布依族人还在长期实践中结合本民族的语言，借用汉字或符号总结、整理出一套完整的记谱法，较好地保存了祖先流传下来的文化遗产。

布依族自古以来，就生活在依山傍水、植被茂密、景色优美的地方，他们勤劳、朴实，热爱生活，依赖并敬畏自然，与自然和谐相处。想象古时的贵州，崇山峻岭上，原始森林中，飞禽走兽与人相近；峡谷深壑，飞瀑流泉，山花烂漫，村寨隐没在山中。那是一种原始、古朴的美。在长期的劳动、生活实践中，铜鼓也伴随着布依族走过漫长的历史长河，记载着民族生存的曲折磨难、奋进昂扬。多少往事随着岁月的流逝烟消云散，唯有铜鼓凭借着它顽强的生命力生存下来，让今天的人仍然能看得见、摸得着、敲得响铜鼓。铜鼓声撞击着人们的心灵，在喜怒哀乐中倾诉着情怀，成为民族音乐的“活化石”。只有当

铜鼓发出声响时，铜鼓才能获得灵魂的永恒和生命的长驻。

## 8. 铜鼓十二调鼓乐传新声

布依族铜鼓音乐文化的流传与传承，至今仍不被大多数人所认识和了解。其主要原因有三：一是铜鼓本身是一件历史悠久的器物，有关铜鼓的一些神奇传说，赋予了它一定的神秘性；二是铜鼓及铜鼓曲基本上都是由家族传承，一般外姓家族或外族人均不知道，这又赋予它一定的隐秘性；三是在使用铜鼓时，都有严格的规矩，一般在农历的正月期间、七月间和丧葬祭祀时才拿出来，并不是一年四季都能使用，这就使它具有“时闪时现”的迷惑性。铜鼓所具有的神秘性、隐秘性和迷惑性，导致了布依族铜鼓文化的封闭，所以，人们对它了解甚少。

长期以来，布依族人民就是在这样的背景和严格的家族传承条规中，将铜鼓及铜鼓文化一代一代传承下来，为我们留下了宝贵的物质财富和精神财富。

10 多年来，通过对布依族铜鼓音乐文化的挖掘、抢救和保护，笔者不仅帮助所到访的每个村寨和家族提高了对铜鼓及铜鼓文化的保护与传承意识，同时，还使铜鼓及铜鼓文化的保护与传承工作得到了当地政府的大力支持和高度重视。

2004 年 7 月，贵州省贞丰县举办的一年一度的“六月六”布依族风情节，汇集了 3000 多人的布依族服饰方队，以及由 400 名演奏布依族唢呐、嘞尤（竖箫）的乐手组成的方队进行互动演出；全县 13 个乡镇根据不同地域布依族的特点，在民族文化展演中，呈现了纺织舞、花灯舞、木叶古歌、八音演奏、山歌对唱、地戏等原汁原味的布依族风情表演。

值得一提的是，首次亮相的由龙场镇对门山村村民表演的铜鼓十二调，成为本届风情节展演的最大亮点。表演者敲响了具有千年历史的大铜鼓，在浑厚、悠扬的铜鼓声中，60 名男女老少戴着十二生肖面具围绕铜鼓，踏着鼓点载歌载舞。舞蹈展示了一年中十二个月不同的农事活动，包括春耕、播种、施肥、栽秧、割草、放牛、丰收等内容，鼓点时快时慢，鼓声时高时低，化为欢快的旋律，赢得观众的阵阵掌声。为此，龙场镇打出了“铜鼓之乡”的文化旅游品牌。

为配合“中国贵州·安顺黄果树瀑布节”，2004 年 8 月 26 日—29 日普定县举办了

图一五五　布依族八音演奏现场（蒋英　摄）

“夜郎湖民俗休闲游”大型民族风情系列活动，此次活动主要包括“夜郎情侣舟民歌比赛”“夜郎湖旅游风情展示”“民间风味小吃比赛”等内容。

8 月 26 日上午，在普定县夜郎湖边，微风细雨轻拂，各山头、田地里聚集了上万名身着各民族服饰的农民演员和来自全国各地的嘉宾、观众。随着别开生面的、以真山真水为自然背景的“祭山拜水”仪式的开始，由十二面铜鼓和十二面皮鼓组成的铜鼓乐队，齐声奏响了布依族铜鼓十二调鼓乐，其宏大的场面、磅礴的气势，征服了所有的观众。

据了解，在筹备此次系列活动时，为推广布依族铜鼓十二调，普定县委、县政府有计划、有组织地召集各布依族村寨保存铜鼓的家族，让他们在陇嘎村王氏家族铜鼓十二调传承人王汝洋的指导下，根据王汝洋提供的铜鼓十二调鼓谱进行统一排练。在历时一个月的合排后，他们为观众展现了精彩的、耳目一新的、极富感染力的铜鼓十二调鼓乐合奏。

为进一步加大推广和弘扬贵州少数民族铜鼓音乐文化，向全世界展示贵州独具个性的本土文化和自然资源，2004 年 8 月下旬，贵州电视台在贵州省普定、贞丰、兴仁三县实地拍摄贵州布依族铜鼓音乐文化专题片。这次拍摄工作得到了各地党委、政府的大力支持，先后完成了《初探铜鼓十二则》《再探铜鼓十二则》《三探铜鼓十二则》三集电视片。

2005 年“五一”黄金周，由黔西南州人民政府、贵州省文化厅、贵州省旅游局主办的“五彩黔西南”大型民族民间文艺展演在兴义广场举行，演出获得了极大的成功。据了解，黔西南州委、州政府和兴仁县委、县政府为举办好此次展演，派出有关职能部门人员，深入各地调查了解布依族铜鼓情况，并组织专业人员对铜鼓演奏进行辅导和节目编排。经过多方的努力，此次展演充分展示了布依族神秘的铜鼓音乐文化魅力。

2005 年 9 月，根据“文化部关于申报第一批国家级非物质文化遗产代表作的通知”，贵州省文化厅积极组织全省文化部门进行国家级非物质文化遗产代表作的申报工作。可喜的是，在黔西南州文化局和贞丰县委、县政府等部门的高度重视下，贞丰县将布依族铜鼓十二调作为国家级非物质文化遗产保护项目进行申报，得到了省内专家的高度评价并获通过。

近 10 多年来，布依族铜鼓文化的保护、传承及传播得到较快的发展。贵州省贞丰县铜鼓十二调于 2006 年被列入第一批国家级非物质文化遗产名录，得到省、州、县各级有关部门在人力、物力、财力上的大力支持。2016 年贵州省贞丰县人民政府为对门山村购置 66 面铜鼓，在村里修建了布依铜鼓文化广场，并于 2017 年出资建造贞丰县文化馆铜鼓音乐文化示范基地——对门山铜鼓馆。每逢大年三十晚上和正月十五晚上，余氏家族祖孙都会聚集在铜鼓馆，举行隆重的祭拜铜鼓仪式。在这场仪式中，上至 90 多岁的族老，下至 5 岁的幼童，都会参与进来，并由省、州两级传承人手把手地传授铜鼓十二调。尤其是正月十五这天，人们将铜鼓悬挂于铜鼓文化广场，由村寨传承人用 6 个小时为年轻人传授铜鼓十二调。为了增强铜鼓文化的保护和传承意识，余氏家族自行拟出一项规定：凡是来学习的人，每天都有一定的务工补贴，能够完整敲击出一个调的均有资金奖励，能够按要求将第一调至第十二调完整敲击的则有更多资金奖励。奖励的经费来源于家族中有识之士的赞助。

自 2006 年以来，贵州省六枝特区陇脚乡第一中学（今月亮河乡第一中学）购置了 66 面铜鼓，聘请民间艺人到校园开展布依族铜鼓十二调的演奏培训，开设兴趣班，采用七、八年级每个班级每周上一节民族文化课的教学方式。在 2008 年贵州省贞丰县“六月六”贞丰布依族风情节活动中，陇脚乡第一中学组织的铜鼓十二调演奏表演获银奖。2010 年 6 月，为进一步传承和弘扬布依族铜鼓文化，陇脚乡第一中学组织编写了校本教研教材《布依铜鼓》。该校本教材在 2010 年 11 月参加了“贵州省中小学民族民间文化进校园成果展”。

贵州省兴仁县民族职业技术学校于 2014 年实施了民族文化进校园工作，学校结合当地丰富的铜鼓文化资源，前期组织部分教师对布依族铜鼓文化进行调研考察。在开展铜鼓文化进校园的实践教学过程中，依托黔西南铜鼓研究会，邀请民间艺人与高校教师到校园传授理论知识与演奏技能。此外，学校还组织编写了图文并茂的民族文化课教材《布

图一五六　学生在校园里学习演奏布依族铜鼓十二调（蒋英　摄）

依铜鼓》，并积极为学生营造学习铜鼓演奏的氛围，开设铜鼓演奏技能课，安排掌握铜鼓演奏技能的学生教授下一届的学员，让铜鼓文化不断地得到传承和发展。

近年来，国家对非物质文化遗产代表性传承人高度重视，特别针对国家级、省级非物质文化遗产代表性项目代表性传承人，实施了抢救性数字化记录工程。2016年，在贵州省首批国家级非物质文化遗产代表性项目代表性传承人抢救性数字化记录工程的项目中，对贞丰县布依族铜鼓十二调传承人王永占开展了抢救性记录工作。此次记录工作采录了口述访谈、传承教学片、实践片、综述片、资料片等视频资料，以及相关的文字资料、图片资料和音频资料，形成了综合的数字化记录档案。2021年，贵州省非物质文化遗产保护中心开启了首批省级非物质文化遗产代表性项目代表性传承人抢救性记录工作，在第一批项目中，对镇宁布依族铜鼓十二调传承人伍太安进行了数字化采集。这些举措无疑对保护、传承和传播布依族铜鼓文化起到了积极而有效的作用。

# 四、红水河流域布依族铜鼓文化保护与传承

## （一）布依族铜鼓文化的民族特性

### 1. 铜鼓：布依族从蒙昧向文明转换的文化印记

铜鼓在布依族语中被称作“南音”。据考证，这个称谓出自《诗经·小雅·鼓钟》中“以雅以南，以籥不僭”[①]。春秋时期，南国的音乐被叫作“南”或“南音”。留存的古籍当中就有“南夷之乐曰南”之说。这些资料充分说明了早在我国春秋时期，就出现了“南音”（铜鼓）这一称谓。而这一称谓与今天布依语中铜鼓的名字一模一样。语言是一个民族的重要特征之一，可以说是民族文化的优良载体，是人们研究一个民族传统文化的媒介。[②]“南音”这一从古代使用至今的名字，值得我们重视。

#### （1）铜鼓的来历

关于铜鼓的来历，布依族人有各种各样的说法，其中比较普遍的有下面几种：

第一，在老一辈人中流传较多的说法是，在明朝战乱时期，为了战争需要而制作了铜鼓。布依族人觉得之所以能够获得战争的胜利，皆是因为有战鼓，所以他们称铜鼓为“安您”（汉语的意思是“胜利之鼓”）。

第二，一部分早期接受了汉族文化的布依族人则认为，铜鼓是由马援带来的。其理由是，东汉时期就有了关于铜鼓的记载，说明当时铜鼓就已经存在于社会当中，并得到了统治阶级的青睐。但是，通过史料可以得知，马援是西汉末、东汉初的一名将军，在与交趾的战争中大获全胜，因此被光武帝加封为“新息侯”。但在当时，我国北方并没有铜鼓，因此关于铜鼓的这一来历不可能是真的。

第三，贵州南部地区流传着这样一个传说，远古时期有一个布依族孤儿，名叫古杰，他因机缘巧合救出了龙王的公主，后来公主下嫁给他并随他到人间。龙王送了一面鼓给他们当作新婚礼物，并告诉他们要爱惜此鼓，只有在重大节庆日、族中老人去世时，或者爆发战争时才可以敲响此鼓。龙王表示自己听到鼓声之后，就会降临凡间与人们共度佳节，或为去世的老人超度，或帮助他们抵御外敌。从此以后，每当上述情况发生之时，布依族

---

① “以雅以南，以籥不僭”，意为演奏起雅乐和南乐，吹籥歌舞合拍分明。

② 杨路塔：《布依族铜鼓文化考略》，载贵州省布依学会等编《布依学研究（之九）》，贵州民族出版社，2008，第250页。

人就会敲击铜鼓。

第四，民间还有一个说法，古时候布依族没有铜鼓，老人去世后无法进行超度仪式。后来，一个叫布杰的人通过努力，打动了玉帝，玉帝便送给布杰一面铜鼓。从此，布依族也就拥有了铜鼓。布依族人认为，每当族中老人过世，其家人只要敲击铜鼓，便会有神仙将老人的灵魂带上天庭，位列仙班。每当节日进行祭祀活动时敲击铜鼓，那些位列仙班的祖先就会下凡，与后人共享节日的欢愉，并保佑族中一切顺利。

### （2）自然崇拜和祖先崇拜

铜鼓最开始是作为打击乐器而使用的。铜鼓既是乐器，又是礼器。在准备敲击铜鼓前，要把两个鼓耳用棕绳牢牢拴住，这样就能将铜鼓挂到房梁上。准备工作做好以后，击鼓者即可手握鼓槌敲击鼓面。在重大节庆日敲击铜鼓，能够给人们增添热闹的气氛；在祭祀或丧葬时敲击铜鼓，是铜鼓作为祭祀礼器的重要体现。敲击铜鼓发出的声音往往深沉、雄浑，所以这种声音在很远的地方都能听到。更有人说它是人类与神仙之间的通信工具。① 因此，铜鼓不仅被广泛应用于娱乐活动中，同时也在各种祭祀、丧葬活动中占据了重要位置。

远古时期，布依族地区大多以奏乐来祭奠亡灵和鬼神。由于认知程度受限，人们对很多自然现象都难以理解。为了从天灾人祸中解脱出来，人们便赋予铜鼓神圣的力量，将美好希望寄托于铜鼓，衍生出了铜鼓可以驱邪治病等功能。在布依族丧葬仪式中，每一个重要步骤都要敲击铜鼓。由于铜鼓被赋予了如此多的功能，因此它成为布依族人心中的神圣之物，布依族人也因此对铜鼓产生了深深的崇拜之情。在这种极具神秘色彩的现象面前，人们往往会产生神灵崇拜，与之相伴随的往往是祈求神灵保佑等带有功利性的目的。这说明了在当时的社会历史条件下，铜鼓的娱乐功能是依附于宗教功能的，它是祭祀活动的重要工具。这种将娱乐表演形式和祭祀结合的习俗，使得铜鼓的表演功能不断得到提高，祭祀活动也因此得到了一定程度的美化。

铜鼓上的纹样是布依族人生产生活的真实写照。比如说数量众多的太阳纹，是由于人们对火的崇拜而形成的。总的来说，各种纹饰都代表了与之相关的神灵，都与布依族人的原始崇拜有着不可分割的联系。这些精美的纹饰一一描绘出人们信仰、崇拜、欣赏的事物，是古代人民审美情趣的写照，表达了他们对大自然最纯朴的认知。

铜鼓出现后，流传区域一直仅限于南方少数民族地区。直至现在，铜鼓在布依族村寨中仍然扮演着重要角色。正如文献中所记载的“俗尚铜鼓”和“岁时击铜鼓为欢”，千百年来，铜鼓已成为布依族人心中神的化身，有“布依神鼓”之称。布依族人对铜鼓特别虔诚，乃至顶礼膜拜。

### （3）生计模式与铜鼓十二调

布依族村寨大多是建于河谷之中的平地，这里依山傍水，拥有优良的自然环境，可谓是冬无严寒，夏无酷暑，十分宜居。这种自然环境为布依族先民提供了有利的劳作条件，是其稻作文化产生的基础。显然，布依族人也意识到了这一点，所以他们通过传唱众多的山歌，以表达其对大自然的感激之情。人们必须先生存下来，才能够创造出属于自己的文明体系，衍生出自己的民族文化。而正是依靠着这种优良的生存条件，布依族才得以生生



① 王天锐：《布依族铜鼓与民族文化》，载贵州省布依学会等编《布依学研究（之九）》，贵州民族出版社，2008，第 287 页。

不息，并创造了灿烂的布依族文化。

敲击铜鼓是有鼓调的，人们称之为“铜鼓十二调”，也称为“铜鼓十二则”。铜鼓十二调是富含布依族特色的一组音乐。贞丰县布依族铜鼓十二调传承人王永占说，铜鼓十二调是王姓家族通过一代代人口口相传而流传下来的。对于铜鼓的保存，王永占说，王氏家族的这面铜鼓在清代康熙年间就有了。在第二代传人分家时，铜鼓被当作家庭财产进行分配，并传承下来。在布依族红白喜事、婚丧嫁娶等活动中都可以看到铜鼓的身影。其中，铜鼓在丧葬仪式中更是扮演了极其重要的角色。时至今日，会敲打喜庆、祭祀十二调的人已不多。[①]

铜鼓十二调是用铜鼓演奏的十二段乐曲，它以农历的十二个月为序，表达一年十二个月中，布依族人生产生活的情景，是布依族人对社会生活的一种独特认知和情感表达，具有强大的凝聚力和感召力。

由此可见，铜鼓十二调虽然是歌颂铜鼓的民歌，但歌词却详尽地描绘了布依族春种秋收的劳作过程，生动地展示了布依族人辛勤劳动的生活场景，充分反映了他们通过劳作获得的丰富实践经验。布依族的相关民间文学作品也深刻体现了这一耕种文化。围绕稻谷种植这一生计模式，布依族创造了丰富的文化事象，其中的稻作文化不仅是布依族文化的重要组成部分，也极大地丰富了其文化内涵。

## 2. 铜鼓：布依族传统文化艺术展演的形象符号

### （1）从祭祀到娱乐的发展

布依族有这样一个传说：古时候，布依族地区的环境比现在恶劣，常年干旱使得布依族先民无法种植庄稼。当时，有一个聪明勇敢的年轻人，名叫布杰。他看见大家因无法劳作而愁眉锁眼，便顺着一棵参天古树爬上天庭，请求雷公降雨。最终雷公降雨缓解了布依族地区的旱情，使人们得以种植庄稼。而在当时，人们认为族人去世之后，如果不为其举行超度仪式，其无法成仙。因此，人们又求布杰上天去求一件神器，用以超度亡灵。布杰的孝心最终感动了天神，他顺利拿到了一面铜鼓。在回去的路途中，由于过度兴奋，布杰背着铜鼓被门槛绊倒，摔了一跤，铜鼓也因此破了一个洞。人们得到铜鼓后，每当族中有人去世，就会敲击铜鼓，引来天神为亡灵超度。

这个传说从侧面体现了铜鼓在当时有着重要的祭祀功能。随着社会的进步，铜鼓在布依族人的日常生活中也发挥着十分重要的作用。慢慢地，铜鼓融入布依族风俗习惯之中，并且演变出了多种表演形式。

布依族地区至今流传着许多与铜鼓有关的舞蹈，具有代表性的有铜鼓舞、铜鼓刷把舞、糠包舞、粑棒舞等。铜鼓舞舞蹈别具一格，给人以耳目一新的感觉。铜鼓舞舞蹈的人数必须保持双数，如四男四女，或六男六女。铜鼓舞的音乐伴奏以铜鼓为主，整个表演显得十分庄重且热烈。按照用途，铜鼓舞可大致分为三大类：第一类是在祭祀场合跳的舞蹈。这种舞的特点是节奏比较缓慢，动作比较粗犷，给人一种庄严神圣的感觉。通过舞蹈动作，将请祖先下凡、敬酒、超度亡灵等场景表现得淋漓尽致。第二类是娱乐的舞蹈。这类舞蹈的特点是节奏较为欢乐愉快，现场氛围轻松有趣。比如体现布依族青年

① 《王永占：贵州省贞丰县布依族铜鼓十二调传承人》，网址参见：https://www.163.com/dy/article/DH56IOP60521BOQL.html。

男女恋爱的舞蹈，充分体现了他们的生机与活力。第三类是反映战争的舞蹈。每当外敌来袭，寨老便会大力敲击铜鼓，以此鼓励族人奋勇御敌。而族人们往往在听到鼓声后变得更加勇猛，对待敌人更加毫不留情。这一类舞蹈一般由男子来表演，他们雄伟的舞姿往往令人惊叹。①

布依族有着众多的节日，如“三月三”“四月八”“六月六”“七月半”等，这些节日以及其他充满纪念意义的节日也受到了布依族人的重视。布依族在这些节日中都要进行相关的娱乐表演活动，其中，铜鼓的演奏是这些表演中最为庄重的部分。例如，2016 贵州·兴仁“二月二”布依铜鼓文化节就是在布依族铜鼓十二调中拉开序幕的。兴仁一带的布依族群众，逢年过节或是重要活动都要敲击铜鼓，愉快地庆祝节日和丰收，如“二月二”敲击铜鼓是为了祈求来年五谷丰登、六畜兴旺、村寨平安。在 2016 贵州·兴仁“二月二”布依铜鼓文化节上，布依族群众表演了原生态的节目《布依小打音乐》《反弦小调》《铜鼓舞》《山歌对唱》等，着力展现布依族同胞世代传承的文化结晶，让观众既饱耳福又饱眼福。兴仁民间歌舞艺术团带来了轻快的舞蹈，整个文化节将民族文化与现代艺术紧密结合，深入展现兴仁人民幸福安康、欢乐祥和的幸福生活。

贵州兴义市每年农历六月二十一都会举行查白歌节，这个节日是为纪念布依族青年查郎和布依族姑娘白妹之间的爱情故事而设的。在古时候，一个叫查郎的布依族青年在山上遇到遭受老虎袭击的白妹，他勇猛地打死了老虎，成功救下了白妹，后来两人结为伴侣。然而好景不长，恶老财主看上了白妹的美貌，于是害死了查郎。白妹在万分悲愤之下，先

图一五七 三都水族自治县周覃镇布依族葬礼仪式上的铜鼓刷把舞（蒋英 摄）

① 王天锐：《布依族铜鼓与民族文化》，载贵州省布依学会等编《布依学研究（之九）》，贵州民族出版社，2008，第 288 页。

是烧掉财主的院子，然后自己也冲入了火海。最终，查郎和白妹两人化作蝴蝶双宿双飞。为了纪念他们与恶势力不断抗争的英勇精神以及他们对爱情坚贞不渝的崇高态度，布依族设立了这个节日来纪念他们。每当查白歌节这一天，布依族众多青年男女聚集在查白场，先由寨老敲击铜鼓，以此来宣告节日活动的开始，随后人们就进行各种歌舞活动，以纪念查郎和白妹。

还有其他的节日，如惠水县董朗六月桥歌节、独山“四月八”斗牛节、安龙县毛杉树歌节（纪念杉郎和树妹）等，都是要先由寨老敲击铜鼓以后，人们才可以进行各种娱乐活动，场面十分热闹。

由此可以看出，随着社会的发展，铜鼓的社会功能也在不断转变，由最初的祭祀功能慢慢发展到以娱乐功能为主。

## （2）布依族铜鼓的艺术魅力

在古代，南方一些统治阶级将铜鼓看作是权力和财富的象征，更有“得鼓二三，便可僭号称王”[①]之说。因此，当时还有人费尽千辛万苦想要得到铜鼓，对铜鼓怀着深深的崇拜之情。从古代留存至今的各类铜鼓，铸造年代上溯春秋战国时期，下迄明清时代。不同类型的铜鼓，铸造工艺不同。这是对不同历史时期生产力水平以及审美水平高低的一个重要体现。同时，也蕴含着丰富的民族文化内涵，对民族文化的研究工作来说是一项重要的历史文物。

布依族的铜鼓大多外形美观、纹饰精美，表面十分光滑，且多由合金制成。这些无一不证明了铜鼓铸造工艺的高度发达。铜鼓的铸造与冶铸技术的进步是紧密联系在一起的。一般来说，制作铜鼓，首先要采矿，再对矿物原料进行冶炼。材料、工具备齐后，才可以开始制作。其次，做好铜鼓模型，调整好各种材料的比例，进行熔铸。最后，对初步做出的成品进行加工，如表面的抛光、纹饰雕刻、配饰的焊接等。现今保存的铜鼓，大多数属于麻江型铜鼓。这类型铜鼓拥有以下特征：首先，从体型来说，它是偏矮小型的，每一面铜鼓的大小相差很小。其次，鼓身弧度比较柔和，胸、腰、足没有明显的分界标志。再次，有两对宽大的鼓耳，分别位于胸部位置。最后，鼓上纹饰具有一定特色。早期鼓面上的纹饰一般都有两层乳钉纹，鼓面太阳纹芒间填以翎眼纹或简体翎眼纹，主晕饰以大游旗纹或游尾分叉的燕尾游旗纹，或饰以复杂的符箓纹，有的则是以投影式十二生肖纹作为搭配。这种铜鼓的鼓身花纹一般分为上、中、下三段。再晚一点

图一五八　麻江型铜鼓鼓身上、中、下三段花纹拓片（梁富林　摄）

① 张廷玉等:《明史》卷二百十二，中华书局，1974，第5620页。

图一五九　麻江型铜鼓鼓面（上有太阳纹、乳钉纹、游旗纹、翎眼纹、十二生肖纹等纹饰）（王梦祥　摄）

出现的铜鼓，则有两种不同的风貌：其中一种继承了早期铜鼓的一些特征，其太阳纹的光芒较粗短，芒间饰以坠纹，主晕往往用长条游旗纹、人字足游旗纹和桃符纹装饰。整个鼓身的花纹大多是按照上、中、下三段分割开来，少部分为上、下两段布局。而另一种则进行了改变，其纹饰都较为精美，太阳纹的光芒较细长，芒间仅仅夹杂了复线翎眼纹。鼓身花纹分为上、下两部分，上半部分一般是乳钉纹、云纹、雷纹、栉纹等七层花纹，下半部分则是五层花纹。有的鼓上面雕刻了一些象征铸造年份或寓意吉祥的文字，如“天元”“成化十五年”“福寿”“进宝”等。[①] 布依族铜鼓有着各种各样的纹饰，鼓面的图样更是千姿百态，这些纹饰充分体现了布依族生产生活的特征，同时也是布依族先民审美观念的重要体现，表达出他们对大自然的崇拜和敬仰之情。

## 3. 布依族铜鼓的民俗文化内涵与民间文学特征

### （1）民俗文化内涵

布依族铜鼓上的一些纹饰体现了布依族的原始崇拜。布依族先民通过花纹来反映他们对神灵的崇拜，是他们信仰万物有灵的真实体现。在当下，几乎每个布依族村寨都保存有一面或几面铜鼓，有的是一个家族专用，有的是几个姓氏共用。铜鼓平时放置在族中认定的有较大威望的人家里，只有使用时才会抬出来。按照传统，只有在重大场合，如过年或祭祀、丧葬等才会使用铜鼓。使用铜鼓之前，必须举行庄重的仪式。布依族人对铜鼓十分尊敬，视其为富有灵性之物。鼓耳上往往系着红色布缎，这是用来驱邪的。使用完毕后，要将铜鼓重新放回谷堆之中。之所以要放在谷堆中，是因为一个传说。人们认为如果不埋起来，铜鼓便会跑到龙潭和龙王打架。他们觉得铜鼓缺少一个角，就是打架时被龙王敲掉的。当铜鼓由一个地方送到另一个地方时，须以布包裹全鼓。布依族铜鼓一般只在室内敲击，只在重大场合使用。敲击铜鼓的工作是由寨老或者布摩动手，其他人不可以随意敲击铜鼓。铜鼓作为一个器物，其神圣的功能都是布依族先民所赋予的，这充分体现了当时布依族先民尊神敬神、信仰万物有灵的传统民俗。

布依族的蜡染服饰非常精美，上面的蜡染纹样与铜鼓纹样极为相似。这实际上是布依族传统审美观念在不同时期、不同事物上的一种体现，它表明布依族文化已融入布依族人生产生活的方方面面。

① 王克松、邰琳群：《从布依族铜鼓文化看布依族的铸造历史》，载黔南州民族宗教事务局古籍办公室编《黔南民族古籍》（四），2007，第24页。

图一六〇　鼓耳上系着红色布缎的布依族铜鼓（王钧　摄）

每当布依族传统节日来临，布依族人都会穿上代表其民族传统艺术的蜡染服饰来庆祝节日。布依族妇女所穿的蜡染百褶长裙，图案是天空中布满一颗颗闪亮的星星，它反映了布依族人对生育的赞美，是他们祈求人丁兴旺、子孙平安的象征。布依族青年男女以蜡染织绣的糠包作为信物，向对方表示爱意。布依族传统服饰上的旋涡纹，是布依族沿河而居的生活习惯的体现。同时，布依族人也赋予了蜡染服饰以超自然力量。和铜鼓一样，蜡染服饰在布依族文化中也被赋予了驱邪避害的功能。当遭遇恶劣天气时，布依族人便会将蜡染服饰拿到门前晃动，以祈求平安，镇压邪魔。在婚丧嫁娶等重要场合，布依族人都会穿

图一六一　册亨县布依族绣娘在刺绣（梁兴星　摄）

上传统的蜡染服饰参加各种仪式，以表达他们对仪式的尊重。这些习俗和服饰礼仪都与布依族人的生产生活息息相关，从中我们可以感受到布依族铜鼓文化的独特魅力。

民间艺术是民间文化的重要部分。布依族的民间艺术主要有编织、蜡染、织锦、刺绣等，这些民间艺术反映了布依族人早期的社会经济生活情况和心理活动。布依族蜡染的纹样有旋涡纹、齿形纹、角形纹、菱形纹等；刺绣的纹样有鱼骨纹、颗粒纹、桂花纹、梅花纹等；织锦的纹样有菱形纹、角形纹、方形纹等。历史文献中有过这样的记载："蜡染模取鼓纹，以蜡刻板印布。"这说明古时蜡染纹样的来源是铜鼓纹饰，蜡染纹样与铜鼓纹样可以说是一模一样的。①

### (2) 民间文学特征

布依族民间文学是布依族人的智慧结晶。布依族人的文化创作是很丰富的，千百年来，他们创作了许多古歌、史诗、神话传说等。而他们会在文化创作当中把布依族铜鼓文化融进来，不得不说这提升了民间文化的高度。在布依族村寨，到处流传着与铜鼓有关的神话传说、故事、歌谣等，这使得布依族铜鼓文化有了载体，有了肥沃的土壤，这无疑推动着布依族民间文学的发展。《铜鼓的来历》《铜鼓的传说》《铜鼓风俗歌》等都与铜鼓紧密联系。

在民间文学中，有一些是关于布依族铜鼓的。这些文学作品反映了布依族人的经济生活、社会生活、政治生活及文化生活，体现了布依族独特的审美意识和民族精神。而这些与布依族铜鼓相关的文学作品，基本上都是由布依族人民群众创造出来的，在流传的过程中不断地被充实。这些有关铜鼓的文学作品，有利于增强布依族的凝聚力和民族认同感，是民族文化的瑰宝。

## (二) 布依族铜鼓文化的保护与传承现状：以屯脚镇为例

### 1. 屯脚镇铜鼓概况

屯脚镇地处贵州省黔西南州兴仁市的南部，总面积约130平方公里，耕地面积约2.3万亩，居住着汉、苗、布依等民族，少数民族人口约占总人口的63%，布依族人口约占总人口的46%。

屯脚镇从老祖宗那里传承下来很多铜鼓，至今保存较好的还有28面。这些传世铜鼓都属于布依族人的，存放在布依族的俄典、纳沙、喳啦3个村寨里面，并安排了专门人士进行看管。根据有关部门的记录以及当地人的回忆，整个黔西南州仅存100多面铜鼓，而屯脚镇就有28面，可见屯脚镇对铜鼓的保护与传承很重视。据一些学者研究，这些布依族铜鼓的年代都十分久远，其中最古老的一面铜鼓是鱼龙纹样的，其年代可追溯到秦朝，还有元代回旋纹样的传世铜鼓、明代节纹样的传世铜鼓。屯脚镇布依族不仅把传世铜鼓保存得较为完好，还把古老的铜鼓谱子传承了下来。这些村寨当中的布依族人，大多能熟练地按照鼓谱敲击铜鼓。在重大节庆日，布依族人就会敲击铜鼓，并伴着节奏激情热舞，如

① 伍文丽:《布依族民间蜡染工艺传承的传播学阐释——基于贵州镇宁县石头寨的调研分析》，硕士学位论文，西南大学，2014，第24页。

跳铜鼓舞、竹竿舞、刷把舞等，场面气氛非常欢乐。

俄典、纳沙、喳啦3个布依族村寨的铜鼓，充满着神秘感。铜鼓的外形很别致，纹样也与众不同。从外形上看，铜鼓由鼓面和鼓身两个部分构成，鼓面和鼓身上都相应地雕刻着与众不同的纹饰。这些铜鼓的鼓面很圆，鼓面半径约25厘米，鼓身较高，已经超过了鼓面的半径，而每面铜鼓的鼓身都有四条在铸造过程中留下的线痕。每面铜鼓的平均重量约12千克，厚0.3厘米左右。铜鼓鼓面都附有十二芒太阳纹，这与布依族的十二层天、十二层海、十二个太阳的古老传说有着重大的关联。

## （1）历史渊源

从布依族传承下来的铜鼓中可以看出，布依族很早的时候就学会了青铜器的制造。一方面，在对贵州进行考古的过程中，笔者发现从春秋战国时期开始，青铜器就有了布依族的印记特征。例如，戈、剑、钺等出土的器物有很明显的旋涡纹、卷云纹、圆点纹等纹样，而在传承下来的布依族铜鼓中，也有旋涡纹、卷云纹、圆点纹等纹样。由此推断，布依族祖先在那个时候就已经掌握了青铜器制造技术。另一方面，从布依族的起源来分析，也能说明布依族很早就掌握了铜鼓制造技术。据史料记载及有关学者的考究，布依族先民正是古代的越人。《后汉书·马援列传》记载："援好骑，善别名马，于交阯得骆越铜鼓，乃铸为马式，还上之。"①

虽然屯脚镇布依族的铜鼓保存完好，但是制造铜鼓的技术已经失传了，这令人感到惋惜，也说明了这些留存下来的铜鼓弥足珍贵，它们见证了先人们的非凡技艺。铜鼓制造技艺失传的原因有很多，其中最重要的原因在于其传承方式，因为制造铜鼓的技术含量高，为了避免技术流传到外人手上，布依族先民定下传男不传女的规矩。还有另外一个重要的原因是，铁制品的发明与普遍使用让人们逐渐弃用青铜器。根据贵州出土的文物以及有关史料记载，贵州在西汉时期就已经广泛地使用了铁制工具，因为铁制品的普及，青铜器逐渐淡出了人们的视野。虽然铁制品取代了青铜器，但不可否认的是，青铜器在历史上曾经辉煌过。虽然制造铜鼓的技艺没有流传下来，但保存下来的铜鼓足以作为那段辉煌历史的见证。

屯脚镇布依族从古代开始就把铜鼓当成他们的守护神。他们把铜鼓当作神物，认为铜鼓发出的声音可以驱邪避魔、震慑敌人与野兽、保族人平安。布依族人把铜鼓看得十分重要，因而愿意牺牲一切来保全铜鼓，"铜鼓在，人在；铜鼓亡，人亡"。即使在战火纷飞的年代，即使布依族人身处水深火热当中，仍旧不会忘记保护祖先留给他们的铜鼓。例如，屯脚镇塘湾村水河组曹氏家族传承了千年的铜鼓，在20世纪六七十年代被政府没收了。此后，曹氏家族的后人对这面具有深厚情感的铜鼓一直念念不忘。直到20世纪90年代，他们向政府机关积极反映情况，终于使得家族的那面传世铜鼓又重新回到了家族里。进入21世纪以后，国家更加注重对非物质文化遗产的保护研究，这对屯脚镇布依族古老铜鼓文化的保护是非常有利的。

## （2）屯脚镇铜鼓使用情况

铜鼓在布依族社会中一直扮演着举足轻重的角色，目前考证到的有以下3种。

① 范晔：《后汉书》，中华书局，1965，第840页。

图一六二　铜鼓鼓面上的十二芒太阳纹和翎眼纹（王梦祥　摄）

①狩猎

原始时期，布依族先民的生活方式是群体生活方式。男女分工明确：男人上山狩猎，女人采集野生植物。年龄较大者，负有备餐的重任。晚间由男子防范野兽对人群的袭击。休闲时间，男女老少以锅、碗、盆、瓢为打击乐器，聚集狂欢。在这些打击乐器中，锅的响声较大，后来，布依族先民模仿锅的样子制造了铜鼓。

②保卫疆土

青铜器时代，布依族人用青铜铸成铜鼓。在战争中，布依族各部落的族人用铜鼓作为互通信息的工具；各部落头领将铜鼓的不同声响制定为各类情报讯号，如集聚、战备、冲锋、撤退、报平安等。后来，这些情报讯号演变成布依族的铜鼓调。

③祭祀与狂欢

布依族先民以紧密团结、协同作战、共生共荣的聪明才智，得到了休养生息的机会。由于铜鼓在布依族人生活中起到了极其重要的作用，布依族人把它当成神器、乐器，视如珍宝，代代传承。铜鼓作为神器，主要用于祭祀，包括祭先民头领、祭地方古树（神树）和超度祖宗亡灵；铜鼓还可作为乐器，在闲暇时用来举行狂欢活动，尤其是在正月和七月。

屯脚镇布依族铜鼓仪式，有着上千年的历史。如今，一般只在一些重要的节日或某些特殊的场合敲击铜鼓。在布依族人使用铜鼓之前，往往都要在心中先进行祷告，然后还要开展庄严又神秘的祭鼓仪式。祭鼓仪式也是非常讲究的，由寨老、布摩这样的老人带领着村寨中的已婚男子进行祭拜。这些老人哼着从祖先那儿传承下来的祭鼓词，晚辈们也跟着哼，同时还夹杂着泼酒敬神的动作。屯脚镇布依族把铜鼓看作是不可亵渎的神物，他们尊重它、保护它。每年的祭鼓仪式都非常庄严，同时也很热闹，大家都自愿前来参与，并提前把供品准备好。寨老槌鼓三声，敬天，敬地，敬神鼓，祈祷族人平安、粮食丰收。屯脚镇布依族人还把铜鼓看成与天地一样重要，可见他们对铜鼓怀着无比的尊重和热爱之情。

屯脚镇布依族在祭奠逝者的场合或喜庆日子，也会举行祭鼓仪式。祭鼓仪式都是由村寨里的老人主持，来参加祭祀活动的布依族人都对铜鼓表现得恭恭敬敬。平常，铜鼓“就寝”于静谧崇高的地方。当村中有老人去世，由两名舞者踏着铜鼓、皮鼓的鼓声缓缓而舞，以此哀悼故去的老人。布依族人平常跳铜鼓舞时，还常一同表演刷把舞，并称之为“铜鼓刷把舞”。舞蹈中铜鼓声、刷把声交织鸣响，表演别具一格，有着浓郁的民族色彩。

图一六三　兴仁市屯脚镇“二月二”布依铜鼓节活动现场（蒋英　摄）

## 2. 屯脚镇铜鼓文化传承人现状

### （1）擅长敲击铜鼓的人数较多

在屯脚镇的 3 个布依族村寨中，能按鼓谱敲击铜鼓的人不在少数，他们敲击铜鼓可以达到忘我的境界。布依族人擅长敲击铜鼓。鼓手们的年龄主要集中在中青年身上，约占所有鼓手的三分之二。虽然敲击铜鼓的技术传承有性别的限制，女人一般不得接触，但屯脚镇布依族妇女梁定细、梁发莲却很熟悉铜鼓的敲击技术，她们是通过耳濡目染、勤学苦练练就了本事，因而她们也很受人尊重。从铜鼓研究的角度来看，专家学者对布依族铜鼓文化的保护与传承研究也很重视。20 世纪 80 年代，学者王开级就在布依族村寨展开了多次的实地调查，记录归纳了许多有价值的铜鼓资料。因为屯脚镇布依族村寨的很多布依族人对铜鼓有着深入的认识，平时也都会交流铜鼓的传说，而他们又是布依族铜鼓文化变迁的主体，因而引起了贵州省非物质文化遗产保护中心的关注。21 世纪初，专家学者们陆续来到屯脚镇，与当地布依族人进行访谈，对当地布依族铜鼓进行调查。布依族铜鼓文化是布依族传统文化的典型，学者们把它发掘出来，才能更好地保护、传承下去。2006 年，黔西南州成立布依族铜鼓研究协会，其成立的主要目的就是为了保护和研究布依族铜鼓文化，屯脚镇也是在那个时候被尊称为“布依铜鼓文化之乡”。屯脚镇布依族铜鼓文化得以延续至今，一是离不开铜鼓本身的魅力，二是离不开专家学者们的辛勤付出，三是离不开早已把铜鼓扎根于心的布依族人的努力。进入 21 世纪后，屯脚镇布依族铜鼓文化登上了舞台，以舞台化的形式进入了观众的视野。布依族人在舞台上进行原生态铜鼓展演，获得了无数观众的掌声。

### （2）传承人中年轻人较少

在布依族民族文化的保护与传承过程中，传承人是中坚力量。传承人是指这样的个人或群体，他们直接参与到民族文化遗产的传承中，促使本民族传统文化能被传承下来。传承人是布依族民族文化的优秀代表，他们往往拥有扎实的民族文化知识，同时掌握一些本民族的传统技艺，因此成为布依族传统文化最重要的活态载体。

现在参加布依族铜鼓展演的人以中老年人为主，很少见到年轻人。然而，只有青少年才能够更好地传承和延续本民族文化。随着社会经济的发展，越来越多的布依族青年选择外出打工，这导致布依族传统文化的传承后继乏人。他们中的大多数人对本民族传统文化的感情、信心、自豪感不够强烈，因此对传统文化的保护与传承也就不够重视。

如今，布依族铜鼓文化传承人老龄化严重。一些民族文化传承人因为年龄的增长，渐渐难以有精力进行文化的传承工作，更有一些因意外等原因突然离世的传承人，其文化记忆随其逝去而消失。布依族铜鼓文化传承面临困境。

## 3. 布依族铜鼓的传统仪式解读

对于“仪式”一词含义的解读，学界有多种看法。《现代汉语词典》是这么记录的：仪式是指举行典礼的程序、形式。英国的《简明不列颠百科全书》认为，仪式并不是自古以来就有的，而是经过一系列社会化过程逐渐形成的人们约定俗成的规范。《人类学词典》则把仪式和宗教活动联系到了一起，认为仪式是宗教祭祀所衍生出来的行为。但是，人类学家则普遍认为仪式指“那些正式的、高层次的和一个无功利目的的活动……也指诸如节日庆典、游行集会、入会仪式、运动会以及正式的问候”[①]。虽然学界对仪式给出不同的定义，但共同点都是用规范和功能来定义仪式。

人类学家把宗教和仪式捆绑起来，认为二者不可分割，它们从古至今都有着凝聚人心的作用。举行一个仪式是很复杂的：首先，离不开仪式的主体即主持人，还有仪式的客体即见证人，整个仪式过程都离不开主客体；其次，离不开仪式中心思想的表达，仪式带有表达某种意识情感的目的，其功能可以引导参与者改变现状，抑或是重新获得平衡。对于仪式的研究，人类学家一直以来都十分重视。经过一系列的研究，人类学家把仪式从宗教



① T.Barfield(ed.), *The Dictionary of Anthropology* (Oxford:Blackwell Publishing,1997),p.410.

当中分离出来，作为一个独立研究的课题。在研究仪式的过程中，又衍生出了很多人类学和社会学的理论，这为人们解读布依族铜鼓的传统仪式提供了很大的帮助，也使得人们对布依族铜鼓文化的研究进入一个新的阶段。

## （1）权力与财富的象征

布依族铜鼓文化包括两个方面的内容：一是铜鼓这个实物本身的物质性文化；二是由铜鼓衍生出来的非物质性文化，包括敬神、庆祝、娱乐等活动，以及对权力和财富的象征。布依族铜鼓文化的内容很丰富，涉及面也很广，可以说开展对布依族铜鼓文化的保护和传承工作还是很困难的。“边保护边开发、边开发边保护”的模式值得探究，既保护了布依族铜鼓文化，又开发了布依族铜鼓文化，同时还能为布依族铜鼓文化的传承提供一定的经济支撑。

首先，铜鼓是社会地位和权力的象征。

从古至今，铜鼓都是社会地位和权力的象征。例如，唐代刘恂认为铜鼓象征着社会地位，他在《岭表录异》中如是说：“蛮夷之乐，有铜鼓焉。……贞元中，骠国进乐，有玉螺铜鼓。即知南蛮酋首之家，皆有此鼓也。”① 只有部落的首领才拥有铜鼓，可见铜鼓在当时尽显主人身份。《明史》对铜鼓也有记录：“得鼓二三，便可僭号称王。”② 得到铜鼓可以称王称霸，而失去铜鼓就意味着失去了社会地位和权力。从这些史料当中可以看出，铜鼓就是布依族人社会地位和权力的代名词。进入新时代，传统的经济已经解体，全新的思想观念深入人心，但是铜鼓仍是布依族人心中社会地位和权力的代名词。布依族村寨中的铜鼓都存放在专门人士的家里加以保管，而这些专门人士就是寨老、布摩等名望很大的老人。布依族铜鼓的代管方式是约定俗成的，这无形之中强化了铜鼓作为地位和权力代名词的认同。

铜鼓能够象征布依族人的社会地位和权力，原因还在于其本身的用途。铜鼓早期的用途之一是作为炊具，在生产力发展极端低下的古代社会，铜甚至可以作为货币来使用，可以想象在当时能用铜鼓做炊具的，应该是家境殷实或权力极高的人家。在贵州兴仁一带，布依族的铜鼓被作为战斗中发号施令的工具。能发号施令的人在军队里面一般有很高的地位，铜鼓的身价自然随着主人的身份得到提高，甚至可以说，拥有铜鼓者很有可能就是军队里的首脑级人物。无论是作为炊具，还是作为军队发号施令的工具，都充分说明铜鼓象征布依族人的社会地位和权力。

铜鼓经常在节日庆典和祭祀仪式中出现，也能充分说明铜鼓象征布依族人的社会地位和权力。

其次，铜鼓是财富的象征。

《蜀中广记》卷七十《方物记》记载：“《上南志》：铜鼓，有剥蚀，声响者为上，易牛千头，次者七八百头，递有差等。”③ 音质效果较好的铜鼓可以换得上千头牛，而音质效果稍差的铜鼓也能换得几百头牛，可知铜鼓在当时简直就等同于金银。《赤雅》也有记载：“（铜鼓）两粤滇黔皆有之……夷俗赛神宴客，时时击之，重赀求购，多至千牛。”④ 封建统治者或富商，愿意花重金来求购铜鼓，这说明铜鼓是财富的代名词。

① 商壁、潘博：《岭表录异校补》，广西民族出版社，1988，第 44 页。

② 张廷玉等：《明史》卷二百十二，中华书局，1974，第 5620 页。

③ 曹学佺：《蜀中广记》卷七十《方物记》，钦定四库全书本。

④ 邝露：《赤雅》卷下，知不足斋丛书本。

## (2) 物化的神灵

布依族人普遍认为，铜鼓看似寻常，却十分与众不同，它是物化的神灵。在布依族村寨中有这样一个传说：铜鼓有自我意识，可以上天入地，驱魔避鬼。布依族人为了把铜鼓保管好，平时就使用绳子把铜鼓耳拴住。铜鼓能保护族人的平安，为族人带来喜庆之气。如果小孩子身体虚弱，或是晚上经常哭闹，大人就会带孩子去祭拜铜鼓，以避邪驱魔，祈求铜鼓保佑孩子健康、平安。还有一些布依族村寨，寨老会在过年之际把寨里小于 12 岁的孩子聚集到一起，然后到保管铜鼓的人家去拜新年，祈求铜鼓保孩子平安。在贵州镇宁一带，布依族人在迁居新房或求子的时候，都可以把村寨里面的铜鼓请回家。他们之所以这样做，就是因为他们把铜鼓当作神灵，希望可以得到铜鼓的保佑。

铜鼓是一种物化的神灵，布依族人认为它具有神性和灵性。

在神性方面，布依族人把铜鼓看作是进行交流的器具，这种交流指的是人与天神、阴间与阳间的交流。为什么铜鼓能够进行这种交流？究其原因，无非是两方面：一方面，铜鼓与狩猎、战争密切相关。在狩猎或战争中，布依族人会根据铜鼓所发出的声音（不同的声音对应不同的命令），决定下一步行动是前进还是后退。当布依族人在铜鼓声音的指挥下，捕捉到了猎物或是打败了敌人的时候，他们就笃信成功离不开铜鼓。布依族先民在此基础上，又进一步联想，铜鼓可以统一人的思想和行为，那自然也是可以支配鬼神的。另一方面，取决于铜鼓本身的音质效果。敲击铜鼓所发出的声音，雄浑、铿锵有力，振奋人心，传播得非常远。铜鼓所具备的这种声音优势，无疑就使得人们相信铜鼓是能够沟通人与神、阴间与阳间的器具。

在灵性方面，布依族人认为铜鼓有性别之分，即铜鼓分为公鼓和母鼓。笔者认为，这与布依族人的鬼神论思想有一定关联。布依族人认为人在做梦以及死去的时候，灵魂会出窍，而且灵魂是不死的，会永远存在于世界当中。他们把生前善良、正直、地位高的人的灵魂当作神，而把经常做坏事的人的亡魂当作鬼。他们认为，人有男女之分，鬼神也有性别之分，那么客观存在的一切事物自然也都有性别之分。

## (3)“送宁”仪式：屯脚镇居民对美好生活的向往

通过调查分析，屯脚镇布依族铜鼓主要依靠两种方式来传承：第一种方式为祖传，是指铜鼓从祖先那里一代一代地传承下来；第二种方式是民传，是指铜鼓在整个布依族村寨里面被轮流保管，作为象征着公共利益的物品而传承下来。在屯脚镇，不管是通过祖传还是民传的方式传承下来的铜鼓，一律要在每年的元宵节晚上举行盛大的“送宁”仪式。“送宁”就是指送铜鼓去哪一家的习俗规范。屯脚镇布依族每年都如期举行“送宁”仪式，这是民族文化传承最为生动而深刻的体现。

“送宁”仪式之前，布依族人会做好各种准备工作。他们先在村寨里面通过选举的方式，选出仪式的主持人，然后再选出一些身体强壮又对工作认真负责的男青年。主持人起到负责或管理的作用，男青年则要分工购买仪式所需要的一切物品，包括烟、酒、祭祀品等。

“送宁”仪式开始时，男女老少都来参加。屯脚镇布依族人会在约定的时间纷纷前往存放铜鼓的人家，一路上大家畅谈生活，交流经验，喜笑颜开。到了存放铜鼓的人家后，德高望重的寨老就背起铜鼓，领着一路人，前往下一户人家。迎接铜鼓的人家，早已经做好了一切准备工作，满心欢喜地等待铜鼓进入自家大门。“送宁”队伍把铜鼓放置于厅堂内的神龛前，然后由寨老向主人家进行道喜、祝贺。保持短暂安静之后，铜鼓声便响起来了，唢呐声、锣声跟着铜鼓声的节奏响起来，鞭炮声和聊天的声音声声入耳，热闹非凡。在演奏之后，寨老便和主人家一起在神龛前喝酒聊天，传达祝福。年轻人会在主人家玩到很晚，甚至到天亮。大家一起唱歌、跳舞、玩游戏，玩得不亦乐乎。

英国艺术人类学家雷蒙德·弗思说：“仪式是用一套程序把信仰和愿望联系在一起的。”[①]“送宁”仪式也是如此，把家人平安和子孙辉煌的美好愿望与自己对铜鼓的信仰结合在一起。

中青年在“送宁”仪式中表现得相当活跃，其作为主力军，发挥了重要的作用。小孩子在“送宁”仪式当中，获得了思想的洗礼，不断地学习和成长。在“送宁”仪式中，老人总是表现得很积极很主动，他们经历了很多次类似的活动，很清楚自己所扮演角色的重要性。老人在仪式活动中所表现出来的一切行为，使得年轻人的认知和行为在不知不觉中就受到了感染。

“送宁”仪式，也是对每个布依族人思想和行为的检验。“群体给个人提供了他们在其中定位记忆的框架。”[②]青年人在参加活动的同时，也对约定俗成的村规民约有了更深的了解。“送宁”看似只是个仪式，却有着重要的作用。布依族历史上没有通用文字，所以很多非物质文化只能靠口口相传的方式，或者通过实践展演的方式传承下来。由此可以看出，“送宁”仪式在布依族生活与文化中的地位非常重要。对非物质文化的展演，既能传承传统文化，又能增强村寨的凝聚力，共建祥和文明的村寨。

## 4. 屯脚镇铜鼓文化的舞台化与商品化

美国学者麦坎内尔最早把舞台化理论运用到研究旅游学当中，并提出了著名的“舞台真实性”理论。舞台化在艺术学研究当中很常见，但在别的学科领域当中运用得并不是很多。麦坎内尔把舞台化运用到旅游学当中，想利用舞台展演的形式来发展旅游，同时达到保护非物质文化遗产的目的。“舞台真实性”理论涉及面很广，与文化商品化、变迁等都有重要的联系，因而它涵盖了社会学和人类学的有关知识。具体来讲，“舞台真实性”理论是指在发展旅游的过程中，可以把文化旅游产品当作“真实”的东西而搬上“舞台”，向游客进行舞台化的表演展示，也可以称为“文化商品化”，从而使“真实性的文化再现”，实现文化的再创造，满足旅游者的真实文化体验。

在一定程度上可以认为，文化的商品化与真实性之间并不是完全对立的，它们二者之间也是相互联系着的。文化的舞台化可以促进文化的商品化，而文化的商品化能够进一步推动文化的舞台化。

布依族铜鼓文化的商品化，可以为屯脚镇布依族村寨的文化发展带来生机与活力，可以将铜鼓文化打造成一个民族的品牌，大力向游客推广。屯脚镇布依族可以结合当地的生态特征及其民族特性，把布依族铜鼓文化通过舞台展演的形式表现出来，以满足游客观光和体验的心理，同时还能增强布依族的民族自豪感。在保护和传承布依族铜鼓文化时，要避免因民族融合而导致布依族铜鼓文化淡化，在保护布依族铜鼓文化的原生地等方面，舞台化就显得极为重要了。有关的调查研究显示，旅游文化的真实性对游客的吸引力是排在首位的，真实体验成为能够满足游客需求的重要方式。[③]

① 雷蒙德·弗思：《人文类型》，费孝通译，商务印书馆，2009，第154页。

② 保罗·康纳顿：《社会如何记忆》，纳日碧力戈译，上海人民出版社，2000，第37页。

③ 吴忠才：《旅游活动中文化的真实性与表演性研究》，《旅游科学》2002年第2期。

## （1）铜鼓的社会展演——贵州·兴仁“二月二”布依铜鼓文化节

铜鼓本身就是一种乐器，布依族铜鼓文化的丰富内涵需要通过艺术表演的方式展现出来，而社会展演就是表现布依族铜鼓文化的绝佳方式。对布依族铜鼓文化进行社会展演，可以让观众从多个角度体会铜鼓文化的内涵，如舞蹈呈现的视觉享受，听觉接纳的铜鼓声。通过展演，将铜鼓文化的魅力表现得淋漓尽致，使其在现代世界熠熠生辉。

就目前来看，有些地区对布依族铜鼓文化的社会展演做得较好，如贵州兴仁市。贵州·兴仁“二月二”布依铜鼓文化节把布依族铜鼓文化通过舞台表演的形式进行展演，并逐步走向了社会展演。这样的过渡，有两个显著的特征：一是艺术形式的拓展。铜鼓文化节所包含的艺术展演的范围很广，布依族铜鼓文化的表演将会和其他艺术表演形式相融合，但铜鼓和山歌依然是铜鼓文化节的主要表演内容。古今文化表演相结合、歌舞表演相结合等多种艺术表演一同呈现，能够丰富表演的内容，加深观众的印象，从而引起观众对布依族铜鼓文化的共鸣。二是艺术体验的拓展。铜鼓文化节当中的节目表演已不仅仅局限在舞台上，而是以舞台展演为中心，同时拓展展演的时间、空间范围，营造一种演员与观众互动的氛围，让观众真实地体验布依族铜鼓文化。这样的表演，增加了演员和观众间的互动，让观众从观察者的角色瞬间转换成参与者的角色，从客体转变成主体。这种展演的过渡，使得观众或游客对布依族铜鼓文化的体验从艺术体验转变成社会体验。[①]

图一六四　布依族铜鼓展演（蒋英　摄）



① 金丽：《物与像：从旅游者视角看旅游中的真实性》，《合作经济与科技》2007 年第 1 期。

## （2）铜鼓在现代旅游中的应用

布依族铜鼓文化代表的是文化的软实力，是一种文化资本。文化资本，强调的是统筹文化与经济的发展，让传统文化产生经济价值，并在产生经济价值的过程中提升原来的文化价值。布依族铜鼓文化在现代旅游中的应用，其实也是文化资本化的过程，将与布依族铜鼓文化相关联的事物进行商品化，然后在流通领域进行交易。

社会的变化发展非常迅速，很多传统文化受到了冲击，铜鼓文化也在悄无声息中慢慢脱离布依族人的生活。令人意外的是，铜鼓舞、铜鼓小礼品、铜鼓城市雕塑等符号化铜鼓，被人们开发出来并得以广泛地传播。这些符号化铜鼓在现代旅游中的应用，使得铜鼓文化历久弥新。符号化铜鼓的出现，是现代社会发展的趋势。传统文化在慢慢消失，现代布依族人也很迫切地需要新的民族文化认同，而符号化铜鼓的出现就变得尤为重要了。

作为文化符号的铜鼓，尽管在现实生活中不具备铜鼓作为乐器或祭器等原始功能，但

图一六五　铜鼓文创产品（李桐　摄）

图一六六　竖立在花圃中的铜鼓雕塑（王梦祥　摄）

它却为铜鼓创造了新时代的功能，这有助于布依族铜鼓文化的进一步发展。

其一，作为艺术展演形式的铜鼓。铜鼓舞在旅游活动中是可以让游客近距离接触布依族铜鼓文化的一种方式。游客可以在重大节庆日到布依族村寨观看铜鼓舞，或参与其中和村民们共舞。旅游中铜鼓音乐的应用较普遍，敲击铜鼓发出的声音浑厚且传播距离较远，是布依族人民祭祀、节庆等重要活动常演奏的音乐。

其二，作为礼品的小铜鼓。虽然小铜鼓的外观与古铜鼓基本一样，但在尺寸方面却缩小了，制作材料也与古铜鼓有很大的区别，因而其作为装饰品和纪念品，可以说是物美价廉的。这种小铜鼓，具有浓郁的民族风情，让其成为游客手中的纪念品，不仅传播了布依族铜鼓文化，还带来了一定的经济效益。

其三，作为装饰图案的铜鼓。任何带有积极意义的事物，都能作为装饰的图案，铜鼓也不例外。铜鼓作为装饰图案，一般印刻在地面或建筑物上。一般选用铜鼓作为装饰图案的地方都是很庄重的，如广西百色起义纪念馆。从整个纪念馆的装饰中，游客可以领略到铜鼓作为装饰元素的独特魅力——庄严的大门上巧妙地融入了铜鼓鼓面图案，内墙上则印刻着各种类型的铜鼓纹样，让游客感受到了纪念馆的雄伟壮观与深厚文化底蕴。

其四，作为城市雕塑的铜鼓。城市雕塑可以体现一个城市的文化内涵，而一般城市的地标建筑不但造价很高，还缺乏地方特色。铜鼓雕塑具有鲜明的民族特色，对于城市旅游发展有很大的促进作用。

图一六七　百色起义纪念馆大门上的铜鼓纹饰（周肖群　摄）

## （三）布依族铜鼓文化的保护规划：以屯脚镇为例

### 1. 认清局势，加强政府主导

#### （1）高度重视，建立保护机制

20 世纪以来，民族工作这一重要板块逐渐受到了党和政府的重视，贵州省党政领导干部也投入了大量精力到这一工作中。从2000年起，布依族数十面铜鼓都被搬上了现代化大舞台；屯脚镇布依族铜鼓的身影几次出现在贵州·兴仁“八月八”苗族风情节上。此后，屯脚镇布依族铜鼓又多次到各地参与表演。

2005年11月12日，《盘江鼓乐》节目在参加“贵州省第三届少数民族文艺会演”中脱颖而出，荣获金奖。在这个节目中，屯脚镇布依族铜鼓扮演了重要的角色。随后，该节目又于11月16日到兴义进行了汇报表演。2006年3月1日（农历二月初二），兴仁县举办了“兴仁·屯脚‘二月二’布依铜鼓文化节”。此次文化节受到了贵州省、州、县各级领导及县直有关单位领导的高度重视。此后，经各方媒体的采访、宣传报道，布依族铜鼓逐渐出现在大众面前，知名度得到了前所未有的提高。

作为一种传统文化，布依族铜鼓文化拥有着重要的价值。对于布依族铜鼓文化的保护与传承，除保持民间原有的保护与传承渠道外，屯脚镇政府也应该充分发挥主导作用，从宏观出发，一步步建立起长期有效的保护机制。具体来说，政府的主导作用主要体现在以下几方面：其一，在本镇境内逐步开展资源普查工作，不断收集、挖掘、整理布依族铜鼓文化的相关资料，以求对布依族铜鼓文化的历史及传承方式有一个更全面的了解和把握；其二，建立档案资料数据库和工作网站，以全面展示布依族铜鼓文化的基本面貌，以帮助民众进一步了解布依族铜鼓文化；其三，设立布依族铜鼓文化专项保护基金，以确保布依族铜鼓文化的保护工作能够顺利进行并得到充分的财政支持。此项基金的主要来源为地方财政拨款、国家对文化保护方面的专项经费，以及社会捐款。对于政府文化部门来说，可以联合其他相关部门，如旅游管理部门等，成立专业检查监督机构，充分发挥政府职能，进一步加强政府在旅游开发过程中对布依族铜鼓文化资源开发利用的监督管理力度。一方面，在各部门的合作下，组织民俗文化艺术节，大力宣传布依族铜鼓文化，如开展以“寻根祭祖”为主题的旅游活动，增加布依族铜鼓文化的社会影响力；另一方面，派遣专业人员定期到文化遗产所在地进行实地考察，关注基层工作的进展情况并予以指导。为了做到有法可依、有理可据，还需要进一步完善相关法律法规。

### （2）转变工作职能

政府应果断转变工作职能，重新定位自身角色，把主要精力从以前的“办文化”转移到现在的“管文化”上，把目光着重聚焦到定政策、抓监管、做规划、优服务等层面上。政府应着力贯彻落实依法行政、有效实施履行有关法律法规，有的放矢地加大宣传力度，不断增强和扩大布依族传统文化资源的品牌价值和社会影响，坚持增强全社会对布依族传统文化及自然资源的保护观念；加大投入开发，科学筹划基础配套设施建设，致力于完备文化遗产的挖掘和保护的措施，合理制定规划，保证文化遗产的可持续开发和综合利用；注重改善用人机制，注意人才的自主培养和计划引进，加强专业队伍基础建设；出台专项优惠政策，吸引社会各方资金投入，改进工作作风，培育有实力的新兴市场主体；加强市场主体自主监管，坚决治理各种违法侵权乱象等。政府通过这一系列工作职能转变，能为布依族传统文化资源的可持续开发利用创造更为充分的条件，以及营造更加优良的环境。

此外，在当前布依族铜鼓文化的传承工作陷入困难之际，当地政府还应当承担起责任，制定出更多强有力的措施，努力为布依族铜鼓文化的保护与传承创造更多更好的条件。比如加大投资，全面搜寻民间铜鼓艺人，制定相关的奖励措施，高度关注掌握铜鼓技艺的民间艺人，采取相关措施，提高他们的社会地位，使他们获得更多的经济收益。在思想教育方面，应转换教育方式，促使布依族铜鼓文化传承人主动承担起传承文化的责任，不断学习，不断进步。当前，综合素质教育成为学校教育的重中之重，政府可以充分利用这一契机，长期安排民间铜鼓艺人走进课堂，让布依族铜鼓文化不断被广大青少年所熟知，进一步扩大布依族铜鼓文化的认知群体。除了学校以外，还可以设立专门的授业场所，让更多的年轻人学习铜鼓技艺，领略布依族铜鼓文化的深刻内涵。如此，铜鼓技艺才不至于失去传承人，布依族铜鼓文化才能真正传承下去。所有这一切，都有赖于政府的宏观调控。

## 2. 保护原则和指导思想

对于布依族铜鼓文化，应当兼顾其保护与开发，两者缺一不可。作为一种珍贵的文化遗产，布依族铜鼓文化具有强烈的民族性和活态性特征。因此，在当代旅游开发过程中，要想更好地保护与传承布依族铜鼓文化，必须采取动态开发的保护形式。这是对布依族铜鼓文化实施开发式保护的最初目的，可以说是一种创新的保护方式。

### （1）开发式保护

对布依族铜鼓文化的大力开发与合理利用，要根据各类文化特征因地制宜采用相应的手段和方法，尤其要依靠现代科学技术方法，使原来难以开发利用的民族文化借助具体生动的现代艺术表现形式在社会上广为传播。例如，有的可以使用静态开发模式，通过博物馆式的深层次开发，采用现代技术工具对民族文化的具体内容依次进行摄像、录音、拍照和文字处理。这些科技手段的适用对象是那些现存的、濒危的、亟待保护的民族文化（或民族文化的某些具有特殊意义的内容）。有的可以采用动态开发模式，因为布依族传统文化的开发导向一般都是为了符合群众自我娱乐心理或自发性地发泄某种未知的感情愿望的要求，而现代社会所需要的不仅仅是自发行为或自我娱乐的功能，人们更为关注的是能够收获文化上的不一样的感受，故而可以根据现代社会的这种需要，在已有形态的坚实基础上，对布依族传统文化进行某种程度上的改良加工，进行一些能够适应时代进步发展的布局，使其在新的历史机遇中重新获得崭新的生命力。对布依族各类传统文化都应该具体情况具体分析，以便使布依族传统文化在城市化进程中占据一席之地。

文化是鲜明的、具体的，各种不同的传统文化类型均有其特有的内在定性和外在表达。任何一种文化存在都有其双重价值属性：一是学术性或抽象性，二是观赏性或具体性。通常在不同的文化存在中，这两种属性的比例并不相同。从合理开发利用（这里指市场开发）的视角来看，市场显然更倾向于观赏性较强的文化资源，因为这种资源容易让人看得明白，更易于引起共鸣、获得回报，从而既有利于开发经营方，也有利于普通受众。而学术性较强的文化资源往往能得到专家、学者等特殊群体的关注，对于这类资源应妥善保护，以防止其因经济开发造成文化资源破坏。当然，观赏性和学术性齐备、雅俗共赏的稀缺文化资源，无疑是首要的开发目标和对象。但即便是具备了较强观赏性的文化资源，要是客观条件不理想或文化特质不够显著，也不宜一股脑儿进行大规模破坏性开发，而要分步骤、步步推进。在努力进行布依族铜鼓文化资源开发利用的过程中，相关部门必须本着科学的态度，严守实事求是的原则，区分优劣，有所继承，有所舍弃，以利于弘扬优秀民族文化，以利于制造和展示健康向上的卓越精神产品。唯其如此，我们才能既不负于先祖的遗赠，也无愧于后人的称许，更不至有罪于当世。

### （2）保护布依族铜鼓文化的真实性

“真实性”一词源于希腊语。最初，“真实性”仅仅是被应用于博物馆艺术珍品的描述，随后也出现在了人类存在主义的研究中。其本意为“自己做的”“最初的”。20 世纪

图一六八　中华布依博物馆开馆仪式（梁兴星　摄）

70年代，随着旅游者对旅游体验的要求不断提升，“真实性”这一概念开始延伸到旅游领域中。旅游者都希望在自己的旅游过程中充分感受到真实性，而且原汁原味的旅游景观或文化韵味能给游客带来前所未有的真实体验。经济的发展给各地旅游业的发展提供了良好契机，但随之而来的文化入侵现象使得作为单体的本土文化处于岌岌可危的境地。面对各种各样的外来文化，本土文化明显难以匹敌。一般来讲，民俗文化旅游较发达的地区大多数聚集在封闭性较强的地区，由于其地缘特征，这些地区的传统文化得到了较为完善的保护。同时，这些地区在经济上相对来说属于发展比较落后的区域，文化成分相对单一且显得脆弱。在与外来文化的碰撞下，本土文化往往会受到猛烈冲击，致使本土文化慢慢发生变化。如果任其发展，日积月累，本土文化将有消失的危险。文化过度商品化进一步促使当地文化的失真，这些都将对文化旅游的可持续发展进程造成不可小觑的影响。

在对屯脚镇布依族铜鼓文化进行开发的过程中，笔者发现，布依族铜鼓文化很容易受到旅游开发的影响，从而造成布依族铜鼓文化的失真。现如今，在对布依族铜鼓文化的保护中，原生态的保护理念将成为重中之重。尽管大部分学者都已认可这一理念，但在实际操作中却是困难重重。近年来，在政府部门的支持与引导下，布依族铜鼓文化渐渐为大众所熟知。不少旅游地为了吸引游客，把传统的铜鼓习俗融入表演中搬上了舞台。这种举措为旅游地带来更多的经济收益，但不得不说，这种表演的度并不好掌握，那些重大的习俗很容易被边缘化。按照传统，铜鼓只在本民族重大节日或是特殊场合使用，并且使用铜鼓前必须举行隆重的祭鼓仪式。但在现实中，祭鼓仪式往往并不公开，它一般只在本族人或村民们的见证下进行。通常只有家族的族长或布摩才有资格在祭祀活动中担任主持人。而随着布依族铜鼓文化渐渐被搬上舞台，为了舞台表演的可行性，人们对铜鼓的祭祀过程进行了大幅度的改动，负责祭鼓的人也由村寨族长或布摩变成了政府相关部门的领导。这种做法虽然使得表演能够顺利进行，但毫无疑问，也对布依族铜鼓文化拥有者造成很大的伤害，使人们对布依族铜鼓文化的热情在无形中慢慢消逝，进一步减弱其文化认同感。布依族铜鼓文化能得到大家广泛关注的原因，很重要的一部分即是它与生俱来的神秘性。众多因素导致布依族铜鼓文化在各种文化互相交织的局面中，其原生态至今得以很好地保存在中国南方和东南亚一些偏远的山区。也正因如此，抱着猎奇心理的众多游客不断进入深山，以探寻更加真实的旅游体验。在一次次的重新编排和重构后，布依族铜鼓文化是否还能继续保持其原生态，能保持多久，这是在布依族铜鼓文化保护中的关键问题。

## 3. 可持续发展

布依族铜鼓文化在现代的境遇可以说与大多数非物质文化遗产大同小异，在现代文明的冲击下，传统文化的保护与传承困难重重，面临着许多潜在的威胁。究其原因，可以看出社会的变革导致它们赖以生存的环境发生了翻天覆地的变化。随着工商业的飞速发展，以农业生产为根基的文化遗产慢慢失去了其赖以生存的物质环境，其保护与传承面临着巨大的挑战。以铜鼓文化为例，铜鼓诞生于青铜器时代，其地位在奴隶时代达到顶峰。随着人类社会的不断发展，人类文明的脚步从未停歇。时代在进步，奴隶制等不顺应时代发展的制度早已分崩离析。高度的现代化，使铜鼓文化赖以生存的社会基础从根本上发生了改变。在这样的条件下，铜鼓文化的生存环境不容乐观。

### （1）存在的问题

首先，随着电视媒体和互联网的不断发展，布依族传统文化的生态环境遭到了破坏。新的文化和娱乐活动渐渐取代了布依族的传统文化和娱乐活动。布依族铜鼓演奏，曾经是布依族人最主要的娱乐方式。但是随着布依族地区交通设施、通信设施的不断建设以及逐步完善，布依族地区由于地域限制和历史等原因造成的生活与文化的相对封闭性被打破，人们对于文化和娱乐也拥有了更多的选择。在现代，伴随着科学的发展，铜鼓的神圣性慢慢淡出人们的视野。文化认知的改变导致人们不再盲目地崇拜铜鼓。当铜鼓的神圣性功能不断衰退，铜鼓成为大多数人眼中的一种娱乐工具。虽然布依族人大多处于较为偏僻的山区，但近年来随着这些地区的经济水平的不断提高，布依族人的娱乐方式也变得更加丰富。唱山歌、跳铜鼓舞等传统娱乐活动不再是人们的首要选择。人们往往更加愿意看电视电影和唱流行歌曲等，铜鼓在日常生活中的作用被进一步弱化。现代化的生活方式，给布依族铜鼓文化的生存带来了挑战。

其次，工业化、城镇化使布依族传统文化生态环境遭到破坏。工业的特征决定了它对生态环境有巨大影响。在漫长的实践过程中，人们发现了一个不可忽视的事实，那就是工业化、城镇化的发展虽然为经济发展做出了巨大的贡献，但也破坏了良好的生态环境，对传统文化造成不好的影响。由于种种原因，我国布依族地区的发展相对落后，但近年来其工业化和城镇化的发展速度却相当快，规模也不断扩大，这些都导致了传统文化生态环境的进一步破坏。一些地区采用了错误的开发理念和开发方式，以生态环境为代价，获取了更多的经济效益。无限量地挖掘山地，使森林植被遭到了大面积破坏，给自然生态环境带来了严重的破坏。生物多样性也因此受到了难以磨灭的影响。日积月累，文化生态的修复速度难以跟上破坏的速度。不仅如此，布依族人的生计方式也发生了大改变。随着工业化和城镇化的发展，机器生产代替了手工生产，传统的农业劳动和手工业劳动逐渐被现代技术所取代；随着旅游业的发展，大量的布依族人放弃了传统的生计方式。

布依族铜鼓文化是一种古老的文化，但是，随着工业化和城镇化的发展，各种思想文化交流交融，布依族铜鼓文化在这样的大环境之中，也受到了巨大的冲击与挑战，包括铜鼓的使用习俗与技艺。

### (2)铜鼓文化传承面临危机

布依族铜鼓文化产生于民间，它是布依族人一代一代传承下来的。一旦传承者方面出现了问题，铜鼓文化便丧失了延续的载体。大量布依族人外出打工后接受了新的思想，这些新思想对本民族的传统文化有一定的冲击。例如，布依语在当地生产生活中的使用逐渐减少甚至消失，因为外出打工的人太多，使用的人太少。虽然近几年布依族人口有所增加，但真正能熟练地用布依语进行沟通的人数在减少，布依族铜鼓文化的传承陷入了艰难的境地。那些有着高超技艺的铜鼓艺人，大多因年老体衰而不能进行表演，年轻人大多又不愿意学习铜鼓的演奏，慢慢地，布依族铜鼓文化将后继无人，铜鼓表演有可能消失在历史长河中。因此，铜鼓技艺及其相关习俗的保护与传承工作迫在眉睫。不得不说，布依族铜鼓文化的传承陷入如此境地是由多种因素造成的，因此，布依族铜鼓文化要想长久地存在于世界文化之林中，就必须实施可持续发展策略，走可持续发展之路。

## (四)民族旅游背景下布依族铜鼓文化保护与传承措施

作为布依族的传统民俗，布依族铜鼓文化面临着传承困境。近年来，各级政府、学者等都采取了一系列保护措施。其中，以下三种途径比较实用：一是增强布依族族群的文化认同，提高其文化保护意识，促使布依族铜鼓文化在本土化环境中顺其自然地传承和发展下去；二是走市场化的道路，充分抓住时代的机遇，进一步提高布依族铜鼓文化的社会影响力；三是在新语境下传播，转变以往仅靠言传身教的传承方式，秉承“多元化、开放性、共享性”的精神，使布依族铜鼓文化被更多人接受，从而拥有更加广阔的文化空间，以此来推动布依族铜鼓文化的保护、传承与发展。

### 1. 加强宣传，提高布依族铜鼓文化的社会知名度和影响力

屯脚镇有人从 1982 年就开始研究布依族铜鼓的历史文化；20 世纪 80 年代，布依族铜鼓文化受到贵州省民族研究所专家的特别重视，并被收集整理入资料库；《兴仁县志》也把布依族铜鼓文化收编入志；《兴仁县民族志》也收录了布依族铜鼓文化资料。兴仁市铜鼓村布摩王国佩利用其掌握的布依语，完成了多部布依族“摩书”的翻译与整理工作。屯脚镇珍藏了数部有关布依族铜鼓的珍贵文献，更有学者掌握了这些资料的内容。这一特点使得屯脚镇受到了各专家学者的广泛关注。自 20 世纪 80 年代以来，众多学者和铜鼓专家相继到屯脚镇进行调查研究。贵州师范大学对铜鼓音乐文化进行了研究，并将有关方面的古籍资料编入了铜鼓文化研究的书稿中。

目前，铜鼓虽然仅在重大节庆日使用，但在布依族地区还是作为一种生活必需品而存在，布依族铜鼓文化依然有着深远的社会影响力。然而，布依族铜鼓文化未能走出布依族地区，其传承和发展仅限于固有的文化传承地，很少被外界所熟知。基于这一点，布依族铜鼓文化的文化价值和旅游价值没有被充分挖掘出来。20 世纪 80 年代以来，我国对于文化遗产的保护逐渐受到广泛的关注，许多专家学者出于学术研究的目的，相继赶赴布依族地区对布依族铜鼓文化进行考察研究。至此，布依族铜鼓文化才慢慢进入大众视野。

在旅游业呈快速发展趋势的今天，文化旅游越来越受开发者和旅游者的青睐。因为布依族铜鼓文化较好地保存了其原生态的特色和其中蕴含的深刻文化内涵，所以它拥有打造文化旅游品牌的绝佳条件。打造布依族文化旅游品牌的计划切实可行。要实施这一计划，

首先要进一步提高布依族铜鼓文化的知名度，增强其在文化旅游中的影响力。对此，还需加强对布依族铜鼓文化的宣传力度，使布依族铜鼓文化为更多人所接受。

鉴于布依族铜鼓文化口口相传的传承特征，其开发过程中，文化传承者不可或缺，并占据重要地位。旅游部门要发展布依族铜鼓文化旅游，首要任务就是保护好这些传承人。此外，还可以通过举办各种大型的节庆活动、文化展览等，将布依族铜鼓文化推广出去。

### （1）布依族铜鼓文化的信息化

随着经济的高速发展，我国进一步缩小了与发达国家的差距，也进入了信息化时代。信息化是指人们通过进一步掌握现代信息技术，并将其充分应用到社会中，从而在一定范围内达到资源高度共享的目的。信息化技术的应用，可以使经济文化充分发挥其潜力，从而使经济文化发展向着高效、优质的方向前进。而布依族铜鼓文化信息化，则是指充分利用现代信息技术，记录和保存布依族铜鼓文化的相关资料，并将这些资料进行整合，使之多媒体化。通过网络化管理模式，布依族铜鼓文化将能够更好地被用于学习、交流和研究。

关于布依族铜鼓文化的记录，如果仅仅是进行刻板、简单的平面记录，显然达不到重现其魅力的效果。流传下来的先人敲击铜鼓的画像，虽然能让观看者感受到鼓乐齐奏的场景，但难以使观看者感受到当时磅礴的气势。现如今，众多珍贵的铜鼓打击乐谱被损毁。这些乐谱仅被记载在纸质材料上，而纸质材料的易损性是导致乐谱损坏的一个重要原因。而一些铜鼓敲击技艺，更是只靠一代代人的口口相传，因此这些技艺的传承更是处于一种十分危险的境地。

综上所述，布依族铜鼓文化的信息化迫在眉睫。政府相关部门应该培养和发展一批专业技术人员，通过多媒体的运用，将布依族铜鼓文化的各方面信息一一记录下来，形成庞大的数字资源网络。通过这种方式，布依族铜鼓文化可以为更多人所了解，也可避免因纸质文字或口头传承的资料丢失而造成布依族铜鼓文化的缺失。除此以外，图文并茂的形式更容易被大众所接受，使布依族铜鼓文化的传承更加形象化和持久化。各文化单位可以将布依族铜鼓文化融入影视作品、音乐作品，合理利用一切媒介，如广播、电视、报纸以及互联网等，深入浅出地对布依族铜鼓文化进行详细报道；进一步组织技术人员，慢慢建立起布依族地区旅游互联网站，通过与一些网站以及旅游相关专业网站的合作，撰写布依族铜鼓文化专题介绍，力求使布依族铜鼓文化与现代文化对接。各布依族铜鼓文化传承地也应及时更新文化传承的最新动态，最大程度地利用互联网对布依族铜鼓文化进行宣传，激发人们进行旅游体验的兴趣。另外，联合旅游经营者、政府、居民三方的人际关系网络，为旅游者提供旅游产品销售，保证服务质量优良，使旅游者获得更加满意的旅游体验。

### （2）布依族铜鼓文化的市场化

布依族传统文化资源的整体开发利用应主要依托于相关企业，根据现有资源的价值属性和市场经济的基本规律进行科学合理的运作。当前，布依族旅游企业应当先向市场迈出关键一步，主动与市场需求进行对接，通过精心策划，合理地将优良的布依族传统文化资源有序向市场推销，巧妙地将人文景观与自然景观有机衔接，充实旅游项目的内容，从源头上改变所谓自然景观富余、人文景观缺乏和“有旅游、没文化”的现状，全方位、多角度地展示鲜活的、真实的地方风土人情。实际上，置身于不同文化环境之中，接受不同文化氛围熏陶，恰恰是旅游观光的主要内容之一。因此，区域性传统特色文化是布依族旅游开发的重要资源和珍贵宝藏，是布依族地区旅游业赖以生存发展的不竭源泉。

在当今市场经济和城市化占主导地位的全局化进程中，能够在市场上找到自身定位的特色民族文化具有较高的开发利用价值。因为市场化大潮是不可阻挡的，各民族只有积极投身其中，才能获得自身生存与发展的先决条件。只有具备了这些基本前提，才拥有谈民族文化开发利用的起始资本。

对布依族铜鼓文化进行开发利用的重要途径之一，就是主动将其与市场需求联系起来，因为布依族铜鼓文化经过努力宣传在市场中得到大众认可，是其在现代社会中生存和发展的最佳选择。布依族铜鼓文化有很多有价值的东西是可以在现代社会立足并发展完善的，它们往往以自身的独特性给现代城市文化多元化进程的建设添砖加瓦，使现代城市文化更加绚丽多彩。尽管布依族铜鼓文化不可能所有的成分都被市场接受容纳，但可以这么说，能被市场所接受的部分必然是现代城市社会所需求或认同的。所以，把市场自发行为作为一个重要衡量标准，对布依族铜鼓文化循序渐进地进行市场化运作，实质上是民族发展的一种必要努力，是对自身文化在新的历史背景下全新生存方式的一种积极探索。

## 2. 对传承人的持续性、引导性保护

文化遗产的传承是以人为载体的，任何一种文化都蕴含着“以人为本”的理念。正因如此，文化遗产传承都是一种活态的传承。布依族铜鼓文化深深扎根于布依族的生产生活之中，是布依族民族个性的“活”的完美呈现。

### （1）持续性保护

口授心传是布依族铜鼓文化传承的主要方式，在历经千年的文化洗礼和文化积淀中，这种活态文化得以保存下来。文化传承人作为创造和延续文化样式的主体，本身也是文化遗产的重要部分。布依族铜鼓文化既是一种有形的文化（器物文化），同时也是一种无形的文化，传承人在文化传承中的地位不言而喻。一旦失去传承人，这种无形的文化必将消亡。毫无疑问，无形的文化是非常脆弱的。要保护这一文化遗产，首先要做的就是加强对文化传承人的保护。

纵观历史上各种文化的传承，大多采用拜师学艺的传承方式，也就是说一个师傅会选取一位或多位徒弟，将自己的技艺传承下去，但往往只会选取一个心仪的徒弟将平生所学倾囊相授。随着中华人民共和国的成立，集体生产制的产生，各行业形成了一种“传帮带”的传承方式，即由一名或多名师傅联合组织众多学徒进行学习。这两种传承方式各有各的好处。前一种方式，出色的徒弟往往能够得到师傅的真传，但相互之间竞争激烈，一定程度上阻碍了技艺的传承；后一种方式，徒弟之间可以相互交流，互相启发，共同进步。由此可见，还是后者相对集中的传承方式更具有优势。目前，在布依族铜鼓文化濒临失传的环境下，愿意学习传统文化的年轻人却很少。在现代化社会中，各种诱惑层出不穷，独自进行文化传承是很难坚持下去的。对此，在传承过程中应该组织更多人员相互学习、相互切磋。这样可以形成良好的学习氛围，有利于传承工作的顺利进行。集体的力量不容小觑，甚至可以达到事半功倍的效果。

### （2）引导性保护

这几年，有关专家学者开始重点关注文化遗产传承人的保护。那么，一个人要满足哪些条件才能称为文化传承人呢？传承人是如何推荐和选定的呢？笔者认为，培养传承人的前提条件是，必须遵循文化传承地区和当事人自己的意愿，而不能强迫其担负传承责任。

当下年青一代往往在守护传统技艺和选择更加自由的职业之间摇摆不定，难以抉择。在这种情况下，政府可以制定一系列的政策，对其加以引导，帮忙解决各种实际问题。在关于建立“以人为本”的文化遗产保护机制的问题上，有学者提出可以将对传承人的保护分为三大类：扶持性保护、引导性保护和开发性保护。

和众多文化遗产一样，布依族铜鼓文化强调“以人为本”，不管是铜鼓的制作技艺，还是铜鼓的相关表演活动，都有赖于传承人一代代延续下来。由此可见，传承人在布依族铜鼓文化的保护工作中显得举足轻重。因此，在旅游开发过程中，首先要做的就是保护和培养布依族铜鼓文化传承人，这一保护工作需要社会各方面的通力协作。

首先，对于政府来说，应增加财政拨款用于传承人保护，并进一步设立专项基金。有了经济条件的有力支撑，布依族铜鼓文化原生态的传承就有了强有力的保障。

其次，视情况给文化传承人进行命名，但需要注意的是，必须尊重传承人自己的意愿。鉴于目前文化传承人的社会知名度不够高，经济实力往往比较弱，政府在这方面还需不断努力。通过组织开展民俗节庆活动，一方面可以给传承人提供丰富的创作素材，另一方面可以增加传承人的经济收入（如在活动中进行有偿表演等）。随着经济情况的好转，传承人没有了后顾之忧，才能全心全意地进行布依族铜鼓文化的传承与创新工作。文化的传承不能以赚钱为目的，否则布依族铜鼓文化演出就要一味地迎合观众的需求，这会导致文化传承发展走向错误的道路，铜鼓的艺术魅力将无法发挥出来。

最后，需要增强人们对布依族铜鼓文化的保护意识，加大宣传力度，将布依族铜鼓文化的学习纳入本地区的教育活动当中来。作为民族传统文化传承的后备军，青少年在文化传承中起着重要作用。为使布依族铜鼓文化不至于后继乏人，不得不增强青少年的文化保护意识。在讲究素质教育的今天，可以广泛开展乡土文化进校园活动，组织文化传承人进入校园，举办各种讲座和有奖竞猜活动，为广大青少年讲解布依族铜鼓文化知识；也可以将布依族铜鼓文化知识融入当地学校教材当中，加深青少年对本民族文化的认识，促使他们更加积极主动地学习民族文化。这些措施既拓宽了青少年的眼界，又在无形中增强了他们的民族意识。

在布依族铜鼓文化传承地，可以逐步建立生态文化村。这将有利于增强文化氛围，使村民在其中能够切身体会到布依族铜鼓文化的魅力，对布依族铜鼓文化的内涵价值有一个全方位的了解。这不仅有助于进一步提升布依族人的民族文化意识，还有助于增加布依族人对本民族的文化认同感。

此外，布依族铜鼓文化的传承工作须秉持科学发展的理念，在保护与传承过程中，必须准确把握布依族铜鼓文化的发展规律。对于文化传承人的保护工作，要充分考虑人的需求以及环境等因素。只有建立起科学的保护机制，建立传承人保护制度，才能不断增强布依族铜鼓文化的生命力，更好地对文化传承人进行保护。

## 3. 扬长避短，让布依族铜鼓文化焕发新的活力

### （1）扬长避短，不断创新

在漫长的发展进程中，布依族铜鼓文化经历了一轮又一轮的融合，不断增加新的内容。在代代相传的过程中，布依族铜鼓文化发生了嬗变。不再适合时代发展的东西终将被摒弃，与此同时，还要不断吸纳一些顺应时代的新的文化特质。所以说，铜鼓文化永远都处于嬗变中，即文化是以一种鲜活的姿态发展的。

在当代，对布依族铜鼓文化的保护也需要扬长避短。在保护传统的同时，不断推陈出

新，使布依族铜鼓文化焕发新的生机与活力。充分利用各方资源，推动布依族铜鼓文化的可持续发展。任何文化的传承都是伴随着创新的，其发展历程可以说是一部文化与工艺的进化史，尤其是对于这种依赖于口口相传的文化而言。一个传承者，尽管可以从师傅身上学到传统的技艺，但不可避免地会加入一些自己的创新，这些创新给传承的文化带来新的生机与活力。在创造和再创造的过程中，布依族铜鼓文化和铜鼓技艺得到了有效的传承。

古往今来，铜鼓在布依族中占据了重要地位，其社会功能不断发生改变。首先，由于铜鼓敲击的声音十分洪亮，布依族先民通过敲击铜鼓来驱赶居住区域的大型猛兽。其次，遇到外敌入侵时，布依族先民皆以铜鼓敲击声为信号。最后，布依族先民崇拜自然，奉行万物有灵，因此他们借助铜鼓驱赶凶神恶煞，祈求铜鼓保佑村寨的和平安宁。这些功能随着时代的发展，已经渐渐消失。

随着布依族铜鼓文化的发展，铜鼓开始被当作一种乐器使用，并出现了用文字记录的鼓谱。

早期铜鼓上的纹饰为太阳纹，造型十分简单，如万家坝型铜鼓。伴随着铸造工艺的不断进步，铜鼓的纹饰也越来越复杂，造型也由简单变得繁复且不失优美。这种铜鼓成为王室的权力象征，如滇王墓中出土的石寨山型铜鼓就体现了这一点。而北流型、灵山型铜鼓的造型更高大，而且更加注重敲击时发出的声音效果，这表明铜鼓的声学特征开始受到关注。中华人民共和国成立后，铜鼓不再是统治阶级权力的象征，又重新被作为打击乐器使用。时至今日，铜鼓又有了新的社会功能。不少现代化建筑都出现了铜鼓的身影，许多文化活动也与铜鼓密切相关，如铜鼓艺术节等。如今，铜鼓已逐渐演变为民族文化的象征。

随着时代的发展，铜鼓铸造工艺也在不断发生变化。一开始，铜鼓仅仅由红铜制作而成，工艺十分粗糙。经过不断改进，加入了锡，这使得铜鼓敲击时可以发出洪亮的响声，也使铜鼓铸造工艺开始变得精细起来。随着科学技术的发展，铜鼓的铸造工艺也越来越好，制作出来的铜鼓造型越来越精美。传统工艺已满足不了人们对铜鼓的要求，这就要求

图一六九　布依族铜鼓文化进校园（蒋英　摄）

人们在保护传统工艺的同时，也要适当允许改变，不断进行创新，以求更好的发展。

### （2）传承是创新的前提

面对目前的传承困难，亟须将宝贵的文化遗产抢救性地传承下来。否则，布依族铜鼓文化将消失在人类文明历史中，更遑论对其进行创新了。只有完整地将其传承下来，才能进一步顺应时代的需求，不断地推陈出新，与时俱进。只有如此，布依族铜鼓文化才能焕发新的活力。传承任务是当前的重中之重，绝不能急功近利。

实践证明，在进行文化遗产保护时，必须做到原式原样保护，充分维护其原生态，不要擅自改变其技艺和形态，不能急功近利。只有当传承工作获得了成功，没有损坏文化的原生性，才能在此基础上考虑创新。此时进行创新的话，已经有了浓厚的文化基础，基本不会导致文化因创新而变味，文化也能更好地传承下去。可以这样说，文化遗产是在不断创新中保持其生命力的。但是前提条件是文化得以完整地传承下来，之后才能谈创新。要正确对待传承与创新之间的逻辑关系，不能本末倒置。文化的传承是一项艰苦卓绝的工作，需要耗费大量人力、物力、财力。没有基础的创新就是无源之水、无本之木，不仅影响了文化的传承，也败坏了创新的声誉，浪费了大量的人力、物力、财力。

## 4. 以保护为主，走适度商品化之路

当文化旅游发展到一定程度，会不可避免地造成文化商品化，这是其发展的必然趋势。并不是说文化商品化就一定会给文化带来负面的影响，主要是看能否正确对待文化真实性和文化商品化两者之间的关系。如何把握这两者之间的平衡，是作为主体的人的关键任务。这里所说的主体既包括旅游地政府、旅游开发者、经营者，也包括旅游地社区居民以及旅游者。这些人对文化真实性和文化商品化的掌控，直接决定了这两者之间的关系是否能够协调。

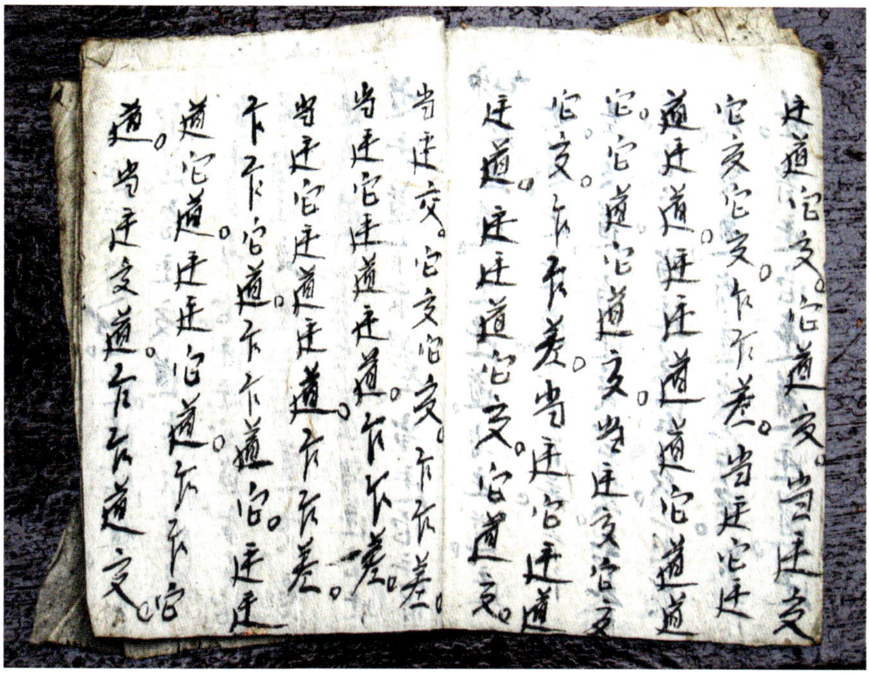

图一七〇　六盘水市水城区布依族民间传承的铜鼓鼓谱（蒋英　摄）

文化旅游，顾名思义是深入挖掘蕴含于某一文化景观或文化本身的深刻内涵，以此给旅游者带来文化洗礼式的旅游体验。这就要求该项目旅游开发者和经营者本身具有较高的文化素养，只有这样，才能更好地让旅游者感受到这一文化的魅力。旅游目的地政府也应充分发挥宏观调控职能，旅游开发者与经营者应不断提高自身的文化素养与市场观念。在文化旅游开发中，妥善处理好文化真实性与文化商品化之间的关系是关键。如果旅游开发者和经营者将当地文化真实性与商品化之间的关系处理得很好，不仅有助于当地传统文化的保护，还可以不断地给当地文化增添新的内容，使其更加充实和完善，给旅游者带来更满意的旅游体验。

## （1）文化商品化与文化真实性

首先，适度的商品化有助于文化真实性的传承与发展。

在文化商品化的过程当中，往往有一些曾经消失在人们眼前或者曾濒临消亡的传统文化得到了重现和修复。这些传统文化既包括有形的文化，也包括无形的文化。通过文化的商品化，旅游目的地社区居民对本民族传统文化的认同感可以得到进一步增强。一个成功的文化旅游项目，将受到广大旅游者的青睐，同时也可以唤醒当地居民对本民族深深的自豪感。而随着旅游的不断发展，各地文化在这里交织，又将给本地文化增添一些活力，进而转变为更多的文化商品。

其次，文化商品化在一定意义上是文化真实性的体现。

文化旅游之所以要保留文化真实性，是因为只有这样，该文化才能更好地传承下去，旅游者才能更好地进行文化体验。然而，在旅游过程中，旅游者往往通过文化产品来感知这一文化的魅力。比如说民族歌舞相关的旅游产品，其魅力就在于很好地对民族歌舞原貌进行刻画和描摹，但光这点是不够的，仅仅是对原貌进行还原，人们难以体会那种欢腾的场景。这就要求在表演中，除了真实程度的再现外，还需加入一些艺术化的演绎。可以说，对文化商品化要有一个度，商品化过程中，对这个度的掌握，决定了旅游者能否获得真实性文化体验。从这点来说，通过文化商品化的不断实践，可以使文化真实性得以体现。

最后，要保持旅游产品的真实性，就必须使文化商品化与文化真实性两者和谐统一起来。

在文化商品化的过程中，不能忽略文化真实性的内在要求。在将文化资源转变为文化商品时，要把握好文化真实性在其中所占的比例。这样，才可以将文化资源更顺利地进行市场化包装，使旅游者对该文化真实性有一个更好的感知。文化商品的市场化，应该以文化真实性为基础，以其原生内容为主要依托，在此基础上加入一些现代化内容进行点缀，以求旅游者获得更舒适的体验。这样，文化旅游地的开发既能满足旅游者的需求，又能避免过度商品化对传统文化造成不良影响。

## （2）适度商品化

当前，布依族地区文化旅游才刚刚发展起来。一些旅游开发措施还不够完善，相关部门的监管力度还不够大。这导致了在缺乏前瞻性理论指导的情况下，开发者为了迎合旅游者的需要，对布依族铜鼓文化进行盲目开发，大大破坏了布依族铜鼓文化的文化内涵。如果不采取措施，任其发展下去，开发后的布依族铜鼓文化将失去其原生性，布依族铜鼓文化的价值将大大降低。这种开发模式显得过于急功近利。在短时间内，确实可以给当地带来较大的经济收益，但长此以往，对布依族铜鼓文化来说会是一场巨大的灾难。这种做法会使人们对文化产生误解，甚至会加速布依族铜鼓文化的消亡。

对于这种本身较为脆弱的传统文化，必须进行开发式保护，即以保护为主，在充分保留其所蕴含的文化内涵的基础上，再进行旅游开发。只有采取这种开发模式，才能进一步拓展对布依族铜鼓文化的保护路径，为布依族铜鼓文化的保护与传承赢得更多的机会。在铜鼓漫长的历史演进过程中，可以总结出其功能由最初的单一化用途发展到后来的多样化用途。在不同的社会时期，铜鼓扮演了不同的角色，拥有极具社会特色的功能。铜鼓不仅仅是作为一件造型优美，集铸造工艺、美学艺术于一体的器物，更是积淀了传统民族集体记忆的文化载体。从这个意义上说，在开展文化旅游的过程中，布依族铜鼓文化旅游产品不仅能给旅游者提供实物作为观赏品甚至纪念品，还可以让旅游者进一步领会到蕴藏其中的深刻文化内涵。在对布依族铜鼓文化的旅游开发与旅游产品设计时，一定要突出主题，将布依族铜鼓文化蕴含的文化意义与社会功能意义加入其中，使之更具特色。由于布依族铜鼓文化很大一部分与民俗节日有着密切的关系，在进行音乐或歌舞的编排时，可以适当加入一些语言文字进行解释，这样能使游客更好地理解其中的含义。总之，布依族铜鼓文化旅游开发要获得成功，必须形成别具一格的旅游风格，打造属于自己的文化品牌效应，进一步培育出独树一帜的布依族铜鼓文化旅游产品。

# 第四章

# 红水河流域苗族铜鼓文化

# 一、红水河流域苗族铜鼓音乐

## ——以贵州雷山县掌坳村为例

### （一）掌坳苗族铜鼓音乐的自然环境与人文环境

音乐是人类悠久的历史传统和习俗的一部分，是人类文明史上的一朵奇葩。音乐的传播发展会受到来自各个方面因素的影响，包括外在的自然环境和内在的人文环境，这些因素在很大程度上会对音乐产生直接或者间接的影响。特定的环境下衍生出来的民族文化会有很大的区别。世界上之所以有如此众多的民族，与其生长环境不同有着紧密的联系。当然，在环境的影响下，这种属于文化范围的艺术风格会随着环境的变化而改变，最后形成自己特有的艺术品种。例如，生活在高山草原上的民族，他们的歌声会比较高亢、嘹亮；而生活在江南水乡的民族，他们的歌声会相对较悠长、委婉。掌坳苗族铜鼓音乐也大抵如此，自然环境与人文环境同样对掌坳苗族铜鼓音乐的产生、发展、功能的变化等产生一定的影响。

#### 1. 自然环境

掌坳村位于黔东南州雷山县大塘镇，地处云贵高原与向湖南、广西的丘陵和盆地过渡的地带，地势东南高、西北低，属于河谷地貌，东临鸡鸠村，南接平寨村，西靠小河村，北面为丹江镇。掌坳村的气候属于北亚热带季风湿润气候，年平均气温为13.5℃—14.4℃，雨量充沛，年均降雨量为1300毫米，无霜期长，村口有一条小河叫巴拉河。[①]优越的气候环境使得掌坳村植被茂盛，层次结构明显，种类繁多，以杉、松林木为主。土壤多呈酸性，适宜发展种植业，主产水稻、玉米、小麦、小米、红苕、辣椒、油菜籽和烤烟等农作物。掌坳村虽然物产不丰富，但有自己的特色。正所谓靠山吃山、靠水吃水，而掌坳村恰好两者都具备，所以其物资比较丰富。从功能上来说，自然环境既是各种生物栖息的场所，又承载着民族文化。苗族铜鼓音乐是人类的文化现象之一，自形成以来就贯穿于苗族的历史发展之中。自然地理环境为铜鼓音乐的形成与发展提供了必要的物质基础，而与铜鼓音乐相关的实践及铜鼓音乐在空间的分布是铜鼓音乐发展不可或缺的前提条件。掌



① 黄丹、王倩、付伟：《贵州传统村落全景录·掌坳村》，贵州人民出版社，2017，第5—16页。

坳村特定的自然地理环境与以农业为主的经济环境，决定了其音乐主体的内容形式。掌坳村的乡土音乐与大自然融为一体，从音乐的律动中能感受到人与大自然和谐共生。从自然环境的角度看，苗族铜鼓音乐的发展受到自然环境的影响，环境的变迁与更易都会在一定程度上对音乐形态产生变异性的影响。音乐是人类思想感情表达的载体，地域性音乐自然而然形成与环境相适应的音乐特色和音乐风格。

图一七一　掌坳村风雨桥（谭远　摄）

## 2. 人文环境

铜鼓音乐是掌坳苗族音乐艺术文化的精髓所在，展示出苗族人民特有的民族特性和民族情怀，是苗族民间音乐的活化石。作为一种音乐事象，铜鼓音乐必须内外兼顾。如果说自然环境是外因，为铜鼓音乐提供物质前提条件；那么可以说人文环境是其内因，为其提供精神文化基础。苗族铜鼓的流传历程证明，铜鼓音乐出现在掌坳村不是偶然的。对铜鼓音乐所存在的人文环境进行梳理和探究可知，它是随着历史的发展与文化环境的演变而衍生出来的一种特殊的民族民间音乐样式。

### （1）建制沿革

翻阅历史资料得知，掌坳村的祖辈们在 400 多年前从掌雷迁到此处定居，铜鼓习俗也被带了过来。据《雷山县志·大事记》记载，掌坳在乾隆年间就已存在，那时候叫“攒坳”。在田野调查中，笔者了解到掌坳至少经历了两次名字变换，最后定名为“掌坳”。掌坳经历过多次行政划分：雷山县政府建立于 1950 年，县下设一、二、三区，掌坳村属于第三区管辖；1954 年经中央人民政府批准，撤雷山县，建立雷山苗族自治区，设丹江、西江、大塘三区，掌坳村隶属于大塘区；1958 年撤区并社，成立大塘公社；1959 年雷山县、炉山县、丹寨县和麻江县合建凯里县（今凯里市），而雷山片辖雷山公社、大塘公社、西江公社；1961 年恢复雷山县建置，恢复西江区、大塘区、丹江区和永乐区；1963 年对乡镇、公社进行调整，撤销大塘公社，分设大塘公社、莲花公社和桥港公社；1984 年撤社改乡，莲花公社改为莲花乡，归属于大塘区；1992 年撤区并乡，大塘区所辖的莲花乡并入大塘乡；2013 年，大塘乡和桃江乡合并建立大塘镇。掌坳村的行政隶属随着大塘的名称变化而变化，但村寨的名称始终是“掌坳”。

## （2）民族概况

据统计，掌坳村有 170 多户 700 多人，基本上是苗族，村内的几个汉族居民都是从外面嫁进来的。掌坳苗族有一个共同的祖先，是从掌批迁徙过来的。村内男女不能通婚，而且也从来没有过村内通婚的例子，据说如果村内通婚是要被逐出村去的。根据史料记载，苗族支系众多，其中的短裙苗现有人口约为 3 万，主要分布在雷山、丹寨、榕江、剑河和三都 5 个县（自治县）交界的雷公山地区，以雷山县的大塘镇和丹寨县的排调镇为集中地，而掌坳苗族就属于短裙苗支系。雷山苗族文化研究中心的李国章认为：“雷山苗族是上古社会蚩尤九黎部落的主体氏族。超短襟是鸟氏族中锦鸡氏族的后裔。”所以掌坳苗族应该属于鸟氏族中锦鸡氏族的后裔。短裙苗对于自己的历史，有一个共同的说法：从黄河来，从江西来。他们的祖先过去住在平原上，后来被赶到湖边、沙滩边，之后又沿江而上。到贵州时，本是他们这一支住在水边，住在坝田上，但是被后来者赶到山上。所以现在短裙苗居住在地势高、物产不丰富，但树木非常繁茂的自然环境中。有人将其居住地环境概括为“九山半水半分田，有点木材运不出”，这是其居住环境的真实写照。

## （3）信仰文化

信仰对于一个人、一个群体、一个民族乃至整个人类来说，都是极其重要的。但由于自然条件的影响和历史的发展进程不同，各地方的政治、经济与文化发展不均衡，反映在信仰文化上的形式与观念各有差异。在整个过程中会衍生出一系列仪式，此间自然产生一些习俗。掌坳苗族的原始宗教信仰大体可分为自然崇拜、祖先崇拜和鬼魂崇拜 3 种。

### ①自然崇拜

恩格斯指出：“宗教是在最原始的时代，从人们关于自己本身及其周围外部自然界的极愚昧、极朦胧、极原始的观念中发生的。”[①] 在过去的社会环境中，人们对自然知之甚少，认为自然界发生的一切都是由某种内在的神力控制，因此盲目地崇拜这种力量。苗族基本上以从事农业生产为主，认为万物有灵，所以在自然生产中存在许多神，如山神、树神、石头神、风神、雨神、雷神、太阳神和土地神等。据岑秀文著的《苗族》一书记载，掌坳村有一块酷似乌龟的巨石，当地村民称巨石为“石父石母”，对巨石极其崇拜，求巨石赐男赐女者络绎不绝。求石后，生男孩则杀雄性牲畜祭祀，生女孩则杀雌性牲畜祭祀。在掌坳村的宣传栏上，笔者看到他们这样写道：洪荒时代，蝴蝶妈妈生了十二个蛋，孕育世间万物。相传蝴蝶妈妈是从古枫树中孕育出来的，因而掌坳苗族崇拜枫树。但是随着时代的变迁、文化的繁荣发展和科学技术的进步，与这些祭祀相关的民俗活动正逐渐减少，甚至消失。

① 恩格斯：《路德维希·费尔巴哈和德国古典哲学的终结》，载中共中央马克思恩格斯列宁斯大林著作编译局编《马克思恩格斯选集》第四卷，人民出版社，1972，第 250 页。

图一七二　掌坳村一角（谭远　摄）

### ②祖先崇拜

关于祖先崇拜，有专门的祭祀活动——牯脏节。清乾隆《贵州通志·苗蛮志》说：“每十三年畜牯牛祭天地祖先，名曰吃牯脏。”牯脏节祭祀活动消耗的资金非常大，有人用这样一句话来形容，即“一次吃牯脏，十年背苦账”，这是村民们过完牯脏节后生活的写照。在田野调查中，掌坳苗族铜鼓舞传承人吴道雄说：“很多年前我们村子也过牯脏节，但后来因为耗费物资太大，村子无财力支付，村民们本身也不富裕，所以就取消了。”吴道雄从小到大都没看到过村子里举行牯脏节祭祀活动，现在基本上都是依靠县财政在县城里举行牯脏节祭祀活动，以促进当地旅游业发展。吴道雄还说：“过牯脏节时，每家每户都要杀一头水牛，把牛头摆在门口，亲戚来时还要把牛身抬出去吃，一吃就吃十三天。以前我们是规定一个地方、一个村子过牯脏节时要杀牛，然后亲戚和整个村子的人都固定在一个地方吃，吃完了才进家来。”而关于吃牯脏的意义，据说是把牛交给已故的祖先，使他们得牛犁田，得牛打角（斗牛），并把猪、鸡、鸭送给祖先们饲养。这样，他们才保佑子孙，不致产生不幸的后果。[①]

### ③鬼魂崇拜

鬼魂崇拜是自然崇拜与祖先崇拜进一步发展的产物。在原始社会，人们的知识和理解能力非常有限。他们认为，鬼生活在彼岸世界，支配着人的命运，要是鬼作祟，则人会有

①《民族问题五种丛书》贵州省编辑组、《中国少数民族社会历史调查资料丛刊》修订编辑委员会:《苗族社会历史调查》(二)，民族出版社，2009，第211页。

灾难临头。帮助驱鬼的人一般被称为“鬼师”。苗族的鬼师有很多是歌师，很多苗族古歌和祭祀词，以及一些舞蹈是依靠他们传承下来的。鬼师以男性为主，但是也有极少数女性。随着时代的变化、经济的发展、文化的繁荣、科学知识的普及和医疗卫生事业的进步与发展，如今苗族村寨里面的鬼魂崇拜也处于慢慢消失的过程。

### （4）衣食住行

苗族基本上都居住在山区，谚语“高山苗，水侗家，仡佬住在石旮旯”在一定程度上反映出这三个少数民族居住的状况。苗族居住的自然环境不尽相同。掌坳苗族同样受地理环境的限制与影响，房屋多建在山腰中段，他们所居住的基本上都是干栏式建筑（又称为“吊脚楼”），屋顶为“人”字形。掌坳苗族服饰与其他苗族支系的服饰有所不同，其衣服分为两种：一种是便衣，另一种是花衣。掌坳苗族男性便衣多为藏青色短服，女性所穿的裙子都是百褶裙。他们的头巾比较特别，都是用藏青色布缝制而成的，自有一番风情。脚上穿的有草鞋和布鞋，都是自制的。关于饮食，过去苗族饮食是很简单的，一半是糯米饭，一半是瓜菜，待客最好的就是田鱼和野味。他们非常喜欢吃酸，“三天不吃酸，走路打偏偏”就是其真实写照。

## （二）掌坳苗族铜鼓概况

铜鼓研究已经持续几百年，涉及的领域有考古学、文学、音乐学、美学、民族学、人类学等学科，前人的研究基本以铜鼓的文化内涵为主。在古代，铜的产量有限，物以稀为贵，因此很多民族把铜鼓视为权力的象征，导致铜鼓的流传范围有限，一般人基本没有机会接触铜鼓。古代人称铜为“金”，所以铜鼓又有“金鼓”之称。古代文献中有许多关于铜鼓的神话传说。而最早关于鼓的记载是在《黄帝内传》中：“帝伐蚩尤，玄女为帝制夔牛鼓八十面，一震五百里，连震三千八百里。”[①] 这个记载不仅反映出鼓的历史之长，而且说明在远古时期，鼓主要用在军事上。随着时代进步，战争已经不是主题，现在提倡的是和谐发展，所以鼓经过漫长的发展历程，渐渐地由军用转变为其他用处，比如说作为乐器使用。

### 1. 掌坳苗族铜鼓的源流

在古代，乐器与生产力发展有着密切的联系，与人们的生活息息相关，很多乐器是由生产器械和生活工具慢慢演化而来的。关于铜鼓起源，主要有两个方面的问题：一是起源于何物，二是起源于何地。关于铜鼓起源于何物，有皮鼓说、钅享于说、木鼓说、木臼说等说法。经过我国学者反复研究，基本弄清古代铜鼓是由与原始铜鼓相似的炊具——铜釜演变而来的。而关于铜鼓起源于何地，也是众说纷纭，有起源于我国内地说、广西东南说、云南中部说等。但就出土铜鼓的地区去寻找，发现原始铜鼓集中出土于云南中部偏西的洱海、礼社江流域。因此，铜鼓起源于云南中部偏西地区的观点也逐渐为大家所接受。[②]

① 袁珂、周明：《中国神话资料萃编》，四川省社会科学院出版社，1985，第74页。

② 蒋廷瑜：《铜鼓研究一世纪》，《民族研究》2000年第1期。

贵州雷山县掌坳村素有“铜鼓之乡”“民族歌舞之乡”等美誉。每当过年过节的时候，村里的男女老少以及附近村寨的男男女女都会身着盛装聚集在村内的铜鼓坪上跳铜鼓舞，故掌坳村有“铜鼓村”之称。关于鼓的起源，在掌坳流传着这样一个故事：在古老的时候，一个叫翁耶连的祖先提议，过苗年时正值农事不忙，大家可以一起庆祝节日。为欢度节日和祭祀天地、祖先，他们从山上砍来一株大树，用四十九天时间制作成一面九抱粗、九尺长的大木鼓。当用木槌敲击时，木鼓会发出浑厚的声音。后人又在原来的基础上研究提高，编排成有节奏的鼓点，村民们就集中在寨内随着鼓声的节奏翩翩起舞。舞蹈步伐刚柔并济，豪迈奔放，热烈古朴，跳转结合，自成风格。鼓点共有 12 种，但流传过程中失传 1 种，现今只剩下 11 种。后来掌坳便因鼓与舞而闻名。经过数百年的演变，现在掌坳用的是铜鼓，原来的木鼓存放在山上的藏鼓洞里，成为祭祀品。

关于铜鼓的历史来源，掌坳村的鼓藏头说：“掌坳村以前使用的是木鼓，在中华人民共和国成立后全村筹钱买了铜鼓，男女老少都十分喜欢跳铜鼓舞。”关于从木鼓到铜鼓的转变，笔者在田野调查中听吴道雄这样讲：“400 年前，他们跳的是木鼓舞。木鼓是用好大的一棵树做成的，太重了，所以不方便。有一次，他们跳到吃饭的时间就回家去吃饭了。有个小姑娘想去搬木鼓，木鼓不小心倒下来压死了那个小姑娘。悲剧发生后，他们认为这面木鼓太笨重了，所以每家每户凑一点钱，去买了一面铜鼓回来。”鼓藏头接着说：“整个村里面每家每户凑 5 角钱，而那个时候 1 角钱喊作 1 千元，最后凑得 17 万，17 万其实就是 17 块钱，用 17 万去雷山蔡能家买铜鼓，铜鼓就是那时候来的。以前跳木鼓舞，铜鼓买回来之后，大家都很喜欢跳铜鼓舞，跳了一个月又一个月。上一辈最后一些跳铜鼓舞的老人常说：‘你们赶紧来学，以后我们过去（过世）之后，就没有人来教你们了。’那时候我白天去上学，晚上放学回来后才去学跳铜鼓舞。因此，现在我们才会跳老人们跳的动作。”

图一七三　掌坳村铜鼓坪（谭远　摄）

根据吴道雄介绍，铜鼓舞的动作大都是由生活、生产中的动作和模仿动物的动作演变而来的。2008 年，雷山苗族铜鼓舞被批准为国家级非物质文化遗产。

## 2. 掌坳苗族铜鼓的现状

在现今的社会形势下，掌坳苗族铜鼓究竟以何种姿态存在于世间，笔者通过翔实的田野调查，对当地村民生活中的活态铜鼓习俗进行了实地考察。总体而言，掌坳苗族铜鼓的习俗经历过 3 个阶段：衰弱、恢复、展演。这一历程主要是从 20 世纪六七十年代开始，当时由于破“四旧”，大量铜鼓被收缴，导致与铜鼓相关的很多习俗逐渐被淡忘，铜鼓习俗的传承也因此式微。改革开放后，铜鼓的习俗又逐渐恢复，后来还出现铜鼓展演的现象。吴道雄说：“以前有 12 种鼓点，但是到 20 世纪六七十年代的时候，有关铜鼓的活动停了一段时间，最后就失传了 1 种，现在流传下来的就只有 11 种。20 世纪六七十年代时，铜鼓习俗受到严重的破坏，很多铜鼓被没收或者被砸烂了，关于铜鼓习俗的一些主要的活动都被禁止了，包括吃新节、苗年。当过了那个时期之后，政府不仅不禁止了，还让我们去领回当年被没收的铜鼓。由于年限久了，又没有专门的人去管理和保护，那些被没收的铜鼓有很大一部分已破损，最后政府定做了新铜鼓送给我们。但是，我们村还活着的那些铜鼓传承人多数已经不会敲了，还有的已经不关心这些习俗了。”现在铜鼓传承已打破原来传男不传女、只传本寨人的习俗，只要你愿意学习，他们都会乐此不疲、不厌其烦地教你。另外，政府也开始重视少数民族的文化活动，经常鼓励和组织开展活动。吴道雄说：“那时候参加这些活动不仅不用劳动，而且可以挣工分，只要跟着团体去各乡镇、各地区演出就行啦。”这样就有更多的人加入铜鼓习俗传承的队伍，当地的铜鼓习俗也得到了延续。21 世纪以后，国家对非物质文化遗产进行搜集，对各民族地区的少数民族文化进行挖掘和保护，并在各地区设立专门的文化馆，对传承人进行培训，让他们知道本民族文化的重要性，同时每年也会给传承人一定的报酬，安排一定的任务。在政府部门的推动下，各地区少数民族传统文化慢慢得到保护、传承和发展。

图一七四　宁波市贸易局赠送给掌坳村的铜鼓（谭远　摄）

### （1）铜鼓的沿用习俗

#### ①传承谱系

第一代为吴你略、顺德福，第二代为吴廷珍、吴德和、吴廷金，第三代为吴道武、吴道雄、吴道安，第四代为吴德伟、吴海东、吴间保。

②人数和人群

铜鼓队展演时的总人数是 27 人，寨内岁时节日表演时人数不限；由 1 人敲击铜鼓，2 人辅助；跳铜鼓舞的人分别站成 6 排，每排 4 人；人群包括老年、中年和少年。

③使用铜鼓的时间

掌坳村居民使用铜鼓的具体时间一般是春节、吃新节、苗年等，代表的是喜乐和吉祥；而办丧事时忌讳使用铜鼓，如果在此时使用铜鼓，会被认为是幸灾乐祸，且破坏铜鼓喜庆吉祥之意。

④使用铜鼓的空间

掌坳苗族铜鼓习俗存在于传统社会中。使用铜鼓的具体地点一般是村寨中人们经常聚集的场所、铜鼓坪，或其他应邀去敲打铜鼓的固定场所。过去，除吃新节、苗年等大型活动外，一般不把铜鼓搬到远离藏鼓点的地方使用。这是因为铜鼓较重，搬到远处不方便，且不利于保障铜鼓的安全。铜鼓属于集体财产，由鼓藏头保管，一般跟粮食一起藏在仓库里。但是随着经济的发展、旅游业的兴起和各种民族文化展演的增多，掌坳铜鼓队经常外出演出，所以使用铜鼓的空间就不像原来那么讲究了。

⑤使用铜鼓的方法

在铜鼓未拿出来之前，先架好悬挂铜鼓的架子。架子是由 3 根竹棍组成的，用的是三角形稳定的原理。架子一般高约 2 米，铜鼓悬挂在高约 1 米处，稍微低于敲击铜鼓的人的腰部，这样便于敲击。铜鼓摆放比较讲究，一般在寨子内进行表演的时候是放在铜鼓坪的正中心位置，旁边是跳铜鼓舞的，所有人以铜鼓为中心。而现在，在舞台上进行展演的时候，为了壮观和烘托气势，一般会把 3 面铜鼓作为一组配合起来使用。3 面铜鼓一字排开，按照相同的节奏敲击铜鼓，这样可以让声音更加洪亮，传得更远，气势更加磅礴。

图一七五　黔东南州非物质文化遗产项目《苗族铜鼓舞》代表性传承人吴道雄（谭远　摄）

## （2）掌坳苗族铜鼓的乐器形制

①铜鼓的物理材料

通过搜集关于铜鼓的文献资料可发现，有关铜鼓制作材料的记录很贫乏。《晋书·食货志》就只讲到广州“夷人”将铜钱熔炼，“铸败作鼓”；裴渊所著的《广州记》也只说到“俚僚铸铜为鼓”。至于具体用什么材料制作，制作的程序有哪些，只字未提。到清代，屈大均在《广东新语》中说："凡为铜鼓，以红铜为上，黄铜次之。其声在脐，雌雄之脐亦无别，但先炼者为雄，后炼则为雌耳。然诸工不善取音，每铜鼓成，必置酒延铜鼓师。师至，微以药物淬脐及鼓四旁，稍挥冷锤攻之，用力松轻，不过十余锤，而雄声宏而亮，雌声清以长，一呼一应，和谐有情，余音含风，若龙吟而啸凤也。广州炼铜鼓师不过十余人，其法绝秘，传于子而不传女云。"① 从上述记载可以知道古代制作铜鼓的材料是以铜为主，而且把铜分为两种等级，即红铜与黄铜。吴道雄说："在祖辈们传授铜鼓技艺之时，他们也提到制作铜鼓的一些材料，除了用铜，还会用一点点黄金。为什么要这样做，祖辈们也没有人做具体解释。"现在铸造铜鼓所需要的材料相比以前多，工艺也相比古代复杂得多，材料主要包括3种，分别是金属材料、造型材料和燃料。金属材料包括铜、锡、铅、铁等。造型材料因年代和铜鼓出产地不同而各不相同，有澄泥、纸筋、三合土、细土、炭末、黏土和谷壳等。

### ②铜鼓的制作工艺

古老的铜鼓制作工艺基本已经失传，现在人们通过对铜鼓的大量观察和反复研究，已将过去铜鼓制作工艺的大体流程弄清楚。如今通过运用各种高科技手段，铜鼓制作起来相对简单。一般来说，现在铸成一面铜鼓需要经过以下4个步骤：首先是材料准备阶段，材料包括金属材料（铜、铅、锡和铁等)、造型材料和燃料。其次是铸造准备，这个阶段称为"制范阶段"。再次是铸造，这个阶段称为"合范浇注阶段"。最后是修整和定音。铜鼓作为乐器，对音响有一定的要求，所以最后这道工序需要请专门的铜鼓师傅进行定音。定音的工序不复杂，但是实行起来不容易。只有严格经过这4个步骤，制作出来的铜鼓才能在外观和音响方面都达到预期的效果。

### ③铜鼓的装饰艺术

铜鼓的外部装饰非常讲究，内涵丰富，寓意深刻。从整体上看，铜鼓装饰艺术与其所处社会的生产生活、礼仪习俗、宗教信仰、生态环境有关，并且遵循从简单到复杂的规律。铜鼓所装饰的部位包括鼓面、鼓胸、鼓腰、鼓足、鼓耳等，装饰形式有平面装饰和立体装饰两种，纹饰丰富，体现出丰厚的铜鼓文化内涵。

铜鼓鼓面中心一般以太阳纹为主，其他所有纹饰的设计都不过是为了装饰太阳纹，表达出对太阳神圣的自然崇拜。掌坳村的铜鼓为麻江型铜鼓，鼓面太阳纹形式种类相对较多，光体与光芒之间没有明显的界线，光体圆凸如饼，芒间会出现空白。纹饰种类繁多，有两晕乳丁纹、太阳纹、翎眼纹、游旗纹、符箓纹、动物纹、双勾纹、大回形雷纹、植物纹、十二生肖纹和双龙献寿纹等，纹饰大量吸收和借鉴了汉族传统文化。铜鼓装饰除用纹饰表达情感之外，有的直接用语言文字表达，如捺印"万代进宝""永世家财""福如东海""寿比南山"等吉祥语。个别麻江型铜鼓出现了耕耘图、奔马图等反映农耕生活的写实画面。

铜鼓塑像起到很好的装饰作用，铜鼓塑像一般包括青蛙塑像，马和乘骑塑像，牛、牛拉橇和牛耧塑像，孩童戏鸭塑像，羊塑像，虎塑像，穿山甲塑像，鸟塑像，龟塑像，鱼塑像，蟹塑像，田螺塑像，谷仓塑像，花树塑像，等等。麻江型铜鼓、遵义型铜鼓、万家坝型铜鼓、石寨山型铜鼓没有青蛙塑像，而冷水冲型铜鼓、北流型铜鼓、灵山型铜鼓、西盟型铜鼓都有青蛙塑像，但是工艺不同。



① 屈大均：《广东新语注》，李育中、邓光礼、林维纯等注，广东人民出版社，1991，第390—391页。

艺术不停地发展，铜鼓装饰艺术亦是如此，每个时期的铜鼓都特别注重装饰美。其纹饰构图都比较讲究，纹饰造型以抽象化、图案化的表现方法居多，以此来体现审美对象的复杂关系。平面纹饰和生动的立体塑像丰富了铜鼓的表现形式。各式铜鼓装饰还相互借鉴和影响，形成铜鼓装饰艺术的多种风格。铜鼓装饰艺术伴随着铜鼓历经千年沧桑，始终“活”着，至今还留存在我国南方许多民族聚居地区的村寨中，一直出现在各种节日、庆典活动中，体现其顽强和鲜活的艺术生命力，成为我国装饰艺术的一块瑰宝。

图一七六　鼓面上的双骑塑像（王梦祥　摄）

图一七七　鼓面上的牛拉橇塑像（王梦祥　摄）

## （三）掌坳苗族铜鼓音乐形态

铜鼓是乐器，同时也曾经作为祭器、神器和重器在西南各少数民族中广泛使用。贵州雷山县掌坳苗族对铜鼓有着特殊情感，他们使用铜鼓时也有一定的规则。笔者在田野调查中得知，如今铜鼓只被运用在村寨中的重大节日上，它代表着喜庆和吉祥，因而在丧葬仪式上根本不能敲击。这里着重对其音乐的本质属性、存在方式和展开状态进行追问，欲求了解音乐之道究竟何在，即在音乐的“实事”之中求其所“是”。笔者以实地调查资料为基础，首先，时间方面，主要对掌坳苗族铜鼓的沿革做历时性的文献梳理和共时性的区域比较；其次，空间方面，主要对吃新节铜鼓习俗的微观空间进行考察，讨论铜鼓演奏的空间位置及特点；最后，从认识论和本体论上阐释和宣扬掌坳苗族铜鼓音乐，把音乐与人类的其他体验相联系，并将掌坳苗族铜鼓音乐置于三维体系中进行考察与分析，探寻其艺术形态特征。

### 1. 表现形态

音乐艺术是有内容的，它就是人们常说的“思想情感”，但这“思想情感”不在音响中存在，而是对应着音响，借助音响的功能在人类的主观内心世界中运动。[①] 下面从不同的侧面对掌坳苗族的心理进行窥探，以此加深对掌坳苗族铜鼓音乐表现形态的认识。

① 韩锺恩主编《二十世纪中国音乐美学问题研究》，上海音乐学院出版社，2008，第 41 页。

### （1）表现功能

马林诺夫斯基把文化分为物质设备、精神文化、语言和社会组织 4 个方面。民族音乐学家认为，音乐是具有一定功能的，在音乐文化中，音乐没有脱离它的文化背景，音乐的整体是已知的而不是未知的，单独的音乐是可以很快地按照它的用途而被识别出来的，这就意味着音乐不会脱离其背景而存在；相反，背景很可能决定音乐的观念化。这里铜鼓既然作为物质设备，具有音乐的属性，那么必有其功能所在。在过去，苗族铜鼓演奏形式遵循一定规则，具有特定的文化内涵，但铜鼓的功能随着时代发展也在变化。古代，铜鼓被运用于战争中，作为召集大众的媒介，同时也作为族群认同的文化符号，以及欢庆各种重大节日的乐器。苗族人民把铜鼓视为珍宝，他们保存祭祀习俗和使用铜鼓习俗，不仅是对祖先缅怀之情的表达，也是对群体民族文化的一种确认，更是对铜鼓功能意义的深刻解读。

掌坳苗族村寨至今保留在重大节日中使用铜鼓这一古老的传统习俗。吴道雄说："以前祖辈们取铜鼓和用铜鼓的时候，必须举行专门的仪式，需要买各种各样的供品来祭鼓，还需要请鼓藏头念祭祀铜鼓的祭鼓词，那样才能使用铜鼓。而且在仪式开始的时候，敲击的第一下，必须由鼓藏头亲自敲响铜鼓才行，就这样经过几道复杂的程序之后才能使用铜鼓。"

"铜鼓锵锵，声震山岗，号召勇士，御敌卫疆，披坚执锐，血战沙场，鼓声激励，凯旋回乡。"① 吴道雄说："铜鼓过去是用来行军打仗的。"而在古书上就有记载，像《礼记·明堂位》中写道，伊耆氏之时就已有"士鼓"。因为铜鼓具有良好的共鸣效果，声音越雄壮传得越远，所以被祖先们用来为军队行军打仗助威。相传当年黄帝在涿鹿之战中征服蚩尤就用到鼓，鼓是黄帝制胜的法宝之一。据《太平御览》卷五八二引《帝王世纪》记载："黄帝杀夔，以其皮为鼓，声闻五百。"周秦以后，鼓的形状变化不大，虽然有铜鼓、夔鼓、桡鼓、杖鼓等种类，但是用途基本上没多大区别，只是鼓的大小、纹饰和所用材料不一样。在当时相对落后的社会形势下，铜鼓在一定程度上弥补了过去通信手段的不足。同一地区或同一部族具有特殊的鼓语，主要通过敲击铜鼓的不同部位、控制敲击频率等加以区别。这些特殊的鼓语传递着特殊的意义，由此形成一张无形的通信网。

铜鼓是一种打击乐器，拥有独特的储存、共鸣、传声结构，在敲击时会发出清脆的金属音响效果。使用它的人利用这种独特的乐器来演奏音乐或者进行祭祀活动，所以铜鼓就具有了娱人和娱神的功能。但是，"探索音乐用在娱乐方面的原因要比探索它用在仪式方面的原因更困难，因为到目前为止有关娱乐的信息已经消亡"②。铜鼓的娱人功能体现在：敲击铜鼓鼓面中心和鼓面边缘部分能发出不同的声音，这些声音经过组合构成简单的音响效果。敲鼓者通过掌握敲击节奏的快慢和声音的强弱规律，能够创造出丰富多彩的律动和声响，从而形成独特的铜鼓音乐节奏。变换不同的演奏形式和演奏方式，铜鼓便能满足人们的各种娱乐需求。人物屋宇镂花铜饰物中，有用铜鼓为舞蹈伴奏的场面："窗内露出一人头……有四人，分为两行，作舞蹈的姿势，各人右腕上都戴着一只圆环，背上着披风，下端拖在地上，舞俑旁边有三人，作敲击一铜鼓之状，弃人后窗之下复置一铜鼓。"③ 而作为娱神的重器和礼器，铜鼓大多是在祭祀和祈福的重大节日活动中使用。在节日盛典中，

---

① 蒋英：《布依族铜鼓文化》，贵州民族出版社，2006。

② 张伯瑜：《西方民族音乐学的理论与方法》，中央音乐学院出版社，2007，第 165 页。

③ 云南省博物馆：《云南晋宁石寨山古墓群发掘报告》，文物出版社，1959，第 92—93 页。

铜鼓被吊耳侧悬于木架之上，旁边一人执鼓槌敲击，铜鼓发出低沉而平缓的声音。在祭祀仪式中，铜鼓声伴随祭祀师傅的祭词声，寓意着缅怀祖先、为其歌功颂德。

在古代社会，铜鼓除了具有乐器、祭祀、重器、陈列、战阵、集众、表权威和装饰等功能，还曾作为镇物用来祈福，以期消除自然灾害。在西南少数民族聚居地区，铜鼓的传说比比皆是。传说铜鼓有一种神力，能够降妖除魔保平安。这主要是因为在远古社会时期，当时的社会生产力水平极为低下，人们对自然界缺乏了解，同时也没有能力抵抗自然界给人类带来的灾难，出于对强大自然力的无奈，在蒙昧意识的支配下，他们选择运用铜鼓与自然界对抗。

## （2）表现形式与方法

《通典》中记载："铜鼓，铸铜为之，虚其一面，覆而击其上。"《桂海虞衡志》中记载，铜鼓由两人抬着走，一边走一边用手拍打。《困学纪闻》中记载云南一些少数民族演奏铜鼓的情形："铜鼓一人击，一人以瓦器从后面收其音以纵送之。" 屈大均对铜鼓的演奏法有这样的记载："其声镗镗，或以革掩底，或积水瓮中盖而击之，声闻十余里外。"① 这些都是古代敲击铜鼓的形式和方法。而掌坳苗族铜鼓的演奏形式有以下几种：

### ①单鼓击奏

这是掌坳最普遍和最常用的一种击鼓方法，击奏时由一人击打一面铜鼓，这可以充分体现出击鼓者的高超击鼓技术，要求击鼓者心、手合一，动作协调连贯，击鼓的节奏清晰并且非常流畅。

### ②铜鼓合奏

铜鼓合奏的形式即是三面铜鼓同时击奏。这种合奏形式在民间不是很常见，但在舞台上出现得比较多。合奏形式要求击鼓者必须配合默契，击鼓节奏要求协调融合。各击鼓者所敲击的节奏相同，主要追求声音的洪亮、节奏的准确与整齐。铜鼓合奏，场面宏大，震撼人心。

图一七八　吴道雄在演示单鼓击奏（谭远　摄）

① 屈大均：《广东新语注》，李育中、邓光礼、林维纯等注，广东人民出版社，1991，第 390 页。

③鼓后接音

这种形式在贵州和广西使用较多。掌坳苗族也使用这种形式，他们在铜鼓演奏中保留一人击鼓、另外一人拿着器物在鼓后接音的演奏方式。这种演奏方式主要是用来增强铜鼓共鸣的效果，使铜鼓的声音更加浑厚。吴道雄说："这种形式是从外面借鉴过来的，不属于我们掌坳苗族村，主要是为了表演时达到更好的舞台效果。"

a. 木盆舀音

这种形式即一人敲击铜鼓，一人在鼓后用木盆进行舀音，舀音的动作和舀水的动作一样。这种舀音击鼓的技艺比较讲究：舀音的木盆体积较小；舀音的节奏不能乱，必须和击鼓的人配合默契，否则会造成比较凌乱的音响而没有达到预期的效果；舀音的步伐也不能乱，要与击鼓的人形成默契。吴道雄介绍说："这种舀音击鼓的形式在苗族铜鼓中一直存在，只是现在有些地方不怎么使用了。这属于祖辈传承下来的。"

b. 铜鼓挖音

这种形式即用较小的鼓进入较大的鼓内进行挖音，将较小的鼓视为公鼓，将较大的鼓视为母鼓。吴道雄说："鼓是有公母之分的，但不是由铜鼓的大小来决定的，而是通过敲击铜鼓发出的声响来决定的，所以每个地方可能会有一些区别。"铜鼓挖音法，也不只是苗族拥有，布依族也有。蒋英在《布依族铜鼓十二则》中介绍，布依族铜鼓挖音法是贞丰县龙场镇对门山村下寨的两位老人创立的。这种挖音的方式，在技法上操作起来比较缓慢，音质相对比较厚重，节奏较单一。这种形式的挖音方法在日常生活中已经基本见不到了，但是随着旅游业的发展和民族传统文化展演的增多，人们又继续沿用这种铜鼓挖音的方式：首先，可以丰富舞台的舞美效果，使舞台表现更加丰富多彩；其次，确实可以使铜鼓的敲击声达到一定的音响效果；最后，这是一种比较新颖的控制音响效果和制造特殊音响效果的方式，比较吸引观众和游客。掌坳铜鼓队在国家大剧院的演出就使用这种方法，让观众为之眼前一亮。

## （3）表现场合

苗族地区民族风情浓郁，由此形成具有本民族特色的、绚丽多彩的传统节日文化。节日既有民族性的，也有地区性的；既有祭祀性、生产性的，又有文娱性的。苗族的众多节日打上农耕文明的烙印，反映出农业社会生产生活的自然规律。苗族的节日很多，但是每一个支系又有区别。掌坳苗族村民现在过的节日不多，重大的节日屈指可数，如春节、吃新节和苗年等。掌坳苗族铜鼓习俗在传统社会中主要依托民俗事象来生存，在现代社会中也有单独存在的姿态。笔者在田野调查中了解到，掌坳苗族铜鼓习俗存在的具体场合主要有以下几种：

①吃新节

掌坳苗族铜鼓习俗如今存在的一个重要场合是吃新节。吃新节是苗族人民的一个重大的传统节日，是集生产性、娱乐性、祭祀性等多重传统属性于一体的节日。举办吃新节是为了庆祝大丰收。

笔者在田野调查中了解到，吃新节是掌坳村一年中最热闹的节日，一般每一个村子过吃新节的时间先后不一。关于吃新节的起源，众说纷纭。笔者在 2014 年 9 月有幸受邀到吴道雄家里过吃新节。在吃新节中使用铜鼓之前要举行特定的仪式，吴道雄说："搞仪式太麻烦了，现在进入新社会，大家都是图方便。现在使用铜鼓之前也没有鬼师念那些语言了，因为那些语言已经全部都失传了。祭祀的师傅都没有了，因为祭祀铜鼓是很麻烦的，不仅要杀猪啊，还要摆几个碗啊，选好在哪一个时辰和哪一个地方啊，而且只有比较适合的人才能祭鼓，一般的人是不能去乱动的。以前很讲究这些东西的。”在临近吃新节的那几天，原本比较安静的寨子立马就热闹起来，村里到处都洋溢着热闹的气氛。节日那天吃晚饭前，主人家要先祭祀祖先，希望祖先保佑全家平平安安。吃新节还有一系列附属的活动，比如斗牛、斗鸟、跳铜鼓舞、跳芦笙舞等。而现今最热闹的民俗活动要数跳铜鼓舞。铜鼓搬出来之后，大家就聚集在铜鼓坪中间，用事先做好的竹架子将铜鼓架好，由铜鼓传承人来敲打，反复敲打 11 种鼓点。一般以《省哥雕》鼓点开始，结束为《团结舞》鼓点，中间穿插另外 9 种鼓点，顺序不定，鼓点时而激进，时而舒缓。跳铜鼓舞的村民尽情地舞蹈，舞姿时而奔放，时而古朴。吃新节中使用铜鼓的习俗是一种民间娱乐行为，也是村民民俗心理的生动展现。在当地民众的心中，铜鼓是一种吉祥物，击铜鼓既可用来娱乐大众，又可以满足民众渴求吉祥如意的心理。铜鼓始终与民间民俗活动和民俗文化交融在一起，从未脱离与之生存的土壤和环境，成为村民物质生活与精神生活的载体。

图一七九　掌坳村 2014 年吃新节斗牛大赛（谭远　摄）

## ②苗年

苗年是苗族同胞又一个隆重的传统节日。苗年一般在农历十月举办，但是有的地方根据当地的习俗会在时间上有所变化。苗年节的举办意味着一年的辛勤劳动告一段落，过苗年节也有表达庆祝丰收的意思。节日中是有禁忌的，在举行活动的 25 天内忌讳下田劳作和挑粪，过完节会有仪式解除禁忌，之后便能自由地下田劳作。节日头一天要打糍粑、杀猪、杀鸡、备酒，晚上家家户户都要祭祀祖先，祈求祖先保佑子孙后代幸福平安。之后的三四天要举行一系列娱乐活动，如跳铜鼓舞、跳芦笙舞、斗牛、“游方”等，一般白天举行斗牛活动，到晚上大家吃完饭后在铜鼓坪跳铜鼓舞和芦笙舞。苗年是掌坳苗族铜鼓习俗得以传承和展现的重要场合，曾经盛极一时。随着经济的发展，受旅游业的影响，当地举办苗年活动出现活动程序简单化与形式化、时间短、节日的神圣性和民间信仰意义被削弱淡化、节日活动规模缩小等趋势，与传统的苗年活动大不相同；苗年活动中使用铜鼓的习俗也出现式微现象，与之相关的仪式基本消失，各种民间表演的节目也相对较少。有的村寨已经不过苗年，各地方的苗年活动都汇聚在县城举行，场面会比村里面热闹，更注重的是宏大、热闹的场面，主要是为了吸引外地的游客前来观看，以获得经济效益。为举办苗年活动，各地先挑选各村优秀的传统歌舞代表进行严格的排练，然后进行表演。苗年活动是当地一场狂欢式的民间盛典，是体现当地民众精神文化的传统民俗活动，体现人们追求自由的天性，是在意识支配下的一种释放压抑、宣泄情绪和尽情欢乐的行为。

吃新节、苗年中无不突显出苗族优秀、灿烂的历史文化，而这些节日文化作为苗族优秀文化的代表，主要反映苗族长期的发展历程和文化积淀。节日文化与音乐舞蹈、节日饮食、民族服饰、祖先崇拜和祭祀等相融合，同时又受到特定的地理、风俗习惯、经济发展和伦理道德等各种因素的影响，反映出民族的价值观、审美观，传承着本民族文化。有专家认为苗族节日是活态的化石，节日中一系列祈福祭祀、娱人娱神的民俗活动，本质上是远古时期人类在社会生产力极为低下时遗留的习俗，其中铜鼓习俗起到助推的作用，是整个民俗活动中不可缺少的一部分。

## （4）表现内容

掌坳苗族铜鼓习俗的展演现象，是传承和再现传统的一种有效形式，实际上是把苗族铜鼓习俗作为民族精神文明的象征。其中铜鼓音乐与舞蹈动作的完美结合，向世人展示了苗族铜鼓习俗的传统文化魅力。同时，掌坳苗族通过这种展演活动，把铜鼓习俗作为苗族文化的符号，不断强化这一文化的民族身份来增强民族的文化认同感，达到维系一定社会关系的效果。

掌坳苗族铜鼓音乐的演出形式相对比较简单，而且表演的布局也比较简洁，不像其他舞台表演艺术在道具、服装和演职人员等方面拥有规范和较成熟的体系。掌坳苗族铜鼓音乐展演没有固定的程式，一般敲击铜鼓的演奏者和舞蹈表演者之间的配合具有一定的随意性，在不同场合会有一些差异。在传统表演时，一般铜鼓放置在中间，舞者围绕铜鼓形成一个大圆圈；但在舞台展演时，队形会进行一定的改变。同时，表演的地点也不受限制，可在空地上随处进行表演，内容表达的时空转换十分灵活。这种民族传统艺术形式的简便性，是其艺术思维构成的某种显示，当中蕴含着并不简单的审美机理。掌坳苗族铜鼓音乐曾经有 12 种鼓点，但在社会各种因素的影响下有 1 种已失传，如今还剩下 11 种鼓点，与鼓点相匹配的还有 11 种铜鼓舞蹈。鼓点节奏与舞蹈表演之间的默契配合，是掌坳苗族铜鼓音乐的精髓所在。舞蹈表演者通过自己的肢体语言，配合抽象的节奏音乐，用具体的肢体动作表演来表达各鼓点音乐所要表现的内容，这也是抽象音乐的具体呈现。所以，一切事物的具体形态，究其本质，都是由它的内在内容所决定的。掌坳苗族铜鼓音乐在体现为艺术表达的内容时，也具有十分鲜明的通俗性特点。与《省哥雕》鼓点对应的舞蹈是捉蟹舞。这个舞蹈展现了逢年过节时，主人带客人到家中过年，并亲自去河边捉螃蟹招待客人的场景。舞者通过模仿捉螃蟹的动作，艺术化呈现捉螃蟹的过程。与《鸭干条》鼓点对应的舞蹈是鸭步舞。这个舞蹈的灵感来源于放鸭子的人在赶鸭子时观察到的鸭子摇摆行走的姿态。舞者通过模仿鸭子走路的动作，生动展现了赶鸭子的场景。与《翻跟斗》鼓点对应的舞蹈是翻身舞。这个舞蹈取材于村民护粮的场景：人们在山坡上播种黄豆后，常有斑鸠来偷吃豆种。舞者通过模仿策马扬鞭的动作，再加上拍掌跺脚等动作和驱赶斑鸠的呼喊声，生动再现了村民驱赶斑鸠、保护粮食的场景。与《丢留虎排索落单》鼓点对应的舞蹈是狩猎舞。这个舞蹈的灵感来源于一个传说：

古时，一位年轻的苗族男子到虎排常山上打猎，满载而归时，在路上遇到了一只顽皮的小妖。小妖要求他剥下猎物的皮毛，装扮成猎物的模样在前面奔跑，小妖则在后面追赶，形成你追我赶之势。舞者通过模仿猎人追逐猎物的动作，生动展现了紧张而有趣的狩猎场景。与《根哑神》鼓点对应的舞蹈是捞虾舞。这个舞蹈展现了一群年轻貌美的苗家阿妹，手拿腰箩，一路说说笑笑来到河边捕捞虾子的情景。舞者通过模仿苗家阿妹用双脚或双手搅浑河水、捕捞虾子的动作，生动展现了捞虾的欢乐场景。与《送力又》鼓点对应的舞蹈是送客舞。这个舞蹈展现的是过年过节时，主人提着礼物骑马送客人到寨边的场景。舞者通过模仿主人送别客人、拍击手掌赶马回家的动作，生动展现了主人对客人的依依不舍之情。与《门略虾》鼓点对应的舞蹈是祭鼓舞。这个舞蹈展现的是过去牯脏节祭祀祖宗的亡灵时，寨中男子手举大刀伴舞，口中默念祭祀语，祈祷祖祖辈辈平安无事、人丁兴旺的情景。与《丢虾古》鼓点对应的舞蹈是送鼓舞。这个舞蹈展现的是节日即将结束时，大家在意犹未尽之际将鼓送回藏鼓洞保存，并期盼来年再取鼓的情景。与《奎箱良》鼓点对应的舞蹈是迎客舞。这个舞蹈展现的是节日中主人与客人欢聚一堂、尽情唱跳、享受节日欢乐的情景。与《略南新》鼓点对应的舞蹈是放牧舞。这个舞蹈取材于一个青年在放牧时，不知不觉沿着河流来到略南新这个地方，兴奋得手舞足蹈的场景。舞者通过模仿青年放牧、沿河而行以及手舞足蹈的动作，生动展现了放牧途中的自由与喜悦之情。与《团结舞》鼓点对应的舞蹈是共欢舞。这个舞蹈表现的是在节日结束时，男女老少一起共舞的场面，象征着活动的圆满结束。吴道雄说："共欢舞作为一个总结性的舞蹈，就是在活动快结束的时候，大家一起上来跳，表示对这个活动的不舍。这个舞蹈的鼓点和动作是比较简单的，老人和小孩都可以跳。如果把动作幅度弄得很大，舞蹈动作又很难的话，很多老人就不能跳了。"上述这些鼓点和舞蹈所表现的内容，大多是以掌坳苗族村民在世俗社会中的生活体验为基础的。然而，正因为这些内容的通俗性特点，有时容易让人产生偏颇的认识。有些人对这一民间艺术的认识还停留在表象层面，批评其舞台效果不佳或者舞台道具不够全面，认为整个场面比较通俗。但在此需要强调的是，通俗不等于粗俗，更不是低俗。通俗，究其本质，乃是"化雅为俗、俗中见雅，是大巧之朴、浓后之淡，更是俗的元素经过雅的过滤又反转为俗的形式，正所谓大雅必俗、大俗大雅"。《晋书》云："艺术之兴，由来尚矣。先王以是决犹豫，定吉凶，审存亡，省祸福。"[①] 这里道出音乐是一种反映生活、表现思想情感的艺术形式。通过对掌坳苗族铜鼓音乐表演形态的考察和分析，我们发现，它不仅展现了苗族同胞的现实生活，表达了他们对生活乃至对人生的执着追求，还通过这种淳朴古老、简单通俗的艺术形式，实现了内容与形式的和谐统一。

## 2. 音乐形态

掌坳苗族铜鼓音乐文化事象，其鼓点节奏复杂、风格独特、形式多样，自成一体。

### （1）演奏音响

掌坳苗族铜鼓经常在重大节庆、祭祀等场合使用，用来渲染气氛，让场面更热闹。鼓点节奏多为从古时流传下来的，有的鼓点是模仿动物的叫声而来的。整个村寨的鼓点原有12种，在传承中失传1种，现在流传下来11种鼓点。现将鼓点的基本演奏音响记录如下。

① 房玄龄等：《晋书》卷九十五《艺术》，中华书局，1974，第2467页。

### ①《省哥雕》[①]

基本鼓点：四二拍与四三拍，快速。

| | | | | |
|---|---|---|---|---|
| 鼓足 | 打打 0打 | 0打 打 | 打打 0 | 打0 0打 打 |
| 鼓边 | 0 的0 | 的0 0 | 0 0 | 0 0 0 |
| 鼓心 | 0 0 | 0 0 | 0 咚咚 | 0咚 咚0 0 |

### ②《鸭干条》

基本鼓点：四二拍与四三拍，快速。

| | | | |
|---|---|---|---|
| 鼓足 | 打打 0 | 打打 0打 | 打0 0 0 |
| 鼓心 | 0 咚 | 0 咚0 | 0咚 咚 咚 |

变化鼓点：四三拍与四二拍，快速。

| | | | |
|---|---|---|---|
| 鼓足 | 打0 0 0 | 打0 0打 | 打0 0 0 |
| 鼓心 | 0咚 咚 咚 | 0咚 咚0 | 0咚 咚 咚 |

| | | | |
|---|---|---|---|
| 鼓足 | 0 0 | 0 0 | 打打 0 |
| 鼓心 | 咚咚 咚 | 咚咚 咚 | 0 咚咚 |

| | | | | |
|---|---|---|---|---|
| 鼓足 | 0 0 | 0 0 | 打打 0 | 打打 0 |
| 鼓心 | 咚咚 咚 | 咚咚 咚 | 0 咚咚 | 0 咚 |

### ③《翻跟斗》

基本鼓点：四二拍，快速。

| | | | | |
|---|---|---|---|---|
| 鼓足 | 打 打打 | 0打 0 | 打 打打 | 0打 0 |
| 鼓心 | 0 0 | 咚0 咚 | 0 0 | 咚0 咚 |

变化鼓点：四二拍，快速。

| | | | | |
|---|---|---|---|---|
| 鼓足 | 0 打0 | 0打 0 | 0 打0 | 0打 0 |
| 鼓心 | 咚咚 0咚 | 咚0 咚 | 咚咚 0咚 | 咚0 咚 |

① 《省哥雕》鼓点中，“打”表示敲击铜鼓鼓足，“的”表示敲击铜鼓鼓边，“咚”表示敲击铜鼓鼓心。掌坳苗族铜鼓音乐另外10种鼓点中的“打”“的”“咚”所表示的意思也一样。

| | | | | |
|---|---|---|---|---|
| 鼓足 | 0 打 0 | 0 打 0 | 0 打 0 | 0 打 0 |
| 鼓心 | 咚 咚 0 咚 | 咚 0 咚 | 咚 咚 0 咚 | 咚 0 咚 |

## ④《丢留虎排索落单》

基本鼓点：四二拍，快速。

| | | | | |
|---|---|---|---|---|
| 鼓足 | 0 打 0 | 0 0 | 0 打 0 | 0 0 |
| 鼓心 | 咚 咚 0 咚 | 咚 咚 | 咚 咚 0 咚 | 咚 咚 |

## ⑤《根哑神》

基本鼓点：四二拍与四三拍，快速。

| | | |
|---|---|---|
| 鼓足 | 打 打 0 打 | 打 0 0 0 |
| 鼓心 | 0 咚 0 | 0 咚 咚 咚 |

变化鼓点：四二拍，快速。

| | | | | |
|---|---|---|---|---|
| 鼓足 | 打 0 0 | 打 0 0 | 打 0 0 打 | 打 0 0 |
| 鼓心 | 0 咚 咚 | 0 咚 咚 | 0 咚 咚 0 | 0 咚 咚 |

## ⑥《送力又》

基本鼓点：四三拍，快速。

| | | | |
|---|---|---|---|
| 鼓足 | 打 0 0 0 | 打 0 0 0 | 打 0 0 0 |
| 鼓心 | 0 咚 咚 咚 | 0 咚 咚 咚 | 0 咚 咚 咚 |

## ⑦《门略虾》

基本鼓点：四二拍，中速。

| | | | | | | |
|---|---|---|---|---|---|---|
| 鼓足 | 0 打 | 0 打 | 0 打 | 0 打 | 0 打 | 0 打 |
| 鼓心 | 咚 0 | 咚 0 | 咚 0 | 咚 0 | 咚 0 | 咚 0 |

| | | | | |
|---|---|---|---|---|
| 鼓足 | 0 0 | 0 打 | 0 0 | 0 打 |
| 鼓心 | 咚 咚 咚 | 咚 0 | 咚 咚 咚 | 咚 0 |

### ⑧《丢虾古》

基本鼓点：四二拍，中速。

| | | | | |
|---|---|---|---|---|
| 鼓足 | 0 0 | 打 打打 | 0 0 | 打 打打 |
| 鼓心 | 咚 咚 | 咚 0 | 咚 咚 | 咚 0 |

变化鼓点：四二拍，中速。

| | | | | |
|---|---|---|---|---|
| 鼓足 | 打 打打 | 打 打打 | 打 打打 | 打 打打 |
| 鼓心 | 咚· 咚 | 咚 0 | 咚· 咚 | 咚 0 |

### ⑨《夌箱良》

基本鼓点：四三拍，快速。

| | | |
|---|---|---|
| 鼓足 | 0 打 打打 | 0 打 打打 |
| 鼓心 | 咚 咚 0 | 咚 咚 0 |

### ⑩《略南新》

基本鼓点：四二拍，中速。

| | | | | |
|---|---|---|---|---|
| 鼓足 | 0打 0打 | 0打 打打· | 0打 0打 | 0打 打打· |
| 鼓心 | 咚0 咚0 | 咚0 0 | 咚0 咚0 | 咚0 0 |

变化鼓点：四二拍，中速。

| | | |
|---|---|---|
| 鼓足 | 0打 打打· | 0打 打打· |
| 鼓心 | 咚0 0 | 咚0 0 |

### ⑪《团结舞》

基本鼓点：四二拍，中速。

| | | | | |
|---|---|---|---|---|
| 鼓足 | 0 0 | 0 打 | 0 0 | 0 打 |
| 鼓心 | 咚 咚 | 咚 0 | 咚 咚 | 咚 0 |
| 鼓足 | 打 打 | 打 打 | 打 打 | 打 打 |
| 鼓心 | 咚 0 | 咚 0 | 咚 咚 | 咚 0 |

## (2) 节奏韵律

音乐是人类情感的重要表现方式之一。《乐记》上说："凡音之起，由人心生也。"德国哲学家黑格尔曾在自己的美学思想中反复强调，音乐的内容是情感的表现，只有通过情感体验才是音乐所占为己有的领域。而音乐主要作用于人们的情感世界[①]，它通过听者的耳朵，拨动他们的心弦，使其产生共鸣。对于掌坳苗族铜鼓音乐而言，最重要的莫过于铜鼓，铜鼓不仅维系铜鼓音乐作为文化事象中音乐的存在，同时也得以保存了物质文化，继承了行为文化，并赋予铜鼓音乐某种意义上的精神文化，最终使人们达到激发情感、愉悦身心、发展音乐思维等目的。在此期间，必须通过把握节奏语境的内心感悟来提高感知能力，然后从理性的角度去感受、分析和理解节奏并且建立内心节奏感，这样就有助于人们更好地理解音乐作品的内涵与风格。

笔者根据对掌坳苗族铜鼓音乐的记录，分析如下。

《省哥雕》鼓点中的小结划分是笔者根据掌坳苗族铜鼓音乐重拍的音响效果记录下来的，所以此鼓点的节拍为四二拍与四三拍交错出现，这种节拍在歌曲作品当中很少运用到，但是在器乐作品或者交响乐作品中是比较常见的。节拍的复杂变化改变了重音规律的运动变化，会使节奏产生冲击力，这也是节奏性较强的音乐形成动力的一种有效手段。另外，在鼓点第一小节中，没有敲击鼓心，只是敲击鼓边和鼓足，敲击鼓心在第三小节出现，而且是出现在弱拍上。整个鼓点所敲击的声音都是错开的，但却井然有序并且交错进行，节奏规整，结构采取减缩或者扩充的手法，竹条（敲击铜鼓的工具）的加花比较丰富。吴道雄介绍，每个鼓点被重复敲击的次数为 15 次至 30 次，速度也是可以改变的，时而激烈，时而轻缓，律动性比较强。

在《鸭干条》鼓点中，基本鼓点与变化鼓点由四二拍和四三拍构成基本拍，节拍的变化主要是利用重音的改变，从而打破单一节拍的惯性规律运动，形成对比，可以表现出单一节拍不能表现的情绪和形象。此鼓点节奏型与《省哥雕》基本一样，只是节奏的排序不同和节拍不同，所以演奏的音响效果不同。鼓点中敲击的部位相对于第一个鼓点来说简单一些，只敲击鼓心与鼓足，因为鼓点变化比较丰富，听起来会觉得比较复杂。在基本鼓点中，敲击鼓心同样是在弱拍和弱位置上出现，这就改变了其节奏的强弱规律。而在变化鼓点的节奏中也有这样的问题，但在后面变化鼓点中，第一次出现敲击鼓心是在强拍上，而且连续两个小节只敲击鼓心，这或许是对整个鼓点的一种巧妙安排，逐渐将大家带入高潮。

在《翻跟斗》鼓点中，基本鼓点与变化鼓点都是以四二拍为主，节奏类型与上述一致，其节奏排列比较整齐。在基本鼓点中，敲击鼓心第一次出现在次强拍的强位置上，这样又有另一种音响效果。两种变化鼓点从节奏上看比较一致，除每一小节的第一拍不同外，节奏排列比较紧凑，而且敲击鼓心的次数更多且频率更高。这就是掌坳苗族铜鼓音乐中比较精彩的鼓点。

在《丢留虎排索落单》鼓点中，以四二拍为主，敲击鼓心都是在重拍上，给人以稳重感，鼓点一直反复；《根哑神》《送力又》《门略虾》《奎箱良》4 种鼓点，其中有四二拍的，有四三拍的，还有四二拍和四三拍混合的，它们在运用当中是交替出现的。拍子变化比较频繁，但节奏相比前面几种鼓点较简单，既加强了铜鼓节奏音乐的律动性和表现力，速度和力度也有一定的变化。

① 蒋雪：《审美体验：节奏的感悟及认知》，《湛江师范学院学报》2013 年第 2 期。

在鼓点《丢虾古》与《略南新》中，出现附点节奏，这样就打破了原有的节奏规律，使声音时值发生一定改变，音响效果变得更加丰富多彩，成为比较特殊的鼓点。因为附点在鼓点中出现的位置和时值不相同，所以达到的目的和演奏出来的音效也不一样，附点在音乐中充当发动机的作用，在原有的基础上使音乐的律动感更强。掌坳苗族铜鼓音乐最后以《团结舞》鼓点结束，其节奏以四分音符为主，非常平稳地进行，预示着铜鼓音乐即将结束，这似乎也遵循起承转合的规律，让音乐完满终止。通过对上述鼓点的比较分析，可了解每一种鼓点的基本节奏，以及节拍和节奏之间的内在联系，简单的节奏表达的内容不一定简单，反之，复杂的节奏表达的内容不一定复杂，特别是针对少数民族的传统音乐，需要与他们本民族的传统文化联系在一起来分析说明。“音乐中体现了文化，文化中又包含了音乐。不同的社会结构和属性影响音乐的形式和它的内容；不同的音乐行为方式体现不同的社会结构和属性。”① 每一种音乐都包含一系列信号或者语言上的暗示，音乐也记载着人类的行为。

## （3）代表性鼓谱

少数民族敲击铜鼓的方式方法各有差异，掌坳苗族铜鼓传承者一直延续祖辈敲鼓的方式方法。现将 11 种鼓点的鼓谱记录如下。

### 《省哥雕》

打打 的打 | 的打 打 | 打打 咚咚 | 打咚 咚打 打 | 打打 的打 |

的打 打 | 打打 咚咚 | 打咚 咚打 打 | 打打 的打 | 的打 打 |

打打 咚咚 | 打咚 咚打 打 | 打打 的打 | 的打 打 | 打打 咚咚 |

打咚 咚打 打 | 打打 的打 | 的打 打 | 打打 咚咚 | 打咚 咚打 打 |

打打 的打 | 的打 打 | 打打 咚咚 | 打咚 咚打 打 | 打打 的打 |

的打 打 | 打打 咚咚 | 打咚 咚打 打 | 打打 的打 | 的打 打 |

打打 咚咚 | 打咚 咚打 打 | 打打 的打 | 的打 打 | 打打 咚咚 |

打咚 咚打 打 | 打打 的打 | 的打 打 | 打打 咚咚 | 打咚 咚打 打 |

打打 的打 | 的打 打 | 打打 咚咚 | 打咚 咚打 打 | 打打 的打 |

的打 打 | 打打 咚咚 | 打咚 咚打 打 | 打打 的打 | 的打 打 |

打打 咚咚 | 打咚 咚打 打 | 打打 的打 | 的打 打 | 打打 咚咚 |

打咚 咚打 打 | 打打 的打 | 的打 打 | 打打 咚咚 | 打咚 咚打 打 ‖



① 洛秦：《音乐中的文化与文化中的音乐》，上海书画出版社，2004，第 5 页。

## 《鸭干条》

打打 咚 | 打打 咚打 | 打咚 咚 咚 | 打打 咚 | 打打 咚打 | 打咚 咚 咚 |

打打 咚 | 打打 咚打 | 打咚 咚 咚 | 打打 咚 | 打打 咚打 | 打咚 咚 咚 |

打打 咚 | 打打 咚打 | 打咚 咚 咚 | 打打 咚 | 打打 咚打 | 打咚 咚 咚 |

打打 咚 | 打打 咚打 | 打咚 咚 咚 | 打咚 咚 | 打咚 咚打 | 打咚 咚 |

打咚 咚 | 打咚 咚打 | 打咚 咚打 | 打咚 咚 | 咚咚 咚 | 咚咚 咚 |

打打 咚咚 | 咚咚 咚 | 咚咚 咚 | 咚咚 咚 | 打打 咚咚 | 打打 咚 |

打打 咚 | 打打 咚打 | 打咚 咚 咚 | 打打 咚 | 打打 咚打 | 打咚 咚 咚 |

打打 咚 | 打打 咚打 | 打咚 咚 咚 | 打打 咚 | 打打 咚打 | 打咚 咚 咚 |

打打 咚 | 打打 咚打 | 打咚 咚 咚 | 打打 咚 | 打打 咚打 | 打打 咚 咚 |

打打 咚 | 打打 咚打 | 打咚 咚 咚 | 打打 咚 | 打打 咚打 | 打咚 咚 咚 ‖

## 《翻跟斗》

打 打打 | 咚打 咚 | 打 打打 | 咚打 咚 | 打 打打 | 咚打 咚 |

打 打打 | 咚打 咚 | 打 打打 | 咚打 咚 | 打 打打 | 咚打 咚 |

打 打打 | 咚打 咚 | 打 打打 | 咚打 咚 | 打 打打 | 咚打 咚 |

打 打打 | 咚打 咚 | 打 打打 | 咚打 咚 | 打 打打 | 咚打 咚 |

打 打打 | 咚打 咚 | 打 打打 | 咚打 咚 | 打咚 打咚 | 咚打 咚 |

打咚 打咚 | 咚打 咚 | 打咚 打咚 | 咚打 咚 | 咚咚 打咚 | 咚打 咚 |

咚咚 打咚 | 咚打 咚 | 打咚 打咚 | 咚打 咚 | 打咚 打咚 | 咚打 咚 |

打 打打 | 咚打 咚 | 打 打打 | 咚打 咚 | 打 打打 | 咚打 咚 |

打 打打 | 咚打 咚 | 打 打打 | 咚打 咚 | 打 打打 | 咚打 咚 |

打 打打 | 咚打 咚 | 打 打打 | 咚打 咚 | 打 打打 | 咚打 咚 |

打 打打 | 咚打 咚 | 打 打打 | 咚打 咚 | 打 打打 | 咚打 咚 |

打 打打 | 咚打 咚 | 打 打打 | 咚打 咚 | 打 打打 | 咚打 咚 ‖

## 《丢留虎排索落单》

咚咚 打咚 | 咚 咚 | 咚咚 打咚 | 咚 咚 | 咚咚 打咚 | 咚 咚 |

咚咚 打咚 | 咚 咚 | 咚咚 打咚 | 咚 咚 | 咚咚 打咚 | 咚 咚 |

咚咚 打咚 | 咚 咚 | 咚咚 打咚 | 咚 咚 | 咚咚 打咚 | 咚 咚 |

咚咚 打咚 | 咚 咚 | 咚咚 打咚 | 咚 咚 | 咚咚 打咚 | 咚 咚 |

咚咚 打咚 | 咚 咚 | 咚咚 打咚 | 咚 咚 | 咚咚 打咚 | 咚 咚 ‖

## 《根哑神》

打打 咚打 | 打咚 咚 咚 | 打打 咚打 | 打咚 咚 咚 | 打打 咚打 | 打咚 咚 咚 |

打打 咚打 | 打咚 咚 咚 | 打打 咚打 | 打咚 咚 咚 | 打打 咚打 | 打咚 咚 咚 |

打打 咚打 | 打咚 咚 咚 | 打打 咚打 | 打咚 咚 咚 | 打打 咚打 | 打咚 咚 咚 |

打打 咚打 | 打咚 咚 咚 | 打咚 咚 | 打打 咚咚 | 打咚 咚 | 打打 咚咚 |

打咚 咚 | 咚咚 咚打 | 打咚 咚 | 咚咚 咚打 | 打咚 咚 | 打咚 咚 |

打打 咚咚 | 打咚 咚 | 打打 咚咚 | 打咚 咚 | 咚咚 咚打 | 打咚 咚 |

咚咚 咚打 | 打咚 咚 | 打咚 咚 | 打打 咚咚 | 打咚 咚 | 打打 咚咚 |

咚咚 咚打 | 打咚 咚 | 咚咚 咚打 | 打咚 咚 | 打打 咚打 | 打咚 咚 咚 |

打打 咚打 | 打咚 咚 咚 | 打打 咚打 | 打咚 咚 咚 | 打打 咚打 | 打咚 咚 咚 |

打打 咚打 | 打咚 咚 咚 | 打打 咚打 | 打咚 咚 咚 | 打打 咚打 | 打咚 咚 咚 |

打打 咚打 | 打咚 咚 咚 | 打打 咚打 | 打咚 咚 咚 | 打打 咚打 | 打咚 咚 咚 ‖

## 《送力又》

打 咚 咚 咚 | 打 咚 咚 咚 | 打 咚 咚 咚 | 打 咚 咚 咚 |

打 咚 咚 咚 | 打 咚 咚 咚 | 打 咚 咚 咚 | 打 咚 咚 咚 |

打 咚 咚 咚 | 打 咚 咚 咚 | 打 咚 咚 咚 | 打 咚 咚 咚 |

打 咚 咚 咚 | 打 咚 咚 咚 | 打 咚 咚 咚 | 打 咚 咚 咚 |

打咚 咚 咚 | 打咚 咚 咚 | 打咚 咚 咚 | 打咚 咚 咚 | 打咚 咚 咚 ‖

## 《门略虾》

咚 打 | 咚 打 | 咚 打 | 咚 咚咚 | 咚 打 | 咚 咚咚 | 咚 打 | 咚 打 |

咚 打 | 咚 打 | 咚 咚咚 | 咚 打 | 咚 咚咚 | 咚 打 | 咚 打 | 咚 打 |

咚 打 | 咚 咚咚 | 咚 打 | 咚 咚咚 | 咚 打 | 咚 打 | 咚 打 | 咚 打 |

咚 咚咚 | 咚 打 | 咚 咚咚 | 咚 打 | 咚 打 | 咚 打 | 咚 打 | 咚 咚咚 |

咚 打 | 咚 咚咚 | 咚 打 | 咚 打 | 咚 打 | 咚 打 | 咚 咚咚 | 咚 打 |

咚 咚咚 | 咚 打 | 咚 打 | 咚 打 | 咚 打 | 咚 咚咚 | 咚 打 | 咚 咚咚 |

咚 打 | 咚 打 | 咚 打 | 咚 打 | 咚 咚咚 | 咚 打 | 咚 咚咚 | 咚 打 |

咚 打 | 咚 打 | 咚 打 | 咚 咚咚 | 咚 打 | 咚 咚咚 | 咚 打 | 咚 打 |

咚 打 | 咚 打 | 咚 咚咚 | 咚 打 | 咚 咚咚 | 咚 打 | 咚 打 | 咚 打 |

咚 打 | 咚 咚咚 | 咚 打 | 咚 咚咚 | 咚 打 | 咚 打 | 咚 打 | 咚 打 |

咚 咚咚 | 咚 打 | 咚 咚咚 | 咚 打 | 咚 打 | 咚 打 | 咚 打 | 咚 咚咚 |

咚 打 | 咚 咚咚 | 咚 打 | 咚 打 | 咚 打 | 咚 打 | 咚 咚咚 | 咚 打 |

咚 咚咚 | 咚 打 | 咚 打 | 咚 打 | 咚 打 | 咚 咚咚 | 咚 打 | 咚 咚咚 | 咚 打 ‖

## 《丢虾古》

咚 咚 | 咚 打打 | 咚 咚 | 咚 打打 | 咚 咚 | 咚 打打 | 咚 咚 | 咚 打打 |

咚 咚 | 咚 打打 | 咚 咚 | 咚 打打 | 咚 咚 | 咚 打打 | 咚 咚 | 咚 打打 |

咚 咚 | 咚 打打 | 咚 咚 | 咚 打打 | 咚 咚 | 咚 打打 | 咚 咚 | 咚 打打 |

咚 咚 | 咚 打打 | 咚 咚 | 咚 打打 | 咚 咚 | 咚 打打 | 咚 咚 | 咚 打打 |

咚咚 打咚 | 咚咚 打打 | 咚咚 打咚 | 咚咚 打打 | 咚咚 打咚 | 咚咚 打打 |

咚咚 打咚 | 咚咚 打打 | 咚咚 打咚 | 咚咚 打打 | 咚咚 打咚 | 咚咚 打打 |

咚 咚 | 咚 打打 | 咚 咚 | 咚 打打 | 咚 咚 | 咚 打打 | 咚 咚 | 咚 打打 |

咚 咚 | 咚 打打 | 咚 咚 | 咚 打打 | 咚 咚 | 咚 打打 | 咚 咚 | 咚 打打 |

咚 咚 | 咚 打打 | 咚 咚 | 咚 打打 | 咚 咚 | 咚 打打 | 咚 咚 | 咚 打打 |

咚 咚 | 咚 打打 | 咚 咚 | 咚 打打 | 咚 咚 | 咚 打打 | 咚 咚 | 咚 打打 ‖

## 《奎箱良》

咚 咚 打打 | 咚 咚 打打 | 咚 咚 打打 | 咚 咚 打打 | 咚 咚 打打 |

咚 咚 打打 | 咚 咚 打打 | 咚 咚 打打 | 咚 咚 打打 | 咚 咚 打打 |

咚 咚 打打 | 咚 咚 打打 | 咚 咚 打打 | 咚 咚 打打 | 咚 咚 打打 |

咚 咚 打打 | 咚 咚 打打 | 咚 咚 打打 | 咚 咚 打打 | 咚 咚 打打 |

咚 咚 打打 | 咚 咚 打打 | 咚 咚 打打 | 咚 咚 打打 | 咚 咚 打打 |

咚 咚 打打 | 咚 咚 打打 | 咚 咚 打打 | 咚 咚 打打 | 咚 咚 打打 ‖

## 《略南新》

咚打 咚打 | 咚打 打打· | 咚打 咚打 | 咚打 打打· | 咚打 咚打 | 咚打 打打· |

咚打 咚打 | 咚打 打打· | 咚打 咚打 | 咚打 打打· | 咚打 咚打 | 咚打 打打· |

咚打 咚打 | 咚打 打打· | 咚打 咚打 | 咚打 打打· | 咚打 咚打 | 咚打 打打· |

咚打 咚打 | 咚打 打打· | 咚打 咚打 | 咚打 打打· | 咚打 咚打 | 咚打 打打· |

咚打 咚打 | 咚打 打打· | 咚打 咚打 | 咚打 打打· | 咚打 打打· | 咚打 打打· |

咚打 打打· | 咚打 打打· | 咚打 打打· | 咚打 打打· | 咚打 打打· | 咚打 咚打 |

咚打 打打· | 咚打 咚打 | 咚打 打打· | 咚打 咚打 | 咚打 打打· | 咚打 咚打 |

咚打 打打· | 咚打 咚打 | 咚打 打打· | 咚打 咚打 | 咚打 打打· | 咚打 咚打 |

咚 打 打 打· | 咚 打 咚 打 | 咚 打 打 打· | 咚 打 咚 打 | 咚 打 打打· |

咚 打 咚 打 | 咚 打 打 打· | 咚 打 咚 打 | 咚 打 打 打· | 咚 打 咚 打 |

咚 打 打 打· | 咚 打 咚 打 | 咚 打 打 打· | 咚 打 咚 打 | 咚 打 打 打· ‖

## 《团结舞》

咚 咚 | 咚 打 | 咚 咚 | 咚 打 | 咚 打 | 咚 打 | 咚 咚 | 咚 打 | 咚 咚 | 咚 打 |

咚 咚 | 咚 打 | 咚 打 | 咚 打 | 咚 咚 | 咚 打 | 咚 咚 | 咚 打 | 咚 咚 | 咚 打 |

咚 打 | 咚 打 | 咚 咚 | 咚 打 | 咚 咚 | 咚 打 | 咚 咚 | 咚 打 | 咚 打 | 咚 打 |

咚 咚 | 咚 打 | 咚 咚 | 咚 打 | 咚 咚 | 咚 打 | 咚 打 | 咚 打 | 咚 咚 | 咚 打 |

咚 咚 | 咚 打 | 咚 咚 | 咚 打 | 咚 打 | 咚 打 | 咚 咚 | 咚 打 | 咚 咚 | 咚 打 |

咚 咚 | 咚 打 | 咚 打 | 咚 打 | 咚 咚 | 咚 打 | 咚 咚 | 咚 打 | 咚 咚 | 咚 打 |

| | | | | | | | | | |
|---|---|---|---|---|---|---|---|---|---|
| 咚 打 | 咚 打 | 咚 咚 | 咚 打 | 咚 咚 | 咚 打 | 咚 咚 | 咚 打 | 咚 打 | 咚 打 |
| 咚 咚 | 咚 打 | 咚 咚 | 咚 打 | 咚 咚 | 咚 打 | 咚 打 | 咚 打 | 咚 咚 | 咚 打 |
| 咚 咚 | 咚 打 | 咚 咚 | 咚 打 | 咚 打 | 咚 打 | 咚 咚 | 咚 打 | 咚 咚 | 咚 打 |
| 咚 咚 | 咚 打 | 咚 打 | 咚 打 | 咚 咚 | 咚 打 | 咚 咚 | 咚 打 | 咚 咚 | 咚 打 |
| 咚 打 | 咚 打 | 咚 咚 | 咚 打 | 咚 咚 | 咚 打 | 咚 咚 | 咚 打 | 咚 打 | 咚 打 |
| 咚 咚 | 咚 打 | 咚 咚 | 咚 打 | 咚 咚 | 咚 打 | 咚 打 | 咚 打 | 咚 咚 | 咚 打 |

## （四）掌坳苗族铜鼓音乐的未来发展

掌坳苗族世代居住在山里，至今保留着使用铜鼓的古老习俗，这是其民族传统文化精髓的延续。其中，掌坳苗族铜鼓音乐是他们日常生产生活休闲娱乐的方式，是与社会各界人士互动的工具，同时也是苗族同胞寻求历史共同体连续性的纽带，在整个民族文化中扮演着重要的角色。在由传统社会向现代社会转型的过程当中，村民的社会交往范围已不仅限于传统村落，他们渐渐走出村寨，在城市里寻找新的谋生手段。传统的民族文化，在新一代苗族青年的生活中逐渐消失，他们接受现代文明社会给予的文化知识，传统文化受到冲击，非物质文化遗产传承人出现断层。当今，文化的传承已经成为非物质文化遗产的重要研究课题。通过对铜鼓音乐的考察、记录与分析，笔者了解到铜鼓音乐是掌坳苗族生活中不可或缺的一种精神载体，以及其作为苗族文化中一个重要的非物质文化遗产正面临的困境。我们应该在学理层面上进行反思，并采取积极有效的措施来对其进行保护和传承。

### 1. 铜鼓音乐传承的变迁

"文化是动态的"这一陈述在人类学、民族学领域已经是老生常谈，但它同样适用于民族音乐的范畴。在过去，各民族文化的传承、发展与社会环境的变迁总是紧密联系的，我们可以从两个有利的角度观察文化变迁。我们观察它在过去发生时的状况或者在当前发生时的状况。前者常常被归入传播一类，并被界定为已完成的文化传达；而后者属于涵化的范畴，并被界定为正在进行的文化传达。对于变化，一方面我们可以观察它在文化内开始发生时的状况，或曰内部变化；另一方面我们可以观察它从文化以外开始的变化，或曰外部变化。内部变化通常被称为革新，而外部变化同涵化过程有关。[①] 在传统社会中，人文和生态环境相对稳定，文化的传承也呈现出一定的稳定性。随着时代的发展，经济全球化、文化多元化对掌坳苗族铜鼓音乐传承造成冲击，导致传承人和传承方式、方法等都有所改变。

① 艾伦·帕·梅里亚姆：《音乐人类学》，穆谦译，人民音乐出版社，2010，第314页。

## （1）铜鼓音乐传承的社会生活环境变迁

“环境有大、有小，无论是大环境的变迁，还是小环境的更易，都会对乐器和器乐的形态产生变异性影响作用。”[1]在过去的传统社会中，人们的生活环境相对封闭，大家过着日出而作日落而归、面朝黄土背朝天的自给自足的小农生活，人们固守着自己的那一亩三分地。随着经济全球化，市场经济的发展带动人们从封闭走向开放，人们陆续走出大山走进城镇，当然这也从根本上改变了村民们的物质生活条件，与此同时也对村寨内传统文化造成一定影响和冲击，人们的思想观念和思维方式随之发生改变。

过去，掌坳村由于地理位置偏僻和交通不便，长期以来经济比较落后。如今，进出掌坳村的交通得到了极大的改善，掌坳村苗族改变了过去封闭的生活状态。当地群众因迫切地想要改变他们的这种贫穷落后的面貌而外出务工。而民族民间传统音乐文化的发展，与本民族的生产生活方式的变化是紧密相连的。过去，掌坳苗族人民以传统农业生产为主要生产方式。如今，掌坳苗族人民与时俱进，紧跟时代的步伐，进入到现代化的进程中，在经济多元化和文化多元化发展模式的推动下，其传统的生产生活方式、民族文化，包括音乐文化都在发展过程中渐渐地发生变化。这种社会环境的变迁，为掌坳苗族铜鼓音乐的发展提供了更广的发展空间，铜鼓音乐文化的功能意义与存在价值随着社会环境的变迁发生变化，同时也让掌坳苗族铜鼓音乐能够融合现代诸多的新鲜元素。掌坳苗族铜鼓音乐与其生产生活方式是息息相关的，随着人们对于物质追求的增多，许多人开始做生意或者外出务工，而且人数不断增加，人们逐渐脱离原来传统的生产生活方式。掌坳苗族铜鼓鼓点是从他们日常生活中衍生出来的，包括铜鼓的一些仪式，但是现在所处的环境在不断地发生变化，人们逐渐丢掉古老的传统。社会环境的变迁无形之中导致铜鼓逐渐丧失原本的内涵，敲击铜鼓的习俗和仪式也随之发生改变。吴道雄说：“以前，村里面的老人规定只有逢年过节才能敲铜鼓，平时是不能敲的。芦笙也一样，平时都不能吹。因为老人说，他们那时候有个风俗习惯，播种了以后就不能吹芦笙，也不能敲铜鼓。如果播种后还吹芦笙或敲铜鼓，种的庄稼就长不好。老人之所以这么说，就是要大家到该干农活的时候就去干农活，不要再吹芦笙和敲铜鼓。但是现在跟以前不同了，人们的生活条件好了，随便什么时候都可以敲铜鼓和吹芦笙，庄稼的生长并不会受到影响。其实这就是老人让年轻人多劳动的一种说辞，怕他们去玩乐后不干活。”

图一八〇　掌坳村路灯上的铜鼓雕塑（谭远　摄）

当下，随着历史的推进，社会环境也在不断地变化，同时文化也在不停地发展，生存的场合和形式也在变换。而

② 赵鲁琴：《古筝的改革与生态环境的变迁》，《乐府新声（沈阳音乐学院学报）》2009年第2期。

音乐不单单是为审美而存在，也不只是为美育而发生的，如果说它们有什么共同特征的话，那就是这些音乐与孕育它们的社会文化分化程度较低，它们并不是今天我们所说的“艺术”。环境对于一个民族的文化来说，是至关重要的因素，任何一种音乐文化自产生起就会随着环境的变化而变化。当前，掌坳苗族铜鼓音乐处在一个开放的、文化相互影响的、动态的社会大环境下，那么它就像是一个变数，所以理解音乐的变更一定要对社会环境的变迁，对音乐与社会环境之间的特殊关系有深入的认识。

### （2）铜鼓音乐传承人的变迁

一直以来，铜鼓音乐是掌坳苗族喜闻乐见的一种艺术形式和文化活动，在人们生活中有着举足轻重的地位。铜鼓音乐传承人受到大家的尊敬，在人们的心中有着较高的地位和威望。掌坳苗族铜鼓音乐的传统技艺是其存在的基本条件，也是其主要特点之一，而这种传统技艺需要个人天生节奏感与后天学习的有效结合，是靠祖辈一代代人的延续才存留至今，这也就决定了铜鼓音乐的传承性。

目前非物质文化遗产保护盛行，我国设立专门的机构运用文字、录音、录像和数字化的方式方法，对非物质文化遗产进行真实有效、全面系统的记录，对民族民间艺术进行挖掘和整理。其间，众多技艺较精湛的民间艺人被发现，吴道雄便是其中之一。掌坳村的铜鼓音乐是整个雷山县最具代表性的，但是现在铜鼓除对外进行表演以外，基本的民俗功能大部分已丧失。现今能够完完全全演奏铜鼓音乐的人除了传承人以外寥寥无几，且传承人大多年纪大、体弱多病，基本都以务农来维持生计。此外，能够懂本民族音乐的祖辈们，健在的已经很少。掌坳苗族也曾一度出现过后继无人的现实状况。这主要有几个原因：首先，在过去，掌坳村的苗族文化只限于本村寨传承，其他村寨的一律不传授，这也就给掌坳苗族铜鼓音乐的传承限定了区域。其次，铜鼓音乐是掌坳村比较特殊的民族艺术形式，

图一八一　吴道雄和苗族铜鼓舞培训班学生合影（谭远　翻拍）

它要求学习者不仅要有节奏感，还必须经过后天的勤学苦练。此外，铜鼓音乐的传承在本寨中没有男女性别的限制，只要愿意学习，都可以作为传承人来培养。即便这样，全村会敲击铜鼓的人也屈指可数，没有多少人愿意学习。再次，随着社会的转型，人们的价值观念多元化，生产生活、娱乐方式多样化，铜鼓丢失原有的强势地位，传承性也就慢慢地淡化。加上现在很多年轻人的心思早已不在铜鼓上，大多数年轻人外出打工挣钱，将本民族的文化和本民族的传统已经抛到脑后。最后，多元文化对掌坳苗族传统的民族文化带来一定的冲击，人们的思想慢慢发生变化，一部分年轻的一辈认为铜鼓音乐是落后的、跟不上潮流的音乐，这使得掌坳苗族铜鼓音乐传承人面临断层的危机。吴道雄说：“现在县里要我们去学校教学生，而以前只能传给村子里的人，外面的人我们是不教的。现在我们从小孩子开始教起，且不分男女，村里面一般会走路的全都来学了。我这里还有张碟子（光盘），是他们在培训的时候录下来的。现在我们这个莲花小学，都是拿我们的铜鼓音乐和铜鼓舞当课间操。我现在是第四代传承人了，上一代传承人是我的叔叔，他已经过世了。他是九十多岁时过世的。我是从四五岁的时候就跟他学的，到现在应该有五十多年了吧。我现在已经五十八岁了。演奏铜鼓音乐不是那么容易学会的，整个村子只有四五个人会。”目前掌坳铜鼓音乐传承已经没有区域的限制，也没有民族的限制，越来越多的外地人来学习和传承铜鼓音乐文化，传统的思想观念和对传承人的限制已经被打破，那种单一形式的文化传统形式已经不是主流。人们对民族传统文化传承的意识也进一步加强，认识到一脉相承的方式只会阻碍各民族传统文化的延续和发展，应该与时俱进，开拓民族传统文化传承、延续和发展的新天地。如今，经过政府部门的鼓励、发掘和推广，掌坳苗族铜鼓音乐已经在全村、其他村子甚至学校推广开来，人们学习铜鼓音乐的积极性逐渐提高，这种传承的变迁可以说是对优秀的民族民间艺术文化的继承。

### （3）铜鼓音乐传承方式方法的变迁

过去，许多少数民族因为没有文字记载，其民族传统文化基本上靠口传心授的方式来延续，具有渐变性、无形性和复杂性等特殊性。掌坳苗族铜鼓音乐在传承中亦是如此。这种方式的传承会决定传承主体与被传承者之间的相互关系和意识形态。各少数民族也多采用这种传统的音乐传承模式，在音乐中去寻找文化的价值，探寻历史的踪迹。如今非物质文化遗产的传承，不再局限于传统模式中的口传心授、言传身教和对原始形态的简单复制，而是结合当下现实社会文化的结构，从不同的角度找到切入点，进行更高效的传承。

在传统社会中，民族传统文化的延续主要依靠当地民众的文化自觉和民间艺人有意识的传授，面对的都只是自我文化空间的局内人，民间艺术活动的范围也仅限于民间艺人传统的生活空间。而在现代语境下，民间艺术的传承方式已经多样化，得到政府部门的关注与支持，政府部门组织各地民间艺人进行民间艺术技法的系统的、有规模的培训，让民族民间传统艺术传承的队伍逐渐壮大起来。掌坳苗族铜鼓过去主要是为继承本民族传统文化而保留下来的一种民间音乐事象，它的传承范围较小，局限于本村寨，主要是老一辈手把手地教授下一代。现在掌坳村所在地方的小学、初中等都在学习、传承铜鼓音乐和铜鼓舞，而且教授的方法有很多。作为苗族铜鼓舞传承人，吴道雄被邀请到学校进行现场教学，也有的直接到他家里请他现场演奏，然后通过摄像、录像等方法保存下来再进行学习。铜鼓音乐的传承成为吴道雄增加收入的一种方式。在政府部门督促、经济效益驱使和民族传统文化展演中，掌坳苗族铜鼓音乐不仅在村寨内部得以更好地传承，而且不断地向外扩展和传播，让更多人了解掌坳，了解铜鼓。吴道雄说：“我们村跳的铜鼓舞只要有人喜欢它，就会不断地有人来学习。它是不会消失的，而且整个雷山就属我们这里的铜鼓音乐和铜鼓舞最有特色。”在去外地展演教学的过程中，吴道雄也关注到外界人士对掌坳苗

图一八二　吴道雄在进行苗族铜鼓舞现场教学活动（谭远　翻拍）

族铜鼓音乐和铜鼓舞的喜欢。吴道雄说：“最近几年有很多慕名而来的学者、专家和学生对我进行采访和录像。我把鼓点都敲击了一遍，而且把铜鼓鼓点对应的舞蹈也都跳了一遍。”笔者认为，这种经过非物质文化遗产传承人穿梭于不同场域进行展演的活动，能让更多人认识和了解该民族的传统艺术形式及其传统文化，并在现代艺术活动展演中对其进行二次创作，把这些民族传统艺术元素融入其中，让这些民族传统艺术成为真正的民族艺术品，让更多的人知道、关注、重视其存在的价值。科技的发展、多元文化的兴盛，使得传承的方式方法不断地创新变化，改变了原有的单一的传承方式方法，对掌坳苗族铜鼓音乐和更多的少数民族民间音乐文化是有一定益处的。掌坳苗族铜鼓音乐如今受到众多学者关注和受年轻人青睐，笔者相信其将来一定会有更好的传承与发展空间。

## 2. 铜鼓音乐未来展望

任何一种民族民间音乐都不可能脱离与之相关的自然环境和人文环境而独立存在。当今，本土文化与外来文化形态如何相处，成为文化发展的重大问题。尤其是近现代以来，随着经济的发展，全球化进程的加快，围绕变与不变的问题，人们争议不断，有关传统与现代、融合与开放、民族性与世界性等的讨论带有强烈的文化色彩，且伴随着文化发展的全部过程。面对外部环境的变化，民族音乐要以不变应万变（或者说是万变不离其宗），要继承文化内涵和民族精神，在此基础上展现出新的样貌和形态。只有这样，民族民间音乐才能绚丽多彩并生机勃勃地发展。所以，当下选择好民族音乐未来发展的方向至关重要。

图一八三　吴道雄在学校指导学生学习苗族铜鼓舞（谭远　翻拍）

## (1) 铜鼓音乐传承的必要性与措施

经济的发展对于文化的发展有着至关重要的影响，它缩短了人际交流的时空距离，使人们交往日益密切。这种作用和影响，对于整个民族文化的发展既有利又有弊。有利的方面是可以吸收先进的文化来发展本民族文化，而弊端主要是在这种文化的相互交流中被同化，导致自我个性的丢失。面对这种环境变化，我们要树立民族音乐的整体观念。民族民间音乐往往与本民族的风俗习惯、文化思想、宗教信仰和审美意趣等有直接或间接的关系，音乐是文化的灵魂，如果要单独割裂和分离民族音乐文化与本民族传统文化的内在和外在联系，将导致民族音乐失去养分，失去活水源头，无法继续存活下去。改革开放后，外来文化与传统的民族文化发生碰撞，在进行借鉴、交流与发展的同时，越来越多的人追求前沿的时尚观念，追求新潮的艺术形式，而忽视本民族传统文化的艺术精华。尽管民族民间传统音乐文化还在静静地流传着，但是其内涵慢慢被遗忘和丢失，其重要性和社会作用在某些层面被忽视。新一代文化研究工作者必须认识到民族民间传统音乐博大精深，重视民族民间传统音乐的生存与发展，植根于民族民间传统音乐，深入学习、理解和分析研究民族民间传统音乐的精髓所在，继承、保护和发扬优秀的民族民间传统音乐文化。

随着社会的高速发展，人民的生活水平不断提高，加上各类电子音像制品的普及，使得人民接触到多元化的音乐，不像过去依赖比较单一、简单的音乐音响形式。这种改变在少数民族地区比较突显，本民族原生态的民族民间传统音乐在青年一代中传唱变少，现在原生态的民歌要到穷乡僻壤才能聆听到，侗族大歌、苗族飞歌等少数民族音乐样式曾一度面临失传的危机。如果意识不到这些宝贵的民族文化遗产的重要性，并对它们进行继承、保护，那它们可能会在不经意间消失。掌坳苗族铜鼓音乐的传承在这种现代化的社会语境下也面临着严峻的挑战，其传承与发展必须与本民族传统文化连在一起，因为那才是本民族传统音乐发展的主体，这是其他文化不可替代的，其他民族的音乐文化只能作为学习和借鉴的对象。文化资源具有脆弱的一面，其中传统的部分已经不能再生，所以掌坳苗族铜鼓音乐乃至各少数民族传统音乐的传承是非常有必要的，是迫在眉睫的，也是现阶段亟待解决的问题，不容忽视。解决的具体措施，笔者总结了以下几点：

第一，对本民族成员而言，要转变观念，树立文化自觉和文化自信，认识本民族传统文化在整个民族精神文化中的重要价值和地位，不能有民族自卑心理，否则容易引发民族传统文化传承的危机。费孝通先生认为，拥有和传承着一种文化的民族、社区以及个人，他们一定要对自己的文化有一种自觉的意识，这样才能冷静地认识到自己文化的利弊，在懂得自己文化的基础上，真正认识自己文化的价值所在，并热爱它，同时还要积极学习异文化的长处，相互借鉴和学习。只有这样，才能在当今多元文化交融的场域下，面对各种强势文化的冲击和渗入，站稳脚跟，不被同化，不会丧失本民族文化的特征，体现自我文化的价值。所以，只有秉承这种文化自觉的态度，才能更好地传承掌坳苗族铜鼓音乐。

第二，要求相关研究人员、学者要积极做好田野调查工作，多接触和了解民族民间传统音乐。田野调查是比较艺术化和人格化的科学研究工作，当中有很多学问在书本中是学不到的。所以要真正学习与研究民族民间传统音乐就不能局限在室内。作为研究者要经常走入开阔的田野中，有步骤、有计划、有目的地进行调查，去考察各地区各民族民间传统音乐的形态、风格和特点，去感受当地的民俗民风，这不仅有利于搜索民族民间传统音乐资源，还有利于搜集相关学科和人文历史的一系列资料，对整理和挖掘民族民间传统音乐文化有很大的帮助。

第三，运用现代化科技手段，搜集与音乐相关的资料，通过录音、录像等采集工作记录原生态的民间音乐，再通过案头工作使它们能够完整地保存下来，做到不遗漏、不变形和不变味。特别是有关民间传承艺人进行艺术表演的影像资料，这是非常珍贵的音乐文化遗产。只有对这些原生态的民族民间传统音乐文化事象进行挖掘、整理和保护，才能让各民族民间传统音乐文化的魅力得以继承和流传。民族民间传统音乐的研究是一种综合性的学术研究工作，音乐本身是研究能够得以顺利开展的重要前提条件，不同的主体对于音乐或者同一主体在不同的时间和空间对同一音乐会有不同的感受。作为主要依据，原始资料应尽量做到全面、真实、有效，不能胡编乱造，随意篡改，以便为今后研究的专家学者和

图一八四　吴道雄在学校指导学生学习敲击铜鼓和跳铜鼓舞（谭远　翻拍）

民间艺人提供准确、丰富的参考资源，使这些优秀的文化遗产能够再现、复原、传播，并被充分开发与利用。

第四，将田野调查和案头工作整理出来的民间音乐原生态的精髓融入现代音乐创作中，进行二次创作，使民族民间传统音乐艺术能在现代创作的音乐作品中得以呈现、传播和发展。目前国内有很多音乐艺术作品打上少数民族音乐的标签，以扩大影响，在运用民族民间传统音乐的曲调和素材的基础上，结合西方的创作技法，使富有民族风格的作品增加感染力和吸引力，这样可充分显示民族民间传统音乐艺术的魅力所在。

第五，需要学校重视民族民间音乐的教育和宣传，普及民族文化知识，开设具有民族特色的课程和教育活动，让更多学生了解民族民间文化，热爱民族民间传统音乐艺术。民族民间传统音乐文化的延续，是中华民族音乐生存的不竭源泉，我们要重视、挖掘、整理、传承和发展民族民间传统音乐，让它发扬光大。

### （2）铜鼓音乐的专业艺术升华

“中国传统音乐民间传承变化与否，都以其自身的方式发展与演进。作为非物质文化形态的时空艺术，变化是必然，但又是相对的。虽然现代化不断向乡村延伸，但农耕文化社会观念下积淀的文化心态、文化传统在相当长的历史时期内不可能得以根本的改变。”[①]构成音乐特殊性的因素有许多，但与此同时必须强调的是，对于音乐和其他一切艺术来说，所反映的内容会有交叉。音乐同其他艺术一样是反映现实的或者是通过某种事物而联想到的虚拟的事物，只是在反映的形式和反映的现象的范围上有所不同而已。音乐的物质材料——声音，具有一种非语义性和抽象性，这种性质便决定了音乐反映现实的方式是间接的。

铜鼓是少数民族特有的乐器，它的存在本质上是演奏者在模仿的基础上经过自身心灵的过滤、加工以及升华发展而来的一种精神的物化现象，体现人对自然物质的一种人化自然的人性表现。掌坳苗族铜鼓，从其音乐本身的结构来看，形成这种特别的动态音乐形式的根本是节奏，而这种纯粹、质朴的节奏意识对掌坳苗族人民节奏的感知力具有一定的强化作用。波兰音乐学家丽莎认为：“音乐的声音材料本身是经过了某种概括而构成的，是经过特定的方法从自然界物质中选择出来的，是在不同文化中心发展起来的许多体系中的一种。”[②]掌坳苗族铜鼓音乐在经济发展的推动下为村民创造一定的经济效益，随着半职业或者职业演出队伍的涌现，掌坳苗族音乐开始向外界更大范围传播。政府文化部门为弘扬和发展民族文化，现在也加大力度进行民族文化的宣传和保护，开始从各方面来支持民族民间艺术的展演，号召民间艺人把传承、发展掌坳苗族铜鼓音乐作为谋生手段来调动他们的积极性，加深他们对本民族艺术文化重要性的认识。吴道雄就是一个典型，因为年纪稍大且腿脚曾经受过伤，所以他在农闲时就在家里务农或者打零工，有时候也会参加各种演出和比赛。

伴随着旅游业的发展，掌坳苗族铜鼓音乐从寨子的铜鼓坪搬上更大的舞台。当然游客的审美需求会促使他们创新和发展，只有这样，才能满足人们对于民族艺术文化的需求。近几年来雷山县红水河苗寨邀请掌坳铜鼓队去表演，还聘请专业人士对掌坳铜鼓队进行艺术指导，对铜鼓音乐的节奏进行编排和创新，使铜鼓音乐更加出彩。为追求舞台效果，他

① 项阳：《中国音乐民间传承变与不变的思考》，《中国音乐学》2003年第4期。

② 卓菲娅·丽莎：《论音乐的特殊性》，于润洋译，上海文艺出版社，1980，第19页。

们将掌坳铜鼓队变大，增加乐器的数量和乐手人数，或者使表演形式更加丰富，使演员的服装更加绚丽，通过多种形式的改变来满足观众的需求。掌坳苗族铜鼓音乐如今作为一种舞台艺术，经常在大型活动和比赛中进行展演，但它原有的形式与现代化的社会环境不相适应，主要表现在铜鼓在现代化舞台上所发出的声音偏弱，所以需要采用专业的音响设备来增加音量，以使观众感受到铜鼓音乐的震撼效果。下面是掌坳铜鼓队在国家大剧院进行表演时所演奏的铜鼓鼓谱：

| | | | | | | |
|---|---|---|---|---|---|---|
| 鼓足 | 0 0 | 打 打打 | 0 0 | 打 打打 | 0 0 | 打 打打 |
| 鼓心 | 咚 咚 | 咚 0 | 咚 咚 | 咚 0 | 咚 咚 | 咚 0 |

| | | | | | | |
|---|---|---|---|---|---|---|
| 鼓足 | 0 0 | 打 打打 | 0 0 | 打 打打 | 0 0 | 打 打打 |
| 鼓心 | 咚 咚 | 咚 0 | 咚 咚 | 咚 0 | 咚 咚 | 咚 0 |

| | | | | | | |
|---|---|---|---|---|---|---|
| 鼓足 | 0 0 | 打 打打 | 0 0 | 打 打打 | 0 0 | 打 打打 |
| 鼓心 | 咚 咚 | 咚 0 | 咚 咚 | 咚 0 | 咚 咚 | 咚 0 |

| | | | | | | |
|---|---|---|---|---|---|---|
| 鼓足 | 0 0 | 打 打打 | 0 0 | 打 打打 | 0 0 | 打 打打 |
| 鼓心 | 咚 咚 | 咚 0 | 咚 咚 | 咚 0 | 咚 咚 | 咚 0 |

| | | | | | | |
|---|---|---|---|---|---|---|
| 鼓足 | 0 0 | 打 打打 | 0 0 | 打 打打 | 0 0 | 打 打打 |
| 鼓心 | 咚 咚 | 咚 0 | 咚 咚 | 咚 0 | 咚 咚 | 咚 0 |

| | | | | | | |
|---|---|---|---|---|---|---|
| 鼓足 | 0 0 | 打 打打 | 0 0 | 打 打打 | 0 0 | 打 打打 |
| 鼓心 | 咚 咚 | 咚 0 | 咚 咚 | 咚 0 | 咚 咚 | 咚 0 |

| | | | | | | |
|---|---|---|---|---|---|---|
| 鼓足 | 0 0 | 打 打打 | 0 0 | 打 打打 | 0 0 | 打 打打 |
| 鼓心 | 咚 咚 | 咚 0 | 咚 咚 | 咚 0 | 咚 咚 | 咚 0 |

| | | | | | | |
|---|---|---|---|---|---|---|
| 鼓足 | 0 0 | 打 打打 | 0 0 | 打 打打 | 0 0 | 打 打打 |
| 鼓心 | 咚 咚 | 咚 0 | 咚 咚 | 咚 0 | 咚 咚 | 咚 0 |

| | | | | |
|---|---|---|---|---|
| 鼓足 | 打打 0打 | 0打 打 | 打打 0 | 打0 0打 打 |
| 鼓边 | 0 的0 | 的0 0 | 0 0 | 0 0 0 |
| 鼓心 | 0 0 | 0 0 | 0 咚咚 | 0咚 咚0 0 |

| | | | | |
|---|---|---|---|---|
| 鼓足 | 打打 0打 | 0打 打 | 打打 0 | 打0 0打 打 |
| 鼓边 | 0 的0 | 的0 0 | 0 0 | 0 0 0 |
| 鼓心 | 0 0 | 0 0 | 0 咚咚 | 0咚 咚0 0 |

| | | | | |
|---|---|---|---|---|
| 鼓足 | 打打 0打 | 0打 打 | 打打 0 | 打0 0打 打 |
| 鼓边 | 0 的0 | 的0 0 | 0 0 | 0 0 0 |
| 鼓心 | 0 0 | 0 0 | 0 咚咚 | 0咚 咚0 0 |

| | | | | |
|---|---|---|---|---|
| 鼓足 | 打打 0打 | 0打 打 | 打打 0 | 打0 0打 打 |
| 鼓边 | 0 的0 | 的0 0 | 0 0 | 0 0 0 |
| 鼓心 | 0 0 | 0 0 | 0 咚咚 | 0咚 咚0 0 |

| | | | | |
|---|---|---|---|---|
| 鼓足 | 打打 0打 | 0打 打 | 打打 0 | 打0 0打 打 |
| 鼓边 | 0 的0 | 的0 0 | 0 0 | 0 0 0 |
| 鼓心 | 0 0 | 0 0 | 0 咚咚 | 0咚 咚0 0 |

| | | | | |
|---|---|---|---|---|
| 鼓足 | 打打 0打 | 0打 打 | 打打 0 | 打0 0打 打 |
| 鼓边 | 0 的0 | 的0 0 | 0 0 | 0 0 0 |
| 鼓心 | 0 0 | 0 0 | 0 咚咚 | 0咚 咚0 0 |

| | | | | |
|---|---|---|---|---|
| 鼓足 | 打打 0打 打0 | 0 0 | 打打 0打 打0 | 0 0 |
| 鼓心 | 0 咚0 0咚 | 咚 咚 | 0 咚0 0咚 | 咚 咚 |

| | | | | |
|---|---|---|---|---|
| 鼓足 | 打打 0打 打0 | 0 0 | 打打 0打 打0 | 0 0 |
| 鼓心 | 0 咚0 0咚 | 咚 咚 | 0 咚0 0咚 | 咚 咚 |

| | | | | | | |
|---|---|---|---|---|---|---|
| 鼓足 | 0 0 | 打 打打· | 0 0 | 打 打打· | 0 0 | 打 打打· |
| 鼓心 | 咚 咚 | 0 0 | 咚 咚 | 0 0 | 咚 咚 | 0 0 |

| | | | | | | |
|---|---|---|---|---|---|---|
| 鼓足 | 0 0 | 打 打打· | 0 0 | 打 打打· | 0 0 | 打 打打· |
| 鼓心 | 咚 咚 | 0 0 | 咚 咚 | 0 0 | 咚 咚 | 0 0 |

| | | | | |
|---|---|---|---|---|
| 鼓足 | 打 打打· | 打 打打· | 打 打打· | 打 打打· |
| 鼓心 | 0 0 | 0 0 | 0 0 | 0 0 |

| | | | | | |
|---|---|---|---|---|---|
| 鼓足 | 0 0 | 打 打打· | 0 0 | 打 打打· | 0 0 |
| 鼓心 | 咚 咚 | 0 0 | 咚 咚 | 0 0 | 咚 咚 |

| | | | | |
|---|---|---|---|---|
| 鼓足 | 打 打打· | 打 打打· | 打 打打· | 打 打打· |
| 鼓心 | 0 0 | 0 0 | 0 0 | 0 0 |

| | | | | | |
|---|---|---|---|---|---|
| 鼓足 | 0 0 | 打 打打· | 0 0 | 打 打打· | 0 0 |
| 鼓心 | 咚 咚 | 0 0 | 咚 咚 | 0 0 | 咚 咚 |

| | | | |
|---|---|---|---|
| 鼓足 | 打0 0 0 | 打0 0 0 | 打0 0 0 |
| 鼓心 | 0咚 咚 咚 | 0咚 咚 咚 | 0咚 咚 咚 |

| | | | |
|---|---|---|---|
| 鼓足 | 打0 0 0 | 打0 0 0 | 打0 0 0 |
| 鼓心 | 0咚 咚 咚 | 0咚 咚 咚 | 0咚 咚 咚 |

| | | | |
|---|---|---|---|
| 鼓足 | 打0 0 0 | 打0 0 0 | 打0 0 0 |
| 鼓心 | 0咚 咚 咚 | 0咚 咚 咚 | 0咚 咚 咚 |

| | | | |
|---|---|---|---|
| 鼓足 | 打0 0 0 | 打0 0 0 | 打0 0 0 |
| 鼓心 | 0咚 咚 咚 | 0咚 咚 咚 | 0咚 咚 咚 |

| | | | |
|---|---|---|---|
| 鼓足 | 打0 0 0 | 打0 0 0 | 打0 0 0 |
| 鼓心 | 0咚 咚 咚 | 0咚 咚 咚 | 0咚 咚 咚 |

| | | | |
|---|---|---|---|
| 鼓足 | 打0 0 0 | 打0 0 0 | 打0 0 0 |
| 鼓心 | 0咚 咚 咚 | 0咚 咚 咚 | 0咚 咚 咚 |

| | | | | | | |
|---|---|---|---|---|---|---|
| 鼓足 | 打 打 | 打 打 | 打 打 | 打 打 | 打 打 | 打 打 |
| 鼓心 | 咚 0 | 咚 0 | 咚 咚 | 咚 0 | 咚 咚 | 咚 0 |

| | | | | | | |
|---|---|---|---|---|---|---|
| 鼓足 | 打 打 | 打 打 | 打 打 | 打 打 | 打 打 | 打 打 |
| 鼓心 | 咚 0 | 咚 0 | 咚 咚 | 咚 0 | 咚 咚 | 咚 0 |

| | | | | | | |
|---|---|---|---|---|---|---|
| 鼓足 | 打 打 | 打 打 | 打 打 | 打 打 | 打 打 | 打 打 |
| 鼓心 | 咚 0 | 咚 0 | 咚 咚 | 咚 0 | 咚 咚 | 咚 0 |

| | | | | | | |
|---|---|---|---|---|---|---|
| 鼓足 | 打 打 | 打 打 | 打 打 | 打 打 | 打 打 | 打 打 |
| 鼓心 | 咚 0 | 咚 0 | 咚 咚 | 咚 0 | 咚 咚 | 咚 0 |

| | | | |
|---|---|---|---|
| 鼓足 | 打0 0 0 | 打0 0 0 | 打0 0 0 |
| 鼓心 | 0咚 咚 咚 | 0咚 咚 咚 | 0咚 咚 咚 |

| | | | |
|---|---|---|---|
| 鼓足 | 打0 0 0 | 打0 0 0 | 打0 0 0 |
| 鼓心 | 0咚 咚 咚 | 0咚 咚 咚 | 0咚 咚 咚 |

| | | | |
|---|---|---|---|
| 鼓足 | 打 0 0 0 | 打 0 0 0 | 打 0 0 0 |
| 鼓心 | 0 咚 咚 咚 | 0 咚 咚 咚 | 0 咚 咚 咚 |

| | | | |
|---|---|---|---|
| 鼓足 | 打 0 0 0 | 打 0 0 0 | 打 0 0 0 |
| 鼓心 | 0 咚 咚 咚 | 0 咚 咚 咚 | 0 咚 咚 咚 |

| | | | |
|---|---|---|---|
| 鼓足 | 打 0 0 0 | 打 0 0 0 | 打 0 0 0 |
| 鼓心 | 0 咚 咚 咚 | 0 咚 咚 咚 | 0 咚 咚 咚 |

| | | | |
|---|---|---|---|
| 鼓足 | 打 0 0 0 | 打 0 0 0 | 打 0 0 0 |
| 鼓心 | 0 咚 咚 咚 | 0 咚 咚 咚 | 0 咚 咚 咚 |

| | | | | |
|---|---|---|---|---|
| 鼓足 | 打打 0打 打0 | 0 0 | 打打 0打 打0 | 0 0 |
| 鼓心 | 0 咚0 0咚 | 咚 咚 | 0 咚0 0咚 | 咚 咚 |

| | | | | |
|---|---|---|---|---|
| 鼓足 | 打打 0打 打0 | 0 0 | 打打 0打 打0 | 0 0 |
| 鼓心 | 0 咚0 0咚 | 咚 咚 | 0 咚0 0咚 | 咚 咚 |

| | | | | |
|---|---|---|---|---|
| 鼓足 | 打打 打 打0 | 0 0 | 打打 打 打0 | 0 0 |
| 鼓心 | 0 0 0咚 | 咚 咚 | 0 0 0咚 | 咚 咚 |

| | | | | |
|---|---|---|---|---|
| 鼓足 | 0 打 打打 | 0 打 打打 | 0 打 打打 | 0 打 打打 |
| 鼓心 | 咚 咚 0 | 咚 咚 0 | 咚 咚 0 | 咚 咚 0 |

| | | | | |
|---|---|---|---|---|
| 鼓足 | 0 打 打打 | 0 打 打打 | 0 打 打打 | 0 打 打打 |
| 鼓心 | 咚 咚 0 | 咚 咚 0 | 咚 咚 0 | 咚 咚 0 |

| | | | | |
|---|---|---|---|---|
| 鼓足 | 0 打 打打 | 0 打 打打 | 0 打 打打 | 0 打 打打 |
| 鼓心 | 咚 咚 0 | 咚 咚 0 | 咚 咚 0 | 咚 咚 0 |

| | | | | |
|---|---|---|---|---|
| 鼓足 | 0 打 打打 | 0 打 打打 | 0 打 打打 | 0 打 打打 |
| 鼓心 | 咚 咚 0 | 咚 咚 0 | 咚 咚 0 | 咚 咚 0 |

| | | | | |
|---|---|---|---|---|
| 鼓足 | 0 打 打打 | 0 打 打打 | 0 打 打打 | 0 打 打打 |
| 鼓心 | 咚 咚 0 | 咚 咚 0 | 咚 咚 0 | 咚 咚 0 |

| | | | | |
|---|---|---|---|---|
| 鼓足 | 0 打 打打 | 0 打 打打 | 0 打 打打 | 0 打 打打 |
| 鼓心 | 咚 咚 0 | 咚 咚 0 | 咚 咚 0 | 咚 咚 0 |

| | | | | | | |
|---|---|---|---|---|---|---|
| 鼓足 | 打 打 | 打 0 | 打 打 | 打 0 | 打 打 | 打 0 |
| 鼓心 | 咚 咚 | 咚 0 | 咚 咚 | 咚 0 | 咚 咚 | 咚 0 |

这次演出运用了 7 种鼓点，包括《丢虾古》《省哥雕》《根哑神》《略南新》《送力又》《团结舞》《奎箱良》，其中《根哑神》《送力又》这 2 种鼓点运用了 2 次。中间出现的变化鼓点也是建立在这些基本鼓点之上，对节奏进行一定改变。每一次演出的基本节奏不会变，只是中间会出现一些差异，且每一次演出的变化都不同。吴道雄说：“在演出的时候会随着鼓点与舞蹈的结合进入高潮，鼓手在兴奋之余，就会即兴敲打节奏，但万变不离其宗。”著名人类学家马林诺夫斯基在《文化论》中讲到“原始艺术”不同于现在社会里那种突出个人创造性的艺术，它主要是群众性的，那些艺术家更多的是根据部落的传统进行创作。上述鼓点的排序是经过专门的艺术指导以及编导的精心排练而成的，鼓点的轻重缓急与原生态的掌坳苗族铜鼓音乐有一定区别，这里的铜鼓音乐已经有一定的专业艺术水准。掌坳苗族铜鼓习俗展演现象的出现改变了铜鼓习俗传统的姿态。过去，掌坳铜鼓习俗在传统的乡土社会中传承与发展，很少受到世人的关注，存在的时间是岁时节日，时间段相对较固定，展演的空间也是特定的寨里乡间。现今，它生存的时间和空间、内容和形式都发生了变化，演出时间不定、地点不定，在表演内容与形式编排上也融入了一些现代元素。

掌坳铜鼓队从 1956 年起到 2020 年间，由政府组织到北京、陕西等地方进行多次展演，其中在国家大剧院进行了两次展演。掌坳铜鼓队在黔东南州举行的展演有几十次之多，在贵州境内举行的展演也较多。掌坳铜鼓队也曾多次参加多彩贵州舞蹈大赛和代表黔东南州参加全省的少数民族运动会，并多次获得重要奖项。随着贵州旅游业的兴盛，掌坳铜鼓队也多次被邀请进行商业性演出，为游客展示具有苗族特色的、动态的民族民间文化，如在贵州黔东南红水河苗寨旅游景点，掌坳铜鼓队一直驻场表演至今，这也给当地的

图一八五　依山傍水的掌坳村（谭远　摄）

经济带来一定的效益。在苗族人民长期生活中，铜鼓音乐是社会赋予苗族外在的符号特征，也是外界了解苗族传统文化的一个重要窗口。为使铜鼓音乐展演获得更好的效果，当地的政府部门邀请专家对掌坳苗族铜鼓舞进行改编，改变以前比较单一的表演形式，加入民俗成分，增加苗族风情表演。为增强音乐上的节奏感和视觉上的动态效果，专家根据不同场域的特点和要求对掌坳铜鼓的表演形式、音乐内容、舞蹈动作进行重新编排，聘请专门的艺术指导对敲击铜鼓的人和舞蹈演员进行一定的专业化提升。但对民族民间传统文化的传承与发展来说，这是一把双刃剑，我们必须处理好这当中的关系，解决好其中带来的一系列问题，让掌坳苗族铜鼓音乐根植于其原生民族文化的土壤中，注重对掌坳苗族铜鼓音乐的保护与传承。

# 二、红水河流域苗族铜鼓舞

## ——以贵州雷山县为例

贵州省黔东南州雷公山地区是明清以来苗族的聚集地，蕴含着丰富深厚的苗族文化资源。就民族民间舞蹈而言，雷公山地区具有多个颇具民族特色的舞蹈种类，如掌坳村的铜鼓舞、反排村的木鼓舞、南猛村的芦笙舞、丹寨县的锦鸡舞、掌批村的扁担舞等，堪称苗族舞蹈的博物馆，其中最引人关注的是列入国家级非物质文化遗产代表性项目名录的雷山苗族铜鼓舞、反排苗族木鼓舞。

### （一）雷山县铜鼓舞调查点的基本情况

雷山县地处雷公山腹地，境内苗族人口达84%以上，可以说是苗族人口非常集中的县。苗族是一个能歌善舞、热爱生活的民族，对本民族文化传统极其重视。在漫长的历史进程中，苗族的古歌与舞蹈世世代代滋养本族人民。铜鼓舞就是苗族至今仍然有活态传承的民族民间舞蹈之一。

高岩村坐落于雷公山支脉之上，基本上在山的顶端，路途较远，交通不便，只有一条蜿蜒于连绵山峰与山谷之间的乱石子路。笔者于2016年3月开展田野调查期间恰好遇到通往高岩村的路在进行水泥硬化，规划是从县城一直延伸到大山主脉腹地的交腊村（到这里已经没有可通车的路，只有山间小道）。笔者在前往高岩村的途中发现，由于山路崎岖，山体土质疏松，多处已经修好的水泥路被山洪冲毁。从大多数路段往旁边看，是深不见底的山谷。在前往高岩村的过程中，气温越来越低，伴随着迎面吹来的雾气，令人产生置身于仙境的感觉。尽管从雷山县城到高岩村的路程才13公里，但驱车需要将近一个小时迂回在山与山之间。高岩村中有一条从山顶流下来的溪流，从村中拐角处流向山下。据当地村民介绍，高岩村铜鼓舞比掌坳村铜鼓舞简单，只有五六组动作。据观察，高岩村铜鼓舞的舞步动作是掌坳村铜鼓舞动作的原型。高岩村的老人说，他们的铜鼓是从民国时期保留下来的。以前，除鼓藏节、春节、吃新节等传统节日外，平时铜鼓是不请出来的，都是埋在山上的土里。每逢重大节日，需要使用铜鼓时，都要举行隆重的请鼓仪式。现在，铜鼓由寨老（即鼓藏头）放在家中保管，不需要深埋，但要妥善存放。鼓藏头是全体村民依据家庭人畜兴旺、家庭和谐的标准推选出来的，所以铜鼓由鼓藏头家保管，目的是希望全体村民均能像鼓藏头家一样过得富裕殷实、和谐美满。高岩村铜鼓舞的视觉效果相对掌坳村来说差一些，但从内涵层面来说，高岩村铜鼓舞更古朴、原始。

掌坳村被誉为“铜鼓之乡”，距离县城约 6 公里，有一条从县城直达村口的柏油路，交通便利。村庄依山而建、植被茂盛，村口有一条小河蜿蜒流淌。房屋基本为木结构，也有一部分房子为土石结构。人民生活比较富足。村中央有一块圆形坝子，称为“铜鼓坪”。农闲时，村民多在坝子上聊天。遇重大节日，村民均会在坝子上举行庆祝仪式。掌坳村民、黔东南州非物质文化遗产项目代表性传承人吴道雄介绍：“现在，农闲时节，村中男性长者会召集村中的年轻人和儿童在坝子上学铜鼓舞，跳铜鼓舞。过去，只有在苗族传统节日里，鼓藏头才会召集村民将铜鼓从山洞里‘请出来’，经过一系列祭祀仪式之后才可以跳铜鼓舞。跳铜鼓舞的时候，没有芦笙伴随，舞者遵循敲击铜鼓的节奏来调整舞步和动作。原来的舞蹈动作有 12 组，但是目前只有 11 组，已经失传了 1 组动作。”目前掌坳村保存的铜鼓，是改革开放后从广西买来的，本村没有人会造铜鼓。铜鼓舞已经成为掌坳村的符号，村中的基础设施建设都是以铜鼓为核心设计元素，村民也因铜鼓舞受外界的关注而具有文化的自信。

新桥村是大塘镇人民政府所在地，交通便利，一条连接县城的 308 省道穿境而过。村民基本上是苗族，村庄保留了古老的“水上粮仓”的独特民族景观，在当地各级政府的重视下，这一景观已经成功地开发为当地一个重要的旅游项目，而存放粮食的实用功能已衰退。镇政府工作人员吴春英介绍：“新桥村已经没有自己的铜鼓舞队伍了，遇到传统节日，都是从掌坳村那边请过来。加上年轻一代大多数外出打工或读书，已经多年没有见到当地人跳铜鼓舞。”在与镇政府工作人员的交谈中得知，伴随着经济的迅猛发展，地方行政部门意识到少数民族地区的乡村游、观光游是经济增长的一个重要引擎，所具有的绿色无污染优势是产业发展的最佳思路，于是着力寻找能够带动经济增长的民族文化旅游项目。“一村一个亮点，每村都有自己的王牌。”掌坳村跳铜鼓舞，新桥村就发展芦笙舞。如今，新桥村由本村村民构成的芦笙舞表演队不断发展壮大。调研、旅游的人员前来考察、

图一八六　雷山县苗族群众在祭鼓仪式上跳铜鼓舞（黄晓海　摄 / 视觉中国　供图）

图一八七 跳芦笙舞的苗族姑娘（龙涛 摄）

观光，只要提前预约，村里就可以组织相应的表演。据当地村民王崇益介绍，中华人民共和国成立前鼓藏头家曾经发生过一次大火，当时的木鼓被烧毁，就再也没有人跳木鼓舞了。笔者通过查阅文献和实地调查后发现，在经济发展的作用下，民间舞蹈的传统功能在消减，价值作用从娱己走向娱人，从精神走向现实。现在在新桥村，作为民族风俗、民族精神、民族情感聚合体的民间舞蹈渐渐消失，已没有铜鼓舞存在。

郎德寨（由上下两寨组成）距离雷山县城不到 16 公里，交通非常便利，寨子处于巴拉河中上游，是贵州省重点保护的苗族村落之一。调查期间，恰好遇到郎德寨村民过隆重的招龙节。据郎德上寨民间艺人陈光文介绍，郎德寨的招龙节类似于其他苗寨的鼓藏节（均属于各自苗寨最为隆重的节日），都是十三年过一次，但是过节的时间不同，招龙节是在农历三月过，鼓藏节是在苗年过（各支系苗年时间各异）。郎德寨过招龙节，希望把龙的福气和好运带到每家每户，祈祷来年风调雨顺、五谷丰登、幸福安康。在招龙节上，郎德寨有芦笙铜鼓舞表演，这种舞蹈并非独立的铜鼓舞，而是与芦笙舞相配合的舞蹈。这是祖辈留下来的规矩。舞步基本上根据芦笙演奏的音乐节奏来变化，步调比较简单，具有表演性。从笔者的角度看，郎德寨的芦笙铜鼓舞是以芦笙为主要伴奏乐器，以铜鼓为辅助乐器的一种舞蹈，其步伐、动作没有脱离芦笙舞的范式，其主体特征与铜鼓舞有较大差异，在种类划分上有别于本文所指的铜鼓舞。这也许是铜鼓舞发展的一种演变形态。

表一八　雷山县苗族村寨铜鼓文化传承情况一览表

| 村寨 | 是否过鼓藏节 | 铜鼓传承 | 铜鼓存放地 | 有无祭祀 | 跳铜鼓舞的时间 | 铜鼓舞的动作 |
|---|---|---|---|---|---|---|
| 高岩村 | 过 | 有 | 固定 | 有（敬酒） | 节庆 | 有 4—5 种 |
| 掌坳村 | 不过 | 无 | 半固定（家中或村保管室） | 有 | 节庆、平时 | 有 11 种 |
| 新桥村 | 不详 | 无 | 不固定 | 无 | 随时 | 无 |
| 郎德寨 | 不过，过招龙节 | 无 | 不固定 | 无 | 无 | 无 |

图一八八　雷山县苗族群众敲响铜鼓欢庆苗年（乔啟明　摄／视觉中国　供图）

综上所述，在从查找文献到实地采风的过程中，笔者发现，保留完整铜鼓舞独立舞蹈形态的村落仅有掌坳村和高岩村，新桥村和郎德寨均因文化生态变迁而导致文化形态变异。

## (二) 雷山县铜鼓舞调查点的景象描述

雷公山地理环境差异巨大，不同的村落受交通、经济、对外交流等因素的影响，其文化发展呈现明显的不同。通过田野调查，可将雷山县大塘镇诸村落有关铜鼓舞的景象归纳成传统景象、改编景象和消失景象 3 种。

### 1. 传统景象：高岩村铜鼓舞比较古老，是坚守信仰的艺术瑰宝

由于高岩村外部环境比较封闭，受外界因素影响较少，因此人们的文化观念比较古朴，文化遗产在村民中的继承较为全面。笔者在访谈时了解到，高岩村村民杨光泽是高岩村铜鼓舞的第七代传承人，从祖辈开始便一直为鼓藏头，过鼓藏节的风俗在高岩村依旧传承延续，铜鼓也一直在他的家中保存。在高岩村，保存铜鼓是身份和地位的象征，在更古老的年代则是一种族群权力的象征。

相传杨光泽的祖先为兄弟两人，其中一人因为没有后代，便将一面铜鼓传给其兄弟的后代，希望自己去世后，每逢过年过节时兄弟的后代能敲击铜鼓、跳铜鼓舞来纪念他。从这样的传说中可以窥探到苗族有祖先崇拜，跳铜鼓舞是对祖先的怀念，具有祭祀的功能。在整个交谈过程中，笔者感受到铜鼓和铜鼓舞中包含有强烈的苗族精神文化、祭祀文化和强烈的生命意识。他们个人不能随便敲击铜鼓，更不能跳铜鼓舞，需要征得族内人员的同意。高岩村往往在吃新节、春节、鼓藏节等节日把铜鼓带到村中开阔地，并召集村民跳铜鼓舞。

铜鼓舞是高岩村村民的精神寄托，有比较清晰的传承人脉络。高岩村的铜鼓经过了至少七代人的传承，据杨光泽介绍，"这面铜鼓已有 200 多年的历史，是雷山地区目前已知保存时间最长的铜鼓之一"，并且这面铜鼓依然由鼓藏头家保管，只是每年过节需要跳铜鼓舞时将铜鼓请出，还要在铜鼓上洒酒才可敲击。跳铜鼓舞需要在固定的时节和必要的仪式过后才可进行。古典进化论学派的代表人物泰勒认为："舞蹈是表达情感的方式，它还是原始人进行魔法或宗教仪式的手段。"泰勒还认为："舞蹈具有十分现实的作用，他们期待着通过舞蹈从而对外部世界发生影响。"① 当然，在高岩村村民的眼中，铜鼓舞所能产生的影响是现实世界与祖先世界的呼应。

据杨光泽介绍，高岩村村民跳铜鼓舞分为三个圈：一圈为小辈，指年轻人；一圈为长辈，指年龄大的人；一圈为妇女。从性别的角度看，不受性别限制。全村的人都参与其中，具有广泛性，共同祭祀祖先与庆贺丰收，群体性特征明显。这里的铜鼓舞只有五六组简单动作，容易掌握。在跳铜鼓舞的时候，所有人踩着同样的步伐跟着铜鼓的敲击声跳着古老的圆舞。高岩村村民认为，铜鼓声传递到族群内所有人耳中，如同一种力量的传递，使每个人都能够获得铜鼓的庇佑，每个人的精神也汇入阵阵铜鼓声之中。布朗曾说，人们相信一些物品具有保护力，而与这一信仰有关的习俗，是他们表达一种非常重要的社会情感，从而使这种社会情感维持必要程度的活力的手段。布朗称这种情感为依赖情感。维持社会凝聚力、迫使人们遵循社会生活赖以维系的习俗和传统的强有力的手段之一，就是使个人

① 爱德华·B.泰勒：《人类学：人及其文化研究》，连树声译，广西师范大学出版社，2004，第 275 页。

图一八九　雷山县苗族群众跳芦笙铜鼓舞欢度鼓藏节（彭年　摄/视觉中国　供图）

认识到他自己的安全和幸福是完全依赖于社会的。[①] 人类学家特纳也认为，支配性象征符号将社会的道德和法律规范与强烈的情感刺激紧密相连，仪式具有化解社会冲突、凝聚社会情感、增强社会团结的功能。从跳铜鼓舞的时间、动作形态、圆舞阵型等来看，对铜鼓的信仰是族群内部较为统一的精神归宿，也是具有召唤全体族群形成统一意志的精神化身，跳铜鼓舞是族群内部行为，是每个参与者对自身身份的确认。

① 方李莉、李修建：《艺术人类学》，生活·读书·新知三联书店，2013，第162页。

调查后的总体认识，是高岩村铜鼓舞具有两种属性：一是对祖先的怀念。因为铜鼓是祖先传下来给他们的，他们通过敲击铜鼓、跳铜鼓舞，以表达对祖先的怀念；二是在每年的吃新节上跳铜鼓舞，这具有强烈的现实欢庆意义。因为“吃新”象征着谷物的丰收，同时也寄托了他们对来年获得更大丰收的期望，充分展现了农耕文明的形态特征。在相对比较贫穷的高岩村，村民聚集在一起跳铜鼓舞能充分表现出他们对水稻、土豆等农作物丰收的重视，显示出跳铜鼓舞所包含的庆丰收和祈祷来年风调雨顺的期望。但是由于高岩村早年缺少能识字断文、能写能书的人，因此没有记录下本村铜鼓舞的舞蹈动作、鼓点节奏，更没有主动向外界传播铜鼓舞。近年来随着交通状况改善，与外界交流增多，村民开始有意识地展示铜鼓舞的风采。

## 2. 改编景象：掌坳村铜鼓舞与时俱进，展现不断发展的艺术魅力

由于距离县城较近的地理位置优势，掌坳村与外界的文化交流比较频繁，村民外出人口较多。在调查期间，村中以老人和小孩为主，青壮年劳动力基本在外工作或读书。村寨中老人和小孩都能使用普通话交流。与高岩村相比，掌坳村的社会变化程度明显要大得多。在走访村民期间发现，掌坳村基础设施建设较为完善，人们生活水平和现代化文明程度均高于其他苗族村寨。村中的道路、广场、博物馆、路灯、路牌、标示牌等一应俱全，均为统一修建，俨然已成为一个乡村旅游景点。绝大多数村民家中房屋是传统的木质结构，但房屋内部已经进行了现代化装修，堂屋地面做了硬化处理，有水冲式卫生间、利用沼气的灶具，还有冰箱、电视等家电，生活条件较为优越。

掌坳村铜鼓舞最先被外界所熟悉。为发展旅游经济，雷山县政府较早地从“铜鼓之乡”

这个文化名片入手，将铜鼓舞作为非物质文化遗产代表作进行申报并获批，在政策和交通上给予大力扶持。“掌坳——铜鼓舞发源地”的巨大石刻矗立于村口的风雨桥边，时时刻刻向外地来客宣传这里的文化特色。根据2014年和2016年的两次走访情况对比，笔者发现掌坳村两年间的变化非常大，原因就在于掌坳村搭上了原生态旅游和民族文化旅游的顺风车，备受当地各级政府的重视。掌坳村主打铜鼓舞文化，紧密围绕铜鼓舞的特点进行对外传播。目前，掌坳村已经是雷山县打造民族文化特色村寨的代表，村中已经修建了铜鼓舞广场、铜鼓舞博物馆。

多年来，掌坳村铜鼓舞被视为黔东南州雷山县的典型代表，多次参加全州、全省、全国乃至世界的交流、展示、比赛。掌坳村铜鼓舞到过省城贵阳，去过首都北京，甚至走出国门，向世界人民进行展示。在众多的演出交流中，掌坳村铜鼓舞收获了荣誉，赢得了赞誉，村民开阔了视野，文化观念悄然发生变化。吴道雄家的堂屋挂满了各种荣誉证书，都是表演铜鼓舞所获得的。在频繁的演出交流中，他感受到：外界关注铜鼓舞，感兴趣的是其文化艺术的形式特点，不大关注铜鼓舞所承载的祭祀功能和所包含的仪式象征，甚至在一些交流演出中这些深层的文化内容不被认可。因此，在铜鼓舞的组织排演过程中，掌坳村村民逐渐淡化了祭祀和仪式色彩，而比较重视演出的艺术性。

社会在变，掌坳村铜鼓舞也应时而变。这种变化来源于两种方式：一种是族群内部自身变化，这种变化的力量属于自发的，是经过消化和吸收之后的产物；另一种是外来力量的强加改造，往往是从外在表征入手，有技术专业化的“高度”，相应的舞台表演模式感极强，会造成形与神的分离，导致文化特质丢失。从文化多样性、文化遗产保护的角度看，后者所引起的变化要时刻警惕，不宜提倡。

从民国至今，掌坳村铜鼓舞不断跟随时代的脉搏适时发展，铜鼓舞的祭祀功能已经无从寻找，祖先崇拜思想被市场经济思想所冲击。铜鼓舞特有的民族性、艺术性受到外界所称赞。褪去宗教的原生态色彩，掌坳村铜鼓舞获得了比以前更多的自由，形式和动作更加具有舞台观赏性。村民在创新中获得文化自信，更加热爱铜鼓舞，更愿意表演铜鼓舞。在掌坳村，跳铜鼓舞也终将成为展现个人价值的表征。

对掌坳村进行调查后的总体认识是：掌坳村接受外来文化较多，在自我调适的过程中，逐渐将铜鼓舞发展变化成更容易被外界所认可的样貌，这当中具有当今社会文化播散与中心离散的诱导性因素。例如，掌坳村已经多年不过传统的鼓藏节，村民对这个节日看得非常淡，原因有两个：一是过节杀牛成本很高，村民难以承受；二是鼓藏节大同小异，没有吸引力。弗思认为，在众多导致社会变迁的原因之中，“对今天产生更重要影响的和更激烈的文化变迁，发生在复杂的文明社会和不发达社会的接触中”[①]。掌坳村铜鼓舞作为该村的典范，在政治、经济、教育、文化交流、文化观念等因素的复杂作用下，主动发生改变，以适应经济、文化发展的需要，越来越突出其娱乐性表演的功能。便利的交通会促进经济的发展，从而加速文化的交流，城市化进程改变传统的思想观念，现代的社会观念对传统思想产生巨大影响。众多少数民族祭祀、信仰习俗在不经意间产生了变迁。同时，也有部分因意识形态需要而存在的行为被涵化和替代。例如，很多非物质文化遗产项目濒临消亡，这正是文化变迁所带来的影响。但是掌坳村铜鼓舞在创新求变中，更强调参与者的体验，无沉重的思想包袱，反而被外界广泛接受。

① 方李莉、李修建：《艺术人类学》，生活·读书·新知三联书店，2013，第14页。

## 3. 消失景象：新桥村、郎德寨铜鼓舞逐渐消亡，属于发展变异中的遗憾

新桥村是大塘镇政府的所在地，与掌坳村相距不到 7 公里，308 省道从村中经过，经济建设比大塘镇其他村寨发展得好。在文献记载中，新桥村曾经有铜鼓舞，但时至今日已经完全消失了。当笔者前往新桥村调研时，发现新桥村在文化遗产开发，以及管理的力度、程度方面均高于其他村寨，可以感受到文化遗产在当地人的心目中已经转变为一种可利用的经济资源。

据镇政府工作人员讲述，镇政府非常重视文化遗产的开发，并形成项目化管理模式。但当地已经没有人会跳铜鼓舞，也没多少人热衷于学跳铜鼓舞，许多年轻人甚至连本地的民族舞蹈都不学。在村民眼中，掌坳村才是铜鼓舞的发源地，在新桥发展铜鼓舞并不具备优势，也吸引不了外界游客。因此，新桥重点推广短裙苗的锦鸡舞和芦笙舞。短裙苗因女子所穿裙装非常短而得名。新桥村为短裙苗的聚居地，锦鸡舞是短裙苗的一大特色。据当地村民王崇益讲述，重大节日时，新桥村村民跳的是芦笙锦鸡舞，铜鼓舞是从别的村子请过来的，自己村里已经没有人跳了。

笔者对新桥村进行调查后的总体认识是：新桥村的民族文化艺术是在强力的行政管理之下发展的，属于综合性发展，其形式与内容均发生了质的变化。

郎德寨现存的是芦笙铜鼓舞，芦笙是主导，是灵魂，铜鼓只是辅助性音乐元素，已经不具备独立铜鼓舞属性。据郎德寨民间艺人陈光文讲述，郎德寨从来不跳独立的铜鼓舞，必须配合芦笙吹出的曲子来进行舞蹈。走访期间，笔者询问是从什么时候开始发生这种变化的，郎德寨的村民都难以给出确切的答案。

# （三）雷山县铜鼓舞调查点的景象分析

苗族铜鼓舞作为国家级非物质文化遗产，曾广存于雷山县。流变至今，铜鼓舞的景象大为改变。要了解铜鼓舞在社会历史变迁中产生差异的背后原因，则需从文化生态的角度，深入思考不同村落所处的自然环境、观念习俗、社会意识等因素，并进行综合分析。

## 1. 自然地理因素

目前，从自然地理的角度看，掌坳村和高岩村都依山而建。村子旁边均有可通车辆的乡间水泥路。但是掌坳村坐落的山有河水围绕，是平地隆起的土山，岩层不多，地势相对比较平缓，是雷公山支脉的末端，距离雷山县城较近。村子道路硬化时间较早，与外界交流比较方便。汉化程度较高，老年人基本能使用苗语和汉语进行交流。从掌坳村村口巨大的铜鼓雕塑以及村委宣传墙可以看出，这里正逐渐由传统的农耕生产方式向旅游业转型，与县城的商业往来比较频繁。村民来往于县城与村寨的交通工具主要有摩托车、乡间中巴车和私家面包车。掌坳村自然环境优美，绿色植被覆盖率高，清静祥和。

高岩村坐落于雷山县城东部雷公山支脉的山腰上，海拔高，地势险峻，早晚温差大。在调查期间，高岩村正在修建公路，预计不久之后可以通车。笔者在调查中发现，在县城外通向高岩村的路途中，没有看到其余村落，一路向上，翻过多座雷公山的支脉，在山崖边上便可看到高岩村。房屋建造基本上需要打一层较高的地基来形成一个平台，山上石

图一九〇　掌坳村村口的铜鼓雕塑（谭远　摄）

块较多，土层较松，可以就地取材。由于道路交通不便，当地村民的粮食以稻米和土豆为主，生活比较艰苦。村落附近的植被毁坏比较严重，因为当地居民一直有砍柴烧火的习惯，主要燃料是木材。由于路途远、道路险，村民除了需要去县城购买必备的生活物品外，平时都是在村里，与外界接触较少。村中有少量的摩托车，还有一天两趟往返县城和村寨的乡间中巴车，没有私家车等通行工具。

## 2. 文化观念和行政干预因素

经济基础决定上层建筑，经济交往的开放程度也决定了观念的更新程度。在山区，生活水平现代化程度和生活质量与交通的便利程度紧密相关。俗话说“一方水土养一方人”，往往指的是不同地区的人根深蒂固的文化因素影响人群，或者人群的差异。在社会变迁中，掌坳村和高岩村村民对于铜鼓舞的认识已经悄然发生变化。在田野调查中，笔者发现，高岩村铜鼓舞比较古老，延续了古老的祭祀功能，且铜鼓舞具有典型的祖先崇拜和娱神性质。掌坳村铜鼓舞是典型的文化符号，与当地文化宣传和旅游开发有关，随着时代变迁，传统的性质逐渐衰退，更多地显现出现代商业性的展演功能。

新桥村和郎德寨独立铜鼓舞的消失，正好反映出非物质文化遗产保护面临的一个难题，即政策主导下的非物质文化遗产保护与文化自身演变的复杂性之间的矛盾。新桥村、郎德寨已经改变了贫穷落后的面貌，正朝现代化小城镇的方向发展。在以经济为主要动力的背景下，原有文化与现代化发展逐渐割裂，部分传统文化最终被舍弃。

## （四）雷山县铜鼓舞调查点的景象思考

掌坳村和高岩村是雷山县仅存独立铜鼓舞这一舞蹈形态的两个自然村落，但是这两个村落的铜鼓舞动作样貌却呈现出较大差异。如果仅仅从铜鼓舞动作本身来描述这些差异，难以令人满意，因为铜鼓舞在这两个村落中所蕴含的文化解释是不同的。铜鼓舞作为一种可以解释的苗族内部符号意义系统，必定有适合其意义解释的合理性原因。在格尔茨看来，“文化不是一种引致社会事件、行为、制度或过程的力量；它是一种风俗的情景，在其中社会事件、行为、制度或过程得到可被人理解的——也就是说，深的——描述”[①]。铜鼓舞是掌坳村和高岩村的一种风俗情景，我们要理解同一民间舞蹈的差异必须深入思考这两个村落所处的环境，以及人与自然的观念中所包含的信仰这两方面的因素。

高岩村和掌坳村的直线距离不远，但是从掌坳村到高岩村需要向上横向翻越至少 8 座大山的支脉。在不通车的情况下，如果要实现两个村落的交往，从一地到另一地步行时间则需要将近一天。据雷山县文化馆工作人员介绍，现在两村有通婚现象，互称村民为老表。就铜鼓舞而言，在动作形式上有五六组是相似的，可以看出两个村寨的铜鼓舞实属同一种舞蹈样式。

那么，笔者在调查中为什么看到两个村寨的铜鼓舞的差异这么明显呢？高岩村铜鼓舞更加接近原始舞蹈的本质，掌坳村铜鼓舞则添加了大量现代舞蹈展演的内容，具有明显的娱乐性。究其原因，主要在于两个村寨社会文化变迁方式存在巨大差异，高岩村是在濡化中传承了铜鼓舞，掌坳村则是在涵化中实现了铜鼓舞的改造和创新。

濡化表示在特定文化中个体或群体继承和延续传统的过程。根据赫斯科维茨的观点，濡化是把人类和其他生物加以区别的学习经验，能使一个人在生命的开始和延续中，借这种经验来获得在该文化中生存的能力。从群体角度来说，濡化是不同族群、不同社会赖以存在和延续的方式与手段，同时也是族群认同过程的标志之一。人们通过代代承续的语言、服饰、饮食习惯、信仰、共同祖先和社会经历，认同于某一族群，成为其成员，并以此区隔于其他族群。在与外界不能更好交流的情况下，高岩村在濡化中使得铜鼓舞保留了先祖时期的样貌，实现了铜鼓舞的时代延续，也从根本上保障了高岩村族群文化的独特性，使个体容易寻找到在族群中的位置，增加认同感。

涵化是指两个或两个以上不同文化体系由于持续接触和影响而造成的一方或双方发生大规模文化变迁的现象。它是一种文化从其他文化中获得对新的生存条件的适应过程，是适应过程中的文化传递、交流和融合。从涵化的行动特征上讲，掌坳村铜鼓舞的变化不是强制涵化的结果，而是把新的舞蹈要素纳入之后取代了原先不适应新的社会需求的要素，改变了铜鼓舞的编创结构和动作形式。

此外，还有另外一个重要的政治原因也在影响铜鼓舞的变化。据雷山县文化馆工作人员介绍，雷山县的文化宣传样本是从交通便利、易于到达的村落率先入手，再根据交通基础设施的建设情况逐渐向不便利、难以到达的偏远村落延伸。掌坳村铜鼓舞作为黔东南州的文化名片之一，毫无疑问，在交通便利的情况下首先被政府部门重视并加以推广。铜鼓舞的早期舞蹈动作和舞蹈文化内涵逐渐受制于民族文化旅游的总体布局，从而逐渐舍弃了原生性宗教信仰元素，进而吸纳舞台表演的艺术元素、追求视觉化表达也就显得合情合理。高岩村由于地处偏远，交通不便，因此它的铜鼓舞保留原貌的成分很高。

① 克利福德·格尔茨：《文化的解释》，韩莉译，译林出版社，1999，第 17—18 页。

至于铜鼓舞到底起源于掌坳村还是高岩村，从田野调查情况看，难以做出客观的判断，从文献上也难以找到确切的证据来解决此问题。我们根据现有的调查资料得出的结论是：高岩村现存的铜鼓舞样式比掌坳村现存的铜鼓舞样式年代更为久远，更具有原始舞蹈的本质。

## （五）小结

社会文化和生活在其中的人相互交织、发生作用，共同构成相对独特的文化生态系统。文化生态又制约和决定域内文化形态呈现的方式、特点。人作为文化生态的主体存在，在这个复杂的系统中既是因素的参与者，又是结果的承受者，起到至关重要的作用。民间舞蹈以人的身体为载体、以人的思想为内核，也必将在文化生态的制约下体现出相应的文化形态。

通过对雷山县各苗族村落的铜鼓舞展开田野调查，笔者发现：铜鼓舞的变化受自然地理环境中的交通因素影响最大。对世代居住在大山深处的苗族人而言，交通条件改善无异于给他们打开了一个观察外面世界的窗口，文化交流、经济发展速度加快，使得交通便利的村落原本具有的文化资源在追求现代化生活的过程中逐渐消失，新桥村和郎德寨铜鼓舞的消失就是证明。高岩村则因受交通极度不便利、山路崎岖绵延、距离县城远等客观因素影响，基本完整保留了先辈传下来的文化形态，依然保留着古老的民间文化，其铜鼓舞就是这样一面镜子；而掌坳村铜鼓舞的巨变则是受政府干预和文化对外交流的影响主动适应文化市场需求的结果，其改编模式给我们提供了非物质文化遗产保护的一种可持续发展模式，这对苗族众多的民间文化资源来说，具有典范意义。

# 三、红水河流域苗族铜鼓舞的文化嬗变

## ——以贵州雷山县掌坳村为例

在中国古代社会，铜鼓属于一种重器、乐器，是中国古代南方一些少数民族重要的器物之一。最早的铜鼓约产生于春秋时期，距今已有2700多年。据史料记载，铜鼓约在战国末年至西汉初期传入贵州。在古代，铜鼓被视为权力与神力的象征，需妥善保存，仅在隆重节日时方可请出演奏；而今天的铜鼓表演已成为一项重要的民俗活动，广泛流传于我国西南各少数民族地区。“铜鼓是我国南方古濮、僚、蛮、越等部族的文化遗物。当前学界按地区和形态分为万家坝型、石寨山型、冷水冲型、遵义型、麻江型、北流型、灵山型、西盟型等八大类型。从黔东南雷山地区的铜鼓形制来看，基本上属于麻江型铜鼓，时间约在唐宋两代。鼓身矮小，鼓面圆心为十二芒纹，周围有游旗纹、花草、动物等图案。”[①] 嘉靖《马湖府志》就有“击铜鼓，歌舞饮酒，穷昼夜以为乐”的记载。铜鼓和铜鼓舞文化的历史传承轨迹，印证了铜鼓文化与古代南方少数民族适应、征服自然环境的过程及族群繁衍、种族延续息息相关。可以说，铜鼓承载了中国古代南方少数民族的集体记忆，反映出他们共有的原始思维和生生不息的原始审美文化特征。

### （一）起源于太阳崇拜

苗族铜鼓舞，苗语称“菊略”，以黔东南州雷山县掌坳村的铜鼓舞为中心，是盛行于苗族群众中的一种民间舞蹈。铜鼓舞的起源与木鼓舞息息相关。相传，苗族先祖迁徙到掌坳苗寨时，从树林中带回一截长约3米的枫香木，用49天将其做成一面大木鼓。每当击鼓作乐时，四方八寨的苗胞都会聚集起来，日夜围鼓而舞，祀神祭祖。然而，朝廷官员唯恐苗人击鼓作乱，当众点火烧了木鼓。木鼓虽被烧毁，但鼓舞精神长存，苗胞齐力凑钱购置黄铜，冶铸铜鼓，用铜鼓舞的方式保存苗族文化并传承至今。今日的雷山掌坳村亦被称为“铜鼓舞发源地”。雷山县掌坳村苗族铜鼓舞所使用的铜鼓重达14.5公斤，高约26厘米，鼓面直径为46.5厘米。鼓面是雷山苗族铜鼓的装饰重点，平展正圆，中心略微隆起，铸有一个凸起的太阳，称为“光体”；围绕着太阳的12道凸起向外辐射的光芒，简称“芒”；由光体与芒组成的铜鼓纹饰，称为“太阳纹”。以太阳纹为中心，向外扩展9圈光晕，每



① 杨鹍国：《苗族舞蹈与巫文化——苗族舞蹈的文化社会学考察》，贵州民族出版社，1990，第49页。

一晕圈中都有各种纹样进行装饰，形成同心圆布局模式。由此可见，铜鼓与铜鼓舞的发生是人类在早期自然崇拜、万物有灵观念的宗教信仰中太阳崇拜观念的物化体现。

图一九一　掌坳村使用的麻江型铜鼓（谭远　摄）

自然界是宗教信仰中最初的对象，自然崇拜是少数民族先民最早的原始宗教观念的主要形态之一。在古代，苗族先民因生产力水平低下与环境制约，认知与思维能力尚处于蒙昧状态，对自然界的诸多现象没有正确的认识，将自然力与人力混为一谈，因而把自然力人格化。例如，他们认为雷电、风雨、做梦、疾病、死亡、生育等，皆是超人类的某种神秘力量所导致的结果，认为人类对自然界无能为力，唯有通过祈祷来获得自然界的力量，由此形成了早期的宗教信仰仪式。铜鼓舞产生于太阳崇拜的祭祀仪式，它的产生与先民祭天祀地以祈祷风调雨顺、五谷丰登的人类早期核心诉求——生存祈愿密切相关。因此，铜鼓舞在早期被视为神器，在天与人之间起到传达和沟通的作用。

苗族先民认为铜鼓舞的作用是通过祭祀、击鼓、起舞等方式传递祭祀者的愿望，达到人神互通的状态。由此我们可进一步推定，在苗族先民眼中，铜鼓本身是自带某种神性的神物。人们借助铜鼓的神力，通过敲击铜鼓起舞的方式完成天人合一、人神互融的理想精神状态，以实现自身的愿望。而铸刻在铜鼓上的纹饰，是在某种特定的民族社会条件或族群心理状态的影响下所集中体现的一种文化表达方式。从对贵州铜鼓的考究中得出，“太阳纹是早期铜鼓上流传下来的唯一的写实纹样，也是铜鼓上唯一具有实用意义的纹饰”①。可见，人类以铜鼓的声音传递自己的心声，通过铜鼓的纹饰强调献祭的核心，以诉说人类对于生存的渴望。换句话说，铜鼓上的太阳纹饰是整个铜鼓文化的符号之一，是铜鼓文化诠释的精神内质。对自然物的崇拜，实则是对自然物的依赖；而对太阳形象本体的崇拜，实质上是对太阳这一超自然神秘力量的膜拜与敬仰。

那么，对这个唯一贯穿了整个雷山苗族铜鼓舞历史的太阳纹饰的溯源，就显得尤为迫切。综合此前论述、史料记载与田野调查，笔者得出的结论是：太阳纹是苗族先民原始宗教信仰中太阳崇拜的具象符号，而铜鼓上的太阳纹饰则是对太阳神崇拜观念的物质反映。

① 席克定：《贵州省博物馆馆藏铜鼓研究》，《贵州文史丛刊》1989 年第 4 期。

图一九二　掌坳村铜鼓坪中心的太阳纹（谭远　摄）

事实上，太阳作为万物生长之源，是整个人类原始宗教信仰的重要内容，是先民在社会萌芽时期的普遍信仰。人类的生存繁衍离不开太阳，根据太阳周而复始的规律，先民深信太阳意味着生命的循环往复。以农耕稻作为主的苗族先民，对于太阳有着更为直观、深刻的依赖。原始时期的苗族先民早已意识到太阳对农业生产起着至关重要的作用，所以将太阳纹饰刻画在铜鼓的中心位置，深刻反映了苗族族群强烈的太阳崇拜心理。铜鼓中央的太阳纹与外扩的光芒体，是苗族先民对社会与自然最初的认知反映，是太阳崇拜意识的早期反映。以太阳纹为中心，象征着太阳普照大地带来生命的繁衍，也寓意着所有的生命都能在阳光下成长，生生不息。

鉴于此，铜鼓上的太阳纹反映出苗族先民对太阳的崇拜与对生命的崇敬。苗族先民以农耕为业，在原始部族中以铜鼓舞这种约定俗成的方式来祈求风调雨顺、生产丰收，逐渐形成了太阳崇拜仪式。苗族先民将自己对太阳的敬畏、对图腾的信仰、对美好生活的憧憬都寄托在铜鼓上，并在铸造铜鼓时进行艺术的想象与加工，创造了太阳纹饰。“铜鼓不仅是太阳和社的象征，而且正是祭社礼日的对象也即‘替代物’。最后我们当能指出铜鼓图像纹饰细部中那些直接表现礼日祭祀的仪节，否则我们也将不能解释象征太阳的太阳纹为何置之于鼓面接受打击的中心和重点。”① 简言之，铜鼓舞最初反映与表达的是古代苗族先民对太阳的崇拜，而太阳纹的出现、发展、纹饰变化，以及舞蹈内在语义的转换都承载了苗族先民对早期世界的认知感受。铜鼓舞作为一种载体，将太阳崇拜融入太阳纹中，逐渐成为苗族族群信仰的符号，在上千年的流传中展现了古代苗族先民的精神世界。

① 中国古代铜鼓研究会:《铜鼓和青铜文化的新探索——中国南方及东南亚地区古代铜鼓和青铜文化第二次国际学术讨论会论文集》，广西民族出版社，1993，第100页。

## （二）成熟于祖先崇拜

祖先崇拜的产生建立在自然崇拜和图腾崇拜的基础上，是具有普遍性的人类信仰文化现象，是原始宗教发展的最高阶段。自然崇拜是一种基于万物有灵观念的人类早期信仰意识，图腾崇拜是人类对生物灵魂产生的崇拜心理，而祖先崇拜则是对人类自身祖先灵魂的崇拜观念。“人类学意义上的祖先崇拜，是指以相信已故的成员给某个集团的现有成员的生活带来影响这一信仰为基础的民俗信仰体系。”① 祖先崇拜是祖灵观念和祭祖行为的复合体。祖先崇拜得以形成，源于生者对死者的怀念，并希望其保佑自己以及所属集团的延续和繁荣；帮助“子孙”获得更有利的生存条件。

祖先崇拜的发展是从部族、集体祖先崇拜到家庭、个人祖先崇拜的嬗变过程。纵观历史的发展脉络，祭祖的对象最初为本氏族团体、族群部落的共同祖先，尔后随着家庭模式的出现，逐渐转变为本家族先祖。

从祖先崇拜的产生与发展中可看出，祭祀对象多是与祭祀主体有血缘关系的祖灵，而祖先崇拜所祭祀的祖灵通常会被升华为氏族（或家庭）的“保护神”符号。其特征主要是祭祀主体与被祭祀主体之间是以血缘关系为纽带的。人们认为，为了确保继续获得祖先庇佑，持续的感谢和祈祷是不可缺少的。这种崇拜，将氏族“保护神”与对祖先的深切怀念结合在一起。正如恩格斯在书中所言：“一切宗教都不过是支配着人们日常生活的外部力量在人们头脑中的幻想的反映。在这反映中，人间的力量采取非人间力量的形式。”②

苗族的祖先崇拜观念形成于母系氏族时期。这个时期的妇女在农耕生产与日常生活中占主导性地位，苗族祖先崇拜中的蝴蝶妈妈、姜央（苗族创世传说中的始祖）等均为女性形象。苗族古歌记载，有一年，某地突发瘟疫，死伤众多。又一年，整年大旱，粮食颗粒无收。于是，姜央认为，这是由于没有祭祖，得罪祖先而降下灾难。于是决定祭祀蝴蝶妈妈，以祈祷降福子孙……祭祖之后，瘟疫被祛除，天降雨露，庄稼年年丰收，百姓日日平安。姜央感恩祖先庇佑，定下规约：从此每隔十三年祭祖一次，代代相传，变成风俗。由此可见，苗族对祖先、祖灵崇拜的心理发生、情感观念产生等意识活动的具象表现形式为宗教仪式。这说明，仪式是苗族祖先崇拜的重要组成部分，对祖灵的祭祀与信仰都需通过仪式表达。

雷山苗族铜鼓舞从早期信仰中产生，被认为具有与神灵对话的力量，在苗族的祖先崇拜仪式中起着核心作用。如今的铜鼓舞用于苗族集体性的年节活动或祭祀活动，具有严格的仪式与强烈的群体特征。铜鼓舞活动大多在传统佳节或祭祀仪式中举行，如吃新节、苗年、鼓藏节等。以雷山县为中心的十三年一次的鼓藏节是整个苗族最盛大、最重要的祭祖仪式，仪式活动的祭祀舞蹈就是铜鼓舞。铜鼓舞动作不多，舞蹈节奏随铜鼓的敲击节奏而定，基本动律与木鼓舞大体相似，多为四拍和三拍。雷山县掌坳村苗族铜鼓舞传承人吴道雄说：“掌坳苗族的传统铜鼓舞共 12 种，但保存至今的仅有 11 种，分别为捉蟹舞、翻身舞、迎客舞、获猎舞、鸭步舞、送客舞、祭鼓舞、放牧舞、捞虾舞、送鼓舞、共欢舞。演奏铜鼓舞没有规定顺序，跳舞者根据鼓点的变化去判断要跳哪一种舞蹈。”笔者在调查中发现，目前流传的 11 种舞蹈都没有固定的长短，主要是根据舞者在祭祀仪式过程中的内心情绪、外在环境等多重因素，自由地增加或缩短每一种舞蹈的表演时间。整个舞

① 色音：《祖先崇拜的宗教人类学探析》，《内蒙古师范大学学报（哲学社会科学版）》2012 年第 3 期。

② 恩格斯：《反杜林论》，人民出版社，1970，第 311 页。

蹈仪式颇具神秘感，带有原始艺术审美的粗犷性，体现出源源不断的生命意识。

祖先崇拜是苗族先民原始宗教观念中最典型的表现。苗族先民的祖先崇拜不仅体现在对自然万物神灵、民族图腾文化的崇拜上，更突出、更核心的是对本民族的英雄、精神领袖、祖先神灵的缅怀与崇拜。苗族先民认为，祖先是本民族的创业者，他们的灵魂自然是本民族的保护神。苗族有“老鸦无树桩，苗人无家乡”的谚语，在苗族古歌中有大量关于战争、游耕、迁徙等的叙述，表达苗胞对祖先的深切怀念。随着祖先崇拜观念的仪式化，苗族先民认为祖先神灵主宰人世间的一切。这一思想不仅进一步赋予铜鼓舞神圣化的特征，也借由铜鼓舞仪式完成对祖先神灵的人格化、具象化想象。总而言之，苗族铜鼓舞通过舞蹈仪式陈述了这种神灵人格化的苗族原始宗教思想，即对客观世界的虚妄反映。舞蹈表现的是神灵庄严肃穆的神威，使人们相信人类与无所不能的神灵共存，这些神灵眼观八方、天地皆知，能够惩恶扬善、消灾免难。其实，铜鼓舞对祖先崇拜意识的实质意义就是借助集体性的仪式舞蹈来强化民族共同的宗教信仰，提高民族声望与身份认同感，增强民族凝聚力与向心力。

## （三）传承于祭天祀祖仪式

古代血缘宗法关系得以长期传承的一个重要原因是群体模式。直至今日，苗族原始社会的机制一直没有完全转变，错综复杂的氏族关系与地缘、血缘关系一直贯穿于整个苗族历史。此外，共同的祖先崇拜，也使得苗族同胞在缅怀祖先的心理支配下焕发民族激情，增强民族凝聚力。苗族祭天祀祖仪式是以祖先崇拜观念为心理引导，逐渐形成具有程式化动作与严格流程的祭祀文化活动。基于苗族过去无本民族文字的文化特殊性，在苗族传播自身文化的过程中，动态传播有不可忽视的影响。通过民族志与舞蹈史论记载、历代前辈的田野调查报告、资料整理与分析，笔者发现雷山苗族铜鼓舞的舞蹈动律特征与风格特点几乎是固化的、无任何艺术添加或改动的，这与铜鼓舞是祭祀活动中的一项重要且严肃的仪式项目有关。可见，苗族铜鼓舞作为一种活态文化，背后所涵盖的艺术价值、人文价值、民族学与历史学价值，深刻影响着今天苗族铜鼓文化的研究与传承。

首先，雷山苗族铜鼓舞动律特征的传承主要有4个动作。第一个动作是“甩”：根据腿部动作的节奏，双手大幅度地前后甩臂，与脚同边，突出舞蹈动作的自由与大气。“甩”的动律具有典型的山地民族原生态舞蹈特征。第二个动作是“拧”：脚下动作向前行进过程中，以腰为轴心，左右拧腰。“拧”的动律具有幅度大、艮劲足的特征，主要运用在舞蹈的第十段，亦属于苗族舞蹈中较为罕见的一种形式。第三个动作是“踹”：主力腿向上跳跃时，动力腿做“前踹步”，动作自由、奔放、幅度大，主要运用于“集体大狂欢”等表达喜悦情绪的段落中，给人酣畅淋漓之感。第四个动作是“摆”：随出腿的顺序，上身以腰部为轴心进行同边的左右摆晃。此动律属于苗族舞蹈的典型动律之一。由此可见，在雷山苗族铜鼓舞的纵向传播过程中，传递媒介的符号化和凝固化会成为该仪式世代持续传播的一套规则与形式。

其次，雷山苗族铜鼓舞动作质朴、自由随性，具有以下3个主要特征。第一个特征体现在手部：双手击掌的动作贯穿于全舞。舞者通过击掌配合铜鼓的节奏起舞，以凝聚群体心理、调动群体在舞蹈中的主动性与心理情绪建设。第二个特征体现在上身：舞蹈以腰部为轴心，带动四肢的动作，强调协调感。相较于以下肢动律为主的苗族其他舞蹈，这种上下一致的肢体协调感源自天人合一、人神互融的宗教信仰，体现了其独特的舞蹈风格特征与审美方式。第三个特征体现在下身：蛙式腿形。在铜鼓舞中，跳跃、行进步、摆步等许多动作，膝盖向外打开，形成蛙式腿形。这种蛙式腿形是区别于其他舞种最具代表性的特点。以此类形象为基础，雷山苗族铜鼓舞形成了以祖先崇拜为原型、以家族权利为中心的向心意识，并逐渐成为祭天祀祖仪式中具有代表性的固化符号。

除此之外，雷山苗族铜鼓舞所用的铜鼓也值得我们考究。它是一种中空无底、一头有面、呈平面曲腰状的乐器，表演时无须其他乐器配合，可独自击奏。铜鼓可根据音色分为公铜鼓和母铜鼓：公铜鼓的音色浑厚、低沉；母铜鼓的音色清脆、响亮。铜鼓调式与木鼓完全一致，音乐调式有 12 种，舞蹈动作有 50 余种。以前敲击铜鼓时，“以绳系耳悬之。一人执木槌力击，一人以木桶合之，一击一合，故声洪而应远”[①]。现在跳铜鼓舞，常见的是置一木架于亭前或场坝中央，将铜鼓悬挂其上，由击鼓者（也是铜鼓舞的指挥者）一手持木槌敲鼓腰，另一手执皮头槌敲鼓面，鼓声抑扬顿挫，铿锵有力。舞者围成圆圈，根据鼓点的要求与变化进退有节地舞蹈。旧时的铜鼓舞属于严肃的祭祀仪式舞蹈，今天的铜鼓舞主要在吃新节、苗年、鼓藏节等大型苗族节日的祭天祀祖仪式中表演。

吃新节，苗语称为“哝莫”，是黔东南州苗族地区十分隆重的节日，吃新节活动中心在雷山县、台江县等地。其中，雷山县的苗族人口占全县人口的 84%左右，有“苗疆圣地”与“中国苗族文化中心”的美称。雷山地区的吃新节来历有三：一是为了悼念开发该片区的苗族始祖；二是大忙季节已过，趁农事稍闲，休闲作乐，调剂生活；三是稻秧已孕穗、抽穗，预兆丰收，需要祭祀天公，感谢神灵的赐福。各地过吃新节的时间不一，以家庭为单位，是糯稻插秧结束后至稻谷收割之前过的节日。时间大约在每年农忙之后的农历六月至丰收在望的八月上中旬，于卯日开始。吃新节期间，每个家庭都需从自家田里扯几根秧苗（农历六月）或谷穗（农历八月）放在米饭之中，以祭祖先。第二天下午是苗族传

图一九三　2019 年雷山县苗年活动中的苗族芦笙舞展演（乔啟明　摄 / 视觉中国　供图）

① 范成大：《桂海虞衡志辑佚校注》，胡起望、覃光广校注，四川民族出版社，1986，第 66 页。

统的斗牛活动。第三天下午，青年们聚集于寨中坪地上吹笙，击铜鼓起舞，以舞蹈的形式感恩祖先的赐予、预祝稻谷丰收、祈求子孙后代繁衍生息。

苗年，苗语称为“咙梁”，是苗族文化的重要组成部分，也是苗族传统仪式与民俗活动的集中体现。因为苗族各族群所居住的环境不尽相同，农作物的生长期与成熟期也不一致，所以各地苗年的节日时间、规模、仪式、方式等方面都不同，这也使得不同的苗寨在各自不同的苗年里，轮流成为该苗族区域的狂欢中心。雷山县苗族地区的苗年，弥漫着苗族千百年来农耕文明发展的浓郁气息，让人不能忘怀。打糯米糍粑和宰猪是苗年必不可少的活动，这些食物连同鸡、鸭、鱼肉于卯日（或辰日）下午与酒一起放在祭台上，祭祀祖先。祭毕，方可吃年夜饭。从第二天起，苗族妇女不必再操持家务，可在场坝上连续五天跳芦笙舞或铜鼓舞，欢庆佳节、庆祝丰收。

鼓藏节，又称“鼓社祭”，苗语称为“镶将略”，是苗族最隆重的祭祀大典与影响极深的一项民俗事象，活动期共为三年，以宗族为单位举行。关于鼓藏节的来源，老人们的口述均不一致。根据鼓藏头的描述，苗族的鼓藏节是苗族祖先姜央为了祭祀自己的母亲蝴蝶妈妈而兴起的。姜央祭祀祖先，祈求风调雨顺、谷米满仓、百姓康乐，于是巫师祷告祖灵并允诺每年按照天干地支历法的十二地支举办小祭，每隔十三年举办大祭。鼓藏节中的“鼓”至少具有两层含义：第一是指古代苗族社会中鼓社制的社会组织形式；第二是指苗族先民信仰万物有灵的早期宗教信仰。举办鼓藏节是为了祭祀祖先，先前使用木鼓，后发展为使用铜鼓，祭祖遂由祭鼓替代。祭祖活动有严格的程式化的仪式流程，即第一年“醒鼓”，第二年“立鼓”（杀牯牛祭鼓），第三年“送（藏）鼓”。由此可见，雷山苗族铜鼓舞中的“鼓”，在此象征的是祖先。

雷山苗族铜鼓舞得以传承，是因为它在苗族的祭祖仪式中起到了祖灵与祭祀者之间沟通的桥梁作用，并逐渐成为一种代表性符号。一方面，以铜鼓舞的形式祭天祀祖，通过对民族共同的先祖群体与家族祖灵的祭祀，加强苗族同胞对族群与家族的血脉意识；另一方面，通过铜鼓舞的各项仪式确认家族内部长幼有序、突出主干家族、始祖族源、各系别宗族，以强化苗族社会的伦理秩序。由铜鼓舞所呈现出的文化状态、表述的情感、传递的道德伦理、界定的人群关系、象征的社会秩序和家庭关系等都与苗族社会组织结构的本质紧密相关。

图一九四　2019年雷山县苗年活动中的掌坳苗族铜鼓舞展演（乔启明　摄 / 视觉中国　供图）

## （四）小结

以贵州雷山县掌坳村为中心的苗族铜鼓舞，其发生缘由与苗族早期宗教信仰中的太阳崇拜息息相关。苗族先民以铜鼓舞为载体，将太阳崇拜融于铜鼓的太阳纹中，使之逐渐成为一种民族信仰的符号。铜鼓舞的发展是苗族祖先崇拜观念最典型的表现，其审美特征体现为抽象而威严的粗犷之美。实质上是通过共同的宗教信仰来提升民族声望，增强民族的身份认同感、凝聚力和向心力。铜鼓舞的传承植根于苗族过去无本民族文字的文化特殊性之中，成为祭天祀祖仪式中的代表性符号。

对雷山苗族铜鼓舞文化嬗变的探寻与考究，实际上是和苗族社会历史、苗族文化进程的一次对话。当铜鼓舞承载着苗族历史、文化传承的脉络时，人们踏着铜鼓发出的深沉而凝重、浑厚而富有节奏的鼓点，不知疲倦地一圈又一圈跳着，如同生命的循环往复。源于苗族先民古代社会巫教文化的铜鼓舞，正是在这持续绕圆起舞的过程中去彰显、强化、传承太阳崇拜、祖先崇拜、图腾崇拜等苗族原始信仰的，通过这种沿袭了上千年的舞蹈动态向世人昭示苗族与其祖灵、世间万物的相融与沟通。这些厚重又坚守传统的精神内质对舞蹈的创作者、表演者、观看者都产生了巨大的影响。“你不能藐视那已成陈迹的、僵硬了的图像轮廓，你不要以为那只是荒诞不经的神话故事，你不要小看那似乎非常冷静的阴阳八卦……想当年，它们都是火一般炽热虔信的巫术礼仪的组成部分或符号标记……它们浓缩着、积淀着原始人们强烈的情感、思想、信仰和期望。”① 正由此，前人的艺术经验、苗族社会的历史轨迹和苗族人民的心理状态，在苗族铜鼓舞的表演中逐渐演变成一套仪式化的格式。这种格式将不同时期的生活要素融入其中，经过修正和剪裁，纳入一个固定的模式中。这使苗族同胞在铜鼓舞的仪式过程中获得体验、寄托、宣泄，并在集体意识的体现与民族文化认同中找到最终的归宿。

① 李泽厚：《美的历程》，生活·读书·新知三联书店，2009，第 11 页。

# 四、红水河流域苗族铜鼓文化

## ——以广西南丹县中堡苗族乡为例

### （一）南丹县中堡苗族铜鼓文化的传承环境

南丹县中堡苗族的铜鼓文化是活态的铜鼓文化。时至今日，当地苗族社群的岁时节日、人生礼仪、祭祀等民俗活动中仍然使用铜鼓。一切习俗的形成，都是一定历史阶段、特定地域社群内部的人民约定俗成的结果。习俗的形成基于人民在特定的自然环境和社会文化环境中生产生活经验和常识的积累，体现了劳动人民的智慧，它从出现的那一刻开始就对社区个体的行为方式产生制约作用，潜移默化地给人们的思维活动打上了地域文化的烙印。中堡苗族铜鼓文化的产生、发展、衰落是一个历史发展的过程，它的活动传承服务于特定地域社群中人们的物质生产活动和精神文化生活，不可避免地受到传承地的自然环境、人文环境的影响。

#### 1. 南丹县中堡苗族铜鼓文化传承的自然环境

南丹县位于广西西北部，地处云贵高原余脉南缘，是高原山区向低山丘陵的过渡区，地势由东北向西南方向倾斜，北高南低。全境主要有纳立河、八打河、清水河等汇入红水河。南丹县全境总面积为3916.62平方公里，自然资源丰富，矿产资源得天独厚。南丹县属亚热带山地气候，雨量充沛，霜期短，冬无严寒，夏无酷暑，居住着壮、汉、瑶、苗、毛南、水、仡佬等11个民族。南丹县历史上以农业为主要经济来源，以水稻、玉米、小麦、豆类、薯类、瓜类、棉花、火麻、芝麻等为主要的农作物。南丹县南邻东兰县、金城江区，西接天峨县，东连环江毛南族自治县，北部与贵州省黔南布依族苗族自治州的罗甸、平塘、独山等县接壤。这一地区为我国少数民族活态铜鼓文化分布的富集地区，壮、瑶、苗等各民族大杂居、小聚居，各民族铜鼓文化多元共生，具有异彩纷呈的特点。

南丹县苗族分为两部分：一部分自称为“仡盲（或仡磨）”，主要分布于中堡苗族乡和月里镇，因中堡苗族女子的传统服饰百褶裙色彩多样、手工精湛，所以这部分苗族又被称为“花苗”；另一部分自称为“仡雄”，主要居住于大厂、车河和城关等乡镇。中堡苗族乡地处大石山区，境内七分石头三分土，熔岩漏斗遍布，群山环绕，过去交通十分闭塞，耕地面积狭小分散，人畜饮水困难。中堡苗族乡的苗族人口约占全乡总人口的50%，当地主要使用苗语。由于自然环境制约，当地农业条件十分恶劣，土地贫瘠，石多地少，传统上主要种植玉米作为粮食作物，兼种水稻、红米、黄豆等作物。由于特殊的山地气候作用，当地出产的烤烟质量上乘，核桃皮薄肉厚，成为远近闻名的土特产品，增加了人们的收入。中堡苗族主要聚居于中堡社区和九立村、拉纳村下辖的自然屯中，20 世纪 80 年代以前，当地物资的转运多靠肩拉背扛。从 1996 年开始，中堡街每月逢 1、4、7 日为圩日，届时各寨群众络绎而至进行商贸活动，人们互通有无，各取所需。

## 2. 南丹县中堡苗族铜鼓文化传承的人文环境

中堡苗族是因躲避战乱于明末清初从贵州迁居而来的，1998 年中堡苗族乡政府所立的《为中堡寨记》碑记载："中堡寨，苗民定居久矣。或曰明末或曰清初，均无史记。"中堡苗族中广泛流传的说法是其祖上原居于江西省南昌府白米街猪市巷，由于统治者的不断征伐而被迫迁徙。根据中堡街的陆友前的推算，中堡苗族定居中堡苗族乡已不下 10 世，有两三百年的历史。中堡街的岑光忠曾向笔者口述："我们苗族被中央王朝统治者从江西赶出来后就走到了湖南，又从湖南来到贵州，在通州（属贵州省独山县）住。到通州以后，因为这里田地很薄，种庄稼三年两不收，所以又跑到平塘县西凉和陆家（苗族在西凉的一支）做兄弟。两三年以后，我们的祖先又开始分开在拉纳、中堡、九立住。"

中堡苗族主要姓氏有岑、陆、王、莫、马等。村寨多位于山间的小块平地，寨内房屋毗邻，聚族而居，少则十余户，多则几十户。村寨之间相隔较远，有的甚至不通公路。传统上中堡苗族的房屋多为底层土石、上层竹木的干栏式结构。下层较为潮湿，人们用来饲养牲畜，存放杂物；上层供人居住，一般进门正对的一间为堂屋，不设神龛，右侧设有火塘，左侧为卧室。中华人民共和国成立前，人们的居住条件极为恶劣，人们建房上无片瓦，结草为庐，一年四季风来扫地，月来当灯。中华人民共和国成立后，人们的居住、生活条件得到极大改善。20 世纪 90 年代，当地火灾频发，火势往往波及整个村寨，给人们的生命财产安全造成了极大威胁，许多传世铜鼓也在火灾中遭到破坏。20 世纪 90 年代末，当地政府积极推进对中堡苗族竹木、茅草结构住房的改造。时至今日，当地新建房屋几乎全部为砖石混凝土结构的楼房和平房，有效消除了火灾隐患。

中堡苗族以苗语为母语，在与汉、壮、瑶、彝等其他民族群众交流时则以汉语为通用语。中堡苗族婚恋较为自由，旧时施行的是一夫一妻制的族内婚，不与外族通婚。在族群内部，也有一些婚恋禁忌，人们一般遵从同宗、同寨、同姓不婚，姨表不婚，不同辈分也不结亲的婚俗。在节日和农闲期间，通过男子"游方"、女子"坐寨"或是春节期间的"洞恋"等形式，男女青年能够在不断接触中选择自己合适的婚恋对象。

苗族具有悠久的农耕历史，农业活动的发展长期受到气候、季节等自然因素的影响。伴随农业经验和科学技术的不断积累，人们逐渐掌握了自然气候和物候的变化规律，从而能够按照时间推移和农作物的春华秋实来周期性地安排自己的劳动和生活。岁时节日是农业文明的伴生物，它往往处在时序和农业活动转换的过渡时期。岁时节日是人们生活节律周期性转变的过渡性标志，它使人们的生活能够张弛有度，让人们应时而作，从而更好地顺应自然的发展变化。中堡苗族一年当中主要的岁时节日有春节、端午节、苗年（农历六月三十）、吃新节（农历七月十五）、"九月九"等。苗年和吃新节是中堡苗族的传统节日，而春节、端午节、"九月九"则是受汉族文化影响而形成的节日。在这些岁时节日中，铜鼓有时被用于娱乐和祭祀活动，从而使铜鼓的使用成为中堡苗族岁时节日的重要伴生习俗。

苗族社会长期以来信奉以万物有灵观念为基础的原始巫教，主要表现为图腾崇拜、祖先崇拜、鬼神崇拜及相关的禁忌等信仰行为。巫师在苗族信仰习俗中具有重要的地位，被

图一九五　南丹县中堡苗族青年在山洞中约会（王梦祥　摄）

认为是沟通人神的媒介。中堡苗族认为，逝去者的灵魂有善恶之分，去世祖先的灵魂得到满意的祭祀便会给后人带来福祉，反之则会降下灾祸报复后人。中堡苗族把巫师称为“麽公”或“席磨”，在送去世老人灵魂升天的开路仪式、求子的搭桥仪式、趋吉辟邪的压胜仪式等巫教信俗活动中都离不开麽公的引导作用。中堡苗族偏居一隅，重山阻隔，信息封闭。恶劣的自然环境一方面使得当地社会发展长期滞后，另一方面也使得中堡苗族长期以来形成的文化习俗较少受到现代社会的影响，得到相对较好的保存和传承，为人们开展有关地域社群文化习俗的研究工作创造了必要的条件。

## 3. 南丹县中堡苗族铜鼓文化概述

中堡苗族聚居的村寨基本上都有铜鼓，所有的传世铜鼓均为麻江型，铸造年代较晚。鼓面略小于鼓胸，鼓上无雕塑，纹饰勾画丰富简洁，器型偏矮，鼓壁较薄，发声效果好。20 世纪 50 年代以前，中堡苗族保存铜鼓较多，但经过历次政治运动，当地铜鼓损失大半。20 世纪 80 年代后，中堡苗寨才逐步恢复使用铜鼓。然而，由于当地一度火灾频发，加上对铜鼓的保管不善，一些村寨的传世铜鼓多有损毁。比如，冗杰屯潘友宾家中的铜鼓便是在 2011 年春节时被醉酒的亲戚用柴刀敲坏的；拉纳屯王光利家中的铜鼓只有鼓面完好，鼓腰已经残缺大半。中堡苗族并不会铸造铜鼓，其铜鼓来源主要有两种渠道。第一种来源渠道是通过家传的方式代代传承，如九立村铜鼓传人王志平老人家中的铜鼓就是通过家传的方式代代传承下来的。根据推算，王志平家的铜鼓至少有 150 年的历史。第二种来源渠道是通过购买获得。例如，中堡街余顺洪家中的铜鼓是祖上太公在民国时期以 50 元从外地购得的，由元屯莫应周的铜鼓则是在 1983 年购自东井村纳贡屯莫强之手。

在中堡苗族的观念中，铜鼓常被看作财富、地位的象征。拥有铜鼓的人家往往家境殷实。节日或葬礼期间，有铜鼓的人家悬挂铜鼓供人敲打来进行娱乐或仪式活动，短则三五日，长则月余。在此期间，家人、宗亲欢聚饮宴，不务农事，活动持续时间越长，越被认

图一九六　南丹县中堡苗族女子（王梦祥　摄）

为家境优渥。铜鼓同时也被看作神器，用于祭祀祖先神灵，祈求丰收等仪式活动中，具有禳灾纳吉的功能。中堡当地流传着关于“铜鼓斗龙王”的故事，中堡街的岑光忠向笔者口述道：“关于‘铜鼓斗龙王’的故事我只知道一点，没有头没有尾。以前听老人家说，龙王在夜里破坏庄稼，铜鼓就会出去和龙王打架。有的时候你在白天掀开盖铜鼓的毯子，会看见铜鼓上面有很多青苔，水珠还在鼓面上。看到这些就知道铜鼓又在夜里出去和龙王打架啦。”

中堡街陆友前也曾向笔者提到，遇到狂风暴雨、雷电交加的极端天气时，人们会敲击铜鼓以期镇住雷雨。铜鼓一般不轻易示人，不用时被严密保存，人们不能随意敲打。铜鼓在使用前一般要用米酒、糯米饭等来祭祀。铜鼓在转借、搬运的途中必须用布罩住。

中堡苗族的铜鼓必须和木鼓搭配使用，铜鼓被视为母鼓，木鼓被视为公鼓。铜鼓与木鼓在仪式中组合成一个统一的仪式符号单元。在不同的仪式中，它们往往被赋予不同的象征意义。有些仪式甚至不需要咒语、诵唱和巫师的帮助，仅凭鼓手配合所产生的音声，就足以表达所有的仪式内容。使用铜鼓的场合一般只出现一组铜鼓和木鼓，一些特殊的仪式场合还会加入萨拉、大号等乐器。当地关于铜鼓与木鼓的演奏有“公高婆低，婆随公转”的说法，这主要是指铜鼓、木鼓一般放于室内堂屋中击打，须避天日，悬挂时木鼓要高于铜鼓；演奏时，铜鼓要跟随木鼓的鼓点节奏，听从木鼓的指挥。演奏铜鼓的鼓手右手执鼓槌击打鼓面中心，左手执竹条或木棍击打鼓身，轻重缓急间，铜鼓交替有序地发出高低不同、节奏悦耳的声音。鼓手的性别不限，不同的仪式场合鼓手所打的鼓点、节拍基本相同，但打击的速度快慢、时间长短不同。在不同的村寨，木鼓、铜鼓的击打方式差别较大，中堡、九立、由照、由元、冗结、拉纳、由者这七个村屯的演奏鼓式迥然不同。每个苗寨，都会有几名优秀的鼓手，他们既善于打木鼓，又会打铜鼓。铜鼓、木鼓的演奏对鼓式没有固定的要求，不同村寨的鼓点、鼓式都可以采用，打法越多样，越能体现主家家业兴旺。中堡苗族认为，在正式的仪式场合，鼓手打鼓不能打错，否则神灵会怪罪，从而报复鼓手。如果鼓手不小心打错，只能重头再打一遍，以免招致灾祸。

对于鼓手来说，铜鼓的鼓式、鼓点比较简单，击打时又有木鼓的节奏引导，其打击技巧相对容易掌握。有铜鼓的人家中，一般都会有打铜鼓的鼓手，但并不是所有的鼓手家中都会有一套木鼓和铜鼓。比如，中堡街的岑光富是远近闻名的鼓手，经常会受邀请参加一些重要的仪式活动，然而他家中并没有木鼓和铜鼓。鼓手的养成主要有两种方式：一是在家庭、宗族或者村寨内部，老一辈会在节日、仪式用鼓期间，有意识地向后辈传授技艺；二

图一九七　南丹县中堡苗族乡的铜鼓要用布罩住才能出门（梁富林　摄）

图一九八　南丹县中堡苗族群众在节庆活动中打鼓（王梦祥　摄）

是一些群众对木鼓和铜鼓很感兴趣，在日常生活中耳濡目染于老鼓手的技艺，积极参加各类仪式活动，并在仪式举行的间隙不断练习打鼓，最终通过勤学苦练逐渐成长为优秀的鼓手。

中堡街的岑光忠曾向笔者介绍铜鼓在一年中的仪式运用，主要有欢喜鼓和白喜鼓两种：欢喜鼓主要指“九月九”的丰收鼓和春节期间的祭年鼓，白喜鼓则是指葬礼期间的丧葬用鼓。中华人民共和国成立前，中堡苗族在吃新节亦有村寨使用铜鼓者。每年农历七月，田里的稻谷已经抽穗灌浆，即将成熟。节日当天，村寨中每家都从田里采少许新谷蒸熟，并备办糯米饭、肉食、米酒、香纸等，用来敬新谷，祭祀祖先和谷神，以向神灵祈祝丰收。祭祀后，全家人聚餐共饮，分食新稻。节日期间，村寨中常会进行斗牛、斗鸟、打铜鼓等活动。铜鼓使用前要先祭祀，由于此时农事还很多，一般只打几天就收鼓了。中华人民共和国成立后，由于中堡苗族耕作制度和思想观念的变化，现今我们已经很难看到吃新节期间打铜鼓的祭祀活动了。到了“九月九”，秋收已经结束，稻谷、玉米、红米等农作物已收获归仓，进入农闲时节。中堡苗族为庆祝丰产和祈祝明年也同样有好收成，便于家中祭祀祖先神灵。在此期间，人们欢聚宴饮，可以取出铜鼓、木鼓进行敲打娱乐。“九月九”的丰收鼓正处于丰收后的农闲时节，具有明显的娱乐性质。随着社会的发展，人们的生产生活和娱乐方式不断变化，传统的农耕生活、岁时节日习俗也不断受到冲击。现今，在中堡苗寨，“九月九”期间已经很难看到以往人们欢度节日的热烈景象，铜鼓也逐渐淡出丰收节的庆祝活动。春节期间是中堡苗族使用铜鼓的重要场合，在除夕下午或晚上，有铜鼓的人家开始祭鼓，然后把木鼓和铜鼓悬挂于堂屋中。家中或者宗族内的鼓手要先进行开鼓，然后村寨中的其他人才可以自由敲打。铜鼓和木鼓到正月十六后，仍可悬挂于家中，但由于农事渐多，已很少使用。到了中堡苗族春节的最后一天，即正月三十晚上，铜鼓、木鼓被取下保存。此后直到秋季，除非有丧事，否则不能使用。中堡苗族的丧葬用鼓被称为“白喜鼓”，葬礼是铜鼓最具仪式性的场合。这主要是因为丧葬活动更集中地反映了人们的信仰观念，具有仪式活动的典型特征。在中堡苗族的丧葬活动中，铜鼓、木鼓的使用，是在麽公、鼓手、受众与特定时空场景所构成的典型仪式语境中进行的。丧葬期间，一方面铜鼓、木鼓被作为神器，通过程式化的搬演过程来达到送逝去老人灵魂升天的目的；另一方面它们作为族群文化系统中的一种有意义的符号，向我们揭示了中堡苗族传统信仰文化的一些重要内容。

## （二）南丹县中堡苗族铜鼓文化仪式的语境及叙事特点

南丹县中堡苗族使用铜鼓的习俗，是在特定的文化语境和社区环境中形成的。概言之，铜鼓首先是在中国南方少数民族中被作为乐器使用的，其后伴随着社会文化的发展，不断附着于人们的信仰、政治、礼仪等活动，从而具有了神器和礼器的功能。苗族在不断南迁的过程中，形成了与使用铜鼓的众多南方少数民族杂处的局面，铜鼓作为族群间文化交流与互鉴的“异文化”元素，逐渐深入不同地域的苗族社群。铜鼓本身所携带的一些“异文化”元素被不同支系的苗族有选择性地吸收。然而，在更大的程度上，苗族各支系接受铜鼓文化的过程，是基于自身以地缘为纽带所形成的社群文化，对铜鼓这种“异文化”不断改造、适应，最终将其纳入自身文化模式的过程。这种对于“异文化”的改造与适应，一方面使苗族内部各支系之间、苗族与其他南方民族之间出现了一些有关铜鼓文化的相似内容；另一方面则由于苗族各支系之间，以及与其他民族间的相对隔绝，造成了有关铜鼓文化在地域社群之间的差异。比如，在中部方言区清水江沿岸的雷山县部分苗族社群中，铜鼓主要被当作乐器，人们击鼓为乐、踏地而舞，进行祭祀娱神的仪式活动；黔东南苗族的铜鼓舞是在宽敞的场地上展开[①]，一般出现在苗年、招龙节和鼓藏节等重要节日。届时，整个村寨的男女老幼均可参加，是一种具有仪式性质和娱乐性质的集体活动，因此具有强烈的群体性特点；而中堡苗族有关铜鼓的使用习俗同紫云、望谟等地的苗族多有相似，自身社群内部并没有产生击鼓为乐的铜鼓舞形式，铜鼓参与的仪式活动往往被限定在血缘家族内部，缺少宗族性的群体祭祀或节庆运用场合。从以上内容可知，铜鼓在苗族中被广泛地用于祭祀仪式活动。然而，作为不同仪式活动的组成部分，它在苗族各支系中的适用场合、形式内容、职能和象征意义等方面有明显的不同。

中堡苗族的铜鼓文化也有显著的特点。首先，中堡苗族的族群文化认知系统对于铜鼓的神圣性质做了全新的诠释，把铜鼓纳入自身社会占主体地位的有关神灵、祖先崇拜的信仰传统之中；其次，中堡苗族的铜鼓文化具有活态性的特点，与社群信仰生活紧密联系的铜鼓仪式运用活动构成了中堡苗族铜鼓文化的主要内容。中堡苗族把铜鼓看作祖先的象征和通灵压胜的神器，铜鼓、木鼓成为不可分割的组合形式，被用于不同的宗教仪式。铜鼓成了以自然图腾崇拜为基础的祖先崇拜信仰的物质载体形式，并被符号化地看作祖先神灵的象征后，开始同木鼓一道成为有关这种信仰习俗外化表现形式的宗教仪式活动的核心元素。铜鼓因在中堡苗族社群中不断脱离日常世俗生活而被宗教化、仪式化，最初作为乐器的基本职能也被赋予了不同于世俗的神圣意义。在中堡苗族社群中，铜鼓的运用成为一种与信仰活动紧密联系、具有目的性、带有超自然性质的仪式行为。铜鼓蕴含的象征意义，一方面依赖于仪式活动的举行对于具体的器具、程序、人物、事件、时空背景等因素所构成的特定仪式语境的选择，另一方面则依赖于对铜鼓、木鼓共同构成的符号音声叙事系统的深层探析。这样一来，当人们开展有关中堡苗族铜鼓文化仪式活动的意义、功能的探讨



① 贵州省民族事务委员会、贵州省民族研究所:《贵州“六山六水”民族调查资料选编·苗族卷》，贵州民族出版社，2008，第372页。

时，便不能缺少对铜鼓运用的具体仪式语境和仪式叙事特点的分析。

## 1. 南丹县中堡苗族铜鼓文化仪式的语境

### （1）铜鼓文化仪式的时空制度

铜鼓、木鼓的仪式运用与苗族社会中长期盛行的神灵、祖先崇拜信仰具有密切的联系。长期以来，这种信仰形式不断被人们功利性地与社会生产活动联系起来。恩格斯在《家庭、私有制和国家的起源》一书的序言中认为社会生产由两方面组成："一方面是生活资料即食物、衣服、住房以及为此所必需的工具的生产；另一方面是人类自身的生产，即种的繁衍。"① 苗族作为一个具有悠久农耕历史的民族，在文化上也具有乐生恶死、慎终追远的传统。苗族内部产生的神灵、祖先信仰及其嬗变形式不断给人们提供改造自然与精神动力的同时，作为这种信仰形式的物质载体，铜鼓和木鼓的主要仪式运用也不断地与人们有关农业生产和人生礼仪的功利性活动紧密联系起来。

在中堡苗族社群中，铜鼓文化的仪式活动已经固定地成为当地农业岁时节日的伴生习俗。在"九月九"和春节期间，人们敲响铜鼓来祭祀或祷祝祖先神灵，以达到祈获、庆祝农业丰产、增殖，人丁兴旺和家业昌盛的目的。由于农业活动必须适应特定地域、物候、天时的周期性转换，这样一来伴随以年度为周期的农耕活动的循环往复，铜鼓的仪式使用在时间上也同样具有了周期性的特点。人们从自然界的季节交替、生物的枯荣代谢中发现时间的循环往复，然而人的生老病死和生命的一去不复返又让人们对物理时间的一维性有了深刻的体悟。中堡苗族葬礼中的铜鼓运用可被看作是生命的挽歌，象征着作为社会化人的人生礼仪的最后完成。如果把"人"看作一个个独立的社会单元，一种生生不息的生命现象，那么我们会发现，伴随个体生命时间的线性发展，铜鼓在中堡苗族社群个体生命周期相关的人生礼仪中的运用，同样具有周期性的特点。中堡苗族铜鼓文化仪式活动在时间制度上的周期性特点，既揭示了铜鼓仪式运用的特殊性，又说明了其运用的规定性。铜鼓文化仪式活动对于特定时空语境的选择，使日常的生活时间和空间被赋予了特殊的民俗氛围，从而必须被严肃对待。反过来，时空制度对于铜鼓文化仪式活动的规定，也使铜鼓文化仪式活动能够鲜明地区别于日常世俗生活，被有效地陌生化、神秘化，在社群中具有了神圣的信仰象征意义。

空间是承载具体仪式活动的物理场所，在仪式的开展过程中空间也蕴含着深刻的象征文化意味。传统的宗教仪式活动对于其神圣空间的营造往往与寺庙、祭坛、教堂有紧密的联系，但并不是所有的仪式空间都是固定的。中堡苗族铜鼓文化仪式活动作为信仰习俗的外化形式，并没有特设的宗教仪式场地。铜鼓仪式运用是在动态、临时的空间场合中进行的。其空间制度主要体现于人们对于具体仪式场合和仪式象征行为的规定性要求。在仪式开展的过程中，鼓手击打木鼓、铜鼓的不同朝向有严格的禁忌；在不同场合，木鼓、铜鼓的悬挂场地也有区别。中堡苗族的木鼓、铜鼓一般悬挂于室内堂屋中击打，在欢喜鼓中鼓手使铜鼓的鼓面朝向屋外，在打鼓时鼓手由外向内打，这种打法被当地人称为"打进不打出"，被认为会为主家招来财运和福气；在白喜鼓中，鼓手使铜鼓的鼓面朝向室内，打鼓时鼓手由内向外打，这种打法被称为"打出不打进"，被认为会为主家驱走家中的晦气和

① 恩格斯：《家庭、私有制和国家的起源》，载中共中央马克思恩格斯列宁斯大林著作编译局编《马克思恩格斯选集》第四卷，人民出版社，1995，《1884 年第一版序言》第 2 页。

图一九九　中堡苗族出殡前先将鼓悬挂于棺木经过的道路上方（梁富林　摄）

霉运。只有在葬礼第三通正鼓送棺木上山时，人们才把铜鼓、木鼓移到室外。这种对于铜鼓仪式运用的空间设置，与中堡苗族长期历史发展中形成的信仰习俗有密切的联系。

## (2) 铜鼓文化仪式中的参与者

在有关中堡苗族铜鼓文化仪式活动的典型形式白喜鼓中，作为仪式主要参与者的麽公和鼓手构成了仪式活动的主要表演者，受众则由葬礼过程中的其他在场者构成。麽公、鼓手以及受众之间的互动、制约关系，共同推动仪式进程的发展。葬礼中为死者送葬要打三通正鼓，其间都离不开麽公的主持。在打第一通正鼓前，麽公首先要诵祭词："×××老人今天过世了，你的子孙用铜鼓、长鼓和'八仙'、'大号'来为你做热闹和发财发富，送你老人家到西天去，你老人家要保佑他们未来发财发富。"[①] 然后麽公示意，鼓手才能开始正式击鼓。白喜鼓对于鼓手的要求非常严格，每通正鼓中鼓手固定，不能替换。每通正鼓中鼓手要准确打出麽公所给的点数，前两通正鼓鼓手一般由丧家请来族内或村寨中经验丰富、有声望的人来担当。第三通正鼓鼓手则由死者外家请人担当。前两通正鼓中，鼓手击鼓时死者的女性亲属发哀哭丧，而男性亲属则着孝帕肃立。因为每个村寨的欢喜鼓与白喜鼓在鼓点、鼓式上被多数人所熟知，所以作为仪式活动参与者的受众在无形中也给鼓手带来一定演奏压力。麽公、鼓手以及主要由死者亲属所组成的受众，共同营造了葬礼中铜鼓使用过程的仪式氛围和表演语境。

在中堡苗族铜鼓文化仪式活动中，表演者和受众的构成并不是一成不变的。在欢喜鼓的仪式场合，表演者的构成、受众与表演者的关系都有变化。欢喜鼓主要是在丰收庆典、岁时节日举行，用来祭祀祖先神灵并带有浓厚的娱乐性质。伴随时代的发展，欢喜鼓也间

① 姚岚：《中堡苗族葬俗考察》，《广西大学学报（哲学社会科学版）》1992 年第 4 期。

图二〇〇　死者的女性亲属哭丧（王梦祥　摄）

有被用于婚庆典礼、盛大活动中的情况。在欢喜鼓中麽公并不出现，鼓手成为唯一的表演者。铜鼓、木鼓使用之前应先由家族内的长辈进行祭鼓，然后悬挂于堂屋中柱下面，鼓手便可以开始击鼓。马林诺夫斯基在论述巫术与宗教的区别时认为，巫术作为一种实用的技术，有着自身受限定的条件，即“咒、仪式、术士底遵守一切条件，更永远是巫术底三位一体”[①]。中堡苗族铜鼓的仪式活动，作为初级宗教信仰行为的外化形式，在白喜鼓中的展开也体现出典型的三要素——咒语（祭词）、仪式、主持者的组合形式。而在欢喜鼓中由于扮演巫师角色的麽公缺席，使得把欢喜鼓归类为信仰仪式活动的条件似乎不够充分。然而事实上，在欢喜鼓中巫师并没有真正缺席，他只是转变成一种隐性的在场，其职能被仪式中的其他在场人员所分担而已。在欢喜鼓中，原来需由麽公念诵的祭词被鼓手或者原来在白喜鼓中只是作为受众的家族人员所取代，打击铜鼓的转数也不需要麽公一一给出，由早就把铜鼓使用程式烂熟于心的鼓手按照惯例来决定。究其原因，笔者认为这一方面是由于欢喜鼓的仪式氛围相对于白喜鼓要轻松，且禁忌较少。对于鼓手来说，在打欢喜鼓时并没有身份和性别的限制，鼓点出现纰漏不会被主家苛责，敲打时间也不受限制，或长或短全由鼓手个人决定，这样一来仪式主持者麽公的有无也就不影响仪式的顺利进行。另一方面则与苗族社会发展中长期形成的巫教文化有关。笔者在田野调查中了解到，苗族先民在远古时期就存在“淫祠好巫”的传统，在其信仰发展的过程中又经历了“民神杂糅，不可方物。夫人作享，家为巫史”[②]的时期。在这一时期，苗族先民认为，族中每个人都可以与神自由沟通，都拥有通灵的能力，一般的巫术仪式活动并不需要寻求巫师的帮助，自己便能完成。在中堡苗族欢喜鼓中，麽公的缺席也许正是苗族社会早期人们巫信仰活动中“不待巫史”文化现象的遗存。

① 马林诺夫斯基：《巫术科学宗教与神话》，李安宅译，中国民间文艺出版社，1986，第75页。
② 张永祥：《国语译注》，上海三联书店，2014，第352页。

另外，在欢喜鼓中鼓手和受众之间不是静止不变的，他们之间是一种相互转化的动态关系。在欢喜鼓中并没有指定专门的鼓手，欢喜鼓击打的过程中有间有歇，鼓手可以与围观的受众实现自由替换。鼓手与受众之间的这种活跃的互动关系，使得仪式场面热烈、欢快。激荡、悦耳的铜鼓声把村寨的节日气氛推向了高潮。

图二〇一　中堡苗族群众在庆典中敲打木鼓与铜鼓（王梦祥　摄）

## 2. 铜鼓文化仪式的叙事特点

信仰仪式活动作为一种符号象征表意体系，其意义的表达离不开仪式展开过程中作为仪式主体的“人”，对由语言、肢体、音声等仪式展开形式和时间、场地、仪式用具等实物所组成的众多象征符号的具体安排与选择。如果我们把仪式活动作为“意义”讲述的叙事过程，那么仪式中的实物和展开形式共同构成了叙事的方式、手段，而叙事内容则指向这些特定的仪式象征符号所暗示、隐含的与族群内部历史记忆、信仰文化相关的精神内容。在中堡苗族有关铜鼓文化的仪式活动中，并没有出现鼓舞结合或者歌唱伴乐的祭祀形式。甚至有时，作为仪式主持者的麽公在仪式中也显得不那么重要，而主要由铜鼓、木鼓的演奏所形成的仪式音声，成为不断推动仪式进程发展，并贯穿整个仪式过程的主体。因此从感性上来说，铜鼓、木鼓的符号象征体系是一种仪式音声叙事系统，仪式中人神的沟通主要依靠音声实现，由鼓点、鼓式改变所造成的音声变化则表达了仪式意义上的差别。然而事实上，仪式音声作为一种象征符号，与自身所指的意义并不存在直接和根本的联系，“符号形式和符号意义之间的关系只存在于仪式当事人及其特定社会群体约定俗成的‘文化代码’中，而这种‘文化代码’又保存在他们的思想中”[①]。由此观之，铜鼓、木鼓所

① 薛艺兵：《仪式音乐的符号特征》，《中国音乐学》2003年第2期。

构成的音声叙事系统，其实是一种观念叙事，它只有在中堡苗族这一地域文化社群中才具有意义表述的功能；对于由各种象征符号形式构成的仪式叙事内容的解读，也只有通过社群中人们约定俗成的“象征符号——观念意义”的具体所指关系来进行。

在苗族传统的观念中，铜鼓、木鼓一向被视为祖先或神灵的象征，是实现人神沟通的媒介，具有崇高的地位。在苗族流传的神话古歌中，木鼓相对于铜鼓来说拥有更为神圣的来源，它是苗族祖先姜央制造出来祭祀她的母亲蝴蝶妈妈的。马林诺夫斯基在论述神话的功用时认为，神话“是对非凡事件的陈述，那些事件一劳永逸地建立起部落的社会秩序，部落的经济活动，艺术、技术、宗教的和巫术的信仰与仪式”①。他认为，巫术、宗教仪式的起源与神话故事传说有着密切的联系。存在于人们观念中的神话直接表现信仰，解释论证现实生活中信仰仪式制度的来龙去脉，并最终证明巫术仪式的功效。苗族广泛分布的木鼓仪式运用习俗的形成和苗族历史上有关祖先崇拜的神话故事传说有着互为因果的紧密联系。苗族历史上的不断南迁和族群间的文化交流，以及苗族各地域支系中自身信仰观念的发展等因素的影响，使铜鼓这一“异文化”元素不断融入苗族不同支系的信仰文化生活中，从而衍生出各具地域文化特色的铜鼓仪式习俗。中堡苗族的铜鼓文化则完全融入了社群内部原来由木鼓所承载的图腾祖先信仰系统之中。在仪式象征意义和职能方面，铜鼓、木鼓达到了一种混融不分的状态。在所有的仪式活动中，木鼓必须与铜鼓搭配使用，二者都被作为祖先神灵的符号象征而共同接受人们的祭祀。这样一来，苗族社会早期产生的关于木鼓仪式运用的起源性神话，已经不再适合用来诠释中堡苗族社群中铜鼓、木鼓搭配使用的这种新颖的仪式活动形式，从而不断地被社会成员从记忆中选择性遗忘。在中堡苗族社群中，铜鼓、木鼓所象征的已经不再是蝴蝶妈妈，而是族群和支系的祖先。中堡苗族在“九月九”和春节期间把铜鼓、木鼓共同作为祖先的象征来进行祭祀。节日当天有铜鼓、木鼓的人家都要用糯米、小米、苞谷、猪肉、米酒等来祭鼓，以感谢祖先的庇佑使粮食丰产，并预祝来年同样有个好收成。中堡街的岑光忠向笔者口述：“‘九月九’、春节，都要把木鼓、铜鼓摆在正房中央敬一下。意思就是：老祖宗啊！现在请你们上桌，你们来喝酒吃肉啦！我们要打鼓庆丰收啦！请您老人家在阴间保佑大小平安啊！做什么成什么。”

伴随人们信仰观念的发展，人们的信仰活动逐步走出万物有灵观念、图腾崇拜的精神混沌世界。人和神灵之间不再认为能够直接自由往来，而必须借助一定的中介物才能实现沟通；人和动物、自然物之间，原来存在的跨物种的超自然心理联系也被认为荒诞不经。这样一来，长期保留在人们观念中的，作为巫术宗教仪式活动可追寻模式的早期神话，也被认为不能够合理解释人们的信仰仪式行为，早期神话与巫术宗教仪式之间由最初的互动、互联关系，逐渐走向了对立、互相疏远的一面。仪式的表现形式和其中的实物作为观念叙事的元素，其抽象象征意义也变得让人捉摸不定，具有了多义性的特点。为了适应信仰发展的需要，人们不自觉地开始为流传下来的巫术宗教仪式创造新的具有解释性和释源性的神话故事。在一些关于中堡苗族铜鼓、木鼓仪式运用的出现稍后的解释性故事传说中，铜鼓、木鼓的象征意义指向甚至得到进一步的再阐释。在一些具体的“仪式—神话”叙事中，铜鼓、木鼓被有意淡化了其自身作为祖先象征的符号意义，而仅仅被认为是一种神器。笔者以在中堡苗族乡九立屯收集到的铜鼓来源及有关欢喜鼓使用习俗的传说为例，加以说明。

很早很早以前，苗家有一位老人家。老人家只有7个女儿。7个孩子天天到坡上翻

① 马林诺夫斯基：《巫术与宗教的作用》，载史宗主编《20世纪西方宗教人类学文选》，上海三联书店，1995，第96页。

地。连续两三天，每次七姊妹中的老大走到田边就不走了，只有6个妹妹到地里干活。第四天晚上，七姊妹回到家，爸爸问道："坡上的地你们有没有翻完？"后来，6个妹妹中有人答道还没有翻完。爸爸听了很生气，埋怨她们没有好好干活。这时候有个妹妹就说："我们去挖地的时候，大姐每次走到地边就不去了，两三天都是这样。她站在地边，看什么东西也不知道。"于是爸爸就问大女儿为什么不去干活。大女儿答道："爸爸，我到地边以后，看见那里有一个洞，听见里面好热闹啊，发出'哗——嘣，哗——嘣，哗——嘣'的响声，有人跳舞，有人敲打什么东西，好热闹，所以我天天看那个。"第二天，爸爸就叫大女儿带他去看。他们来到了洞边，听见里面传来好听的鼓声，还看到里面有人边打边舞。大女儿就说："爸爸，这个东西发出的声音很好听，你进到洞里面去，要来给我们啊。"爸爸说："这个洞很深，去不了，那个东西是铜鼓，我会造，你们放心。"老人家回去后就开始学造铜鼓，铜鼓造成以后打的声音很响亮，大家都来看，都来打。有一天，老人家的二女儿认识了一个从别的村寨赶来打鼓的男子。日久天长，他们便开始谈情说爱。每天晚上，二女儿都到寨口去等她的情人。有一天她去等的时候，家里打鼓很热闹，她等来等去都没有等到情人。突然山上有只老虎下来，把她咬死了，但是没吃完，它就跑到寨口旁的大树上躲起来啦。情人赶来以后，看到爱人的残肢满地都是，但不知道谁是凶手，于是坐在旁边伤心地哭泣。这时突然从树上掉下两滴血到他的手心上，男子往树上一看，原来是一只吃人的老虎。于是男子就用防身的大刀指着老虎骂道："好你个坏家伙，你把我的爱人吃掉啦，老子今天晚上非收拾你不可。"偏偏这个时候，老虎从树上跳了下来，男子顺势挥刀捅去，老虎就被杀死啦。老虎死后，男子别的什么都不要，只砍了老虎的尾巴，然后就到情人家里去报告噩耗。此时，情人家里的人大大小小、男男女女打鼓很热闹。男子变得很生气，就蹲在房屋外面的角落，手拿老虎的尾巴，透过篱笆围成的屋墙，偷偷擦拭铜鼓的鼓面，铜鼓就打不响了，然后男子便回家啦。结果女方一家人觉得很奇怪，认为一定是有人搞鬼。查来查去，有人说看到老人家二女儿的情人走后铜鼓就不响了，于是人们就把男子抓来审问。男子就一五一十地把事情的原委讲述了一遍。男子说："你们不要生气，我再给铜鼓复原吧。"男子就又拿来老虎的尾巴，按照上次相反的方向，把铜鼓擦了一遍，然后铜鼓的声音就变得和原来一样响亮了。老人家非常高兴。由于老人家的二女儿被老虎咬死了，因此他把另一个女儿嫁给了这个男子。铜鼓被苗家人在家里打了很久时间以后，感到很孤独，天天哭。而当时木鼓呢，在那半山崖上。铜鼓天天埋怨别人成双成对，自己却没有一个伴。这件事被木鼓听到了，木鼓正因为自己是单身汉而被赶到陡峭的山崖居住而怨恨别人。于是木鼓想：如果铜鼓奶奶同意，我就和她说亲了。于是第二天木鼓从山上下来，到了有铜鼓人家的门外。这时候主家看到了就说："你是谁，你来干什么？"木鼓答道："我天天在山上听到一个老奶奶哭，她说要找个老伴，我也刚好没有老伴，就下来看她是否同意和我结伴。"这时候铜鼓就说："可以啊，只要你来了，我们两个一唱一和，一对一答，年年给主家唱丰收歌、欢喜歌，让他们发财、子孙发达。"木鼓就答道："可以。"于是主家就打开房门让木鼓进来。此后，苗家便有了敲打欢喜鼓的习俗。①

苗族是一个具有悠久历史的迁徙民族，但时代的发展、人们思维观念的变化制约着人们对巫术宗教仪式的文化叙述；又因为地缘因素的影响，人们对有关巫术宗教仪式的文化

① 王志平口述，李光忠翻译整理。王志平，苗族，1936年生，中堡苗族乡九立屯人。

图二〇二　中堡苗族木鼓与铜鼓合奏（廖明君　摄）

发挥的职能有很多相似性，它们都依存于相似环境下的地域农耕社会，同样被作为沟通人神的神器，在一些仪式运用中甚至服务于相同的目的。这样苗族就很容易在接触到铜鼓后把其纳入原来以木鼓为中心的仪式活动，并使其分担木鼓原来的部分职能。在不断的发展中，铜鼓被中堡苗族完全纳入原有的信仰文化模式中，同木鼓形成混融、和谐、统一的仪式单元，共同出现在不同的仪式活动中。中堡苗族铜鼓、木鼓的仪式运用除了和农业生产活动紧密联系的“九月九”的丰收鼓、春节期间的祭年鼓，还有作为人生挽歌的白喜鼓，它们仍然保存着活态的形式，被人们日复一日、年复一年地传承着。

## 1. 农业生活的节律——欢喜鼓

中堡苗族的欢喜鼓包括吃新节、“九月九”要打的丰收鼓和春节要打的年鼓，它们与中堡苗族农耕生活和信仰习俗有紧密的联系，并成为地域社群中附着于周期性岁时节日而固定举行的伴生习俗。

吃新节又称为“尝新节”“新米节”“七月半”等，是稻作民族传统的农事节日，意味着即将吃上新粮，秋收工作即将展开，也有预祝丰收之意。中堡苗族过吃新节，正值稻谷垂穗将熟未熟，农事也稍闲之时。节日当天，人们从田里采来还未成熟的新稻，蒸熟以后敬祭祖先，祈愿祖先庇佑当年粮食能够丰收。节日期间，人们开展各种形式的娱乐活动，如斗牛、斗鸟等；人们欢聚宴饮，有铜鼓的人家还挂铜鼓，祭鼓之后便打铜鼓，连打数天。由于自称“佤盲”的苗族历经多次迁徙，最终定居中堡时，受当地地形和气候等自然因素的限制，水稻种植受到很大影响。首先，受水源、耕地状况的限制，人们种植水稻的面积大幅度减少；其次，由于中堡当地属于高原山地气候，日照相对于平原地区不够充足，致使水稻的生长周期延长。吃新节作为稻作民族的传统节日，逐渐与中堡苗族的农耕生活脱离。因为在农历的七月中旬，中堡当地的水稻刚刚灌浆，想拿来尝新显然是不可能的。吃新节作为岁时节日，在中堡苗族社群中逐渐被人遗忘，因此我们现在很难看到当地苗族群众在吃新节时打铜鼓、木鼓，祭祀祖先预祝丰收的实况。然而吃新的习俗在中堡苗族的生活中并没有消失，为了适应人们农业生活变化的需要，吃新的习俗被融入了同样是庆祝丰收的农业岁时节日“九月九”中。“九月九”在中堡苗族乡又称为“丰收节”。农历九月上旬，所有的农作物已经收获归仓，人们在农事结束后开始庆贺丰收，并祭祀祖先。为了感谢祖先的庇佑，人们祈愿祖先神灵参与到人们的节日当中来，接受后人的祭祀。节日当天，人们同样将刚收获的新稻蒸熟，作为供品祭祀祖先，有铜鼓、木鼓的人家还会打鼓助祭。笔者有幸访问到中堡街岑银妹老人，她向笔者描述了有关“九月九”期间包括铜鼓、木鼓使用以及其他一些民俗活动：“‘九月九’在我们中堡就是‘吃新粮’‘吃新米’，家里种糯米的就用新糯米蒸熟了吃，家里没有的就从外面买来吃。当天家里要供神，吃过中午饭就开始准备，把糯米染红再蒸熟，还准备猪肉啊，鸡啊，鸭啊，鱼啊。有的在火塘边敬神；家里有铜鼓、木鼓的就放在堂屋里，然后在堂屋里敬神。敬神后，有铜鼓、木鼓的人家就可以打鼓庆贺啦。敬的神都是自家去世的老人，家里有铜鼓的就在堂屋打，没有铜鼓的就不打，但一定要做糯米饭。打鼓时间是三五天。收了鼓后，没到春节就不能打。在寨子里的场地，人们吹芦笙、大号、萨拉，跳舞，对歌，现在都没有了。寨子失火时芦笙都被烧毁了，会吹芦笙的老人家都去世啦。”①

“九月九”期间，村寨各宗族内部的人欢聚一堂，庆祝丰收团圆。铜鼓、木鼓作为沟通神灵的工具和祖先的象征，在“九月九”接受人们的祭祀，人们打铜鼓、木鼓娱神的过程其实也是自娱的过程。祭鼓一般是由主家内有威望的人来主持，祭鼓结束后先由主家的人打第一通进行开鼓。开鼓时，鼓手不能出错，否则主家会不高兴。开鼓结束以后，无论村寨内外、男女老幼，均可打鼓取乐。主家往往会热情招待，因为人们认为打鼓的气氛越热烈，参与的人越多，就能给主家带来越多的好运。节日期间，人们把酒欢宴，自旦至暮。傍晚时分，“游方”到来的临近村寨的青年男子与村寨内的未婚女子，以及村寨内其他人对歌欢会，丰收歌、欢乐歌、谢酒歌错杂着室内铜鼓、木鼓的喧响，渲染出深山苗寨一派热烈、祥和的节日气氛。铜鼓、木鼓悬挂击打三五日后，伴随节日的结束便要被取下保存了，在这之前不需要祭鼓。此后直到春节，除非有老人过世，否则铜鼓不能随意击打。

年鼓又称为“祭年鼓”，中堡苗族春节打铜鼓一是庆贺过去一年的农业丰收，二是祈求祖先神灵保佑来年五谷丰登、家庭幸福。打祭年鼓之前要先在除夕夜晚饭前祭鼓，当天下午鼓主将铜鼓、木鼓取出清理干净，并排放在堂屋内，铜鼓鼓面朝上，木鼓一面朝外。然后在铜鼓、木鼓上分别系一块红色的纱布，取两碗酒、两碗糯米饭、两碗肉、两个染红的鸡蛋分别置于铜鼓的鼓面和木鼓的鼓身。另取一条苗裙放在铜鼓一侧，焚香于铜鼓、木鼓前，最后鼓主致祭词。祭词的主要内容是告知去世的祖先要打鼓庆祝春节了，主祭者要念出去世的历代祖先的乳名，并请他们回来和后人一起庆祝并享用祭品。中堡街余顺洪向笔者描述了除夕祭鼓的场面：“大年三十下午的时候，就将铜鼓、木鼓摆在堂屋。请祖先时要两鞠躬。鞠躬完了，就说到春节了，我们要打鼓啦，高高兴兴娱乐啦，祖先你们也回来享乐啊，有十天时间啊，请祖先保佑我们啊。”②

① 岑银妹口述，岑光忠翻译整理。岑银妹，女，苗族，1938年生，中堡街人。

② 根据余顺洪口述整理。余顺洪，1962年生，中堡苗族乡中堡街人。

祭鼓结束以后，铜鼓、木鼓即刻被悬挂于堂屋内的横柱上进行开鼓。鼓手一般经验比较丰富，欢喜鼓开鼓过程中即使打错也无妨，鼓手只需重新打一遍即可。开鼓结束以后，人们便可以随意击打。中堡苗族也有“忌年”的习俗：初一到初十期间，家中不准从外面挑水回来，不准扫地，妇女不能做针线，男人也不能外出砍柴和做农事，否则认为来年可能要从年头忙到年尾，不得空闲。初一到初三，家里的女子不能随意外出串门，不然认为会把家里的福气带给别人。只允许男子出门到邻居家踩年，以图来年大吉大利。初三以后老年人走亲访友，青年女子也可以走出家门与“游方”的邻寨青年男子借机谈情说爱。打祭年鼓在中堡可以分为两个阶段：初一至初十，铜鼓、木鼓被认为是祖先灵魂的寄居之处，在此期间，人们无论性别、年龄或认识与否，都可以到悬挂铜鼓、木鼓的人家打鼓取乐，但是在鼓主家中，人们除了打铜鼓、木鼓外，不能随意敲打其他东西，以免惊扰主家祖先；直到初十晚上，鼓主请来宗族内的长辈、兄弟和亲戚，团聚欢饮，打鼓取乐，但要在这一天从家中送走祖先的灵魂。鼓主同样要致祭词，大意为：“各位祖先你们可以回去啦，年要过完啦，各人回各家，叫你们再来，不叫就不用来了。”从第二天开始，“忌年”便结束了，但是铜鼓、木鼓依然挂于室内供人敲打。中堡苗族在初十晚上送走祖先的灵魂，应是受原来苗年习俗的影响。苗年是苗历新年，每年一次。各地苗族的节期不同，有的持续三天，有的持续十天，有的持续半个月。原来中堡苗族在农历六月三十过苗年除夕，苗年持续十天左右，于是人们在苗历的正月初十送走祖先。自称“仡盲”的苗族在定居中堡以后，因受当地汉、壮等民族及农业生活的影响，逐渐把苗年和春节定在同一天，不再保留传统苗年。而初十送走祖先的传统应是原来苗年习俗的遗留。初十以后到正月三十是打祭年鼓的第二阶段，在此期间，人们打铜鼓、木鼓已经纯粹是为了娱乐。正月十五以后，由于大部分年轻人已经外出务工，人们农事也渐忙，铜鼓已经很少使用。但是如果有客人来访，则仍然要打铜鼓欢迎客人。到了正月三十晚上，人们便将铜鼓、木鼓取下保存。如果主家有女眷去外家探亲未归，那么铜鼓、木鼓可以推迟到农历二月初二再取下，在取下铜鼓、木鼓之前，不需要再祭鼓。此后直到“九月九”，除非有老人去世打白喜鼓，否则不能使用铜鼓。春节期间，还开展其他多彩的节俗活动，比如抢彩蛋、跳芦笙舞、对歌等。

图二〇三　中堡苗族青年男女抢彩蛋（王梦祥　摄）

欢喜鼓主要运用于岁时节日中，并与中堡苗族的农业生产活动紧密联系。岁时节日是对一般时间的区分与中断，标志着人们的农业生产活动向新的生产阶段过渡。人们通过岁时节日周期性地循环往复，从而在漫长的农耕时代建立起具有地域民族特色并适应自然生态环境的规律性生活方式。中堡苗族的岁时节日大都处于收获之后、季节将要变化之时，或者是农闲之后。长期以来，对于季节的变化、农作物的生长收获、人的吉凶祸福，人们都归于自然神灵的主宰。为了获得农业的丰收或在季节变化中实现人的生活方式的顺利转换，沟通人神的巫术宗教仪式和庆典成为岁时节日中不可或缺的节庆习俗。中堡苗族在岁时节日中运用铜鼓具有明显的春祈秋报性质，丰收节时人们打铜鼓祭祀祖先，感谢祖先庇佑使粮食丰收，牲畜增殖；人们在春节打祭年鼓更多的是祈愿祖先能够庇佑家人，并预祝在秋天有个好收成。同时，中堡苗族“九月九”、春节等岁时节日的春秋代序与中堡苗族主要农作物生长周期的时间关系，也从侧面反映出铜鼓的搬演预示着四时变化中人们农耕生活状态的转换。下面以中堡苗族乡的主要农作物生长周期示意图[①]为例，加以说明。

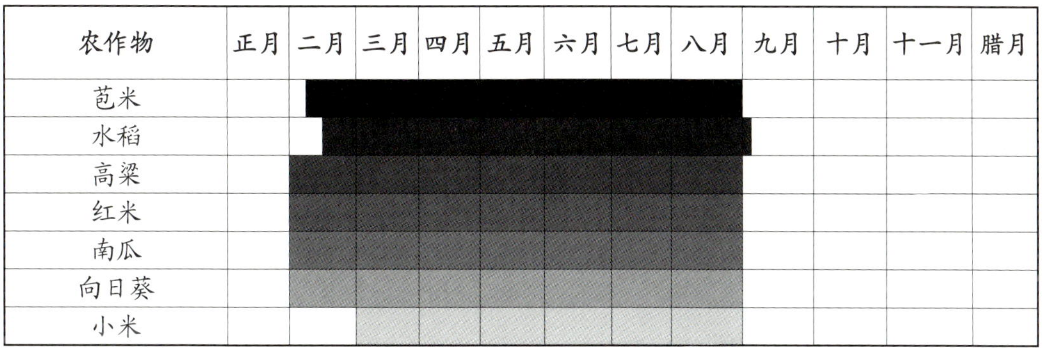


图二〇四　中堡苗族乡的主要农作物生长周期示意图

由图二〇四可知，“九月九”、春节等岁时节日中的铜鼓运用，往往预示着人们农耕生活状态的转换，或是由忙转闲，或是由闲转忙。在中堡流传的传说故事讲述了从农历二月至“九月九”不使用铜鼓的缘由：“中堡苗族之所以在农历二月到‘九月九’这段时间不打鼓，是因为祖先的告诫。祖先说，二月刚埋下种子，如果我们打鼓，庄稼就会天天哭。庄稼一伤心，就不能好好地生长。因此就有这样的说法——若庄稼生长期间打鼓、吹芦笙、吹萨拉，庄稼必遭旱涝之灾。于是祖先就把铜鼓封起来，并告诉后人，二月到丰收期间除非打白喜鼓，否则不能使用铜鼓。”[②]

农历二月到“九月九”这段时间，正是中堡农事比较繁忙的时期。人们在此期间敲打铜鼓、木鼓，举行仪式或庆祝活动，并不会真的带来旱涝等灾害，但是使用铜鼓举办持续数天的仪式或庆祝活动可能会造成农事管理的延误，从而导致秋季歉收。人们基于长期的经验积累，为了保证农业的丰收，将农历二月到“九月九”这段时间内铜鼓、木鼓的使用列为禁忌。铜鼓、木鼓的仪式运用，作为伴随中堡苗族部分岁时节日活动的重要习俗，成为分割当地农业生产活动不同阶段的标志。同时，它也成为调节人们农耕生活状态变化的节律，预示着人们生产生活方式的阶段性、规律性转变。

欢喜鼓的运用带有明显的娱乐性质。“九月九”打丰收鼓和春节打祭年鼓时，恰逢粮

① 根据岑光忠口述整理。

② 王志平口述，岑光忠翻译整理。

食收获后的农闲时期，人们有大量的时间和人力、物力来举行仪式和庆祝活动。人们打铜鼓、木鼓祭祀祖先，同时也起到为节日活动助兴的作用。其间，相隔较远、平时疏于来往的村寨的人员互访不断，由于禁忌较少，人们可以到不同的鼓主家采用不同村寨里的欢喜鼓鼓点或鼓式来打铜鼓。打欢喜鼓也有助于促进青年男女婚恋。中堡苗族传统习俗只允许青年男子“游方”，而未婚青年女子只能在寨中，即“坐寨”。节日期间，青年男子到邻寨鼓主家打鼓时，往往采用自己寨子的鼓点、鼓式。受同寨不婚这一婚姻习俗的影响，寨子里的未婚女子辨别出击打铜鼓的鼓点、鼓式和自己生活的寨子相异时，就知道是相邻寨子的男子来“游方”了，便会去观看助兴，并借机结识心仪的未婚男子。

## 2. 生命的挽歌——白喜鼓

白喜鼓即丧葬用鼓，在丧葬仪式中铜鼓往往被看作一种神器。一方面，人们认为打铜鼓为死者送葬，能够为死者的灵魂打通升天的路，使死者灵魂得到超脱，成功冲破阴间的层层关卡，顺利与祖先灵魂会合；另一方面，铜鼓声寄托了后人对逝者的崇敬和哀思，后人希望铜鼓声能安抚死者灵魂，祈愿死者能够在阴间庇佑子孙，实现阴安阳乐的愿望。中堡苗族人去世有“死好”“死丑”之分：“死好”即年龄达到 37 岁及以上的成年人死亡，这类死者要请麽公推算能不能打铜鼓送葬，如果不能，则请麽公做法事进行禳解，尽可能为死者在当年举行葬礼；年龄未达到 37 岁去世的，被称为“死丑”，这类死者停丧时间不能超过 3 天，有的在去世当天就被草草安葬，直到三年后才请麽公补办葬礼，才能打铜鼓送葬。中堡苗族葬礼比较盛大，持续时间必须是奇数，多则 13 天，少则五七日。葬礼中要打三通正鼓，都需要麽公来主持，并请村寨内技艺高超的鼓手演奏。第一通正鼓称为“断气鼓”，要在死者入殓的当天打；第二通正鼓叫作“开路鼓”，在送死者棺木上山的前一天晚上打；第三通正鼓叫作“送终鼓”，在送死者棺木上山时打。如果丧家决定举办葬礼，首先要向寨内亲友和舅家报丧，然后还要即刻去请麽公，以及寨内的鼓手、萨拉手、长号手等。如果死者家族内部没有铜鼓、木鼓，则还要去借。中堡街的岑光忠老人向笔者口述了丧家借鼓的经过：“旧时丧家去借鼓，要准备两炷香、一壶酒、两个红包（里面各放一块二毛钱）、一块腊肉、若干糍粑以供鼓主祭鼓。丧家到达鼓主家之后，鼓主会准备饭菜招待丧家。席间丧家会向鼓主解释来因。如果家中死者是男性就讲：‘今年我家公多少岁，想搞一点热闹给他，看能不能借你家的宝贝。’鼓主其实早就知道他们的来意，就回答：‘可以。’然后鼓主往往还要交代：‘宝贝借给你们可以，但要请人保管好，不要随便挂在那里不管不问。一要防止醉酒的人乱敲乱打，二要小心有人偷鼓、抢鼓。我丑话说在前，后来出什么事，你就要负责。’说这些话时，丧家请的证人要在场。饭后，鼓主在堂屋将丧家带来的酒泼出一些在鼓面上进行祭鼓，然后鼓主拿鼓槌在鼓面上打三下，丧家就可以把鼓包住背走了。”①

麽公到达丧家后，立即在堂屋为死者入殓。装殓停当，众人便把铜鼓、木鼓悬挂于棺木附近。等到凌晨时分，麽公开始用准备好的肉、糯米饭、米酒、香烛、纸钱等祭奠死者。此时，死者亲属戴孝帕肃立左右，鼓手就位，萨拉手、长号手围坐火塘听候麽公指挥。麽公诵祭词道：“某公／某奶（去世的如果是男性，姓某就喊某公；去世的如果是女性，姓某就喊某奶），你命不好你命不久，人家捡到一张红纸，你捡到一张白纸。人家活到九九八十一岁，你活不到那么多。这是你命带来，这是你命带去。今天你去，娃崽费了



① 根据岑光忠口述整理。

图二〇五　中堡苗族葬礼中的打铜鼓场面（王梦祥　摄）

360 斤肉和 360 斤酒，来做好事给你。请你不要挂牵后方，请你不要挂牵娃崽他们。今天三崽四女他们拿牛拿酒来帮你做好事，今天你去只能怪你的命、你的八字，不能怪你的娃崽他们。今天就给你打鼓五天五夜（或者七天七夜、九天九夜、十一天十一夜，最多十三天十三夜），请您安心安息，娃崽会年年祭祀不断。”

念完这段，麽公喊道：“好久啰！”众人随声附和。然后，麽公示意死者的大儿子走近棺木站于一旁。麽公继续诵祭词道：“某公 / 某奶，你去你就好去，你去发财去发富。今后你要发财发富给你的子子孙孙，有吃有穿，年年有余，子孙满堂。”①

诵祭词到此便结束了，麽公再次喊：“好久啰！”众人紧跟附和。麽公示意，于是鼓手即刻开始演奏第一通正鼓，萨拉手、长号手也同时吹奏，死者的女性亲属开始哭丧。不同的村寨每通正鼓演奏的转数、时间不同，但大都由老人的去世年龄决定。由元屯白喜鼓正鼓的转数规则是：60岁以上的去世者，第一通打十三转，第二通打十一转，第三通还是打十一转；37岁至60岁的人去世，第一通打七转，第二通打十一转，第三通还是打十一转。拉纳屯白喜鼓的第一通正鼓，37岁至60岁的去世者一般打七转，60岁至80岁的去世者一般打十一转，80岁以上的去世者则打十三转；第二通、第三通为固定的转数，分别为十一转、九转。鼓声一停，其他乐器也立刻结束演奏，妇女们也停止哭丧。然后，人们围坐火塘谈心聊天，也可随意击打铜鼓、木鼓，共同为死者守夜。打第一通正鼓的用意是告诉死者的灵魂，他已经和人世阴阳两隔，即将要去阴间寻找祖先，后人为他打鼓送终。打第二通正鼓的用意主要是为死者开路，扫清死者的灵魂通往阴间的道路，以使其能够顺利到达。打第一通、第二通正鼓的鼓手相同，且必须是主家鼓手。中堡苗族认为，打正鼓期间，鼓手不能替换，否则死者的灵魂无法顺利被送走，会给主家带来厄运。中堡苗族的葬礼办得比较盛大，人们认为死者的灵魂到了祖先居住的阴间后仍然要生活劳动。葬礼中杀猪、杀牛，一方面是招待亲友，另一方面则认为牛、猪具有灵魂，送它们到阴间给死者喂养。麽公在开路鼓前敲狗，并把狗与谷穗放于木鼓之上，也是出于想把狗与谷种送给死者的目的。苗族人认为，狗是人类农耕生活的亲密朋友，至今保存下来的一些传说故事有很多涉及狗替苗族人耕田和帮助苗族人获得谷种的内容，故把狗与谷种送给死者，是希望死者在另一个世界也能过上丰衣足食的农耕生活。第二通正鼓也称为“招魂鼓”，有为死者开路、为生者招魂的意味。人们认为开路鼓送逝者灵魂升天的过程中，葬礼现场死者亲属的灵魂也是跟随相送而去的。把死者的灵魂送到目的地后，通过木鼓、铜鼓的神力，人们的灵魂在鼓声结束以前安全回到地面。当地流传的说法是人们上天三百六十里送先人，然后下地三百六十里重新回到自己生活的世界。从这以后，死者的灵魂便被送出家宅，与后人生活的世界阴阳两隔了。

在此以笔者开展参与式观察的一则当地苗族葬礼为例进行阐述：

考察时间：2014年1月21日—26日

地点：南丹县中堡苗族乡由元屯

调查背景：2014年1月21日，笔者到由元屯寻访莫金福老人，开展有关铜鼓使用习俗及传承状况问题的访谈，偶然得知该村马某某去世并正在办葬礼的讯息。于是笔者随即改变计划赶赴现场，在征得丧家同意后，以这起葬礼为个案，开展了对中堡苗族葬礼中铜鼓仪式运用的参与式观察。马某某，男，46岁，于2014年1月20日上午约10点去世。

（1）第一通正鼓（2014年1月20日下午6点）

马某某于上午去世后，其家人便即刻报丧（舅家、外家、女儿、女婿及寨外亲属都是通过电话告知）。另外，派人去请麽公、鼓手、萨拉手，借铜鼓、木鼓。请到的鼓手为本寨的莫金福、莫柴元兄弟，同时莫金福兼任葬礼的主持者麽公。下午6点左右，死者装殓完毕，铜鼓、木鼓也于堂屋中悬挂停当。麽公开始摆供祭祀死者，并诵祭词。诵祭词结束以后，第一通正鼓在下午6点50分左右正式开始，共打七转，然后

① 莫金福口述，岑光忠翻译整理。

图二〇六　在中堡苗族葬礼中，长号手吹响长号（王梦祥　摄）

结束。此后直到 23 日之前，死者寨内亲属不断赶来吊丧，并协助丧家处理各种葬礼事宜。舅家及女儿、女婿也都赶到，人们不断给死者上香，其他人围坐火塘或畅谈或餐饮或打鼓。

（2）第二通正鼓（2014 年 1 月 23 日晚上 10 点 40 分左右）

晚上 7 点 50 分左右，死者女婿及宗亲执事人员开始杀猪，共计两头。麽公拿两张纸钱蘸猪血后贴于死者棺木下方，祭祀死者，其他人员准备晚饭。晚上 8 点 30 分人们开始吃晚饭，9 点 30 分就餐结束。麽公拿一件苗裙和男性长衣挂于死者棺木上方，并示意亲属戴孝帕，萨拉手开始吹奏萨拉。9 点 50 分左右，麽公一只手执酒碗，开始为死者诵祭词开路，大致内容为："马公你命不好你命不久，人家捡到一张红纸你捡到白纸。今天你捡到这张 120 岁的纸，今天就叫你回阴间上天啦。你去不管就怕你不懂得路，我们拿鸡来给你带路。鸡到哪一坡，你就到哪一坡。鸡到哪一湾，你就跟鸡到哪一个湾。你要看鸡，鸡走一步，你就走一步。走的时候，只准往前不准退后。说错话你可以收回，你走阴间的路可退不得……"诵祭词结束后，麽公把酒泼于棺木之上，并提来一只母鸡，在棺木上撞晕后，由一名男性亲属拿柴刀砍掉鸡爪、鸡头丢于棺木下方，其余丢于门外。稍事停顿后，麽公牵一只未满月的小狗到棺木前，继续诵祭词，大概内容为："马公，要送你到阴间啦，这狗是苗人的朋友，你带狗跟去，有什么猎物它去撵，有什么猛兽它来挡。你去有鸡带路，有狗防身。你就放心去，千年万代就不要转身啦。"结束后，麽公就拿柴刀用刀背把狗敲死，挂于木鼓之上。同时，也把一束谷穗挂于木鼓鼓腰之上。麽公接着说道："亲戚拿酒来。"于是执事人员把一碗酒递给麽公，麽公开始诵最后一段祭词："马公，你大女儿有拿 36 斤酒来，有拿 36 斤糯米饭来，有拿 36 斤肉来，为你做好事，送你上天堂。这些酒你拿去送给你爸，这些饭你拿去送给你妈，你千万不要给别人。"然后麽公再次把手中的酒泼于棺木之上。执事人员又端两碗酒给麽公，麽公端给鼓手，鼓手一饮而尽；执事把酒续满，麽公把酒端给萨拉手；执事再把酒续满后，麽公把酒端给主家的两名直系亲属。然后，麽公最后讲道："马公，后人要打鼓送您去阴间啦，您保佑他们子子孙孙发财发富啊！”于是麽公喊道：“好久啰！”众人马上附和。主家把手中的酒一饮而尽，鼓手即刻开始打第二通正鼓，萨拉手吹奏送葬曲，女性亲属亦同时哭丧。到晚上10点36分，第二通正鼓结束，共打了十一转，持续约12分钟。

（3）第三通正鼓（2014年1月24日下午2点30分左右）

早上8点左右，死者女婿带来两头黄牛，众人开始砍牛，一是为了祭祀死者，二是准备葬礼之用。上午10点左右，寨外亲友携带花圈、米酒、豆腐、猪肉、糯米饭等来到丧家。舅家亲属到达时丧家鸣炮迎接，并请到屋内隆重接待。下午1点亲邻毕至，丧家开始请客人入席就餐，丧家的亲属和舅家的客人坐于一桌，席间在麽公的主持下丧家不断向舅家敬酒，并向舅家讲述死者去世的经过以及葬礼的筹办情况。下午2点10分左右酒席结束，执事人员开始于棺木上山的必经之路搭鼓架，铜鼓、木鼓被从室内移出，挂于鼓架之上。中堡苗族白喜鼓中的第三通正鼓必须由舅家来打，所以麽公把鼓槌交于舅爷。因为舅家在当天并没有找到专业的鼓手，所以由舅爷出面邀请丧家原来的两名鼓手（莫金福、莫柴元）代替。于是，舅爷端两碗酒向鼓手致谢，鼓手一饮而尽，以表示接受舅爷的委托。下午2点30分，麽公端一碗酒泼于木鼓、铜鼓鼓面进行祭鼓。祭鼓结束后，麽公即示意鼓手开始打鼓。在正鼓演奏期间，人们会将死者的棺木移于室外，并捆绑停当，之后再由十几个人扛于肩侧。至下午2点50分左右，第三通正鼓结束。萨拉手即刻开始吹奏送葬曲，死者的兄弟迅速取下铜鼓、木鼓放回堂屋中，众人把鼓架推倒，死者棺木便在众人的簇拥下不加停顿地向坟山而去。第三通正鼓共打十一转，持续将近20分钟，中间稍作停顿。

法国人类学家阿诺尔德·范热内普在对丧葬习俗进行研究时，不仅把葬礼看成一种民俗现象，而且把其当作一种仪式、仪礼来研究。葬礼同其他人生礼仪相同，标志着人的生命周期从一个生命阶段向另外一个生命阶段过渡。葬礼在按时间轴线推进的过程中，根据

图二〇七　众亲友簇拥着棺木向坟山而去（王梦祥　摄）

死者身份状态的变化，其仪式进程在结构上也产生了阶段性的差别。葬礼的过程一般可分为三个前后相继的阶段，即“分隔—边缘—聚合”三部分，而过渡仪式的顺利展开也不能脱离特定仪式语境中构成仪式过程的实物、行为等因素。[①] 中堡苗族的丧葬仪式，同样可以被看作是一种送别死者灵魂的过渡仪式，而葬礼中白喜鼓的前两通正鼓则是决定这种过渡仪式能否顺利完成的重要因素。“断气鼓”可以看作葬礼分隔阶段，它在死者入殓时打响，标志着通过对死者的衣殓、沐浴、装棺等净化仪式和禁忌行为实现了死者与现实社会间的隔断，人从生命状态转化为无生命状态，人的灵魂脱离了肉体；而“断气鼓”和“开路鼓”之间则可看作葬礼的边缘阶段，在此阶段死者已经离世，但灵魂尚未找到归宿，他对于生者而言是福祸难测的，死者的身份也还是模糊不明的。为了避免死者的灵魂危害生者，人们往往采取一些帮助性、抚慰性和禁忌性的行为来实现死者身份的顺利过渡。比如，人们杀牛、杀猪来祭祀死者，打鼓守夜来抚慰死者等；而“开路鼓”则标志着彻底实现了人由生命状态向亡者状态的过渡，死者灵魂已经远走或散去，不再是危险的。“开路鼓”过后，葬礼中的禁忌相应减少，人们既不需要为死者彻夜守灵，也不需要频繁地祭祀死者，人们更多的是遵循服丧期间的传统。

第三通正鼓即“送终鼓”，相对于它在葬礼中所蕴含的对于死者遗体的最后告别的意味，它对生者有着更为重要的现实意义。“送终鼓”必须由舅家或舅家请的鼓手来打。在打鼓之前，舅家要向外甥盘问老人去世的原因、经过，以及丧家对于葬礼的料理情况。这些都可看作是中堡苗族舅权制的遗留，中堡苗族俗语中有“天上雷公大，地上舅爷尊”的说法。人类学研究者认为，舅权制产生于母权制向父权制过渡的阶段，指“男子与其姐妹的孩子特别是她的儿子的特殊关系，即舅舅对于外甥的权威”[②]。在传统苗族社会中，舅家把维护外嫁女及其子女在夫家宗族中的正当权益作为自身不可推卸的责任，在一定程度上，舅家的强势与否也往往影响到外嫁女及其子女在夫家宗族中能否得到尊重和公平对待。关于“送终鼓”为什么要由舅家或舅家请的鼓手来打，王志平老人向笔者叙述：“在我们苗家，外甥与舅舅是最亲的亲戚。因此外甥死了以后，他的儿子要打鼓给他开路，舅舅作为最亲的人也要打鼓送他上山。另外，如果舅家没有人来打第三通正鼓，那寨子里的人就会说你家外家死绝啦，就会取笑你，往后你在寨子里会抬不起头。如果舅舅死了，你还可以找他的房叔兄弟，或者儿子。总之，第三通鼓一定要由舅家或舅家请的鼓手来打。”

由此看来，在传统上“送终鼓”是舅家向死者所属宗族、村寨的一次对于其自身存在的展示。这也是中堡苗族社会中长期存在的舅权制的遗存习俗。一方面“送终鼓”强调了舅家对于外嫁女及其子女的特殊权利义务关系；另一方面在现实生活中，通过“送终鼓”这种葬礼仪式的举办，对于外嫁女及其子女的后代也起到了一定的庇护作用。“送终鼓”在三通正鼓中最为热烈，在打鼓的当天，无论是参加还是观看葬礼的男女老幼都尽量穿戴得整齐漂亮。青年男女趁着观看“送终鼓”的时机眉目传情，寻找意中人。鼓手每打一转都赢得围观群众的喝彩，鼓手打得越起劲，人们的情绪会越激动，氛围就会越热烈。正鼓结束后，棺木被抬上山，前来观看葬礼的很多青年男女并没有散去，这时正是他们谈情说爱的好时机。

总的来说，欢喜鼓被人们功利性地用于解决农耕生活中遇到的一些迫切的问题，并被认为是维持人们农耕生活持续、顺利发展的决定性因素。伴随着农作物的春华秋实，欢喜鼓在人们农耕生活开始变化的节点被年复一年地周期性搬演，从而预示着人们生活状态由

---

① 阿诺尔德·范热内普：《过渡礼仪》，张举文译，商务印书馆，2010，第107—120页。

② 黄秀蓉：《贵州化屋歪梳苗“谈姑妈话”习俗：“舅权”的历史遗留与变迁》，《民族研究》2013年第2期。

忙到闲或由闲到忙规律性转换的到来，成为调节人们农耕生活的节律。白喜鼓则成功实现了人的生命状态的过渡，标志着个体生命阶段的终点，从此阴安阳乐，它是对死者的最后告别，是一曲礼赞生命的挽歌。无论是在欢喜鼓还是在白喜鼓中，铜鼓、木鼓的使用都带有明显的娱乐性质。究其原因，笔者认为石启贵在《湘西苗族实地调查报告》中对于湘西苗族娱乐性鼓乐产生原因的论述颇有启发意义。石启贵认为，苗族在长期的历史发展中，在经济、政治、种族上都是中国的封建统治者及主体民族压迫剥削的对象，这就造成了苗族在文化上的落后以及居住生活环境的艰苦闭塞。在这种长期的苦难生活中，如果人们不寻找一种娱乐方式，生活就会太过乏味无聊。所以苗族原来具有神圣性的鼓文化，在满足部落、社群娱神祭祀目的的同时，也慢慢地走下神坛，被人们借机用于娱人和自娱。[①] 同时，铜鼓、木鼓作为地域社群文化信仰习俗的载体，通过仪式活动的运用，也起到了加深人们的集体记忆和建构社群个体间文化与族群认同的作用。

## （四）南丹县中堡苗族铜鼓文化保护与传承

民间习俗是长期的社会生活中人们约定俗成的语言和行为模式，它服务于地域社群的生活需要和心理发展，自产生之日起便具有制约人们思想和行为的能力。民间习俗在传承的过程中具有一定的稳定性，同时伴随社会的发展、人们生活方式和思想意识的变化，不但在内容和形式方面不断地发展和变异，而且有些不能适应时代变化和人们需求的民间习俗事象也在逐渐消失。中堡苗族铜鼓文化在当地社群中的传承与发展可推算的历史已不下几百年，置身当今社会日新月异的现代化进程中，中堡苗族铜鼓文化的传承发展也面临众多挑战。针对中堡苗族铜鼓文化保护与传承问题的讨论，笔者主要侧重于两个方面：一是对于铜鼓这一文化实体的传承习俗的讨论；二是对于铜鼓使用习俗的保护与传承，主要涉及铜鼓仪式运用习俗以及与铜鼓使用联系紧密的鼓手和麽公知识技能的保护与传承。

### 1. 中堡苗族铜鼓文化的传承方式

中堡苗族的铜鼓大都说是祖传的，但历史上中堡苗族并没有掌握铸造铜鼓的冶炼技术。现实生活中人们所保有的铜鼓，大都是通过购买获得的。因为生活中碰到出售铜鼓、木鼓的情况很少见，整套出售的情况更是稀少，所以在当地有“铜鼓买东、木鼓买西”的说法。早期人们一般是从贵州购买铜鼓，也有从附近瑶寨购买的。在中华人民共和国成立前，由于铜鼓比较珍贵，也有一些盗贼专门偷盗铜鼓进行高价转卖，以至于有铜鼓的人家不得不小心保管，平常很少示人。中堡苗族转卖铜鼓一般有以下两种情况：一是铜鼓属于宗族所有的，铜鼓在购买时比较昂贵，兄弟数人都有出资。传承数代以后铜鼓的归属问题变得模糊不清，原来购买铜鼓的几兄弟的后代互相扯皮，都认为铜鼓属于自己。在迫不得已的情况下，在寨老的主持下铜鼓被出售，然后人们均分所得。二是铜鼓属于个人私有的，由于在中堡苗族中铜鼓有传男不传女的习俗，如果这家鼓主没有儿子，那么他只能把铜鼓转手给别人。在铜鼓为私人所有的家庭，鼓主有众多子女的情况下，铜鼓的传承往往遵循苗族社群中所保存的传统继承习惯。中堡苗族社群中女子被排除在继承体系之外，一

① 石启贵：《湘西苗族实地调查报告》，湖南人民出版社，2002，第 346 页。

个家庭中如果有几个儿子，儿子结婚后便同父母分家单过。而最小的儿子则与父母生活在一起并承担赡养老人的义务。老人过世以后，由最小的儿子继承老人遗留下来的所有财产，其中包括铜鼓。这就是众多苗族支系都遵循的幼子继承多分的原则，一些苗族谚语形象地称之为“皇帝爱太子，苗家爱幼子”。中堡苗族的铜鼓在家庭私有的情况下，也遵循幼子继承的原则。中堡街余顺洪老人家里的铜鼓便是通过幼子继承的方式从父亲那里传承下来的。余顺洪在兄弟六人中排行第五，因为其六弟不幸早夭，所以他便承担了赡养老人的义务，并最终继承了铜鼓。有时候几兄弟之间可能出现都想继承铜鼓的情况，这时候老人则通过抓阄的方式来决定哪一个儿子赡养老人，并最终继承铜鼓。在中华人民共和国成立前，中堡苗族各村寨中都保存有一二十面铜鼓。根据由元屯村主任马贵先的介绍，由元屯曾经拥有不下十面铜鼓，他自己家中就有两面，但现在他家中的铜鼓早已不知去向，而村寨中也仅有一面传世铜鼓留存。2003 年以来，河池市环江毛南族自治县上朝社区韦启初、韦启善仿制铸造麻江型铜鼓成功后，金城江已有专门售卖新铸铜鼓的作坊，中堡当地各村寨中间或有购置者。

在中堡苗族中，铜鼓、木鼓鼓手技能的传承并没有严格的师承关系。鼓手主要是在岁时节日打欢喜鼓和在葬礼上打白喜鼓期间得到锻炼和经验积累，能否成为鼓手，完全取决于个人爱好和自身经验的积累。新鼓手在打铜鼓和木鼓期间会得到技艺高超的老鼓手的指点，如果两人配合较为默契，新鼓手很有可能被老鼓手选为仪式活动中的正式搭档。白喜鼓的使用离不开麽公的主持，麽公在历代的沿袭中有一定的师承关系，以由元屯麽公莫金福为例，其传承关系如表一九：

表一九　由元屯麽公传承关系

| 代别 | 姓名 | 出生年月 | 文化程度 | 传承方式 | 学艺时间 | 居住地 | 备注 |
|---|---|---|---|---|---|---|---|
| 第一代 | 岑乔宝 | 道光年间 | 文盲 | 祖传 | 不详 | 中堡街 | 已故 |
| 第二代 | 陆应福 | 咸丰年间 | 文盲 | 师传 | 不详 | 中堡街 | 已故 |
| 第三代 | 王光平 | 光绪年间 | 文盲 | 师传 | 不详 | 中堡街 | 已故 |
| 第四代 | 王方贵 | 光绪年间 | 文盲 | 师传 | 不详 | 拉纳屯 | 已故 |
| 第五代 | 岑应光 | 1940 年 10 月 | 高小 | 师传 | 1985年 | 中堡街 | 已故 |
| 第六代 | 莫金福 | 1949 年 11 月 | 高小 | 师传 | 2001年 | 由元屯 | — |

麽公在中堡苗族信仰生活中具有重要的作用，在葬礼中麽公的各种仪式行为与白喜鼓的搬演，共同推动了葬礼进程的发展。现今在中堡当地，莫金福老人是远近闻名的麽公，甚至月里镇自称“仡盲”的苗族在举行葬礼时也远道赶来邀请他主持葬礼中的开鼓仪式。

中堡苗族无论是在欢喜鼓还是白喜鼓的仪式中运用铜鼓，都没有在社群内部形成严格、统一、规范的行为制度。中堡苗族地区社会发展长期落后，苗族历史上又缺乏本民族的文字书写记录系统，这就造成铜鼓使用习俗的传承只能依靠言传身教、口传心授的方式来进行，有关铜鼓仪式使用的解释性和释源性的神话传说故事也只能通过口耳相传的形式松散保存。上述这些情形都在一定程度上影响到铜鼓文化在历史传承中的发展变异。由于铜鼓的使用缺乏统一的行为仪轨的限定，因此铜鼓文化在各村寨之间具有明显的差异，甚至在有关铜鼓仪式运用的解释性传说故事上表现出迥然对立的特点。另外，铜鼓使用技能的传承也依赖口头指导、实践传授的方式来实现。同样的，由于在技能传授过程中缺乏统一的指导原则，传承者在接受有关铜鼓文化的知识技能方面的取舍详略不同，使铜鼓在仪式运用过程中出现不同的纰漏。比如同一个村寨中欢喜鼓的仪式场合，有的鼓手在使用铜鼓前祭鼓，而有的鼓手则直接进行开鼓仪式。

中堡苗族铜鼓文化的传统传承方式的形成，是适应传统的农耕生活和封闭的地域民族文化环境的结果。它服务于静态社会类型的需要，在地域社群中承担着重要的文化建构作用。中堡苗族的铜鼓文化在传统上主要采取民间传承的方式，从而依赖人们的记忆代代相传，在传承过程中产生变化是不可避免的。伴随着中国现代化进程的加快，中堡苗族的传统生活方式和习俗也在这种剧烈的社会变革中进行着艰难的自我调适，以适应生存环境的变化。作为中堡苗族优秀历史文化遗产的铜鼓文化，在这一过程中却陷入了传承乏力的境况。

## 2. 中堡苗族铜鼓文化保护传承现状及反思

面对社会现代化的剧烈冲击和人们生活方式以及思维观念的急剧变化，中堡苗族铜鼓文化的传承在当下社会语境中已经显现出不断式微的趋势，铜鼓传承的文化空间不断被压缩，受众群体逐渐减少。

首先，当今的中堡苗寨已不复原来闭塞的状况，公路已使中堡绝大多数自然屯之间实现了相互连通并延伸向发展迅速的城市。当地已经实现了屯屯通固话、村村有宽带，获取信息渠道的多样、畅通，有力地影响了人们的观念。首先受到影响的是作为铜鼓、木鼓仪式来源的祖先崇拜信仰习俗，在人们科学文化素养不断提高的过程中，这种带有原始自然崇拜色彩的信仰系统迅速衰退。受此影响，仪式运用中的铜鼓、木鼓的神器功能也不断地被淡化。中堡苗族中的年轻人已经很难联想到人们打欢喜鼓、白喜鼓到底反映了哪些深层的信仰文化传统，有关铜鼓、木鼓的习俗传承在个体的心理认同上已经产生了明显的差异。现今，相对于50岁以上受传统文化浸润已久的人对于铜鼓的尊崇，多数年轻人已经把铜鼓、木鼓简单化地认为是用来庆丰收、庆新年的娱乐活动或葬礼活动中必不可少的表演工具，它们的使用只是对于传统行为方式的一种无意识、无意味的按部就班。铜鼓、木鼓的使用习俗不断地脱离人们的生活实际，同时其自身原来承载的深厚文化内涵也被人们逐渐遗忘，这使铜鼓、木鼓的使用最终沦为一种对人无关紧要的民间技艺。

其次，中堡苗族铜鼓文化的发展传承植根于地域农耕生活中，铜鼓使用的时空制度、仪式语境的形成受传统农业生产活动周而复始、循环往复的自然规律的影响，从而具有了周期性发生的特点。铜鼓、木鼓在仪式中的运用预示着人们耕作状态的转换，它们不仅服务于人们的农业生产活动，而且在一定程度上受到人们耕作制度和生产生活方式的影响。自20世纪90年代以来，中堡苗族乡政府在当地大力推广烟草种植和优质核桃种植，使人民的收入有了明显的增长，这一局面的形成扭转了当地长期以来以玉米、水稻等粮食作物为主要种植对象的农业生产局面。收入的增加、社会的稳定也使得人们不再担心长期困扰他们的温饱问题，与人们的粮食生产活动联系紧密的一些信仰仪式活动也失去了它原来的重要地位。另外，社会的发展也有力地影响着人们生产生活方式的变化，由于中堡耕地短缺、经济滞后、资源匮乏，现实条件迫使人们不得不外出打工谋生。农业生产已经丧失了它在人们经济生活中的主体地位，现如今在中堡苗族社群中已经很难看到原来盛行的祈雨仪式，“四月八”插秧节也已经淡出人们的生活，而对于庆祝粮食收获的丰收鼓，人们也往往持一种可打可不打的态度，以至于“九月九”中堡苗寨铜鼓、木鼓的仪式搬演活动也成为不可多见的民俗事象。

最后，中堡苗族铜鼓神器功能的不断淡化，使铜鼓在很大程度上回归到它的原初职能上，即作为一种乐器并被用于娱乐活动中。铜鼓在中堡苗族的仪式运用中带有明显的娱人特质，在欢喜鼓中人们有时甚至省略了使用铜鼓前的祭鼓仪式。仿制铜鼓技术的成功也为中堡苗族提供了获得铜鼓的新渠道。受现代观念的影响，人们甚至扩大了铜鼓、木鼓的使用范围，铜鼓、木鼓间或有被用于婚礼及庆典的情况。然而，这些有利因素并没有使中堡苗族铜鼓文化焕发出新的活力，受人们审美趣味变化和现代娱乐方式多样化的影响，打铜鼓、木鼓成为人们眼中一种陈旧的娱乐形式而丧失了大量的青年受众，从而在时代的发展中逐渐式微。

同样，受社会环境的制约，铜鼓仪式使用中所不可或缺的鼓手和麽公也出现了良莠不齐和青黄不接的状况。经验高超的鼓手往往年事已高，由于鼓手的养成并没有固定的、可持续的传承机制而全凭个人的兴趣使然，铜鼓、木鼓在当下又很难激发青年后辈的兴趣点，所以出现了传承困境。麽公的沿袭与传承也遇到了相同的问题。由元屯莫金福是中堡苗族乡现存唯一的知名麽公，2015 年 8 月笔者对他进行有关中堡苗族铜鼓文化的访谈时，他正抱病在身。中堡苗族麽公技能的传承问题着实让人忧虑。另外需要补充的是，一些老人向后辈传授有关铜鼓使用习俗时，也存在一些不足，最明显的就是重形式而轻内容，对于铜鼓使用的仪式过程和程式往往详加指导，而对于仪式行为的来源则缺少解释性的说明。这就造成后辈对于铜鼓的仪式使用习俗知其然而不知其所以然，对于铜鼓在仪式运用中所蕴含的符号象征意义往往一知半解甚至不明所以，从而严重挫伤了人们对于传承铜鼓文化的积极性。

概括来说，中堡苗族铜鼓文化的式微不仅受到社会发展、观念变化等诸多客观因素的影响，还在一定程度上受到族群以及族群个体对于本民族文化的不自信等主观心理因素的影响。铜鼓、木鼓作为族群信仰习俗的符号载体，在现实生活中衍生出一套完整的仪式行为体系和观念思维系统，从而构成中堡苗族非物质文化遗产的重要内容，对于人们将来开展有关中堡苗族文化发展的历史探索具有重要意义。从文化多样性和非物质文化遗产保护的角度出发，面对中堡苗族铜鼓文化的不断式微，笔者认为，应该采取一些积极措施来避免这一局面的持续恶化。

对于中堡苗族铜鼓文化的现有保护与传承工作，主要是通过两个基本层面来开展的：一是对于传世铜鼓实物的保护与传承；二是对于有关铜鼓使用习俗的保护与传承。在河池民间，中堡苗族人民历来有自由交易铜鼓的习俗，为了加强对于传世铜鼓的管理并防止其进一步流失，河池市于 1997 年发布了《关于保护民间传世铜鼓的通知》；2007 年，河池市又颁布了《关于加强民间传世铜鼓保护管理的通知》，进一步明确了河池传世铜鼓的流通管理方式等问题。在铜鼓使用习俗的保护与传承方面，2003 年 10 月 27 日，中国民族民间文化保护工程试点会议在贵州贵阳召开；“广西壮族自治区红水河流域铜鼓艺术”入选专业性试点保护项目，这为南丹县中堡苗族的铜鼓保护注入了新的活力；2004 年 6 月，广西铜鼓艺术普查工作开始，广西文化厅通过举办培训班，先后共培训了 100 多名专业人员，逐步普查了 54 个乡镇 422 个村，获得一批翔实的数据，为之后陆续出版的一系列文字读物和多媒体读物提供了资料来源。有关中堡苗族传世铜鼓保存现状的调查数据被收录于《河池铜鼓》一书中，这本书于 2009 年由广西民族出版社出版。这本书不仅对人们所了解到的每一面中堡苗族传世铜鼓进行认真登记，标明其所在的村寨、鼓主的基本信息和铜鼓的基本特征。

铜鼓文化的保护与传承是一项复杂艰巨的系统工程，河池市各级政府在传承和弘扬铜鼓文化方面做出了许多努力，但也存在一些不足。地方文化部门把工作的重点过度集中于对铜鼓实物的保护，而对铜鼓所承载的民族文化和非物质文化遗产内容有所忽视，即对于铜鼓的仪式、舞蹈、音乐等运用习俗的重视还不够充分；在保护主体上，通常只依靠政府的有限力量，在有效调动作为铜鼓文化习俗传承主体的当地村民的积极性上还有所欠缺；保护铜鼓所采取的方法也比较简单，一般是对铜鼓实物进行造册登记、拍照、拓片，没有调动社会各个方面的力量，系统地、综合地采取各种有效的手段对铜鼓文化实施保护。由于中堡苗族偏居河池一隅，人口较少，其自身独有的铜鼓文化习俗还没有能够引起当地政府部门、社会文化团体及文化学者的足够重视，中堡苗族铜鼓文化的保护传承工作依然困难重重、任重道远。

针对中堡苗族铜鼓文化的保护传承现状，政府有关部门首先要创造条件加大对中堡苗族铜鼓文化的静态保护力度，即通过录音、拍照、录像等方式来全方位、系统性地记录有关铜鼓的仪式运用场面、神话传说故事、观念信仰习俗等内容。其次要逐渐加大保护力度，引导更多的社会力量投入铜鼓文化的保护与传承工作。一是要做好宣传工作，通过各种现代媒体和传播手段充分发挥舆论的引导作用，使辖区内各民族人民认识到保护铜鼓文化的积极意义，增强少数民族群众自身的文化自信，从而激发其保护与传承的自觉意识。二是要重视铜鼓文化现有传承人的保护工作，为其传承活动提供力所能及的帮助。在铜鼓文化传承人员培养的数量规模、年龄层次、素质水平上，政府部门都可以进行干预和扶持。三是政府部门要加强引导，协调社会各方面的积极因素，形成合力，共同致力于铜鼓文化的保护与传承。

国家出版基金项目
NATIONAL PUBLICATION FOUNDATION

# 红水河流域少数民族铜鼓文化

下册

廖明君 主 编　　刘远峰 副主编

广西民族出版社
Gvangjsih Minzcuz Cuzbanjse

# 目录

## 上册

## 中册

# 下册

# 第八章

# 田野中的铜鼓声

（图录）

# 一、八大类型铜鼓

作为中国南方重要的青铜文化遗存，铜鼓发源于云南，并逐渐向广西、贵州及岭南其他地区传播。根据考古发现与研究，学界将铜鼓分为八大类型。

万家坝型铜鼓盛行于公元前 8 世纪春秋中期至公元前 5 世纪战国中期，以云南省楚雄市万家坝古墓葬群出土的铜鼓为代表。万家坝型铜鼓鼓壁较厚，工艺粗糙，鼓面无花纹或花纹较简单，鼓胸大于鼓面。

石寨山型铜鼓盛行于公元前 4 世纪战国初期至公元前 1 世纪东汉初年，以云南省晋宁区石寨山古墓葬群出土的铜鼓为代表。石寨山型铜鼓是在万家坝型铜鼓基础上发展而来的，鼓面较宽，铸造工艺也较精细。纹饰丰富多样，包括翔鹭羽人、龙舟竞渡、剽牛祭祀等图案。

冷水冲型铜鼓盛行于公元前 1 世纪西汉晚期至 12 世纪北宋时期，以广西横州横村冷水冲出土的铜鼓为代表。冷水冲型铜鼓是在石寨山型铜鼓基础上发展而来的，铜鼓形体瘦高，鼓体较大，花纹密集且趋于图案化。鼓面四周铸有蛙、鸟兽、人物等立体造型。

北流型铜鼓盛行于公元前 1 世纪的西汉至 10 世纪的唐末，以广西北流市出土的铜鼓为代表。北流型铜鼓的特点是鼓面大于鼓胸，胸壁斜直外凸，鼓腰向内收缩，凹处过渡平缓，鼓足较高。鼓面上通常饰有 4 只立体单蛙，蛙身瘦小且无纹饰。

灵山型铜鼓盛行于 3 世纪东汉末年至 10 世纪晚唐时期，以广西灵山县出土的铜鼓为代表。灵山型铜鼓与北流型铜鼓形制相近，鼓面大于鼓胸，胸壁微凸。鼓面花纹精细，多为云雷纹、线纹和鸟纹等纹饰。鼓面的蛙饰都是后足并拢的三足蛙，有的大蛙背上又有小蛙，即成累蹲蛙。鼓面蛙饰的数量通常为 6 只，有的 6 只全是累蹲蛙，但大多数是 3 只单蛙间以 3 只累蹲蛙。

遵义型铜鼓盛行于 10 世纪五代至 14 世纪元代，以贵州遵义播州杨粲夫妇合葬墓出土的铜鼓为代表。鼓面无立体蛙、兽饰物，花纹和图案也趋于简化，是由冷水冲型铜鼓演变而来，属于冷水冲型铜鼓向麻江型铜鼓发展的过渡形态。

麻江型铜鼓盛行于 12 世纪南宋初年至 19 世纪清代晚期，以贵州省麻江县出土的铜鼓为代表。麻江型铜鼓体型扁矮，鼓壁较薄，发音效果好。

西盟型铜鼓盛行于 8 世纪唐代至 20 世纪清代末期，以云南省西盟佤族村寨出土的铜鼓为代表。西盟型铜鼓鼓身较小，呈直筒形，鼓面大于鼓胸，腰部和足部无明显区分。其铸造工艺精巧，鼓身轻薄，音响效果好。鼓面铸有立体蛙饰，通常为两三只重叠在一起，等距分为 4 组。

万家坝型铜鼓（王梦祥　摄）

石寨山型铜鼓（王梦祥　摄）

冷水冲型铜鼓（王梦祥　摄）

北流型铜鼓（王梦祥　摄）

灵山型铜鼓（王梦祥　摄）

遵义型铜鼓（王梦祥　摄）

麻江型铜鼓（王梦祥　摄）

西盟型铜鼓（王梦祥　摄）

# 二、壮乡中的铜鼓声

壮族是中国人口最多的少数民族，源于秦汉时期汉族史籍所记载的岭南地区的西瓯、骆越等，主要聚居在中国南方，分布范围东起广东省连山壮族瑶族自治县，西至云南省文山壮族苗族自治州，北达贵州省黔东南苗族侗族自治州从江县，南抵北部湾。其中，广西壮族自治区是壮族的主要聚居区。

壮族是使用铜鼓历史最悠久、拥有传世铜鼓数量最多的民族。著名学者郭沫若参观广西壮族自治区博物馆收藏的铜鼓后填有《满江红》一词，起首就说："铜鼓云屯，欣赏了壮家文化。"壮族先民铸造和使用的铜鼓主要有濮人铜鼓、句町铜鼓、骆越铜鼓、僚人铜鼓，以及乌浒、俚人铜鼓。在壮族聚居地区，出土了万家坝型、石寨山型、冷水冲型、北流型、灵山型、遵义型、麻江型、西盟型八个类型的铜鼓。

当代使用铜鼓的壮族主要分布在红水河流域广西都安瑶族自治县、大化瑶族自治县、巴马瑶族自治县、东兰县、南丹县、天峨县、凤山县、田林县、西林县等壮族聚居区，以及云南丘北县、泸西县、师宗县等地区。

壮族人民将铜鼓视为乐器、重器和神器，在祭祀、婚嫁、丧葬、节日、庆典等活动中都会使用铜鼓，并形成了独具特色的铜鼓文化。

壮族铜鼓习俗、文山壮族彝族铜鼓舞已列入国家级非物质文化遗产代表性项目名录。

期待（张小宁　摄）

扛铜鼓来贺蚂𧊅节

找蚂𧊅

游蚂𧊅

使用铜鼓的东兰县巴畴乡巴英村壮族蚂𧊅节（组图）（温远涛　摄）

祭蚂蚜

抬蚂蚜棺逐家逐户拜年

葬蚂蚜

迎接蚂蜗上门贺岁

立幡

蚂蜗舞面具

跳蚂蜴舞

蚂𧊅节歌会

蚂蚜节用的道具

使用铜鼓的东兰县巴畴乡巴英村壮族蚂蚜节（组图）（雷时稳　摄）

主祭人进场祭祀蚂蜗

师公念祭词祭祀蚂蜗

抬蚂蜗棺游村祈福

找到蚂𧊅

诵读祭文

护送蚂蜗棺的队伍

铜鼓队敲打铜鼓护送蚂蜗棺去蚂蜗墓

葬蚂蜗归来

蚂蜗舞表演场景（一）

蚂𧊅舞表演场景（二）

蚂𧊅舞表演场景（三）

敲打铜鼓找蚂𧊅

蚂𧊅亭中唱蚂𧊅歌

使用铜鼓的天峨县六排镇纳洞村壮族蚂𧊅节（组图）（王梦祥　摄）

立幡

隆重的葬蚂𧊅仪式

皮鼓舞

拜蚂蚜舞

拜铜鼓舞

天峨县六排镇纳洞村壮族蚂蚜舞（组图）（梁富林　摄）

村民聚集在蚂蜗亭使用铜鼓祭拜蚂蜗（韦禄东　摄）

蚂蚜节民俗表演场景（一）

使用铜鼓的东兰县壮族蚂蚜节民俗表演（组图）（张小宁　摄）

蚂蜴节民俗表演场景（二）

蚂𧊅节民俗表演场景（三）

蚂𧊅节民俗表演场景（四）

逐家逐户拜蚂蜗（一）

逐家逐户拜蚂蜗（二）

蚂蜗节打铜鼓（一）

蚂蜗节打铜鼓（二）

使用铜鼓的东兰县板登村壮族蚂蜗节（组图）（黄国飞　摄）

逐家逐户拜蚂𧊅（三）

蚂𧊅节打铜鼓（三）

东兰县金谷乡牙能村壮族蚂𧊅节上的铜鼓阵（韦德生　摄）

东兰县长江镇板隆村壮族蚂𧊅节庆典活动现场（黄甫康　摄）

祈福大典场景（一）

祈福大典场景（二）

祈福大典场景（三）

祈福大典场景（四）

东兰县江平村百名寿星补粮增寿祈福大典（组图）（李桐　摄）

祈福大典场景（五）

祈福大典场景（六）

祈福大典场景（七）

祈福大典场景（八）

祈福大典场景（九）

祈福大典场景（十）

祈福大典场景（十一）

祈福大典场景（十二）

祈福大典场景（十三）

祈福大典场景（十四）

祈福大典场景（十五）

祈福大典场景（十六）

祈福大典场景（十七）

祈福大典场景（十八）

铜鼓敲起来（张小宁　摄）

巴英铜鼓会活动现场（黄甫康　摄）

铜鼓鸣乡野（黄甫康　摄）

巴英铜鼓会

背着铜鼓踏着夕阳把家还（王梦祥　摄）

伴奏乐队

文艺展演舞台

贵马壮族铜鼓舞表演

广南县贵马村 2013 年春节文艺展演（组图）（张瑛　摄）

铜鼓声中我成长（王梦祥　摄）

用鸭血祭铜鼓

祭品

用酒祭铜鼓

将铜鼓悬挂起来

广南县贵马村壮族春节祭铜鼓（组图）（张瑛　摄）

祭铜鼓

旋转铜鼓定“财”位

敲击铜鼓迎接新年

喜背铜鼓过节去（王梦祥　摄）

背起铜鼓乐呵呵（王梦祥　摄）

壮族女子和铜鼓（王梦祥　摄）

巴马瑶族自治县壮族男子演示蹲式击鼓法（梁富林　摄）

进新房敲铜鼓（梁富林　摄）

云南壮族女子打铜鼓（王梦祥　摄）

壮族百人打铜鼓（王梦祥　摄）

壮族群众在布洛陀祭祀大典上使用铜鼓（廖明君　供图）

东兰县巴畴乡巴英村壮族蚂蜴节民俗活动（高东风　摄／视觉中国　供图）

东兰县长江镇壮族群众敲铜鼓、唱山歌喜迎新春（高东风　摄 / 视觉中国　供图）

东兰县长江镇壮族少年敲打铜鼓迎新春
（高东风　摄 / 视觉中国　供图）

东兰县长江镇壮族群众敲打铜鼓迎新春
（高东风　摄／视觉中国　供图）

东兰县长江镇壮族妇女与铜鼓（黄甫康　摄）

东兰县壮族群众在红水河边欢庆铜鼓节（黄甫康　摄）

壮族男孩打铜鼓（廖明君　摄）

壮族铜鼓阵（黄甫康　摄）

壮族女孩打铜鼓（廖明君　摄）

# 三、瑶山上的铜鼓声

瑶族是中国的古老民族之一，主要分布在广西、湖南、广东、云南、贵州和江西。使用铜鼓的瑶族主要包括聚居于红水河流域的布努瑶、白裤瑶、木柄瑶。他们不仅传承着起鼓、藏鼓、祭鼓等铜鼓使用习俗，还在祝著节、春节以及丧葬活动中使用铜鼓。

瑶族铜鼓舞是瑶族民间传统的舞蹈之一。都安瑶族自治县、巴马瑶族自治县的布努瑶，南丹县的白裤瑶，以及田林县的木柄瑶至今仍盛行铜鼓舞。都安瑶族铜鼓舞一般由五人出场表演，一人敲公鼓，一人敲母鼓，一人打皮鼓，一人打铜锣，还有一人手拿竹帽起舞。巴马瑶族铜鼓舞由一名男子随着铜鼓的鼓点入场表演，他一边敲击皮鼓，一边踩着铜鼓的鼓点起舞。南丹白裤瑶铜鼓舞，瑶语叫"勤泽格拉"，参与舞蹈的人数不限，一般视铜鼓多少而定；舞者动作似猴子攀摘取食等姿态，动作古朴，粗犷敏捷，刚劲有力。田林瑶族铜鼓舞的核心内容是皮鼓手踏着铜鼓的节奏击鼓跳舞。

田林瑶族铜鼓舞、南丹"勤泽格拉"、瑶族猴鼓舞已列入国家级非物质文化遗产代表性项目名录。

使用铜鼓庆丰收（组图）（张小宁　摄）

打鼓

铜鼓声中的白裤瑶葬礼（组图）（王梦祥　摄）

撒米送牛

葬礼仪式“砍牛”

钉好牛角的杉木柱

长桌宴

放鞭炮

南丹县白裤瑶葬礼仪式“砍牛”

使用铜鼓的南丹县白裤瑶葬礼（组图）（梁汉昌　摄）

哭牛

把牛砍倒

出殡

送葬队伍

打铜鼓

送葬亲友

南丹县白裤瑶葬礼打铜鼓（组图）（梁汉昌　摄）

打铜鼓（二）

铜鼓起名仪式（一）

铜鼓起名仪式（二）

铜鼓起名仪式（四）

铜鼓起名仪式（五）

南丹县里湖瑶族乡白裤瑶铜鼓起名仪式（组图）（梁汉昌　摄）

铜鼓起名仪式（三）

铜鼓起名仪式（六）

南丹县白裤瑶年街节铜鼓舞展演（张小宁　摄）

两代打鼓人（张小宁　摄）

南丹县锅立屯白裤瑶祭铜鼓仪式（张小宁　摄）

喜庆的



红水河流域少数民族铜鼓文化

扛起铜鼓去打鼓

两代打鼓人

牛角号声响起

打鼓（一）

贵州白裤瑶打鼓庆丰收（组图）（蒋英　摄）

打鼓（二）

打鼓（三）

南丹县白裤瑶葬礼仪式之哭牛（莫锦锐 摄）

南丹县白裤瑶葬礼上的铜鼓场（莫锦锐 摄）

南丹县白裤瑶打铜鼓（王梦祥　摄）

国家级非物质文化遗产瑶族服饰代表性传承人何金秀制作的绘有铜鼓图案的蜡染制品（张小宁　摄）

铜鼓展示（王梦祥　摄）

贵州瑶族猴鼓舞的“最后”守望人（宁坚　摄／视觉中国　供图）

红水河流域白裤瑶群众敲响铜鼓欢度年街节（高东风　摄）

红水河流域白裤瑶民众展演瑶族铜鼓舞“勤泽格拉”（高东风　摄）

红水河流域瑶族铜鼓舞“勤泽格拉”（韦浩　摄）

广西壮族自治区成立 60 周年庆祝大会群众文艺展演《铜鼓敲响幸福天》（谢江波　摄）

红水河流域白裤瑶群众欢度年街节（高东风　摄）

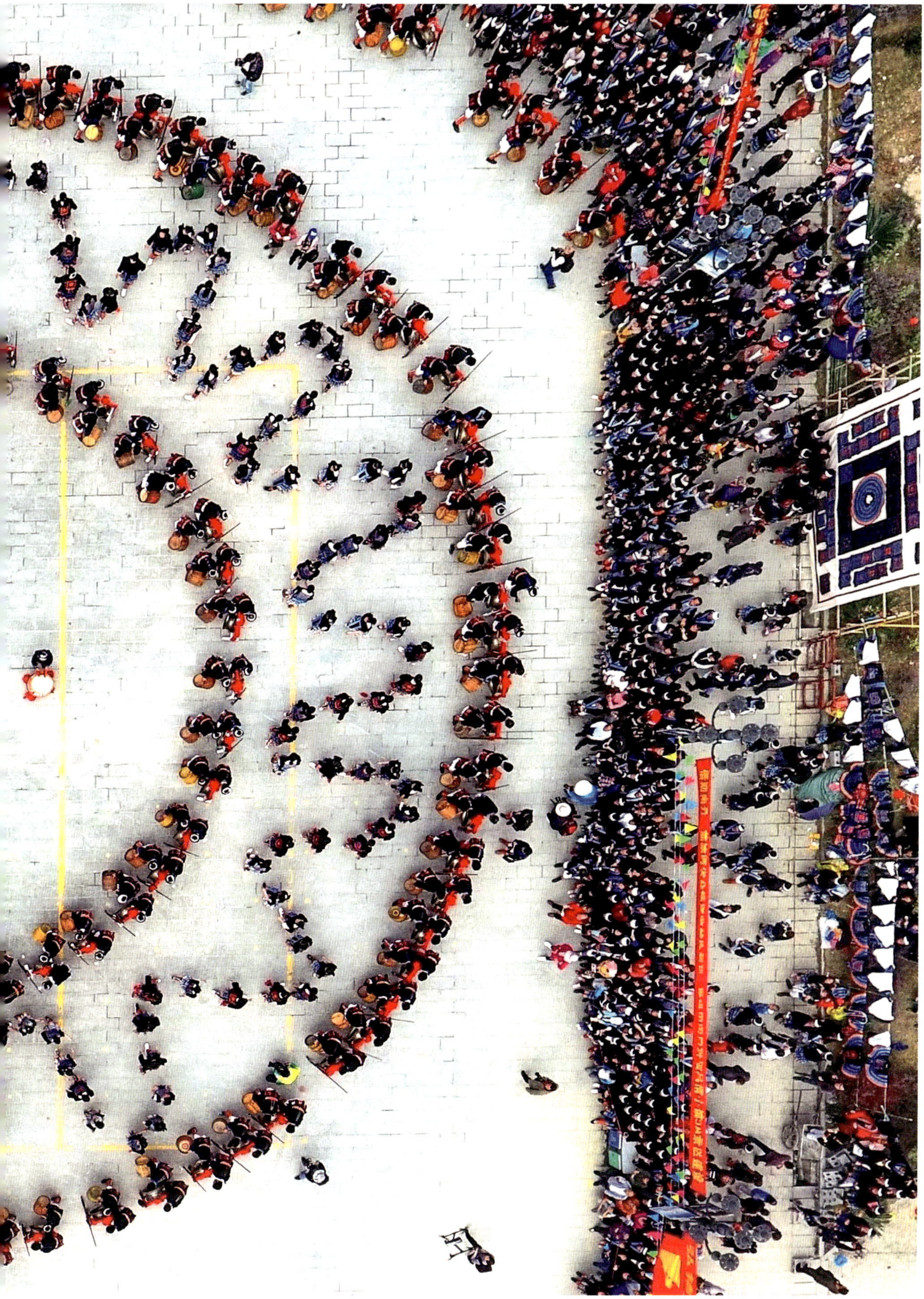

南丹县白裤瑶群众在里湖瑶族乡瑶望天下景区敲响迎宾铜鼓（刘峥 摄 / 视觉中国 供图）

南丹县白裤瑶铜鼓（张小宁 摄）

布努瑶铜鼓舞（一）

布努瑶铜鼓舞（四）

东兰县布努瑶铜鼓舞（组图）（王梦祥　摄）

布努瑶铜鼓舞（二）

布努瑶铜鼓舞（三）

布努瑶铜鼓舞（五）

布努瑶铜鼓舞（六）

丰收舞

婚恋舞

东兰县三弄瑶族乡布努瑶铜鼓舞（组图）（韦霍　摄）

猴鼓舞

迎宾舞

布努瑶铜鼓舞展演（组图）（张小宁　摄）

布努瑶铜鼓舞展演（四）

“连心鼓”（王梦祥　摄）

田林县瑶族群众打鼓闹元宵（王梦祥 摄）

南丹县瑶族男子打铜鼓（王梦祥 摄）

瑶族女青年与铜鼓（王梦祥　摄）

使用铜鼓庆丰收（王梦祥 摄）

铜鼓声声庆佳节（王梦祥　摄）

随着鼓点起舞（王梦祥　摄）

铜鼓声在田垌场上响起（王梦祥　摄）

敲响铜鼓欢庆祝著节（王梦祥　摄）

东兰县瑶族铜鼓舞（韦霍　摄）

巴马瑶族自治县布努瑶女子敲响铜鼓欢度祝著节

穿着盛装的布努瑶青年男女挑着红鸡蛋来赶歌圩

敲响铜鼓共庆祝著节

使用铜鼓的巴马瑶族自治县东山乡布努瑶祝著节（组图）（梁汉昌　摄）

瑶族同胞手捧佳酿招呼前来参加祝著节的亲友和游客

南丹县里湖瑶族乡白裤瑶男子打铜鼓（梁汉昌　摄）

田林县瑶族群众使用铜鼓跳扁担舞（梁汉昌　摄）

田林县木柄瑶群众跳铜鼓舞（廖明君　摄）

铜鼓与皮鼓合奏（梁富林　摄）

南丹县白裤瑶群众跳铜鼓舞（廖明君　摄）

学者考察南丹县白裤瑶铜鼓文化保护情况（廖明君　摄）

# 四、布依族村屯中的铜鼓声

布依族是中国西南部的一个少数民族，由古代僚人演变而来，很早就开始种植水稻，享有“水稻民族”之称。布依族主要分布在贵州、云南、四川等省，其中贵州省的布依族人口最多，主要聚居在黔南布依族苗族自治州和黔西南布依族苗族自治州，以及安顺市、贵阳市、六盘水市。

布依族使用铜鼓的历史悠久，在节日庆典中，铜鼓是不可或缺的重要器物。在举行丧葬、祭祀仪式的时候，麽公举行祭鼓仪式后才能使用铜鼓。布依族在节日敲铜鼓，是为了增加节日的热烈气氛；在杀牛祭祖或送丧时敲铜鼓，则是把铜鼓作为祭典中的重器。

布依族敲铜鼓有一定的鼓调，一般是十二调，其基本音有五个。布依族铜鼓舞分为三类：一是祭祀祖先和超度亡灵的舞蹈，鼓点和节奏较慢，动作粗犷，气氛庄严肃穆；二是喜庆的舞蹈，气氛较为活泼欢快，舞姿轻盈，鼓点较为跳跃，时重时轻，时紧时慢，生动地表现出青春活力；三是反映战争的舞蹈，由寨老击铜鼓伴奏，男子们随鼓点起舞，舞姿激昂，令人震撼。

布依族的铜鼓十二调已列入国家级非物质文化遗产代表性项目名录。

节日中的布依族铜鼓（蒋英 摄）

布依族祭铜鼓（蒋英　摄）

投夫妇久

对门山村收藏的铜鼓

老人演奏布依族铜鼓十二调

抬着铜鼓的布依族妇女

布依族群众与铜鼓

搬运铜鼓的布依族老人

挂铜鼓

# 五、苗岭响起铜鼓声

苗族主要分布于中国黔、湘、鄂、川、滇、桂、琼等省区，分布的特点是大散居、小聚居。苗族人民能歌善舞，著名的舞蹈除了芦笙舞、板凳舞，还有铜鼓舞。贵州雷山县苗族有崇拜鼓的风俗，一般每隔13年就要过一次鼓藏节，宰水牯牛或猪来祭鼓，并跳起祭鼓舞来表示对祖先的尊重和追念。

苗族在很早就开始接触铜鼓，并在长期的生产生活中创造和传承了独具特色的铜鼓文化。黔东南地区的苗族人民至今在欢度传统节日和喜庆之日时仍跳铜鼓舞。

苗族铜鼓舞以胯部的扭动和上身的摆动为主要特点，舞步豪放，舞蹈动作幅度大、难度高，时而如蜻蜓点水，时而如猛虎下山，独具风格。每种舞均有鼓点鼓曲，每种舞姿都包含一定的内容。雷山苗族铜鼓舞主要在鼓藏节和庆祝丰收、祭祖等活动中表演。雷山苗族铜鼓舞相传有12种，但保存至今的仅有11种，分别为捉蟹舞、翻身舞、迎客舞、获猎舞、鸭步舞、送客舞、祭鼓舞、放牧舞、捞虾舞、送鼓舞、共欢舞。苗族人民往往因节庆活动的不同而选择不同的舞蹈。

雷山苗族铜鼓舞已列入国家级非物质文化遗产代表性项目名录。

贵州苗族芦笙铜鼓舞（蒋英 摄）

贵州苗族芦笙与铜鼓表演（蒋英 摄）

贵州苗族男子打铜鼓（蒋英 摄）

雷山县苗族起鼓节（组图）（乔啟明　摄／视觉中国　供图）

寨老举行起鼓祈福仪式

敲打铜鼓祈福

敬米酒（一）

敬米酒（二）

蹁跹起舞

穿着盛装的苗族群众在起鼓节活动中蹁跹起舞

使用铜鼓场景（一）

使用铜鼓场景（二）

贵州苗族群众在祭祀活动中使用铜鼓（组图）（蒋英　摄）

贵州苗族同胞敲打铜鼓欢度元宵节（陈沛亮　摄 / 视觉中国　供图）

贵州苗族同胞跳起铜鼓舞欢度吃新节（黄晓海　摄 / 视觉中国　供图）

贵州苗族铜鼓与木鼓表演（蒋英 摄）

苗族“姑妈”们和“姑爷”们集体回娘家过苗年（组图）（陈沛亮　摄 / 视觉中国　供图）

雷山县掌坳村的“姑妈”们在娘家的铜鼓堂跳芦笙舞

雷山县掌坳村外嫁的“姑妈”挑着礼物回娘家

雷山县掌坳村的村民在铜鼓堂跳起芦笙舞迎接“姑妈”们回娘家过苗年

热烈欢迎雷山七五
村姑妈回娘家

苗族葬礼仪式之打鼓（李桐　摄）

南丹县苗族群众打铜鼓（王梦祥　摄）

使用铜鼓的南丹县中堡苗族乡苗族葬礼（组图）（王梦祥　摄）

水族端节马坡盛况

# 七、彝寨里的铜鼓声

彝族主要分布在滇、川、黔、桂四省区的高原与丘陵之间，主要聚集在楚雄、红河、凉山、毕节、六盘水和安顺等地，凉山彝族自治州是全国最大的彝族聚居区。

聚居于云南文山和广西百色的彝族有使用铜鼓的传统。彝族人民认为铜鼓是万物之灵，通过敲铜鼓、跳铜鼓舞可以向上苍和祖先传递人们的意愿。彝族铜鼓舞属族群性的集体舞蹈，舞者围成圆圈，踏着鼓声节奏沿逆时针方向起舞，跳完一组舞蹈动作再跳另一组。彝族铜鼓舞的舞蹈内容是彝族农耕生产生活的反映。中越边境地区彝族村寨中的铜鼓舞主要用于祈雨、求丰收和丧葬等民俗活动。彝族铜鼓舞动作古朴，舞蹈内容反映了农耕生产生活的方方面面。彝族铜鼓演奏由一人使用公、母两面铜鼓演奏十二种音调组合，简称“十二调”。彝族民间认为，公鼓代表太阳，母鼓代表月亮，而十二调则象征一年中的十二个月。

文山壮族、彝族铜鼓舞已列入国家级非物质文化遗产代表性项目名录。

云南彝族男子打铜鼓（谭晓霞　摄）

身着盛装的彝族妇女

# 八、薪火相传的铜鼓声

铜鼓是中国古代的一种打击乐器，迄今已有2000多年的历史。古代中国南方许多民族都曾铸造或使用铜鼓，创造了丰富多彩的铜鼓文化。铜鼓文化根植于红水河流域使用铜鼓的壮、瑶等民族的生产生活中，是各民族智慧的结晶，对研究中华民族文化交流交融有重要价值。

在红水河流域使用铜鼓的各民族中，铜鼓文化一般都具有具体的形式，并因地域和民族的不同而形成具有不同特点的艺术特征。铜鼓文化从不同的侧面反映了使用铜鼓民族的经济状况、文化面貌和心理素质，展现了他们在漫长的历史长河中适应自然环境而所具有的独特的创造力，是一部不成文的民族历史百科全书，不仅使各民族通过铜鼓艺术形成了历史延续意识，还对特定民族文化的认定具有重要意义。同时，铜鼓文化对人类文化多样性和创造性的保护也有着重要意义。

2000多年来，铜鼓文化以稻作生产为基础，以共创共融、和而不同的方式成为红水河流域各民族文化互动的载体，满足了各族人民的精神需求，成为铸牢中华民族共同体意识的重要文化资源。

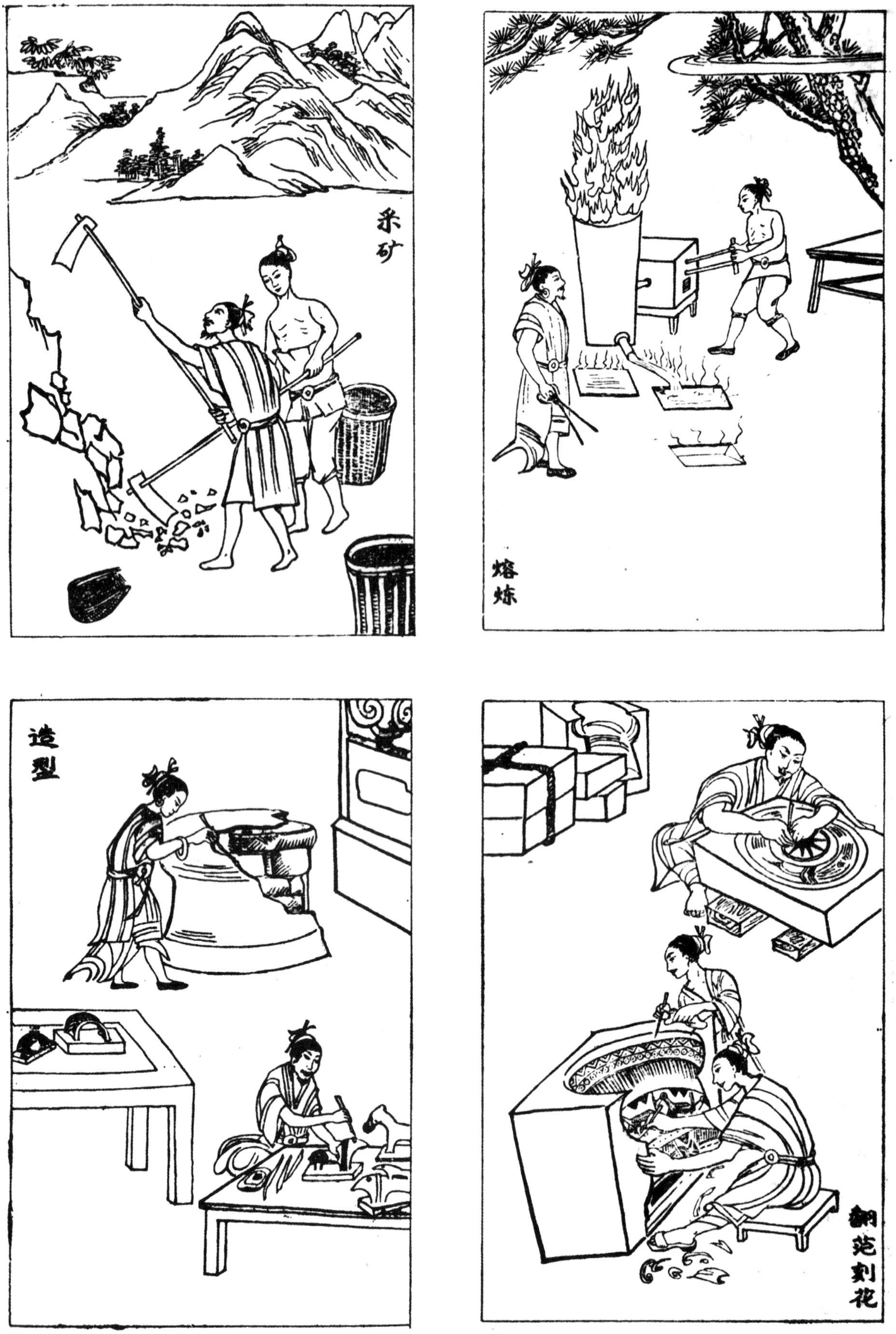


古代铜鼓制造流程（组图）（王梦祥　摄）

合范

浇铸

铸附件

成型

滤砂

冲模

雕刻鼓身图案

环江毛南族自治县民间铸造铜鼓流程（组图）（王梦祥　摄）

雕刻鼓面图案

熔炼铜水

浇铸

抛光

铜鼓毛坯

广西南丹芒场黑龙古溪峒“三月三”暨黔桂边界民族传统文体活动展演（组图）（张小宁　摄）

白裤瑶铜鼓舞展演

白裤瑶男子打铜鼓

黑龙古溪峒“三月

苗族木鼓

苗族女子打木鼓

壮族民间传统乐器合奏

毛南族群众在丧礼仪式中打铜鼓（蒋英　摄）

毛南族铜鼓与皮鼓合奏（蒋英　摄）

德天瀑布景区中的铜鼓雕塑（王梦祥　摄）

广西档案局外墙上的铜鼓装饰（李桐　摄）

铜鼓工艺品（王梦祥　摄）

民族音舞诗剧《铜鼓》演出场景（韩江　摄）

河池第八届铜鼓山歌艺术节开幕式演出（刘广铭　摄）

首届东兰国际铜鼓文化旅游节活动现场（黄甫康　摄）

文化旅游节
ulture-Tourism Festival

河池地区首届铜鼓山歌艺术节活动现场（梁富林　摄）

河池地区首届铜鼓山歌艺术节开幕式上的瑶族铜鼓展演（梁富林　摄）

河池地区第二届铜鼓山歌艺术节中的铜鼓阵（梁富林　摄）

河池地区第三届铜鼓山歌艺术节开幕式上的铜鼓阵（梁富林　摄）

铜鼓雕塑（张小宁　摄）

广西现代职业技术学院的学生在合奏铜鼓乐（高东风 摄／视觉中国 供图）

西林铜鼓出土地（王梦祥 摄）

铜鼓元素在舞台背景中的应用（梁兴星　摄）

以铜鼓为主造型的广西民族博物馆（刘志明　摄）

广西民族博物馆铜鼓造型主楼（刘志明 摄）

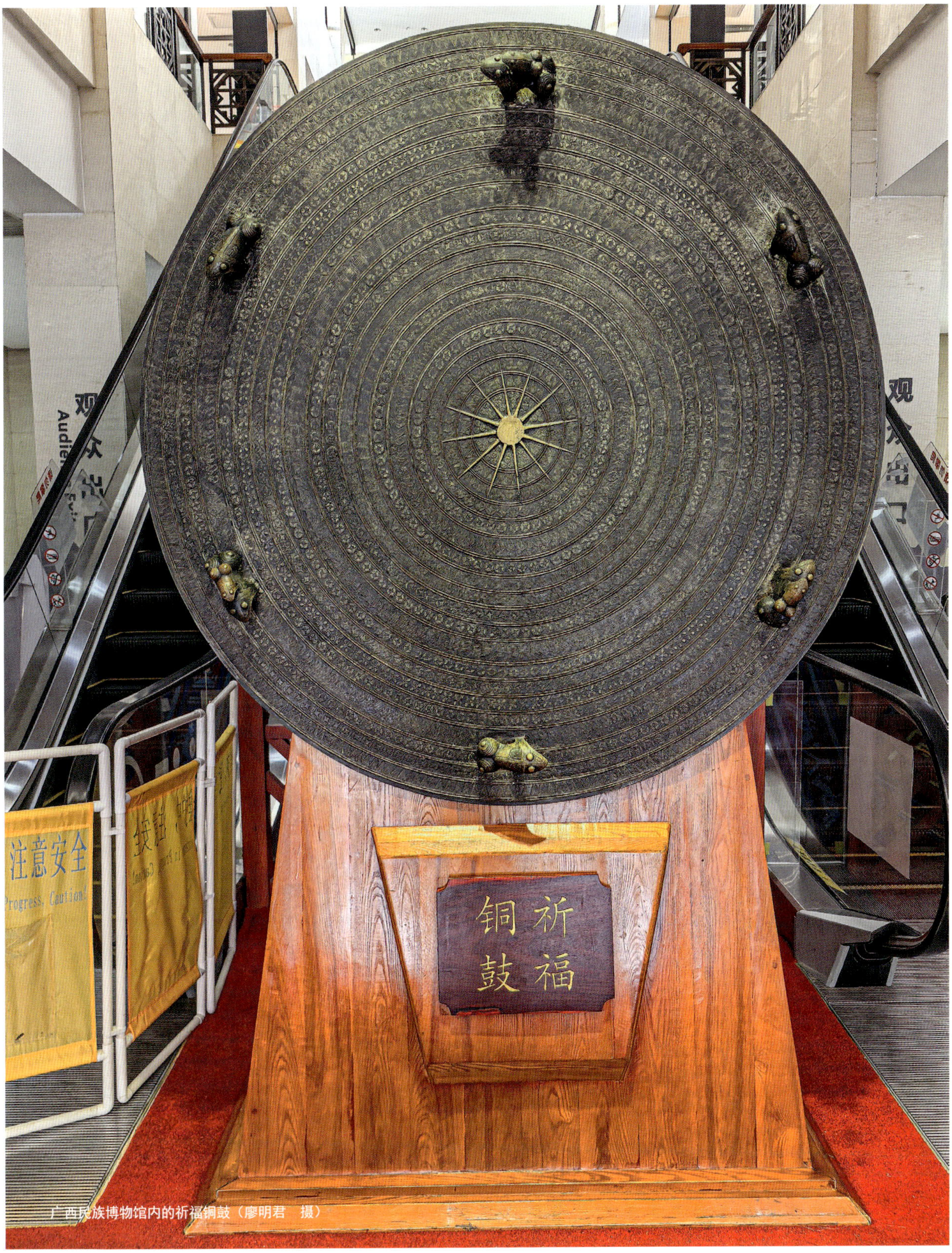


广西民族博物馆内的祈福铜鼓（廖明君　摄）

南宁火车东站北广场铜鼓雕塑（刘志明　摄）

运用了铜鼓元素的"壮美广西"彩车（曾亮相国庆七十周年群众游行活动）（廖明君　摄）

展示清道光年间铸造的铜鼓（高东风　摄）

红水河流域壮族铜鼓阵（高东风 摄）

广西民族博物馆展示的当代铜鼓（廖明君 摄）

红水河流域壮族女鼓手（黄甫康　摄）

红水河流域民间传世铜鼓（黄甫康　摄）

东兰县各族群众敲响铜鼓欢庆国庆节（高东风　摄）

ABC 中国农业银行
着力推动高质量发
金谷铜

铜鼓纹饰在舞台设计中的应用（高东风　摄）

黄平县苗族同胞敲响铜鼓欢庆“四月八”（秦刚　摄／视觉中国　供图）

雷山县西江千户苗寨邮局门口的铜鼓造型邮筒（视觉中国 供图）

《百色起义——翻身道情》（壁画）局部（周肖群　摄）

百色起义纪念园主题浮雕（周肖群　摄）

长顺县付家苑岩画上的铜鼓图案（蒋英 摄）

# 撰稿分工

《多元共生的红水河流域少数民族铜鼓文化》（廖明君、刘远峰）
《红水河流域壮族铜鼓舞》（张瑛、曾金华）
《红水河流域壮族铜鼓文化》（黄文富）
《红水河流域壮族铜鼓传说》（张东茹）
《红水河流域布努瑶铜鼓文化》（陆遥）
《红水河流域白裤瑶铜鼓舞》（陈曦、廖明君）
《红水河流域白裤瑶铜鼓文化》（闫梅、廖明君）
《红水河流域木柄瑶铜鼓文化》（韩德明）
《红水河流域布依族铜鼓十二调文化特征》（王钧）
《红水河流域布依族铜鼓神圣性再造》（杨青青、汪婴子）
《红水河流域布依族铜鼓文化》（蒋英）
《红水河流域布依族铜鼓文化保护与传承》（严敏、龚锐）
《红水河流域苗族铜鼓音乐》（谭远、唐德松）
《红水河流域苗族铜鼓舞》（潘博）
《红水河流域苗族铜鼓舞的文化嬗变》（王声珅）
《红水河流域苗族铜鼓文化》（陶磊、廖明君）
《红水河流域水族端节铜鼓音乐》（赵凌）
《红水河流域水族铜鼓音乐》（黎可心、徐小明）
《红水河流域毛南族铜鼓音乐》（赵凌）
《红水河流域彝族跳宫节铜鼓乐舞》（申波、申吉浩岚）
《红水河流域白彝铜鼓文化》（罗树杰）
《红水河流域彝族铜鼓文化》（吴钊）
《红水河流域彝族铜鼓文化传承》（谭晓霞）
《红水河流域少数民族铜鼓音乐》（邢磊）
《红水河流域少数民族铜鼓舞蹈》（方钰婷、石裕祖）
《红水河流域少数民族铜鼓的社会生命史》（黄国飞、韦丹芳）
《红水河流域少数民族铜鼓文化传承与村落发展》（韦丹芳）
《红水河流域少数民族铜鼓铸造技艺》（黄羽、郭媛）
《红水河流域铜鼓艺术与现代设计》（蓝艳、覃慧宁）

# 作者简介

廖明君　广西民族大学文化遗产研究中心主任、二级教授、博士生导师
刘远峰　广西民族师范学院历史文化与旅游学院讲师、博士
张　瑛　昆明冶金高等专科学校通识与素质教育学院副院长、讲师
曾金华　云南艺术学院舞蹈学院教授、硕士生导师
黄文富　广西民族文化艺术研究院副研究员、博士
张东茹　《宝鸡文理学院学报》编辑部副编审
陆　遥　广西民族文化艺术研究院副研究馆员
陈　曦　广西民族大学民族艺术硕士研究生
闫　梅　广西民族大学民族艺术硕士、榆林市儿童福利院职员
韩德明　广西民族文化艺术研究院原副院长、副研究员
王　钧　安顺学院艺术学院教授
杨青青　中央民族大学民族学与社会学学院副教授、博士、硕士生导师
汪婴子　中央民族大学民族学与社会学学院硕士研究生
蒋　英　贵州师范学院副教授、贵州大学音乐学院硕士生导师
严　敏　贵州民族大学人类学硕士、湖南省株洲市炎陵县第一中学教师
龚　锐　贵州民族大学山地旅游与民族经济研究院院长、教授、博士生导师
谭　远　黔南民族师范学院音乐舞蹈学院声乐教师、博士
唐德松　贵州民族大学音乐舞蹈学院院长、一级作曲、二级教授、硕士生导师
潘　博　贵州民族大学音乐舞蹈学院副院长、副教授
王声珅　贵州大学音乐学院讲师
陶　磊　广西民族大学中国少数民族语言文学硕士、浙江省永康市南苑中学教师
赵　凌　常熟理工学院音乐系教授
黎可心　贵州民族大学音乐舞蹈学院硕士研究生
徐小明　贵州民族大学音乐舞蹈学院教授、硕士生导师
申　波　云南艺术学院二级教授、硕士生导师
申吉浩岚　中国音乐学院 2021 级硕士研究生
罗树杰　广西大学公共管理学院教授
吴　钊　中国艺术研究院音乐研究所研究员、博士生导师
谭晓霞　云南大学艺术与设计学院副研究员、博士
邢　磊　湖南科技学院音乐与舞蹈学院讲师
方钰婷　玉林师范学院教育科学学院副教授
石裕祖　云南艺术学院教授、硕士生导师
黄国飞　广西民族博物馆副研究馆员
韦丹芳　贵州师范大学历史与政治学院教授、博士生导师
黄　羽　广西民族文化艺术研究院研究馆员
郭　媛　广西图书馆馆员
蓝　艳　广西民族大学民族艺术硕士、清远市田家炳实验学校教师
覃慧宁　广西社会科学院民族研究所副教授、博士

# 后记

铜鼓是中国古代的一种打击乐器和礼器，迄今已有2000多年的历史。铜鼓文化历史悠久，承载着丰富多彩的社会意蕴。如今，铜鼓文化在大部分地区已退出历史舞台，但在红水河流域以及中南半岛西北部的少数民族地区依然传承着使用铜鼓的古老习俗。

岭南地区民族文化艺术一直是我考察研究的主要对象。从早期的壮族自然崇拜文化和左江花山岩画的研究，到中期关于壮族艺术的人类学研究，再到红水河流域铜鼓文化研究，我的研究不断深化延伸。后来，我参与了国家社科基金项目“铜鼓文化的发展、传承与保护研究”，并主持了国家社科基金项目“珠江流域少数民族铜鼓艺术与非物质文化遗产保护”和国家社科基金重大项目子课题“中国少数民族宗教美术史”。这些研究使我能够以跨学科的视角，从红水河流域少数民族铜鼓文化与社会功能互动的角度展开研究，深入挖掘红水河流域少数民族铜鼓文化创造者——壮、瑶、布依、苗、水、毛南、彝等民族的历史变迁、经济状况和文化心理，探索红水河流域少数民族铜鼓文化所具有的人类文化多样性和创造性，进而推动红水河流域少数民族铜鼓文化的保护与传承。

与此同时，因工作的需要，我组织申报并主持实施国家首批民族民间传统文化保护试点项目“广西红水河流域铜鼓艺术保护”，参与“铜鼓文化（河池）生态保护试验区”建设的相关工作，主持国家社科基金重点项目子课题“中国节日志·蚂蜗节”，主笔编撰《中国红水河民族文化生态保护区建设方案》，并应邀主持“壮族铜鼓习俗”“田林瑶族铜鼓舞”“壮族蚂蜗节”等申报国家级非物质文化遗产代表性项目并获得成功，使我得以从非物质文化遗产保护的立场，立足铜鼓文化保护传承的实践来思考红水河流域少数民族铜鼓文化的传承发展，发表了《铜鼓艺术的文化多样性》《铜鼓艺术与生殖崇拜文化》《珠江流域少数民族铜鼓艺术及其保护传承》《壮族自然崇拜文化与现代生态文明》《文化生态区建设与非物质文化遗产保护——以中国红水河民族文化生态保护区建设为例》等系列论文，出版了《壮族铜鼓习俗》《铜鼓文化》《广西铜鼓文化》《中国节日志·蚂蜗节》等著作，近期还应邀主持了对红水河流域一百二十余位少数民族铜鼓文化传承人的口述史访谈工作。

在以上工作的基础上，我开始围绕红水河流域少数民族铜鼓文化进行整体性思考，认识到红水河流域少数民族铜鼓文化具有传统性、民族性、活态性、多样性等特征，与红水河流域少数民族的文化传统，特别是与稻作文化有密切的渊源关系。2000多年来，红水河流域少数民族铜鼓文化以稻作文化为基础，以共生共荣、和而不同的方式成为各民族文化互动的载体，成为民族凝聚力与认同感的标志，满足了各族人民的精神需要。它从不同的侧面反映了红水河流域铸造、使用铜鼓的民族的经济状况、文化面貌和心理素质，体现了他们在漫长的历史长河中适应自然环境所展现的独特创造力。这一文化堪称一部不成文的民族历史百科全书，对特定民族文化的认同与传承具有重要意义，有助于铸牢中华民族共同体意识，对人类文化多样性和创造性的保护也有着重要意义。由此，我萌生了组织撰写《红水河流域少数民族铜鼓文化》一书的想法。这一想法获得了广西民族出版社的支持，并将之纳入出版规划，同时积极申请国家出版基金并获得资助。经过数年的努力，《红水河流域少数民族铜鼓文化》终于即将出版发行。

《红水河流域少数民族铜鼓文化》是集体智慧的结晶。我负责设计本书的整体框架和总体撰写方案，并在刘远峰博士的协助下负责本书内容的统纂、修订工作。本书的具体撰写工作获得了来自广西、贵州、云南、北京及湖南等地学者的大力支持和辛勤付出。王梦祥、张小宁、梁汉昌、李桐、梁富林、黄甫康、高东风等民俗摄影家也为本书提供了大量活泼生动的图片。此外，著名铜鼓研究专家蒋廷瑜研究馆员，著名民族研究专家、广西壮学学会会长覃彩銮研究员也为本书的出版提供了帮助。广西民族出版社覃琼送编审在编撰体例、写作大纲、图片拍摄等方面为《红水河流域少数民族铜鼓文化》一书的写作和出版提供了宝贵的建议，并在国家出版基金申报阶段做了大量具体的工作；责任编辑邓钰娟、赵学祥、梁倩为本书的出版付出了辛勤劳动；李寒林女士为本书装帧设计进行了专业性工作，在此一并表示衷心的感谢！

红水河流域少数民族铜鼓文化具有重要的学术价值和强烈的现实意义。与红水河流域少数民族铜鼓文化密切相关的壮族铜鼓习俗、田林瑶族铜鼓舞、南丹“勤泽格拉”、铜鼓十二调、雷山苗族铜鼓舞、瑶族猴鼓舞，以及文山壮族、彝族铜鼓舞等项目均已列入国家级非物质文化遗产代表性项目名录。国家还在红水河流域少数民族铜鼓文化核心区域设置了“铜鼓文化（河池）文化生态保护区”。本书的出版旨在向世人展示红水河流域少数民族铜鼓文化的渊源、特征和价值，并为上述国家级项目的实施提供学术支持，为红水河流域少数民族铜鼓文化的保护与传承提供智力支撑。

红水河流域少数民族铜鼓文化历史悠久，内容丰富，形式多样，影响广泛，由壮族、瑶族、布依族、苗族、水族、毛南族、彝族等民族在交往交流交融的历史进程中共创共享，希望本书的出版，能够为推动民族团结进步、增强中华文化认同、铸牢中华民族共同体意识做出应有的贡献。

历代封建统治阶级推行民族压迫和民族歧视政策，将少数民族蔑称为“猺”“獠”“獞”“狸”等，中华人民共和国成立后，中国共产党和中国政府实行民族平等和民族团结政策，深得全国人民赞赏和拥护。故本书在引用历史文献时，将“猺”“獠”“獞”“狸”等污蔑字词，分别改用“瑶”“僚”“僮”“俚”等字。我们认为，这不仅是学术规范问题，更是对少数民族同胞的尊重问题，是民族平等和民族团结的民族观问题。

为了更好地呈现少数民族铜鼓文化的全貌，本书考察研究区域在以红水河流域腹地（广西、贵州相关地区）为核心的基础上，拓展到红水河流域的延伸区（广西与云南交界处的壮族、彝族聚居地区）。本书文字部分的截稿时间为 2021 年 12 月 31 日。

廖明君

2023 年 7 月 23 日

国家出版基金项目
NATIONAL PUBLICATION FOUNDATION

# 红水河流域少数民族铜鼓文化

中册

廖明君 主编　　刘远峰 副主编

广西民族出版社
Gvangjsih Minzcuz Cuzbanjse

# 目录

## 上册

## 中 册

# 下 册

# 第五章

# 红水河流域水族毛南族铜鼓文化

# 一、红水河流域水族端节铜鼓音乐

水族使用铜鼓历史悠久，不同居住地域的群体在铜鼓的使用习俗、演奏形式、节奏特征等方面存在差异。居住在贵州省黔南州都匀市的水族人主要在丧葬仪式（水族人称之为“开控”）和端节使用铜鼓。“开控”仪式中的铜鼓节奏与端节中的铜鼓节奏有相同之处，区别在于“开控”仪式中有更多的铜鼓节奏型配合仪式仪程的进行。居住在贵州省黔南州三都水族自治县、荔波县，以及黔东南州等地的水族人主要在端节、卯节、敬霞节使用铜鼓，这些不同地区、不同节日中铜鼓的使用习俗、演奏形式、鼓点节奏较为统一。

## （一）水族铜鼓形制及演奏形式

### 1. 铜鼓形制

水族在使用铜鼓的过程中，一般以木鼓配合进行演奏，在此一并对铜鼓和木鼓的形制做简要的介绍。水族使用的铜鼓属麻江型铜鼓。麻江型铜鼓体形小而扁矮，鼓面直径一般约 47 厘米，高约 27 厘米，重 15 公斤左右。鼓面有十二道太阳纹，鼓身周围有乳钉纹、雷纹、同心圆纹、旌旗纹等。水族民间所说的“金鼓”包含两件打击乐器，“金”即铜鼓，“鼓”指木鼓。民间习惯将铜鼓分公母，或分龙虎。铜鼓分公母是水族万物有灵观念、以己度物思维方式的体现。铜鼓分龙虎则是基于水族的铜鼓神话传说，体现了铜鼓具备超自然力的观念。相比之下，铜鼓分公母的说法更为普遍，一般认为公铜鼓鼓面太阳纹的芒修长平射或微凸，音响洪亮，纹饰精巧；母铜鼓鼓面太阳纹的芒短、明显凸起，音质较差。

图二〇八　水族民间传世公铜鼓（赵凌　摄）

图二〇九　水族民间传世母铜鼓（赵凌　摄）

水族铜鼓体形小而扁矮，有两耳，鼓面略小于鼓胸，鼓腰中部有一道凸棱，将鼓身分为上下两节。水族认为黄桐树是做木鼓的上等材料，因此，大多数木鼓是用黄桐树干镂空后两头蒙上生牛皮制成的。

## 2. 铜鼓的演奏形式

关于铜鼓的演奏形式，史书上记载的“悬击”法中有一种是“悬于庭”。《后汉书·马援列传》有这样的记载：“悬于庭，克晨置酒，招致同类，来者盈门。”中央音乐学院原教授闻宥的《古铜鼓图录》一书中描述了这样一种击奏法：将铜鼓吊在树杈上，演奏者手持鼓槌敲击鼓面，合作者手持木桶在铜鼓后面不断摇晃，使鼓声变幻而丰满。《八寨县志稿》中记载：“打铜鼓时，以绳系耳悬之，一人持槌力击，一人以木桶合之，一击一合，故鼓声洪而应远。”三都水族自治县、荔波县和黔东南州等地的水族铜鼓演奏形式与此相似。演奏铜鼓时需要三人配合，一人击木鼓，两人配合击铜鼓。木鼓置于定制木架上；或在木鼓下方垫一物体，使之呈一定的倾斜角度；或将木鼓悬挂于横梁上。铜鼓悬于堂屋横梁上，离地约 20 厘米，击鼓者俯身脸朝鼓面，将吊绳别于左腋后，左手持竹条打击铜鼓鼓腰，右手持鼓槌击打鼓面的太阳纹（也可能因炫技而击打鼓面的边缘）；另一人站立于铜鼓鼓腹后方，双手持平口木桶（直径 40 厘米，高 34 厘米），随着铜鼓鼓点节奏来回向鼓腹抽动，通过控制气流的大小来调节共鸣声，以达到高低起伏、抑扬顿挫的音响效果，丰富铜鼓的音色和表现力。

三都水族自治县水族在节日中不单独敲击铜鼓，需要一面木鼓和一个木桶配合使用。演奏铜鼓时需要三人配合，一人击木鼓，两人配合击铜鼓。从笔者在三都水族自治县的调查情况来看，中和镇马联村、丁寨村、拉旦村等地，节日中铜鼓的演奏形式与上述记载一致。此外，水族部分地区在节日中敲击铜鼓时没有木鼓的配合，如水平村、比寨、拉揽村、董述村等地。这主要是因为当地没有会演奏木鼓的师傅，久而久之木鼓就被舍弃了。目前的实地调查资料显示，无论是否有木鼓配合，各地铜鼓节奏都呈现出相似性的特点。

图二一〇　三都水族自治县水族男子敲击铜鼓（赵凌　摄）

都匀市的水族人打铜鼓时，需要铜鼓两面（公铜鼓和母铜鼓）、木鼓一面。演奏时需要三人配合敲击，铜鼓和木鼓演奏者分别敲击铜鼓与木鼓的边和面，可发出四种不同的声音，铜鼓和木鼓配合演奏形成不同音响的节奏组合。铜鼓、木鼓配合的原则是敲击者需要相互关注敲击的速度，在某些时段敲铜鼓者跟随敲木鼓者的节奏速度，反之敲木鼓者跟随敲铜鼓者的节奏速度，其中公铜鼓要跟随母铜鼓的节奏。都匀市水族铜鼓演奏者对铜鼓与木鼓的主体地位存在不同的意见，有人认为演奏中以铜鼓为主，也有人认为以木鼓为主。

图二一一　都匀市水族群众在葬礼中使用铜鼓（赵凌　摄）

水族平日里都将铜鼓收藏于家中，遇有节庆吉日或婚丧嫁娶才请出铜鼓。① 主人家于藏屋中取出铜鼓后，须在堂屋的供桌旁举行请铜鼓仪式：在铜鼓上摆一盘鱼、一碗糯米饭、三杯酒（也有摆五杯酒的），主人家燃三炷香，烧一沓纸钱祭祀铜鼓。② 祭祀完毕，过 10 分钟左右（此为铜鼓享用祭品的时间）即可敲铜鼓。敲击铜鼓之前用嘴含酒喷于铜鼓之上，意为让铜鼓享用些美酒能发出更美和更亮的声音。

图二一二　水族祭祀铜鼓时摆放在铜鼓上的祭品（赵凌　摄）

水族村落中的房屋多为干栏式建筑，一楼圈养牛、马、鸡等动物；二楼是饮食起居的场所。传统村落中的水族家庭，生活物品较为简陋，只有几件必备的餐具、橱柜。水族人使用的凳子、长椅很矮小，高约 30 厘米，这样矮小的凳子、长椅在吃饭时体现了它们的优势。因为传统村落中的水族人在日常生活中很少使用餐桌，吃饭时将酒杯和饭碗直接置于地上，所以矮小的凳子、长椅正适合这种生活习惯和生活条件。水族人家一般在堂屋中备神龛或祖先牌位。神龛设在堂屋的后上方，面对大门，贴上红纸墨字的祖先牌位和神联。节日中使用的铜鼓用绳子穿耳悬挂在堂屋中央的横梁上（离地约 20 厘米），一般将铜鼓悬挂于神龛一侧。木鼓摆放位置较为随意，但与铜鼓之间的距离不会太远。这样，水族人在堂屋这个既是公共空间又是神圣空间的区域构筑起了铜鼓演奏的空间。空间本身也许是自然赐予的，但空间的组织和意义却是社会变化、社会转型和社会经验的产物。③ 堂屋是水族人的公共生活领域，水族人形成在堂屋处理社交事务与神圣事务的习惯，由此奠定了水族铜鼓演奏的神圣且自由的空间特性。

图二一三　水族祭祀铜鼓（赵凌　摄）

## 3. 铜鼓节奏及特点

### （1）节日中的铜鼓节奏及特点

在节日期间演奏铜鼓的水族人主要聚居在三都水族自治县。据三都水族自治县演奏铜鼓的师傅介绍，节日中的铜鼓演奏有个口诀，心里默念“123，321，1234567”或念“一寸金，一寸金，一寸光阴一寸金”。田野调查的资料显示，铜鼓的这个演奏口诀流传于三

① 近些年来，铜鼓的神圣性似乎有些下降，水族人在非节庆吉日等场合也敲击铜鼓娱乐。

② 请铜鼓和祭祀铜鼓时，酒、糯米饭、鱼是主要祭品，其他物品如生姜、西红柿等可视主人家物品准备情况酌情增加。

③ 爱德华·W. 苏贾：《后现代地理学——重申批判社会理论中的空间》，王文斌译，商务印书馆，2004，第 121 页。

都水族自治县所有的水族村落，应该是三都水族自治县水族铜鼓演奏规则长时间流传的结果。另外，关于铜鼓的演奏规则，笔者依据马联村韦学鼎（水书先生）的讲述，整理如下：

水族端节铜鼓的演奏规则是打“一、三、六、九”，不打“二、四、八”。第一，铜鼓演奏中右手第一槌敲击铜鼓太阳纹为打“一”。“一、三、六、九”称为“天数”或“阳数”，代表主家；“二、四、八”称为“地数”或“阴数”，代表客家。本村人在本村寨打“一、三、六、九”，不打“二、四、八”，意为“打阳”不“打阴”；本村人在别的村寨打“二、四、八”，不打“一、三、六、九”，意为“打阴”不“打阳”。第二，在水书先生看来，“一、三、六、九”是吉利的数字，“二、四、八”代表凶祸。端节铜鼓打“一、三、六、九”代表吉利、喜庆。第三，打“一、三、六、九”有特定的含义。在水书记载的五行八卦中，“一”代表北方，“三”代表东方，“六”代表西方，“九”代表南方，即“一、三、六、九”代表四面八方、包罗万象。第四，铜鼓演奏中打“二、四、八”还具有传达打铜鼓的人目前单身未婚，期待异性关注的信息的作用，这种打法在端节期间不适合在本村寨演奏也与这个含义有内在的联系。

拉佑村水书先生韦政昌（2010 年获得三都水族自治县政府颁发的首批非物质文化遗产代表性传承人荣誉称号）将祖传端节铜鼓演奏规则讲述如下：

水族端节铜鼓节奏有一个最基本的打法，即“嘟、嘟、嘟……嘟（韦）。嘟韦、嘟韦、斗嘟韦、斗嘟韦、嘟嘟韦、斗嘟韦、嘟嘟韦、斗嘟韦、嘟嘟韦、斗嘟嘟韦、嘟嘟韦、斗嘟嘟韦”。水族端节铜鼓调子由铜鼓、木鼓、木桶三声节奏组成一套，这三样配合节奏得当，才能成为一个鼓节奏语，如配不合就声音不明，成了混声。现在端节铜鼓节奏是老人流传下来的，最基本的打法是打“一、二、三、五、六”，不打“四、七、八、九”。水族过喜节时，只能打“一、二、三、五、六”；在有丧事的时候也打“一、二、三、五、六”，但不配木鼓和木桶。水族铜鼓演奏的节奏来源于八卦的相生之数，各数字的卦名为“一白坎、二黑坤、三碧震、四绿巽、五黄中、六白乾、七赤兑、八白艮、九紫离”。铜鼓的基本打法是按八卦相生之数产生的，即坤土生乾金，乾金生坎水，坎水生震木，震木生离火，离火生坤土。水族为什么从打“一”开始打铜鼓呢？因“一”代表坎，坎为子，为中男，九离为中女，卦象相配，所以从打“一”开始；也可以打“九”，代表好事连连。一般场合很少打

图二一四　三都水族自治县水族女子在节日中打铜鼓（赵凌　摄）

"九"，是因为打"九"时木桶不好抽音，影响铜鼓发声，使声音传不出去。

通过多次田野调查以及对铜鼓节奏的记谱分析，我们认为三都水族自治县水族铜鼓的演奏规则既与水族村落中流传的铜鼓演奏口诀有关，又与上述两名水书先生提供的访谈资料有联系。

从对三都水族自治县各地水族铜鼓节奏的分析来看，各地水族铜鼓鼓谱都是基于一个共同的铜鼓节奏音调而形成的，这些铜鼓音调有内在的联系，即由三个相同的节奏片段构成，与民间广泛流传的口诀"123，321，1234567"和"一寸金，一寸金，一寸光阴一寸金"，以及符合这个节律的一些民谣有联系，也与铜鼓演奏者口述中的打"三"、打"六"、打"九"相关。这几个节奏片段如下：

打"三"，口诀是"123"或"321"或"一寸金"，如谱例 1。

**谱例 1**[①]

| | | | | |
|---|---|---|---|---|
| A 铜鼓腰 | X X | X X | X X | X X |
| B 铜鼓面 | 0 X | X | X X | X |
| C 口诀 | 一 寸 | 金 | 一 寸 | 金 |

打"六"，口诀是"1234567"或"一寸光阴一寸金"，如谱例 2。

**谱例 2**

| | | | | | | | | |
|---|---|---|---|---|---|---|---|---|
| A 铜鼓腰 | X X | X X | X X | X X | X X | X X | X X | X X |
| B 铜鼓面 | 0 X | X X | 0 X | X | 0 X | X X | X X | X |
| C 口诀 | 一 寸 | 光 阴 | 一 寸 | 金 | 一 寸 | 光 阴 | 一 寸 | 金 |

打"九"，口诀是"1234，1234567"或"一寸光阴，一寸光阴一寸金"，如谱例 3。

**谱例 3**

| | | | | | | | | | | | | |
|---|---|---|---|---|---|---|---|---|---|---|---|---|
| A 铜鼓腰 | X X | X X | X X | X X | X X | X X | X X | X X | X X | X X | X X | X X |
| B 铜鼓面 | 0 X | X X | 0 X | X X | 0 X | X | 0 X | X X | 0 X | X X | X X | X |
| C 口诀 | 一寸 | 光阴 | 一寸 | 光阴 | 一寸 | 金 | 一寸 | 光阴 | 一寸 | 光阴 | 一寸 | 金 |

从上述打"三"、打"六"、打"九"的节奏谱中可以看出，打"三"、打"六"、打"九"口诀的形成与敲击铜鼓鼓面的次数之间并不对等，但是口诀的生成与敲击铜鼓的次数以及持木桶在铜鼓后面抽音的人有密切的联系。民间流传的铜鼓口诀中，打"三"、打"六"、打"九"中有一个节奏音响是敲击铜鼓者和持木桶抽音者配合完成的，即使敲铜鼓者没有敲击铜鼓鼓面 3 次、6 次或 9 次，在音响效果方面，仍然能够形成 3 次、6 次或 9 次节奏音响的特点。可以说，三都水族自治县水族铜鼓音乐的节奏变化都以这三种核心节奏为基础。演奏者可以在这三种节奏的基础上按照自己的意愿进行排列组合（见谱例 4 和谱例 5），即兴演奏。只要演奏者的演奏中保留这些核心节奏片段，其演奏就可以得到认可，甚至赞许。

① 在谱例 1、2、3、4、5、6、9、13、14 中，0 表示休止，X 表示击打鼓面或鼓腰。

## 谱例 4[①]

| | | | | | | |
|---|---|---|---|---|---|---|
| A | X X  X X | X X  X X | X X  X X | X X  X X | X X  X X | X X  X X |
| B | 0  0 | 0  0 | 0  0 | 0  0 X | X X  X X | X X  X X |
| C | 0  0 | 0  0 | 0  0 | 0  0 | 0  0 | 0  0 |
| D | 0  0 | 0  0 | 0  0 | 0  0 | 0  0 | 0  0 |

| | | | | | | |
|---|---|---|---|---|---|---|
| A | X X  X X | X X  X X | X X  X X | X X  X X | X X  X X | X X  X X |
| B | 0 X  0 X | 0 X  0 X | 0 X  0 | X X  X | 0 X  X | X  X |
| C | 0  0 | 0  0 | 0  0 | 抽  送 | 抽  送 | 抽  送 |
| D | 0  0 | 0  0 | 0  0 | 一寸  金 | 一寸  金 | 一寸  金 |

| | | | | | | |
|---|---|---|---|---|---|---|
| A | ‖: X X  X X | X X  X X | X X  X X | X X  X X | X X  X X | X X  X X |
| B | ‖: X X  X | 0 X  X | 0 X  X | X  X | X X  X | X X  X |
| C | ‖: 抽  送 | 抽  送 | 抽  送 | 抽  送 | 抽  送 | 抽  送 |
| D | ‖: 一寸  金 | 一寸  金 | 一寸  金 | 一寸  金 | 一寸  金 | 一寸  金 |

| | | | | | | |
|---|---|---|---|---|---|---|
| A | X X  X X | X X  X X | X X  X X | X X  X X | X X  X X | X X  X X |
| B | X X  X X | 0 X  X X | 0 X  X X | 0 X  X | X  X | 0 X  X |
| C | 抽  送 | 抽  送 | 抽  送 | 抽  送 | 抽  送 | 抽  送 |
| D | 一寸  光阴 | 一寸  光阴 | 一寸  光阴 | 一寸  金 | 一寸  金 | 一寸  金 |

| | | | | | | |
|---|---|---|---|---|---|---|
| A | X X  X X | X X  X X | X X  X X | X X  X X :‖ | ‖: X X  X X | X X  X X |
| B | 0 X  X | 0 X  X X | 0 X  X | X  X :‖ | ‖: X  – | X  – |
| C | 抽  送 | 抽  送 | 抽  送 | 抽  送 :‖ | ‖: 抽  送 | 抽  送 |
| D | 一寸  金 | 一寸  光阴 | 一寸  金 | 一寸  金 :‖ | ‖: 0  0 | 0  0 |

| | | | | | | |
|---|---|---|---|---|---|---|
| A | X X  X X | X X  X X :‖ | ‖: X X  X X | X X  X X | X X  X X | X X  X X |
| B | X  – | X  X :‖ | ‖: X X  X | X X  X | X X  X X | 0 X  X |
| C | 抽  送 | 抽  送 :‖ | ‖: 抽  送 | 抽  送 | 抽  送 | 抽  送 |
| D | 0  0 | 一寸  金 :‖ | ‖: 一寸  金 | 一寸  金 | 一寸  光阴 | 一寸  金 |

| | | | | | | |
|---|---|---|---|---|---|---|
| A | X X  X X | X X  X X | X X  X X | X X  X X :‖ | X X  X X | X X  X X ‖ |
| B | X  X | 0 X  X | 0 X  X | X  X :‖ | X  X | X  X ‖ |
| C | 抽  送 | 抽  送 | 抽  送 | 抽  送 :‖ | 抽  送 | 抽  送 ‖ |
| D | 一寸  金 | 一寸  金 | 一寸  金 | 一寸  金 :‖ | 一寸  金 | 一寸  金 ‖ |

① 在谱例 4、5、11 中，A 组为鼓鞭敲击铜鼓鼓腰的动作，B 组为鼓槌敲击铜鼓鼓面的动作，C 组为抽音木桶的动作，D 组为铜鼓口诀。

谱例 5

| | | | | | | |
|---|---|---|---|---|---|---|
| A | XX XX | XX XX | XX XX | XX XX | XX XX | XX XX |
| B | X X | X X | 0X X | 0X X | 0X X | XX X |
| C | 0 0 | 0 0 | 抽 送 | 抽 送 | 抽 送 | 抽 送 |
| D | 0 0 | 0 0 | 一寸 金 | 一寸 金 | 一寸 金 | 一寸 金 |

| | | | | | | |
|---|---|---|---|---|---|---|
| A | XX XX | XX XX | XX XX | XX XX | XX XX | XX XX |
| B | 0X X | 0X X | 0X X | XX X | 0X XX | 0X X |
| C | 抽 送 | 抽 送 | 抽 送 | 抽 送 | 抽 送 | 抽 送 |
| D | 一寸 金 | 一寸 金 | 一寸 金 | 一寸 金 | 一寸 光阴 | 一寸 金 |

| | | | | | | |
|---|---|---|---|---|---|---|
| A | XX XX | XX XX | XX XX | XX XX | XX XX | XX XX |
| B | 0X X | 0X X | 0X X | XX X | 0X XX | 0X X |
| C | 抽 送 | 抽 送 | 抽 送 | 抽 送 | 抽 送 | 抽 送 |
| D | 一寸 金 | 一寸 金 | 一寸 金 | 一寸 金 | 一寸 光阴 | 一寸 金 |

| | | | | | | |
|---|---|---|---|---|---|---|
| A | XX XX | XX XX | XX XX | XX XX | XX XX | XX XX |
| B | 0X XX | 0X X | 0X X | 0X X | 0X X | XX X |
| C | 抽 送 | 抽 送 | 抽 送 | 抽 送 | 抽 送 | 抽 送 |
| D | 一寸 光阴 | 一寸 金 | 一寸 金 | 一寸 金 | 一寸 金 | 一寸 金 |

| | | | | | | |
|---|---|---|---|---|---|---|
| A | XX XX | XX XX | XX XX | XX XX | XX XX | XX XX |
| B | 00 00 | 00 X | 00 00 | 00 X | XX X | X X |
| C | 0 0 | 0 0 | 抽 送 | 0 0 | 抽 送 | 抽 送 |
| D | 0 0 | 0 0 | 一寸 0 | 0 0 | 一寸 金 | 一寸 金 |

| | | | | | | |
|---|---|---|---|---|---|---|
| A | XX XX | XX XX | XX XX | XX XX | XX XX | XX XX |
| B | 0X XX | 0X XX | 0X X | 0X X | 0X X | X X |
| C | 抽 送 | 抽 送 | 抽 送 | 抽 送 | 抽 送 | 抽 送 |
| D | 一寸 光阴 | 一寸 光阴 | 一寸 金 | 一寸 金 | 一寸 金 | 一寸 金 |

| | | | | | | |
|---|---|---|---|---|---|---|
| A | XX XX | XX XX | XX XX | XX XX | XX XX | XX XX |
| B | 00 00 | 00 X | 00 00 | 00 X | XX X | X X |
| C | 0 0 | 0 0 | 抽 送 | 0 0 | 抽 送 | 抽 送 |
| D | 0 0 | 0 0 | 一寸 0 | 0 0 | 一寸 金 | 一寸 金 |

| | | | | | | |
|---|---|---|---|---|---|---|
| A | X X X X | X X X X | X X X X | X X X X | X X X X | X X X X |
| B | 0 X X X | 0 X X X | X X | X X | X X | X X |
| C | 抽 送 | 抽 送 | 抽 送 | 抽 送 | 抽 送 | 抽 送 |
| D | 一寸 光阴 | 一寸 光阴 | 一寸 金 | 一寸 金 | 一寸 金 | 一寸 金 |

以上水族的铜鼓演奏规则是精炼后的规则。演奏者在实际演奏过程中，可遵照上述规则做出排列组合式的变奏处理，即可形成水族节日期间的铜鼓音乐。在水族节日中，铜鼓演奏规则的打“三”、打“六”、打“九”均由木鼓、铜鼓、木桶三者配合而成。在实际的铜鼓音乐中，很少听到打“九”的演奏，正如韦政昌所说：“打‘九’会造成铜鼓的连续敲击而不利于木桶抽音，影响声音的传播。”从田野调查的数据来看，水族节日中的铜鼓音乐以打“三”、打“六”为主，目的在于适合木桶抽音而形成拟声调的变化和铜鼓声音的远距离传播。任何演奏者都可以在上述谱例所展现的演奏规则指导下采用变奏的方式形成完整的铜鼓演奏音调。水族节日中的铜鼓音乐拟声调由铜鼓、木鼓、木桶相互配合而成的特性是水族农耕社会协作精神的体现，展现的是水族人民和睦共存的生存理念。铜鼓演奏中虽然强调三者的配合，但是其中木桶抽音对于铜鼓音调的形成和演奏的质量有着至关重要的作用，甚至于一个好的木桶抽音者可以在铜鼓演奏者并不熟练的演奏中仍然能形成铜鼓音调。而木桶的表演却处于一个相对隐僻的位置，木桶抽音者的隐藏可视为是水族人内敛性格的体现。正如音乐人类学研究结果显示的，音乐演奏扮演了过去和现在的社会结构，它们用另一种方式模拟了现在的社会结构或是在构想着未来的理想社会结构。我们有理由相信水族端节铜鼓演奏的协作方式也是社会结构与人际关系的一种隐喻，是对农耕社会结构和理想人际关系的强化和模拟。

图二一五　三都水族自治县水族铜鼓演奏用的铜鼓、木鼓和木桶（赵凌　摄）

水族多数的铜鼓演奏艺人对于铜鼓演奏口诀打“三”、打“六”、打“九”和水族村落流传的铜鼓演奏口诀的原委说不出个所以然来。韦学鼎、韦政昌都是水书先生，水族的水书先生被认为是比普通的水族人掌握了更多水族民间知识的智者。他们是在乡民社会中拥有知识和威望的乡村权威，扮演着“文化媒人”的角色，建构着族群的知识。他们的口述资料属于一种音乐意义的再造。他们在将端节铜鼓演奏规则内化为地方性知识的同时，也将其意识形态化，以使区域的公共或私人场域充盈着自身所赋予的意义与价值，使水族端节铜鼓演奏规则不仅具备以音代言的功能，更成为承载水族文化密码的重要载体。音乐的隐喻部分是民间艺人所创造的，是对音乐作为艺术隐喻的一种反映，强调了音乐是社会的行为。音乐是被社会中的人所创造和理解的。[①]

### (2)“开控”仪式中的铜鼓节奏及特点

水族人崇信万物有灵，相信人去世之后亡灵会变成鬼魂，拥有庇护或祸害后代和乡邻的力量。而鬼魂是否庇佑家庭，很重要的因素就是在世的人对亡者的尊敬与否。“水家的鬼多”这是对水族原始宗教信仰特点的概括，“足不足，三百六”，水族人自己这样概算所信仰的鬼魂。水族人将鬼魂区分为善鬼和恶鬼。水族人认为，善鬼并非永远为人赐福禳灾，提供庇护，而是随时有转化为恶鬼的可能。水族人还认为，他们祖先的魂灵是善鬼，具有护佑家族的力量；但如果后人供奉不周、香火不济，祖先的魂灵可能会发怒，作祟害人。因此，水族人非常重视丧葬仪式的操办，一方面是为了表达对亡者的哀悼，另一方面是相信亡者灵魂不灭，希望对活着的人有所庇护。

水族的丧葬仪式活动称为“开控”，水语直译为“控告”。“开控”仪式分为“小控”“中控”“大控”和“特控”等几种规模。“小控”（水语叫“控低”），扎一些简单的纸伞、旗幡之类，请人吹奏芦笙、唢呐一个晚上，同时杀一头猪祭祀待客即可。“中控”（水语叫“控胆”），除杀猪外，还砍一头牛或一匹马，旗幡伞盖质量较好，芦笙、唢呐增至两三拨。有的还在寨外搭布棚（用五匹以上土布并连在一起，搭成“人”字形的布“房”），为芦笙演奏和歌手演唱的场所，时间一般持续一个下午和一个晚上。“大控”（水语叫“控劳”），规模很大，杀猪宰牛从四五头至三四十头不等，杀马往往达三五匹。除孝家自备旗幡伞盖外，亲戚们也常携带旗幡伞盖前来吊孝，并请来芦笙队、唢呐队、舞狮班、舞龙班和歌手。为此，孝家常常要搭五六个布棚作为芦笙堂、歌堂和客祭堂。宗亲的吊孝队伍常有成百上千人，整个控堂达数千人。“特控”（水语叫“控腊”），是规模极大的吊丧活动。“控腊”前，要在灵堂悬挂铜鼓，其数量须经水书先生按亡者属相等进行推算，限定为3—9面。敲击铜鼓意在祈求天上祖灵引渡亡灵上天，这一仪式被称为“屯亥”。同时，派人上山连根挖来三丈来高的杉树和楠竹各一株，杉树靠屋山头竖立，楠竹则斜绑在树上，竹梢悬挂三丈来长的青蓝布幡，其下端不可触及瓦面，水语称之为“杆沕”。竖“杆沕”乃是“控腊”的标志，也是一种荣耀的象征。准备停当后，即举行“放腊”仪式，也就是拉开“控腊”的序幕。顿时，控场上舞龙舞狮、放黄烟、放钢花、放“火箭”、放孔明灯、唱歌、吹芦笙、跳花灯、放铁炮、放鞭炮，惊天动地，热闹非凡。加上围观者如潮，人声鼎沸，烛火彻夜长明，锣鼓夜以继日。“控腊”的时间长达两三天甚至五六天，远近村寨倾寨前来观看。不论是前来吊孝悼亡，还是凑热闹，也无论亲疏，主家一律以酒肉、豆腐之席款待。有时摆席困难，即以几只大谷桶盛糯米饭置于田坝中待客。如此

① 张伯瑜：《世纪之交的西方民族音乐学理论》，上海音乐学院出版社，2012，第17页。

盛景不易见到，故观者如潮，吃饭者可达数千乃至逾万人。其耗费自然非常惊人，宰杀猪、牛不下数十头……[①]

水族的原始鬼魂观念决定了水族地区普遍存在为亡人举行隆重的“开控”仪式的行为，这也是“开控”仪式中音声行为的指导思想。关于水族“开控”活动的记载主要集中在各类地方志中，程序大同小异，有报丧、入殓、停棺、择吉、出殡、安葬，报丧、入殓、择吉、安葬、立碑、除服，以及报丧、居丧、安葬三种说法。这三种水族“开控”活动程序融合了汉族丧葬仪式程序，因此从程序上并没有体现出水族“开控”活动的民族特点。按照水族民间称谓描述“开控”仪式，对“开控”仪式过程进行地方性知识的解读，是体现水族“开控”仪式民族特色的一个途径。在“开控”仪式中使用铜鼓的水族聚居在贵州省都匀市的归兰水族乡。以下，重点描述水族“开控”仪式中使用铜鼓的情况。

### ①“拜毫埋”[②]、“毫何埋”[③]、“诵要调”[④]

这是水族“开控”仪式的起始环节，主要准备仪式所需的物品和工具，包括制作敲击铜鼓的鼓槌和敲击木鼓的鼓棒。

### ②鸣炮、诵念“十二恒”[⑤]、放屋檐竹竿[⑥]、“砍告”[⑦]

“埃奇超”[⑧]手持朴刀面向窗户站立，身后站立两人，三人一起念诵“十二恒”。这时屋外鞭炮声不断，四名男子在屋外吹奏芒筒、芦笙，并随着节奏左右摇晃身体。芒筒随着芦笙的节奏在芦笙弱拍上吹奏长音。木鼓已经摆放在堂屋门外，一名肩上挂着一串稻穗的

图二一六　“埃奇超”和念诵者正在念诵“十二恒”(赵凌　摄)

图二一七　铜鼓鼓槌和木鼓鼓棒等物(赵凌　摄)

---

① 刘之侠、石国义:《水族文化研究》，贵州人民出版社，1999，第100—102页。

② “拜毫埋”，水语，意思是去抬棺材和定牛的木桩。

③ “毫何埋”，水语，相当于禁忌，仪式中直系亲属要忌油，忌吃家族种植的大米。如今种植杂交水稻，打破了禁忌，导致现在的仪式没有这个步骤了。以前蒙氏家族在老人入土之前要去别的姓氏家族买米来吃。

④ “诵要调”，水语，即“埃奇超”确定用哪种树木来做仪式中使用的木桩。

⑤ “十二恒”，即12个地方，当地民间传说水族从江西朱市巷迁徙到都匀基场、阳和的过程中经过了12个地方。古时水族人过着食尽一山而他徙的生活，阳和水族族谱中记载有12次迁徙的历史，每次迁徙开始前要确定迁徙的时间，水族祖公和祖太争论后定为五更动身，为了避免出发时听不到鸡叫声，就将一些稻穗拴在木鼓上面，等鸡叫的时候看到稻穗就会来啄食，木鼓就发出声音惊醒熟睡的人们。

⑥ 屋檐竹竿有两种：一是“埋命”，水语，即位于房屋后面枝叶繁茂的竹竿，其作用是保护仪式中所有人的生命，意为仪式中人的寿命高于竹竿，富贵长命；二是“杆嘞”，水语，即堂屋门前的竹竿（以前水族建房时留有插竹竿的地方，现在的房子大多没有预留这个空间，改为将竹竿立于门前），其作用是挡野鬼，砍倒此竹竿表示仪式结束。

⑦ “砍告”，水语，指驱赶野鬼。

⑧ “埃奇超”，水语称谓，即整个仪式过程的主持者。

男性在堂屋门口双手持鼓棒匀速敲打木鼓（木鼓上挂一束糯米穗），不时有人口含米酒喷于铜鼓、木鼓之上祭鼓。

“埃奇超”用米酒、糯米饭、小鱼这些物品为祖先迁徙过程中经过的12个地方做仪式，他手持竹枝，身后坐着的两人跟随他念诵。这时铜鼓和木鼓的节奏如谱例6。

### 谱例6

木鼓：XX XX | XX XX | 接铜鼓：X - |

这个仪式结束后，敲铜鼓和敲木鼓的师傅分别站立于铜鼓、木鼓旁边，堂屋与左侧房间的门槛两侧各站立6名男性家属（均手持刀具，有菜刀、镰刀、柴刀、斧头等）。屋外鞭炮一响，“埃奇超”开始念诵，芦笙、芒筒、八仙师傅开始吹奏，铜鼓、木鼓敲击匀速的二八节奏型，节奏如谱例7。

### 谱例7①

木鼓：X X X X | X X X X | X X X X | X X X X |

铜鼓：X 0 X 0 | X 0 X 0 | X 0 X 0 | X 0 X 0 |

12名手持刀具的男性家属举刀（刀背面向墙壁）轻轻跳跃，这时铜鼓和木鼓敲出谱例8的节奏。

### 谱例8②

0 0 0 0 0 0 0 0 0 0 0 0 0 0 0 0 0 0 0 0 0 0 0 0 |
嘟嘟 嘟嘟 嘟嘟 嘟嘟 嘟嘟 嘟嘟 嘟嘟 嘟嘟 嘟嘟 嘟嘟 嘟嘟 嘟嘟

（重复3次）‖: 0 0 X 0 0 X 0 X :‖ 0 0 X X 0 X 0 X ‖:（重复2次）X 0 X 0 0 X 0 X :‖
嘟夺 记嘟 夺记 嘟记 嘟夺 记记 夺记 嘟记 记夺 记嘟 夺记 嘟记

0 0 X X 0 X 0 X ‖: X 0 X X 0 X 0 X :‖‖:（重复2次）0 0 X X 0 X 0 X :‖
嘟夺 记记 夺记 嘟记 记夺 记记 夺记 嘟记 嘟夺 记记 夺记 嘟记

0 0 X 0 0 X 0 X | X 0 X 0 0 X 0 X | 0 0 X X 0 X 0 X |
嘟夺 记嘟 夺记 嘟记 记夺 记嘟 夺记 嘟记 嘟夺 记记 夺记 嘟记

（重复2次）‖: X 0 X 0 0 X 0 X :‖ 0 0 X X 0 X 0 X | X 0 X X 0 X 0 X |
记夺 记嘟 夺记 嘟记 嘟夺 记记 夺记 嘟记 记夺 记记 夺记 嘟记

X 0 X 0 0 X 0 X | 0 0 X X 0 X 0 X ‖: X 0 X X 0 X 0 X :‖
记夺 记嘟 夺记 嘟记 嘟夺 记记 夺记 嘟记 记夺 记记 夺记 嘟记

X 0 X 0 0 X 0 X ‖:（重复3次）0 0 X X 0 X 0 X :‖ 0 0 X 0 0 X 0 X |
记夺 记嘟 夺记 嘟记 嘟夺 记记 夺记 嘟记 嘟夺 记嘟 夺记 嘟记

X 0 X 0 0 X 0 X | 0 0 X X 0 X 0 X ‖:（重复2次）X 0 X 0 0 X 0 X :‖
记夺 记嘟 夺记 嘟记 嘟夺 记记 夺记 嘟记 记夺 记嘟 夺记 嘟记

① 在谱例7中，0表示敲击铜鼓鼓面，X表示敲击铜鼓鼓腰或木鼓。

② 在谱例8、12中，0表示敲击或压击铜鼓鼓面，X表示敲击铜鼓鼓腰。“嘟”是鼓槌敲击铜鼓鼓面的拟声词，“夺”是鼓槌压击铜鼓鼓面的拟声词，“记”是鼓鞭敲击铜鼓鼓腰的拟声词。

```
0 0 X X 0 X 0 X | X 0 X X 0 X 0 X | X 0 X 0 0 X 0 X |
嘟夺 记记 夺记 嘟记 | 记夺 记记 夺记 嘟记 | 记夺 记嘟 夺记 嘟记

0 0 X X 0 X 0 X |: X 0 X X 0 X 0 X :| 0 0 X X 0 X 0 X |
嘟夺 记记 夺记 嘟记 | 记夺 记记 夺记 嘟记 | 嘟夺 记记 夺记 嘟记

0 0 X X 0 X 0 X | 0 0 X 0 0 X 0 X | X 0 X 0 0 X 0 X |
嘟夺 记记 夺记 嘟记 | 嘟夺 记嘟 夺记 嘟记 | 记夺 记嘟 夺记 嘟记

0 0 X X 0 X 0 X | X 0 X 0 0 X 0 X | X 0 X 0 0 X 0 X |
嘟夺 记记 夺记 嘟记 | 记夺 记嘟 夺记 嘟记 | 记夺 记嘟 夺记 嘟记

                   （重复3次）
0 0 X X 0 X 0 X |: X 0 X X 0 X 0 X :| X X 0 |
嘟夺 记记 夺记 嘟记 | 记夺 记记 夺记 嘟记 | 记记 夺

（重复3次）              （重复4次）              （重复4次）
|: X X 0 X X X 0 :|: X X 0 X X X 0 :|: X X 0 X | 0 X 0 :|
记记 夺记 记记夺 | 记记 嘟记 记记 夺 | 记记 嘟记 | 嘟记 夺

X X 0 0 0 | X X 0 0 0 | 0 0 0 0 0 0 0 0 0 | 0 | 0 | 0 |
记记 嘟嘟 夺 | 记记 嘟嘟 夺 | 嘟嘟 夺 嘟嘟 夺 嘟嘟 夺 | 嘟 | 嘟 | 嘟

X X 0 X X X 0 | X X 0 X | X X 0 X | X X 0 X | X X 0 X | X X 0 X |
记记 夺记 记记 夺 | 记记 夺记 | 记记 夺记 | 记记 夺记 | 记记 夺记 | 记记 夺记

（重复4次）                 （重复5次）
|: X X 0 X X X 0 X :|: X X 0 X | 0 X 0 :|
记 记 嘟 记 记 记 夺 记 | 记 记 嘟 记 | 嘟 记 夺

（重复4次）           （重复3次）
|: X X 0 0 0 0 :|: 0 0 0 0 0 :| 0 | 0 | 0 ||
记 记 嘟 嘟嘟 夺 | 夺 嘟 嘟嘟 夺 | 嘟 | 嘟 | 嘟
```

### ③“傲宽辣”①、“毫佃万贤”②、“读宗枝部”③

这几个仪式环节中间或有铜鼓和木鼓配合敲击谱例8。“埃奇超”到堂屋左侧房间给蒙氏家族未入族谱的晚辈们上族谱，家族中的人员以及来寨子里的村民里三层外三层地围观。这个仪式结束后，会有人用铜鼓和木鼓多次演奏谱例8。

### ④放牛、“答好天”④

“埃奇超”带领丧家及帮忙人员去牛圈请牛。牛圈前方竹盘摆着七个酒碗、七双筷子和两碗糯米饭，竹盘旁摆着一根绳子、一个木斗，木斗中插着三炷香。女性亲属在牛圈旁边围成一圈掩面唱请牛歌⑤。这两个仪式环节中没有铜鼓和木鼓的演奏。

① “傲宽辣”，水语，指在为亡人准备的小竹筐里放的鱼（放多少条鱼由仪式主持人按照月份来决定）、糯米、酒等。

② “毫佃万贤”，水语，指钉拴牛（原来用水牛，现在用黄牛）木桩时“埃奇超”轻声念的内容。

③ “读宗枝部”，水语，意思是读族谱。

④ “答好天”，水语，指“埃奇超”牵牛出牛圈选的时辰。

⑤ 请牛歌的歌词大意：经过精挑细选，才选到了这么一头壮实的牲口送给亡人，希望亡人日后保佑喂养的牲口健康成长，为家里带来财运。如果牛是买来的，歌词内容包括告诉亡人买牛的过程；如果是丧家喂养的牛，就赞扬家里面条件好，家人勤劳，所以饲养出好牛来给亡人。

图二一八　在牛圈前摆上祭品请牛（赵凌　摄）

### ⑤绕控

丧家晚辈弯腰用手将很长一块白布举过头顶，形成一条长龙走向“堂控”[①]所在地，孝女孝媳半撑雨伞[②]躬身随其后，孝女们手中拿稻穗，从堂屋出发到拴牛的“堂控”沿顺时针方向绕三圈，同时把手里的稻穗扔给牲口吃，并留一部分稻穗带回家，表示希望老人给家里留些财物。这个时段，放鞭炮，用芦笙、芒筒、木鼓、铜鼓演奏谱例 8。

### ⑥割牛耳朵[③]、“砍替”

这时的铜鼓、木鼓被请至“堂控”所在地，“埃奇超”身背砍牛刀，在牛的面前轻声念诵吉利话，内容大意是祈求死去的老人保佑他的子孙后代生活富裕、安宁，身体健康，出入平安等。此时有帮忙人员用小刀割去牛的耳朵后开始“砍利”[④]。三声铁炮后，砍牛仪式开始，两名男性手持长刀，一人拔掉木桩上的竹竿，卸掉马背上的行囊。这时用铜鼓、木鼓演奏谱例 8。在激昂的铜鼓声、木鼓声中，两人在牛旁周旋几周后便挥刀向牛脖子砍去。砍牛者只能砍牛的脖子，不能砍其他地方，否则认为是对亡者及其家人的不尊重，对他们自身也不吉利。将牛砍完后，人们把牛肉拿去整理干净，制作成菜肴，用来招待从不同地方前来参加这个仪式的亲戚和朋友，这是宴客的主要食物。把牛抬走后把木桩推倒，在推倒木桩时不能对着人和家屋（据说，被对着的人和家屋会遭受灾难）。演奏铜鼓、木鼓的人员和吹唢呐的乐队成员就在“堂控”所在场地搭锅吃午饭。

① “堂控”，水语，指丧家钉拴牛、马、猪的木桩所在的仪式空间。

② 孝女孝媳撑着伞是因为在盘古开天辟地时就有规定：女人不可以见天。不把伞撑开，表达失去亲人的悲痛。

③ 割牛耳朵的仪式具有特定的象征意义，割牛左耳表示牛是献给亡者的，割牛右耳表示牛是献给野鬼的。

④ “砍利”包括砍牛、敲马，有的人家还杀猪。砍牛的过程除了带有神灵崇拜的色彩外，还带有娱乐的色彩。他们认为，只有和神灵、祖先一起娱乐，才能得到他们的保佑。

图二一九 “开控”场上的牛、马、猪（赵凌 摄）

### ⑦上坟

丧家陆续将铁炮、鞭炮、香纸、鸡、鸭、猪肉等用于祭祀的东西抬至墓地，做好上坟仪式的准备工作。丧家和外家所请乐队人员全部手持乐器到达墓地准备演奏。需要注意的是，这个仪式活动中没有铜鼓和木鼓的演奏。

### ⑧“砍碗”、纳物件、散场

“埃奇超”将堂屋门内角落里的碗用刀砍破，亡人儿子将准备好的衣服、被子、锄头、刀具等物件整理妥当。铜鼓和木鼓敲击均匀的节奏，如谱例 9。

**谱例 9**

| | | | | | | | | | | | | | | | | | | | | | | | | | | | | | | | |
|---|---|---|---|---|---|---|---|---|---|---|---|---|---|---|---|---|---|---|---|---|---|---|---|---|---|---|---|---|---|---|---|
| 木鼓： | X | X | XXXX | X | \| | X | X | XXXX | X | \| | X | X | XXXX | X | \| | X | X | XXXX | X | \| | | | | | | | | | |
| 铜鼓： | 0 | 0 | 0 | X | \| | 0 | 0 | 0 | X | \| | 0 | 0 | 0 | X | \| | 0 | 0 | 0 | X | \| | | | | | | | | | |

最后放三声铁炮，表示仪式结束。乐队成员将铜鼓的鼓棒和木槌用力地扔在地上，并说：“以后都不办丧事了，我们不愿意办丧事（以表达对亲人离去的悲痛）。”至此，丧葬仪式活动中的音声行为全部结束。

水族人对于“开控”仪式有一句俗语：“仪式中有铜鼓就必须砍牛才可以‘开控’，砍牛就一定会有铜鼓。”由此可见铜鼓、木鼓在丧葬仪式中的独特地位与作用。归兰水族乡“开控”仪式中的铜鼓是一定要与木鼓配合敲击的。“开控”仪式以敲击木鼓开始，水族人认为木鼓声可通知祖先来享用祭品。木鼓敲击者双手持木棍匀速敲击鼓面，形成“××××”的固定节奏。木鼓发出“咚——”的声音，象征公鸡开始报晓，祖先前来享用东西。木鼓的敲击需要持续 12 次，代表祖先经历了 12 次坎坷的迁徙，最终定居阳和。

“砍告”仪式中，木鼓被搬至堂屋右侧房间，放置在铜鼓左侧。铜鼓和木鼓第一次配合演奏，木鼓敲击鼓面，铜鼓交替敲击鼓面和鼓边，形成“×× ××”的固定节奏。

“砍碗”仪式时间段的铜鼓、木鼓演奏，木鼓节奏为“×× ×××× ×”，铜鼓在最后一拍和木鼓同步敲击鼓面。反复数次后接“砍告”时段的铜鼓、木鼓节奏。

关于“开控”仪式中的木鼓和铜鼓演奏形成的节奏曲调所蕴含的象征和隐喻，韦佩君说：

> 曲调开始时敲击铜鼓鼓面发出“嘟——”的声音，紧接着节奏音调“嘟夺记嘟夺记嘟”象征祖先行走在迁徙途中，迁徙途中会遇到大小部落的阻挠而产生冲突；随后的节奏音调“嘟夺记记夺记嘟、嘟夺记嘟夺记嘟、夺记嘟夺记嘟”象征祖先和其他部落的战争；节奏音调“记记夺记记夺记嘟”象征战争结束后继续迁徙；然后又接“嘟夺记记夺记嘟、嘟夺记嘟夺记嘟、夺记嘟夺记嘟”的节奏音调，象征又一次战争。为了避免节奏单调，木鼓重击 3 次，预示节奏曲调的变换，连续重复 5—6 次“记记夺”后接 3 次“记记嘟”，最后接“记记夺记记夺、夺记嘟夺记嘟、夺嘟、夺记嘟夺记嘟、夺嘟”结束，象征迁徙后定居此地，安居乐业。

可以说，都匀市水族人民对铜鼓有着特殊情感，铜鼓的使用有时间、场合的规定，敲击铜鼓发出声音被认为是可以与祖先魂灵沟通的有效手段。丧葬仪式中铜鼓、木鼓演奏规则背后的地方性知识证实了丧葬仪式中铜鼓、木鼓音声的深层文化内涵。

## （二）水族铜鼓音乐文化比较

通过对不同地区水族铜鼓的介绍，可知三都水族自治县和都匀市归兰水族乡的铜鼓在演奏习俗、演奏形式等方面存在差异。同一民族不同地区的群体对于同一民俗事象为何形成了如此大的差异，值得做进一步的探究。在此，主要通过两地铜鼓相关材料的比较做一些粗浅的尝试。

### 1. 三都水族自治县、都匀市水族铜鼓的使用场合和演奏形式

使用场合：三都水族自治县水族铜鼓主要在端节、卯节、敬霞节期间使用，拥有铜鼓的个体家庭在立新房、贺寿等场合也有使用铜鼓的情况。都匀市水族铜鼓在“开控”仪式和端节使用。

演奏形式：三都水族自治县水族铜鼓的演奏形式是铜鼓、木鼓各一面，外加一个木桶抽音配合演奏。演奏中需要三人配合：一人击木鼓（木鼓置于定制木架上）；两人配合击铜鼓，铜鼓悬于堂屋横梁上，击鼓者俯身脸朝鼓面，将吊绳别于左腋后，左手持竹条打击鼓腰做伴奏，右手持鼓槌打击鼓面的太阳纹，另一人持平口木桶随着鼓点节奏如泼水般向鼓腹来回抽动，通过控制气流的大小来调节共鸣声。也有一部分地区的铜鼓演奏不使用木鼓配合，不使用木鼓的原因有两个：一是木鼓年久失修，坏掉了；二是没有会演奏木鼓的师傅，久而久之便不再使用木鼓。都匀市水族铜鼓演奏需要两面铜鼓（公铜鼓、母铜鼓各

图二二〇　三都水族女子敲奏铜鼓欢度敬霞节（赵凌　摄）

一面）、一面木鼓。两面铜鼓分别悬于堂屋横梁或木架上，击鼓者俯身脸朝鼓面，左手从外侧绕过吊绳持竹条打击鼓腰做伴奏，右手持鼓槌打击鼓面的太阳纹。木鼓置于定制木架上。演奏中，母铜鼓和木鼓要互相配合，公铜鼓要跟随母铜鼓的节奏。

两地水族铜鼓使用的相同之处为：有木鼓的配合，铜鼓要离地悬于横梁或木架上。三都水族自治县水族人在铜鼓演奏时用木鼓配合可能是基于音响方面的考虑。铜鼓击鼓面时，木鼓以击鼓面为主；铜鼓击鼓腰时，木鼓以击打鼓边为主。这种配合方式能够保持音色方面的相对统一。另外，中和镇马联村、拉佑村和九阡镇等地的水族人强调长时间击打铜鼓的鼓腰以突出木鼓的节奏，形成演奏过程中音色的转换，形成听觉上的期待，这些因素均在某种程度上表明，三都水族自治县水族人在演奏铜鼓时有意识地去考虑实际的音响效果。都匀市水族人在演奏铜鼓时使用木鼓进行配合可能更多的是基于仪式的需要。木鼓有一种引导的作用，这种引导作用体现在统一铜鼓节奏和表达沟通阴阳的象征意义方面。关于铜鼓离地悬置的解释可以从两地有关铜鼓的民间传说中寻找到蛛丝马迹。三都水族自治县水族关于铜鼓的民间传说有《铜鼓的由来》《斗犀》《端节降龙》《虎鼓伏虎》《铜鼓情》五个。都匀市水族关于铜鼓的民间传说有《铜鼓战孽龙》《铜鼓节的来历》两个。这些故事表达了水族人民对铜鼓的珍爱，以及铜鼓具有灵气与神性。从中可以梳理出水族的铜鼓需要特别保管，铜鼓暴露在外或接触地面可能导致铜鼓离开等信息。

两地水族使用铜鼓的不同之处主要体现在：使用场合不同、铜鼓的数量不同、演奏者左手与吊绳的位置关系不同，以及是否使用抽音木桶。

缅怀祖先、聚众沟通、传承民族知识、娱神娱人的凭借物，也是对外彰显民族文化底蕴的标志物。

## （五）小结

传统文化总量是累积而成的，不同个体（具备影响力和创造性）的再创造使累积的传统文化得到流传，成为经典。水族铜鼓音乐及文化是水族文化的一个组成部分，铜鼓及音乐文化逐渐成为水族文化的一种标志性文化。铜鼓体现出来的民族文化与民族性格是水族民族文化现代化建设中应该予以关注的领域。水族铜鼓音乐文化可以成为水族人民塑造民族精神、民族个性的一种文化动力。一个民族的民间音乐必定反映了这种民族文化的内在特点、感情生活的基本方面——它是非常自我（内在）的。[①] 水族人民以铜鼓为中心建构了一个意识形态高度统一的社群单位，铜鼓及铜鼓音乐的重要主题是不断强化村落的一体性。铜鼓对于水族人家族血缘关系的维系，对于“村”这种农村基本结构的维系有明显的纽带作用。演奏铜鼓本身就是一种仪式行为，水族人民希望通过这种仪式行为获得福佑家内成员的力量。同时，这种演奏铜鼓的行为也承载着促进个体社会化的功能。

① 上海音乐学院音乐研究所、安徽省文学艺术研究所：《音乐与民族》（内部资料），1984，第 37 页。

# 二、红水河流域水族铜鼓音乐

## ——以贵州都匀市归兰水族乡为例

## （一）归兰水族乡生态文化概述

铜鼓不仅是一件乐器，也是水族人用来祭祀、舞蹈的重要器物，还是象征水族社会财富和权势的符号。《宋史》载：“抚水州……其族铸铜为大鼓，初成，悬庭中，置酒以召同类，争以金银为大钗叩鼓，去则以钗遗主人。相攻击，鸣鼓以集众，号有鼓者为‘都老’，众推服之。”可见，铜鼓在水族人心中的地位与分量极高。随着时代变迁，铜鼓虽历经沧桑，却保存至今。这离不开都匀丰饶的土地和朴实的水族人民。

### 1. 自然地理生态

归兰水族乡隶属于都匀市。都匀市作为黔南布依族苗族自治州首府，是贵州省南部的政治、经济、文化中心，黔中经济区五大主要城市中心之一，也是西南地区出海的重要交通枢纽。该市坐落于“九溪归一”的剑江河畔，素有“高原桥城”的美誉，并于2012年荣获“全球绿色城市”称号。

归兰水族乡独特的地理环境造就了其独特的山水风光。在这个依山傍水的地方，水族多以姓或族聚居，其语言文字、宗教信仰和民俗节日都较统一。过去，水族人民以农业生产为生活来源，农闲时节便打猎捕鱼，少数从事手工业，以种植水稻为主。[①]

### 2. 语言文字

水族自有的文字极为古老，水语称为“泐虽”，汉译为“水书”。水书也是水族古老的文化典籍的总称，保存和记载了大量的水族天文、历法、气象和宗教资料[②]，因而对于研究水族的语言文字、社会历史、哲学思想、天文历法气象、文学艺术、宗教信仰方面具有重

① 都匀市人民政府：《贵州省都匀市地名志》（内部资料），1987，第135页。

② 杨慧、陈志明、张展鸿主编《旅游、人类学与中国社会》，云南大学出版社，2001，第268页。

图二二五　水族村寨里的铜鼓雕塑和水书宣传墙（蒋英　摄）

大价值。[①] 在都匀历史上，水族社会的衣、食、住、行均受水书影响。居住地为先人选定的地址，后人随机聚族而居。现在的水族村寨往往是人同姓、谱同宗、血同源。

归兰水族的主要语言为水语。水语内部差异小，可互相通话，大致分为 3 个土语区，其中三洞土语（第一土语）较有代表性。水族虽为迁徙民族，但是分布较为平均，各地差异较小，除姓氏不同之外，各地水族人民都具有相同的信仰、生产生活方式、服饰和文化内涵。

## 3. 服饰文化

钟敬文认为，物质生活民俗的每一个方面，几乎都是该民族传统观念的外化，它不仅造成民族成员之间的共识性，产生彼此身份的认同感，而且还可以强化其宗教信仰、伦理观念和政治观念，增强其内聚倾向。[②] 服饰是物质生活民俗的一种极为重要的表现形式，是民族文化的表征。在水族，服饰充分体现水族人生产生活方式、信仰崇拜、民俗风情和美学文化，在水族的一些特定时节，服饰更是具有特殊的意义，故而服饰在水族人的生活当中有着格外重要的地位，是水族重要的文化标志。水族女子崇尚美丽和谐，因而服饰别具一番特色。远在唐代之前，水族人即以布为衣。清代时，纺纱织布已成为水族妇女必不可少的技能。水族多以族群聚居，不同族群妇女的服饰不同。归兰水族未婚姑娘平常喜用浅蓝色、绿色或灰色的布做有领便服长衫。随着时尚逐渐进入水族地区，姑娘们沿用传统的蓝色、绿色的绸缎作为上衣的面料，衣身衣袖却比过去收缩，

① 邱晓敏：《水族文化的开发与保护初探——以贵州三都为例》，《群文天地》2012 年第 5 期。

② 钟敬文主编《民俗学概论》，上海文艺出版社，1998，第 73 页。

较为贴身，意在凸显水族女性的曼妙曲线；下装为靛青色长裤，衣裤的边缘不做任何装饰，简洁大方；胸佩绣花长围腰，围腰上端至颈部挂着银链，围腰中部两侧系着提花飘带；脚穿尖钩绣花鞋或元宝盖绣花鞋；头包白色长帕，并在左额头发上斜插一把长梳作为头饰，显得淡雅素洁。[①] 已婚妇女的头饰与未婚姑娘并无差异，但为显示其已有配偶，其衣裤有明显区别，且不佩戴围腰而改系长方形腰巾，显得端庄典雅。这类服饰分布面广，一般被公认为现代水族妇女的服饰代表。重要节日里，水族姑娘们还会戴银项圈、压领和针线筒等饰品。

## 4. 民俗文化

水族的节日主要以宗族血缘关系划分，各地的节日不尽相同。祭祀祖先、赛马、青年男女社交娱乐是节日的主要活动。除了春节外，水族地区一年中重要的节日就属端节和卯节了。

### （1）端节

端节又名“瓜节”，水语称“借端”，意为过年。水族有自己的历法，与公历法不同，每年 12 个月，以农历八月为其岁末十二月，以农历九月为其岁首正月。端节也因此而独具特色。分次过节既是端节的主要特征，也是传统习惯。从水历十二月即农历八月的第一个亥日开始为首端，至水历新年二月即农历十月亥日为末端，前后时间共 49 天，分 7 次过完。先人在水族人心目中具有极为重要的位置。为祭奠先人，水族人特以水历除夕和水历正月初一为祭祖时日，席上需忌荤，但不忌鱼虾，传统祭品以清蒸鱼包韭菜、清炖鱼和

图二二六　贵州水族端节赛马（温远涛　摄）

① 杨慧、陈志明、张展鸿主编《旅游、人类学与中国社会》，云南大学出版社，2001，第 270 页。

炕鱼为主。设祭之时，要将铜鼓、糯米粑、衣服首饰、农具作为陈列品，意为托祖先福气过上了好日子。水历除夕夜，有铜鼓的人家需将铜鼓洒上米酒，悬挂于堂屋之中彻夜敲击。①

跑马是端节一项极为重要的活动。大年初一的早上，家族之间挨家挨户吃新年饭，随后身着新衣盛装到端坡参加跑马活动。跑马前，需在马道口设宴席祭祖，由德高望重的长者主祭，以谢先祖的福佑，祈求先祖继续庇荫。马道中插有竹标，由族中长者主祭并拔去竹标，骑马开道引跑，然后少则几十匹，多则一百多匹赛马奔驰，由此一决胜负，场景甚是壮观。优胜者可获得一块红布系在马首之上，以表荣耀。赛马结束后，水族人回到家中拿出好酒好菜招待宾客，客人从上家被邀请到下家，几乎吃遍全寨，这不仅反映出水族人热情好客的淳朴民风，还彰显出水族开放、包容的民族精神。

端节是水族人民辞旧迎新、庆贺丰收、祭祀祖先的重要节日，也是历时最长的节日，节日期间的端坡上人山人海，热闹至极。

### （2）卯节

卯节，水语称“借卯”，是水族的传统节日，在每年农历五六月间，即水历九十月间，节期为 4 天。卯日仍以水书和水历为依据，水书中把水历十月喻为“绿色生命最旺盛的节日”，天干地支的“辛卯”被喻为“最顺利的时日”，是过节的上吉日。凡过卯节的村寨，人们会敲铜鼓、皮鼓，歌声阵阵，入夜不止。卯节和端节一样，都有祭祖活动。另外，卯节与端节在服装和语言上稍有区别，过卯节的人群依稀保留着来自古代社会的血缘纽带。同时，卯节还是水族青年男女寻情觅爱之日。节日期间，水族青年男女打着花伞，于丛林之中，或三五成群，或两两成对，以歌示爱、以歌传情，寻找自己的意中人。

由于端节和卯节都是过年，故过端节的地区不过卯节，过卯节的地区不过端节。

图二二七　三都水族自治县水族卯节的捉鸭活动（蒋英 摄）

## （二）归兰水族乡铜鼓概况

水族世代居住的贵州黔南地区，是一个被誉为“像凤凰羽毛一样美丽的地方”。在这

① 卓仲阳、韩林、杨正文：《民间文化立法保护的理念与实践——从西南三省民族地区民间文化变迁谈起》，民族出版社，2009，第 74 页。

个地区的中心城市都匀市，勤劳的水族人民创造了丰富的传统音乐文化，代代传承，铜鼓音乐即为其中之一。铜鼓不仅承载着水族人民千百年的传统音乐文化，更因蕴含着古老的民族精神而被水族人民视为神器、圣器、贵器等，在水族人心目中具有崇高的地位。

## 1. 铜鼓源流

关于铜鼓的研究，不论是历代官家典籍记载、文人墨客的描述，还是现代专家学者的论文与著作，皆以铜鼓民族文化为主。自唐代以来，文献资料中即有大量关于铜鼓出土的记载。宋人范成大在《桂海虞衡志》“铜鼓”条载：“铜鼓，古蛮人所用，南边土中时有掘得者，相传为马伏波所遗。”①《大明一统志》载：“铜鼓，宋嘉泰初，信宜县民得之地中。”②这反映了铜鼓历史悠久。铜鼓独特的造型、独具韵味的鼓音，以及对于少数民族的象征性意义，早在100多年前，就已引起西方学者的关注。铜鼓的来源颇具争议。20世纪50年代以来，许多学者根据不断发现的新考古材料，趋向于认为云南中部偏西的楚雄、祥云、弥渡、昌宁一带为铜鼓起源地。③

铜鼓流传于我国南方地区，富有浓郁的民族传统特色，至今已有2000多年历史。不论是苗族、水族、布依族还是瑶族，都将其视为圣器，这表明铜鼓蕴含了极为厚重的宗教色彩——一种宗教仪式中以音乐方式宣示心灵寄托的意义。

一直以来，有关铜鼓的源流有多种不同的说法，说明铜鼓流传甚广。而关于铜鼓源于何物，则又有各种说法，如源于皮鼓、木鼓、錞于、木臼等。从历史发展来看，许多古乐器是从生产生活工具演变而来的，据此多数专家认为铜鼓是由古代炊具铜釜演变而来的。经过漫长岁月的洗礼，铜鼓依然为水族人民日常生活中的一部分，是水族民俗的重要组成部分。

鼓是我国一种极为古老的乐器，在中华文化发展中占有重要的一席，在远古时期即被尊奉为通天的神器，其中铜鼓为中华青铜文化精华的重要组成部分，至今依然是我国少数民族重要的民族文化象征之一，素有“中原地区以鼎为尊，南方以铜鼓为贵”之说。其中，归兰水族乡从古至今均以敲击铜鼓为荣为乐，每遇重大民族节日（如端节）或重要场合（如丧葬、祭祖），都离不开敲铜鼓，而与水族铜鼓相关的传说更是在族群中代代相传。

关于水族铜鼓，当地的水族居民大多能说上一二。对此，笔者做了进一步的实地调查，第一个调查对象为水族铜鼓师韦佩君④。韦佩君告诉笔者：“老一辈跟我们说，刚刚来这里的时候只有两面铜鼓，后来几乎每个寨子都有一组（水族注重阴阳结合，一组即指一公一母）铜鼓。在很早以前水族进行大迁移时，需要提前一个时辰出发，但当时没有计时的钟表。为解决计时问题，祖先想了一个办法，即将铜鼓挂于枕头边，再将一把糯稻穗放在鼓面。到了早晨，公鸡看到糯稻穗便去啄食，铜鼓就发出‘咚咚’的鼓声。这种利用公鸡啄米击铜鼓报晓的方式被称为‘公鸡报晓’。然而，迁移的路上并不是一帆风顺的，祖先既要与大自然做斗争，比如山洪滑坡、猛兽偷袭等，又要和敌人做斗争。每经过一个地方落脚时，各个部落会相互排挤，所以也会出现搏斗。铜鼓在这个时候就主要用作战争时鼓舞士气的器具。直到祖先在这里找到了安家落脚之处，铜鼓亦被带到这里。”韦佩君

① 范成大：《桂海虞衡志校注》，严沛校注，广西人民出版社，1986，第41页。

② 李贤等：《大明一统志》，明天顺五年（1461年）内府刻本。

③ 李昆声、黄德荣：《中国与东南亚的古代铜鼓》，云南美术出版社，2008。

④ 韦佩君：铜鼓文化传承人，水书文化研究者，1938年生。

的叙述表明，铜鼓是随着水族族群的发展而发展的，因水族族群的生存需要而由原来的一个族群有一组铜鼓发展到每个寨子都拥有一组铜鼓。另一个铜鼓文化传承人蒙君昌①告诉笔者："很久以前，族中只用一组铜鼓。随着生活环境与生活条件的改善，乡里人为了办喜事和丧葬，又凑钱在外面买了一组铜鼓。后来随着生活条件越来越好，铜鼓慢慢就多起来了。"从韦佩君和蒙君昌两个师傅的叙述中可以发现，铜鼓的历史源远流长，且铜鼓具有一定的实用功能和审美功能。早期铜鼓被用作一种生活工具，继而被用作征途战斗中鼓舞士气、指挥作战的器具。除此之外，铜鼓并没有完全丧失炊具的作用，没有成为一件独立的乐器。发展至今，铜鼓依然是水族人祭祀和过节的重要器具之一。其形制一般为鼓面直径约 50 厘米，高约 30 厘米，最大的为广西北流出土的一面铜鼓，高 67.5 厘米，面径 166 厘米，重 300 公斤。

图二二八　广西北流市出土的"铜鼓王"(现收藏在广西民族博物馆)(王梦祥　摄)

## 2. 铜鼓文化

### (1) 铜鼓的公母之分

铜鼓一直被视为圣器，各民族对其极具崇尚之情。在归兰水族乡，铜鼓被分为公铜鼓和母铜鼓。最早将铜鼓进行公母之分的为明代著名学者邝露，他在《赤雅》一书中指出：

① 蒙君昌：铜鼓文化传承人、水书文化研究者，1936 年生。

"伏波铜鼓……东粤二鼓，高广倍之，雌雄互应。夷俗赛神宴客，时时击之。"① 铜鼓的公母之分，在很大程度上表现了水族人民自古以来的阴阳观——铜鼓作为水族圣器，其阴阳观也就自然地反映到了铜鼓文化上。

铜鼓的功能随着族群社会的发展而不断变化，由单一化逐渐演变为多样化，从最初用于炊煮的铜釜演化成各种宗教仪式的神器，成为权力和财富的象征，以及人们生活中追求美的音乐之器。铜鼓这些功能性进化一是蕴含着人们祈福的愿望，二是蕴含着阴阳哲理等中国传统文化的内涵。在生产力极为落后的古代社会，先民们面对自然灾害对生存构成的巨大压力，一方面祈求上灵的福佑，另一方面崇尚力量，而男人即为力量的代表之一，于是就将大而重的铜鼓视为公鼓。在把铜鼓视作神器的民族中，民众认为万物皆是有灵性的，铜鼓是有灵之物，于是成为神器。然而作为炊具的铜釜自然不能与神器同用，于是就有了小的铜鼓。而男人们战斗胜利，女人们载歌载舞欢迎庆祝，理应敲击神器感谢上灵，但敲击大铜鼓需要很大的力量，非女人所能，于是就有了小一些的铜鼓为女人歌舞之用，即男人击大鼓以舞之，女人击小鼓以和之。从一般的认知观看，神与人也应一样，神也应分男女，于是铜鼓也就有了代表男性与女性的阴阳之分。这种阴阳观，实际上也是一种对称思维，是我国传统哲学的基本特征。②

随着社会的进步，人们逐渐能够把握住自己族人的基本命运，于是铜鼓打击乐器的属性也就得以逐渐显现，水族人对音乐美与人的属性的理解、诠释亦隐喻于公母之中。公鼓个头大而较重，声音高亢；母鼓个头小而较轻，声音低沉。在演奏音乐或舞蹈伴奏中，铜鼓须由一男一女来配对敲打，其中一面可奏出清脆有力的声音，另一面可奏出低沉洪亮的声音，形成了两种声音的叠置和对置关系。鼓点共分为十一种，既有激进的战斗进行曲式，又有喜气洋洋的欢快曲式。不同的场景与时节敲打的节奏各异：轻快、热烈的节奏用以庆丰收和欢迎远道而来的客人；驱鬼避邪需要展现力量与意志，鼓点急促、刚猛；婚恋寓意长长久久，鼓点舒缓绵长；人去世被认为修世升天，鼓点平稳，前后基本保持一致。其中公母鼓的意义发挥得淋漓尽致，无不显示出水族人凝重的仪式感和对音乐的纯粹美的理解。

此外，铜鼓不同于木鼓，木鼓敲击的力度不同、敲击的部位不同，以及使用的鼓槌不同，都会使敲出的声音不同。铜鼓为铸造品，尺寸大小一致，厚薄一致，同鼓同声。在实际演奏中，可采用不同大小的铜鼓相互搭配，增加抑扬顿挫之声，从而彰显出演奏时的节奏感，使得男女合奏更具风采与观赏性，更显出公母鼓的妙处。

从外观上看，鼓面上的太阳纹光芒细长而较为平整，且外晕处有烧铸痕的为公鼓；鼓面的太阳纹短粗且凸起，外晕处没有烧铸痕的为母鼓。从音响效果上来说，音色明亮的为公鼓，音色浑厚的则为母鼓。

在归兰水族人民看来，铜鼓是有灵之物，蒙跃德③ 师傅告诉笔者："铜鼓是水族的宝贝，一般是过节、祭祖时使用，平时要用白纸盖好，用碗压住，不让人随便触碰。逢年过节时，要将铜鼓请出来，此过程中，要将铜鼓口遮好，不能漏风，意为这是圣器，不能和其他东西接触，一般用布帕包好请出来。敲鼓之前，要用酒喷洒公鼓的鼓面，而母鼓只能喷在鼓边上，不能喷在鼓面上。"水族人亦认为，上灵造人既分男女，铜鼓自然也有公母之别。敲击时，母鼓在右，公鼓在左，母鼓主节奏，公鼓变花点，公母铜鼓相互配合，尽显水族人的人伦之道。

---

① 邝露：《赤雅考释》，蓝鸿恩考释，广西民族出版社，1995，第154页。

② 华伟、黄丝丝：《"阴"与"阳"的融合——广西东兰地区麻江型雌雄铜鼓音响和谐度探究》，《音乐时空》2015年第24期。

③ 蒙跃德：铜鼓文化传承人，1972年生。

## （2）铜鼓的功能运用

《通典》《文献通考》《太平御览》等古籍都把铜鼓归入“乐部”，认为它是一种乐器。[①]《唐六典·武库令》认为，铜鼓是“军鼓”之一。[②]水族更是把铜鼓当重器、宝器、神器崇拜，世代传承，备受水族人崇敬。铜鼓集冶炼、铸造、雕塑、绘画、音乐、舞蹈于一身，融政治、经济、文化于一体。[③]其功能也并非单一，既是各族人民的乐器，也是礼器、法器。其功能主要有祭祀、伴奏等，也用于传信报时、婚丧等活动。

一是用于战斗。一开始铜鼓是由炊具演变而来的，随后被用于战斗中。蒙跃德师傅告诉笔者：“铜鼓在之前用于战场上，除鼓舞士气外，还用来传递信息，因为铜鼓的声音比较低沉，所以敲击之后的回声传递得比较远。听老一辈人讲，以前在战场上，要是铜鼓遭到损坏或者丢失了，大家都会难过一段时间，因为在我们这里，铜鼓的地位很高，是有‘圣器’之称的。”

二是用于祭祀。水族人认为铜鼓是神器，具有通灵的作用，若要向上天祈福或镇邪就需敲击铜鼓。水族人认为铜鼓既能与神交流，也可与死去的先人沟通，所以铜鼓也用于祭祖。端节和卯节是水族人民祭祖的时节，但凡祭祖，除敲击木鼓之外，敲击铜鼓是不可少的。

三是祈求上灵福佑。水族人敲击铜鼓以祈求一年风调雨顺，有个好收成。

四是显示尊贵与权势。铜鼓既为礼器，则不单用于敲击。很多时候，铜鼓也用于陈设，以其体形之大、花纹之精，显示主人的权势和财富。韦佩君师傅对笔者说：“在很久以前，我们刚来到这个地方的时候，基本上就只剩下一对铜鼓了，这种情况下，都是由几家轮流保管。保管铜鼓的人都是比较有权势的，而且比较富裕。因为过年过节的时候，全寨子的人都要去有铜鼓的那家过节。主人家要招待大家，所以花费是比较大的，要有一定的经济基础才行。”

五是用于伴奏。铜鼓主要作为乐器使用。每逢过端节、卯节时，村民们便将铜鼓请出来，既为祭祖，又为娱乐。而在水族传统中，并没有铜鼓传男不传女的说法，所以在民族活动和节日中常能看到女性敲击铜鼓的身影。随着国家对非物质文化遗产更加重视并加强保护，铜鼓文化在政府的大力推动下，走进当地文化馆和博物馆，使水族铜鼓逐渐得到传承和发展。

在归兰水族乡，铜鼓主要作为祭祀、祈福与重大庆典的礼器来用，多被归兰水族民众视为圣洁之物，每次使用，均需以一定仪式请出。随着社会现代化程度越来越高，以及多元文化融合程度越来越深，如今铜鼓在保留原有礼器功能的同时，其音乐文化功能亦成为普遍使用的功能之一，被广泛运用于文娱活动之中，而且其作为音乐器具的使用也不再需要烦琐的仪式。

## （3）铜鼓的铸造工艺及纹饰特征

### ①铜鼓的铸造工艺

清代学者屈大均在《广东新语》中说：“凡为铜鼓，以红铜为上，黄铜次之。其声在脐，

① 中国古代铜鼓研究会：《中国古代铜鼓》，文物出版社，1988，第138页。
② 中国古代铜鼓研究会：《中国古代铜鼓》，文物出版社，1988，第138页。
③ 杨毅：《身份认同与布依族铜鼓文化研究》，《兴义民族师范学院学报》2013年第1期。

雌雄之脐亦无别，但先炼者为雄，后炼则为雌耳。然诸工不善取音，每铜鼓成，必置酒延铜鼓师。师至，微以药物淬脐及鼓四旁，稍挥冷锤攻之，用力松轻，不过十余锤，而雄声宏而亮，雌声清以长，一呼一应，和谐有情，余音含风，若龙吟而啸凤也。”[①]“红铜为上，黄铜次之”，表明铜鼓铸造的最优材料为红铜，其次为黄铜。早期古代铜鼓是由炊具铜釜演变而来的，现今，铜鼓的主要功能为演奏，所以材质和鼓面亦发生了变化。蒙君昌师傅告诉笔者：“现在铜鼓的面比以前的大，这样制作出来才方便敲击，而且比以前做得好看许多。”蒙跃德师傅介绍：“制作铜鼓优先考虑的是声音。红铜是最好的，但是造价太高了；黄铜的造价也高，但是比红铜低一些，声音传得也比较远；以前有的也用铝和白铜，但是声音就传不了多远，给人的感觉不怎么洪亮。所以现在基本上都是用黄铜来做。”随着冶炼技术的发展，铜鼓也并非需以纯铜制造，合金也是铜鼓制造的材料之一。现代铸造铜鼓的合金成分主要是铜、锡、铅，这三种元素占合金总重量的 95% 以上。麻江型铜鼓合金元素含量主要为铜 75%—80%、锡 10%—15%、铅 0%—10%，属于高锡低铅的青铜鼓。[②]从蒙跃德师傅的话中，笔者得知，青铜因其流动性较好、密度较高而成为铜鼓铸造的理想材料。因为铅有降低音响效果的特性，所以在铸造铜鼓时会尽量降低铅的含量；而锡能够提高铜鼓的硬度，所以锡的含量相对较高。通过铸造工艺将这三种元素融合一体，才能打造出好的铜鼓。

随着科学技术的发展，铸造铜鼓工艺较以前更为先进与快捷，省去了过于烦琐的工序。归兰水族人民使用的麻江型铜鼓，由于体积较小，因此铸造相对简便容易，铸造的数量也相对较多。一般来说，现在铸造一面麻江型铜鼓主要有以下 4 个步骤，共 12 道工序：

第一步是材料准备阶段，所需的材料包括金属材料（铜、铅、锡和铁等）、造型材料和燃料。蒙跃德师傅介绍道：“现在归兰这边的铜鼓都是按以前的模式制定的，以前的是什么样，现在就是什么样。因为这些都是以前先人研究过的，在铸造方面都可以说很不错了。”

铜鼓属于手工制作的艺术品，很少有一模一样的。归兰水族人民使用的麻江型铜鼓主要以鼓面中心的太阳纹为设计轴心，各类铜鼓的造型设计也大多遵循这样的原则。

第二步是制范阶段，包括制造模型、附件、花纹等工序。

第三步是合范阶段，包括合范、焙烧预热等工序，也就是将几种金属材料配置好并熔化后倒入铸范内成型。

第四步是修正和定音阶段。为最大限度地提高铜鼓的音效，确保铜鼓作为乐器对音响的高要求，必须请专门的鼓师进行调音，使外观、纹饰和音响都能达到预期效果。[③]

### ②铜鼓的纹饰特征

铜鼓不仅是一种乐器和重器，还是一种装饰图案丰富多彩的艺术品。自古以来，铜鼓纹饰就具有独有的特征，其装饰艺术堪称民间工艺美术大典，工艺繁杂，寓意深刻。随着时代发展，人们追求生活品质与生活艺术化的意愿越来越强，越来越注重审美趣味与实用性的结合，故铜鼓十分讲究鼓面、鼓胸、鼓腰、鼓足和鼓耳等部位的装饰和布局。在铜鼓纹饰上，水族人民的生活习俗、宗教信仰和生态环境等内容得以一一体现。归兰水族人民所使用的麻江型铜鼓的主要特征为：

① 屈大均：《广东新语注》，李育中、邓光礼、林维纯等注，广东人民出版社，1991，第 390—391 页。

② 蒋廷瑜：《壮族铜鼓研究》，广西人民出版社，2005，第 175 页。

③ 蒋廷瑜：《铜鼓艺术研究》，广西人民出版社，1988，第 73—74 页。

鼓面：面径小于鼓胸，鼓面有十二芒太阳纹，芒间为羚眼纹，鼓面周边有十二生肖、游旗纹、乳钉纹、花草纹、人物纹、符箓纹等。

鼓胸：鼓身有云纹、雷纹、乳钉纹等。

鼓腰：鼓中部有一道凸棱，将鼓身分为上下两节。

鼓足：足部装饰多以心形三角形等几何图形为主。

鼓耳：胸部有扁耳两对。

总体特征为体形小而变矮、胸腰和腰足无分界线。①

图二二九　麻江型铜鼓的主要纹饰（梁富林　摄）

关于铜鼓纹饰，韦佩君师傅介绍道："公鼓上通常有太阳纹，有些母鼓上有月亮纹。除此之外，铜鼓上还常见有十二生肖图案，寓意上有天、下有地。铜鼓周围有很多密密麻麻的小点，寓意星星和地上的万事万物浑然合一。一般敲的时候为了吉利，会选一组来敲，表明既有天又有地，不能有天无地或有地无天。一般情况下，铜鼓有四只耳朵，寓意铜鼓是圣物，四面八方都能听到。"除装饰纹饰外，部分铜鼓还直接用文字记录下铜鼓铸造的年代、月份，部分铜鼓镌刻有吉祥的汉字铭文。

在人类发展历史中，动植物始终与人类生活保持着极为紧密的联系。因此，在铜鼓装饰艺术上，动植物纹样被广泛运用。麻江型铜鼓的纹饰多采用菱花纹、团花纹、缠枝纹、梅花纹、枝叶纹等图案。②其中，青蛙、马、牛、羊、虎、穿山甲、鸟、龟、鱼、蟹、田螺等被用作铜鼓的立体装饰，一般安排在鼓面上，还有一些安排在鼓足和鼓腰上，极少安排在鼓身内壁。这些纹饰图案和立体装饰生动地反映了人们的生活习俗，寄托着美好的期许。

铜鼓纹饰伴随着人类社会的发展，不断演变，这些纹饰已成为少数民族人民对美的认识，出现在各种节日、庆典活动中。铜鼓纹饰将实用性与审美趣味相结合，装饰与器形相统一，是我国文化艺术之库中的一块瑰宝。③

## （4）铜鼓与水历

水族人对自然界有独特的认识和理解，从而有不同于其他民族的水族历法，俗称"水历"。水历是水族先民根据太阳、月亮和地球的运行规律来制定的年、季节、月、日、时等计时的法则。水历每年分为 12 个月。年终的十二月和新年的正月，分别对应农历的八

① 王玉华：《古代铜鼓纹饰研究》，硕士学位论文，云南大学，2009，第 32 页。

② 中国古代铜鼓研究会：《中国古代铜鼓》，文物出版社，1988，第 156 页。

③ 易嘉劭：《西南民间铜鼓纹饰艺术探析》，《广西民族学院学报（哲学社会科学版）》2005 年第 5 期。

月和九月。水历纪年、纪月、纪日、纪时，均以12为基数，配以六十甲子、五行、九星、二十八宿等内容，推算应用。天文学界称为“七元宿历”。历史上，水族曾使用过自然历、无闰月水历和有闰月水历等。[①]如今，水族地区通用的水历为有闰月水历。这种水历常见于水族古老典籍水书当中，而水历只有水书先生才能看懂，故其他人只能使用通俗易懂的《年下用月日历书》和《日下用时历书》。老百姓在日常生活中就用这两本历书选择良辰吉日。

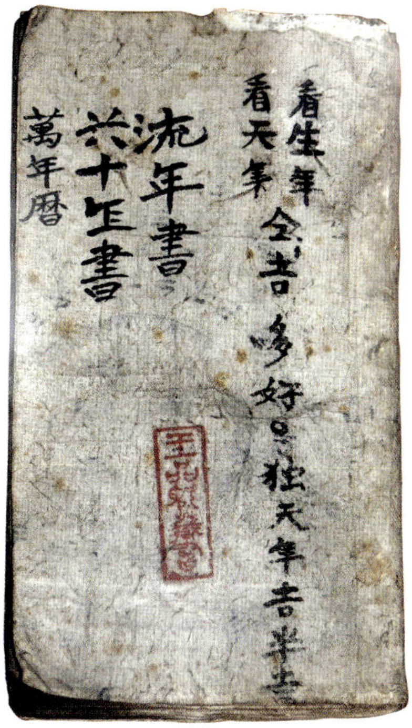

图二三〇　水历（王梦祥　摄）

与汉历不同，水历将六十甲子与二十八宿和七曜相配来定纪元，以420年为一个周期，周而复始，循环不辍。[②]水族的二十八宿与汉族的二十八宿有同有异。2001年水族学者潘朝霖提出，水族与汉族宿命相异的主要原因与水族的信仰和神话相关。以二十八宿首宿雷神为例，在水族人民的心里，雷神明察秋毫，匡扶正义，惩恶扬善，代表上苍福佑民众，是正义的化身。因此，水族对雷神十分崇拜，将其奉为首宿。在婚嫁、丧葬、祭祀等重大活动中，水族人都忌雷。

同样，铜鼓的使用也要根据水历来算日子，一般不可随意使用。比如在端节和进行传统的丧葬仪式时，即可使用铜鼓。蒙君昌师傅说道：“我们这边过端节是一定要敲铜鼓的，家里有人去世也要敲。此外，家里头比较富裕的都要做仪式，一般是请铜鼓师傅来敲，但是敲铜鼓之前都要算日子。如果这个人死的这一天，刚好水历上说不吉利，那是绝对不能敲的。还有如果遇到打雷下雨，也是绝对不能敲的。虽然大家会择日子，但讲究点的要请懂水书的看。如果违反了水历，是要被惩罚的。”由此可知，归兰水族铜鼓的使用颇有讲究，敲击铜鼓必须根据水历择日，千万不能随意，这与水族“万事不可有违于水历，如若违背水历，要遭受处罚”的祖训密切相关。遵循水历规则，便是对祖先和上灵的尊重。

归兰水族作为水族中的一支，其水历的适用方面与上述基本一致，只在风俗上有细微不同。而铜鼓作为整个水族的文化传承，同样的，归兰铜鼓与水历有着非常紧密的关系，在重大祭祀、祈福仪式和节日中必用铜鼓，在这个方面是没有变化的。

## （三）归兰水族铜鼓音乐形态分析

铜鼓被水族人民视为重器、礼器，也是财富和权力的象征，对水族人民的生活具有极为重要的意义。在水族人民看来，只有铜鼓能将人们的意愿传递给神灵，因而，水族人民

① 潘朝霖、韦宗林主编《中国水族文化研究》，贵州人民出版社，2004，第503页。
② 潘朝霖、韦宗林主编《中国水族文化研究》，贵州人民出版社，2004，第503页。

相信，敲响铜鼓就能带来丰收与财富，就可抒发心中的愉悦。因此，水族的节日都离不开铜鼓，不论是喜庆欢快的节日庆典，还是丧葬仪式，铜鼓都扮演着十分重要的角色。它从不同的侧面反映了归兰水族人民的生活面貌。作为地方性乐器代表的水族铜鼓在将它的音乐发扬光大，不论男女老少，都在学习与传承铜鼓文化。丰富多彩的铜鼓演绎方式也绽放出传统民族音乐的文化光彩。下面在立足于归兰水族铜鼓传统曲目及其演绎方式的基础上对归兰水族铜鼓音乐文化进行阐述，并对其表现形式和音乐形态进行分析。

## 1. 表现形式

音乐艺术是潜在道理或哲学，是以乐像面目存在的哲学，是形而上之道与形而下之器的统一，是一种可贯通“形”之层面、“法式”之层面的存在。铜鼓是一种乐器，是民众抒怀记事的重要文化载体，并在长期的社会实践中形成了多种多样的表现形式与演绎方式，因而铜鼓兼具形而上之道与形而下之器的“形”和“法式”。实践中，水族人民通过不同的铜鼓曲调和演绎方式表达出不同的感情内容与文化内涵，这使归兰水族铜鼓音乐具有独特的文化与艺术个性，同时兼具社会和娱乐功能，维系着水族人对水族文化的认同。铜鼓音乐不仅是一种声音文化的表征，还蕴含着水族文化的深层意蕴。

### （1）表现方式

铜鼓是一种打击乐器，具有独特的储存、共鸣和传声结构。敲击鼓面，能发出金属的音响，鼓面和鼓胸呈可供储声、共鸣的拱形，鼓声经过圆柱形的鼓腰，最后达到宽敞的像喇叭口一样的鼓足，向外传送出去。① 这样的构造，主要作用一方面是让铜鼓发出的声音洪亮有力，另一方面是使敲击鼓面和鼓边所发出的声音有所不同，两种不同的音则构建成不同的音程，在演奏者根据情感表达、应用情景需要而对声音强弱、节奏快慢的诠释把握下，加上其他乐器的配合，便会产生丰富多彩、音韵悠长的铜鼓音乐。

铜鼓音乐的听觉表达主要体现在其音量、音色和音调上。宋代陈旸在《乐书》中写道：“击之响亮，不下鸣鼍。”②《滇海虞衡志》用“声闻数里”来形容铜鼓的音量之洪大。③ 而在《蜀中广记》里，曹学佺写道：“悬而击之，下映以水，其声非钟非鼓”，“悬于水上，用栖木槌击之，声极圆润”。④ 这表明铜鼓不仅音色优美，而且音色会随使用方式的不同而变化。

铜鼓音效不同的原因主要在于敲击方法和敲击用具不同。归兰水族乡隶属于都匀市，都匀市的铜鼓敲击方法与三都水族自治县的就有所不同。都匀地区使用木鼓与铜鼓配合演奏，而三都地区则使用木桶来助音。在归兰水族乡，敲铜鼓音乐时需同时使用两面不同性别的铜鼓和一面木鼓，敲击器具为敲击铜鼓鼓面的用稻草扎成的鼓槌、敲击铜鼓鼓腰的竹条和敲击木鼓所用的鼓棒。而关于敲的方式与谱曲，蒙君昌师傅告诉笔者：“以前敲的和现在敲的没有变化，是不能改的，但是很多时候鼓手会根据自己的情绪即兴发挥。水族铜鼓是一代一代传承下来的，采取口传心授的方式，一般由老师傅教，没有固定的谱例。”

① 蒋廷瑜：《古代铜鼓通论》，紫禁城出版社，1999，第 230 页。
② 蒋廷瑜：《古代铜鼓通论》，紫禁城出版社，1999，第 230 页。
③ 蒋廷瑜：《古代铜鼓通论》，紫禁城出版社，1999，第 230 页。
④ 蒋廷瑜：《壮族铜鼓研究》，广西人民出版社，2005，第 238 页。

因各民族风俗习惯不同，铜鼓的演奏形式也各不相同。单鼓敲击是铜鼓常见的演奏方式，由一名演奏者单独敲击铜鼓，需要演奏者心手并用，相互协调，一气呵成。由于水族注重阴阳结合，因此铜鼓的使用必须为一公一母，一般公鼓在左边，母鼓在右边。如今在归兰水族乡，多采用三鼓合奏的形式，因为三鼓具有不同的音高、音质，能构成和声，演奏出来的曲调更为悦耳。可以说，三鼓合奏相对于单鼓敲击而言是一个飞跃。因此，在归兰水族乡的很多节日上，可见到多组三鼓敲击形式，采用这种方式演奏铜鼓显得声势更浩大，声音更洪亮有力，是演奏艺术上的重大进步。

三鼓合奏的三鼓通常由一面公铜鼓、一面母铜鼓和一面木鼓组成。木鼓一般用整根黄桐树干或椿树削皮镂空后，以硝制的牛皮蒙住两头制成，一般鼓长为 150 厘米左右，直径为 50 厘米左右。在端节等重大节日时，都会使用木鼓伴奏，一人在中间敲击木鼓，两人分别在其两旁敲击铜鼓。木鼓固定于木架上，并放置在母铜鼓旁边。铜鼓悬挂于横梁上或放在定制的木架上，离地面有一定距离。击鼓者脸朝鼓面，左手持竹条敲击鼓身伴奏，右手持鼓槌敲击鼓面太阳纹位置，这种演奏形式在节日中最常见。比起单人演奏形式，三鼓合奏的音程更为丰富，浑厚的木鼓声与铿锵激越的铜鼓声相互交织，汇成一曲慷慨激昂的交响曲。

韦佩君师傅告诉笔者："如果只有两面鼓，那么敲击的时候，公鼓要配合母鼓，即母鼓占主导地位。但是如果有木鼓，公鼓和母鼓都要听木鼓的（随木鼓变调）。母鼓的音高低一点，公鼓的音高高一点。敲击的时候，母鼓领奏，母鼓一变调，公鼓也要随母鼓变调。"这充分反映了水族的母系文化遗留，曾经女性在水族社会中具有非常重要的地位，在水族现实生活中还残留着大量的女性崇拜色彩。例如，水语中鬼神之类的词均被称为"牙"或"尼"，而水语中"牙"与"尼"即"祖母"与"外婆"之意。如今，除圣母娘娘外，其他女性崇拜已很少看到。

## （2）表现场合

铜鼓几经传承演变与发展，已成为水族主要的民族乐器，其主要用途为乐器演奏。许多古代文献把铜鼓归属于乐器类。[①]《太平御览》和《文献通考》也都将铜鼓收于乐部。至今，在水族还流传着"打铜鼓为欢"的说法。传统的铜鼓曲目源于归兰水族人民的生活情境，其内容、形式与水族人民的生活习俗、语言息息相关。早先，在社会生活处于相对蛮荒的时代，铜鼓被视为水族神器，每当百姓身患重疾或无名疾病时，大多不求医问药，而是以敲击铜鼓的方式祭祀鬼神，求祖先和神灵保佑疾病远去。如今，随着社会的进步，医疗条件不断提高，这种习俗在水族早已不复存在，但是敲击铜鼓是过节不可或缺的一个项目。至今，归兰水族乡多数家庭依然保持着传统的木制干栏式建筑风格。这种建筑分为三层，底层喂养家畜，二层住人，三层用于储藏食物。堂屋是归兰水族人民摆放祖先灵位和神灵佛像的地方，位于二层。每年祭祀祖先时，人们会在堂屋敲击铜鼓，其他时节则在室外敲击。堂屋是当地水族人民对外呈现其社会意识形态的物质载体，对水族人民而言是极为重要的场所，具有重要的空间意义，因此堂屋成为铜鼓这个神圣物件的表演空间。[②]归兰水族人民在室外使用铜鼓的场合有两个：一为端节的开幕式，二为水族的丧葬仪式。

① 李宽林：《西江走廊地　铜鼓振金声——从诗文记载看铜鼓文化》，《广西大学梧州分校学报》2005 年第 1 期。

② 谢传红：《贵州省都匀市套头山区水族铜鼓音乐文化考述》，《歌海》2016 年第 6 期。

图二三一　水族传统干栏式民居（蒋英　摄）

## ①端节

过端节的时间从水历年末的十二月到岁初的正月或二月（相当于农历八月、九月、十月间）逢亥日分批进行。[①] 在众多传统节日中，端节是规模最大、覆盖面最广的节日，是水族的年节。何谓“年”，就是在谷熟的时候，为庆祝丰收而举行的庆典，也称为“谷熟也”。端节对水族人而言，相当于汉族的春节，即过年。在水语中“借”是“吃”的意思，“端”则含有汉语“开端”岁首之意，有“祭祀祖先”“共庆丰收”的内涵。[②]

归兰水族乡的端节为水历十二月（农历八月）的第一个午日，端节第一天（戌日）为大年三十，是祭祀祖先之日，是日需清扫楼屋，擦净家什，准备素肴，击奏铜鼓，祭祀祖先。第二日为祭天感恩、祈福之日，这一天铜鼓声不绝于耳，一早村民们就齐聚在村寨的端坡上，等着祭天祈福。韦佩君师傅告诉笔者：“端节是非常正式的，大家衣服（民族服饰）都要穿好，第一个环节是祭祖，是要敲丧葬祭祀曲的。然后就是庆祝丰收，希望来年风调雨顺，不要有天灾人祸。祭桌上摆着用来祭祖的碗和菜，在铜鼓没敲完之前是不能去碰这些祭品的，这个是很讲究的。”

端节时敲击铜鼓具有非常凝重的仪式感，在铜鼓启用之前需先祭祖先，将铜鼓系耳悬于堂屋梁上，演奏者将酒洒于鼓身，随后敲响第一棒，意为“请鼓”，方可请出铜鼓使用。请鼓仪式完成以后，方可开始敲击铜鼓。铜鼓演奏方式为三鼓合奏，铜鼓手穿戴传统民族服饰，用红布包裹鼓槌，齐齐站成一排，大家相互用眼神示意一下，演奏即可开始。演奏共分 5 个程序进行：

第一个程序为开场鼓，预示着节日来临，欢迎前来助兴的宾客。

第二个程序为入场鼓。待第一个程序结束后，女子身穿盛装款款入堂，面向铜鼓围成圆圈，缓缓挪动脚步，称为“移步”。随着美丽女子的“移步”，铜鼓声即隆隆响起。

① 潘朝霖、韦宗林主编《中国水族文化研究》，贵州人民出版社，2004，第 504 页。

② 何积全主编《水族民俗探幽》，四川民族出版社，1992，第 281 页。

第三个程序为迎客鼓。鼓声中，围着铜鼓的女子侧身逆时针和着鼓声缓慢“移步”，迎接客人入席。

第四个程序为庆贺鼓。此时，鼓点由缓慢抒情变为热情欢快，舞者幅度加大，热情洋溢，她们手拉着手围着铜鼓转圈，把节日气氛推向高潮。

第五个程序为送客鼓。待客人饭饱酒足之后，舞者背对着铜鼓，面向客人逆时针跳起“背转”动作，为客人送行。

图二三二　水族铜鼓文化传承人将铜鼓悬挂于堂屋房梁上（蒋英　摄）

整个过程喜庆而热闹，而铜鼓舞更是尽显水族风情。在村民齐聚的草坪上，铜鼓师傅敲击着用两根竹子架好的铜鼓，其敲击铜鼓所用的鼓点为所有村民均熟悉的常用鼓点，与跳铜鼓舞的舞者配合十分默契，不论是急促还是舒缓的鼓点，都能转换自如。在水族人民心中，铜鼓是带来一切美好希望的圣物，既可用于求神，又可用于娱乐。铜鼓在水族地区流传和使用了数百年，始终与水族民间活动和民俗文化交融在一起，是水族人民物质与精神生活的载体。

### ②丧葬仪式

水族人相信人死之后亡灵会变成鬼神，并将鬼神分为会庇护后人的善鬼和祸害后世的恶鬼。而亡灵是否会成为善鬼，取决于后世对先人是否尊敬。水族人认为，他们祖先的鬼魂是善鬼，具有保佑家庭的力量；但如若后人供奉不周、香火不济，则善鬼就可能会发怒而变成恶鬼，祸及后人。[①] 这种宗教式的崇重，表明孝道在水族社会生活中具有极其重要的力量，人们会因避祸而敬重老人与先人。因此，归兰水族人非常重视丧葬礼仪的操办——既表现对亡者的悼念，又相信亡者的灵魂能够保护活着的后人。水族将葬礼称为“开控”。“开控”的规模分为“小控”“中控”“大控”“特控”，水语分别称为“控低”“控胆”“控劳”“控腊”。[②] 其中，“小控”和“中控”规模较小，一般以杀牛杀马的方式进行；而“特控”规模最大，有上万人前来吊唁，花费巨大，一般为富人丧葬所用。悼念亡者的内容除了吹唢呐、吹芦笙、舞龙狮和跳花灯，还有一种极为重要的仪式——敲铜鼓停棺待葬仪式，水语称为“屯亥”仪式。

① 赵凌、谢传红、石维武：《贵州都匀阳和乡格业寨水族“开控”仪式及仪式音声考述》，《歌海》2015 年第 3 期。
② 刘剑：《在死亡中追求永生——水族“控拟”葬仪的人类学考察》，《贵州民族研究》2007 年第 5 期。

铜鼓应用于“屯亥”仪式的全过程。在“屯亥”仪式中，铜鼓的使用非常严肃而庄重，数量一般为3—9面，具体的数量须由水书先生根据亡者的属相来确定。在“屯亥”仪式举办之前，需根据水历算好日子，其间，需一面铜锣配合水书先生演奏，铜锣主要起到调节鼓声节奏的作用。在“屯亥”仪式上敲击铜鼓的方式与在喜庆场合上敲击铜鼓的方式有些许不同。

“砍替”是水族人崇拜祖先和崇拜鬼神的产物，人们希望通过这个环节，可达到人与神交流的目的。在“砍替”环节中，最重要的一环就是铜鼓的演奏。[①]铜鼓是水族人极为尊敬的圣器，人们认为，它具有通灵的功能，能够与亡人沟通交流。亡人入殓后，将铜鼓摆于灵柩前，上面摆满鱼、酒、饭，以示慰藉亡灵。在寨老祭祝之后，男人便在寨老的带领下敲打铜鼓，一边敲击一边跳舞，既表现出水族先民的战斗性，又表现出对亡者的祭奠。岑家梧在《水书与水家来源》中写道：“鬼师，左手执罄，右手执槌，正在作法。”[②]这便是“跳铜鼓”的原始形态——巫舞。水族先辈们认为敲铜鼓和跳铜鼓舞既能降妖伏魔，驱恶镇邪，逢凶化吉，又能超度亡灵，让天上的神灵寻着鼓声，接亡灵上天。

不论是在端节还是在丧葬仪式中，铜鼓都具有极为重要的地位。在这些节日与宗教仪式中，铜鼓的使用充分反映了水族发展的历程和深厚的文化底蕴，它与风俗习惯、祖先崇拜、音乐舞蹈、丧葬祭祀融合在一起，将水族的价值观、审美观等通过铜鼓的不同演奏方式和铜鼓舞的不同演绎方式表现出来，它们传承着民族文化，保留着民族朴实无华的一面。据水族舞蹈家宋晓君叙述：“谁失去铜鼓，就是对祖先的玷污；谁丢掉铜鼓，就意味着丢掉家业的精华；谁被人夺走了铜鼓，就意味着被夺走了欢乐和幸福。水家人的这一理念来自于对先祖、先辈的劳动创造和民族物质遗产的珍重，也来自于对民族尊严的高度维护。”[③]这表明了铜鼓对于水族人民的意义。

图二三三　水族葬礼仪式中的打铜鼓（蒋英　摄）

① 谢传红：《贵州省都匀市奎头山区水族铜鼓音乐文化考述》，《歌海》2016年第6期。

② 张人卓、李继昌：《贵州少数民族音乐文化集粹之仡佬族篇、水族篇——山奇水秀》，贵州人民出版社，2010，第180页。

③ 张人卓、李继昌：《贵州少数民族音乐文化集粹之仡佬族篇、水族篇——山奇水秀》，贵州人民出版社，2010，第180页。

## （3）表现内容

水族是一个勤劳聪慧、能歌善舞的民族，在漫长的历史长河中创造了丰富的传统音乐文化。归兰水族铜鼓是古代水族原始宗教祭祀遗存发展的典型，是水族音乐的活化石。如今，归兰水族人民依然演奏祖祖辈辈传下来的曲目，这些曲目仍保留着历史的古老和朴实。归兰水族铜鼓音乐文化作为一种民族的精神文化表征，在归兰水族人民的心目中具有崇高的地位，亦从不同角度反映了水族社会文化生活。岁月流逝，铜鼓却越敲越响，向世人展示其传统文化的魅力所在，使传统文化得以再现和延续。

归兰水族铜鼓演绎方式较为简单朴素，舞台艺术比较简洁，布局不大，表演没有固定的程式，演奏中演奏者较为随意，相互之间的默契度较高，在不同场合有些许差异。

如今，在城市化浪潮下，人们的流动加快了文化流动的速度，也加速了文化的交融。归兰水族铜鼓音乐以其原生生态而闻名，但在都市音乐文化的冲击下，其原生生态融合了现代社会文化与音乐，故而现在归兰水族铜鼓更多用于乐舞，从而更具归兰水族铜鼓音乐文化特色；知音者往往在数十里外就能分辨出典雅、抒情、奔放、热情、哀怨、悲伤等各种情绪。[①] 归兰水族人民敲击铜鼓的方式与演奏的曲目是根据不同场合来划分的，不同场合敲击不同的鼓曲。韦佩君师傅说："铜鼓在表达喜、乐、哀的时候有不同的敲法，每一首铜鼓鼓曲都有它独特的来源和隐喻，最典型的一首鼓曲为《公鸡报晓—战斗进行曲—安家落户》，这一鼓曲是专在'开控'仪式上敲击的，除了端节祭祖时候可以敲击，其他任何重大节日上均不可以敲。而庆丰收曲只能在喜事场合敲击，不能在'开控'仪式上敲，这是铜鼓演奏的大忌。"具体如下：

### ①丧葬祭祀曲

在归兰水族乡"开控"仪式上，铜鼓被安放在堂屋中。仪式开始时，人们先敲击木鼓，因为水族人认为木鼓声能通知祖先来享用祭品。然后击奏《公鸡报晓—战斗进行曲—安家落户》这首完整的鼓曲（如同西方音乐曲式中的"组曲"）。水族人将铜鼓和木鼓集中于公共场合，共同用于祭祀。一般由一位德高望重的老鼓手担任领鼓，带领其他鼓手敲击传统曲目。鼓曲《公鸡报晓—战斗进行曲—安家落户》表现的这段历史对于水族人来说是不可遗忘的，它表达出的意蕴是没有先辈的勤劳勇敢，就没有今天水族的丰饶美丽。这一鼓曲展现了水族人从受压迫到赢得栖息地、地位与荣耀的历程。也正因如此，水族才得以发展和延续，才能骄傲自豪、满怀热情地敲响铜鼓。韦佩君师傅说："节奏曲调要随母鼓改变，母鼓一提示变调，公鼓便要跟随母鼓而变。这首曲子一般要重复两到三次，以表达祖先面对各种困难不屈不挠的精神。在经历 12 次迁移后，最终落脚在基场的套头（山区）。落脚也有特定的曲调，这个时候，木鼓就要变调了。首先木鼓会发出一声很重的锤打声，停顿两拍以后，再发出重锤声，这标志着迁移进入了关键时刻，随后的变调即表明找到落脚处，迁移顺利完成了，子孙在此安家落户了。鼓曲《公鸡报晓—战斗进行曲—安家落户》通用于红白喜事，但是敲击方式因场合而异。丧事时，先敲木鼓 12 下，表明祖先上路经过 12 个地方，然后才一起敲木鼓和铜鼓。儿女对父母的孝顺，父母对老人的关爱，都在这一鼓曲中一一体现。"随后韦佩君师傅带领两名铜鼓师傅为笔者演奏了"公鸡报晓"这一节的鼓曲。他们的演奏相对完整，跌宕起伏一致，各鼓音程清晰，整体音响效果较为出色。

① 张人卓、李继昌：《贵州少数民族音乐文化集粹之仡佬族篇、水族篇——山奇水秀》，贵州人民出版社，2010，第 181 页。

在敲击完“公鸡报晓”这一节的鼓曲之后，鼓点变得急促而有力。如果说“安家落户”这一节鼓曲代表着水族人从此有了自己的家园，那么强弱有致、张弛有序的“战斗进行曲”这一节鼓曲则表现了水族人英勇奋战、坚忍不拔、不屈不挠的精神。“战斗进行曲”这一节鼓曲是对民族先驱们在征战中英勇无畏的战斗精神的赞颂。韦佩君师傅介绍“战斗进行

图二三四　水族女子敲打铜鼓过端节（温远涛　摄）

曲”这一节鼓曲时指出，其鼓点铿锵有力，充满勇气和民族责任感。韦佩君师傅说：“每经过一个地方落脚时，各个部落会相互排挤，必须以战斗决定族群的去留。这个时候，我们的祖先必须与敌人作战。战斗中，会有很多困难需要面对，会有牺牲，所以我们的战士需要有很强的民族意识和决心投身于战斗。‘战斗进行曲’让他们充满力量，有了继续战斗下去的勇气。”

归兰水族人民对“战斗进行曲”这一节鼓曲始终怀有崇敬之情，将其诠释为一首通过鼓声指挥战斗的乐曲。韦佩君师傅说：“这首鼓曲通过不同节拍、不同敲击力度发出强弱不同的音节和节奏，在战士们疲惫的时候给予他们力量，也在战斗中指挥着他们应该如何机智应战。其中，多处弱拍表明这个时候不能贸然行事，需冷静下来观察敌情，而强拍表明进攻的时候到了。”韦佩君师傅接着说：“这一节在整首鼓曲中是最有特点的，而在这一节临近结束时，曲调会变得潇洒轻快，表现了凯旋的自豪。这一古战曲在水族任何节日中都要敲击演奏，既是表达对祖先的敬畏与感激，又是对后辈的激励，提醒后辈莫忘祖先经过的艰难战斗，要继续将家乡建设得更加美好。”

“安家落户”这一节鼓曲表明祖先终于找到落脚的地方，可以安心下来，心里自然是充满兴奋和满足的。演奏者将族群千辛万苦的迁移、为族群生存而忘我战斗的英勇、安稳平和生活的情意表现得十分自豪且充满幸福感。

除了《公鸡报晓—战斗进行曲—安家落户》这首完整的鼓曲，还有另外三首鼓曲也是专门在丧葬仪式和祭祖仪式上敲击的。同样，这三首鼓曲除了在端节祭祖时可敲击外，在其他喜事上是不能敲击的。

### ②庆丰收曲

蒙跃德师傅介绍说：“《庆丰收、迎宾请客曲》不仅用于庆祝丰收，还表达出一种欢乐的心情。当有重要客人来家里做客时，人都会敲上一两首这样的鼓曲，以表示对客人的

图二三五　水族群众敲打铜鼓、木鼓过端节（温远涛　摄）

尊重与欢迎。这种类型的鼓曲欢快轻松、充满热情，传达出欢迎客人们到来，请大口吃肉、大碗喝酒，放松自己，把烦恼丢在一旁，尽情享受美好生活的意蕴，表达了归兰水族人民的真诚好客。同时也表现如今的归兰水族人民自信的风貌。”

据《水书》记载，铜鼓最早在祭坛使用时，只在部落或家族内部传授和流行。后来由于各聚居区水族人的交往增多，以及历史发展变革，祭祀后跳的铜鼓舞，其宗教气息和肃穆气氛逐渐被注入了更多的古雅朴拙和雄壮粗犷的元素，并逐步加入了生产生活的内容。随着时代的发展和人们精神文化生活的需要，它逐渐由神坛走向民间，成为人们节日自娱自乐的重要活动。[①] 在归兰水族乡，铜鼓历经数百年，从最开始的神器，经不断加入社会生活元素以后，逐渐发展为族群重大活动与娱乐用的乐器。每逢佳节，每有庆典和重大活动，归兰水族人总会敲上几曲用以助兴。起初，铜鼓本为祭祀时敲击，随着社会发展，归兰水族人民的生产生活发生变化，铜鼓的作用也随之发生变化。如今，人们更重视其在音乐中的表现，铜鼓从专用神器走向乐器，是社会生活发展的必然结果。

## 2. 音乐形态

铜鼓音乐就是指依据某种曲谱单独演奏铜鼓或铜鼓与其他乐器配合演奏形成的音乐。[②] 其演奏方式主要是敲击鼓面和鼓腰，而音乐是通过敲击铜鼓所发出的具有一定节奏的声音而形成的。敲击鼓面时，声音浑厚，形成主要的音高；用竹条敲击鼓腰，以竹的“柔”结合铜鼓的“坚”所发出的声音，给整个铜鼓演奏带来加花的效果，丰富和调节鼓点节奏，起到渲染气氛的作用。铜鼓音乐主要的表现方式是通过敲击铜鼓的不同部位发出不同的音色，组合成不同的节奏，使整个演奏效果更佳，在节奏上形成一定的对比，运用重击、轻

图二三六　水族铜鼓舞（蒋英　摄）

① 张人卓、李继昌：《贵州少数民族音乐文化集粹之仡佬族篇、水族篇——山奇水秀》，贵州人民出版社，2010，第 184 页。

② 蒋英：《布依族铜鼓文化》，贵州民族出版社，2006，第 89 页。

击、急击、缓击等手法将音色融合于一体，声音洪亮，传递八方。[①] 同时，节奏不会混乱，清晰入耳，给人以嘹亮有力、余音悠扬之感。

铜鼓与木鼓、锣等乐器的相互合作场面声势浩大，令人叹为观止。逢年过节，端坡上人山人海，铜鼓敲击得更为热烈，作为水族人民的传统打击乐器，它传递的不光是音乐，还有整个民族的自豪感。另外，民族音乐与宗教祭祀、节日庆典之间存在着深厚的渊源。就最初而言，音乐是人们生活实践的反映，因社会不断进步而成为民族文化的重要部分，也就是说，既没有不反映民族文化的音乐，也没有不蕴含民族文化的音乐。同样的，归兰水族铜鼓也是归兰水族人民生活实践的写照，其鼓点种类繁多、形式多样、节奏多变、民族特色浓厚，将原始古朴的铜鼓文化演绎得淋漓尽致。

## （1）演奏音响

在水族村寨，日常生活中是不能随意敲打铜鼓的。铜鼓被水族人视为神物，不论是群体还是个人都以拥有铜鼓而感到骄傲、自豪，铜鼓象征着一个家庭甚至于一个村寨的尊贵与财富。如今，铜鼓保存较为完整的地方成为非物质文化遗产保护中心。归兰水族铜鼓的使用也同样遵循本民族传承的相应禁忌，铜鼓的使用具有一定的象征作用。在传统村寨里，铜鼓声传递的是一种特殊的信息信号，每当铜鼓声响起，则意味着村里有大事发生或老人逝世。

从归兰水族人民对铜鼓尊重的程度和使用铜鼓的时间特性来看，铜鼓绝不是可轻易触碰与使用的物件，这与本文前述当地传统风俗、宗教习俗有着不可分割的联系，使水族人对铜鼓使用时间形成了一定的传统观念，铜鼓声自然便成为某种象征。这种观念使归兰水族铜鼓的使用形成了它固有的、约定俗成的传统时间模式。与端节不同的是，“开控”仪式上唯有演奏者可以敲击铜鼓，其他人是不可触碰铜鼓的。这表明铜鼓的神器意义与乐器的作用有着严格的区分。在节日上强调的是铜鼓的娱乐性，在“开控”仪式上则强调的是铜鼓的神圣性。不论是重大节日中所敲击的鼓点，还是“开控”仪式上敲击的鼓点，都是一代代传下来的。蒙跃德师傅介绍道：“任何人不得轻易篡改基本鼓点，如若违反，便是对先辈的大不敬。”铜鼓在归兰水族乡的意义之大可见一斑。

在笔者采风的这次端节中，韦佩君师傅介绍道：“祖先们刚来这里的时候，只有两面铜鼓，后来每个寨子差不多都有一组，一组即指一公一母。水族注重阴阳结合，敲鼓时需公母铜鼓相互配合，遇变调时，听木鼓指挥，两鼓随即变换调式。公鼓和母鼓在音色上有所差异。铜鼓手敲击铜鼓的不同部位，发出四种不同的音色，丰富了音乐的表现力，形成了鼓曲。一开始敲击铜鼓鼓面发出‘嘟——’的声音，接着敲击节奏音调‘嘟夺记嘟夺记嘟’，象征祖先正在前行的途中。迁徙路上并非一帆风顺，会遭到其他部落的阻挠，之后节奏音调变为‘嘟夺记记夺记嘟、嘟夺记嘟夺记嘟、夺记嘟夺记嘟’象征祖先和其他部落的战争；节奏音调‘记记夺记记夺记嘟’象征战争告一段落，继续上路；然后又接‘嘟夺记记夺记嘟、嘟夺记嘟夺记嘟、夺记嘟夺记嘟’的节奏音调，预示着再次战斗。木鼓重击三次，是为了让节奏发生变换，避免单调性，连续重复五到六次敲击节奏‘记记夺’后接三次‘记记嘟’，最后接‘记记夺记记夺、夺记嘟夺记嘟、夺嘟、夺记嘟夺记嘟、夺嘟’，曲调结束，象征终于找到定居地，从此落户。”为了让初学者尽快入门，铜鼓师傅专门准备了基本曲调（即鼓曲的核心曲调）供初学者学习，具体如下：

① 蒋英：《布依族铜鼓“十二则”鼓乐研究》，《中南民族大学学报（人文社会科学版）》2009 年第 3 期。

铜鼓核心曲调：记记 夺｜记记 夺｜记记 夺记｜夺记 嘟｜

木鼓核心曲调：嗒嗒 咚咚｜嗒嗒 咚｜嗒嗒 咚嗒｜咚嗒 咚｜

核心曲调主要是让初学者利用象声词掌握需要敲击的部位，其中“记”也被称为“减”，为敲击铜鼓鼓腰；“嘟”为敲击铜鼓鼓面，特有重音延长作用；“夺”为敲击铜鼓鼓面，意为弱拍时敲击鼓面，短而轻快；“嗒”为敲击木鼓鼓边，亦被称为“呱”；“咚”为敲击木鼓鼓面。木鼓的重音在象声词中并未得以体现，需靠鼓手自己凭感觉来发挥。核心曲调极为简单和精炼，是形成鼓曲曲调的基础，同时，也体现了民间艺人为传承民间音乐文化而展现的智慧。此外，在端节、六月六、春节等其他重大节日和“开控”仪式上所敲击的鼓点是不同的。

木鼓和铜鼓的配合遵循一个基本原则：在敲击铜鼓鼓面时木鼓也必须敲击鼓面，在核心曲调的基础上增加附点、切分等变换节奏形成新的鼓点。随着时代的发展，铜鼓的演绎亦逐步发生演变。在不同场合，鼓手会因个人情感在基础曲调上进行即兴发挥或自我创新，将鼓曲的一部分延长或反复，抑或调整鼓曲节拍，最典型的是在丧葬祭祀曲中将长音音符缩减为短音音符，使鼓曲节奏更激昂、自由，从而将整个曲目推向高潮。以下为笔者根据鼓手的现场演绎做的详细记录：

①《公鸡报晓—战斗进行曲—安家落户》

开头：嘟嘟嘟嘟嘟嘟嘟（重复 12 次）
　　　夺夺记夺夺记嘟（重复 6 次）
正板：记记夺记夺记记夺（重复 3 次）
上则：嘟夺记记夺记嘟（重复 3 次）
　　　夺夺记夺夺记嘟（重复 3 次）
　　　夺记夺记记夺记夺（重复 2 次）
　　　夺夺记夺夺记夺（重复 2 次）
　　　夺记记记嘟记记（重复 3 次）
正板：记记夺记夺记记夺（重复 3 次）
结尾：嘟记记夺记记记（重复 5 次）

②《庆丰收、迎宾请客曲》

开头：嘟嘟嘟嘟嘟（重复 9 次）
正板：夺嘟记嘟（重复 3 次）
　　　夺夺嘟（重复 3 次）
　　　夺夺记记嘟
　　　嘟记记（重复 4 次）
上则：夺记夺记嘟记记（重复 2 次）
　　　记记嘟记记夺记（重复 2 次）
　　　夺记记记嘟记记（重复 3 次）
　　　记记夺夺记记嘟（重复 2 次）
　　　记记嘟（重复 4 次）
　　　夺夺记夺夺记嘟（重复 2 次）
　　　嘟夺夺记夺夺记（重复 2 次）
　　　嘟夺记嘟夺夺（重复 2 次）
结尾：夺夺记记嘟记记（重复 2 次）
　　　嘟嘟嘟夺夺（重复 3 次）

嘟嘟嘟记记

嘟记记嘟嘟

## （2）节奏节拍

木鼓和铜鼓演奏形成的节奏型音乐的本源是连续发出的，能使人通过听觉产生愉悦的声音感受，这种愉悦是人的本能审美趣味的反映，当这种声音感受形成可反复聆听的听觉经验以后，便产生了音乐。于是，音乐便成为人的审美趣味和创造力的表现，是一种现实人性本能审美愉悦的自由表达，“它超越语言的美学意义，它的本质就是乐音的按照美的形式的流动；音乐美感是符合我们人类心理和生理结构的乐音律动。它萦绕着、浸透着我们的内心，使我们返归于自我之内，返归于内心的自由情感宣泄”①。对于归兰水族人民来说，铜鼓最重要的莫过于它作为一种独有的特征存在于整个族群文化之中，同时衍生出物质文化和行为文化，最后赋予其音乐的某种精彩文化。它是激发水族人情感的媒介，既可

图二三七　水族女子教孩子敲奏木鼓（温远涛　摄）

① 邓双林：《音乐的本质——音乐不承载道德担保》，《中国音乐》2001 年第 1 期。

抒发情感、愉悦身心，对水族人民的音乐思维也有着重大的影响。首先，节奏是把握整个鼓曲的关键，由于铜鼓属于一种较大型的、有一定分量的金属铸造品，其发出的声音必定受到材质、大小、厚度、韧度、形状的局限，因而节奏自然就成为关键。其次，铜鼓没有可供演奏用的以专业音乐符号谱写的乐谱，只有敲击方式与师傅的心法，因而铜鼓都是靠老一辈手把手教学。铜鼓的演奏不单单只是用鼓棒敲击鼓身的单纯动作，更是一种内心的感悟。最后，铜鼓的演奏需要感性与理性相结合，从感性的角度，理解分析节奏，让节奏牢记于心，由心而生；从理性的角度，真正理解音乐作品的风格和内涵，感受节奏的艺术魅力，从而提高音乐审美标准。

归兰水族铜鼓演奏形式一般为一面木鼓、一面公铜鼓和一面母铜鼓合奏。演奏中敲击木鼓和铜鼓的鼓面、鼓边可发出四种不同的声音，当地人称为“四个调”。木鼓和铜鼓配合的原则是：三鼓一定要相互配合，公铜鼓的节奏要跟随母铜鼓的节奏；木鼓和母铜鼓也相互配合，时而敲木鼓者重击木鼓鼓面，给予公铜鼓和母铜鼓变调信息，时而木鼓随母铜鼓的旋律变调。

不论是逢年过节，还是丧葬仪式，都少不了敲铜鼓的环节。在端节和“开控”仪式这两种场合中，铜鼓的演奏形式相似，基本节奏型也几乎一致。韦佩君师傅介绍说，在归兰水族乡，“开控”仪式与端节相比，铜鼓节奏多一个重复多次的二八节奏型，这个节奏型代表祖先在迁徙过程中经过的12个地方，且这个鼓曲在喜事时不能敲击。木鼓敲击者双手持鼓槌快速有力地敲击木鼓鼓面，铜鼓敲击者在两旁交替敲击铜鼓鼓面和鼓身，形成两种固定的节奏型，分别为：

| 第一种 | 第二种 |
| --- | --- |
| ×× ×× | × ×× |

木鼓和铜鼓配合演奏而成的节奏曲调是有历史渊源并充满寓意的。根据韦佩君师傅所讲述的铜鼓口诀，可以分声部记述成以下节奏型。

①《公鸡报晓—战斗进行曲—安家落户》节奏型

| | | | | | | | |
| --- | --- | --- | --- | --- | --- | --- | --- |
| A | 铜鼓腰 | 0 0 X 0 | 0 X 0 0 | 0 0 X X | 0 X 0 | X 0 X X | 0 X 0 0 |
| B | 铜鼓面 | X X 0 X | X 0 X | X X 0 | X 0 X | 0 X 0 | X 0 X |
| C | 木鼓 | 面面 边面 | 边面 边 | 面面 边 | 边面 面 | 边面 边 | 边面 面 |

| | | | | | | | |
| --- | --- | --- | --- | --- | --- | --- | --- |
| A | 铜鼓腰 | X X 0 | X X 0 | X X 0 X | 0 X 0 | 0 0 | 0 0 |
| B | 铜鼓面 | 0 X | 0 X | 0 X 0 | X 0 X | X X | X X |
| C | 木鼓 | 面面 面 | 边面 面 | 边边 面 | 边面 面 | 边 面 | 边 面 |

②《庆丰收、迎宾请客曲》节奏型

| | | | | | | | | | |
| --- | --- | --- | --- | --- | --- | --- | --- | --- | --- |
| A | 铜鼓腰 | 0 X 0 | 0 0 X 0 | X 0 0 | X 0 0 | 0 X 0 0 | X X 0 | X X 0 | X X |
| B | 铜鼓面 | X 0 X | X X 0 X | 0 X X | X 0 X | X 0 X X | 0 0 X | 0 0 X | X X |
| C | 木鼓 | 面边 面 | 面面 边面 | 边 面面 | 边面 面 | 边面 边面 | 面边边 | 面 边边 | 边 边 |

由此得出，归兰水族铜鼓的节奏律动多为四二拍，这种节拍规律充分体现了铜鼓铿锵有力的节奏特征。

## (3) 代表鼓谱

水族人民珍爱铜鼓，对铜鼓有一种特殊的情怀，随着时间的推移，这种情感愈发浓烈。曹学佺在《蜀中广记》中引载《上南志》中关于铜鼓的记载：“铜鼓，有剥蚀，声响者为上，易牛千头，次者七八百头，递有差等。夷人藏至二三百面者，即得雄视一方。”① 《明史·刘显传》记载：“得鼓二三，便可僭号称王。”② 可见，铜鼓是一种权力和财富的象征。铜鼓具有的价值与意义延续到水族人民的日常生活中，体现为拥有铜鼓的个体或村寨成为议论的对象，从而使得个体或村寨拥有一种话语权。③ 然而，随着社会的进步与现代社会的开放程度越来越高，铜鼓由权力与财富的象征逐渐回归到大众生活之中，但是在日常生活中，水族人民始终热衷于买卖铜鼓，基本为买入多而卖出少，买入铜鼓的家庭仍然会自豪地介绍买入铜鼓的优点及花费。如今铜鼓已经失去了权力象征的属性，只有财富象征属性包含其中了。水族家庭不到生活极度拮据或者迫不得已，不会卖铜鼓。可见，铜鼓在水族人民的日常生活中已体现出经济价值。

目前，归兰水族铜鼓的应用已越来越趋于大众化，但因种种原因，其传统鼓谱失传了不少，然而像蒙跃德这样的老一辈铜鼓师傅仍然在竭尽全力保护着鼓谱的传承。蒙跃德师傅说：“现在很多以前的传统鼓曲已经不敲了，因为铜鼓师傅都不会了，可以说已经失传了，所以到我们这里都是敲几首常用的鼓曲。我教的学生现在常用的鼓曲他们都会敲。”以下为笔者整理记录的归兰水族人民常用的铜鼓鼓曲。

《公鸡报晓—战斗进行曲—安家落户》

韦佩君　传授　黎可心　记谱

韦佩君　蒙跃德　蒙家君　演奏

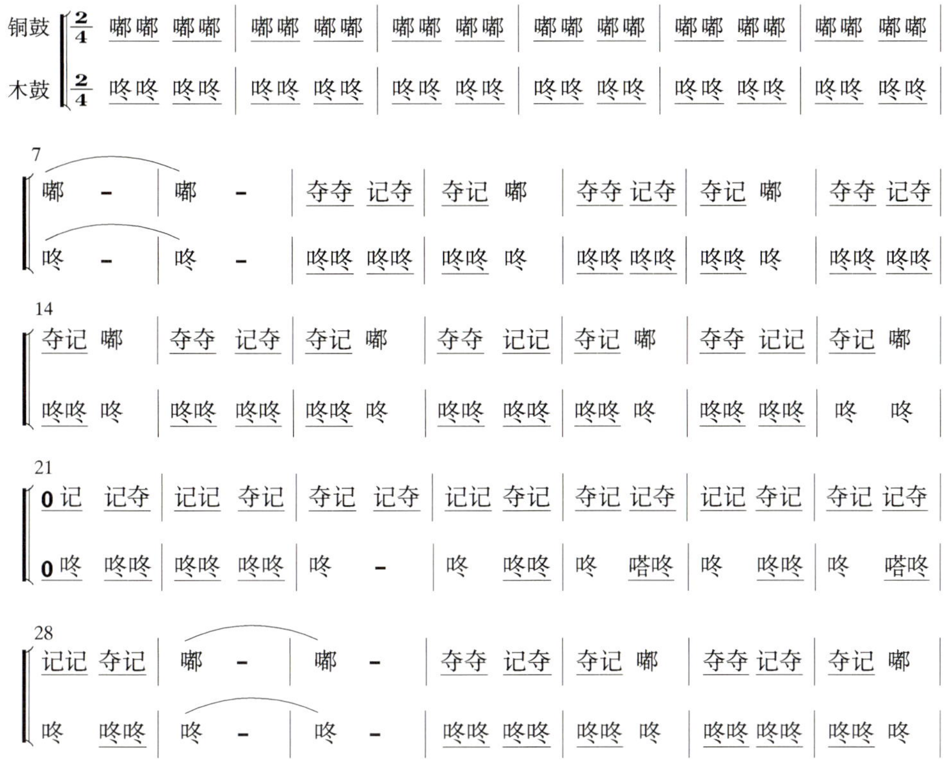


① 谢传红：《贵州省都匀市奎头山区水族铜鼓音乐文化考述》，《歌海》2016年第6期。

② 张廷玉等：《明史》卷二百十二，中华书局，1974，第5620页。

③ 谢传红：《贵州省都匀市奎头山区水族铜鼓音乐文化考述》，《歌海》2016年第6期。

在《公鸡报晓—战斗进行曲—安家落户》鼓曲中，鼓点的小节划分是笔者根据铜鼓师傅演奏时的重拍音响效果记录下来的。此鼓点为四二拍，木鼓和铜鼓同时敲击 12 下，代表祖先走过的 12 个地方。击铜鼓者右手持鼓槌敲击铜鼓鼓面，左手持竹条敲击鼓身，整个鼓点的声音听起来是错开的，但其实都在井然有序地进行，节奏规整，结构采取减缩或者扩充的方法，竹条用来敲击鼓腰，主要在弱拍上出现，且起到加花作用。在“公鸡报

晓”这一节鼓曲中，整体速度缓慢下来，节奏采用强拍为轻快的八分音符，弱拍是轻缓的四分音符。时而变换为强弱拍都为八分音符。木鼓一直保持敲击鼓面，铜鼓在强拍上敲击鼓面。在第 21 小节中，以竹条弱起开始，随后铜鼓以竹条作为强拍，木鼓依然敲击鼓面，最后在重复 3 次相同节奏后，以敲击鼓面结束。这种变化主要利用重音的改变打破单一节拍的惯性规律运动，形成对比，可以出现单一节拍不能表现的情绪和形象。在“战斗进行曲”这一节鼓曲中，鼓面和鼓腰强弱拍是交替进行的。此外，在铜鼓敲击鼓面时，木鼓敲击鼓边，反之，木鼓敲击鼓面时，铜鼓敲击鼓边，节奏交错进行，有明显的强弱对比。相比“公鸡报晓”这一节鼓曲，“战斗进行曲”这一节鼓曲的速度更为紧凑。在第 45 小节中，铜鼓以鼓腰作为弱起，木鼓以鼓面作为弱起，之后重复 5 次相同节奏后，铜鼓、木鼓同时敲击鼓面，铜鼓拉长节奏，木鼓变换一次节奏作为结束。在“安家落户”这一节鼓曲中，依然采用强拍为八分音符，弱拍是四分音符的节奏型，遵循起承转合的规律，让音乐终止得更为完满。最后转变为前四分音符、后八分音符的节奏，以二分音符长拍结束。

## 丧葬祭祀曲一

韦佩君　传授　黎可心　记谱

蒙春艳　蒙小刚　韦兴成　演奏

铜鼓 2/4 夺夺夺夺 记夺夺记 | 夺 夺夺 记夺夺记 | 夺 夺夺 记夺夺记 | 夺夺夺夺 记记夺记 |

木鼓 2/4 咚咚咚咚 嗒咚咚嗒 | 咚 咚咚 嗒咚咚嗒 | 咚 咚咚 嗒咚咚嗒 | 咚咚咚咚 嗒嗒咚嗒 |

5

夺记记夺 记夺夺记 | 夺夺夺夺 记记夺记 | 夺记记夺 记记夺记 | 夺记记夺 记记夺记 |

咚嗒嗒咚 嗒咚咚嗒 | 咚咚咚咚 嗒嗒咚嗒 | 咚嗒嗒咚 嗒嗒咚嗒 | 咚嗒嗒咚 嗒嗒咚嗒 |

9

夺记记夺 记记夺记 | 夺记记夺 记记夺记 | 夺记记夺 记记夺记 | 夺记记夺 记记夺记 |

咚嗒嗒咚 嗒嗒咚嗒 | 咚嗒嗒咚 嗒嗒咚嗒 | 咚嗒嗒咚 嗒嗒咚嗒 | 咚嗒嗒咚 嗒嗒咚嗒 |

13

夺记记夺 记记夺记 | 夺记记夺 记记夺记 | 夺记记夺 记记夺记 | 夺记记夺 记记夺记 |

咚嗒嗒咚 嗒嗒咚嗒 | 咚嗒嗒咚 嗒嗒咚嗒 | 咚嗒嗒咚 嗒嗒咚嗒 | 咚嗒嗒咚 嗒嗒咚嗒 |

17

夺记记夺 记记夺记 | 夺记记夺 记记夺记 | 夺记记夺 记记夺记 | 夺记记夺 记记夺记 |

咚嗒嗒咚 嗒嗒咚嗒 | 咚嗒嗒咚 嗒嗒咚嗒 | 咚嗒嗒咚 嗒嗒咚嗒 | 咚嗒嗒咚 嗒嗒咚嗒 |

107

夺 夺夺 记记夺记 | 夺记记夺 记记夺记 | 夺记记夺 记记夺记 | 夺 夺夺 记记夺记 |

咚 咚咚 嗒嗒咚哒 | 咚嗒嗒咚 嗒咚咚嗒 | 咚嗒嗒咚 嗒咚咚嗒 | 咚 咚咚 嗒嗒咚嗒 |

111

夺记记夺 记夺夺记 | 夺记记夺 记夺夺记 | 夺 夺夺 记记夺记 | 夺记记夺 记夺夺记 |

咚嗒嗒咚 嗒咚咚嗒 | 咚嗒嗒咚 嗒咚咚嗒 | 咚 咚咚 嗒嗒咚嗒 | 咚嗒嗒咚 嗒咚咚嗒 |

| 115 | | | | |
|---|---|---|---|---|
| | 夺记夺夺 夺夺夺夺 | 夺 夺夺 记记夺记 | 夺记记夺 记记夺记 | 夺记记夺 记记夺记 |
| | 咚嗒嗒咚 嗒咚咚嗒 | 咚 咚咚 嗒嗒咚嗒 | 咚嗒嗒咚 嗒嗒咚嗒 | 咚嗒嗒咚 嗒嗒咚嗒 |

| 183 | | | | | |
|---|---|---|---|---|---|
| | 夺记记 夺记夺记 | 夺记记 夺记夺记 | 夺 夺夺 夺记记 | 夺夺夺 夺记记 | 夺夺夺 夺记记 |
| | 咚嗒嗒 咚嗒咚嗒 | 咚嗒嗒 咚嗒咚嗒 | 咚 咚咚 咚嗒嗒 | 咚咚咚 咚嗒嗒 | 咚咚咚 咚嗒嗒 |

| 188 | | | | | |
|---|---|---|---|---|---|
| | 夺 夺夺 夺 夺 | 夺 夺夺 夺 夺 | 夺 夺夺 夺 夺夺 | 夺 夺夺 夺 夺夺 | 夺 0 ‖ |
| | 咚 咚咚 咚 咚 | 咚 咚咚 咚 咚 | 咚 咚咚 咚 咚咚 | 咚 咚咚 咚 咚咚 | 咚 0 ‖ |

丧葬祭祀曲一由四二拍构成基本拍，木鼓和铜鼓敲击的拍子是一致。比起上一首祭祀曲，速度明显加快。整首鼓曲节拍在十六分音符和八分音符之间交错，鼓面和鼓腰轮流出现强拍，这在听觉上给人一种强弱交替的感觉；节拍时值的变化，也使音响更加丰富，节奏律动性更强。

## 丧葬祭祀曲二

韦佩君　传授　黎可心　记谱

蒙春艳　蒙小刚　韦兴成　演奏

| | | | | | | |
|---|---|---|---|---|---|---|
| 铜鼓 $\frac{2}{4}$ | 嘟嘟 嘟嘟 | 嘟嘟 嘟嘟 | 嘟嘟 嘟嘟 | 记嘟 嘟记 | 嘟 嘟嘟 | 记嘟 嘟记 |
| 木鼓 $\frac{2}{4}$ | 咚咚 咚咚 | 咚咚 咚咚 | 咚咚 咚咚 | 咚咚 咚咚 | 咚 咚咚 | 咚咚 咚咚 |

| 7 | | | | | | | |
|---|---|---|---|---|---|---|---|
| | 嘟 嘟嘟 | 记嘟 嘟记 | 嘟 嘟嘟 | 记记 嘟记 | 嘟记 记嘟 | 记嘟 嘟记 | 嘟记 记嘟 |
| | 咚咚 咚咚 | 咚咚 嗒咚 | 咚 咚咚 | 咚咚 嗒咚 | 咚 嗒嗒 | 咚嗒 咚嗒 | 咚 咚咚 |

| 14 | | | | | | | |
|---|---|---|---|---|---|---|---|
| | 记嘟 嘟记 | 嘟 嘟嘟 | 记记 嘟记 | 嘟记 记嘟 | 记记 嘟记 | 嘟记 记嘟 | 记记 嘟记 |
| | 咚咚 嗒咚 | 咚 咚咚 | 咚咚 嗒咚 | 咚 咚嗒 | 咚咚 咚咚 | 咚 咚咚 | 咚 咚咚 |

| 21 | | | | | 153 | |
|---|---|---|---|---|---|---|
| | 嘟记 记嘟 | 记记 嘟记 | 嘟记 记嘟 | 记记 嘟记 | 嘟记 记嘟 | 记记 嘟记 |
| | 咚咚 咚咚 | 咚 嗒咚 | 咚咚 嗒咚 | 嗒咚 嗒咚 | 咚 嗒咚 | 咚 嗒嗒 |

| 155 | | | | | | |
|---|---|---|---|---|---|---|
| | 嘟记 记嘟 | 记记 嘟记 | 嘟记 记嘟 | 记记 嘟记 | 嘟记 记嘟 | 记记 嘟记 ‖ |
| | 咚 嗒嗒 | 咚 咚咚 | 咚咚 咚咚 | 咚咚 咚咚 | 咚咚 咚 | 嗒 嗒嗒 ‖ |

丧葬祭祀曲二依然为四二拍，以木鼓和铜鼓同时敲击鼓面拉开鼓曲的序幕。与之前不同的是，在这首曲子中，铜鼓先在重拍上敲击鼓腰，紧接着迅速转变重音于敲击鼓面上，节奏由快到慢，由整齐的八分音符到四分音符和八分音符并列，和前面的丧葬祭祀曲一样以二分音符长拍结束。

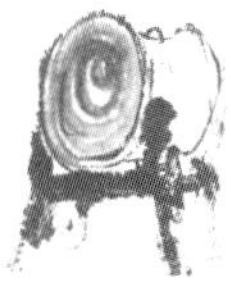



## 丧葬祭祀曲三

韦佩君　传授　黎可心　记谱

蒙春艳　蒙小刚　韦兴成　演奏

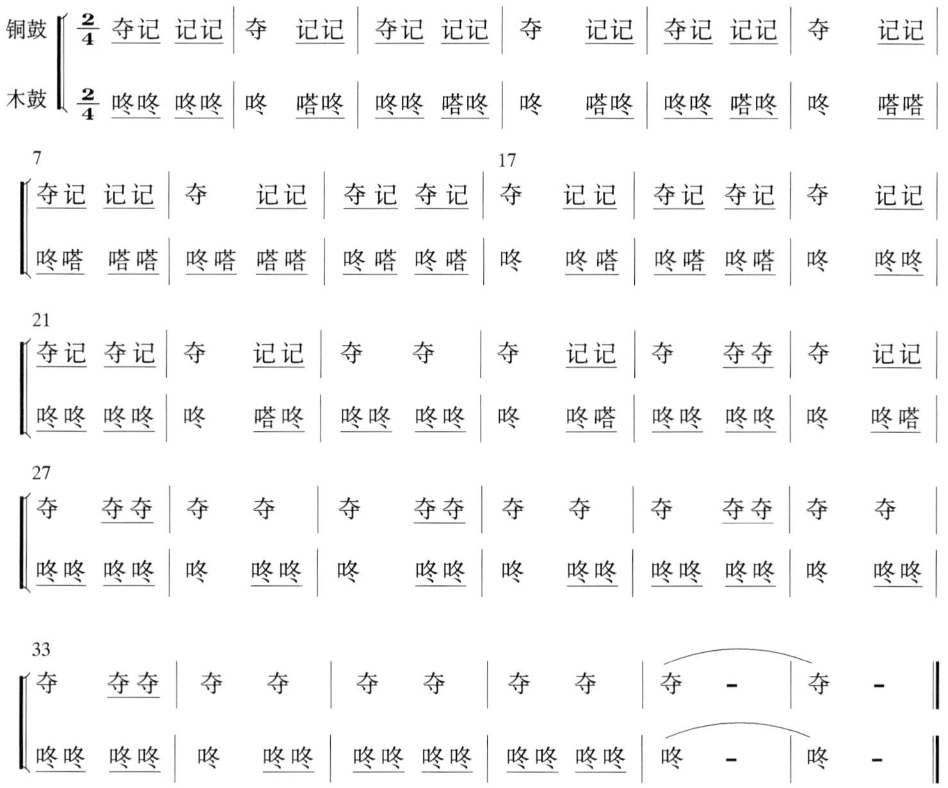


丧葬祭祀曲三的重音只放在敲击鼓面上，敲击鼓腰的声部均处于弱拍。木鼓的节拍较为密集，而铜鼓的节拍比较稀疏。与其他曲子不同的是，这首曲子的木鼓节奏型变化较多，特征较明显。

## 《庆丰收、迎宾请客曲》

韦佩君　传授　黎可心　记谱

蒙春艳　蒙小刚　韦兴成　演奏

21

记夺 嘟 记夺 嘟 | 记记 夺夺 夺记 嘟 | 夺夺 记夺 嘟 夺夺 | 记夺 夺记 嘟 夺夺 |
嗒咚 咚 嗒咚 咚 | 嗒嗒 咚咚 咚嗒 咚 | 咚咚 嗒咚 咚 咚咚 | 嗒咚 咚嗒 咚 咚咚 |

41

夺夺 记 夺记 夺记 | 嘟 夺夺 记夺 记夺 | 嘟 记记 嘟 记记 | 嘟 记记 记夺 记记 |
咚咚 嗒 咚嗒 咚嗒 | 咚 咚咚 嗒咚 嗒咚 | 咚 嗒嗒 咚 嗒嗒 | 咚 嗒嗒 嗒咚 嗒嗒 |

45

嘟 夺记 记记 嘟 | 记记 记夺 记记 嘟 | 夺夺 记夺 夺记 嘟 | 夺夺 记夺 夺记 嘟 |
咚 咚嗒 嗒嗒 咚 | 嗒嗒 嗒咚 嗒嗒 咚 | 咚咚 嗒咚 咚嗒 咚 | 咚咚 嗒咚 咚嗒 咚 |

61

嘟 记记 记夺 记记 | 嘟 记记 夺记 记记 | 嘟 夺夺 记记 嘟 | 夺夺 记记 嘟 记记 |
咚 嗒嗒 嗒咚 嗒嗒 | 咚 嗒嗒 咚嗒 嗒嗒 | 咚 咚咚 嗒嗒 咚 | 咚咚 嗒嗒 咚 嗒嗒 |

65

夺夺 记记 嘟 记记 | 夺夺 记记 嘟 记记 | 嘟 记记 嘟 记记 | 嘟 嘟 嘟 夺夺 |
咚咚 嗒嗒 咚 嗒嗒 | 咚咚 嗒嗒 咚 嗒嗒 | 咚 嗒嗒 咚 嗒嗒 | 咚 咚 咚 咚咚 |

69

嘟 嘟 嘟 夺夺 | 嘟 嘟 嘟 夺夺 | 嘟 嘟 嘟 记记 | 嘟 记记 嘟 嘟 ‖
咚 咚 咚 咚咚 | 咚 咚 咚 咚咚 | 咚 咚 咚 嗒嗒 | 咚 嗒嗒 咚 咚 ‖

《庆丰收、迎宾请客曲》是一首在端节和其他重大节日敲击的鼓曲，也是一首铜鼓和木鼓同时敲击的鼓曲。这首鼓曲的节拍基本以四分音符接八分音符的模式重复进行，直至最后以两鼓同时敲击鼓面结束。

## （四）归兰水族铜鼓音乐美学价值及未来发展

### 1. 铜鼓音乐的美学价值

关于音乐美学，德国音乐学家伽茨在《音乐美学的主要流派》中将普通美学领域的他律论和自律论概念引入音乐美学，并构想了一种以他律和自律为主线的系统分类方法。[①] 韩锺恩先生将其解释为：内容与形式，本质与现象，音乐暗示音响之外的东西。也就是说，音响是音乐的听觉表现形式，音乐之美在于通过音响表达出来的、受众依听觉审美经验或因语言的、映像的、比喻的、象征的、符号的某种信息而感觉到的一种心理与精神愉悦，这种愉悦只能通过对音乐表达的信息的感觉才能得到，而这里受众对音乐的感觉则是音响之外的东西在音乐中得以体现与展示，这种通过听觉去感觉音乐美学价值的体验，在归兰水族铜鼓音乐中表现得尤为明显，铜鼓音乐体现的不完全是曲律的美感，还有蕴含于铜鼓

① 金经言：《对音乐美学作自律和他律划分的最初尝试——介绍伽茨的〈音乐美学的主要流派〉》，《中国音乐学》1996年第1期。

音响之外的东西。如果说音乐的内涵是站在“艺术美他律”的角度上去表达和展示的，那么从“艺术美自律”的角度上看，归兰水族铜鼓音乐的内涵则在于以某种艺术美化的语言和形式所获得的感觉与听觉美感体验，从而使散落在民族之中的音乐文化碎片凝成生活艺术化的图景，从而将水族民族传统音乐情境导入审美的领域。

## （1）社会原生审美愉悦

音乐是万物生灵与生俱来皆为愉悦的本源，源自生活中富有节律的音响，完成于对这些令人愉悦而富有节律的音响的归纳与抽象，通过民众口口相传。因而，每个民族之中都蕴藏了无数的音乐艺术元素，都是一座审美音乐文化资源的富矿。音乐是一种声音的表现，必须借助某种工具（即特定的具有某种音响的器具）来表现。就音乐美的始源而言，音乐关乎音响的表现。因而，演奏民族音乐的乐器都具有独特的美学价值。与能够给人以瞬间听觉刺激美的、以现代乐器表现出来的现代音乐相比，民族传统乐器所表达出来的民族传统音乐给人以民族原生的、具有悠长历史的、朴素的审美愉悦。而对于少数民族来说，他们的音乐具有原生态审美价值，更崇尚力量、勇敢、坚忍，反映出他们真诚待人、团结友爱的精神。而形式上的对等、平稳、和谐，节奏上的鲜明有序，正是音乐的原生态审美价值，是归兰水族铜鼓音乐美的体现。这些朴素的审美意识支配着人们对现实事物的审美心理，使民族审美带有了固定的倾向性。①

铜鼓作为水族最具特色的乐器，其外观古朴，具有原始造型的美。铜鼓最初的用途为炊具，铜鼓的美表现在其实用性上；其后在战争搏斗中，铜鼓演变为战鼓；随着其社会功能的改变，铜鼓的美学价值体现在音乐上。铜鼓音乐起初为祭祀所用，所以在音乐文化中，其作为一种感情符号，传递的是对祖先的感激，对父母的孝顺。这种音乐形式无形之中也承载着对后辈的道德规范教育，是社会美的体现。水族人民自古以来生活在依山傍水、风景优美的自然环境中，其文化和民俗依然保留着原始风貌，铜鼓音乐在岁月更迭中得以保存并发扬光大，见证了整个民族从曲折磨难走向美好幸福的历程。

## （2）生态生活审美愉悦

音乐作为人们生活中不可或缺的重要组成部分，从来就不是零散存在的碎片或孤立存在的独立片段，而是在音乐产生初始，即与人们的生活与生活状态息息相关，并在族群的信仰、生活方式、文化形态，以及生态环境的影响和补充下，逐渐发展与传承下来。音乐本身是在人们本能审美情趣与需求的语境下产生的，是人们生态生活中审美愉悦的具体体现。因而，从这个意义上说，铜鼓既是产生于水族人民生态生活的音乐，也是集水族人民审美于一体的具体体现。从人的生理结构、生活状态与心性形态角度来说，水族铜鼓音乐具有人民生态生活审美愉悦的广博性，不仅表现了水族人民的生活，而且是各族人民艺术审美活动的音乐文化全景。因为以艺术活动来索引族群的文化全景这一特征，也是艺术人类学的学科属性之一。② 因而，铜鼓音乐作为水族人族群文化的整体表征，整个民族的成长进步、生活环境、宗教信仰、风俗习惯也同样通过铜鼓音乐投射到整个生活进化形态之中。古时，铜鼓音乐投射的是水族人虔诚朴实的心灵祈求与宗教念想，同时以鼓心的芒针和鼓面的太阳纹，以及鼓身上的纹饰的视觉表达方式，强化了音乐听觉表达的意义，使铜

① 苏仁先：《从民族艺术特征中看民族审美心理》，《云南民族学院学报（哲学社会科学版）》1995年第3期。

② 吴震东：《“田野”的美学——兼论少数民族艺术研究与日常生活的审美批判》，《民族艺术研究》2013年第4期。

鼓音乐与虔诚和念想融合在一起，达到一种将生态生活融进宗教与心灵的审美愉悦的至高境界之中。

## 2. 铜鼓音乐的现状发展

铜鼓经历了2000多年的发展，以其独有的民族性和生态美，成为水族人民重要生活的一部分。每一个民族不论族群大小，都有与其民族特点保持一致的传统音乐艺术，说到底是该民族在特定环境中生存状态和生活方式的生动体现，是凝结了群体意识和生存智慧的精神寄寓。[①]铜鼓作为一种传统乐器，并非孤立存在，而是承载着深厚的民族文化。而音乐作为文化的重要组成部分，使得铜鼓音乐的美学价值越来越受到人们的重视。

### （1）铜鼓音乐研究现状

铸造铜鼓和使用铜鼓在我国已有悠久的历史，归兰水族铜鼓的应用也有数百年之久。在深入村寨的调查中，笔者了解到，归兰水族铜鼓经历了三个阶段：一是衰弱，二是恢复，三是展演。在近代，铜鼓虽有发现和收藏，但由于社会动荡与文化闭塞，铜鼓并未引起学者、研究者和音乐人的关注与重视，而列强对中国文化的侵略和掠夺，使得铜鼓也与其他古物一起流往国外。20世纪六七十年代，随着铜鼓被禁，村民们很少在生活中使用铜鼓，铜鼓音乐及音乐习俗亦逐渐失传，所以铜鼓音乐文化基本处于一种衰落状态。铜鼓师傅韦佩君说："以前祖先传下来的这个鼓谱是有十一则的，我们都是一代一代这样教的，现在，除了那些老师傅，基本上没有几个人会了。有些以前传下来的曲子我们都不会了。而等到文化逐渐开放，允许敲铜鼓的时候，已经没有铜鼓可以敲了。虽然以前被政府收缴的铜鼓都用不了了，政府给我们铸造了新的铜鼓，但是经过这么长时间的禁止以后，很多鼓谱与敲打技巧都已经失传了，都不知道怎么敲了，很多后辈都不晓得我们水族还有铜鼓。"改革开放以后，随着我国文化事业的不断发展，铜鼓作为一种重要的民族文化，日渐受到人们的重视。蒙君昌师傅也说，如今，乡政府大力支持铜鼓音乐文化的发展，鼓励民众学习敲击铜鼓。而且在民间，不论男女老少，只要愿意学习，铜鼓师傅都会乐此不疲地教。在归兰水族乡的民族小学里，就时常有小女孩、小男孩在学习敲击铜鼓和木鼓。每年，政府还会组织铜鼓师傅们带着小铜鼓师们去各乡镇进行展演，让更多人了解水族铜鼓。进入21世纪后，随着国家对非物质文化遗产开发、保护的力度越来越大，政府对各地区民族铜鼓音乐文化进行了挖掘和保护，各地区成立了文化馆。在政府的大力扶持下，铜鼓音乐文化已成遍地发展之势，而且已经具有商业演出价值，即每年归兰水族乡的铜鼓师傅们都会被邀请参加一些民族活动，并因推广和教授铜鼓获得一定报酬。政府部门的推动使归兰水族铜鼓音乐文化得到较好的传承和发展。

### （2）铜鼓音乐未来展望

作为已深深嵌入水族人民生活与文化中，成为民族生活形态主要部分的铜鼓音乐，已经具有了极为丰厚的民族文化底蕴，其传承有助于民族文化与精神的发展。对于独具民族



① 宋生贵：《开掘民族艺术的审美文化资源——全球化背景下发展民族艺术的美学研究》，《内蒙古大学学报（人文社会科学版）》2006年第1期。

风情的水族铜鼓音乐文化而言，铜鼓音乐文化场域的相对限制，在与多元文化交流碰撞的背景下，始终显示出一种略带原始的音乐文化气息，从而处于一种较为被动的状态。因此，铜鼓音乐文化的未来发展，即在于将铜鼓音乐文化的传承过程转化为文化融合过程，最终实现铜鼓音乐文化的多元化融合。而适切的文化传承路径显得尤为关键和重要。① 归兰水族铜鼓音乐文化经过 30 多年的发展，已确实打开了民族文化、铜鼓音乐文化和古典传统音乐文化的广阔视域，对于延续和发展铜鼓音乐至关重要。

归兰水族铜鼓音乐文化反映了自古以来水族人对自然界和社会关系的看法，体现了水族人民的社会习俗，这既是一部通过音乐形式表现出来的极为珍贵的无字历史文献，又是精美的音乐艺术品。

当下，经济全球化发展迅速，文化全球化亦势在必行，这无疑会对铜鼓音乐文化造成巨大的冲击。在社会自然状态下，其冲击结果要么是铜鼓音乐被现代音乐同化，丧失自我个性；要么就是被彻底边缘化或者彻底消失。这两种结果，无论是从民族文化传承的角度来说，还是从中华民族多元化的角度来说，都不是人们希望看到的，因为音乐既是民族的血脉也是民族的灵魂。由此，从民族音乐的整体观出发，对归兰水族铜鼓音乐予以保护，让其得以传承与发展，具有非常重要的意义。正如苏仁先先生所说：“民族艺术是一种古老的传统艺术，其中蕴含了一种强烈的生命意识，并作为一种重要的审美经验积淀在民族审美心理结构之中……简单地说，所谓生命意识就是活动中的自由意志，一种企图摆脱来自物质或精神领域的束缚的自由意识，一种情感化了的灵魂意识和道德意识。它们包含在人类的一切行为之中，无疑也反映在各民族借以观照自身的民族艺术之中，使民族艺术充满了浓郁的生命意识。”②

著名学者费孝通认为：“群体中个别生物人逃不掉生死大关，但属于社会人的生活用具和行为方式即文化的零部件却可以不跟着个别生物人的生死而存亡。文化的社会性利用社会继替的差序格局，即生物人生命的参差不齐，使它可以超脱生物体生死的定律，而有其自己存亡兴废的历史规律。这是人文世界即文化的历史性。”③ 从这个意义上来说，文化传承是文化的本质属性，是一种能动的社会历史过程，所以促进铜鼓音乐文化的传承与发展有助于水族民族精神的维系、民族性格的形成。

首先，以教育作为铜鼓音乐传承的根本途径。教育是文化传递与传播的一种基本方式。了解与认知一种文化，以及将一种小众的音乐文化发展为一种相对大众的文化，最为有效的方式就是广泛的教育。因而，进一步加强对年轻人的教育，使其始终保有民族归属感极为重要。其主要方式为学校教育和家庭教育相结合。对于归兰水族人民而言，自古铜鼓就是民族生活中极为重要的一部分，它本身就是水族文化的载体，它的发展亦始终是一个自然的过程，在自然发展中形成自己的文化习惯。但是，在放弃传承教育的环境下，铜鼓音乐亦可以失去其应有的文化习惯，这一点已被历史所证明。正如本尼迪克特所说：“个体生活的历史中，首要的就是对他所属的那个社群传统上手把手传下来的那些模式和准则的适应。落地伊始，社群的习俗便开始塑造他的经验和行为。”④ 因此，以多种方式加强对年轻人的铜鼓文化教育是必要的。

其次，虽然人们对于音乐的听觉审美趣味各有不同，但基于音乐的始源是生活，则音

① 孙杰远、刘远杰：《融合与认同：少数民族文化传承及其路径》，《中国民族教育》2012 年第 1 期。

② 苏仁先：《从民族艺术特征中看民族审美心理》，《云南民族学院学报（哲学社会科学版）》1995 年第 3 期。

③ 费孝通：《关于“文化自觉”的一些自白》，《学术研究》2003 年第 7 期。

④ 龙先琼：《传统文化的历史生成及其价值评价》，《吉首大学学报（社会科学版）》2007 年第 6 期。

乐具有共通的审美愉悦元素，因而当铜鼓音乐释放出人类最为质朴与真实的听觉表达信息时，必定给人一种淳朴与自然的向往与愉悦。因此，当铜鼓音乐以旅游文化为载体，通过更加开放的形态向全社会传播的时候，铜鼓音乐获得了一个极具生命力的传承平台，可以同时吸纳更多的现代音乐时尚元素，使其在传承中获得发展，并增强了生命力。这一点对于铜鼓音乐文化吸收和借鉴其他民族文化及主流文化，完成文化与音乐的交流与融合具有非常积极的意义。目前，都匀市政府正积极开发旅游资源，目的便是促进各乡镇经济发展，传播民族文化，以适当的旅游开发推进文化传播。

中国是一个多民族国家，其五千年的发展使中华文化成为一个包容性极强、可以容纳百川的大海。而归兰水族铜鼓音乐文化作为中华文化沧海中的一粟，不仅是水族文化的反映，也是水族人民勤劳勇敢、坚忍不拔的民族特质的体现。铜鼓音乐的延续是中华民族音乐发展的侧影，所以研究、传承和发展铜鼓音乐，让铜鼓音乐之星更加璀璨夺目，具有积极意义。

# 三、红水河流域毛南族铜鼓音乐

## ——以贵州平塘县为例

毛南族主要分布在广西河池市的环江毛南族自治县和贵州黔南州的平塘县、惠水县、独山县等地。贵州省毛南族原称“佯黄人”。1990 年 7 月 27 日，贵州省人民政府根据国家民委〔1986〕民政字第 252 号文件精神，以〔1990〕黔府通 106 号文件批复，同意将聚居在平塘、惠水、独山三县的 31904 名佯黄人认定为毛南族。贵州省毛南族主要聚居在平塘县卡蒲毛南族乡和者密镇。黔南州毛南族语言属于汉藏语系壮侗语族侗水语支。关于黔南州毛南族的族源，在史籍、地方志及一些田野调查资料中有相关的记载，但是没有形成一个统一的、确切的结论。

毛南族信奉万物有灵，对打雷、下雨等各种自然现象充满着恐惧与不安，由此产生了原始崇拜和原始信仰，主要有祖先（即家神）崇拜、鬼神崇拜、山石动植物崇拜等。敬奉祖先是毛南族人的传统。堂屋是祭祀场所，堂屋中的神龛是神圣之所，平时供奉祖先灵位，逢年过节需祭祖，家中婚丧嫁娶等重要事情要祭告祖先保佑。毛南族人认为，人死后灵魂还在，会变成鬼。鬼也分为不同的等级，其中最凶恶的是各种恶死鬼，如刀枪伤死、跌死、生孩子死等。毛南族聚居区有专门从事敬鬼神活动的神职人员，如“塘漂”① 和“过阴奶”等。

贵州省境内的毛南族在丧葬仪式中有使用铜鼓的习俗，铜鼓作为打击乐器配合丧葬仪式的进程。贵州毛南族铜鼓演奏形式：铜鼓一面，皮鼓的数量要视具体的场合而定，可使用一面或多面。铜鼓一般悬挂于堂屋门内侧角落的横梁上，离地约 20 厘米，皮鼓呈一定倾斜角度摆放于铜鼓旁边。铜鼓和皮鼓一般为坐着敲击。敲铜鼓者右手持槌敲击铜鼓鼓面，左手持小木棒敲击铜鼓鼓边；敲皮鼓者双手持木棒敲击皮鼓鼓面或鼓边。在特定的场合中有单独敲击铜鼓或皮鼓的情况，这时需要两人用一根横木悬挂铜鼓扛在肩膀上，敲铜鼓者躬身站立，右手持槌敲击铜鼓鼓面，左手持小木棒敲击铜鼓鼓边。

杨秀昭在《毛南族“肥套”仪式及其音乐解析》中提到仪式中的乐器有细腰鼓、凳鼓。② 欧雯瑄在《毛南族民间音乐的历史与发展浅探》中提到师公音乐的伴奏乐器有牛皮腰鼓、长鼓、小鼓。③ 目前，广西学者关于毛南族音乐的研究中没有涉及铜鼓和皮鼓的记

---

① “塘漂”：毛南语音译，指民间巫师，在开丧仪式中负责念经等。

② 杨秀昭：《毛南族“肥套”仪式及其音乐解析》，《歌海》2010 年第 1 期。

③ 欧雯瑄：《毛南族民间音乐的历史与发展浅探》，《广西地方志》2009 年第 5 期。

载。而《贵州毛南族》和《贵州毛南族志》等论著均从民俗仪式特征的角度介绍毛南族丧葬仪式，以及仪式中铜鼓和皮鼓的使用情况。另外，音乐学者杨殿斛在《贵州毛南族音乐文化述略》中也提及铜鼓和皮鼓的传说以及节奏类型。可以说，贵州的学者们将毛南族丧葬仪式中铜鼓和皮鼓的使用作为毛南族音乐文化研究的重要部分。对贵州毛南族铜鼓和皮鼓的研究，能够突出贵州和广西两省区毛南族音乐文化方面的差异，为两省区毛南族音乐文化的比较研究并认识毛南族音乐文化的整体面貌积累资料。

从贵州毛南族铜鼓和皮鼓的现有研究成果来看，还需要通过细致的田野工作收集第一手资料，包括毛南族丧葬仪式中的“地方性知识”，仪式中铜鼓和皮鼓的节奏类型等。在此基础上，还应该回答诸多问题：毛南族在丧葬仪式中为什么要使用铜鼓和皮鼓？铜鼓和皮鼓是否普遍使用于毛南族的丧葬仪式中？铜鼓和皮鼓在丧葬仪式中起到怎样的作用？铜鼓和皮鼓怎样与丧葬仪式结合在一起？等等。只有对这些问题进行解答，才能获得对毛南族丧葬仪式中铜鼓和皮鼓的整体性认识。面对这一系列问题，不能仅仅从音乐本体的角度对铜鼓和皮鼓进行解析，还应该将铜鼓和皮鼓放在具体的仪式场景和更大的社会环境之中来理解，更要将铜鼓和皮鼓的节奏安排与仪式结构进行整合研究，以期对这一民俗现象进行解析。

## （一）毛南族铜鼓和皮鼓的使用及规则

### 1. 铜鼓和皮鼓的使用缘由

贵州省毛南族聚居在黔南州的平塘县、惠水县和独山县。平塘县毛南族主要分布在卡蒲毛南族乡、者密镇、大塘镇。[①] 据卡蒲毛南族乡河中村石龙书（男，1950 年生）回忆，铜鼓既在春节期间敲击娱乐，也在丧葬仪式 [②] 中敲击送魂。中华人民共和国成立后，铜鼓很少在春节期间敲击娱乐，只在丧葬仪式中使用。

丧葬仪式中为何使用铜鼓和皮鼓？当地民间有一则关于皮鼓的传说：

> 毛南族祖先开丧的时候是有书本（即经书）念的，“塘漂”每次拿书本念的时候，手上的汗水就沾到书本上。有一回书本掉到了地上，一头牛经过的时候闻到汗味，便把书本吃掉了。这样，毛南族在开丧的时候没有书本念了，就把吃书本的牛杀了，用牛皮做成皮鼓来敲，以代替念书本，打皮鼓相当于念书本。[③]

通过这则传说，可以解读出毛南族开丧仪式中的三个现象：第一，毛南族开丧仪式中需要念经，“塘漂”念的经没有经书作为载体，传承方式为口传心授；第二，皮鼓的敲击等同于“塘漂”的念经，在某些仪式片段敲击皮鼓可以充当“塘漂”念经的功能；第三，“塘漂”通过念经而具有沟通阴阳两界的能力，皮鼓代替了“塘漂”的经书，同样具有沟通阴

① 邹洪涛、杨正举主编《贵州毛南族》，贵州民族出版社，2011，第 16—23 页。

② 懂汉语的毛南族人能够说出“丧葬”“开丧仪式”等词语，毛南语的对应词为“曰胎”。参见石光尤：《贵州毛南族志》，线装书局，2014，第 95—96 页。

③ 石龙书口述，笔者整理。

图二三八 “塘漂”和鼓师在敲击铜鼓和木鼓（赵凌 摄）

阳两界的作用。

平塘县老一辈毛南族人认为，铜鼓的声音具有通天达地的功能，丧葬仪式中送给亡者的物品和通知天上神灵降临仪式现场等仪式行为，需要通过敲铜鼓来完成。这样，铜鼓在仪式中发挥着传递信息、沟通阴阳两界的功能。铜鼓的这些功能使得铜鼓成为丧葬仪式中不可缺少的一部分。

## 2. 铜鼓和皮鼓的使用范围

平塘县毛南族人口以石姓和刘姓两大家族为主，也有莫姓、陈姓、余姓、孟姓等家族。平塘县毛南族只有石姓、刘姓家族在举办丧葬仪式时使用铜鼓和皮鼓，其他姓氏家族不能在丧葬仪式中使用铜鼓和皮鼓。如果其他姓氏在丧葬仪式中使用铜鼓和皮鼓，石姓和刘姓家族有权出面干涉。平塘县毛南族中的孟姓、莫姓等家族也表示，打铜鼓是平塘县毛南族石姓和刘姓家族的风俗习惯，平塘县其他毛南族没有使用铜鼓的习俗。为何石姓和刘姓家族拥有在丧葬仪式中使用铜鼓和皮鼓的特权？当地有这样一则传说：

以前朱元璋在位期间，我们迁徙到六硐卡蒲这一带。刘家、石家是一起迁徙过来的。途中刘家的母亲过世，刘家最小的娃不到一岁，没有奶吃，就吃我们石家母亲的奶。石家三个祖公一起到独山，准备到独山的猫寨。石家最小的兄弟要抽烟，但是没有火。石家的老大、老二就停下来，老幺去独山找火。那个老幺在独山城忙着玩，忘式场地设立于丧家对面小山坡上的一块平坦地面上。场地设六个摊位，每个摊位放着盛有花生、饼干、水果等食品的碗。东面竖着一幅亡人画像，画像披着亡人遗衣，被外家亲戚送来的黄伞遮住。场地中央木桩上拴着两头肥猪。场地的六个摊位分别为大吉、小吉（“塘漂”在这个摊位念经），俸禄、大衡（寨老在这个摊位代表所有亲戚来送花伞），贼盗、毛头（外家亲戚在这个摊位镇住所有邪祟），从鬼、伍曲（寨老在这个摊位守护场地的一切），开曲、屋退（八仙[①]师傅负责守住这个摊位），花明、庚甲（八仙师傅负责守住这个摊位）。铜鼓由两人负责抬到场地，鼓师敲击铜鼓谱例 18，意为通知太上老君和 12 位寨老到场维持秩序，同时警告所有阴间灵魂，只能在场外，不能扰乱场地秩序。然后抬铜鼓的两人随同鼓师绕场敲击，绕第一圈敲铜鼓鼓面一次，绕第二圈敲铜鼓鼓面两次，绕第三圈敲铜鼓鼓面三次，目的是向每个摊位的守护者致谢。鼓师绕场三圈后，两人将铜鼓抬回家中。孝子孝女们从亡人画像方向的摊位开始绕场，在每一个摊位前跪下叩头，守摊者对孝子孝女们说一番吉利话，八仙师傅以一段固定旋律作为回礼。孝子孝女们绕场三圈后跪拜牲口。事主家请来的舞狮队在大鼓和口哨的节奏配合下也绕场三圈，绕场时在每一个摊位跪拜一次，绕场三圈后跪拜一次牲口。接着，“塘漂”手持砍刀站在场地中央高声讲话，大意是这个场是为某亡人所设，场内一切不准任何人乱动，否则，“塘漂”会给予惩罚，随即扬刀三次。众人一拥而上将场地上的两头肥猪杀死。

图二四四　赶场仪式（赵凌　摄）

图二四五　赶场仪式中的摊位（赵凌　摄）

图二四六　孝子孝女们跪拜摊位（赵凌　摄）

① 八仙：毛南族民间唢呐，也称为“叽呐”。吹唢呐的艺人称为“八仙师傅”。

谱例 18[①]

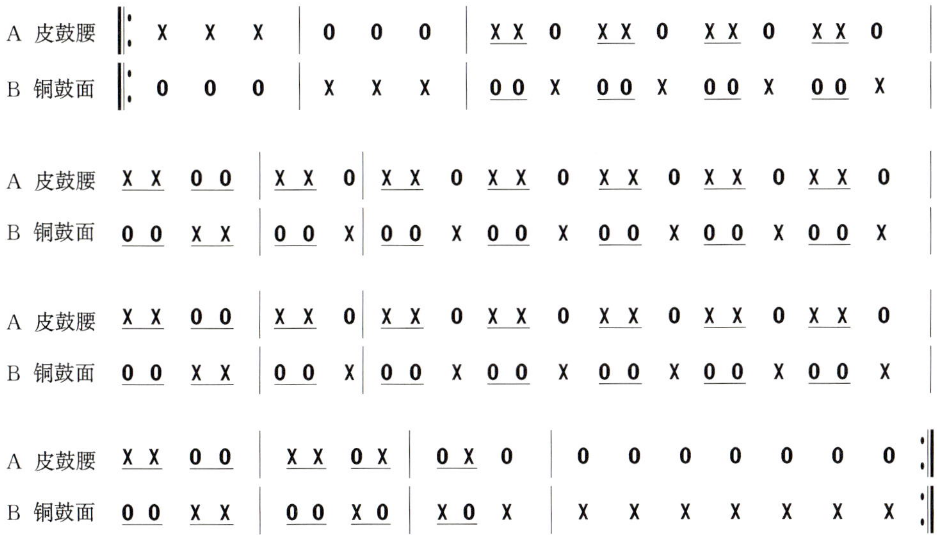


## 7. 第七个“控节”

第七个“控节”是从第三天早上 6 时开始举行，仪式环节有出丧、砍幡、倒幡、断鼓、夺“天”送别等。第三天早上 6 时，敲击铜鼓和皮鼓演奏谱例 15，然后皮鼓单独演奏一段谱例 16，但敲击的节奏更为自由而缓慢，这时敲击皮鼓不代表念经，也不伴随“塘漂”的念经，意思为断鼓[②]，表示告诉所有神灵，整个开丧仪式即将结束，“塘漂”和鼓师取下铜鼓并收藏皮鼓。

## （三）铜鼓、皮鼓与仪式过程的结合方式

从上述个案的描述可知，毛南族丧葬仪式的 7 个“控节”包含开丧、请魂、喊魂、鸡引路、立幡、吃少午饭、赶场、出丧、砍幡、倒幡、断鼓、夺“天”送别等仪式内容。仪式是由主题相同但仪式内容和仪式细节不相同的一系列仪式环节构成的。仪式中的铜鼓和皮鼓主要有 4 种节奏伴随仪式的进行。那么，铜鼓和皮鼓以什么方式与仪式紧密联系在一起呢？丧葬仪式内容以及使用铜鼓和皮鼓的情况如表二一所示。

① 谱例 18 反复敲 3 次，其中具体的节奏片段略有增减。鼓师每敲完一次就发出“哟”“哟”“哟”三声。在谱例 18 的开始和结尾，鼓师敲击谱例 15 的第一个反复片段数次。

② 断鼓：也叫“打退鼓”，意思是将亡魂送走了，要生魂回来。参见石佩科：《贵州省毛南族民间文化集萃：做桥婚丧篇》，香港凤凰出版社，2013，第 236 页。

表二一 毛南族开丧仪式过程

| 仪式程序 | 主要仪式环节 | 音声的使用 | 铜鼓、皮鼓的节奏 | 铜鼓、皮鼓的功能 |
| --- | --- | --- | --- | --- |
| 第一个“控节” | 鸣炮开丧 | 铜鼓和皮鼓配合演奏 | 谱例15重复演奏4次 | 第一次，表示通知天上、地下的神灵和亲友邻居仪式开始；第二次，表示奉请天上、地下的神灵降临仪式现场；第三次，表示请“塘漂”坐镇；第四次，表示请阴司12位寨老坐镇 |
| | 奉请神灵、念经请魂 | 皮鼓单独演奏，“塘漂”念经，铜鼓和皮鼓配合演奏 | 皮鼓按谱例16演奏，铜鼓和皮鼓配合演奏谱例15 | 皮鼓辅助“塘漂”念经 |
| | 绕棺 | 皮鼓单独演奏，“塘漂”念经 | 皮鼓按谱例16演奏 | 皮鼓辅助“塘漂”念经 |
| | 念经喊魂 | 皮鼓单独演奏，“塘漂”念经 | 皮鼓按谱例16演奏 | 皮鼓辅助“塘漂”念经 |
| | 鸡引路 | 铜鼓和皮鼓配合演奏，“塘漂”念经 | 铜鼓和皮鼓配合演奏谱例15 | 表示请魂与送魂 |
| 第二个“控节” | 烧纸、读幡文、立幡 | 烧纸时铜鼓和皮鼓配合演奏，立幡前铜鼓和皮鼓配合演奏，“塘漂”读幡文，八仙师傅吹奏唢呐 | 铜鼓和皮鼓配合演奏谱例17、谱例15、谱例16 | 表示仪式开始 |
| 第三个“控节” | 买盐巴、买孝衣孝帕、烧纸钱 | 每个小仪式后铜鼓和皮鼓配合演奏 | 铜鼓和皮鼓配合演奏谱例15 | 表示每个小仪式结束 |
| 第四个“控节” | 念诵祭章 | “塘漂”念诵祭章，铜鼓和皮鼓配合演奏，八仙师傅吹奏唢呐 | 铜鼓和皮鼓配合演奏谱例16、谱例15 | 表示第一天仪式结束 |
| 第五个“控节” | 鸣炮 | 铜鼓和皮鼓配合演奏 | 铜鼓和皮鼓配合演奏谱例15 | 表示奉请天上、地下的神灵和阴司12位寨老坐镇 |
| | 亲属送花伞 | 铜鼓和皮鼓配合演奏 | 铜鼓和皮鼓配合演奏谱例15 | 表示欢迎、感谢亲友来吊唁 |
| | 请外家吃少午饭 | “塘漂”念经，八仙师傅吹奏唢呐 | 无 | 无 |

续表

| 仪式程序 | 主要仪式环节 | 音声的使用 | 铜鼓、皮鼓的节奏 | 铜鼓、皮鼓的功能 |
|---|---|---|---|---|
| 第六个“控节” | 赶场 | 铜鼓单独敲奏 | 铜鼓单独敲奏谱例 15 第一个反复部分、谱例 18 | 表示传递信息、请魂 |
| | 喊场、交生交熟 | “塘漂”念经 | 无 | 无 |
| 第七个“控节” | 出丧 | 铜鼓和皮鼓配合敲奏 | 铜鼓和皮鼓配合演奏谱例 15 | 表示通知天上、地下的神灵和阴司 12 位寨老坐镇 |
| | 砍幡、倒幡 | 铜鼓和皮鼓配合敲奏 | 铜鼓和皮鼓配合演奏谱例 15 | 配合“塘漂”念经 |
| | 断鼓 | 皮鼓单独敲奏 | 皮鼓演奏谱例 16 | 表示传递信息、送魂 |
| | 夺“天”送别 | 八仙师傅吹奏唢呐 | 无 | 无 |

从表二一可以看出，谱例 15 是铜鼓和皮鼓在仪式中出现频率最高的节奏，由两个不断反复的节奏片段组合而成，第一个出现反复的节奏片段速度稍快，第二个出现反复的节奏片段速度减慢。一快一慢两种节奏型交替出现，结合每一次请魂和每一次通知亡者灵魂来灵坛享用供品的仪程。因此，谱例 15 具有请魂的功能及传达生者对亡者的哀思和敬意的功能，贯穿于整个开丧仪式过程。谱例 16 由皮鼓单独敲奏，打皮鼓者双手交替由慢渐快地敲打鼓面，伴随“塘漂”念经贯穿于整个开丧仪式。谱例 17① 是一个与亡者身份相符合的节奏，先由皮鼓和铜鼓交替匀速敲击后由皮鼓单独敲击出“二八”和“八十六”的节奏型，其反复的次数需根据亡者身份而定。使用这个节奏时段视亡者的年龄而有不同的节奏型，如上文所述，如果亡者的年龄在 16—49 岁之间，则打“二、五、七”的节奏，从而在仪式中通过铜鼓和木鼓节奏型的不同实现族群内部“人群阶序化”。谱例 18 是赶场仪式中出现的节奏片段，击鼓者敲击鼓面和鼓腰各三次，表示警告孤魂野鬼不要来扰乱场地秩序，同时又具有奉请亡者灵魂来赶场的意思。从表二一中可以看出，仪式中铜鼓和皮鼓音乐的整体结构是由两个主要的节奏片段——谱例 15 和谱例 16 贯穿始终，中间插入谱例 17 和谱例 18，具有二部性结构原则。可以说，开丧仪式过程是基于请魂、送魂两个主题的不同仪式环节组合而成的，而仪式中的铜鼓和皮鼓音乐采用二部性结构原则，两者之间在某种程度上具有同构性。开丧仪式中的铜鼓和皮鼓音乐以二部性结构原则与基于请魂、送魂主题的不同仪式环节相结合，配合开丧仪式的进行，具有通知天上、地下的神灵，以及传达生者对亡者的哀思等功能。

① 毛南族铜鼓艺人将这个节奏称为打“三、六、九”，至于为什么叫“三、六、九”，以及“三、六、九”的具体内涵已经没有人能够说清楚。

## （四）小结

贵州省毛南族居住地山高地瘠，田寡人稀。毛南族人信奉万物有灵，相信无处不在的神灵与生活息息相关。他们尤为崇敬自己的祖先，在堂屋中的神龛供奉祖先灵位，并在各种节日进行祭祀，以祈求祖先的护佑。对祖先的崇拜是毛南族人重视丧葬活动的主要原因。贵州省平塘县毛南族石姓和刘姓家族在丧葬仪式中使用铜鼓和皮鼓，与皮鼓有关的传说和与铜鼓有关的习俗观念维护着两个家族在丧葬仪式中使用铜鼓和皮鼓的合理性。毛南族铜鼓和皮鼓主要在开丧仪式中相互配合演奏或单独演奏形成不同的节奏片段，这些节奏片段配合不同的仪式环节。毛南族的开丧仪式是由同样主题的不同仪式环节组合而成的，而开丧仪式中的铜鼓和皮鼓音乐的整体结构采用二部性结构原则，两者之间在某种程度上具有同构性。开丧仪式中的铜鼓和皮鼓具有沟通阴阳两界，通知天上、地下神灵，以及传达生者对亡者的哀思等功能。

# 第六章

# 红水河流域彝族铜鼓文化

# 一、红水河流域彝族跳宫节铜鼓乐舞

## ——以云南富宁县板仑乡为例

### （一）从史料辑录看铜鼓久远的踪迹

作为中国南方古代先民精神创造的结晶，铜鼓犹如中原族群创造的铜鼎一样，其以物化的存在方式，展现了华夏民族原初时代仪式与艺术生活的图景，有谚语道：铜鼎是无声的礼器，铜鼓是有声的雅乐。春秋末期到战国初年，铜鼓在滇池地区的发展趋于鼎盛并向外传播，由此成为我国南方族群生活中承担特殊社会功能的文化物象。作为以敲击发声的“响器”，若以美籍德国音乐学家萨克斯的乐器分类法来界定，铜鼓属于体鸣乐器的范畴。在2000多年的历史长河中，铜鼓成为重要的法器、礼器、乐器。我们可以从史料有限的文字记录与图像资料中，依稀地捕捉那些片言只语，让今世的人们禁不住随着暮霭中的“叮咚”之声，探秘它的回响，追寻它的舞影，更寻思为何远古的余韵依然传承至今并四季轮回地萦绕在红水河流域的民族村寨，并构建属于特定地域特有的声音记忆。古代的人认为，鼓声具有沟通天地和构建凡俗与神圣关系的威慑力，激越的鼓点可以超越音响节奏的展现，成为神意与权威的表意，尤其对部落族群而言，鼓点还可构成一种“权力程序结构”之上特殊的视角和记忆立场，具有深层的文化价值。正如维科所言：相对于逻辑推断的智慧，人还有一种更原始、更根本、更重要的智慧——诗性智慧。诗性思维是人类活动起源的第一阶段，被视为人类所有活动的根源和本源。人类的一切文化都是从诗性智慧发源而来的。所以，人类的诗性智慧高于知性智慧。① 远古南方部落各族群的人们在开拓生存空间的同时，也创造了精神存放的空间和属于自己的精神家园，人们通过“叮咚”的鼓点，将铜鼓文化进行了广泛的传播。不但今天中国南方的诸多民族有使用铜鼓的传统习俗，就连“黄河附近和疏勒河以西地区以及西北地区也有‘外国乐’注入了‘南音’的成分”②。这种远古的音响及其传播的范围，我们可以通过史料钩沉，略探一二。云南首位经济特科状元袁嘉谷在其撰写的《滇绎》中，对他所见的铜鼓作了形状的描述，还对“铜鼓是谁发明的？”这个问题进行了一番考证。1949年刊行的《新撰云南通志》中，记载了乾隆、嘉庆、道光年间和民国时期云南出土铜鼓的情况，特别是书中收录了方国瑜先生的《铜鼓考》一文，文章探讨了铜鼓的起源、社会职能等问题，可以说是云南第一篇铜鼓

① 维科：《新科学》，朱光潜译，商务印书馆，1989，第15页。

② 杨德鋆：《美与智慧的融集——云南民族艺术介论》，云南人民出版社，1993，第272页。

研究的论著。[1] 首先，作为法器，铜鼓在南方民间自古就有"巫之事神必用鼓"之说。我们可以从许多铜鼓鼓腰四周铸刻的图案中隐约看到，在远古的祭祀仪式中，人们认为可通过铜鼓的鼓声实现与神交流的目的。据考古学家推测，这些铸刻所表现的，的确是巫师祭祀的场景。如昆明石寨山出土的西汉 M12:26 铜鼓形贮贝器的器盖上，就铸刻有祭祀场面，上有贵族高坐在干栏式房屋的上层主持祭典的场景。《隋书》卷三十一《地理下》有"有鼓者号为'都老'，群情推服"[2] 的记载。唐代有"蛮夷之乐，有铜鼓焉……贞元中，骠国进乐，有玉螺铜鼓。即知南蛮酋首之家，皆有此鼓也"[3] 的记载。明代有"得鼓二三，便可僭号称王。鼓山颠，群蛮毕集……鼓失，则蛮运终矣"[4] 的记载，还有"东谢蛮……赏有功者以牛马铜鼓"[5] 的记录。可以说，铜鼓是特定时代人类社会生活中权力的象征，也是财富的标志。其次，作为通天的礼器，铜鼓见于《新唐书·南蛮下》的记载："东谢蛮……会聚，击铜鼓，吹角。"郑樵《通志》亦载："僚王各有鼓角一双，使其子弟自吹击之。"人们认为，铜鼓通过具有灵性的音响，向上苍传递世俗的祈盼。如在云南文山州博物馆内，就陈列着数面鼓面的边沿铸有四只蹲着的蟾蜍造型的北流型铜鼓，这意味着，红水河流域以西边缘地带的远古先民，他们为了农业耕种而祭祀铜鼓，以求得雨水的充沛。民间有谚语道："蛙声一片，喜雨就现。"这样的习俗与心理遗存，直到当下，在红水河流域少数民族的民俗生活中俯拾皆是。再次，作为乐器，铜鼓常与其他乐器组合使用。在云南楚雄万家坝的古墓中，人们发现了一面铜鼓与一组铜编钟（六个）组合在一起的场景；同样，在昆明石寨山的古墓中，也发现铜鼓与铜葫芦笙同在的场景。这样的乐器组合，或许是用于为奴隶主家庭进行表演。就铜鼓传播的情况来看，唐代有"天竺伎，有铜鼓、羯鼓、都昙鼓、毛员鼓、觱篥、横笛、凤首箜篌、琵琶、五弦、贝，皆一；铜钹二，舞者二人"[6] 的记录。元代的马端临有"西魏与高昌通，始有高昌部之乐，以备宴飨。隋开皇中，尝来献圣明乐曲。唐太宗伐其国，尽得其乐。其器有竖箜篌、琵琶……腰鼓、羯鼓、鸡娄鼓、铜鼓……十五种"[7] 的记载。可以看到，上至南北朝时期的西魏，下至唐朝初年，高昌古国的乐队中都有铜鼓的身影；从这些考古现场与文字记录中可以发现，在遥远的过去，铜鼓以其悠扬的乐音敬神娱人，与不同时代、特定区域人们的行为、观念、情感有着密切的联系。而早在初唐之年，在与高昌（今吐鲁番）、骠国（今缅甸）、天竺（今印度）的文化交往中，异域文化已将铜鼓作为乐队的重要编制予以使用。可以知道，早在 2000 多年前，铜鼓的制作工艺已达到很高的水平。当然，旧时代文人的记录，充满对边地文化的猎奇，部分内容失之偏颇，但我们可以从零星的记录中，依稀窥见铜鼓从远古走来的缕缕印迹。

作为一项具有悠久历史的文化物象，近代以来，铜鼓已成为学术界关注的显学，各方学者从考古学、民俗学、文化人类学、工艺学、图像学、艺术人类学等不同的学科角度，对铜鼓及其所承载的文化信息展开全方位的研究，涌现出各种优秀的成果，论文、专著不计其数。许多博物馆、文管所的橱窗内，都有造型不同的铜鼓面向社会展出。据资料表明，到 20 世纪 80 年代，我国文化教育单位收藏的铜鼓已达 1400 余面。[8] 这表明，作为一件历

① 王大道：《云南铜鼓》，云南教育出版社，1986，第 71 页。
② 魏徵等：《隋书》卷三十一，中华书局，1973，第 888 页。
③ 商璧、潘博：《岭表录异校补》，广西民族出版社，1988，第 44 页。
④ 张廷玉等：《明史》卷二百十二，中华书局，1974，第 5620 页。
⑤ 欧阳修、宋祁：《新唐书》卷二百二十二下，中华书局，1975，第 6320 页。
⑥ 欧阳修、宋祁：《新唐书》卷二十一，中华书局，1975，第 470 页。
⑦ 马端临：《文献通考》卷一百四十八，钦定四库全书本。
⑧ 张世铨：《论铜鼓艺术》，《民族艺术》1986 年第 1 期。

史悠久、传播面广的器物，远古以来，铜鼓就流传于中国南方的广大地区。可以说，作为一项具有标志性的知识谱系，铜鼓为人类的过去、现在以及如何发展而来的过程提供了有力的证据。2006年，铜鼓舞、壮族铜鼓习俗等入选首批国家级非物质文化遗产名录。

图二四七 云南文山州博物馆陈列的铸有蛙造型的北流型铜鼓（申波 摄）

## （二）铜鼓的物质存在及其形制的隐喻价值

就目前的考古发现，不同历史时期、不同地域的铜鼓因各种因素而导致形制存在一定的差异性。不同国家的学者们，由于种种原因的制约，在对铜鼓的许多认识上，“物质考古”与“知识考古”的学术立场仍有分歧，但就形制的认定基本达成共识，即铜鼓的造型由鼓面、鼓腰、鼓足三部分构成。与后世许多鼓器形制不同的是，铜鼓的底部为无面腔体，即平面曲腰、一头有面、中空无底、侧附四耳。唐代的杜佑在他的《通典》中有“铜鼓，铸铜为之，虚其一面，覆而击其上”的记录。这一造型“母题”或许从历史构成的角度，折射出古人宇宙观的具体体现：在古人的心目中，世界由上、中、下三界构成。上界为天，神灵居住；中界为地，人类居住；下界为水，龙王居住。铜鼓的形制正好与这一观念相适应。铜鼓就是世界的象征：鼓面为天，在留存于世的各式铜鼓的鼓面上，许多都铸有太阳、光晕、云彩、星辰等天体图像的纹饰。鼓腰为地，在各式铜鼓的鼓身，绘有各类人间世俗生活的场景。如唐代刘恂所述：“蛮夷之乐，有铜鼓焉。形如腰鼓而一头有面。鼓面圆二尺许。面与身连，全用铜铸。其身遍有虫鱼花草之状。”[①] 再如昆明石寨山出土的西汉时期的几面铜鼓，鼓腰的乐舞图案层次分明：上层有一人敲铜鼓，另一人吹葫芦笙；下层亦有一人吹葫芦笙，另一人扶前人之背跳葫芦笙乐舞。其中一面铜鼓的鼓腰刻有戏船的船纹。由于这面铜鼓已残破，船纹乐舞图像上仅残存着五位乐舞者形象：背对船头者一人，双手捧着葫芦笙吹奏；另有三位舞者面对吹奏者呈双手“摊掌”舞姿；另有一人坐于靠近船头的两位舞者之间，手持酒器且歌且舞。这应是滇国王公贵族在滇池乘船游乐、跳葫笙乐舞的情景。在鼓足部位，则多有波浪、龙舟竞渡、鱼、水草等纹饰。基于这种认识，就笔者的田野调查所见，直到今天，南方许多民族仍认为铜鼓是上可通天、下能汲水的驱邪纳福之物，是人与天地相沟通的神器。可以说，不同地区、不同时代、不同形制的铜鼓，它们是不同社会、历史、文化的产物，是特定历史时期人们思想、观念、情感及深层意识心理投射的物化，体现出特定地域与社会背景下人们世界观与审美观的取向。铜鼓无声地向我们讲述着迷幻般的故事，展示着远古人类光阴轮回的余



① 刘恂：《岭表录异》，鲁迅校勘，广东人民出版社，1983，第7页。

温。这证明了在人类社会的发展过程中，“只有那些对民众的生存生活具有价值利益的自然生态事物和现象，才能在人们的信仰观念中占据一定位置”①。依托上述背景，中国学者从考古学的立场，把现今发现的铜鼓分为八种类型，并研究铜鼓隐含的文化信息，足见铜鼓文化的博大精深。

## （三）从田野看铜鼓当下的活态传承

铜鼓文化是一种历史悠久的综合性文化。铜鼓文化以稻作生产为背景，以铜鼓为载体，以音乐与舞蹈为基本形式，具有神人沟通、财富权势象征、民族文化象征的社会功能，以及民族多样性、区域广阔性等艺术特点。② 所不同的是，作为红水河流域两岸广袤的区域，铜鼓不单是见之于史书的记载之物，也不只是陈列于博物馆内的藏品，而是各少数民族生活中常用的器物。在漫长历史演进中，铜鼓作为一种物质存在方式而营造出一派乐观稚气和对未来满怀憧憬的生活之梦，呈现出一种系统的、有组织的意义表达方式和跨时空的文化景观。在都市的艺术音乐生活中，人们见过太多“冬冬法鼓震东海，横跨中原昆仑高”③ 这一派显赫的乐队组合，若是我们细细聆听，在红水河流域两岸广袤的边隅村寨，也常常回荡着“咚咚铜鼓响曾修，祭赛六郎信有求。夜静人家声寂寂，恐擎车马待神游”④ 的远古余韵，只是这样的声音作为一种声音审美的现象，离主流文化已经久远而常常被人们忽略。但在近代以来，作为一种学术研究的显学，不同学科的学者从不同学科的立场对各地铜鼓文化展开了多视角的研究，成果颇丰：如笔者通过知网以“铜鼓文化”为关键词，检索到此类文章共计 145 篇，更有不计其数的学术期刊、硕博论文及学术专著出版；以“铜鼓乐舞研究”为关键词检索到此类专题文章 13 篇。笔者再以“铜鼓乐舞现状考察”为切入点，检索到此类文章却只有 4 篇。如此看来，从铜鼓音声技艺当下呈现的视角探究其艺术人类学价值的专题研究，业内尚显单薄。这样的状况与铜鼓这种礼器、乐器在各民族重大仪式（节日）中的重要地位是极不相称的，从这个立场上讲，不能不说是业内的疏忽。

为了集中呈现铜鼓活态传承的状况，下面通过以点带面、以局部观整体的视角，聚焦红水河流域西岸的边缘区域，选取云南富宁县板仑乡彝族为研究个案，考察他们在仪式中如何使用铜鼓，特别是探讨铜鼓如何作为彝族族群内部成员在社会互动中的系统性、组织性表达手段，以及它作为精神象征，在信仰领域内通过铜鼓的声音实现人神沟通，以揭示彝族民众如何利用某一经验领域，进行深度描绘或构建另一种经验领域的诗意表达，继而书写他们对环境的适应和对远古记忆恪守的现状。

彝族是一个遍及中国云、贵、川、渝、桂各省区且拥有丰富文化景观的民族。伴随城乡建设一体化的推进，众多的彝族村寨也不同程度地融入了现代生活，现代性构建的话语体系导致许多传统习俗慢慢远离村社的生活。但就笔者所知，聚居于红水河流域西岸边缘地带的广西那坡县的达腊、念毕、者祥等村寨和云南广南、富宁、麻栗坡三县的白彝、白花彝、黑彝和高裤脚彝等彝族民众，由于拥有几乎相同的远古记忆与传统习俗，至今还固

① 唐家路：《民间艺术的文化生态论》，清华大学出版社，2006，第 52 页。

② 廖明君：《跨学科研究的行与思》，《民族艺术》2020 年第 4 期。

③ 张永芳：《近代诗歌选注》，光明日报出版社，2010，第 155 页。

④ 清人陈龙章（云南文山广南府人氏）描绘广南府民众在祭拜六郎神时敲奏铜鼓的情景。

守着在各种祭祀场合使用铜鼓的传统，遵循着几乎相同的仪式规程，只是各地仪式的名称、举办仪式的时间安排略有不同。

## （四）集体记忆的文本建构

2019年的初夏时节，笔者一行专程前往云南富宁县的田蓬镇与板仑乡，考察铜鼓在当地彝族村寨活态传承的状况。为了书写的便捷，笔者在此拟以单点民族志的方法，将我们在板仑乡龙迈村考察彝族跳宫节时使用铜鼓的全过程进行一种民族志立场的记录。

据板仑乡龙迈村的村委会主任向建介绍，龙迈村有200多户人家，上寨居住着166户彝族人家，下寨居住着38户壮族和86户汉族人家。这里居住的彝族，因服饰的独特标志而被称为“高裤脚彝”。板仑乡龙迈村彝族的生产方式以种植水稻、玉米为主，出售八角是经济收入的主要来源。在政府开展新农村建设之前，由于这里地处大山深处，民众的生活极其困难。在过去的岁月里，民间定期以跳宫节为仪式主题而举行的乐舞展演成为族群的一次集体对话。乐舞展演既承载了彝族远古的文化记忆，又通过民俗的途径，彰显了人们以乐舞为情感宣泄途径的心理诉求。与众多彝族村寨传统风俗不同的是，这里的彝族民众一年中最为重要的民俗活动不是火把节，而是跳宫节，其举办时间与每年农历六月二十四火把节的时间安排也有所不同，跳宫节是从每年农历的三月初八开始，到初十结束。作为一种承载地方性族群特征的民俗现象，跳宫节蕴含着丰富的民族文化内涵，有着要明确表达的目标，其目的在于缅怀祖先的丰功伟业，教育子孙不忘根本，以达到祈求祖先保佑村寨风调雨顺的目的。仪式内涵的隐喻，折射出高裤脚彝这个山地族群在艰苦生存环境中通过对远古记忆的“重演”，从而将后世子孙置于祖荫庇护下生存繁衍的心理预期，获得族群认同并实现“自我表述”的身份认同。有学者指出：“节日是民族历史和文明的产物和象征，它以其独特的民众文化事象‘情结’融会成民族之魂和民族精神，并化为集体意识渗入到人类的血液之中，从而潜移默化地影响和规范着人类的心理和行为。”①

公共生活必须有声音，这是人类学的一条基本准则。作为一种群体性的仪式，为了促使仪式目的的明确化，人们就要动用“艺术的手段”来加强仪式的感染力：无论什么环节的安排，为了彰显一种“可感知的形式”，高裤脚彝都会在仪式上以敲奏铜鼓来提升仪式的感召性。在音响的烘托下，敲打着的铜鼓为族群成员提供了表现的形式，并以代代传承的“文化展演”构成了一种“母题”叙事，最终成为高裤脚彝这一方民众深层心理意念的执着表征。

作为一种口传叙事的集体记忆，在村委会的民俗展示厅里，张贴着关于高裤脚彝远古传说的文字介绍。据说在远古时代，高裤脚彝的祖先一直在大山深处不断迁徙以寻求生存之地。为了行动的便捷，他们习惯穿长及膝盖的短裤，并且喜欢在膝盖下端打绑腿，久而久之就成为族群的特征。据传，他们的祖先在与另一部落发生争夺资源的械斗中，被敌方追赶至一片金竹林边，情急之下，族人只好全体躲进竹林，巧妙地躲过了敌方的追杀。同时，他们又巧妙地利用这片竹林的有利地形进行布阵，并用金竹做成大批弩箭和利器，在铜鼓鼓点的鼓舞下，最终打败了敌方。在高裤脚彝的集体认知中，正是因为金竹的庇护和铜鼓的助威，他们才得以安稳地在这片群山环抱的环境中一代又一代地生息繁衍至今，因此，在集体心理的隐喻中，金竹和铜鼓成为本族群的精神图腾。

① 苟志效、陈创生：《从符号的观点看——一种关于社会文化现象的符号学阐释》，广东人民出版社，2003，第191页。

从社会学的角度来看，在一个社会群体中，为了族群的生存之需，历史的记忆往往被刻意放大并被符号化，目的在于以此强调“我们的”与他者的区别，以增强社区成员的认同感与凝聚力。因此，对于高裤脚彝民众而言，一年中最为重要的日子，当为打败敌人、取得胜利的日子。于是，经年累月的传说成为高裤脚彝民众的集体记忆。据说在很久以前，村中有威望的老人会同毕摩（神职人员）占卜算卦，决定将寨子后山坡的一处区域辟开一片平地并在广场中央种上一簇金竹，每年定期在传说中族群获得胜利后选址建寨的那个日子举行仪式庆祝，使得仪式的举行具有了时间、地点和场景的规定性。作为当地最为重要的节日，民众把这样的仪式称作“跳宫”。正如英国人类学家维克多·特纳指出的那样：“举行仪式的村落将它在空间上加以定位，使时间和空间都具有了界限和边界。”① 在笔者看来，广场中央的那一簇金竹，在族群成员心目中，实际上就具备了图腾柱或通天神树的心理标志。

作为地方性带有标志性的民俗聚会，龙迈村从此形成了每年一小庆（举办三天）、十年一大庆（举办九天）的传统习俗。

## （五）神圣性建构与世俗化的转化

2019 年龙迈村的跳宫节如期举行。为了更多地了解当地民众对铜鼓使用的规矩，笔者一行提前来到龙迈村铜鼓乐舞省级代表性传承人罗伟云的家中进行采访。据罗伟云介绍，他出生于 1977 年，在村里的学校读完了小学，但由于以前村里通往外界的道路不便，他无法完成中学的学业，就在家里跟随他的父亲罗光明——村里四大郎头之一——学习了跳宫仪式的全套规矩，也学会了他们村特有的长杆葫芦笙的吹奏方法和制作技法。在高裤脚彝聚居的村落，作为一种古老的传统，村寨的社会权力分属郎头与毕摩执掌，前者负责民俗活动的安排和家长里短的协调，后者作为神的代言人，负责村民生老病死的相关事务，这使得在相对远离汉文化中心地带或者是相对边远的少数民族聚居地区，民俗、信仰在人们生活中的重要性更为突显。② 对高裤脚彝民众而言，铜鼓就是连通神灵的法器，“叮咚”的鼓语作为一种意指系统在高裤脚彝民众的心目中根深蒂固。在红水河流域边缘地带的云南富宁、广西那坡等地，部分彝族民众有跳宫节使用铜鼓的传统。只是由于不同村寨建寨的历史不同，加之过去不同村寨之间的交通不便，因此，跳宫节的举办时间、祭祀程序和铜鼓的用乐规矩有异。如与龙迈村临近的龙洋村，那里的民众举行跳宫节时，就是将两面铜鼓作为公母铜鼓放在一起进行敲奏，但龙迈村无论举办什么仪式，作为一种传统，他们都只敲奏一面铜鼓。笔者在田蓬镇的沙江寨考察时，村民小组长肖福祥告诉笔者，他们若是开展仪式，也是敲一公一母两面铜鼓。但他遗憾地表示，由于不是时候，铜鼓是不能随便动用的，所以我们此次在沙江寨是看不到他们敲奏铜鼓的。接着他又告诉笔者，过几天他们应邀去龙迈村参加节目演出，用于伴奏的乐器就是铜鼓，“但不是以前留下来的那种，是后来又买来的那种”。经过交流，笔者基本明白了肖福祥希望表达的意思：过去留下来的铜鼓是不能随便动用的，甚至平常是看不见的，而用于文艺演出的铜鼓是后来村委会专门买来的，没有什么神秘性。临近晚餐时，罗伟云悄悄地告诉我，夜里将有特地为本次仪式选出的宫头来他们家起鼓，以用于明天的跳宫节。

① 维克多·特纳：《象征之林——恩登布人仪式散论》，商务印书馆，2006，第 279 页。

② 杨曦帆：《隐喻的权威——白族洞经音乐的文化认同研究》，《中央音乐学院学报》2017 年第 2 期。

这里需要补充叙述的是，为了欢庆己亥年举行的跳宫节活动，罗伟云作为主要的张罗者，在几个月前他就开始了精心的筹备工作。在他的邀请下，来自广西那坡县的彝族学会和云南文山州各县彝族学会的负责人，以及他们带来的文艺表演队，在上午即举办了文艺展演。其中，沙江寨文艺表演队表演了《跳铜鼓》的节目，龙迈村文艺表演队在罗伟云敲奏的铜鼓伴奏下，表演了他们于2018年应北京舞蹈学院邀请参加“中国少数民族传统歌舞展演”而编排的《欢乐的跳宫节上》。据罗伟云介绍，用于表演的这面铜鼓，厚度为33厘米，鼓面宽度为58厘米，是广州一个公司送给村委会的礼品。正是因为如此，这面铜鼓平日就存放在村委会，仅能用于文艺表演，而不能用于村里的祭祀活动。由此可以看到，“礼品”是不能参与仪式环节的，在文化持有者的心中，它缺少的，或许恰恰是生命的记忆与祖先的痕迹。

图二四八　田蓬镇沙江寨彝族群众使用公、母铜鼓（申波　摄）

跳宫节活动的筹备过程有一个神圣的环节，就是要在郎头的推举下，在全村选出四位年轻人担任本年度的宫头，即仪式现场的领舞者。对宫头而言，跳宫节具有成年礼的性质。当然，担任宫头的人，其家庭要承担更多用于举办仪式的开销。据罗伟云介绍，在高裤脚彝民众的心目中，族内青年若是没有担任过宫头，在社区中是没有社会地位的，即使老年亡故，也不能按正常程序举办殡葬仪式。这意味着，高裤脚彝民众对青年一代，不但要求他们必须通过跳宫节活动掌握社区的规仪礼训，更要求他们在仪式场域中对乐舞节奏、音律感知拥有辨识的能力，方能成为一位合格的社会成员。因为“每一种文化必须定义一种社会现实，每个人在其中担任有意义的社会角色，并据此进行社会活动”[①]，这种综合人生素养的习得，也是美国人类学家理查德·鲍曼所说的“依赖于能够用社会认可的方式来说话的知识和才能”[②]，以构成社区成员个体身份的转换并实现传统文化的当代再造。

夜里10点多钟，两位盛装的年轻人来到罗伟云的家。经过介绍，他们都荣幸地被推选为本年度的宫头，其中一位名叫陈忠义的青年是罗伟云的侄子。据陈忠义介绍，他参军后在广东的空军部队服役，退伍后就留在了深圳寻求发展，这次是专门回到家乡担任宫头的。在他看来，无论离家多远，挣到了多少钱，作为一名彝族的后代，自己一定要遵照族内的规矩，完成人生的角色转换。罗伟云的父亲罗光明说：“20世纪80年代的时候，日

① 乔治·莱考夫、马克·约翰逊：《我们赖以生存的隐喻》，何文忠译，浙江大学出版社，2015，第135页。
② 理查德·鲍曼：《作为表演的口头艺术》，杨利慧、安德明译，广西师范大学出版社，2008，第12页。

子太苦了，饭都吃不起，人们都不愿意担任宫头。这几年生活好起来，人们又都想做宫头。”罗伟云插话道：“我们这里和别的地方不同，我们是日子好过了，外出务工的人都要回来参加节日，到祖坟上扫墓。别的地方是日子好过了，就不要传统了。”说话间，罗光明小心翼翼地抱出一面麻江型铜鼓放在大厅的中央，先前，面目慈祥、不停地给我们夹菜、斟酒的罗大爹，此时的面部表情变得格外严肃：但见他将半瓶白酒洒在鼓面，恭敬地用毛巾擦拭着鼓面，将盛满酒水的四个瓷碗和四片肥大的猪肉置放在鼓面，继而用虔诚的音调对着铜鼓吟唱祭词，再将四个瓷碗的酒水分别恭敬地倒在鼓面。我们虽然听不懂罗光明吟唱的具体内容，但从接受美学的立场，从他口中的曲调和现场的身体行为可以感觉到强烈的音韵结构与气场。可以说，罗光明吟唱的音调，极大地渲染了起鼓现场的氛围，吟唱的音韵和营造的氛围对起鼓仪式具有情感的感召力，彰显出表演人类学场景的震慑隐喻。片刻，恢复常态的罗光明将四片猪肉用树叶包好分发给两位青年，并说：“由于身体原因，明天举行的三天仪式我就不参与主持了。”他祥和地目送两位青年抬着铜鼓消失在村寨的夜幕中，由此完成了起鼓的交接仪式。

图二四九 彝族起鼓时摆放在铜鼓上面的祭品（申波 摄）

## （六）铜鼓用乐场景的民族志书写

第二天晌午，来自不同方向的民众撑着彩色高杆伞，簇拥着身穿节日盛装的宫头来到后山的宫坪。宫坪的旁边建有一座宫亭，早已等候在这里的郎头和毕摩已完成了举行仪式所需的一切环节：昨天夜里从罗伟云家请出的铜鼓已侧身安放在宫坪中央那簇茂密的金竹边。最引人注意的是，悬挂铜鼓的架子上端挂着一条猪腿。四位宫头并排坐在各式祭品前，接受本年度负责做法事的毕摩黄贵林的“检阅”。

图二五〇 悬挂铜鼓的架子上端挂着一条猪腿（申波 摄）

## 1. 仪式时空的构造与音声规范

在一位长者敲响的铜鼓声中，黄贵林摇晃着手中的铜铃开始吟诵《创世歌》。罗伟云是龙迈村唯一的铜鼓乐舞省级代表性传承人。笔者禁不住好奇地问他，敲奏铜鼓的为什么不是他而是别人。他使劲地摇着头说："这种神圣的环节，只有我父亲这个辈分的郎头才有资格上场的，哪里轮得着我呢！"罗伟云进一步介绍道："敲鼓的那位叫陈敬民，他和黄贵林以及我的父亲罗光明是同辈人，他们都是龙迈村的郎头或毕摩。"黄贵林所吟诵的《创世歌》的歌词大意是告诉四位宫头，实际上也是告诉所有在场的人们：我们的祖先是怎么来到这里，这些祭品是祭拜祖先的。祖先告诉我们，1 年中有 12 个月，1 个月有 30 天，这是古人规定的，后人不能改变。然后以祖先的名义进行训导，讲述如何做一个品行高尚的人，如何承担家庭的职责，如何对待老少邻里，如何保护山林水源，等等。同时，毕摩作为神的代言人，又代表祖先对宫头们念诵了许多祝词。可以看到，仪式的首要特征就是群体性。仪式作为社区的集体行为，村事就是族事。当下由于交通的便捷，一村过节，十里八乡的各族民众也都前来参加。仪式的举办，就是全体村民标志性集体记忆的重塑，这使跳宫节的时空过程叠加了更多的意义。高裤脚彝把跳宫称为"做摩"，这意味着仪式隐含的宗教取向。在人们的共同参与中，毕摩的吟诵可以唤醒现场成年人对过往人生经历的回忆，同时，未成年人通过特定的场景，加深对仪式内容的了解。毕摩吟诵的各式经文，伴着铜鼓、铜铃用乐机制的渲染而具有神圣的隐喻，不仅制造了特定仪式场域中的音乐现象（产品），作为仪式行为重要组成部分的音乐行为之过程，也是音乐现象（产品）与仪式进行融合的特定方式。维克多·特纳指出，符号形式的象征物件和象征行为，构成仪式模式的基本分子单位，仪式就是一个符号的聚合体。[1] 铜鼓、铜铃营造的声音场景，强化了族群成员内心的信仰并以此描述不同的经验，形成了一个处于音乐产品中的仪式整体。毕摩吟诵的经文是多年积累下来的，其蕴含的文化象征意义，通过现场的音响向外传递，引导场域

图二五一　陈敬民在宫坪上敲响铜鼓（申波　摄）

① 维克多·特纳：《仪式过程：结构与反结构》，黄剑波、柳博赟译，中国人民大学出版社，2006，第 31 页。

中的人们不断接收和强化，使得仪式、音响、信仰通过每一次仪式场域的陶冶构成一种稳定的价值导向。

铜鼓、铜铃制造的音响，若以我们的听觉判断，它们尚不是音乐而只是“音声”。首先来看铜铃“音声”：摇晃的铜铃在毕摩的手中，始终就以“叮铃、叮铃”固定反复的节拍伴着毕摩的吟诵；郎头也以“叮咚咚叮、咚叮叮咚”这种固定的节拍，反复敲打着那一簇金竹边上的铜鼓，由此构成“鼓点不停诵经不断，鼓点不断仪式不停”的场景。罗伟云说，仪式中铜鼓敲奏的“音声”代表祖先与后代“对话”的声音，因此过程是不能出现差错的。同样，后人的奏乐是献给祖先的，也必须严格遵照祖训的套路行事，不可自由发挥。或许，对于村民而言，铜鼓与铜铃这种辨识度极高的音响与自己的听觉需求无关，包括这所有的一切，都是村民献给祖先和神灵的祭礼。在村民的心中，只有诸神才是艺术最高的鉴赏者。毕摩运用不同于日常语言的发音吟诵的经文，其表达形式经过了世代智者反复推敲，通过口传心授的方式代代传承下来，具有强烈的音韵规则，以彰显威严。毕摩的吟诵实现了从“近语言”的宗教抚慰到“近音乐”的审美接受的转换，最终在宗教性较为凸显的展演中，通过表演向观众展示自己的交流能力，从而使表演具有了人文的温度。如此，社区的规约通过铜鼓将社区这一方物质小天地拓展成文化的大空间。在这种自足知识体系对声音制造与接收的过程中，四位年轻的宫头与在场的人们在充满“诗性智慧”的展演中获得了心灵的感召。铜鼓作为法器，其“物”的生命价值已通过“想象的建构”搭建了高裤脚彝民众集体心智与社会秩序的关系，使高裤脚彝民众在心灵上达成了对众神的共识。从接受美学的立场上讲，声音作为一种艺术化的符号表达，形式的“自行敞开”更存在于心灵和心智的结构中。于是，承载着祖先遗韵的铜鼓音调从一种文化符号完全过渡为一种审美接受。

## 2. 娱神娱人的场景

规训仪式结束后，众人撑着四把高把伞，簇拥着四个宫头来到宫坪。罗伟云已坐在铜鼓旁，他即将履行作为铜鼓乐舞艺人的职责。这时，在罗伟云的身后，人们放置了一面单面蒙皮的大皮鼓，由郎头陈敬民的儿子陈少明负责敲打。据毕摩黄贵林介绍，从他那时开始，龙迈村传统的铜鼓舞就有 30 多个舞蹈套路，肢体动作多与劳作相关，如纺纱、捞鱼、犁地、泡酸菜、收苞谷、插秧苗、割稻草、打火镰等。每一个舞蹈套路都必须以“迎宾”开场，以“欢乐”收尾，舞者始终沿逆时针方向绕金竹林翩跹起舞，三天不绝。

在黄贵林看来，作为祖上传下来的规矩，他做法事时，音乐必须保证和祖先那个时候的音乐一样，郎头敲响的“音声”就是祖先的声音。若是用于跳舞时的用乐，可以不那么严格。这时，罗伟云右手执一根鼓槌变化性地敲击鼓心的不同部位，左手执一根稍细的竹棍击打铜鼓腰部的不同位置以不断调整音色的变化；陈少明则双手各执

图二五二　宫头们在音乐的引领下缓步入场（申波　摄）

一根鼓槌敲击大皮鼓，并配合罗伟云敲击铜鼓的节奏和音色变化不断进行敲击位置与敲击力度的调整。

宫坪上身着盛装的人们越聚越多。在郎头的率领下，人们跟随在宫头后面开始欢快地跳宫，不同年龄、不同身份的人们共享着在同一时空中舞动身体的快乐。笔者观察，在逆时针的行进中，跳宫是以迈左脚进三步、迈右脚退一步为基本步伐，循环反复，不断调整，形成一种仪式情景。据罗伟云介绍，在高裤脚彝的语言发音中，这四个步伐分别有四种发音。第一步，意味着他们祖先迁徙的艰难；第二步，意味着祖先们找到了落脚的地方；第三步，意味着祖先们开始生产生活了；第四步，意味着祖先们开创了安居乐业的生活。罗伟云继续说："我们的舞步是祖先迁徙时留下来的记忆。因此，步伐和铜鼓的基本节奏是不能变的，如果改变了，舞蹈就没有内容了。手上的动作是可以变化的。如祝贺新房落成，为小孩子做满月酒，我们是手拉手地跳，或自己拿着扇子、手帕跳，手势怎么变都可以。"事实上，这种具有氐羌民族共同特征的"踏歌"或"打歌"步伐，作为以群体聚会为目的的民俗展演，群体的步伐均以身体力点前置、开步力点横向扩散这种"一边顺"的基本步伐呈现出山地族群共有的肢体语汇。人们认为，通过这种身体感知的传递，既搭建了后人与祖灵跨越时空沟通的桥梁，更实现了"将一系列内隐性的社会秩序通过一种可视可听的行为和声音呈现出来"[①]的目的。跳宫节活动作为一种民俗展演活动，吸引了众多民众在特定的仪式氛围中共同参与。通过这一活动，民众不仅自我展示了蕴含在特定知识谱系与行为模式中的深刻"文本"意义，还展现了高裤脚彝人在生活中寻求生存与发展的愿景。为了调动现场的情绪，打击乐队时而以单独敲奏的手法，时而又以合奏的敲奏手法，以单音列、双音列、三音列、四音列形成不同律动的组合。其间，还有两位吹着长杆葫芦笙的男子加入舞蹈的队列。这些常规乐器以非常规组合而成的乐队折射出传统音乐中"三分吹、七分打"的固有格局。它们既没有统一的律制，也没有统一的调性，但它们却在统一节奏中有着结构的多声音响，展示出某种"有意味"的音乐个性。《周易·系辞上传》中"变而通之以尽利，鼓之舞之以敬神"的描述在当下得以再现，这令我们不由自主地随着宫坪上变换的鼓点想象远古乐舞的鲜活场景。

## 3. 乐舞景观的描述："音声符号"与"文化符号"的融合

信仰、民俗、仪式、乐舞的相互融合，唱（吟诵）、奏、舞的一体表达，以及音乐、仪式动作的相辅相成，是云南民族音乐的一个基本特征。同样，在传统文化的理解中，"乐"是祭祀文化的有机组成部分。乐舞呈现的目的不是舞台化的献艺，而是族群期盼通过乐舞与未知世界建立沟通。这就决定了乐舞属于社区祭祀的重要环节。其实，乐舞在仪式中承担着更多庞杂的不属于艺术范畴的社会责任和隐喻功能，具有众多"伴随行为"。因此，若从艺术学的立场进行讨论，我们将其称为"鼓乐""鼓舞""乐舞"均可。如此，主观上非艺术的目的就出现了客观上艺术的完成。这也就验证了音乐人类学的学理判断：乐舞展演具有民俗化的特征，在有图腾桩的特定地点与空间，由特定的人群参与，在乡间，由巫觋担任驱邪纳福的祭祀职责。这样的逻辑起点，意味着乐舞中更多地交织着艺术性与非艺术性的内容，但是，审美的功利性必然让位于心理期盼的功能性。



① 申波、盛川芮吉：《乐舞声中普米族"搓磋"的人类学解读》，《红河学院学报》2013年第6期。

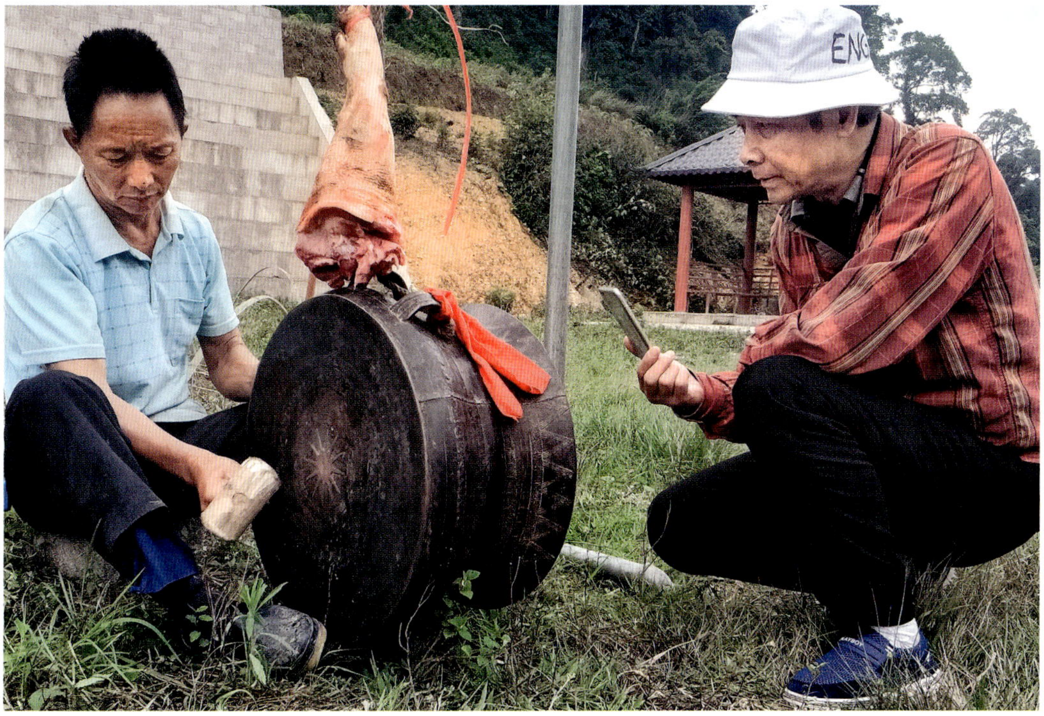


图二五三　仪式过后，村民们轮番上场敲奏铜鼓（笔者在现场录音）(申波　供图)

图二五四　傍晚时分，宫坪上继续舞蹈的人们（申波　摄）

作为一种“现场”的观察，我们能够明显感受到跳宫节的整体环境氛围。然而，处于不同知识谱系中的“局外人”，作为“职业”研究的要求，我们如何对罗伟云和其他人组成的打击乐队的音响开展音乐学立场“我观”的记谱与描述，这是一件犯难的工作。罗伟云也有同样的焦虑：“我老是在想一个问题，毕摩诵经时，我们彝族人自己听的话是太好听了，如果把我们古歌中的诵词转化为汉语，用汉字写出来，那就变味了。如果以这样的方式传给我们的下一代，那我们的传统就没有了。”的确，面对民间活态的、非理论演绎的“音声技艺”，笔者能在多大程度上记录他们鼓点中蕴含的音色、力度、速度等“即兴”

元素构成的音乐韵味？又能用什么方法尽可能准确地“翻译”他们鼓语中蕴含的内心体验？对于这些问题，笔者都持怀疑态度。正如克利福德·格尔茨所言：“所谓文化就是这样一些由人自己编织的意义之网。因此，对文化的分析不是一种寻求规律的实验科学，而是一种探求意义的解释科学。”① 如此，离开了现场，疏于对参与者内心体验的把握，博物馆式的文本记谱一定会“失范”。基于此，笔者决定放弃以往田野作业的惯习，对于高裤脚彝铜鼓音乐的存在，还是给业内同行留下更多想象的空间吧。

## （七）跳宫节仪式的人文情怀与意义超越

跳宫节的铜鼓乐舞作为高裤脚彝人传统习俗中最为重要的仪式，从音乐人类学的立场看，它不仅仅是民俗节庆的展演，更是音乐实践主体对祖先的敬仰所表现出来的对传统乐舞的保留。在保护历史记忆、留住乡愁成为社会热点的当下，跳宫节的铜鼓乐舞不仅为传统民俗的活态传承提供了有效护养经验，更以其活态音乐实践展现了独特的文化价值。其符号化的象征表达有助于我们理解“音乐中的文化、文化中的音乐”的互动关系。作为文化接触背景下形成的地方性传统文化载体，跳宫节的铜鼓乐舞折射出高裤脚彝人“以己度物”的诗性创造，对龙迈村对外宣传、提升文化地理方位的社会影响，具有积极的推动作用。

“以己度物”是维柯提出的一种观察文化载体涵化关系的视角。在长期的社会实践中，居住在高山密林险恶环境中的高裤脚彝先辈们，为了生存的需要，他们在运用想象力的同时，也通过铜鼓的形制建构了族群对现实世界的意象，进而运用声音的符号隐喻创建了属于他们的用乐机制并代代传承，使得历史久远的记忆保持着鲜活的生命。在仪式音声中，一代又一代的智者——其外化象征就是能够操演仪式环节及用乐规则的老年男性群体——懂得用乐，这是成为社会权威的必要条件。② 他们借用祖先的规训和艺术的魅力，在历史的诗性维度中，引导民众不断在活态场景的视觉与听觉符号的映射中，唤醒内心的体验并重建自己的心理图式，在拓展族群感知世界的经验图景时，既建构了村落的秩序，又创造了族群的传统。历经世代传承，跳宫节成为高裤脚彝人集体心理重塑的标志：民众通过情感体验、行为表达、场景模塑，领悟着祖先建设家园的壮美人生，从英雄崇拜过渡到现实模仿，懂得了人、社会、自然的相互关系，实现了社区人伦关系的和谐，具有推动民俗内涵增值、民族精神超越的张力，与今天主流音乐追求的许多所指达成了同构。与此相一致，作为表露特定文化心理的手段，龙迈村铜鼓乐舞作为“地方芭蕾”，表现出民众心理取向上的共同性：通过鼓舞鼓乐的感召，边地民众在约定俗成的文化创造中，在统一步伐的引领下，心灵达成一致，继而完成了自我身份的建构。因此，有人说，铜鼓的历史是被人敲出来的，这种“另一种声音的言唱方式”（彭兆荣语）常常是都市中的人们感到陌生而惊奇的。因此，音乐人类学才强调：对不同音乐创造的理解，不能脱离对它赖以生存的生态环境的认识。



① 克利福德·格尔茨：《文化的解释》，韩莉译，译林出版社，1999，第5页。

② 杨曦帆：《隐喻的权威——白族洞经音乐的文化认同研究》，《中央音乐学院学报》2017年第2期。

# 二、红水河流域白彝铜鼓文化

## ——以广西那坡县达腊为例

## （一）白彝生存环境与文化生态

### 1. 彝族的族源和族称

彝族是一个有着悠久历史和璀璨文化的民族，主要居住在西南山地，其居住形式为大分散、小聚居。中国的彝族总人口有 800 多万，主要分布于云贵高原和康藏高原的东南部边缘地带的高山河谷间的云、贵、川、桂四省（区），其中云南省的彝族人口最多，全省绝大部分县、市都有彝族分布。2010 年第六次全国人口普查时，广西彝族常住人口只有 9700 人，不到全国彝族总人口的 1%。广西彝族主要聚居在隆林各族自治县的德峨、克长、者浪、岩茶等 4 个乡镇的 10 多个村和那坡县城厢、百都、百省 3 个乡镇的几个村寨，少数居住在西林县、田林县等地，都属于红水河流域。广西彝族根据各地衣着、兴趣和崇尚习俗，分别自称“诺濮”“芒佐”“灭齐”，即黑彝、白彝、红彝。[①]

白彝是他称，因其服装以白为主色调而得名，因为他们过去都是穿裤脚仅长及膝盖的裤子，所以也被称为“高裤脚彝”。本文所指的白彝主要分布于云南、广西毗邻地区方圆数十千米范围内的一些寨子，其中云南富宁县板仑乡龙迈村、木腊村、龙洋村和里达镇的里拱村，以及广西那坡县的彝族有 2000 多人。那坡县城厢镇的达腊、念毕和者祥三个村寨是白彝的主要聚落，其中达腊屯有白彝 70 多户 300 多人。

### 2. 白彝的来源

白彝何时迁徙到滇桂交界地区，民间口头传说无法确定具体年代，史书和地方志中也没有明确的记载，只有腊摩在民间祭祀活动上演唱的英雄史诗《铜鼓王》中有比较可靠的线索。《铜鼓王》中讲述，彝族先辈最早居住在今天的昆仑山脉一带，过着游牧的生活，后来由于战乱，逐步南迁：“彝家老祖辈，起始居昆仑。那时名罗罗，又称昆明人……起初人烟少，草场也不分。不管你和我，各自不相侵。后来人烟稠……畜多草坪少，开始争

① 覃乃昌主编《广西世居民族》，广西民族出版社，2004，第 205—206 页。

图二五五　那坡县白彝男女服饰（王梦祥　摄）

草坪……部落相残杀，一春又一春。尸骨堆成山，血水染昆仑……彝家从此起，就把支系分。我支老始祖，名字叫波奔……逃难到雪山，就此来扎根。”[①] 他们迁到四川凉山，后继续南下云南滇池：“饮过凉山水，吃过苦荞粑，翻山又过河，来会孟获公；石林风光好，滇池水清清，百代不厌居，可恨又变天。背着铜鼓行，吹着五笙来，泪水湿透衣，回头不成人；普毛才歇脚，兵祸又临头，十日一步路，难为我祖先。”[②] 经过多次艰苦的迁徙，约

① 李贵恩、刘德荣、李世忠等：《铜鼓王——彝族英雄史诗》，云南人民出版社，1991，第3—5页。

② 黎克明演唱的《铜鼓歌》，转引自王光荣：《〈铜鼓歌〉的启示》，《民族艺术》1987年第1期。

宋代后有的进入交趾，有的到达滇桂交界的地方：“到了宋灭唐，变了一重天，彝家遭排挤，重又受熬煎……官府和土司，共同来策划，彝家在普梅，又分为几路，远的去交趾，近的来广西，各寻各的山，各走各的路。”[①] 因此，王光荣认为白彝的迁徙路线可以归纳为：昆仑—大凉山—大理—滇池—巍山—红河州—文山州的普厅、普梅等地—富宁县、那坡县。[②]

20 世纪 90 年代初，李贵恩、王光荣采访了云南富宁县板仑乡龙洋村的腊摩李阿他（彝族祭司，当年 82 岁）。据李阿他说，他们的族人是“罗罗”，祖先是“昆明族”，因诸葛亮打败孟获，他们的先人才逃奔下来的。他们供奉的始祖是孟获，逢年过节祭祀祖先时，都要喃唱孟获始祖及他们的身世。他们迁到龙洋村居住已有 18 代。[③] 如果以每一代 20 年计算，至少也有 360 年。以此推测，白彝的祖先大约在明末清初时定居于龙洋村。

2006 年跳弓节期间，笔者跟随达腊屯人、广西师范学院（2019 年更名为南宁师范大学）王光荣教授在达腊屯调查时，1924 年出生的达腊屯腊摩梁绍安在“祖庙”前的念经中有一段内容提到达腊屯祖先迁徙的历史和路线。据王光荣现场翻译，腊摩唱到达腊屯的祖先在小凉山（云南的楚雄、大理一带）是 ×× 念经，在昆明是 ×× 念经，到路南（今云南省石林彝族自治县）是 ×× 念经，到广南是 ×× 念经，最早是 ×× 念经，依次下来又是 ×× 念经，梁绍安已经是第 46 位登台念经者。由此可以推算达腊屯彝族的迁徙路线和在达腊屯定居的时间。如果我们根据每个腊摩大约在位 20 年计算，这样就可以得出大约在公元 1100 年前后，也就是大概北宋时期白彝的祖先就在达腊屯建寨定居。

达腊屯和龙洋村相距不远，约 10 千米。白彝定居在这两地的年代相差这么大，恐怕不太可能。笔者以为，相对而言，达腊屯腊摩所唱的内容比较具体，推测出来的年代更为可靠一些。

王光荣认为，诸葛亮攻打南中地区，孟获战败而臣服于蜀国，诸葛亮非常重视使用孟获，把今天楚雄一带划了一块地方给他管理。而一部分不愿意臣服于蜀国的彝族先民就从华阳国的南中地区，即今天云南楚雄的小凉山往西、往东、往东南迁徙。达腊屯白彝的祖先就是往东南走的，他们首先到今天的昆明一带住了一段时间，后又迁徙到今广南县，在广南县住了好多代人。其中有一部分从这里迁徙到今云南省富宁县的田蓬镇，从那里进入今越南北部与中国毗邻的河江省和高平省。住了若干代后，于明清时期从越南进入那坡县的平孟口岸，北上往今那坡县城方向迁徙，落脚在今那坡县城厢镇百大村，至今还有部分白彝定居在那里。现在当地姓王、姓梁的，还想来与达腊屯的人认亲。1985 年他们还向那坡县民族事务委员会提出想改为彝族，没有获得批准。彝族民间传说，迁到达腊屯的彝族有两支：一支从今富宁县直接迁徙到今那坡县感驮岩，后来他们 6 个兄弟又分散到 6 处住，后来又慢慢集中到 3 个村子住，即今天的达腊屯、念毕屯和百都乡的坡报屯。坡报屯有多个民族聚居，居住在那里的彝族受汉族、壮族文化影响比较大，本民族的传统已经保留得不多了。还有一支从云南经过者祥屯走小路过来，汇合到达腊屯。在达腊屯住的人逐渐增多，于是有一部分人迁到念毕屯，一部分人迁到今百都乡坡报屯、百省乡坡康屯、城厢镇马拨屯。这些都是小寨，每个寨子只有几户，后来他们有的又返回达腊屯或者念毕屯。现在，坡康屯、马拨屯已经没有彝族人住了。坡报屯还有 5 户彝族，但只有从达腊屯嫁去的

① 黎克明演唱的《铜鼓歌》，转引自王光荣：《〈铜鼓歌〉的启示》，《民族艺术》1987 年第 1 期。

② 王光荣：《〈铜鼓歌〉的启示》，《民族艺术》1987 年第 1 期。

③ 李贵恩、王光荣：《滇桂边彝族源流考》，《广西民族研究》1994 年第 1 期。

妇女还会讲彝话，其余的都已经改讲汉话。[①]20世纪50年代以前，达腊屯每个姓都有自己的铜鼓，因为跳弓节的时候，人太少不热闹，所以就招其他村的同姓人来，分田地给他们种，增加本宗族人口。

由于没有更多的证据，光凭口传资料很难说清达腊屯白彝迁徙的详细情况。但不管如何，我们可以从这些口传资料得知，居住在达腊屯的白彝不是一次迁徙完成的，而是经过多次迁入迁出才最终形成今天的姓氏和宗族结构。达腊屯人都认为，最初到达达腊屯的是四个姓的人口，这四个姓氏头人的排名次序为：梁布登第一，科布梦第二，黎布贡第三，王布达第四。据说原来感驮岩有一块乾隆年间刻下的碑文也是这么写的。但是王光荣说，1968年，时任达腊小学教师的黎克明去找过这块碑，没有找到。据达腊屯村民说，最初四姓人共有18户，后来其他姓氏或是迁徙而来，或是入赘而来，姓氏逐渐增多，到2004年达腊屯已有10个姓氏。其中方姓是从本县的马拨屯迁来，黄姓则是从云南富宁县的木腊村迁徙到达腊屯的。

对于带领族人经过千辛万苦辗转定居达腊屯的开山始祖，达腊屯人是非常敬重的。农历二月补年节原是为了犒劳外出征战而不能在家过年的将士而举行的活动，后来却演变成为后辈纪念先祖的一个节日。关于补年节的来历，王光荣在《通天人之际的彝巫“腊摩”》中列举了两种说法：一是白彝迁徙到现在的居住地时，周围其他民族都已经过完年，为了补度年首，父老们聚会饮酒，并第一次到跳弓场跳舞，相互安慰，沿袭而成补年节。二是农历二月初十是当年白彝男子先到现在的居住地奠下基业的日子，故每年农历二月初十这一天上午每家先吃一顿团圆饭，下午全寨男子集中到两位麻公家饮酒。[②]但是，笔者在达腊屯调查时，当地人告诉笔者的却是另外一种说法，如2006年农历二月初十，达腊屯的腊摩梁绍安就说：“过去我们彝族去打仗，到年底腊月三十不得回家，二月初十才得回家。后来这天家家户户加菜。这个节比春节还要隆重。”至于哪种说法是准确的，现在已经无法考证，但补度新春的意思都是一样的。因此，达腊屯人如果春节期间来不及去给舅舅等其他亲人拜年，可以在这一天去拜年。2006年笔者在达腊屯调查时，就遇到一位梁姓的村民在这一天杀狗去给自己的王姓内弟拜年，拜年礼节与春节完全相同。而农历四月的跳弓节活动则主要是为庆祝达腊先辈打胜仗凯旋而设立的节日。在农历四月初九这一天，腊摩需要念“嘱祖经”向神台上的列祖列宗报告，说当天寨上要举行祭神活动，众人来请他去主持仪式，请祖宗恩准他携带法具前去。

在汉族地区，人们对宗族祖先崇拜的重要表现就是建立宗族祠堂、联宗祭祖、修族谱。这种风俗也影响到了少数民族。贵州纳雍县、织金县、威宁彝族回族苗族自治县、巍山彝族回族自治县等地的彝族也建立了宗族祠堂来祭祀宗族祖先。[③]在达腊屯，虽然没有被称为祠堂的建筑，但却有类似于宗族祠堂的寨神庙。寨神庙，彝话叫作“廊”，其意就是庙，所以汉语也有“始祖宫”“族祭屋”等译法，王光荣最后又把它改为“竹枝宫”。但是，里面供奉的却是达腊屯十个姓氏的祖宗牌位，其中四个最早迁到达腊屯居住的姓氏的牌位被放在最显眼的中央。因此，笔者认为把达腊屯的“廊”译为“始祖宫”“寨神庙”“族祭屋”是恰当的。据达腊屯的老人说，最早在达腊屯居住的四个姓氏原来都有自己的“廊”，后来才合在一起。现在的“廊”原来是梁姓的，后来梁姓的宗族庙演变成了全寨各个姓氏共同的祖庙。因此，达腊屯的“廊”译为“寨神庙”可能更符合实际。达腊屯人不但在寨神

① 据2006年2月5日（正月初八）笔者在达腊屯对王光荣的访谈记录整理。

② 王光荣：《通天人之际的彝巫“腊摩”》，云南人民出版社，1994，第43页。

③ 王丽珠：《彝族祖先崇拜研究》，云南人民出版社，1995，第17—19页。

庙中供奉着他们各姓氏祖先的牌位，每逢举行节日活动、占卜当年的节日活动承办人、在禁忌娱乐活动期间要启用铜鼓和五笙为去世的老人送丧等都必须先在寨神庙念经祭祀开山建寨的始祖。

寨神庙是达腊屯的神圣空间，寨神是全寨的守护者。正如前面所述，每当达腊屯的传统节日都要首先祭祀寨神。没有经过特别许可，一般人特别是未婚者和妇女不能进入寨神庙，否则便被认为是对祖先不敬，可能会招致祸患。村寨要举行什么重要活动，首先要到寨神庙念经祭祀寨神；在禁忌娱乐活动期间，要启用铜鼓、五笙必须杀鸡敬寨神，这些都体现了寨神的神圣性。

## 3. 白彝居住的自然环境

广西那坡县白彝最大的聚落达腊屯坐落在六韶山余脉的巴当山，该地风大雾多，年平均气温要比山下的县城低 2℃左右，没有河流，用水只能靠山泉。耕地以小块坡地为主，且大部分为旱地，只有少量坡地经引用山泉水后被改造为水田。但是，由于山泉水流量不大，往往要等到雨季来临后才有足够的水来耕种，因此只能种植单季稻。如果有些年份比较干旱，单季稻也难以获得好的收成。因此，这种靠天吃饭的田，老百姓形象地称之为“望天田”。还有一些无法引水的坡地，只能种植玉米等旱地作物。即便是这种条件的耕地，在达腊屯也人均不足 1 亩。村子中间、房前屋后和周围山坡倒是非常适合种植各种竹木。但是，达腊屯除了已经开垦的耕地外，到处都种上杉木、油茶树、油桐树、八角树和竹子，很难再开垦新的耕地。虽然整个村子从远处看上去郁郁葱葱的，但大树并不多。由于自然条件差，达腊屯在 2015 年精准识别中被确定为贫困村。经过多年的帮扶，特别是精准脱贫后，2020 年达腊屯实现了整村脱贫，与全国同步实现小康。

## 4. 族群的传统生计

那坡县白彝根据所处的气候、土地、水源和市场等条件，形成了自己的生计方式：靠山吃山。他们充分利用山区种植粮食作物、经济作物、经济林和用材林，使他们的生产生活得以维持。

由于达腊屯坐落处已经接近巴当山的山顶，山泉都是季节性的，而且流量也比较小，每年都要到农历五月才能有足够的水来耙田插秧，加上山高水寒，每年只能种单季稻。由于地势高陡，一年四季风都比较大，虫灾、鼠害等各种自然灾害都比较严重。如果哪一年不风调雨顺或虫灾严重，产量就会大幅度下降。

达腊屯人除了把大量的时间花在田里，花在坡地上的时间也不少。虽然坡地数量不是很多，但坡地和责任山上耕种的作物品种比较多。粮食作物主要是玉米、旱谷，还有红薯、红稗（鸭脚粟）、木薯等，豆类主要有黄豆、金豆、四季豆等。达腊屯的坡地上除了耕种粮食作物，大部分种植经济林和用材林，经济林主要是油茶、油桐、八角，用材林主要是杉木。

自 20 世纪 90 年代以来，那坡县彝族村寨的青壮年大部分都出去外面打工了，在家进行农业生产的人已经极少。

## （二）白彝铜鼓文化的艺术形态

### 1. 铜鼓来历

关于铜鼓的起源，目前学术界还没有达成共识，但比较一致的意见是起源于云南。滇池周围的楚雄、昌宁、弥渡、曲靖、晋宁、江川、广南等地是古老铜鼓出土最集中的地区。春秋战国时期的濮人是最早铸造和使用铜鼓的族群，目前发现最早的铜鼓类型——万家坝型铜鼓的所在地就在云南楚雄的万家坝。[①] 虽然彝族的先民很早就在楚雄一带居住，今天楚雄一带仍然是彝族的聚居地，但学术界一般不认为彝族是创造铜鼓的族群，然而从文献和民间传说来看，彝族铸造和使用铜鼓的历史也是非常悠久的。

云南富宁县和广西那坡县白彝中流传的英雄史诗《铜鼓王》就讲述了白彝的古代英雄波罗和他的妻子罗里芬铸造铜鼓的曲折历程：先用黄泥揉搓成软泥，做成铜鼓的模子，等晒干后将铜水灌入，冷却成鼓身……终于铸成了铜鼓。但起初做成的铜鼓太厚重，不仅样子不好看，而且声音也不好听。经过多次改造，铸成了重量轻、声音悦耳的轻鼓，既可发出号令，又可以用来当锅煮出美味的食物。铜鼓的铸造技术很快传遍彝家的村村寨寨。人们处处唱歌、跳舞，人人歌颂铸造铜鼓的波罗和罗里芬，称他们夫妇为“铜鼓王”。[②] 后人在波罗和罗里芬的铜鼓铸造工艺基础上，又进一步发展，在铜鼓上增加各种纹饰，使铜鼓更加美观。

据达腊屯老人回忆，1958 年以前，一个白彝村寨往往有好几对铜鼓，一般一个姓就有一对铜鼓，有的大姓甚至有多对铜鼓。如达腊屯共有八对铜鼓（其中黎姓就有三对铜鼓），者祥屯也有两对铜鼓。后来经历了两次政治运动，彝寨的铜鼓大量减少。[③]2007 年以前，达腊屯使用的铜鼓是这样的：1982 年，时任中共那坡县委统一战线工作部的赵部长到达腊屯调研，了解到达腊屯村民想恢复传统节日活动，但是没有铜鼓，于是他想方设法协助解决。当打听到云南富宁县龙迈村有一面铜鼓，持有者愿意以 1000 元的价格出售时，他决定由统战部拨款 600 元给予资助，加上达腊屯一位在那坡县林业局工作的领导的努力，又筹集了 400 元，然后到云南把铜鼓买了回来。那是一面母铜鼓。

### 2. 铜鼓造型

达腊屯白彝使用的铜鼓多是麻江型的。这种类型的铜鼓，铸造的时间为南宋到清朝道光年间。以达腊屯 2007 年前使用的这面铜鼓为例，其突出的特点是：体型较其他类型铜鼓更为小巧扁矮；鼓面略小于鼓胸，鼓面边沿微凸出于鼓颈；鼓胸、鼓腰、鼓足之间的过渡曲线柔和，无明显分界；鼓身的中部有一道凸起的棱将鼓身分为明显的上下两节；鼓胸有大跨度的扁耳两对，便于悬挂与吊起抬走；鼓面最明显的纹饰是中心十二芒太阳纹，主晕由两圈同心圆和一圈宽大的游旗纹构成，另饰有千足虫纹、短条游旗纹和几何纹等。

---

① 蒋廷瑜：《古代铜鼓通论》，紫禁城出版社，1999，第 35—36、179—180 页。

② 李贵恩、刘德荣、李世忠等：《铜鼓王——彝族英雄史诗》，云南人民出版社，1991，第 18—20 页。

③ 袁少芬、钟桂明：《那坡县者祥屯和达腊屯彝族社会历史调查》，载广西壮族自治区编辑组编《广西彝族、仡佬族、水族社会历史调查》，广西民族出版社，1987，第 76 页。

# 3. 铜鼓舞蹈

彝族铜鼓舞是达腊屯主要的舞蹈之一，是白彝必不可少的娱乐活动。每逢重大节日、进新居和为去世的老人送丧时都要跳铜鼓舞。彝族铜鼓舞最常见的跳法就是，一位鼓手演奏铜鼓，众人手拉手环绕着铜鼓跳舞。舞时，舞者随着鼓点的节奏前后摆动手臂和变化舞步。众人也可以排成长队，手持折扇，边跳边挥动手中的折扇。据老人说，彝族铜鼓舞原来有 12 种步伐，现在一般只剩下二步、三步、四步、六步、八步 6 种。彝族铜鼓舞的特点主要是：一是集体性，它是一种集体舞而不是单人舞，在跳舞过程中在场的男女老少都可参加，人数越多越好，表现出白彝是一个富有集体意识的族群；二是舞步的节奏感很强，人们随着鼓点迈出坚实的舞步，每跳一步，双膝随之颤动，整齐而有力的舞步踏在干栏木楼上，楼板发出“嘭、嘭”的响声。

彝族铜鼓舞是一种集体舞，白彝语称为“巡七”，在白彝人生活中占有重要位置。一旦铜鼓敲响，领舞者开场，不管是耄耋长者，还是刚刚学步的幼童，都会翩翩起舞。白彝有句俗语说：“铜鼓一响，双脚发痒。”节日、喜庆的日子要跳铜鼓舞，特别是入住新房，要请亲朋好友连续跳三天。为长者送丧也要跳铜鼓舞。只是喜事与丧事的铜鼓舞，曲调和步伐不同。喜事曲调欢快，舞步多样；丧事曲调深沉，舞步沉重，以横迈步为主。节日、喜庆的日子跳舞时，通常是祭司领舞，麻公（私人喜事就是主人）跟着跳，亲戚朋友跟着麻公跳，接下来就是众人跟着，围成一大圈一起跳，参加人数不限。在家里是围绕火塘顺时针跳，在跳弓场则围绕金竹丛顺时针跳。舞者踩着铜鼓的伴奏乐节拍，变换舞姿，时而双手叉腰，时而手牵手。舞步主要有横迈步、三抬步、五抬步几种。一般以横迈步做准备动作，转换跳三抬步时，鼓点的前四小节舞者站立不动，从第五小节开始跳三抬步，循环往复；换至五抬步时，鼓点的前三小节舞者站立不动，从第四小节开始跳五抬步。循环往复，直至尽兴。

由于祭司一般都是老人，他们往往只是跳 1 圈后即退出，其他人每一种舞步跳 9 圈才能休息。舞至高潮，邦郎会带头喊“喂——哗——”，众人随声应和。接着，几位后勤人员给舞者中的成年人斟酒，大家将酒一饮而尽，场面气氛十分热烈。如此循环往复，每逢

图二五六　那坡县彝族铜鼓舞（王梦祥 摄）

图二五七　彝族群众手拉着手跳铜鼓舞（王梦祥　摄）

喜庆日子往往跳到凌晨甚至通宵达旦。而在那坡县另一个彝族寨子者祥屯的跳弓节上，铜鼓与葫芦笙音乐同时进行，全村的男女老少聚集在一起围绕金竹丛跳舞。这似乎保留了《铜鼓歌》中所说的“铜鼓是珍宝，先辈们铸造。长管葫芦笙，与鼓配成套”的传统习俗。

彝族铜鼓舞的各种舞步动作要领如下：

横迈步：围成圆圈的舞者面向中心（火塘或者金竹丛），互相勾着中指，一拍一步逆时针横走，双臂同时一拍一次向前、向后摆动，每一步都做微颤一下的动作。

三抬步：第1—3拍，左脚起向右横走3步，都微颤，双臂同时向前、后、前各摆1次，第3拍的后半拍右脚跟擦地前踢25度。第4拍右脚收回到左小腿旁，双下臂同时上抬。第5—8拍做第1—4拍对称动作。

五抬步：第1—5拍，右脚起向左横走5步，双下臂经上向前画2个立圆（2拍画1个），第5拍下臂摆至后，后半拍左脚跟擦地前踢25度。第6拍左脚收回到右小腿旁，双下臂同时上抬。第7—11拍，右脚原地一拍向下颤一次，左脚分别在第7、9、11拍各踏足1次，双臂同第1—5拍动作，最后半拍右脚跟擦地前踢25度。第12拍时，脚做第6拍对称动作，双臂同第6拍动作。[①]

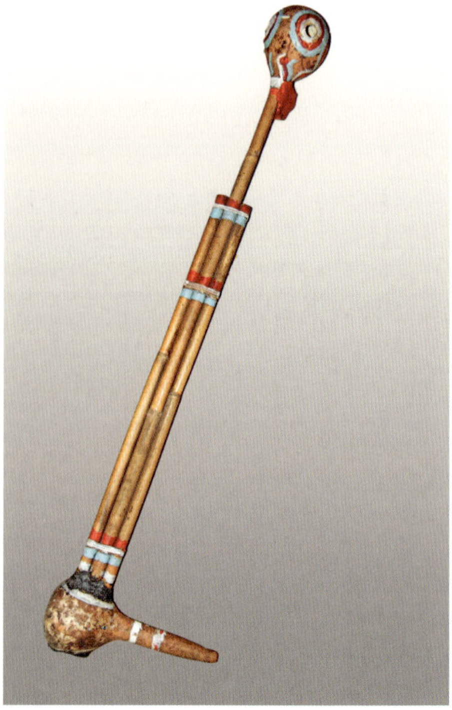

图二五八　彝族的长管葫芦笙（王梦祥　摄）

① 王光荣：《中国广西彝族文化拙论》，香港天马图书有限公司，1996，第221—222页。

## 4. 铜鼓曲调

铜鼓曲调分为红事（喜事）曲调和白事（丧事）曲调。因为白事曲调平时不能随便演奏，故此处仅描述红事（包括进新居和各种节日）曲调。

演奏铜鼓时，配对使用，即同时把一对公母铜鼓悬挂起来，鼓面相对，由一位铜鼓手击打。击打的方法是，铜鼓手左手执竹片敲击鼓边，右手执鼓槌敲击两面铜鼓鼓面的中心，敲击母鼓打节奏，敲击公鼓打花点，互相配合，击出不同的调子，其余的人随着铜鼓声的节奏跳舞。笔者在达腊屯调查期间听到的调子都是在喜庆场合（包括进新居和各种节日）演奏的调子。经过跟随笔者一起去达腊屯调查的韦玺整理，达腊屯的铜鼓曲调有以下四种：

### 曲调一

#### 一步

$\frac{2}{8}$ 中速

（壮族）韦　玺　记谱
（彝族）方卫红　演奏

| | | | | |
|---|---|---|---|---|
| 字　谱 | 咚　咚　当 | ‖: 打　咚　当 | 咚　咚　当 | 打　咚　当 :‖ |
| 母鼓心 | 0 | ‖: X　0 | 0 | X　0 :‖ |
| 公鼓心 | X　X | ‖: 0　X | X　X | 0　X :‖ |
| 鼓　边 | 0　X　X | ‖: X　X　X | 0　X　X | X　X　X :‖ |

### 曲调二

#### 二步

$\frac{2}{8}$ 中速

（壮族）韦　玺　记谱
（彝族）方卫红　演奏

| | | | |
|---|---|---|---|
| 字　谱 | 咚　咚　当 | ‖: 打　咚　当 | 打　咚　当 :‖ |
| 母鼓心 | 0 | ‖: X　0 | X　0 :‖ |
| 公鼓心 | X　X | ‖: 0　X | 0　X :‖ |
| 鼓　边 | 0　X　X | ‖: X　X　X | X　X　X :‖ |

### 曲调三

#### 三步

$\frac{2}{8}$ 中速

（壮族）韦　玺　记谱
（彝族）方卫红　演奏

| | | | | |
|---|---|---|---|---|
| 字　谱 | 咚　咚　当 | ‖: 打　咚　当 | 打　咚　当 | 打　咚　当 :‖ |
| 母鼓心 | 0 | ‖: X　0 | X　0 | X　0 :‖ |
| 公鼓心 | X　X | ‖: 0　X | 0　X | 0　X :‖ |
| 鼓　边 | 0　X　X | ‖: X　X　X | X　X　X | X　X　X :‖ |

曲调四

四步

(壮族)韦　玺　记谱
(彝族)方卫红　演奏

$\frac{2}{8}$ 中速

| | | | | | |
|---|---|---|---|---|---|
| 字谱 | 咚 咚 当 | ‖: 打 咚 当 | 打 咚 当 | 打 咚 当 | 打 咚 当 :‖ |
| 母鼓心 | 0 | ‖: X 0 | X 0 | X 0 | X 0 :‖ |
| 公鼓心 | X X | ‖: 0 X | 0 X | 0 X | 0 X :‖ |
| 鼓边 | 0 X X | ‖: X X X | X X X | X X X | X X X :‖ |

## （三）白彝铜鼓的使用习俗与主要内涵

### 1. 白彝铜鼓的使用习俗

铜鼓，白彝话叫作“巡”，分雌雄两种。雌鼓，彝语称“巡马”，俗称“母鼓”；雄鼓，彝语称“巡刨”，俗称“公鼓”。按彝族传统风俗，凡属喜庆性活动，公母铜鼓一对并用，丧事活动则单独用母鼓。

当然，把铜鼓分为雌雄，演奏时配合使用这种现象很早就出现，也非彝族所特有。早在明代邝露的《赤雅》中就有“东粤二鼓，高广倍之，雌雄互应”[①]的记载。清代屈大均的《广东新语》也记载:“粤之俗，凡遇嘉礼，必用铜鼓以节乐，击时先雄后雌，宫呼商应，二响循环，音绝可听……雄声宏而亮，雌声清以长，一呼一应，和谐有情，余音含风，若龙吟而啸凤也。”[②]民族学资料表明，近现代西南地区的壮族、瑶族、布依族、彝族、水族等都有将铜鼓分为雌雄和雌雄相配演奏的情况。[③]《铜鼓王》中说，白彝铜鼓“公母两相配，亲热如恋人。公鼓鼓身小，敲起发清音；母鼓鼓身大，敲起发浊音。清浊相应和，听起更迷人。公鼓波罗铸，众人记得清。母鼓谁人铸？就是罗里芬。两个‘铜鼓王’，都是彝家人。同铸夫妻鼓，从此出大名”[④]。公鼓体形较小，声音高亢，音调比较尖细。母鼓体形比较大，声音比较浑厚洪亮。20世纪80年代以后，由于铜鼓稀少，往往一个村寨只有一面铜鼓，因此就不分公母，有一面用一面，有一对用一对，打破了过去红、白事活动中铜鼓使用的规矩。为了达到更好的共鸣效果，往往使用一个铁桶或者铁盘作为共鸣工具。

白彝演奏铜鼓，吊挂位置和支架是有讲究的：在室内要挂于正堂左侧穿枋上；在室外则用两根树杈和一根木杠搭成支架，用棕绳将一对铜鼓吊挂于上，公母鼓鼓面相对，相距约40厘米。支架要搭于跳弓场东南角的向阳处。演奏时，一人左手拿竹片敲鼓边，右手持鼓槌击公母鼓心，母鼓声浑厚、洪亮，公鼓声尖细、亮亢，加之铜鼓有不同的音高，每

① 邝露:《赤雅考释》，蓝鸿恩考释，广西民族出版社，1995，第154页。
② 屈大均:《广东新语注》，李育中、邓光礼、林维纯等注，广东人民出版社，1991，第390—391页。
③ 蒋廷瑜:《古代铜鼓通论》，紫禁城出版社，1999，第248—249页。
④ 李贵恩、刘德荣、李世忠等:《铜鼓王——彝族英雄史诗》，云南人民出版社，1991，第23页。

图二五九　彝族铜鼓手和一对铜鼓（张小宁　摄）

个铜鼓的鼓面心至鼓面边缘也有一定的音距，两鼓互相配合敲击伴奏时，鼓声铿锵有力，节奏稳健多变，听起来有一定的旋律感。

白彝非常崇尚铜鼓，视铜鼓为圣物，认为铜鼓可以逢凶化吉，镇妖祛邪，守寨护家，保佑平安。所以，当年白彝先民“为了永生存，离开越析诏。只要铜鼓在，家产全可抛”[1]。白彝过节的时候要敲击铜鼓跳舞，入新房要请亲戚朋友去连续跳铜鼓舞三天，亲人去世送丧也要敲击铜鼓。

白彝铜鼓除了有实用功能，还衍生出许多社会功能，特别是成为财富和社会地位的象征。历史上，彝族先民各部

图二六〇　那坡县彝族男子敲响铜鼓祝贺入新房（廖明君　摄）

① 李贵恩、刘德荣、李世忠等：《铜鼓王——彝族英雄史诗》，云南人民出版社，1991，第36页。

落之间为了争夺铜鼓曾发生了激烈的战争。《铜鼓王》中就说："铜鼓价值高，有鼓便称诏。谁个铜鼓多，那就称大诏；谁个铜鼓少，只得称小诏。最强是大诏，最弱是小诏。那时雪山地，大小有六诏。大诏和小诏，争鼓闹风潮。因为争铜鼓，彝人恨难消。年年起战火，彝家苦难熬。"① 因此，过去有钱人都想买铜鼓或请人铸造铜鼓。个人买不起铜鼓的，一个村寨或一个宗族也要想方设法集体购买。他们虔诚地对待铜鼓，不准坐在铜鼓上，搬运时要轻拿轻放，使用前要用米酒擦洗干净，演奏时要用柔软的鸡血藤做成的鼓槌来敲打，以免损坏铜鼓。笔者在达腊屯调查时就见到不谙世事的孩童用力敲打铜鼓时遭到长者的呵斥。

铜鼓是白彝人的传家宝，他们视铜鼓为凝聚族人的神圣之物。历史上白彝祖先经过多次迁徙，遭遇多次危险，但是都要千方百计地保护好铜鼓。白彝民间歌谣唱道：

离开越析诏，哪样都不要，
只带那铜鼓，作我传家宝。
众人背着走，走走又敲敲，
只要铜鼓在，家产全可抛。
带着铜鼓走，万众心一条。
入林不怕狼，行军不怕难。
时时有勇气，靠铜鼓撑腰。
铜鼓声不断，众人饿不倒，
只要有铜鼓，家财都可抛。
…… ……
铜鼓咚咚响，祖宗喊道场，
你家吹五笙，我家敲铜鼓；
请来先辈人，同我喜闹场，
兄弟四方来，鼓声更响亮。②

达腊屯每年正月初八都要通过占卜选出一户人家来保管集体的铜鼓。彝族话把宗族或寨子铜鼓的管护者叫作"巡题"，意思就是"铜鼓的父亲"。把铜鼓管护者称为"铜鼓的父亲"，可见达腊屯人对铜鼓的感情非同一般。白彝人用汉语称铜鼓的管护者时也叫"打铜鼓"，但实际上只是铜鼓的管护者而不是演奏铜鼓的乐手。但是，从历史发展来看，巡题很可能是古代战争中在军事首领身边运送和保管铜鼓、供首领敲击铜鼓指挥战争的重要人物。《铜鼓王》中就有描述白彝首领"都罗"敲击铜鼓指挥战争的场面："都罗微微笑……走到铜鼓边。用力擂战鼓，咚咚把令传。伏兵听鼓响，一齐冲下山……敌人遭伏击，死伤一大半。"③ 因此，巡题至今在白彝社会中也是地位比较高的人。做巡题是每一位成年男子人生历程中的一个重要环节，只有做了巡题才可以成为五师的候选人，如果懂得念经还可能成为萨喃和腊摩的候选人，进入传统社会中的核心阶层。

自从正月初八那天被选为巡题，邦郎把铜鼓抬到家里开始，管护公众的铜鼓就成了这一年巡题一家人的光荣任务。巡题管护铜鼓主要做几项工作：首先，看护好铜鼓，不

① 李贵恩、刘德荣、李世忠等：《铜鼓王——彝族英雄史诗》，云南人民出版社，1991，第 24 页。
② 王光荣：《中国广西彝族文化摭论》，香港天马图书有限公司，1996，第 269—270 页。
③ 李贵恩、刘德荣、李世忠等：《铜鼓王——彝族英雄史诗》，云南人民出版社，1991，第 81 页。

能丢失铜鼓。其次，每当农历二月、四月、十月传统节日需要敲击铜鼓时，要派家人将铜鼓抬到跳弓场，活动结束后又抬回家收藏。再次，负责借出铜鼓和收回铜鼓。寨子中谁家进新居需要跳房，或谁家老人去世需要送丧，都可以带一碗花菜和一斤酒到巡题家借铜鼓。在借铜鼓时，巡题要叮嘱借鼓者使用铜鼓的注意事项。如果用后不及时归还的要催促借鼓者归还。如果是禁忌期要借铜鼓送丧，必须告诉借鼓者要严格按照流程解禁。最后，宴请全寨男子。巡题还有一项重要的任务就是要在农历二月十一这一天宴请全寨男子，而且所需费用完全由巡题家承担。2004—2006年，笔者曾连续在达腊屯开展调查工作，在调查中发现，每个当选的巡题在宴请全寨男子时都要杀一头75公斤以上的肥猪、一只15公斤左右的肥狗，耗费50公斤以上的大米和150公斤左右的酒，这还不包括亲戚朋友带来的酒肉。这对于当时生活还算不上富裕的达腊屯人来说，并不是一件很轻松的事。如果不是大量的青壮年外出打工，所需费用还会更多。

图二六一　彝族男子打铜鼓（覃彩銮　摄）

## 2. 白彝铜鼓文化的主要内涵

达腊屯白彝把铜鼓当作圣物，在举行重要活动和红白喜事时都离不开铜鼓，还要唱《铜鼓歌》。这体现了白彝的一种信仰，也是维护社会秩序的一种方法。

白彝传统节日活动中，有大量的对祖神、寨神、山神、金竹魂等超自然力量的祭祀与祈求，这表达了白彝人对各种神灵的敬畏和祈求福祉的强烈愿望。白彝人认为：万物有灵，石头有石头的灵，竹木有竹木的灵，瓦片有瓦片的灵，不杀这些灵，到时它们灵气一盛，主人就受不了，所以必须杀各种各样的灵。正是因为白彝人认为有灵魂，有害人的鬼魂，所以，如果遇到不顺，特别是遇到灾难时就要举行招魂、赶鬼仪式。在传统节日活动中和新的祭司上任时，招魂、祭神也是重要的内容。在万物有灵观念支配下，白彝有着各种各样的活动形式，产生了祭司（腊摩和萨喃）、巫婆（麻公妈），以及为了祭神、取悦神的一系列仪式与舞蹈，这些构成了白彝传统节日活动的重要内容。白彝人认为，铜鼓是全寨的宝贝和守护神，是“通天”神器。因此村中的红白喜事、重大节日都要使用铜鼓，唱《铜鼓歌》，祈求平安。

不管哪一个族群，趋利避害、祈福避祸、扶正祛邪，对平安、富足、健康、快乐、幸福的祈求都是相同的。在过去，由于自然环境恶劣等原因，白彝的生活比较贫困，自然灾害、疾病严重威胁着他们的生存。清末光绪年间，达腊屯曾连续三年发生流行性痢疾，全屯死去180多人。到民国时期，每年因为痢疾死去的人仍然有6—9人。[①]面对灾害、疾病的严重威胁，在无助的情况下，他们只好通过在传统节日时举行各种仪式，求助于神灵，祈求神灵保佑，而且处处小心翼翼，唯恐触怒神灵。

在每个家庭、每个村民参与别人承办的活动，为全寨和自己祈求平安的同时，白彝人也认识到每个家庭和个人要根据自己在社会的角色和地位承担起相应的责任与义务，使得社会有序平稳地运行。麻公、谷帕、邦郎、央巴、五师、萨喃、腊摩分别要尽什么义务，承担什么责任，在白彝人的脑子里是清晰的，而且人们在承担这种义务的时候心理上获得一种满足，因而是愉快的而不是痛苦的。通过各种传统节日活动，全寨人积极投入，从腊摩到麻公，从七婆到麻公妈，按照社会角色的要求各尽其责，强化了个体对整个聚落社会结构和社会角色的认识，进一步明确个人在社会关系中的位置，使整个村寨呈现出一派和谐的景象。

因此，达腊屯每年占卜选出一位铜鼓守护者。尽管当选铜鼓守护者会有较大的开支，但是人们都乐意承担。因为达腊屯人认为做巡题是一个男子社会地位、社会声望上升到一个新台阶的标志，因而这一项工作也内化为每一个达腊彝族男子应尽的义务。因为经济能力有限而不能承担这项义务的人会感到内疚和不安。当然，每一位巡题宴请全寨男子时都尽可能把宴席办得丰盛些，让自家更加有面子，但是，笔者在达腊屯看到各个巡题或麻公之间的宴席丰盛程度还是有区别的。达腊屯的这种宴席并未规定要多少钱一桌，每一桌要多少荤菜、多少素菜。只要你宴请了，村民一般都不会去关注酒菜是否丰盛。可见，达腊屯的“众人酒”，不是像印第安人的夸富宴那样“为了竞争地位而大搞铺张浪费……要毁掉食物、衣服、钱财，有时甚至烧掉自己的房屋，以此来树立自己的威望，羞辱对手，并取得其追随者们长久的敬佩”[②]。达腊屯的宴请，目的之一是借此追求非物质的声望和社会地位。因此，达腊屯人不管是做巡题还是做麻公都会尽可能地把自己的亲戚朋友叫来，来的人越多，主人越高兴，因为这表明主人有庞大的社会网络和丰富的社会资源。“千人同你好，八百同我交”这句当地的俗话体现了达腊屯人对一种理想

图二六二　那坡县彝族麻公（王光荣　摄）

① 梁浩等:《那坡县那坡人民公社隆平大队彝族社会历史调查》，载广西壮族自治区编辑组编《广西彝族、仡佬族、水族社会历史调查》，广西民族出版社，1987，第113页。

② M·哈里斯:《夸富宴——原始部落的一种生活方式》，李侠祯译，《民族译丛》1986年第6期。

社会关系的追求。

白彝还把铜鼓作为获取谷种的神器，每年跳弓节时，都要举行请粮神仪式。仪式上祭司所念经文中的“铜鼓换粮神”，歌颂了铜鼓的伟大贡献。其内容是：

众人挂眼泪，回报众乡亲，
乡亲听回报，个个泪成行。
揩干了眼泪，父老重商量，
再去找谷种，礼物用哪样？
那时彝家人，铜鼓最宝贵，
为了取谷种，真诚掀铜鼓。
铜鼓离村庄，重返老祖地，
老祖见铜鼓，认出自家人，
拿出稻谷种，教亲人育秧。
使者育好秧，耙田又插秧，
过了百十天，田里呈金黄。
新种的谷子，穗儿长又长，
男女挂禾剪，剪回了禾把。
众人捋禾把，谷粒藏在身，
绕过麻朗山，绕过麻邦水，
避开黄雀嘴，躲过绿鸟眼，
回到了腊俩，回到了腊敏。
打从那时起，彝家有食粮。

图二六三　那坡县彝族跳弓节活动现场（张小宁　摄）

有了食粮不忘祖，有了食粮代代种。
粮种到手上，长老先种下，众人后面跟。
红土下红子，黑土下黑子，
红土与黑土，催禾苗生长。
年年到四月，彝家跳弓节，
父老到村头，请来了谷种，请来玉米种，
左山种苞谷，右田插绿秧，
坡前育红稗，坡背种高粱……
老祖赠粮种，世代护粮神。[①]

## （四）白彝铜鼓文化在传承中的变异

### 1. 国家政策的引导和支持影响着白彝铜鼓文化的发展

千百年来，铜鼓是白彝民众生活中不可或缺的神圣之物。中华人民共和国成立后，国家实行民族平等团结政策，积极发展民族文化。国家政策的引导和支持影响着白彝传统文化的发展。

1956 年，政府在白彝村民中选拔组成了广西那坡县彝族歌舞表演队。该表演队在专业文艺工作者的指导下，根据腊摩主持的节日祭祀礼仪歌舞编排了一组节目，参加那坡县和百色地区文艺会演，受到好评，其中《倮倮族铜鼓舞》还被评为百色地区优秀舞蹈节目，被选送到首府南宁市演出。[②]这是白彝的民间艺术首次从山野走向都市，登上了大雅之堂。但 20 世纪六七十年代，铜鼓文化等少数民族传统文化遭到破坏。改革开放后，民族政策的落实使少数民族传统文化的传承和发展迎来了新机遇。

21 世纪初，联合国教科文组织设立了一个叫作“人类口头和非物质遗产代表作名录”的项目，专门用以表彰那些值得保护与传承的文化表现形式，以及与之相关的文化空间等。2003 年 10 月 17 日还通过的《保护非物质文化遗产公约》，掀起了一场世界范围的非物质文化保护运动。在这样的大背景下，我国政府也更加重视传统文化的保护与发展，调整了相关政策。2006 年 5 月，国务院批准文化部确定第一批国家级非物质文化遗产名录 518 项，其中云南文山州申报的彝族铜鼓舞、葫芦笙舞名列其中，实际上就是富宁县白彝舞蹈的传统。尔后，广西壮族自治区人民政府也公布了首批自治区级非物质文化遗产名录 58 项，那坡彝族跳弓节榜上有名。广西壮族自治区人大常委会在制订《广西壮族自治区民族民间传统文化保护条例》过程中组织专家到达腊屯考察。经过多次修改、审议，2005 年 4 月 1 日，广西壮族自治区人大常委会第十届人民代表大会常务委员会第十三次会议审议通过该条例，并宣布该条例从 2006 年 1 月 1 日起施行。近年来，那坡县人民政府和富宁县人民政府都陆续对跳弓节的开展给予扶持，如给节日补助费、帮助修建新的跳弓场地等。2015 年开展精准扶贫以来，达腊屯作为重点扶持的贫困村和重点打造的民族风情旅游村，投入大量资金，按照统一规划、统一设计、统一风格、统一布局的原则，对全屯

① 王光荣：《弓场神韵》，民族出版社，2010，第 47—52 页。
② 王光荣：《通天人之际的彝巫“腊摩”》，云南人民出版社，1994，第 150 页。

图二六四　彝族群众跳起葫芦笙舞（廖明君　供图）

90 户彝寨房屋外立面实施特色风貌改造建设，提升了村寨的民族旅游品位。

## 2. 从祭祀神器到娱乐器具

20 世纪 80 年代以来，在现代游客追求优美的风景画、别致的民俗风情画的巨大需求推动下，以民俗活动或传统为对象的民俗旅游或民族旅游得到了空前发展①，研究民族文化资本化运行模式和大力培育民族文化产业已经被作为重要问题提出②。在这样的大背景下，如何利用达腊屯文化来发展旅游也开始引起了当地政府部门的重视，并成为当地村民的强烈愿望。

2002 年，那坡县就被广西壮族自治区旅游局定为重点发展民俗风情旅游区域之一。发展旅游，使达腊屯村民的经济意识明显增强。跳弓节也开始由过去完全是村民歌颂先祖功绩、祈求平安幸福、自娱自乐的节日变成了具有商业表演性质的活动。

从 2002 年开始，那坡县政府计划打造文化品牌，发展民俗旅游，在达腊屯投资建立了一个比较开阔的新跳弓场作为接待游客的表演场地，开通了从主干道到跳弓场的简易公路。达腊屯村民则在王光荣教授的指导下对传统的节目进行挖掘整理、改编，添置大二胡、木鼓、彩扇、五笙等器具，恢复了一些已经多年没有表演的节目，并组织年轻人去学习传统乐器、舞蹈。村民把各种舞蹈、竞技活动浓缩为 10 多个节目进行集中展示，整个活动时长为 1.5—2 小时。经过改编，节日活动更加丰富和具有观赏性。每年农历四月初

① 徐赣丽：《民俗旅游与民族文化变迁——桂北壮瑶三村考察》，民族出版社，2006，第 65—67 页。

② 李富强：《让文化成为资本——中国西部民族文化资本化运营研究》，民族出版社，2004，第 55 页。

十这天，在完成祭祀活动后，还要到新跳弓场表演舞蹈和竞技活动。平时接待游客也在新跳弓场进行，这样做是为了把娱乐性、表演性的活动与传统的祭祀性活动安排在不同的场地开展。

在市场经济条件下，村民有了较强的经济意识是好事，我们也不应该去指责村民。但是，如果没有信仰的力量、个人的奉献精神，在传统的传承上过多考虑经济利益，就会给传统的传承带来严峻的挑战。正如岳永逸所说，依赖传统文化来发展旅游经济的导向给老百姓自己喜欢的生活留存了相当的空间，使得昔日的传统节日得到生存的机会与可能，但更为严酷的是，昔日由民众自发组织、民众心向往之的传统成为旅游产业中的一环，成为经济增值的手段与工具。与同期众多“复兴”的民间文化一样，一味在表述中强调、宣扬的“民俗 / 民间文化”“传统文化”以及“非物质文化遗产”“原生态”，反而在本质上失去了意义。①

## 3. 外部社会力量的关注和推动

在社会急剧转型过程中，达腊屯传统文化传承存在缺乏经费、乐器不配套、青壮年外出打工而缺乏传承人等突出问题。白彝传统文化的传承引起了社会力量的关注。首先是从达腊屯走出去的王光荣教授。从 2001 年开始，王光荣就自己出钱给达腊屯人到云南购买五笙、铜锣、纸扇等一批道具，还亲自制作彝族二胡送给达腊屯，带领部分男女青年到滇桂交界的其他彝族村屯学习在达腊屯已经失传的舞蹈，组织培训了一批青年学习吹五笙，跳扇子舞、铜钱舞、木鼓舞等，并多次与那坡县领导沟通，请求他们支持改善达腊屯的基础设施，新建跳弓场和寨神庙，举行了 2002 年艺术跳弓节。这次艺术跳弓节的举行，使那坡县领导和有关部门更加重视白彝的传统文化。同时，广西电视台等媒体的宣传扩大了达腊屯传统节日的影响，让更多的人了解白彝的传统节日，促进了达腊屯人文化自尊心和自信心的重新建立。

2003 年在香港社区伙伴（PCD）的资助下，广西民族学院（今广西民族大学）民族学人类学研究所开展“传统文化、知识与农村发展”的行动项目，其中达腊屯“族群传统文化资源管理与可持续生计研究”的子项目由罗树杰负责。PCD 项目的实施给达腊屯的传统文化传承注入了一剂强心剂，得到了村民的认可和称赞。每逢外来人到屯里，村民就说，广西民族学院的老师来做了好事、实事，解决了一些他们村多年没有解决的传统传承问题。2006 年 11 月 25 日，PCD 项目统筹徐国伟先生带领专家进村评估项目，当项目评估专家问到获得 PCD 资助后举行跳弓节有什么变化时，邦郎总管黎日兆说：“第一，获得资助，减轻群众负担，不用收群众的钱了，摆摊的也不收了，也不去邻村讨钱了。第二，发扬了民族传统，丰富了村民的文化生活。第三，发扬了尊老风俗。因为过节要先点香，由腊摩、萨喃念经祭祖后才开始吃饭。”妇女代表梁桂仙也说：“获得资助后节日活动搞得更加好了，还恢复了一些一度停止的舞蹈。”能够获得村民的肯定，是项目的策划者和出资者所愿意看到的。

达腊屯彝族缺少铜鼓的消息引起各方的关注。2004 年 10 月，中国社会科学院文学院

① 相关的思考与表述可参阅岳永逸：《田野逐梦——走在华北乡村庙会现场》，广西人民出版社，2007，第 130—131 页；岳永逸：《乡村庙会的政治学：对华北范庄龙牌会的研究及对“民俗”认知的反思》，载黄宗智主编《中国乡村研究》第五辑，福建教育出版社，2007，第 203—241 页。

图二六五　那坡县彝族木鼓舞（王光荣　摄）

巴莫曲布嫫博士在广西民族文化艺术研究院廖明君院长等专家的陪同下来到达腊屯进行文化调查，了解到达腊屯铜鼓文化的相关情况，便决定设法筹集资金，援助彝寨购买一对铜鼓。2005 年 9 月，中国歌手吉杰从上海回到凉山参加第四届国际彝学研讨会，听到了达腊彝寨的“铜鼓故事”，便萌生为达腊屯彝族同胞筹措经费铸造新铜鼓的念头。在吉杰和巴莫曲布嫫博士的推动下，2007 年 12 月 22 日，“真心的朋友：2007 吉杰生日歌友会暨火把爱心铜鼓援助计划启动仪式”在北京成功举办。吉杰全球歌迷会和火把爱心慈善委员会先后于生日会当晚和圣诞节前的平安夜组织了“火把之光爱心拍卖活动”，为广西达腊彝寨古传濒危铜鼓的复制筹集资金。2008 年 3 月 29 日，受吉杰全球歌迷会和火把爱心慈善委员会委托，广西民族文化艺术研究院廖明君院长、广西民族大学罗树杰教授、河池市文物管理站梁富林站长等一行五人，专程前往达腊屯，就有关新铜鼓的制作问题征求彝寨民众的意见。在达腊屯邦郎总管黎日兆的家里，廖明君院长向早已在此等候的村民说明了来意，梁富林站长拿出几份铜鼓的拓片给大家传看。经过热烈讨论，彝族同胞最后决定制作两面麻江型铜鼓：一面铜鼓以龙纹为主要纹饰，另一面铜鼓以十二生肖纹为主要纹饰。2008 年 5 月 8 日，经过广西环江毛南族自治县韦氏兄弟的辛勤努力，两面捐赠给那坡县达腊屯的新铜鼓铸造完成。经过各方协商，决定在当年达腊彝族跳弓节期间举行赠鼓与新鼓启用仪式。铜鼓文化援助行动得到了广西壮族自治区文化厅的高度重视，除了配合吉杰全球歌迷会和火把爱心慈善委员会捐赠铜鼓，自治区文化厅还决定为村民们放映电影、捐赠图书，并提供一定的资金资助达腊屯举行传统的跳弓节。

2008 年 5 月 13 下午，广西民族文化艺术研究院、吉杰全球歌迷会和火把爱心慈善委员会的代表把两面新铜鼓送到了达腊彝寨。下午 3 点 50 分，达腊屯彝族群众着盛装出现在通往寨神庙的山道上，夹道迎接新铜鼓的到来。吉杰全球歌迷会和火把爱心慈善委员会的代表一同抬起新铜鼓，分别递交到七师代表方卫东和邦郎总管黎日兆的手上。紧接着，铜鼓洁身和祭祖仪式同时进行。腊摩和萨喃进入寨神庙唱诵祭祀经词，而七师们则忙着将鸡血涂抹到铜鼓身上表示敬鼓，并用米酒为铜鼓洁身。完毕后，铜鼓手方卫红开始为新鼓试音，公鼓音清亮，母鼓声浑厚。伴随着一对新铜鼓的初鸣，村民们围绕着金竹跳起了铜鼓舞，入寨仪式最后在欢乐的葫芦笙舞中结束。入寨仪式完成后，人们抬着新鼓沿着逶迤的山路向着山顶上的腊摩梁绍安家行进，举行铜鼓入户仪式。在腊摩梁绍安家的大门前，火把爱心慈善委员会的代表分别将母鼓和公鼓递交到七师代表和邦郎总管的手上。之后，大家又恭敬地完成了门外洁身、室内祭祖、铜鼓试音等几个仪式。最后，铜鼓手方卫红敲起欢乐的铜鼓节奏，达腊屯民众翩翩起舞，共贺接鼓仪式顺利完成。在邦郎和村民们的盛情邀请下，所有参加仪式的人们都尽情地跳起舞来，一直到天黑后才以悠扬的敬酒歌话别，挥手欢送。2008 年 5 月 14 日上午，新铜鼓启用仪式在达腊屯的新跳弓场举行。中国社会科学院民族文学研究所巴莫曲布嫫博士、吉杰全球歌迷会和火把爱心慈善委员会的三位代表来到了达腊屯的跳弓场。半个世纪后，达腊屯彝族重新有了完整的一对铜鼓。

# 三、红水河流域彝族铜鼓文化

## ——以云南富宁县板仑乡为例

铜鼓是流行于我国南方的一种具有悠久历史和独特文化传统的铜制打击乐器。它那奇特的形制、繁复的纹饰、神奇的功能，引起了各国学者的广泛兴趣。他们从考古学、民俗学、民族学或文化人类学角度进行了观察和思考，成果不容忽视。如果进一步从音乐学，特别是音乐史学的角度，与其他相关学科实行多学科的相互渗透与相互结合，就可能捕捉到许多以往容易忽略或难以获得的新信息，为揭开铜鼓神奇的奥秘提供更多的证据，进而还可得出关于我国以铜鼓为代表的区域文化——铜鼓文化的特质及其形成发展历史的某些新结论，甚至还可以纠正我国上古音乐史过去忽略或误解的史实，使上古音乐史的研究跨入一个新境界。

基于上述认识，笔者赴云南省富宁县板仑乡的龙迈村、木腊村、龙洋村三个村寨，就彝族使用铜鼓的习俗进行了实地考察，并结合考古学、民俗学、民族学及音乐史学的有关资料和研究成果，对彝族铜鼓文化进行了研究。

### （一）富宁县板仑乡三个村寨的彝族铜鼓调查纪实

富宁县地处云南省东南部，西接云南广南县、东邻广西百色市右江区，东南与广西那坡县相接，北邻广西田林县、西林县，西南与云南麻栗坡县相邻，并与邻国越南相接。自先秦两汉以来，这一带就是铜鼓的重要分布地。举世闻名的开化鼓和现藏于云南省博物馆的广南鼓，就是早年在文山州出土的。后来在文山州，又陆续出土属于万家坝型的广南县沙果树村鼓、属于石寨山型早期的丘北县草皮村鼓和属于石寨山型中期的文山平坝鼓，以及其他各类型铜鼓，其时间几乎跨越了几千年的漫长岁月。据有关学者调查，富宁县和邻近各县境内许多彝族村寨至今还保留着使用铜鼓的习俗和礼仪，其中以板仑乡的龙迈村、木腊村、龙洋村等彝族村寨和麻栗坡县的新寨较为典型。[①] 由于时间关系，笔者只能以板仑乡的龙迈村、木腊村、龙洋村三个村寨为对象进行调查。



① 李家村：《云南文山州的传世铜鼓》，载中国古代铜鼓研究会编《第二次古代铜鼓学术讨论会资料集》（内部资料），1984，第87—93页。

## 1. 村寨组织

龙迈村分为上下两个小寨，木腊村分为上中下三寨，龙洋村则分为四个小寨。每一个小寨各由若干氏族组成。每族设族长一人，由族内年长者轮流担任。

各寨事务大都由寨主和卜郎负责。寨主，有的村寨叫“地主”或“郎头”。寨主是终身制，死后可由后代继任。寨主不参与寨内事务的决策，仅管理节日活动和宫坪，主持跳宫。凡是郎头都要穿郎头衣，即上穿黑色中短外衣，内穿白色内衣，下着黑裤，外罩黑裙。按规定，只有当过宫头才能穿郎头衣。跳宫时，郎头要领着宫头跳舞，而且不能跳少一步。龙洋的每个宫坪只有一个郎头，全寨有四个郎头。卜郎是寨内事务的决策人，管理一个宫坪范围内的男女之事，还有人们的日常生活和生产劳动，负责监督“目克”的一切行为。卜郎由各个家族最老的人轮流担任，任期三年。跳宫时，卜郎自己不跳，仅坐在棚内观看，发现谁跳得不对就斥责谁。

此外，管理寨内事务的还有麽公。麽公即巫师，有男女两种，女者称“ nama”，男者称“ nam”。麽公是无任期限制的，采用世袭制，死后先由亲兄弟继任，若无人才由儿子继承，其职责是：每年负责选拔节日的宫头；每逢大祭要管理宫坪，站在宫坪的石块上念经；在丧葬仪式上，纪念亡灵时唱铜鼓歌。

节日的组织和举行，由寨内以下几种不同等级的人员分工合作完成。

### （1）“节”

“节”由全寨年龄最老的人组成，人数不定。节日期间可坐在宫棚内起监督作用。

### （2）“帕比”

“帕比”由寨内的壮年人组成，共七人，负责管理安排。如人数不够，可从“目克”里增补。若遇大祭，他们七人将充任“将军”。

### （3）“目克”

“目克”由四名 30—40 岁的男子组成。其责任是协助“帕比”，执行“帕比”的决策。平时处理寨内事务。

### （4）“豹”

“豹”由寨内 20 岁左右的年轻人组成，共十二人，负责采购等杂务。

## 2. 节日

当地的节日主要有摸虾子节、跳宫节、打竹子枪节、粑粑节等几种。

### （1）摸虾子节

农历三月初三过摸虾子节。到时去宫坪，由麽公念经，用虾子做汤给大家喝。

### （2）跳宫节

春播前的跳宫节分两种情况：如为小祭，一般在农历三月初八、初九两天举行；如遇大祭，则一般在农历四月初九、初十举行。大祭时，在从前，一个宫坪要拿一头牛去宰杀，现在则拿一头猪到山坡上去宰杀。第二天再拿一头猪到宫坪去宰杀。按规定，麽公分得最多，可得猪舌；其次是寨主和卜郎，比其他人多得一斤猪肉；再次是吹芦笙的两人，每人分半斤肉；最后，剩下的东西由整个宫坪按户平均分配。如果猪较大，第一天按规定分配后还有剩余，第二天就可由大家平均分配。

### （3）打竹子枪节

每年农历五月二十四，寨内的彝族男子都要射竹子枪，即古书里所谓的“射礼”。节日当天，男男女女到山上玩，每个宫坪杀一头牛。宰杀牛时，大家用刀割牛。按规定，麽公得舌头，寨主得瘤牛的瘤，卜郎得脖子，其他肉平均分配。

### （4）粑粑节

粑粑节的节期由秋收日期决定，可以在农历十月初三，也可以在农历十月十三或十月二十三举行。到时在两个宫头家举行祭祀仪式后杀鱼。一共有三碗鱼：一碗归麽公，一碗归寨主，一碗归老姑父（即父亲姐姐的丈夫）。

其中，跳宫节是一年中最重要的节日。按传统规定，跳宫节为“三年一小祭，五年一大祭”。小祭在木亭举行，大祭则在宫坪举行。小祭时，麽公在木亭内坐着；大祭时，麽公要去宫坪，负责开宫和收宫。本次调查，笔者到达龙迈村的第二天（阳历4月23日）恰逢小祭，前后共两天，第一天在太阳落山后开始，第二天比前一天要晚一个时辰。

## 3. 跳宫节小祭

小祭在龙迈村上下两寨的木亭前各自举行。阳历4月23日上午9时，由该寨郎头派遣“马牌”两人清扫场地，下午太阳下山前，在场地中央用三根树干搭成一个约1.5米高的木架，用绳子拴住铜鼓的两耳，将它侧悬于架上。两寨的铜鼓现均为单鼓：上寨的铜鼓为母鼓，下寨的铜鼓为公鼓。上寨场上建有与宫棚一样的木亭，木亭左护栏上靠有木鼓（下寨则无）。节日以由鼓手敲击铜鼓为开始。鼓手两人，坐于地上。其中一人，右手执藤敲击鼓心，并以左手执细木棍敲打铜鼓胸部；另一人双手捧一脸盆，在铜鼓后面对着鼓足，增加共鸣的效果。

图二六六　跳宫节小祭第一天上午9时，“马牌”两人在龙迈村下寨木亭前除草，为跳宫活动做准备（场地中的这块大石头为村寨的社石）（吴钊　摄）

鼓手用鼓声招呼大家来到木亭。木亭内放有矮木桌两张，先是“节”、麼公、郎头等寨内年长者和本年宫头进入木亭坐下。朗头等人坐在右桌后，宫头四人坐在左桌后。两桌上均放有盛酒的碗。左桌上放有四个酒碗，碗前放有黄豆、狗肉各一碗。太阳下山，小祭正式开始。前来参加小祭的各家女子纷纷将带来的腊肉等食物交给木亭内的郎头。郎头接到腊肉后先用秤来称，称后叫人切好放在碗内。接着，由郎头先给木亭内的人和本年四个宫头盛酒，然后再给到场的所有人（包括同村人和所有外来的人）分酒。按传统习俗，米酒是吉利的象征。寨内每家每年都要交半斤米给当年的宫头，由宫头做成米酒。当地人认为，四个宫头中谁做的米酒不好喝，谁当年全家日子就不好过。节日期间谁喝了米酒，谁就能得到吉利。所以连我们这几个外来的调查者，也都分喝到几碗米酒。

大家喝完酒，首先由两个郎头带着四个宫头中的为首者，走到铜鼓前面，将碗中的酒洒在鼓面上，接着行祭鼓之礼。然后在四个郎头的引导下，四个宫头随着铜鼓调（从第一调依次敲到第四调，以后依次反复敲击）跳起了四人舞。

四个宫头每跳完一遍，就回到木亭内喝一回酒。跳过数遍，四人舞结束。接着，寨里的老年妇女也排成数排，跟着宫头的舞步跳舞。这时场上气氛比较庄严肃穆。天黑以后，气氛逐渐由严肃变为欢快，大家从最开始以年龄为序，先女后男，后来变成男女混杂，大家手拉手，跳起了欢快热烈的圆圈舞。午夜时舞蹈进入高潮，舞队里外重叠三圈，好像大车轮一样旋转着。从此时起，相互爱慕的男女，开始离开木亭，整个活动因人员的逐渐减少而结束。龙迈村上寨每晚还要跳两回木鼓舞，一回在整个晚会的中间，另一回在结束时。

该年小祭的上下寨郎头和宫头的名单如下：

上寨郎头：四人（姓名未做记录）。

上寨宫头：罗云长、黄某某、黄正新、魏正光。

下寨郎头：陈再文、黎昌洪、黄贵充、罗光明。

下寨宫头：祝兴和、黄清银、黄再新、黎恒昌。

图二六七　龙迈村上寨四个宫头在木亭前跳四人舞（吴钊　摄）

图二六八　傍晚时，龙迈村下寨彝族群众在木亭前举行跳宫仪式（吴钊　摄）

## 4. 跳宫节大祭

本次调查因未遇大祭，故未见到其真实情况，现只能依据有关调查和笔者采访所得，做如下简单介绍：

龙洋村大祭于农历三月初八、初九两晚[①]在宫坪上举行。事前要从“帕比”中选出八人为“武将”，由麽公指定其中一人为主持人。

农历三月初八晚，麽公身穿麽公衣，带领两名芦笙手和八名“武将”为前导，后跟四名郎头和四名宫头，进入宫坪。据陈荣贵说，麽公先要手摇牛膀铃，念两句咒语，在宫坪上转九转，然后芦笙手吹公母芦笙，再由麽公站在石上念经开宫。开宫后，由郎头带着宫头跳舞。过去要剽牛一头，现在改为举行祭祀仪式后宰杀一头猪或一只狗，并按传统规矩在宫棚的大锅内煮熟再分肉。年长有身份的男人坐在宫棚内喝酒吃肉。

宫坪中央放有公、母铜鼓，宫棚内则放木鼓。

据李正文说，第二晚收宫时，人们跳着欢快热烈的圆圈舞，一圈套一圈，前后共三圈，最后宫头骑马进入圈内，快速跑马，铜鼓停止，众人歌唱，拥向宫头。凡碰到宫头的衣服或身体者，视为得福，可保一年平安。

## 5. 宫头

宫头由寨内各家族的成年男子担任。按传统习俗，若成年男子一辈子未当过宫头，死

① 李家材在《云南文山州的传世铜鼓》一文中称龙洋村大祭于上午 11 时左右开始。据来自龙洋村的李正文讲，按传统，第一天应自太阳下山后开始。该文所谓上午开始举行，可能并非实情。

后不能进入天堂。因此，能否当宫头是至关重要的人生大事。宫头每年更换一次。新宫头的人选由麽公打卦确定，打卦时间从农历二月初二（龙洋村是正月初三）开始，二月初三结束。其具体过程如下：

按该族传统习俗，麽公一职原由男女两人共同担任：女性为正，称“麽公”；男性为副，称“苏兰”。如今因已无女性担任此职，故不论男女，皆称“麽公”。按规定，打卦时，麽公面朝外坐在右边，苏兰坐在左边。两人面前的桌上放着四碗酒，酒碗前放着一碗虾。两侧各坐两位郎头负责监督。

首先，苏兰闭着双眼，用右手拿十二双筷子敲击左手，边敲边念诵。然后开始分筷子，分时以年龄大小为序，每念到一个寨里未当过宫头的成年男子的名字，就随机分出一部分筷子交给麽公，由麽公来看筷子的数量究竟是双数，还是单数。如果是双数，那个人就被选中了；如为单数，就代表未选中。重复上述操作，一直到选出四人为止。

节日期间跳宫时，当选宫头的人要穿多重衣服，据说穿得越多越好。宫头右手要拿一把扇，脖子上围一条毛巾，再挂几串饰品。

## 6. 祭祀场地

### （1）宫坪

各寨宫坪均位于村寨上方，在一大山下的小山顶上。其正前方远处，往往有两山环绕相接形成的一个山间缺口。其地理位置可能与风水有关。

龙迈村上寨宫坪外沿呈弧形外凸，属不规则长弧形平整场地，总面积约 400 平方米。在场地中央右侧有一座顶上盖有茅草的木棚，龙迈彝语称为“luo”，龙洋彝语称为“lao”，汉语称“宫棚”。场地中心有金竹一丛。宫棚背后靠近大山下的场地边缘有两棵茂盛的“神树”，宫棚内进门处靠左边，呈三角形放有三块用于垫锅的石头。棚内顶盖檐梁上挂有上年跳宫时留下的狗头颅骨和马排所用的旗杆。

龙迈村下寨宫坪位于村寨左后方的小山顶上，未见宫棚。由于宫坪上的“神树”数年前被雷击倒，人们认为这是极不吉利的事情，故一直不敢再使用该宫坪。

龙洋村原有者归、龙平、龙洋与龙中四个小寨，每寨各有一个宫坪。1966 年龙洋村原有的四个宫坪被全部取消，1981 年恢复了三个，至今仍有龙洋的宫坪尚未恢复。

者归宫坪由陆、黄、李、王、梁五个家族共同使用。该宫坪呈不规则长方形，面朝东南，背靠西北，长约 12 米。宫棚位于场地西北边缘的中心处，与对面的山口正好相对。正对宫棚的场地中央有金竹一丛。金竹前

图二六九　宫坪上青翠欲滴的金竹丛（王梦祥　摄）

5 米处，有自然状态的石块一方。石高 69 厘米、宽 49 厘米、厚 33 厘米。在场地后部有并联生长的“神树”三株。

龙平宫坪呈不规则梯形。梯形底长 1900 厘米，纵深 465 厘米。宫棚位于梯形底边的右部，面朝西南。左侧有根深叶茂的“神树”一列，场地中央有金竹一丛，金竹的东西两侧各有石块一方，西南侧石块距金竹 237 厘米，东北侧石块距金竹 482 厘米。西南侧石块前有一处火塘痕迹。西南侧石块面朝西南，通高 53 厘米，底宽 24 厘米，背面高 41 厘米。其截面呈倒梯形，侧面呈台阶状。台阶第一段高 31 厘米，顶宽 8 厘米；第二段高 23 厘米，顶宽 16 厘米。东北侧石块高 38 厘米，顶宽 16 厘米，底宽 30 厘米。两块石块与金竹均在同一条直线上。据龙洋村小学教师李振中（其父原为麽公）说，这个宫坪内的两块石块是宫主（麽公）站的。跳宫第一天站在东北侧石块上，第二天站在西南侧石块上。宫主每次站在石块上，要念一小时至两小时的经，收宫时站在石块上宣布收宫。

龙中宫坪，宫棚内立有存放的木鼓，旁有“神树”，场地中央有金竹一丛，金竹前后未见立石。场地具体尺寸未测。

## （2）木亭

龙迈村上寨木亭位于村寨中央的平地上。平地后部中央建有一个顶部盖着茅草、周围设有护栏的长方形木棚，称为“木亭”。在木亭背后靠石墙地下立有残存的清代石碑两块，如果再联系本寨早期遵义型铜鼓（时代相当于晚唐五代）上的单层建筑来看，可以看出宫棚与木亭的渊源是何等久远。

龙迈村下寨木亭位于村寨前的平地上，原建筑数年前毁于大火，至今尚未复建。原木亭背后石墙的表面绘有一个五角星。场地右侧立有未经雕琢的石块。该石块背面凹凸不平，从侧面看极似一个老人，其脸部尤其是眼睛、鼻子非常形象。其正面则较为平整，现写有“永垂不朽”四字。陈胜予（小学文化）说：“宫坪内的石块最早是祭祖用的。”可见，过去的人们可能认为该石块有神圣之意。但从这次跳宫时有的小孩坐在石上和有的妇女靠在石上的情况来看，其神圣的含义对一般人来说已较淡薄。

图二七〇　龙迈村上寨木亭（亭内右侧立有两块清代石碑）（吴钊　摄）

## 7. 铜鼓

铜鼓，彝语称“圣”(sum)。据调查，每一个家族各有本家族的一对公母铜鼓。其中族长的鼓可在宫坪上使用，又称“宫坪鼓”。其他各个家族之鼓则不能在宫坪上使用，称为“家族鼓”。目前由于各种原因，有些家族尚存公母双鼓，有的则仅存单鼓。

图二七一　龙迈上寨遵义型母鼓鼓面的蛙趾纹图案（吴钊　摄）

龙迈村现存两鼓，均未埋入地下。

龙迈村上寨的宫坪鼓原为一对公母鼓，其中公鼓已于1958年上交用于炼钢，现仅存母鼓。该鼓属早期遵义型铜鼓，由上寨六家轮流保管。据考古类型学研究确定，该铜鼓的年代大致与晚唐五代相当。现在保管者为黄汉林。该鼓已在他家保管九年。按该族习俗，铜鼓平时都要埋藏在鼓坑内，到每年节日前夕才取出使用。然而，这面母鼓的鼓足边缘已经残损，人们称此为“不会飞走的死鼓”，因此平时不用埋藏。该鼓通高34.5厘米，鼓面直径为61.5厘米，鼓心有十二芒，鼓面有十七晕。鼓身铸四耳，有四道合范线。鼓腰饰宫棚或木亭式建筑。鼓心音高为$^{\#}A_3+5$。

图二七二　龙迈村上寨遵义型母鼓鼓腰上的宫棚式或木亭式建筑图案（吴钊　摄）

龙迈村下寨的铜鼓，当地人称为“公鼓”，1984年在富宁县里达乡里拱村出土，属麻江型铜鼓。该铜鼓现由第五村村委会主任罗光明保管。原有的遵义型铜鼓，在此次调查中，笔者未曾见到。

木腊村现存三鼓，李家、黄家、开家各藏一鼓。三鼓均埋于地下。

李家鼓系木腊村的宫坪鼓，现由李家一房保管。保管者李正文系麽公。该鼓为遵义型铜鼓，属母鼓，通高38.2厘米，鼓面直径为60.05厘米。鼓心有十二芒，鼓面有十五晕，鼓身有十五晕，鼓腰饰木亭式建筑四座，鼓足有裂纹两道。

此次调查，笔者有幸观看了李家鼓起鼓、祭鼓和埋鼓的完整仪式。

黄姓家族鼓的保管者为黄少发。该鼓属母鼓，通高 38.7 厘米，鼓面直径为 60.05 厘米，鼓面出沿 1.4 厘米，底径为 60.4 厘米，足高 8 厘米。该鼓鼓面有十五晕，鼓心有十二芒，共饰四组蛙趾纹，内有三组属顺时针方向，一组属逆时针方向。腰部饰四组相同的同心圆纹，有四耳，有两道合范线。原有公鼓（小鼓）已不存。

开姓家族鼓的保管者为开少华。该鼓内壁平整，胴部有一小孔，足部有 10 厘米 ×4.8 厘米的缺口。该鼓通高 38.8 厘米，鼓面直径为 66 厘米，底径为 68 厘米，足厚 0.4 厘米，足高 7.5 厘米。该鼓鼓面和鼓身均为十五晕，鼓心有十二芒，腰部有四个相同的长方形格纹（表示简化的宫棚），局部残破。该鼓有两道合范线，有四耳。鼓面有裂痕，故未能测音。

龙洋村的铜鼓保存数量较多，公母鼓组合保存最为完整。凡有宫坪的小寨都有公母组合的宫坪鼓。

龙安队有公母鼓一对，保管者为村委会主任陆振刚。这对鼓是 1958 年留下的，现为全队公用。其中母鼓（大鼓）为遵义型铜鼓，通高 28.3 厘米，鼓面残损$\frac{2}{5}$，鼓心已残缺，面饰十五晕，现有四个蛙趾，呈顺时针方向旋转。鼓身基本完好，鼓腰饰四组相同的同心圆纹，有四耳，有四道合范线，足部已残。该鼓已无法测音。公鼓（小鼓）为麻江型铜鼓，通高 28.3 厘米，鼓面直径为 49.3 厘米，鼓身分两段，腰际有凸棱，胴部有六晕，足部有五晕，鼓心有十二芒，鼓心与芒间有人为小圆孔共七个，孔径均为 0.6 厘米。该鼓音色优美，经测音，鼓心音高为$^{\#}F_4$-20。

者归队有公母鼓一对，保管者为黄丙林。其中母鼓（大鼓）属遵义型铜鼓，通高 34.5 厘米，鼓面直径为 61.4 厘米，胴大于面，底径为 60.2 厘米。该鼓有四个扁耳，有四道合范线，腰部饰宫棚式建筑四座，有三座比较讲究。该鼓音色浑厚，经测音，鼓心音高为$^{\#}A_3$+11。公鼓（小鼓）通高 27 厘米，鼓面直径为 48.1 厘米，底径为 47.2 厘米，鼓面有九晕，略有裂痕，故无法测音。公鼓的鼓心有十二芒，鼓身有十三晕，共有四耳，有四道合范线。

龙新二队有公母鼓一对，保管者为李文有。该队全为李姓，无宫坪。这对鼓原是李姓家族鼓，现为全队公用。其中母鼓（大鼓）属遵义型铜鼓。残高 36.5—44 厘米，鼓面直径为 72.9 厘米，鼓身大部分残破，足部全破，鼓面有十三晕，蛙趾呈逆时针方向旋转，鼓心有十二芒，芒间夹坠形纹，并有两个小孔。该鼓有四扁耳，有两道合范线，鼓心音高为

图二七三　者归队保管的一对传世铜鼓（吴钊　摄）

$E_3$-5。公鼓（小鼓）通高 26.3 厘米，鼓面直径为 50 厘米，底径为 47.6 厘米，鼓面与鼓身均有十二晕，有四耳，有四道合范线，鼓心有十二芒，芒间夹蝉纹，腰部有一长形缺口，鼓心音高为 $F_4$-2。

龙新一队有公母鼓一对，保管者为黄阿秋。这对鼓原是黄姓家族的鼓，现为全队公用。其中母鼓（大鼓）通高 37 厘米，鼓面直径为 64.5 厘米，有十八晕，有裂纹，故无法测音。其鼓心有十二芒，鼓身有十五晕，共有四耳，胴部和足部均残，有两道合范线。公鼓（小鼓）通高 26.2 厘米，鼓面直径为 46.8 厘米，鼓心音高为 $^{\#}F_4$-36。

龙中队有公母鼓一对，保管者为黄正辉。

龙花队有公母鼓一对，保管者为李文兵。这对鼓原是龙花队和龙洋队共用，现仅为龙花队公用。

龙洋二队的李光听收藏李姓家族母鼓一面。

## 8. 铜鼓演奏法

此次调查，笔者见到铜鼓的两种演奏形式，即单鼓演奏与公母双鼓同时演奏。

单鼓演奏见于龙迈村上寨和下寨，双鼓演奏仅见于龙洋村。据调查，龙迈村原为公母双鼓，现上寨仅存母鼓，下寨原有母鼓已佚，仅存公鼓。演奏时由一人右手执鸡血藤制成的鼓槌敲击鼓面，左手执一树枝敲击鼓腰，奏出固定的节奏，进行穿插伴奏。另有一人手捧一盆在鼓后协助，形成共鸣的效果。龙洋村的双鼓演奏形式较为典型。演奏时，大小两鼓的摆放形式是大者（母鼓）在左，小者（公鼓）在右，两鼓鼓面相对侧立，其间距约 30 厘米。击鼓者面朝母鼓鼓腰而坐，右手执槌，先左后右同时敲击两鼓鼓面，左手执一细棍（树枝）敲击母鼓腰部，奏出固定的节奏，进行穿插伴奏。

龙迈村下寨现存四个铜鼓调。优秀鼓手有龙迈三队的罗光佑和四队的陈贵荣（黄龙坤的岳父）。

木腊村现存三个铜鼓调。据木腊村老人苏玉凡讲，第一调叫“么克么克”，其余记不清了。

龙洋村现存十二个铜鼓调，最为完整。优秀鼓手有黄绍林、黄正林等人。从录音情况可知，龙洋村的演奏水平较高，表演也最为精彩。龙洋村者归铜鼓十二调的鼓谱如下：

第一调：咚咚 咚的咚 咚的咚

第二调：咚的咚 咚的咚的 咚的咚

第三调：咚咚 咚的咚

第四调：的咚的咚 咚的咚

第五调：咚咚 咚的咚 咚的咚

第六调：咚咚 的咚 的咚 咚咚 叮咚 叮咚

第七调：咚咚 叮咚 叮咚

第八调：叮咚 叮咚 叮咚 咚咚

第九调：叮咚 叮咚 叮咚 咚咚

第十调：叮咚咚 叮咚

第十一调：叮咚叮咚 叮咚咚

第十二调：咚咚 叮咚咚

咚咚 叮咚 咚咚 叮 咚 叮 咚 咚咚 的咚

咚咚 的的 咚叮 咚叮

图二七四　龙迈村上寨彝族鼓手敲铜鼓（吴钊　摄）

# 9. 埋鼓习俗

木腊村现有的三面铜鼓与龙洋村者归的公母两面铜鼓均埋在坑内，笔者观看了木腊村开家埋鼓和李家起埋鼓的全过程，从而了解木腊村起埋铜鼓的习俗。

## （1）鼓坑

李家的铜鼓鼓坑位于李家住宅左侧的空地上，鼓坑方中带圆，坑深（坑底至坑口）76厘米，坑分两层，上层口沿长约200厘米，宽约90厘米。下层似正方形，长宽均为96厘米。铜鼓在坑内与四周坑壁相距约20厘米。上层口沿分别用两根长圆木与一根短圆木做成坑口，埋藏时用十三根圆木依次排列盖住坑口，其盖木总长为140厘米，宽为100厘米。每根盖木最大直径为12 厘米，最小直径为4厘米。铜鼓与坑壁间无填塞物。坑底系原生土。

开家的铜鼓鼓坑呈不规则圆形，位于开家住宅南侧的竹丛旁，坑口距地表26厘米，坑深62厘米。坑口第一层长径为130厘米，短径为115厘米；第二层直径为80厘米。埋藏铜鼓时坑口加盖细长的圆木共16根，圆木上盖泥土。

龙洋村者归的公母铜鼓鼓坑位于住宅背后的空地上，旁有竹丛。坑内大小两鼓均鼓面朝上平置于坑内，小鼓在内，大鼓套在小鼓外面，鼓壁与坑壁间无填充物。坑口上盖圆木，木上盖土。具体尺寸未测。

## （2）起鼓

起鼓时先由麽公念咒语，然后开始挖土。挖完土，由一人依原来次序起盖木，其他人接应。取完盖木，此人下坑取鼓，抬鼓出坑，然后用水洗鼓，洗毕抬鼓回家。

图二七五　准备起鼓（吴钊　摄）

## （3）祭鼓

把抬回家的铜鼓面朝上放在门内正对大门的地上，然后在鼓面上放九个酒碗，旁置两大块腊猪肉和四叠腊肉片（每叠三片，共十二片）。摆好后，开始向碗里倒酒。家族中的九个男子，不管其身份如何，均朝向屋内，面对铜鼓站成一排。另有一个会念咒语的男子（李世行）隔着鼓在九人对面坐下。念咒者不必是家族中有身份的人，只要会念咒语均可担任。九人站好后，念咒者开始念咒语。咒语内容为："鼓啊，你在泥里，上面政府需要我们才来挖（意指我们调查的需要），不到用你的时间来挖，得罪你了。但现在没法子，只能把你挖出来。得罪你了！虽然是上面来人，但他们也是来祭你的。请你过后不要怪罪！"

咒语念完，念咒者端酒给九人，每人一碗，连端三次。九人喝完酒，开始蹲下低头念上述咒语。念毕，九人起立。念咒者将鼓侧立旋转，并含酒喷向鼓面。当地人认为，如果不喷酒，鼓魂会像人似的喊叫，喷酒后，鼓魂就安静了。祭毕，铜鼓就可以拿到宫坪或木亭去使用。

## （4）埋鼓

使用完毕，把鼓放回坑内，盖上圆木，然后盖土。念咒者念几句咒语，意为喊埋鼓人的魂赶快回来，不要留在那里。按祖辈的传统，埋鼓不必选择方向，每天属龙或猪的时辰才能埋。同时，埋鼓动作要快。当地人认为，埋鼓动作不够快，鼓魂会飞走。

图二七六 祭鼓（吴钊 摄）

图二七七 埋鼓（吴钊 摄）

## （5）运鼓

按龙洋村的传统习俗，凡要将铜鼓运到其他地方，必须在鼓上扎扫帚。民众认为，过河或过小井，如不在鼓上扎扫帚，绳子会断，鼓魂就会跑了。

## 10. 木鼓

木鼓，彝语叫“圣拔姆”。

此次调查，木鼓共三件，龙迈村上寨、木腊村、龙洋村龙中各一件。

龙迈村上寨木鼓，据祝庭兴说，由于旧木鼓烂了，现在的木鼓是六年前由四郎头派工，选用树干中空的山楂树，剥去树皮，一端蒙上生牛皮做成的。选用什么树没有规定，只要中空即可。该木鼓形制规整，属立桶形木腔皮鼓，鼓面四周插有九枚木钉，用于绷紧鼓皮。通高 102.5 厘米，鼓面周长为 145 厘米，鼓尾周长为 139.4 厘米。在鼓身下端距鼓面 50 厘米处，开有长方孔。鼓壁厚度并不均匀，最薄 2.5 厘米，最厚 5 厘米。与其形制属同一类型者，有出土于中原龙山文化陶寺类型大墓中的公母鼍鼓。两者相比，仅鼓面所蒙鼓皮不同，其余则大体类似。

木腊村木鼓，鼓身粗矮，上端较细，尾端较粗，呈圆柱形。现鼓皮已无，从鼓身上端残存两排钉孔（每排十孔）可知其原蒙有鼓皮。木鼓鼓面直径为 50 厘米，底径为 56.5 厘米，鼓身下端有一长形缺口。

龙洋村龙中木鼓，平时立于龙中宫坪的宫棚内，鼓身呈长圆柱形，上端残存牛皮鼓面，通高 165 厘米，面径 50.5 厘米，底径 45 厘米，底壁厚 5—6 厘米。木鼓内壁平整，有鼓钉 15 颗，钉距鼓面 7 厘米。木鼓有四孔，其形制特点大体与龙迈村上寨的木鼓相同。

## 11. 木鼓演奏法

本次调查笔者仅在龙迈村上寨木亭上见到过木鼓敲击的实况：木鼓鼓身斜倚在木亭左面的护栏上，敲击者大都是女性，通常为两人，有时是三人。其中一人，左手执细棍（树枝）敲鼓身，右手用手掌拍击鼓面领奏，其余人双手执一木棍（粗树枝）敲击鼓身伴奏。由此，可以形成由两个或三个声部组成的打击乐曲。跳宫节第一晚，上寨击木鼓者由黄美媛领奏，陈美英伴奏。演奏前由领奏者黄美媛用酒祭鼓（用酒洒向鼓面）。祭毕，开始敲击，中间可以随时换人或加人、减人。笔者见到过中间改为三人演奏的情况。上寨跳木鼓舞的带头麽公陈金荣也来代替黄美媛敲过木鼓。木鼓敲击时，铜鼓也在敲击，人声和鼓声混杂在一起，形成一种非常热闹的场面。

龙迈村上寨木鼓谱如下：

(5) ‖: DT TT | DT TT :‖ (5－30) ‖: DT DT | DT DT :‖ DDDD D ‖

（注：D 表示以右手手掌拍击鼓面，T 表示左手执木棍敲鼓边。鼓谱内第一小节和第二小节反复 5 遍；第三小节和第四小节至少反复 5 遍，最多时可反复 30 遍。）

木鼓用完后，放回宫坪的宫棚内，由专人管理。

## 12. 葫芦笙

葫芦笙有五管，管上插有共鸣器，笙斗用葫芦制成。由公母两件组成一对。本次调查，由于小祭不使用葫芦笙，故笔者未见到演奏实况。据木腊村老人苏玉凡说，木腊村铜鼓有三调，其他调用葫芦笙吹。跳宫时只有两个葫芦笙调，丧事时却有十二个葫芦笙调。

图二七八　领奏者用酒祭鼓（吴钊　摄）

图二七九　打木鼓（吴钊　摄）

龙洋村正好与木腊村相反。龙洋村跳宫时葫芦笙有十二调，丧事只有两调。按传统规定，凡跳宫，大祭才用公母葫芦笙，由两人演奏，小祭则不用葫芦笙。

木腊村葫芦笙调分喜事和丧事两种类型，其中喜事的葫芦笙调名称为：

克略塞，意为脚步抬高；

好渤阿，意为拿扇子扇。

丧事的葫芦笙调名称为：

米扎挥，意为在火台上用柴火；

革郎妈，意为往前跳；

革郎阿，意为前一动作的儿子；

好巴，意为拿扇子来扇着哭（吹芦笙叫人拿扇子来哭老人）；

卡通，意为舂米；

卡阿通，意为舂米的儿子；

扎芒妈，意为扎绳子；

扎芒阿，意为扎绳子的儿子；

趋同妈歇，意为脚步跳得轻些；

趋同阿歇，意为脚步跳得重些；

趋各妈歇，意为往前跳，再往后退，即脚步一进一退；

趋各阿歇，意为前调的子调。

## 13. 舞蹈

当地节日舞蹈，分为四人舞与群舞两类。前者的参与者是宫头，后者的参与者是本寨男女成员。

舞步分为二步、一步、四步和三步（$\frac{3}{4}$）四种。

根据舞蹈形式，群舞又分为手拉手的圆圈舞和两人一对分为两排的队舞两种。圆圈舞的舞者，龙迈村按顺时针方向，面朝外旋转；龙洋村沿逆时针方向，面朝内旋转。

## 14. 铜鼓歌

按当地习俗，人死后，举办丧事，要跳七八天铜鼓舞。铜鼓只敲丧调（两调），主要是吹葫芦笙，并由麽公唱铜鼓歌，不打木鼓。由于种种原因，龙迈村和木腊村目前已无人会唱铜鼓歌，仅有龙洋村龙花的李阿世、者归的黄振连、龙中的黄安仁三人还能演唱。我们因为未遇丧事，又不想失去这次了解的机会，经过多次商量，他们表示不能在某一人的家中完整地表现全部过程，因为不吉利。最后借一间办公室，在那里唱一下全部的铜鼓歌，并由李阿世的儿子—— 县民委干部李正文简要翻译和介绍了歌词的大意：

天地初开，起初没有人，有几根大木，彝族人原来就是从大木里面出来的。出来后住在“标木当”这个地方，开始造铜鼓（彝语叫“圣涛”，“圣”即铜鼓，“涛”即造）。先造它的足，再造它的耳。造成耳，芒没造成就敲不响。鼓芒造成了，花纹还造不成。整个铜鼓造成了，还敲不响。第一次造鼓就失败了。

后来经过努力，终于成功造出了四种铜鼓：第一种叫“代生”，要用河边的沙石来炼；第二种叫“羊生”，用一种彝语叫“关叶”的材料来炼；第三种叫“侬生”，用铜和生铁来炼；第四种叫“梅生”，制造它要用铜、铁等九种材料。这四个鼓分给了四兄弟：“豹”（人名）得到了“侬生”，“蛙”（人名）得到了“羊生”，“盘”（人名）得到了“代生”，“鼓”（人名）得到了“梅生”。铜鼓分好以后，鼓有人用了，但没人保管。因此，铜鼓会叫喊，会像烧红的火球一样飞起来与龙打架。因此，四兄弟只好离开这里另找地方去住。于是他们背起鼓去找新地方。刚出发就遇到“启艾”“郎艾”这两条大河。他们先让鸡过河，鸡过不去，只好让鸡骑在鹅背上过河。人过不去，只好砍木头做桥，砍竹子做筏，大家才过了河。过河后来到“南塞木当”（壮族人或汉族人做官的地方），本想与当地人一起生活，但当地人不愿收留，他们就只好离开。后来遇到一个叫“百芒”的人，他的爷爷是做官的，想留四兄弟住在那里。四兄弟说：“我们有我们的山，我们有我们的地方。”四兄弟继续走，最后各走一方：“豹”到龙扎（里拱），“盘”到龙埃（木腊），“鼓”到龙弄（龙洋），“蛙”到米阿（龙迈）。龙洋一支迁徙的路线是这样的：先到里郎，后到里旦、兰旦，再到卡塔、里塔、波塔、嘎塔、加当，最后到龙洋，就此定居。

铜鼓歌演唱时，由李阿世领唱，另外两人和声帮腔。铜鼓歌由同一曲调不断反复而成。

### 15. 跳新房

按当地习俗，新房盖好后要邀请本寨成员到新房内跳铜鼓舞以示庆贺。本次调查时，笔者一行人在龙洋村者归，应新房主人（龙洋村小学教师）的邀请参加了一次“跳新房”的活动。新房为彝族传统式样，宽敞的客堂位于正中，中心处有一个火塘。客堂四周围绕有多间小屋。主人在新房客堂中央的火塘旁摆放着本房的者归母鼓和公鼓。由于者归公鼓已裂，从龙安借来一个完好的公鼓，由到会者轮流敲击。活动开始前，先由鼓手随便敲一段引子，引起大家注意。庆贺活动开始后，以主人为首，大家手拉手，围绕铜鼓和火塘，沿顺时针方向跳起欢快热烈的圆圈舞。开始时由黄正林担任鼓手，敲击本房的者归母鼓和公鼓。主人为了表达对笔者一行人的好意，特地派人去邀请本寨最优秀的鼓手即 62 岁的黄绍林前来用者归公母鼓敲击了六调，后来又由 20 岁的李忠文敲击了龙洋十二调等。庆贺活动延续的时间很长。

### 16. 悼歌

当地人去世后，有唱悼歌的习俗。时间可早可晚，在死后几个月内都可举行。4 月 28 日上午，笔者在一亡者家中见到了唱悼歌的实况。在客堂内，正对大门，放有一张方桌，方桌中央放有一大碗酒，碗下垫一荷叶。黄安仁、黄振连两位麽公面朝大门坐在桌后，方桌右侧坐有亡者家属，左侧坐有该族的长者。每人面前各放一碗酒。两位麽公手中各举一纸卷，口唱悼歌，歌词大意为：“先送亡者的魂去，再喊祖先的魂回来领他去。”其余人肃穆静听。悼歌唱毕，敲铜鼓的丧调结束。

## （二）传统的力量：调查结果的学术意义

古人常说：“礼失而求之野。”通过这次调查，笔者惊异地发现，地处边陲的云南山区还保存着如此古老的习俗。粗看之下，也许难以置信，如果翻开中国的古书，你就能相信它们完全是真实的存在。

早在几千年前的中国上古三代，一年中最重要的节日与祭祀，就是桑中春社和辟雍灵台的祀神之礼。春社，就是仲春在郊外种有“神树”——桑树的祭祀场地（即“社”的所在地）祭祀地母或母系祖先“先妣”及天神上帝的一种活动。现在富宁彝族，五年一大祭，三年一小祭。大祭在宫坪举行，小祭在村内木亭前的中心广场举行。其中，宫坪处在村寨之外，与中国古代的“郊”何其相似。《史记·封禅书》讲到齐国郊祀时提到：“盖天好阴，祠之必于高山之下，小山之上，命曰‘畤’。”与彝族宫坪处于村外大山下面的小山顶上，且高于木亭广场的具体位置恰好吻合，因此宫坪应该就是古代祭祀天神的“畤”的孑遗。

宫坪上种有“神树”，与东周铜壶上层的桑中春社图上的“神树”——桑树亦吻合。值得注意的是，宫坪上还有一块或两块石头。中国古史有以木为“社”或以石为“社”之说。东汉《周礼》郑玄注：“社之主，盖用石为之。”东汉许慎云：“今山阳俗祀有石主。”现在宫坪上的石块，虽是天然石块，但从一定角度看却形似老翁，因此这种石头有可能就是“社主”——石主的孑遗。

中国古史有“王者五社”[①]之说。现存最早实例——中原龙山文化陶寺大墓的鼓磬组合，即由大小公母鼍鼓与特磬组成专用于墓主本社的社鼓与社磬。[②]其组合形式，后来被商所继承，安阳M1217商王大墓西墓道鼓磬组合即商王本社社鼓与社磬的实例。至于商王臣属“共”族首领的殷墟西区M93中型墓[③]，其足部放置一磬，应是代表墓主本社“大社”的社磬。而其头部两两成对、分两堆重叠放置的四磬，过去被认为是代表墓主属下两个相互依存、互通婚姻的族群互成公母关系的社磬，现在看来或许就是相当于“王者五社”中东、西、南、北四社的社磬。商代南方宁乡师古寨山顶祭天，在相距约20米的两个土坑内，一坑埋有大铙五件，另一坑埋有大铙十件。五铙者：上层一铙，形体最大，饰兽面纹，或即“大社”的社铙；下层四铙，大小有别，两件饰象纹，两件饰虎纹，两两相对，分两排置于坑底[④]，或许也是代表东、西、南、北四社的社铙。若从云南晋宁石寨山M20墓出土的贮贝器来看，该器在圆形祭祀场一侧有一勾栏式建筑，楼上有一人，形体特大，应即“上帝”。在“上帝”面前，分两行，跽坐八人，另有一人形体较大，面朝“上帝”，跽坐于地，此人或即滇王。八人身后环列形体较小的铜鼓十六面。这十六面鼓有可能是代表服从“上帝”领导的以滇王为首的八个氏族或部族的八对用于本社的公母鼓。陪坐八人，或即八个氏族或部族的首领。至于放在楼后祭祀场左右两边的形体特大的大小两鼓，说明其地位在众鼓之上，当是代表“上帝”或滇王专用于“大社”的社鼓。其地位或已达“王者”八社的规格。就已知出土实物而言，一般均由大小两鼓或大小四鼓组成一对或两对公母鼓。其规格与杀人祭柱贮贝器上的组合形式相比，显然较低。若与安阳商代四磬或师古寨商代四铙相比，则大体相当。龙迈村、龙洋村各寨宫坪上的石头，若确是社主的标志，那么专用于宫坪的宫坪鼓，与古代专用于“社”的社鼓亦大体相当。从各寨拥有“社”与社鼓的数量来看，龙迈村有上下两社的两组宫坪鼓，而龙洋村则有大小四社的四组宫坪鼓，其数量、组合形式、社会组织，尽管已跨越了几千年的漫长岁月，但似乎仍与出土铜鼓保持着千丝万缕的联系。

中国自古重视阴阳、四方与天圆地方等观念。上古中国，凡是氏族中的成年男子，在

① 范晔：《后汉书》，中华书局，1965，第3201页。

② 吴钊：《追寻逝去的音乐踪迹——图说中国音乐史》，东方出版社，1999，第22—25页。

③ 吴钊：《追寻逝去的音乐踪迹——图说中国音乐史》，东方出版社，1999，第35—36页。

④ 吴钊：《追寻逝去的音乐踪迹——图说中国音乐史》，东方出版社，1999，第46—48页。

祭祀前往往要行“射礼”。要根据中不中“的”的情况，决定此人能否参与祭祀，而且往往由两两成对的四人组成。东周铜壶首层的桑中春社图上四人待射，以及中层的辟雍灵台图上四人弋射和四人武舞均可为证。这种观念甚至在同属铜鼓文化的云南晋宁石寨山西汉滇王墓内也有明确反映。例如，其 M3 墓出土的祭祀铜屋内就有四人面对铜鼓拜祭的情景，其 M13 墓出土的四人乐舞铜扣饰上也有男子四人排成一列跳四人舞的情景。彝族成年男子每年农历五月有射竹子枪的习俗，但与跳宫节有无关系因调查时未加注意，目前还无法判断。值得注意的是，彝族宫头的四人舞，在服饰、舞具等方面与东周铜壶首层的桑中春社图上四人待射虽有明显差异，但其四人的组合形式和大体舞姿仍与上述各例有着明显的一致性。尤其是今天的彝族跳宫节中，当午夜群舞进入高潮后所跳的圆圈舞，其舞姿——手拉手双手屈肘上举，与云南晋宁石寨山西汉滇王墓出土的四人乐舞铜扣饰上的舞者形象有着惊人的相似之处。这种相似说明，尽管经历了几千年的岁月沧桑，其传统并未中断。

铜鼓不是单纯的乐器，而是有着生命和无穷神力的神鼓，因此彝族在使用铜鼓前往往要用酒祭鼓。这种习俗其实在上古中国早已存在。《春秋左氏传》有“衅鼓”的习俗，杜注云：“以血涂鼓谓之衅鼓。”后世以酒祭鼓，实为其俗之孑遗。铜鼓凡使用完毕，要将其埋于鼓坑内，这就是古文献中“瘗埋”的习俗。这种习俗其实早在春秋两汉已在当地流传，邻近富宁的云南广南沙果树村的公母两鼓分别出土于一座山的北南两侧地层内的事实，即为实证。人们认为，铜鼓是有生命的，所以凡有惊扰它的事发生，就要请求得到鼓神的谅解。

根据中国古书《左传》的记载，上古人有“和实生物，同则不继”的观念。“和”，就是公与母或阴与阳的结合。在观察或研究上古音乐或进行民族音乐学调查时，切忌以今代古，用今人的观念或认识去观察和解释。因为在上古三代，作为“艺术”的音乐是不存在的。中国古书《吕氏春秋》认为，音乐是“天地之和，阴阳之调也”。就是说，音乐是天与地的协和，阴与阳的调谐，就是指此而言的。明白此理，就能理解河南舞阳贾湖出土的骨笛，为何大都由雌雄两支组为一对；山西陶寺五座大墓随葬鼍鼓，也由面径不同的立桶形单面公母鼍鼓组成。铜鼓大都以大小公母组成一对，以母鼓（大鼓）为主，以公鼓（小鼓）为辅。板仑乡三个村寨原有的宫坪鼓均为公母鼓，并以时代相当于唐宋的遵义型大鼓为母鼓，以小鼓为公鼓。这一事实说明它们还保持着公母组合的古老观念和组合形式。

这种公母关系，反映在音高选择与音程关系上，殷墟 M93 墓出土的两磬鼓部正中[①]可以 #F 为宫构成大三度音程关系。湖南宁乡市望北峰出土的双铙[②]，出土处相距 5 米，两者恰以 G 为宫构成大三度音程关系，可由两人在相距 5 米处各击一铙。宁乡市师古寨山顶出土的十件大铙[③]，以饰有双虎纹的 B 型 7 号、6 号两铙为核心。此两铙是一对以 E 为宫、相差大三度的雌雄铙。此外，还有两组大铙，每组各以四铙组成。其中一组以 #C 为宫，音高相差大三度；另一组以 #F 为宫，音高相差小三度。这两组大铙之间也形成了雌雄关系。出土铜鼓已知以下数例：

一是云南楚雄万家坝 M23 墓出土的大小四鼓。这四鼓均两两相对平置于墓主木棺的垫木之下。左边两鼓的鼓心音高：母鼓为以 #G 为宫的 la（161），公鼓为 do（160）。右边两

① 过去一向认为商代的编磬、编铙都是旋律乐器。殷墟西区 M93 墓出土的五磬即是典型实例。现从该磬的出土位置、石质、颜色、放置方式，再结合出土铜鼓和富宁县板仑乡三个村寨铜鼓的组合形式与使用习俗来判断，应将其视为都是敲击节奏的特磬。其中，置于墓主头部者，凡四磬。右堆两磬，内有一磬残损，已无法测音，故仅知左堆 M93 墓出土的两磬的音高：前者为 $^{\#}F_4$+10，后者为 $^{\#}A_4$±0。

② 望北峰出土的双铙，其中云纹大铙正鼓音高为 $G_3$-36，四虎大铙正鼓音高为 $B_4$-25。

③ 吴钊：《追寻逝去的音乐踪迹——图说中国音乐史》，东方出版社，1999，第 46—48 页。

鼓的鼓心音高：母鼓为以 #F 为宫的 la(158)，公鼓为 do(159)。两者调高构成大二度关系，每组各自构成小三度关系。

二是云南广南县沙果树村万家坝型公母两鼓。这两面铜鼓出土于相距 500 米的南北两坡，两者鼓心音高构成增四度关系。

三是广西贵港市罗泊湾 M1 墓公母两鼓①。这两面铜鼓分别出土于墓内东西两器物坑内，两者鼓心音高恰以 E 为宫构成大三度关系。

云南楚雄万家坝 M23 墓出土的大小四鼓如何敲击，因无实证，目前尚难定论。其余两例从两鼓分置两地或两坑来看，应是由两人在两处分别敲击的。关于它们敲击的节奏形态，因年代过于久远，已难以得知。

龙洋各寨公母鼓，敲击时母鼓在左，公鼓在右，两鼓鼓面相对，由一人右手执槌敲击两侧鼓面，另用左手执一木棍同时敲击母鼓鼓腰。与出土铜鼓各例显然不同。其音高选择与音程关系，仅存龙新原李姓家族鼓的公母组合一例。其鼓心音高，母鼓为 $E_3$-5，公鼓为 F4-2，两者不计八度恰好构成小二度关系。其他各组公母鼓，因均有一鼓破损而无法测知其音高。现以仅存之例与出土铜鼓各例进行比较可以看出：古代先民在公母鼓的音高选择和音程关系上，除个别为不协和音程外，其余以协和音程居多。随着岁月的流逝，龙洋村各寨铜鼓已出现某种变异。不过从其继续使用公母组合的事实说明，这一传统仍得到了传承和发展。如果结合现存龙洋村铜鼓十二调特有的节奏型及其变化来看，这种通过特定音高与音程组合和不同节奏型构成的打击乐，似乎有着极为悠久的渊源与传统。在铜鼓主人看来，在节庆活动中，最神圣的并不是旋律，而是节奏和具有特定音高的音程组合，人们认为，它们是神的意志和信息的体现。它们所具备的阴阳、四方、十二辰等观念，与中原龙山文化陶寺类型大墓出土的公母鼍鼓，安阳出土的商代五磬，望北峰双铙，以及宁乡五铙、十铙所体现的观念和组合形式似无实质区别。



① 罗泊湾 M1 墓公母两鼓，母鼓鼓心音高为 $E_4$+33，公鼓鼓心音高为 $^{\#}G_4$+50。

# 四、红水河流域彝族铜鼓文化传承

## ——以云南麻栗坡县城寨村为例

中国非物质文化遗产项目分布区域广、种类繁多，具体保护与传承路径多种多样。注重在保护第一的原则下发展、强调生产性保护、强调与旅游结合等保护方式都各有其合理性。在非物质文化遗产项目中，个人性项目与集体性项目在保护与传承中所采取的方法应有所不同。对于集体性项目而言，如何在新的历史条件下强化或重构其集体意识是这些项目能够真正得以传承的重要基础。

铜鼓作为文化的重要物质载体，曾经在中国西南诸多少数民族中被广泛使用。在特定的村落社区中，铜鼓除了彰显拥有者的尊贵地位，最主要的作用还在于聚合民众；而娱人娱神的铜鼓舞也由此应运而生。云南麻栗坡县城寨村彝族铜鼓舞是具有神圣性的祭祀舞蹈，村民在诸如求雨或丧葬祭祀等集体仪式中通过参与铜鼓舞而获得凝聚感。但是随着社会经济的不断变化，交通的日益便利，村寨空间被不断打破。村民不断外出，外来者不断进入，使得原有的社会结构产生了巨大的变化。社区结构的变化使维护彝族铜鼓舞神圣性的集体在发生变化。像其他依托于“集体意识”而具有神圣性的诸多文化事象一样，彝族铜鼓舞逐渐式微。事实上，我国于2006年开始实施的非物质文化遗产保护措施就是为了保护传统文化，并使之能够在新的时代得以延续。但是，如果作为文化拥有者的相关集体意识在不断消失，那么，此类外缘式的保护发展措施要真正发挥作用是非常困难的。铜鼓及铜鼓舞的神圣性是由村社集体所维持的，而当村社集体由于村民不断外出务工、远离村落而逐渐松散之时，要使以集体意识为依托的彝族铜鼓舞能够像从前一样延续是不现实的。如果彝族铜鼓舞的神圣性是由村寨集体意识保证的，那么，重构其集体意识则是村寨中的彝族铜鼓舞能够传承的最为重要的元素。政府相关部门在保护非物质文化遗产方面所做的具有真正积极意义的工作应当是使集体意识得以重构。城寨村彝族铜鼓舞在进入国家级非物质文化遗产代表性项目名录之后得到了较好的发展，这无疑与当地政府的资金扶持等诸多措施的实施相关；而在保护过程中，政府和村民共同构建了新的集体，使彝族铜鼓舞传承有了新的集体意识的支撑。政府部门采取了怎样的保护与传承行动，村民是如何接受政府的相关措施并最终积极参与到新的保护和传承行动中的，即政府与村民是如何在保护和传承非物质文化遗产项目时构建起了新的传承集体，从而使新的集体意识得以培养并通过重构集体意识而使非物质文化遗产项目的神圣性得以建立，最终使传统文化在新的时代能够传承的实例，对于解决非物质文化遗产保护传承问题具有怎样的启示意义等，都具有非常重要的研究价值。

图二八〇　城寨村寨门（谭晓霞　摄）

## （一）铜鼓舞的神圣性

麻栗坡县城寨村是第一批国家级非物质文化遗产文山壮族、彝族铜鼓舞的传承点之一。城寨村地处麻栗坡、富宁、广南三县交界处，距县城 134 公里，是一个隐藏于崇山峻岭之中的古老村寨，因为受自然环境条件的限制，村寨中的一些传统文化事象较少受到外部世界的影响而较好地得以存留。

城寨村至今还延续的寨老制依旧在很大程度上行使着管理村寨的作用，像文山州境内其他许多尚存有传世铜鼓的村寨一样，铜鼓在村民心中的神圣地位是不容置疑的，不同的是他们还完整地保留着集体参与的祭祀活动以及在这些祭祀活动中跳铜鼓舞的习俗。

城寨村全寨参与的荞菜舞、铜鼓舞在加强村寨内部凝聚力的祭祀活动中进行，这对于强化社区的共同道德起着十分重要的作用。“人们通过共同的仪式来表达他们的态度时，不但使这些态度得以表现出来，而且又反过来加强了这些态度。通过仪式，这些态度达到一种高度自觉的状态，这种状态大大强化了这些态度，而通过这些态度又强化了道德共同体。宗教仪式就这样对于社会赖以取得团结一致的那些情感，起着确认和增强的作用，如同涂尔干曾经说过的，宗教仪式使社会本身得到滋养。”① 而仪式中进行的铜鼓舞是具有神圣性的祭祀舞蹈，在被外界认识之前，麻栗坡县境内也仅仅是城寨村以及毗邻的新寨村的彝族人在操演。彝族铜鼓舞的神圣性是由村寨这个小而相对稳定的集体所赋予的，同时，神圣性也是在村寨集体层面上得以表现的。

彝族关于铜鼓和铜鼓舞的来历有这样的传说：有一年天大旱，没有办法栽种庄稼。一



① T. 帕森斯：《社会行动的结构》，张明德、夏遇南、彭刚译，译林出版社，2003，第 485 页。

图二八一　城寨村的寨老们（谭晓霞　摄）

个美丽的姑娘发现，有一个小伙子从田边走过时，他身后的田就灌满了水。姑娘爱上了这个小伙子，两人结为夫妻。原来，这个小伙子是龙王的儿子。过了数年，姑娘的父母死了，龙王送来一对铜鼓，彝家姑娘们就跳起铜鼓舞来迎接龙王。从那时起，彝家就有了铜鼓和铜鼓舞蹈。如拉德克利夫－布朗所说，有关物品的传说的功能在于表达不同物品的社会价值。[①] 这个传说表达了铜鼓的社会价值，与人们崇拜的龙相关联，又与祖先相联系，社区性参与的铜鼓舞被赋予了神圣性。

除了铜鼓，二胡、芦笙等一些在葬礼时必须用到的乐器也被赋予了神圣性，且要由专人保管。如果有人去世，丧家就必须派人去专门保管的人家请鼓。请鼓是有严格的规矩的。请鼓之人只能是丧家的女儿或者女婿。请鼓的时候需要带上一簸箕饭、一只公鸡、一瓶酒。献祭铜鼓、狮子道具之后，寨老还要用牛角查卦。如果卦好，可以抬走铜鼓和狮子道具；如果卦不好，则需要再次献祭并重新查卦。

彝族葬礼中，使用铜鼓和跳铜鼓舞还有许多禁忌：没有婚史的逝者的葬礼不跳铜鼓舞；年纪在三四十岁但是上有老下有小的逝者的葬礼可以献祭铜鼓，却不能敲鼓；家中尚有未成婚幼子的逝者的葬礼严禁敲鼓和跳铜鼓舞；插秧后至收割前一律不允许跳铜鼓舞。

一般的彝族葬礼要延续 3 到 9 天，“小客”“大客”及下葬以后，由家中的女眷各自邀约亲戚朋友跳铜鼓舞，跳舞的过程类似比赛，你方唱罢我登场。比赛的过程不仅传递着对逝者的尊敬，也展现了各家的实力。如同拉德克利夫－布朗所说，传统社区中的舞蹈可以使“社区达到最大程度的团结、融洽与和睦，而且每一个成员都强烈感受到了这种团结、融洽与和睦……舞蹈能将两个或多个群体团结成一个整体，并使每一个人都感受到这种团结，从而在数天里形成一种紧密团结的状态……舞蹈是一种手段，能将个人团结成一个融

① 拉德克利夫－布朗：《安达曼岛人》，梁粤译，梁永佳校，广西师范大学出版社，2005，第 279 页。

洽整体，同时使他们真正强烈地感受到作为成员的自己与这一团结整体的关系”①。

铜鼓还用于祈雨。如果农历二三月一直不下雨，寨老就要把一对铜鼓请出来，挂在寨神旁边的两棵椰树之间。完成祭龙仪式之后，村中最年长的妇女会穿上蝙蝠衣，带领按长幼顺序排列的女子们围成圆圈跳舞。身着传统服饰的男子们则等女子们跳完舞回家后才集合。

显然，彝族铜鼓舞是一种祭祀舞蹈，并不是供大众娱乐的舞蹈。在传统社会中，艺术经常是与社会意义建构等结合在一起的，单纯的属于审美的艺术只是很小的一部分。正如对巴西北部苏亚人的“歌唱”进行了30余年研究的艺术人类学学家西格尔所指出的，音乐表演“不仅仅是音响也是语境，音响只是其一部分。音乐表演扎根于其他事件中，它由此而获得静默和情绪的力量，并从中接受它们。如果不注意语境，表演就不能够被研究”②。苏亚人的“歌唱”与对血缘、家庭的维系有关，也与对生产生活以及生命价值的理解有关。他们的“歌唱”也是部落的符号，从而具有社会化、政治化的意义。彝族铜鼓舞的神圣性与彝族村寨中的人们集体遵循的规则有关。村民共同遵循这样的一些原则以及集体性地参与相关的活动都与铜鼓具有神圣性有关，而铜鼓的神圣性又由于总是遵循这样一些原则而得以保持。在彝族铜鼓舞被列入国家级非物质文化遗产项目名录的新历史条件下，彝族铜鼓舞的传承依然离不开其神圣性。

## （二）旧铜鼓的重现与新铜鼓的意义建构

城寨村陆家的地位很高，这是因为全村只有陆家拥有铜鼓。过去，城寨村的8个家族都有各自的铜鼓，1953年的一场大火把其余6家的铜鼓都毁于一旦，最后只有张家和陆家的铜鼓幸存。在20世纪六七十年代的政治运动中，张家的铜鼓也被毁了，陆家的铜鼓因为藏在牛粪里得以幸存。按彝族人的传统，葬礼中如果没有铜鼓，逝者的魂魄就不能去到阴间，阳间也会因此而不得安宁。经寨老商议，本属于陆家自用的铜鼓成为城寨几个家族共同使用的器物，陆家不过是负有保管的责任。因而也就逐渐衍生了请鼓、祭鼓、还鼓的礼仪。这样，在特定的历史时期，陆家的铜鼓也由具有家族神圣性的神器变成了具有村寨神圣性的神器。在2006年彝族铜鼓舞被列入国家级非物质文化遗产名录之前，这仅有的一对鼓也能够满足村寨的需要。

自2006年开始在全国范围内开展的非物质文化遗产保护工作，无论是在实施之初的无以借鉴还是在实施过程中的逐步调适，总是会出现这样那样的问题，但是值得肯定的是，那些原本存留在民间、乡间不为人所知的传统文化事象因为各级非物质文化遗产项目的申报和命名而获得了更为广泛的关注，最为重要的是这些行动都在一定程度上激起了文化持有者的文化自信，从而使他们自发地参与到保护和传承自己文化的工作中去。

也是在这样的背景之下，城寨村的彝族铜鼓舞于2006年5月被列入第一批国家级非物质文化遗产名录。村民陆孝宗则于2007年6月、2008年2月被分别命名为云南省省级非物质文化遗产代表性传承人和国家级非物质文化遗产文山壮族、彝族铜鼓舞代表性传承人。能够成功列入国家级非物质文化遗产名录，反映了彝族铜鼓舞本身所具有的文化价值。

---

① 拉德克利夫－布朗：《安达曼岛人》，梁粤译，梁永佳校，广西师范大学出版社，2005，第189—190页。

② 安东尼·西格尔：《苏亚人为什么歌唱：亚马孙河流域印第安人音乐的人类学研究》，赵雪萍、陈铭道译，上海音乐学院出版社，2012，第167页。

图二八二　国家级非物质文化遗产文山壮族、彝族铜鼓舞代表性传承人陆孝宗（谭晓霞　摄）

图二八三　彝族铜鼓舞（谭晓霞　摄）

20 世纪 80 年代初，随着国家民族政策的逐步落实，民族传统文化得到重视。城寨村仅有的一对鼓也从土里被挖了出来，相应的仪式随之逐步恢复。城寨村的彝族人民对国家尊重他们民族风俗习惯的做法心存感恩，因此当国家需要他们取出神圣的铜鼓进行表演的时候，他们也是非常乐意的。在村民心目中，记忆最深刻的一次是 1984 年老山战役开始后他们去参加军民联欢，另外一次则是 1986 年参加文山州少数民族民间音乐舞蹈会演。

图二八四　陆孝宗在讲述铜鼓故事和铜鼓习俗（谭晓霞　摄）

但是在外获得荣誉的同时，铜鼓舞的神圣性也开始出现问题。当这种娱乐性的东西多起来以后，村民也开始担心它的神圣性会受到破坏，因而就采取了一种折中的方式，舞是可以跳的，但是用的乐器则是用铓来代替鼓。

在经历了 20 世纪 80 年代中后期的短暂复兴之后，彝族铜鼓舞很快呈现式微的景象。随着中国市场化不断发展，进城务工的人不断增多，交通日益便利，文山州逐渐成为向沿海城市输出农村劳动力的主要区域之一。从 1992 年起，越来越多的年轻人离开了城寨村成为打工大军中的一员，和许多现代乡村一样，除了春节和荞菜节这些重要的节日，平日的村落里只看得到留守的老人和小孩。长久以来最大限度依赖集体的生计方式被改变，集体意识的消散也不可避免，依赖于集体意识而具有神圣性的文化事象因此而式微，传承也便成了问题。

然而在 2006 年彝族铜鼓舞被列入国家级非物质文化遗产名录之后，随着一系列措施的实施，彝族铜鼓舞又迎来了新的发展契机。各种建设项目诸如“云南民族特色村”“云南民族团结进步示范区”等先后在城寨实施。“麻栗坡县城寨民族特色旅游村建设项目”更是整合了传统村落建设资金、民族跨越式发展资金、省旅游特色村建设资金、省级重点村建设资金、传统村落环境综合治理资金等各项资金，对城寨传统村落实施非干栏式房屋还原或改造成干栏式建筑、民居室内线路改造、消防水池、观景凉亭、旅游厕所、村内路灯、环村块石道路等项目建设。村落环境改造是为了提升村民的生活水平，同时乡村文化的发展也是为了吸引更多的人来到城寨村旅游，从而拉动区域经济的发展。但是，这种“文化搭台、经济唱戏”的模式缺乏深刻的内容嵌入，从而不能从根本上解决保护和传承的问题。

从国家级非物质文化遗产的命名开始，彝族人所拥有的这一文化事象的价值在国家层面得到肯定的同时，也因铜鼓舞的声名鹊起，他们不得不频繁参与那些表演性质的展演。展演当然更多地与娱乐性有关，而由此必然会消解铜鼓及铜鼓舞在村民心中的神圣性。所

图二八五　陆孝宗和他保管的老铜鼓、新铜鼓（谭晓霞　摄）

以到了 2013 年，陆孝宗向政府提出需要一对新的铜鼓。

当地政府对民间文化的支持也并不是只从这个时间才开始的，1991 年，政府就曾给富宁的孟梅村赠送一对铜鼓，这对铜鼓在孟梅村逐渐成了具有神圣性的铜鼓，当地老百姓对政府是十分感激的。在这以前，孟梅村用铜鼓时总是要来城寨村借。

陆孝宗的申请理由并不是担心神圣性被破坏，而是强调原来那对铜鼓太老了，担心敲坏以后下一代就没有可用的铜鼓了。政府相关部门专门派人带陆孝宗去了广西，按照老铜鼓的式样定做了一对铜鼓并依旧由陆孝宗家保管。不知是心理作用还是现在铜鼓制作工艺的问题，村民认为新铜鼓不如老铜鼓好，声音不够洪亮。他们觉得这对新铜鼓在音调上很难区分公母，妨碍舞蹈的节律。因此无论是葬礼还是求雨的集体性仪式，为了保证仪式的顺利进行，他们还是坚持用有破损的老铜鼓。

因为新铜鼓与老铜鼓在形制上是相似的，所以新铜鼓在村民看来也是有一定的神圣性的。从政府将新铜鼓送到城寨那天开始，新铜鼓就和老铜鼓放在一起由陆家保管。在城寨村，新铜鼓也不是什么时间都可以敲，同样必须遵守彝族的传统。借新铜鼓和还新铜鼓的时候也要举行一些相应的仪式。借鼓仪式是不可少的，新铜鼓还回来后，也要如同老铜鼓一样依循传统放在关牲畜的一楼，三天之后才能抬到二楼和老铜鼓放在第一根中柱的旁边。因为在村民的观念里，举行完仪式之后的铜鼓都不能直接进入人的世界。当然，新铜鼓的祭鼓仪式要简单得多。但无论如何，仪式的举行表明了村民在接受政府赠送的铜鼓时就已经开始赋予这对新的铜鼓以一定的神圣性。

村民对有关鼓的禁忌的遵守表明了新铜鼓的文化意义已经在村寨中生成。2017 年 5 月，云南省非物质文化遗产保护中心为完成国家级非物质文化遗产代表性项目代表性传承人抢救性记录工程，需要记录击鼓的手法以及与之配合的铜鼓舞的所有舞蹈动作，因为不能在不合适的时间敲鼓，代表性传承人只能告知口传谱而不能击鼓示范。恰逢荞菜节，为了配合政府组织的展演活动，新铜鼓被抬到了铜鼓广场悬挂在椰树上。展演活动结束，摄

图二八六　男子将新铜鼓悬挂在榔树上（谭晓霞　摄）

制组当机立断在取下铜鼓之前请求代表性传承人将每套鼓点一一做示范，代表性传承人同意了。录制的过程中，专家认为鼓点如果不配合现场舞者的动作，不但节奏、节律都不清晰，也会给后期的视频教学带来麻烦，希望重新录制，代表性传承人却很委婉地拒绝了。此时，新寨有一户人家正在办丧事，代表性传承人当时听到了萨拉（即唢呐）响，说明亡者的女儿女婿已经在去上祭的路上，按彝族的规矩就不能再敲铜鼓。

现在，新铜鼓已经不仅仅是政府赠予的一个普通的乐器。在被当地彝族人接受的过程中，作为文化意义的鼓的神圣性逐渐形成，这具有十分重要的意义。可以说新铜鼓的神圣性是老铜鼓所拥有神圣性的投射。接受新铜鼓之后，村里发生过有两个老人在同一天先后去世的事情，新铜鼓也被借去在葬礼上使用，这件事情已经十分明显地表明了新铜鼓在村寨生活中已经完成了文化神圣性的建构。

## （三）传统文化的调适与集体意识的重构

任何一个民族在其发展历程中都需要面对文化调适的问题。唯有那些能够很好地进行自我调适以及与其他文化进行关系调适的文化才能得到良好的发展。城寨村的村民对于铜鼓的坚守并不意味着他们不会在新的历史条件下进行相应的文化调适，铜鼓保管方式的变通以及荞菜节期间铜鼓的使用，都是他们进行文化调适的具体事例。

在村民的记忆里，铜鼓的保管从来都是按照长子长孙的顺序承继的。陆家的铜鼓一开始也保管在陆孝宗的大哥陆孝堂家中，陆孝堂去世后，铜鼓自然由陆孝堂的长子来保管。因为政府经常组织外出表演，时任文艺队队长的陆孝宗时常要借铜鼓，侄子又常年在外务工，取用非常不方便，加之借鼓的仪式也很烦琐。经过寨老和村委会的共同商议，决定让陆孝宗来保管铜鼓、狮子道具等葬仪用具。此外，村委会还特意在陆孝宗家门口安装路灯，方便他在空闲的夜晚教村里的小孩子跳铜鼓舞。

传统上荞菜节是不用铜鼓的，跳舞的时候只用牛皮鼓和镲伴奏，直到2010年政府建

图二八七　陆孝宗在教孩子们跳铜鼓舞（谭晓霞　摄）

图二八八　荞菜节文艺演出（谭晓霞　摄）

起了铜鼓广场，荞菜节成了弘扬民族传统、展示民族文化的舞台。在这个时候，村民觉得本村最有名的舞蹈就是铜鼓舞，因此也接受了政府相关部门的建议，开始在荞菜节上跳铜鼓舞。但是，由于铜鼓广场这个位置是供奉寨神的地方，除了进行祈雨仪式外，一般是不能在那里敲鼓和跳舞的。村民们认为不是为了祈雨去跳铜鼓舞，就可能得罪龙王，于是每次在铜鼓广场举行了活动以后，寨老们都必须杀四只鸡或一头猪来做禳解仪式。

当村民向政府相关部门请求购买新铜鼓并赋予新铜鼓以文化意义的时候，就表明了村民对政府的信赖以及对政府的文化举措的接受。而维护这样一种新的文化关系也需要政府相关部门对当地文化的理解。一年一度的荞菜节从每年农历四月的第一个龙日开始，为期两天。按传统，龙日这一天要到龙山接“荞神”，并祭祖，但是因为村寨中的青壮年大部分都外出务工了，学校也不会因为特殊的民族节日而给孩子们放假，最重要的是靠天吃饭的生计方式在改变，以祈祷丰收为目的的接“荞神”仪式早已省略。尽管许多环节都省略了，但是祭祖仪式没有被省略。

在歌舞表演的安排上，村民也会坚持自己的主张。每次演出开始之前，城寨村的寨老们按传统进入广场中央，喝咂杆酒、吃饭，在举行一系列祭祀活动后再进入展演的环节。演出最后总是以《团结舞》结束，全村老少按男女长幼的顺序逆时针转圈起舞，但是游客并没有被邀请进入舞队，因为他们没有穿彝族的服装。虽然文化馆的干部认为游客参与进来，效果会更好，但由于村民们不同意，也就作罢。

尽管文化部门在多方面参与了城寨村的文化活动，但城寨村的彝族人却也为自己的文化活动保留了空间。荞菜节期间，无论是龙日还是蛇日的傍晚，陆家、田家两大家族的孩子会聚在家族长老家的院子里跳舞。入夜，当家族长老们完成了祭中柱的仪式之后，院子里跳舞的人们才边跳边唱地进入二楼继续狂欢，直到天亮。这才是属于他们自己的狂欢。外人看似热闹简单的娱乐活动，对村民而言，却是有着维系家族、联络感情的重要意义的艺术形式。家族长老们围坐在火塘边，吃着各家带来的菜肴，喝酒，看年轻人跳舞，鼓点不对或者舞蹈动作不对的时候还会起身进行示范。特别是对于那些尚在逐步学习自己传统文化的孩童，以及那些外出务工只能在荞菜节期间回到村寨里的年轻人来说，浸润在如此融洽的娱乐情境中得以教化比枯燥乏味的说教更行之有效。“娱乐中的集体活动加强了参加者之间的社会纽带，因此它的作用超出了单纯的生理休息……家庭间的联系得到了加强，感情也更加融洽。”[①] 而真正行之有效的社会传承，其实也就在这样的仪式过程中顺其自然地完成了。到了第三天，寨老们完成了禳解仪式，整个节日才算结束。这些活动都属

图二八九　彝族孩童穿上彝族服饰来参加荞菜节活动（谭晓霞　摄）



① 费孝通：《江村经济——中国农民的生活》，商务印书馆，2001，第118—119页。

图二九〇　寨老们围坐在广场中央喝咂杆酒、吃饭（谭晓霞　摄）

图二九一　荞菜节晚上，欢聚在家族长老家院子里的彝族孩童（谭晓霞　摄）

图二九二　夜间继续狂欢、跳舞的人们（谭晓霞　摄）

于城寨内部的活动。

新铜鼓被接纳的过程，也是村民主动扩大原有集体范围、接纳政府成为其中一员的过程。当地文化部门与村民共同参与并共筑了这对新铜鼓的意义。在政府参与的这个集体中，通过铜鼓这个介质，政府和村民共筑了新铜鼓的神圣性，使得集体意识不仅得到了重构，而且是在扩大集体意识意义上的重构。当这样的新的集体意识得以确认之后，彝族铜鼓舞的传承也才成为可能。进入国家级非物质文化遗产代表性项目名录以及命名代表性传承人是从外部对当地文化的价值给予的肯定，而从当地社会来说，当村民们真正接纳政府部门的参与之时，彝族铜鼓舞的传承才获得了新的发展空间。非物质文化遗产是现代社会中传统与现代相遇而被建构出来的新的文化成果。源自日常生活事象的非物质文化遗产的意义在于日常生活之中。非物质文化遗产的命运，取决于其能否重新回到日常生活，并在连接传统与现代的文化产业和文化事业的发展空间中找到合适的位置。获得面向未来的开放性是非物质文化遗产保护与传承得以实现的基本条件。① 当文化部门真正参与到彝族铜鼓舞这一非物质文化遗产的传承中，而当地社会又接受了这样的参与，并且在此基础上共筑了新的集体意识，人类文明的一个成果的传承就具有了坚实的基础。集体是一种拥有一定的活动范围，共同的经济基础、思想基础和共同的社会利益的组织形式。集体是人组成的，集体意识是在社会过程中建构起来的，村落传统文化的发展之路与新的集体的组成以及新的集体意识的建构有密切的关系。

## （四）小结

对于城寨村的村民来说，铜鼓和铜鼓舞是有神圣性的，其社会文化基础就在于世代相承的集体参与和仪式操演。而当社会经济的发展使城寨村不能完全按照传统来传承铜鼓和



① 马翀炜、代世萤：《非物质文化遗产：日常生活事象的脱域、入域与发展》，《思想战线》2012 年第 5 期。

铜鼓舞的意义的时候，国家对这类文化事象的保护就具有了非常重要的意义，而当地社会也在积极回应国家的相关文化措施，并且以包容的姿态将外来的力量整合进村寨社会，彝族铜鼓舞的传承与发展获得了新的动力。集体意识消失与否决定了铜鼓和铜鼓舞能否继续保有神圣性，从而得到传承。

随着社会的发展，生活在传统村落里的人们早就因为生计方式的多样化而使得个人的发展不再仅仅依赖于传统村落中的集体。一旦传统村落的界限开始松动，越来越多的年轻人外出务工，受集体意识规约的群体势必会流失，集体意识的式微也在所难免，而基于集体意识的铜鼓及铜鼓舞的传承也不可能按照过去的方式延续。重构集体意识不是简单地重回过去，将所有的村民囿于其中。事实上，绝大多数外出务工者目前还只是或短或长时间地离开社区，还会重返社区，他们的村寨集体意识无论如何是在削弱的，而从更长远的未来来说，一些村民最终离开这个社区而到新天地去生活也非妄言。重构集体意识更重要的指向还在于以社区原有的村民为主，创造条件让更多的外来者因为对铜鼓和铜鼓舞的热爱而成为村寨文化意义上的新的成员，同时新的社会条件下使新的成员在扩大集体的过程中强化集体意识。在文化部门和当地村民共同赋予新铜鼓以意义的过程中，新铜鼓的出现一方面尊重了传统，另一方面也开始了与外部世界的连接。换言之，通过“这频繁的交往整合了人际资源，汇聚了村落力量，保证了集体行动的继续展开、共同意识的长久维系和村落社会的平稳运行”①，由此，铜鼓舞也在村寨狭小的范围之外得到了更为广泛的认知和发展。从这个意义上说，积极吸纳文化意义上的新成员的集体意识的重构就成为保护传承集体性的非物质文化遗产的一条重要路径。

① 倪卓、覃延佳：《集体行动与边民社会：中越边境地区M村的集市、信仰及关系网络》，《北方民族大学学报（哲学社会科学版）》2018年第4期。